柳敬亭（1587–1670）

南通市

通州年鉴

2015

TONGZHOU YEARBOOK

中共南通市通州区委员会
南通市通州区人民政府 主办
南通市通州区地方志编纂委员会办公室 编

方志出版社

图书在版编目(CIP)数据

南通市通州年鉴.2015/南通市通州区地方志编纂委员会办公室编.
—北京:方志出版社,2015.7
ISBN 978-7-5144-1654-1

Ⅰ.①南… Ⅱ.①南… Ⅲ.①区(城市)—南通市—2015—年鉴
Ⅳ.①Z525.33

中国版本图书馆CIP数据核字(2015)第173836号

南通市通州年鉴(2015)

编　　者:南通市通州区地方志编纂委员会办公室
责任编辑:徐　宏

出 版 人:冀祥德
出 版 者:方志出版社
地址　北京市朝阳区潘家园东里9号(国家方志馆4层)
邮编　100021
网址　http://www.fzph.org
发　　行:方志出版社发行中心
电话　(010)67110500
经　　销:各地新华书店
印　　刷:南京四彩印刷有限公司

开　　本:889×1194　1/16
印　　张:22
字　　数:880千字
版　　次:2015年9月第1版　2015年9月第1次印刷
印　　数:0001~2000册

ISBN 978-7-5144-1654-1　　定价:188.00元

泛舟南山湖　（姜国生　摄）

各类主审

（排名以篇目先后为序）

季林华	阚新华	曹荣琪	钱道锋	吴锐涛	孙振坚	张　勤
陈益明	钱国宾	王　勇	唐　峰	樊　珂	严卫华	蔡胜江
邱天擎	季　煜	施向东	王红琴	卫　清	许煜曦	张菊兰
李　锐	于　红	龚伟杰	丁华斌	崔晓东	张晓飞	张新丽
姜　华	司红林	曹　军	陈　凯	张为民	乔小军	吴益祥
成　军	樊　珂	徐　飞	叶佳佳	朱汉云	赵国明	许　君
陈泉江	赵莉玲	钱　兵	葛卫民	王志逢	贾亚飞	季进杰
朱　峰	朱晓明	邱　兵	张建兵	金永南	葛进华	卞　勋
陈树清	陈念平	丁　华	黄春玉	顾彬斌	陆建兵	季海云
金佩银	宋建新	张庆华	诸培国	施　卫	李智标	宗迅怀
王　冲	丁卓南	马　坚	张慎军	李铁强	李建忠	秦瑞作
李焱明	许建春	张斌林	施亚兴	邢建均	陈　兵	金志坚
费松石	邱晓勇	王志冬	周国华	徐亚红	左　辉	邵　军
孙　菲	张　华	戴　锋	顾晓光	倪政韬	许金华	佘　俊
刘爱东	仲春浩	刘志新	陈　彤	朱晓东	金　华	陈青松
季春波	邱卫君	沈　杰	周国均	钱金山	吕咏梅	张乃文
曹保国	杨启斌	宋红军	张黎明	顾志聪	许易峰	曹　劼
刘伟圣	张剑冰	徐建国	张宏杰	徐　蔚	丁建荣	张　昱
道宗明	曹　鹏	王雪康	季　勇	王淑平	曹锡刚	陈　兵
张淑萍	林　峰	李卫华	赵　楠	杨　霞	邢建均	孙洁蕾
施亚兴	马迎霞					

保密专审：蒋建伟

编辑说明 BIANJISHUOMING

一、《通州年鉴》以马克思列宁主义、毛泽东思想、邓小平理论、“三个代表”和科学发展观为指导，坚持辨证唯物主义和历史唯物主义的立场、观点和方法，求真务实、全面客观记述，资政存史育人。

二、《通州年鉴》是中共南通市通州区委员会、南通市通州区人民政府主办，南通市通州区地方志编纂委员会办公室编纂的综合性地方年鉴。自1997年起逐年出版。编纂出版《通州年鉴》旨在全面系统地记述南通市通州区政治、经济、文化、社会、生态等各方面基本面貌和发展情况，为各界人士了解通州、宣传通州、建设通州提供新颖、翔实、准确的地情资料和人文信息。

三、《通州年鉴(2015)》采用分类编辑法设置篇目，篇目下设分目，分目下设条目，条目为记述的基本形式。全书设特载、大事记、通州概览、中共通州区委员会、通州区人民代表大会常务委员会、通州区人民政府、政协通州区委员会、纪检监察、民主党派·工商联、社会团体、人民武装、法治、农业、水利、工业、建筑业、城乡建设、交通·邮电·供电、商贸·旅游、对外经济贸易、园区开发、金融、经济综合管理、教育、科学技术、文化·体育、卫生、社会生活、环境保护、生态文明、辖镇概况、人物、荣誉栏和附录。文件选编、重要文件目录索引、统计资料纳入“附录”中。

四、本年鉴收录时限为2014年1月1日至12月31日，个别事件(物)适当追溯或下延，以求向读者展现其始末原委。

五、本年鉴立目介绍的人物分领导人物、先进人物和逝世人物。“领导人物”收录2014年新进入区委、区人大、区政府、区政协班子的领导人员。“先进人物”收录2014年在经济建设和社会进步发展过程中做出突出贡献，受到中共中央、国务院及国家部委、省委、省政府、省军区表彰的先进模范人物，省级部门表彰的“杰”“佳”人物，南通市及通州区领导机关号召学习的先进人物，全国性以上比赛第一、二、三名获得者。“逝世人物”收录2014年逝世的曾在通州区(南通县)担任过领导职务的知名人士。

荣誉栏收录2014年4月至2015年3月受到南通市委、市政府、军分区以上领导机关表彰的先进集体和先进模范人物。

六、本年鉴刊用的文稿由通州区各部门、各镇政府和有关企事业单位提供，专人撰写，领导审阅，撰稿人姓名加括号列在条目或分目之后(连续数个条目为同一作者的，其姓名列在最后一个条目末)，各单位主要审稿人姓名以篇目先后为序列各类主审。统计资料由通州区统计局提供。宣传彩页图文由相应的入鉴单位提供。

七、本年鉴使用的各类数据，凡属全区性的，以区统计局(或《通州统计年鉴》)提供和公布的为准，统计局未作统计的，以主管部门提供的为准。

八、本年鉴设总目、目录、目录索引和英文简目，便于读者检索。

九、《通州年鉴》的编纂和出版，得到全区各级各部门、单位和社会各界的关心、支持和帮助，在此表示感谢。

通州名人

柳敬亭

柳敬亭(1587–1670),明末清初人,祖籍通州余西场。原姓曹,流落泰州后,改姓柳,因满脸瘢痕,人称“柳大麻子”。一度为南明权臣马士英、阮大铖幕宾,因不满二人的奸邪行径愤而离去。曾与明末“复社”中人相往来。后归抗清将领左良玉幕下,颇受赏识。为人明辨善恶,乐于为人排难解纷。精心钻研说书,汇百家之长,自成一体,艺术造诣极深。曾先后说书于扬州、杭州、苏州、南京等地,擅长说“隋唐”及梁山泊英雄好汉故事。明亡以后,更借说书抒发胸中愤慨,感染听众的民族意识。80岁后,仍操旧业。同时代的学者黄宗羲称其说书技巧:“每发一声,使之闻之,或如刀剑铁骑,飒然浮空;或如风号雨泣,鸟悲兽骇,亡国之恨顿生,檀板之声无色。”其技艺精湛,被誉为扬州评话开山祖师。清康熙九年(1670年)左右去世。

明末清初,不少文人在诗文中提到过柳敬亭。与柳敬亭同时代的著名文人黄宗羲、吴伟业、周容等人都给他写过传记,描述他高超的说书技艺。黄宗羲在为其写的传中写道“他每讲一词一语,让人听起来,有的象刀枪剑戟碰撞,带甲骑兵突然冲出,飒飒作响,腾空而起;有的象狂风怒号,苦雨泣诉;有的象鸟鹊悲鸣,群兽惊骇,使人立即产生亡国之恨,听不清伴奏的乐声。”清代著名戏曲作家孔尚任,在他的传奇剧本《桃花扇》中,十分生动地描绘了柳敬亭豪爽、勇敢、侠义的行为,充分表现了他的爱国热情和机智、诙谐的性格特征。吴伟业在《梅村集》里写柳敬亭为人能辨善恶,爱替人排难解纷,明亡后更借说书来抒发他胸中的愤慨悲凉情绪,并把他比作战国时候的鲁仲连(公元前约305—前245年, 战国时名士。亦称鲁连。今茌平人。善于出谋划策,常周游各国,为其排难解纷。)(根据《南通县志》记载及互联网《柳敬亭传》整理)

·封面人物简介·

12 月 28 日，农业部党组书记、部长韩长赋到通州视察江苏景瑞现代农业产业园

（原载通州党政信息网　记者　李舒舒）

4 月 28 日至 29 日，中共江苏省委书记罗志军到通州区调研

（原载通州党政信息网　记者　李舒舒）

5 月 15 日至 16 日，中共江苏省委常委、纪委书记弘强到通州就党的群众路线教育实践活动进行调研指导

（原载通州党政信息网　记者　杨　潇　李舒舒）

5 月 27 日，江苏省副省长徐鸣到通州调研“三夏”工作

（原载通州党政信息网　记者　吴昕宇）

12月31日，中共南通市通州区第十一届委员会第九次全体会议在区行政中心举行

（原载通州党政信息网　记者　李舒舒　印春湘）

1月15日，南通市通州区第十五届人民代表大会第四次会议在区行政中心开幕

（原载通州党政信息网　记者　李舒舒　印春湘）

1月14日，中国人民政治协商会议南通市通州区第十二届委员会第四次会议开幕

（原载通州党政信息网　记者　徐艳梅　樊希萌　陈啸天　摄）

12 月 12 日，中共南通市通州区委书记宋乐伟深入平东镇调研

（原载中国通州网）

4 月 21 日，南通市通州区区长陈永红参观恒力石化（长兴岛）产业园

（原载中国通州网）

南通高新技术产业开发区

国家高新区揭牌

2014年，南通高新区围绕建设特色、创新、智慧、功能、活力、品质六大园区，大力实施创新驱动和产城融合战略，努力建成南通创新驱动发展示范区和经济建设重要增长极。

以科技创新为动力，不断加强与国字号科研机构的合作，大力推动产学研协同创新、技术创业等技术转移有效途径，依托国内外知名大学联合办学建院，加快科技成果转化基地建设步伐。大力发展科技金融，不断完善科技金融政策体系和服务体系，设立科技企业贷款担保基金，形成“苗圃—孵化器—加速器—产业化”的创新链。同时，大力培育生物医药、健康产业、智慧城市、航空零部件配套等新兴产业，做精做特现代纺织、海工装备和智能建筑等传统产业。

南通高新区瞄准世界500强企业，“中字号”企业、国内外上市公司、行业龙头企业，不断加大产业招商、科技招商、以商引商力度，瑞典宜家、中国供销集团、中航工业、中广核、展华电子等企业在高新区先后建设了一批投资强度大、产出效益好的重大产业项目，增强了经济发展后劲。

德尔福

综艺金融港

位于高新区世纪大道西侧、碧华路北侧，用地面积2.4公顷，总建筑面积9.1万平方米，主楼30层。

科技之窗（效果图）

南通智慧软件园

位于高新区世纪大道西侧、行根路南侧，用地面积2.1公顷，总建筑面积3.8万平方米，主楼24层。

桑夏科技园

位于高新区世纪大道西侧、朝霞路南侧，用地面积1.53公顷，总建筑面积4.5万平方米，主楼23层。

中广核中科海维

综艺数码城

江苏综艺集团 JIANG SU ZONG YI JI TUAN

生物医药

综艺集团成立于1987年，以21台旧缝纫机在黄金村起步，业务领域覆盖能源、科技、投资三大领域。集团现有子、分公司30多家，其中控股、参股上市公司11家，国家高新技术企业5家，国家创新示范企业3家。综艺集团是国内最大的海外电站建设运营商，也是信息科技领域多项前沿技术的发明者和国家标准制定者。综艺集团作为国内股权投资的先行者，股权投资已覆盖金融、消费品、医药、现代牧业、现代服务等诸多高成长行业。

2014年，综艺集团在美国投资的第一家生物医药公司在纳斯达克成功上市；这一年也是综艺集团的移动互联网年，集团通过创新的模式快速进入移动互联网领域“蓝海”，抓住移动互联网产业革命带来的弯道超车机会，努力打造以智慧生活为主题的移动互联网平台，并“引爆”公司现有信息科技产业的发展壮大；同时作为通州金融和现代服务业的标志性名片之一的综艺金融港项目也成功进入招商引资阶段。

综艺金融港

新疆西雅图小镇26万平方米小区工程

南通长城建设集团有限公司

南通长城建设集团有限公司创建于1993年，系房屋建筑工程施工总承包一级资质企业。公司现有5个控股子公司及13个驻外分公司，从业人员8000多人，具有职称的各类技经人员586名，二级以上项目经理192名，企业净资产5.20亿元，公司拥有各种大中型先进机械设备429台套，2014年施工产值达70亿元。多次荣获“白玉兰”奖、“扬子杯”奖和市级优质工程奖。公司承建的上海卷烟厂“中华”牌卷烟专用生产线技术改造项目被中国建筑业协会评为国优鲁班奖。公司先后被评为江苏省建筑业优秀企业、省最具成长性百强企业，南通市民营优秀企业，连续4年获通州区人民政府“建筑业发展突出贡献”奖。

南通华润燃气有限公司
Nan Tong China Resources Gas Co.,Ltd

南通华润燃气有限公司(前称通州华润燃气有限公司),成立于2008年12月,是由华润燃气(香港)投资有限公司和南通市通州区益众燃气有限责任公司共同出资设立,专业从事城市管道燃气经营的中外合资企业,享有通州区域内30年管道燃气独家特许经营权。

南通华润燃气主要从事管道燃气供应、燃气管道及自有品牌“百尊燃气具”的销售、安装、维修业务。公司现有员工100余人,管道燃气居民用户近7万户,工商业用户100多户。

公司业务范围已覆盖通州全区域,在金沙金西建有压缩天然气站一座、50立方米液化天然气储罐两座;在刘桥镇建有西气东输管输天然气接受门站一座;在五接镇建有100立方米液化天然气储罐;2014年,在金沙镇青岛北路公交公司停车场内建设一座L_CNG汽车加气站,为社会广大车用气用户提供加气服务;在南通滨海园区建有压缩天然气站一座。西至五接船泊钢结构产业区、东至滨海园区、南至苏通大桥锡通科技产业园区,形成 “一主三园”式的发展模式。同时,业务大力向乡镇发展。平潮、石港和先锋镇有南通华润燃气用户。

南通华润燃气将致力于改善通州人民生活,努力提高环境质量,以提供安全清洁的燃气为已任,秉承华润企业文化,追求持续发展、业绩第一,坚持做实、做强、做大、做持久的经营理念,推动行业进步和与社会共同发展,开放进取,以人为本,携手共创美好生活。

总　目

Main Contents

目 录

Contents

特 载

大 事 记

通州概览

地理位置

行政区划

气　候

经济体制改革

国民经济和社会发展

精神文明创建活动

组织机构和领导人员名录

中共通州区委员会

综　述

重要会议

重大决策

信息工作

督查工作

保密工作

通州区人民代表大会常务委员会

综　述

重要会议

重要工作

通州区人民政府

综　述

重要会议

重大活动

政府法制工作

外事工作

侨务工作

民族宗教工作

信访工作

接待工作

电子政务工作

地方志工作

档案工作

行政审批工作

招标投标监督管理工作

机关事务管理工作

政协通州区委员会

综　述

重要会议

重要工作

纪 检 监 察

综　述

主要工作

民主党派·工商联

九三学社南通市通州区委员会

中国农工民主党南通市通州支部

区工商业联合会

中国民主促进会南通市通州区支部

中国民主建国会南通市通州区支部

社会团体

区总工会

共青团南通市通州区委员会

区妇女联合会

区科学技术协会

区文学艺术界联合会

区哲学社会科学界联合会

区归侨侨眷联合会

区红十字会

人 民 武 装

中国人民解放军通州区人民武装部

中国人民武装警察部队通州区中队

中国人民武装警察部队通州区消防大队

通州区公安边防大队

拥政爱民

人民防空

法　　治

综合治理

农业资源开发

水　　利

工　　业

综　述

工业投入

技术创新

招商引资

工业组织

民营经济

电力运行

建 筑 业

综　述

建筑施工

工程质量

安全生产

科技教育

城乡建设

城镇规划

城市建设

城市管理

房地产业

住房公积金管理

交通·邮电·供电

交　通

邮　政

电　信

移动通信

联　通

供　电

商贸·旅游

综　述

粮油贸易

供销合作贸易

烟草专卖

石油购销

盐　业

旅游业

对外经济贸易

综　述

对外贸易

利用外资

外经合作

服务外包

园 区 开 发

综　述

南通高新技术产业开发区

锡通科技产业园

通州滨江新区

金　　融

质量技术监督

食品药品监督管理

安全生产监督管理

教　育

综　述

学前教育

初等教育

中等教育

职业技术教育

高等教育

成人教育

教师队伍

教育研究

依法治教

卫　　生

综　述

卫生改革

农村卫生

预防保健

医院管理

卫生执法

医教科研

行风建设

爱国卫生

社会生活

人　口

人民生活

计划生育

人　事

人　物

荣誉栏

附　录

索　引

彩　页

特　载

Special Record

编　辑　冯金荣

数字通州

2014 年主要指标

辖区总面积　1525.74 平方公里
年末户籍人口　126.66 万人
地区生产总值　860.73 亿元，增长 10.8%
　　第一产业增加值　57.05 亿元，增长 3.8%
　　第二产业增加值　446.99 亿元，增长 10.4%
　　第三产业增加值　356.68 亿元，增长 12.5%
按户籍人口计，人均地区生产总值　6.81 万元
农林牧渔业增加值　57.05 亿元，增长 3.8%
　　粮食产量　53.47 万吨，增长 1.2%
　　棉花产量　7366 吨
　　油料产量　9.86 万吨
农业机械总动力　51.25 万千瓦，增加 4.45 万千瓦
规模工业总产值　1855.49 亿元，增长 14.1%
建筑业总产值　1188.83 亿元，增长 17.5%
固定资产投资额　520.12 亿元，增长 19.2%
社会消费品零售总额　279.88 亿元，增长 12.0%
出口总额　29.38 亿美元，增长 13.0%
财政总收入　182.01 亿元，增长 25.0%
　　一般公共财政预算收入　70.44 亿元，增长 15.1%
年末金融机构人民币存款余额　1099.19 亿元，增长 15.8%
年末金融机构人民币贷款余额　604.67 亿元，增长 15.4%
城镇居民人均可支配收入　34565 元，增长 8.9%
农村居民人均可支配收入　16835 元，增长 10.8%

通州的一天

一、每天创造的财富
　　地区生产总值　23582 万元
　　财政总收入　4987 万元
　　　其中：一般公共财政预算收入　1930 万元
二、每天主要产品产量
　　粮食　1465 吨
　　棉花　20 吨
　　油料　270 吨
　　肉类　188 吨
　　淡水产品　97 吨
　　啤酒　701 千升
　　纱　400 吨
　　布　171.47 万米
　　服装　76.73 万件
三、每天消费量
　　全社会用电量　1304 万千瓦时
　　社会消费品零售总额　7668 万元
　　农村居民每人生活消费　33 元
　　城镇居民每日生活消费　56 元
四、每天其他经济活动
　　旅客运输量　34521 人次
　　货物运输量　31534 吨

荣誉通州

双拥模范区
（中共江苏省委员会、江苏省人民政府、省军区 2014 年 7 月授予）

江苏省国土资源节约集约模范县（市）
（江苏省国土资源厅 2014 年 10 月授予）

2014 年度绿化造林成效显著县（市、区）
（江苏省绿化委员会、省林业局 2015 年 1 月授予）

媒体聚焦通州（选辑）

“童声里的中国”创研活动在南通举行，展演 10 首获奖歌曲

人民网记者　王继亮　马晓波　韩　振

4 日上午，“童声里的中国”创研活动在南通市通州区少儿艺术创研活动基地举行，活动以少儿艺术创研基地建设汇报会为主题，“全国首届儿童音乐优秀创作奖”10 首获奖歌曲进行了现场展演。

本次展演的作品系中国音乐家协会音乐创作委员会和通州区政府联合主办的“童声里的中国”首届儿童音乐优秀创作奖，分别是《孔子爷爷好》《行教童谣》《金色的月亮》《我的梦》《小小时钟》《伸伸手　弯弯腰》《甜甜的咧》《太阳公公和月亮姥姥》《细雨轻轻飘》和《我们是祖国灿烂的未来》10 首获奖歌曲。

“童声里的中国”创研活动由南通市通州区 2006 年发起，现已发展为全国较有影响力的少儿艺术活动品牌，该活动以培育社会主义核心价值观为主旋律，以少儿艺术活动为载体，以童真童趣为活动特色，以广大少年儿童为参与主题，激励未成年人的道德、艺术实践，得到孩子们的真心喜爱，并于 2012 年被评为江苏省未成年人教育活动“十大品牌”。2014 年，“童声里的中国”少儿艺术创研活动基地在通州建立，标志着“童声里的中国”活动进入基地化运作阶段。

（新华网 2014 年 11 月 4 日报道）

核心价值观沐浴我成长《中国是条富强船》在通州广泛传唱

记者　曹　敏

“中国是条富强船，民主文明扬风帆，汽笛高奏和谐曲，自由平等有护栏……”3 月 4 日，南通通州实验小学蕊春大剧院内，学校合唱团的孩子们正在排练《中国是条富强船》。这是中共南通市通州区委宣传部为“社会主义核心价值观”主题教育创作的新曲。目前，歌曲已在通州中小学中广泛传唱。

实验小学四年级的赵伊纯告诉记者：“我唱了几遍就会

了，因为歌曲旋律优美。我最喜欢‘民主文明扬风帆’这句，听起来十分悠扬。”说着她便哼唱起来。

在理治红军小学，身穿红军服的孩子们英姿飒爽，唱起《中国是条富强船》，更是别有一番韵味。“小红军”曹吴亦杨告诉记者：“我最喜欢‘诚信友善一路欢’。我觉得诚信就是说话算数，就像我跟小朋友约定好了就要拉钩一样。”

理治红军小学校长吴永进说：“弘扬社会主义核心价值观与传承红军精神是一脉相承的。平时学校就很重视德育，通过红歌传唱、主题队会、红谣传诵等形式，帮助孩子们确立正确的人生观价值观。”

五甲小学的音乐教室里，孩子们正在练习《中国是条富强船》。五甲小学校长郁凤智告诉记者，全校师生都在学习这首歌。

通州文联副主席、歌曲的作曲者钱荣泉说：“音乐是人类最美的语言。弘扬社会主义核心价值观，要从娃娃抓起、从学校抓起，做到进教材、进课堂、进头脑。要润物细无声，运用各类文化形式，生动形象地告诉人们什么是真善美，什么是假恶丑。于是，我们创作了这首《中国是条富强船》。我们希望通过孩子，把需要发扬光大的内容传播出去。这本身也是对孩子们的教育，幼学如漆，将文明、诚信、友善等理念深深地烙在孩子们的记忆里。”

（中国江苏网2014年3月5日报道）

践行社会主义核心价值观——一部释放正能量的通州“传”记

记者　赵勇进　通讯员　杨　潇　印春湘

创百姓喜闻乐见的形式，树群众喜欢接近的典型。在践行社会主义核心价值观行动中，值得关注——

12月5日一大早，刚被评为市五星级江海志愿者的王平来到通州区实验幼儿园门口，协同护送孩子上学。

同日，通州幼儿园开展“冬日送暖共托希望”活动，老师和孩子向救火小勇士马季城捐款2.18万元。

“假如给我一天光明，我梦想看一场电影。”第31届国际盲人节这天，40名盲人按摩师在20名志愿者陪同下，看了一场专门为盲人改编的电影。

摩托车驾驶员王国华横躺在马路上，头部流血不止。231路公交车司机曹卫卫与车上乘客商议后，公交车“变身”救护车，直接开往医院。

中医院职工戴国琪捡到一只小帆布包，里面有近万元现金和两只手机。他通过派出所很快找到失主。

这都是近两个月来发生在通州的故事。

这些故事是“传”记的一页。通州区委书记宋乐伟说：“践行社会主义核心价值观，通州创百姓喜闻乐见的形式，树群众喜欢接近的典型，助力彰显了南通这个全国文明城市的魅力。”

传播

建设一个基地，编写一首歌曲，唱响一批童谣，制作一部影片，创作一本书籍，播出一批公益节目，弘扬一批道德典型。

年初，通州确定践行社会主义核心价值观的7种活动形式。

3月初，通州文艺工作者集体创作儿歌《中国是条富强船》，把24个字融合在一首儿歌里，并在全区5万小学生中传唱。

4月中旬，区文广新局又将该歌曲改编成广场舞音乐，培训来自各镇的60名文艺骨干。现在，每当夜幕降临，这首歌的旋律就会在全区多个角落响起。

《三袋米》取材于上世纪80年代初湖北省红安县的一个真实故事，弘扬慈母恩德和崇学向善的精神力量。这部电影由通州人、通州的公司参与拍摄。

9月，《三袋米》被教育部、国家新闻出版广电总局列为第33批向全国中小学生推荐的优秀影片。在通州，观看的师生达9万多人。

通州发起“童声里的中国”活动，以征集优秀儿歌、优秀歌曲等形式，利用“歌坛”“荧屏”“校园”三种形态向全国广泛辐射。历时8年，现已成为全国有影响的少儿艺术活动品牌。

古沙舞台周周演，这一平民载体吸引全区240多个业余文艺队登台演出自创节目，歌颂身边的先进典型，批评社会的不良现象。

区住建局开展“我学习，我践行”活动，从改掉一个陋习、参加一次公益活动、每月少开一天车、每天做一件勤俭节约的事做起。

通州法院推进“司法为民村居行”活动，深度参与社会诚信建设。

在通州，践行社会主义核心价值观已经深入人心。

传承

南通这座全国文明城市，从上世纪90年代起就涌现出众多践行社会主义价值观的典型。

“莫文隋”群体、江海志愿者群体、磨刀老人吴锦泉、修车老人胡汉生……“精神文明南通现象”在通州得到发扬光大。

多年来，通州积极倡导“敬好人、学好人、做好人”。

1999年，年仅27岁的通州公安局特警大队二中队队长助理王建峰，在帮助群众排忧解难中不幸因公牺牲，被公安部追记“二级英雄模范”。

2005 年，在吉林省长春市打工的通州民工许勇锋，在与偷包贼搏斗中连中 7 刀，被长春市授予“见义勇为积极分子”称号。

通过评选“优秀企业家”“最美基层干部”“最美家庭”“十大孝星”“十佳青年”“通州名师”“美德少年”“通州好人”等活动，激发全民向上的力量。

通州历来崇文厚德，凡人善举层出不穷。涌现出面对 500 余万元巨奖不动心的体彩售票员蒋长英；每天弯腰数百次，从车内抱出孩子，确保安全的“抱抱哥”陈忠林；涌现出“微友会”“南通企业家爱心联盟”等一批微慈善群体。

今年 10 月 2 日，江苏蛟龙重工集团成立通州首家退休职工爱心互助基金会。活动现场筹集资金 5 万元。企业拿出同等资金，充盈其中，用于帮助遇到困难的退休职工家庭。

上世纪 90 年代，通州就设立 60 多万元专项资金，表彰奖励见义勇为者。

去年，通州先后涌现冰河救人的武警管佳毅、勇救落水女子的六旬老人王泉；今年，又涌现抢救落水汽车驾乘人员的教师项兵……

自 2011 年通州注册见义勇为基金会以来，累计表彰奖励 200 多位见义勇为人员。

去年 11 月，通州又设立见义勇为权益保护专项资金，财政每年安排 100 万元，专门用于统筹解决区内见义勇为人员医疗救助、抚恤救助等费用。

为救出独居老人，不幸被爆燃的火焰烧成重伤的教师——“中国好人”周福如获补 20 万元烧伤医疗费，成为首位受益人。

传递

萤火虫志愿者协会建于 2010 年，倡导微公益。

2011 年 9 月，群友“菟丝儿”通过“通州志愿者群”，发布南通高新区一名女孩被遗弃、单身养父早逝仍发奋学习的坎坷经历后，短短 100 分钟，就完成一场从动员到将 3600 元爱心款送到女孩手中的接力赛。

4 年来，近千只“萤火虫”从四面八方飞来，机关干部、个体工商户、打工者、老板、武警战士、学生……不分年龄性别，没有身份高低。

季火平是一家商场的导购员，她的儿子两年前患上脑瘤，一贫如洗的单身母亲在得到社会帮助后，儿子得到救治。走出困境后，她加入“萤火虫”志愿者协会一年多，已参加活动 8 次，每次捐资二三百元。

“竹林晓风”的儿子经常跟随妈妈到救助现场参加帮扶活动，才 13 岁的他成为不在“编”的小“萤火虫”。“竹林晓风”说：泛爱众，而亲仁，亲近仁德的人让他受到潜移默化的影响。

2009 年 8 月，平东镇的陈民在一次事故中殉职，为延续儿子的爱心，陈民母亲将 120 万元抚恤金捐出，设立陈民慈善基金，用于资助当地贫困学子。

石港镇四港村地处通州西北，离镇区较远，村民们业余生活枯燥乏味。

去年，退休教师金辉将自家的小洋房改造成了“老少乐艺文苑”，每逢周末、寒暑假向村民开放。

在金辉的感动下，不少退休干部、退休教师加入到“老少乐艺文苑”的志愿队伍，为老人和孩子们培训书法、绘画、弹琴、打鼓等。

传颂

9 月 30 日，首个烈士纪念日。《人民日报》策划“铭记不朽荣光”特别报道，发表 4 篇通讯，其中一篇题为《烈士有时就在我们的身边》，缅怀救火牺牲的企业家周江疆。

两年前，通州建总集团公司烟台分公司经理周江疆从火场中救出包括陈玉兵在内的 10 名员工，而他自己却永远地离开了这个世界。

陈玉兵说，“烈士的事迹有时候就发生在我们身边，江疆的事迹我会记一辈子，也会力所能及地去做好事，传递社会正能量。”

9 月，通州慈善老人宋英获“第二届中华慈善总会突出贡献奖”。

2012 年 1 月，95 岁高龄的宋英老人将自己和老伴毕生的 100 万元积蓄捐出，成立“姜美善 · 宋英慈善基金会”，用来帮助金沙镇生活困难的老党员及家庭贫困的学子。

时任中组部常务副部长沈跃跃，江苏省委书记罗志军、省长李学勇，南通市委书记丁大卫等领导作出批示，号召大家学习宋英，坚定信仰。

2011 年 2 月 9 日，兔年春节上班第一天，《人民日报》记者姜洁冒着严寒来到通州专程采访通州区疾病预防控制中心职工王秀冲。

王秀冲的事迹上了第二天的报纸。姜洁写道，大年初二，王秀冲和往年一样，6 点半就起床，简单吃了早饭后就到麻风病残老村开始每天的例行“视察”。

来到 83 岁徐云芳老人的住处，王秀冲像哄小孩一样拍拍她的肩膀，哄她吃药。“她已经患有痴呆症，不肯打针吃药，得哄着才行。”

今年 5 月初，央视《国魂》摄制组来通州，采集践行社会主义核心价值观的素材。通州区《中国是条富强船》排舞演出、二甲镇农民倪敏夫妇、南通家纺城设计师刘翠等均出现在《国魂》中篇内，总时长 60 秒。

10 月 14 日，新华网刊发一篇报道关于萤火虫志愿者协会微公益的稿件，东方网、中华工商时报等多家媒体转载。

滴水穿石，集腋成裘。实践活动的广泛开展、营造的氛围越来越浓厚。

通州人见贤思齐、择善而从。通州已经成为一个又一个“平民英雄”“好人明星”不断涌现的沃土。

（新华报业网　2014 年 12 月 9 日报道）

江苏通州：土地流转开启一座村庄的嬗变之路

记者　王继亮

去年底召开的十八届三中全会提出，赋予农民对承包地占有、使用、收益、流转等权能，鼓励承包经营权向专业大户、家庭农场、农业企业等流转，扶持发展规模化、专业化、现代化经营。记者新近在江苏通州采访发现，近年来，当地农户尝试通过土地流转，推动实现集约化、规模化经营，既促进了农业发展、农村改观，也促进了农民增收。

农民尝到土地流转的甜头

“我今年六十出头了，土地自己没种，收益却没有少，现在给种植大户干农活每天收入不低于50块。”南通市通州区十总镇二爻村13组村民徐宏林对人民网记者说。

原来，徐宏林家3亩地流转给了外地承包大户，每年每亩有900元固定收益，不仅“旱涝保收”，夫妻俩还腾出空来给承包大户打工，每个人一天的工钱至少50元，两人正常每月干25天就能挣2500元。在二爻村，像老徐这样把土地流转出去的家庭比比皆是。谈起这两年的变化，村民们说：“再不用担心自然灾害影响收成了，逢上下雨天、大热天，还能看看电视搓搓麻将。”

但在三年多前，二爻村可是当地出了名的穷村，工业基础薄弱，集体负债120多万元；全村5300多人口劳动力仅1500人，守着5700亩耕地维持生计。

如何脱贫让村民致富，成了摆在村支书蒋兵面前的难题。蒋兵原来是个致富能人，2008年被镇、村推举为二爻村“一把手”，上任之初正值国家鼓励“土地流转”激活农村经济，蒋兵为此登门走访村民提出了将全村耕地全部流转出去的大胆想法。

精诚所至，金石为开。自2011年开始，江苏苏州、山东、安徽、河南、浙江的蔬菜种植大户一个个引进来。截至目前，全村流转5360亩土地，占耕地总面积的94%，二爻村咸鱼翻身成了远近闻名的大棚村、蔬菜专业村。

村容村貌由内到外的改变

记者在二爻村走访时还发现，经过三年多的开发建设，当地大棚成片，树木成林。十总镇副镇长张树新告诉记者，该村目前栽种大棚蔬菜超过3000亩，露地蔬菜1300亩，成片造林1060亩。一位上海老板一次性投资5680万元建设了智能大棚，苏州一家食品公司流转了130亩土地种植芥菜，专门加工方便面配料，由于土质好加上当地劳动力充裕，多家企业再次追加投入。

“作为我们二爻村主导产业的大棚蔬菜，已经被设为省菜篮子工程蔬菜基地的核心区域。而村民原先自己种地划去肥料、农药、机械、人力等成本，每亩地不过净得300元，而现在村民不仅可以获得土地流转金，村里60岁以上的老人还能从原先繁重的农活中解放出来到蔬菜基地打工，每人每年的收入至少15000元。”蒋兵向记者介绍。

事实上，二爻村通过土地流转放大了土地资产价值，提高了全村集体经济实力，更增加了农民收入。由于村集体经济组织将村民土地流转费用在每亩900元基础上提高200元左右再流转给承包大户，其间因差价获得的收益用于农田平整和基础设施建设，全村由此还增加了近千亩耕地。

收入上去了，村容村貌也要改善，为“美丽乡村”助力。如今，由于村里经济改善，二爻村不仅偿还了原先百万元的债务，还按照省“三星级”康居建设标准投资860万元，加大公共投入，建成各类公共服务设施，全村98%户村民通上了自来水，并建成了硬化道路、小游园、灯光球场，农村厕所改造、污水处理站、排涝河坝等工程都在进行中。

（人民网2014年9月3日报道）

南通市通州区“四韵”清风夯实廉政文化内涵

记者　曹　敏　陆金国

近年来，江苏省南通市通州区将深化廉政文化建设始终作为反腐倡廉宣教工作的重中之重，常抓不懈，常抓常新。为了打造具有通州特色的廉政文化建设品牌，将资源进行整合，并加以提炼，形成了以“古沙清韵”为核心，包含了景韵、廉韵、德韵和艺韵四大内容的廉政文化建设品牌。

景韵。发挥通州本地如烈士陵园、中共江北特委纪念碑、邹韬奋演讲纪念地、朱理治故居和学校等传统文化资源优势，利用其开展革命传统教育；建设、更新党风廉政建设教育中心，以丰富的内容、详实的案例、优美的环境和浓郁的氛围，建成全区开展党风廉政教育的主要阵地和传播廉政文化的重要载体；建设传承传统忠孝文化的忠孝文化园，着力打造成主题突出、景观独特、风格别致、收藏丰富，融艺术欣赏、彰显文化、廉洁教育于一体，具有浓郁通州地方特色的廉政文化示范基地。

廉韵。2009 年以来，通州在廉政文化“六进”的基础上，进一步扩大廉政文化示范点的辐射、带动效应，以点带面，典型推动，率先在南通实施廉政文化示范系统、区域创建工程，深化了廉政文化示范创建内涵，提升了廉政文化示范创建水平，廉政文化的影响力、渗透力不断增强。截至目前，全区建成市级廉政文化示范系统一家，区级廉政文化示范区域十一家、廉政文化示范系统十一家。

德韵。将未成年人廉洁教育与思想道德建设紧密结合，着力打造“童声里的中国”这一未成年人思想道德教育品牌。目前该品牌已经唱响江苏，正在影响全国，其成果以儿歌集、诗歌集和歌曲集的形式，展现了当代少年儿童“向真、向善、向美”的精神风貌，是引导青少年健康快乐成长的精神食粮。同时，通过组织开展“敬廉崇洁、诚信感恩”主题教育，培养学生诚信、感恩、正直的道德品质，清廉、节俭、自律的传统美德和公正、民主、守法的法制意识。

艺韵。充分发挥通州小品、小戏优势，以顾学军小品工作室为主体，创作了《捡来的手机》《一只狼山鸡》《分手以后》《钟馗戏蝶》《家访》等一批经典廉政文艺作品；组织“清风雅韵”廉政书画、文学作品和“忠孝廉”文化书画作品征集，并将优秀作品汇编成册、制成展板，在全区进行巡回展览；利用通州之夜——廉政文化专场、廉政文化“七下乡”大巡游等平台，通过用活文艺形式“演廉”、高雅作品“展廉”、通俗歌曲“唱廉”、丰富活动“兴廉”等形式，将廉洁文化送到千家万户，在全社会营造了崇廉洁、重道德、讲操守、树诚信的良好氛围。

（中国江苏网　2014 年 12 月 19 日报道）

南通市通州区：率先转型“不拼资源”，搭台引路“招牌更硬”

记者　张　晔

抓住创新谋发展，依靠科技助转型。今年 1 至 5 月，南通市通州区实现高新技术产业产值 345.06 亿元，位列全市各区县第一；增幅 24.49%，列九县区第二；占规模工业的比重达 43.19%。

近年来，通州区以引导和支撑产业转型发展为目标，以国家级高新区创建为重点，以打造科技创新载体、培育科技创新平台为抓手，着力建设科技创新体系，推进高新技术产业快速发展。

转型不能拼资源

“通州资源少，耕地、海岸线、江岸线在数量上均不占优势。”通州区科技局王钰华感触颇深，“率先转型不能拼资源，内生动力更重要。”

通州是中国近代民族工业的发祥地之一，形成了以家纺、建筑、船舶海工为代表的三大支柱产业。去年建筑业完成施工产值 855 亿元，仅看总量的确乐观，然而剖开现象具体分析，却是一个不尽人意的事实：通州号称有 18 万建筑铁军，主要产出多是依靠工人风吹日晒、砌砖盖瓦而得，人均产出不高；家纺产业亦是如此，通州大大小小家纺企业近 7000 多家，而规模以上企业仅有 200 多家，不到 3%，多以中小微企业为主，即使规模以上企业的产值多在几个亿至十几个亿之间。这些草根经济虽然解决了一大批的就业问题，但是并不利于产业的高端发展。

“眼下通州正处在转型发展的关键阶段，面临日益激烈的区域竞争，不进则退、慢进也是退。”王钰华说，“机遇稍纵即逝，科技部门必须找准结合点、创新点、发力点，助推产业转型升级，赢得黄金发展期。”

为此，通州区先后出台了《加快科技创新促进转型升级的若干政策意见》《关于加快全区科技孵化器建设意见》《通州区科技企业孵化器种子资金使用管理暂行办法》《通州区财政科技贷款利息补助和风险补偿试行办法》等文件，加大政策扶持力度，充分激发企业创新活力。

同时，以科技工作考核评比，突出了高新技术产业发展和高企培育、全社会研发投入占比、专利申请等关键指标对产业的带动。2013 年，全区完成高新技术产业产值 677 亿元，同比增长 20%，高新产值占规模工业的比重达 41.6%。

搭台子引路子

“在调研中发现有的企业想创新不知如何创新，这就需要我们为其引一条路。”王钰华说：“南通高新区的建设正是通州区创造的平台之一。”

2011 年 9 月，江苏省通州经济开发区正式更名为江苏省南通高新技术产业开发区。看似简单的更名，本质却是通州在谋求主动转型之路。

焕然新生的南通高新区，把传统产业转型升级和新兴产业培育作为重大使命，立足南通产业特色，以组建海工装备、家纺、建筑三大研究院为突破口，引进、消化、吸收创新成果，推动船舶海工（产业）向专业化船型、关键部件配套等方面转型，家纺（产业）向创意设计、电子商务等新业态延伸，建筑（产）业向绿色、智能化方向发展。

曾供职于美国英特尔和中兴通讯的王大庆团队，从事智慧家居、智能建筑系列产品的研发、生产和销售，产品已在市政工程、高端住宅成功推广。德国硕士范平一团队研发的“改性酚醛泡沫保温绝热材料”，已成功应用于外墙保温系统和复合风管系统，今年预计销售 3000 万元。

近年来，南通高新区建筑业转型过程中，共建有 2 家博士后科研工作站，获得国家和省级施工工法 43 项，实施省级以上科技示范应用工程 53 项，申请专利 24 项，在全国名列前茅。

家纺产业在高新技术的引领下，同样经历了一场从传统生产加工到新兴创意文化的深刻变革。江苏金太阳纺织科技有限公司研发的“纤柔丝防羽面料”去年底被认定为江苏省高新技术产品。“千人计划”专家张克勤教授与信一服饰合作开发的新型显色纤维和面料、任学宏教授与居梦莱家纺合作的抗菌家纺面料绿色整理技术等均已产生较好的经济效益和社会效益。

正是得益于创新发展模式，通过传统产业与高科技、新业态的结合，实现了转型发展的大跨越。2013 年 12 月 20 日，国务院批准南通高新区升级为国家高新区，成为通州产业转型升级的显著标志。

让企业竞争更有力

近年来，南通大力构建以企业为主体的产学研协同创新联动机制，实现高校、科研院所和企业优势叠加、技术创新链和产业链双向融合。通过开展产学研合作，充分发挥市场配置资源的决定性作用，不仅为企业创新搭建桥梁，也让企业竞争更有实力。现在，通州区的企业科技项目多了、科技亲家结了、科技招牌硬了。

南通江海电容器股份有限公司依托企业研究院，实现了新技术、新工艺和新成果快速转化。2013 年，该公司被列为南通市企业研究院。电容质是生产电容器的主要材料，占整个生产成本的 7% 左右，以前需从日本进口，仅关税一年就多支出 1000 多万元。该公司成立电容质专项研究组，与浙江一公司联合开发新型电容质，这项技术投入生产一年来，节约成本近 500 万元。去年，江海电容器有限公司实现销售 2 亿元、利润 2000 多万元。公司副总裁王汉明说：“我们每年投入 3000 多万元用于研发，占营业收入的 3.5%，成果转化率占销售收入超过 10%。预计今年的销售额增长 15%，利润同比增长 25%。”

与江海电容器一样，紫罗兰家纺科技股份有限公司、南通四方罐式储运设备制造有限公司等 6 家企业被认定为省级工程技术研究中心。目前，通州累计建成省级工程中心 41 家。

研发平台为企业发展提供源源不断的创新动力。2011 年，南通海鸥救生防护用品有限公司与中国科学院沈阳自动化研究所封锡盛院士团队组建“江苏省企业院士工作站”。不到 3 年时间，工作站已开发出“清除水下船体附着物机器人”“消防救生衣”和“气胀式救生背心”等新产品，申报 24 项国家专利，其中 22 项已授权。公司总经理曹伟介绍，“消防救生衣”和“气胀式救生背心”已投入批量生产，新增年销售 3500 万元、利税 350 万元。

目前，已有 350 多家企业与国内 150 多所高校院所建立了各种形式的产学研合作关系。参与研发和成果转化的省内外高校院所专家教授 650 多名，累计合作项目 450 多项。近 3 年以来，累计争取上级科技经费已达 1.6 亿元，带动企业研发投入 40 多亿元，实现销售收入 600 多亿元，利税 80 多亿元。全区高新技术企业数目前已累计达到 79 家，列九县市区第一。全区 90 家大中型企业研发机构建设率达 100%。

（原载《科技日报》2014 年 7 月 7 日）

通州：“三智”引领换挡转型

《新华日报》记者 陈 明 通讯员 杨 潇 印春湘

11 月上旬，南通通州区 39 家企业通过国家级高新技术企业认定公示。至此，通州拥有高新技术企业达到 78 家。最新数据显示，该区已实现高新技术产业产值 670.75 亿元，增长 21.5%，在南通市名列前茅。

区委书记宋乐伟介绍说，该区正通过探索从制造到“智造”、资产转“智产”、资本变“智本”的“三智”模式，引领转型升级，在经济运行“新常态”下蓄积起发展新优势。

制造到“智造”，引领装备制造业换挡转型

10 月 31 日，南通明德重工为欧洲船东自主研发建造的 2.4 万吨双相不锈钢化学品船开工。该船能满足 6 种不同货物同时装卸，其运营油耗每天仅 16 吨，处于全球领先水平。据介绍，目前明德重工新船订单总数达 30 艘，总造价 10.5 亿美元，生产任务排到 2017 年。

通州现有船舶海工企业 104 家，年造船能力 200 多万载重吨。船舶海工是该区的支柱产业之一，也是产业转型升级的重点和难点。2008 年金融危机，通州船舶海工产业增速一度放缓。该区加快建设产业研究院，通过引导船企由制造向“智造”迈进，打造“全省领先全国有地位”的船舶海工装备产业基地，形成了从钢材配送、起重机械、船舶分段，到整船制造的产业集群，并正向海工、军工、风电、民用钢结构等多领域拓展，引领转型“换挡”。

“智造”为通州船舶海工、机械装备、节能环保等八大特色支柱产业快速发展提供源动力。1 至 10 月，八大主导产业实现规模产值 1443.09 亿元，同比增长 14.8%，占全区规模工业产值 93.3%。

资产转“智产”，提升产业核心竞争力

近两年来，南通江海电容器投资收购动作频繁。江海电容器是国内最大的铝电解电容器生产商。“近年来，我们专注于收购‘智产’。”公司副总裁王汉明说，大手笔“智产”投入，增强了企业创新内核。今年 1 至 9 月，企业实现销售收入 8.98 亿元，同比增长 10.1%。

今年，通州通过深化行政审批制度等 5 项经济体制改

革方案，通过构建综合服务平台、加快开放型人才培育等措施，鼓励企业“走出去”，通过转变收购资产为投资引进“智产”。

今年8月，创斯达南通机电成功收购德国迈科90%的股权。董事长刘佳炎坦言，他更看重的是迈科机电一体化软件开发、设计大型复杂设备的稀缺人才和一系列完整的知识产权。收购后，创斯达能形成20亿元的年销售。

该区四方冷链、华宇印涂、甬金金属等30多家民营企业，通过持续不断的技术合作，核心竞争力大大提升，有些成为全国“单打冠军”。

资本变“智本”，积蓄创新新动能

10月18日，通州举办第十届高洽会，28个高层次人才项目签约，涉及新能源、新材料、节能环保等新兴产业。

积累资本不如积蓄“智本”，今年以来，通州对全区所有企业进行调研摸底，将100家企业纳入高新企业申报后备库，在专利申请、科技合作、科技项目申报、人才引进等方面给予重点指导。

在引进高层次产业人才时，通州更加注重促进研发产品的成果转化。一年一届的通州区高层次人才智力与项目合作洽谈会，已经成为很多高端人才携带自己的研发成果前来落地创业的桥梁。2012年9月，留德硕士袁宏亮团队通过高洽会留在通州，创办了沃太能源南通有限公司，从事新能源户用储能系统的开发应用。目前在手订单3000多万元，产品远销英、德、奥地利等国家。

据介绍，目前通州已引进千人计划、长江学者、杰青等高端人才27人，落地项目110个。

（原载《新华日报》2014年11月30日头版）

南通国家高新技术产业开发区：

走进陆海统筹发展的创新时代

“在新一轮国家高新区中争树标杆，打造国家级高新区样板区。”这是南通高新技术产业开发区的目标定位。

江苏省委省政府高度重视苏中高新技术产业区域发展布局和南通高新区发展，省科技厅与南通市共建南通高新区，建立共建工作机制，推动体制机制的顶层设计。南通市委、市政府在《关于支持南通高新技术产业开发区加快发展的意见》中提出，充分发挥国家高新区在南通陆海统筹发展中的示范、引领和支撑作用。

意见明确，到2020年，南通高新区经济总量大幅提升，对南通市区经济增长贡献率超过20%。打造三大优势产业集群，战略性新兴产业发展成为高新区的主导产业，总产值占比超过40%，建成5个左右国家级特色产业基地和若干特色产业园。创新驱动格局全面形成，高新技术企业数量超过200家。在船舶海工、现代纺织等行业拥有一批国际顶尖技术，科技创新成果转化率超过60%，建成家纺、建筑等传统产业转型升级的示范区，信息电子、海工、航空等新兴产业的集聚区，科技金融、对外开放、经济体制改革的先行区。

两年来，南通高新区通过“以升促建”，坚持改革开放和自主创新，积极推进科技与经济结合，自主创新能力不断提高，创新资源迅速聚集，创新成果大量涌现，高新技术产业快速发展，积极探索了创新驱动发展的路径，在调整经济结构、转变经济增长方式中充分发挥引领示范作用。

国家科技部副部长曹健林先后三次到南通高新区考察。他说，南通高新区基础好、环境好、发展态势好，科技部希望南通高新区争当新一批国家级高新区加速发展的典型。

提“质”：成为南通的“创新心脏”

2013年12月20日，国务院批复江苏南通高新区为国家高新技术产业开发区。南通高新区成为全国114家、全省11家国家高新区的一员。

南通高新区的前身为通州经济开发区，创建于1992年；1993年成为首批省级开发区。2011年，通州经济开发区华丽转身，由省政府批准，更名为南通高新技术产业开发区；2012年，其科学发展综合评价排名列全省省级开发区第一。

加快提“质”，内生动力更重要。南通高新区按照国家高新区“四位一体”建设要求，宏观布局，科学实施，推动园区由投资拉动向创新驱动转变。

围绕高新区特有的本质内涵和发展要求，南通高新区邀请国内外知名机构编制高新区发展规划。作为南通高新区创新核心区，科技新城规划22平方公里，先期启动4平方公里。目标通过3至5年的时间，把科技新城打造成高端人地集聚、创新资源集成、总部经济集合，基础设施完善、生态环境优美、配套服务一流，具有鲜明科技特征的新城区。

科技之窗、科创大厦、综艺金融港、人才公寓…… 科技新城在建的创新载体达55万平方米。

科技之窗总投资15亿元，集办公、科研、孵化、中试及生活配套于一体。重点打造吸引中科院系统的研究院所、“211”工程系列大学、国家重点实验室、世界500强以及央企的研发机构落户，合作共建以应用开发为主的重大研发机构和产业公共技术服务平台。其主体工程今年底可封顶。

科创大厦总投资2亿元，主体24层。建成后，将和东大、盛发科技产业园构成科技型企业、孵化类项目承载平台。目前，主体结构封顶。创新公园、广和软件、江苏虚拟软件园等一批项目已注册等待入驻，移动互联网、软件、电子商务等领域科技型、孵化类项目加速向园区集聚，将打造成南通“TMT”行业创新谷。

去年5月，南通高新区内成立了南通市第一家创业投资中心，9家基金单位入驻，总注册资本19亿元，管理资产规模超过30亿元。今年，南通高新区与中新力合、凯璞庭等社会资本合作，建立科技型中小企业贷款担保基金，为处于初创期企业提供资金支持。南通高新区已初步形成从种子期、孵化期、加速期、成长期科技金融服务链。

两年来，南通高新区新增高新技术企业18家，目前高新技术产业产值占规模工业产值比重达52.3%，研发投入占GDP的比重提高了1.2个百分点，获得国内专利授权1300多件。

未来，科技新城将成为南通高新区的“创新心脏”。

攀“高”：成为人才的“创新摇篮”

攀“高”，南通高新区用市场运作方式，以项目招纳人才，以人才引进项目，激活人才和智力的动力源泉，实现高新区从前期探索、自我发展向肩负起创新示范和战略引领使命跨越；从工业经济、产业园区向知识经济、创新文化和高科技产业增长极跨越。

南通高新区通过创新载体，依托企业孵化、留学生人员创业园、大学科技园等平台，积极承载公共研发机构、技术转移中心、科技中介机构、科技金融机构、科技型企业以及孵化项目。6月21日，南通高新区科技新城工作人员赶到上海，与上海留学生协会进行对接，科技金融、知识产权服务机构等项目达成合作意向。

深化产学研合作，鼓励以企业为主导建立工程技术研究中心、博士后科研工作站，实施高新技术企业和大中型企业研发机构全覆盖。目前，南通高新区拥有家纺、建筑、海工装备等三大研究院，建成省家纺设计及新材料公共技术、省家纺面料和省电机检测等三大中心，省级以上研发机构近40家。两年来，南通高新区推动产学研合作项目450多个，共建产学研结合示范基地70多个，合作企业数占规模企业总数达到了85%。

上半年，南通高新区已上报创斯达科技、综艺新材料等8家高企；公爵新能源汽车、森蓝环保科技等13家企业申报民营科技企业，还有12家企业申报科技型创新型企业。

去年底，苏州大学鲍桥梁博士带着8项发明专利和1项覆盖北美、欧盟、亚洲等主要地区的国际专利，落户南通高新区科技企业孵化器之一的盛发科技创业园，创办南通蓝诺光电科技有限公司。鲍桥梁说：“我们计划3年内形成完整的激光器生产产业链。”

江苏德明新材料有限公司由留德硕士范平一创办，从事酚醛系列材料研发生产。经过4年发展，德明新材料即将从高新区科技孵化器——东大科技园孵化器搬离，投资6000万元建办自己的生产基地，10月底可建成投产。

通过江苏通创现代建筑产业技术研究院，德明新材料又与南通四建成为战略合作伙伴。德明新材料创办人范平一说：“今年底，德明新材料可实现应税销售7000万元，实现利税1600万元。”

南通高新区已经成为人才的“创新摇篮”。目前，落户高层次人才198名，其中国家“千人计划”专家24名、“长江学者”4名，国家“杰青”3名；引进的高层次人才主持或承担国家“863计划”、国家“973计划”项目达37个。

出“新”：成为产业的“创新基地”

7月中旬，南通高新区南通江海电容器股份有限公司的动力中心主体工程竣工。该项目投资12亿元，重点打造高压薄膜电容器生产基地，公司总经理丁继华说：“这个出‘新’项目，填补了国内电容器品牌在高端薄膜电容器领域的空缺。年底可实现试生产，达产后可年产300万只高压大容量电容器，实现年销售35亿元、创利税8亿元。”

出“新”，就是围绕国家高新区创新驱动战略提升的历史使命，加快向更加注重优化创新创业环境、培育内生动力的发展模式转变，走“资本密集型”“智力密集型”“生态可持续型”的集约化发展道路。

近年来，南通高新区加速产业集群发展，“握紧拳头”打造链式经济，形成“基地”效应。

2009年3月，雄邦压铸（南通）有限公司正式开始生产，该公司总投资5500万美元，是一家集模具设计、制造、铝合金压铸、精密加工等工艺一体化的综合企业。2013年销售额突破5亿元，同比增长近七成。

“广东鸿图”是紧随“雄邦”来到南通高新区的企业，从事铝合金压铸件的生产销售。接着，“鸿图”引来“鸿劲”，又引来“鸿泰”。目前，南通高新区已经集聚12家国内知名大型压铸及其关联企业，从业人员超3000人，产品进入汽车、灯具等多个领域，年产值超70亿元。

2013年4月7日，在中国铸造行业第六届高层论坛会上，南通高新区获“中国压铸产业试点基地”称号，成为全国首个压铸产业试点基地。

目前，精密不锈钢产业基地、汽车配件产业基地和精密机电产业基地特色更加明显，鸿图、鸿泰、鸿劲的二期项目正在筹备，即将开工建设。

江苏甬金金属科技有限公司一期、二期项目生产顺利，上半年已完成应税20亿元。南通高新区围绕甬金科技等特色企业，正在规划布局2.5平方公里的千亿级高性能金属新材料产业基地。

南通高新区紧紧围绕世界500强企业、“中”字头企业、央企、行业龙头企业，强化对投资超1亿美元或10亿元人民币重大项目的跟踪、洽谈和落户推进。瑞典宜家、美国德尔福等世界500强企业成功落户，中国供销集团、中国华电热电、中国航空工业集团等“中字号”企业前来“联姻”。

目前，南通高新区在建重大项目16个，总投资100.2亿元；年底前还将开工项目8个，总投资90.2亿元。重点打造的新能源、新材料、汽车配件制造、信息电子、先进装备制造、现代物流等6大百亿级以上经济板块初步形成。

（新华日报　2014年7月25日第四版专版）

（本栏资料由通州区互联网新闻中心胡晓薇提供）

上级领导视察通州

【张国华调研南通空港产业园】 3月26日，市委副书记、市长张国华到通州调研南通空港产业园。该园是南通市“十二五”期间重点开发建设的产业园区，规划面积90平方公里，统一规划、分期开发建设。园区引进的华夏航空和顺丰速递项目已投入运营。他要求：通州要抢抓机遇，发展大产业，搭建大平台，同时做好服务企业相关工作，推动经济跨越发展，为南通争当苏中新一轮发展“领头雁”多作贡献。（张为新）

【徐南平考察南通高新区】 4月3日，省政协副主席、省政府党组成员、省科技厅厅长、党组书记徐南平到通州考察南通高新区。考察中，徐南平充分肯定了高新区发展情况，他说，南通高新区发展思路清晰、目标明确、成绩显著，建设速度很快，他对高新区未来的发展充满信心。他要求，要坚持高点定位，在规划设计、产业打造、平台建设、企业发展方面向“国字头”看齐，建成真正一流的国家高新区。要理顺园区管理体制，科学设置机构，合理配备人员，赋予相应管理权限，使高新区成为南通创新驱动的先行区；要多途径培育创新主体，突出高新技术企业的主体地位，加快推进“小升高”、创新型企业、领军型企业的培育，把高新区建设成高新技术企业的集聚区；要聚集整合科教创新资源，在高新区内规划科教区域，积极引进各类科教资源，推动高端人才和科教资源向高新区聚集，形成科技人才和科教资源聚集区、科技活动核心区；要加快培育战略性产业，不但要注重新兴产业的发展，更要大力推进传统产业与高新技术的结合，结合自身特点加速科技成果转化，逐步形成产业特色。

（通讯员施伟办　记者李舒舒）

【罗志军调研通州】 4月28—29日，省委书记罗志军到通州区调研，对通州区改革开放、项目建设、创新驱动，特别是民营经济发展给予了肯定。他强调，改革是破解发展难题最好的“良方妙药”。要把思想和认识统一到中央和省委对当前经济形势的科学判断上来，把握稳中求进的工作总基调，坚持用改革的思路和办法稳增长调结构促转型，巩固和发展经济稳中向好态势。

（通讯员施伟办　记者李舒舒）

【沈健考察通州】 5月15日，省教育厅厅长沈健到通州区考察教育工作。在金郊初中新校区，对校区环境很满意，肯定了通州坚持教育优先发展、加大教育投入的举措。在实验小学金桥校区，勉励学校狠抓常规管理，打造实验小学金桥校区品牌。同时，还视察了育才中学新校区施工现场。考察后，沈健充分肯定通州区教育工作，希望以深化教育教学改革为发展动力，继续加大教育投入，建设高素质、专业化的教师队伍，加强和推进素质教育，促进学生全面发展，努力为社会培养出更多更优秀的人才。

（通讯员瞿镇辅　见习记者周优优　黄梦倩）

【弘强到通州调研指导群众路线工作】 5月15—16日，省委常委、纪委书记弘强到通州调研指导党的群众路线教育实践活动。她对通州党的群众路线教育实践活动的开展给予充分肯定。根据省委安排，通州区是弘强的县级联系点。调研期间，她深入基层一线，走社区、进机关、访群众，同干部群众座谈交流，广泛听取意见建议，实地指导教育实践活动。她强调：一要深入学习，自觉增强开展活动的自觉性和主动性。二要注重问题导向，突出抓好查找问题和解决问题关键。三要坚持领导带头，切实强化各级领导干部的主体责任。四要强化活动效果，以改进作风的新成效推动改革发展新进步。（通讯员施伟办　记者杨　潇　李舒舒）

【徐鸣调研通州“三夏”工作】 5月27日，副省长徐鸣来到通州调研“三夏”（夏收、夏种、夏管）工作。在十总镇，他现场查看秸秆机械化还田、小麦机械化收割。在田头，与当地农民群众亲切交谈，实地了解农机收割进展以及惠民政策落实情况。当看到使用犁翻旋耕复式作业耕整机对秸秆进行切割还田时，徐鸣勉励大家要进一步加强宣传，让农民充分了解秸秆还田的好处；要加大投入，积极总结推广农机化作业的经验和做法。在石港镇马道村中联合作社育秧基地，她饶有兴趣地观看搅拌土肥、装料、加水、搬运，育秧全程机械化作业过程，当得知基地0.33公顷地培育出来的秧苗能栽插33.33公顷水稻，效率比人工育秧提高两倍时，她连连称赞。指出，“三夏”时节是推广农业新技术、调整种植结构的最佳时节，也是推动土地流转、发展规模农业的黄金时节。要充分抓住这个有利时机，积极培育粮食种植大户，实现土地的规模经营。同时，要进一步探索农机利用方式，提高利用效率，控制农业生产成本，切实维护好农民的利益。（通讯员施伟办　记者吴昕宇）

【曹健林为南通高新区升级揭牌】 7月27日，国家科技部副部长曹健林和省政协副主席、省政府党组成员、科技厅厅长徐南平为南通高新区揭牌。南通高新区的前身为通州经济开发区，1993年成为首批省级开发区。2011年，由省政府批准更名并正式启动国家高新区创建工作。2013年12月20日，经国务院批准升级为国家高新区。曹健林对南通高新区升格国家级表示热烈祝贺。他说，南通高新区升级为国家高新区是加速江苏省经济社会发展和高新区建设的一件大事，体现了党中央、国务院对江苏省高新技术产业化工作的高度肯定。希望南通高新区以此为契机，着力创新驱动发展,加快创新机制和公共平台建设,完善技术创新体系和科技服务体系,促进科技和经济的结合;着力产业集群,突出产业特色,注重以新技术新工艺提升传统产业,大力发展战略性新兴产业和现代服务业,培育现代产业体系,推动产业集群化发展;着力人才培养,营造有利于人才合理流动和加快成长的良好环境;着力深化改革,积极探索政产学研用相结合的新机制,加速科研成果转化为现实生产力,做强做大一批具有全球影响力的创新企业;着力扩大开放,加强国际合作,有效利用全球创新资源,加快建设一两个服务南通高新区主导产业的国际技术转化中心。他表示,科技部将一如既往和江苏、南通共同努力,把南通国家高新区建设好。科技部高新司副司长胡××宣读《国务院关于同意江苏省南通高新技术产业开发区升级为国家高新技术产业开发区的批复》。　(通讯员施伟办　记者李舒舒　印春湘)

【柳玉祥考察公共法律服务全覆盖体系】　9月9日,省司法厅厅长、党组书记柳玉祥,率领参加全省公共法律服务全覆盖体系建设推进会的全体人员,参观考察通州区现场。在区司法局参观公共法律服务中心、法律援助中心和公证处,调研区镇村三级“两中心一站”公共法律服务体系运作情况。充分肯定通州公共法律服务中心整合全区法律服务资源,设置法律援助、公证、矛盾纠纷调解、社区矫正和安置帮教等服务窗口;推行“集中受理、分类办理、限时办结”工作模式,以规范化流程、标准化服务、精细化管理、人文化教育,努力打造通州人的“法律之家”,实现司法行政效能最大化的做法。同时希望通州区继续抓好公共法律服务全覆盖体系建设,不断提高律师和基层法律服务工作者的队伍规模和整体素质。

(通讯员施伟办　记者周优优　见习记者印春湘)

【王咏红调研社区卫生室建设】　9月26日,省卫生和计划生育委员会主任王咏红调研通州社区卫生室及计生指导站建设。调研中,王咏红详细询问村卫生室收费、服务、硬件设施投入等情况,并着重了解乡村医疗人才建设情况。随后,又来到区计生指导站,查看指导站咨询室、康复室等,与计生工作人员进行交谈,了解业务情况,对通州计生指导站一流的设施以及工作人员良好的精神面貌给予高度赞赏。

(通讯员施伟办　记者杨　潇)

【蒋宏坤调研通州现代化农业】　10月13日,省人大常委会副主任、党组副书记蒋宏坤到通州区调研现代化农业发展情况。在十总现代农业产业园,他详细询问园区规划布局、土地流转、销售渠道、带动农民增收等情况,对园区规范化建设给予充分肯定。他希望园区在土地、资金、劳动力资源整合方面加大工作力度,创新经营模式,拓宽农业增收渠道。在二甲镇金土地生态农业园,深入田间地头了解园区品种引进、生产管理、产品销售、经营业绩等情况。蒋宏坤充分肯定了园区以现代化农业发展带动旅游观光业的经营模式,勉励园区加大基础设施和科技投入,以高产出带动高效益,把园区打造成集生产经营及旅游观光为一体的生态农业示范区。

(记者盛　杰)

【李成玉调研南通供销产业园】　11月28日,全国政协常委、人口资源环境委员会副主任、中华全国供销合作总社原党组书记、理事会主任李成玉调研中国供销集团南通供销产业园。该产业园是中国供销集团组建后直接投资建设的第一个供销产业集聚园区。2013年,一期工程竣工运营,3家企业实现营业收入15亿元,利润总额5000万元。2014年4月,二期工程——国际棉花交易中心开工建设。该项目总投资5亿元,占地面积2.67公顷,设交易、服务、商办、公寓四个功能区,计划2016年6月竣工。是年,园区实现营业收入15.60亿元。他在调研中指出:中国供销集团南通供销产业园建设初具规模,要充分抓住沪通铁路建设发展的大好机遇,提升园区功能,加快发展步伐。区委书记宋乐伟表示,中国供销集团的规模优势和整体效应对通州的发展十分有利,并形成良好的合作关系。通州将一如既往支持南通供销产业园的项目建设和运行发展,为其提供优质高效服务,实现互利共赢发展。　(张为新)

【韩长赋视察景瑞农业产业园】　12月28日,农业部党组书记、部长韩长赋到通州视察江苏景瑞现代农业产业园。他对产业园产业培育、规模经营、创新引领、科技推广等运作模式表示肯定。在详细了解公司新培育的水果椒、番茄等新品情况,认真品尝并表示认可,他说:“我们国家是种子大国,90%的大田种子都由我国培育,但种业科技创新能力还不够强,蔬菜种子更是短腿,你们走种子改良培育道路符合农业发展大趋势,给现代农业的发展开了一个好头。希望你们进一步创新育种技术,不断研发新的蔬菜品种,用科技照亮蔬菜种业‘中国梦’。”他强调,景瑞现代农业产业园是现代农业发展的典范,南通地区有较为良好的农村产业基础,下一步要实现农村农业的高效、安全、可持续发展。要坚持创新驱动,加快转变农业发展方式,大力推进农业产业化,引领现代农业发展方向,实现集约发展、可持续发展,致富广大农村群众。　(通讯员施伟办　记者李舒舒)

(本栏目除署名者外,由冯金荣根据区党政信息网相关报道整理)

知名人士考察通州

【河北省县(市、区)长考察通州】 4月15日,河北省县(市、区)长“转变发展指导思想、推进河北绿色崛起”专题研讨班一行到通州区学习考察。先后参观了中国南通家纺城、南通供销产业园、甬金金属和建设中的科技之窗等地。区委书记宋乐伟,区委副书记、区长陈永红接待并介绍通州经济社会发展情况。他说,近年来,通州结合区情实际,大力调结构促转型、强园区兴片区、重保障惠民生,经济社会保持平稳健康发展态势。河北省是中华民族的发源地之一,近年来,以全面打响“四大攻坚战”为突破口,着力稳增长、调结构、抓改革、惠民生,全省经济社会文化发展取得巨大成就,创造了许多全国有影响的经验,值得通州借鉴学习。河北省省委组织部秘书长范永录告诉记者:“之所以选择通州作为研讨班在江苏的培训点之一,是因为通州的经济发展、综合协调等各方面工作都走在全国前列,是我们学习的样本和标杆,希望能将通州的好做法、好思路带回河北,促进河北各项工作不断进步。”

(通讯员施伟办　记者吴昕宇　见习记者黄梦倩)

【台北电脑公会考察通州】 6月2日,中国台湾台北市电脑商业同业公会副总干事张永美一行应邀考察通州,宾主双方就智慧城市建设等信息产业领域合作进行深入交流。区委副书记、区长陈永红接待考察团一行。考察团实地参观中国南通家纺城、金太阳家纺产品展示中心、南通高新区科技新城、城东新区。陈永红希望通州与台湾电脑公会在智慧城市建设方面发挥两地优势,整合双方资源,开展深入、务实合作,从而更好地推动通州智慧城市建设。台湾嘉惠科技总裁、智慧城市联盟总召集人乔培伟先生认为,通州与台湾在智慧家纺、智慧物流、智慧小区、智慧医疗、智慧制造等领域具有广阔的合作空间。(通讯员瞿镇辅　王红琴　秦　楠)

【贺广华调研通州】 6月11日,人民日报社江苏分社社长贺广华到通州调研现代家纺产业发展情况。首先到江苏金太阳纺织科技有限公司考察,在企业产品展示区,看到公司通过提升创意设计能力,做顶级面料供应商,每年推出1000多款花型十分赞赏。与企业负责人探讨家纺产业发展和应用前沿问题,对企业通过创意设计提高产品附加值的做法给予充分肯定。随后,他来到南通嘉宇斯纺织集团,参观花型档案室,饶有兴趣地察看了不同年代面料花型、材质变化情况。嘉宇斯公司十分重视知识产权自我保护,凡是自行创作设计的花型,都要办理著作权登记或申报专利。在中国南通(家纺)产权快速维权中心,他详细了解了中心运作机制及南通家纺城版权保护的经验和做法,认为通州通过富有创意的设计和强有力的知识产权保护,让传统的家纺产业焕发出勃勃生机,这种理念和做法值得推广。

(记者杨潇)

【顾惠忠考察通州】 11月1日,中航工业集团公司副总经理顾惠忠带领集团旗下的中航国际、中航建发、中航资产等企业负责人考察通州。区委书记宋乐伟,区委副书记、区长陈永红陪同。先后考察南通高新区科技新城、空港产业园华夏航空工程有限公司、通州城市展览馆等。宋乐伟对中航工业关注、支持通州发展表示感谢。他说,近年来,通州与中航工业保持着密切联系,并在项目投资、企业合作、创新平台搭建等多个方面开展战略性的合作和探索,特别是深南电路项目成功落户南通高新区,为双方深入合作奠定了基础。表示:通州将全力以赴做好项目服务工作,推动双方合作走向深入,真正实现互利共赢。顾惠忠表示,中航工业与通州已经形成良好的合作关系,并且取得喜人成果,中航工业对与通州进一步加深合作充满信心。下一步,双方要在前期良好合作的基础上,循序渐进、务求实效推进更多项目合作。对于相对成熟的项目,要排出时间表加快推进。对于正在洽谈的项目,要加紧研究,全力以赴,一件一件抓落实,同时在项目推进过程中寻找、发现新的合作领域,实现双方的共赢发展。　(通讯员施伟办　记者张炜)

【各路嘉宾聚首通州　共话“童声里的中国”】 11月4日,“童声里的中国·少儿艺术创研活动基地”建设汇报会在通州召开。3日下午4时,来自全国、省市领导、专家、获奖者陆续下榻北山饭店。

中国作协荣誉会员、著名儿童文学作家樊发稼第一个报到。作为从第一届开始参加“童声”活动的“元老”,深有感慨地说,“爱国主义情怀从小要培养,历届童声活动推出的童谣、儿童诗、儿童歌曲,它不是标语口号,而是一系列真挚情感的表达”。通州这个县级城市能发起在全国范围如此有影响力、号召力的大活动着实不易。把社会主义荣辱观、核心价值观等教育融入到少年儿童的文学启蒙教育之中,寓思想品德教育于孩子喜闻乐见的儿歌等形式中,这是为塑造未来一代心灵的伟大工程添砖加瓦,是一件值得为之呕心沥血的事。

全国首届儿童音乐优秀创作奖获奖作品《甜甜的咧》的作曲者罗大明现为海南曲艺家协会副主席,他觉得为孩子写歌是一种“福差”。他说,创作的儿歌必须是朗朗上口的,用简单的歌词让孩子们感知领悟真善美,在幼小的心灵里播撒爱的种子才能为孩子们打好人性、思想道德的基础。

“昔孟母,择邻处,子不学,断机杼……”《行教童谣》浓缩了中华行为礼仪,利用“三字经”的形式,将孝老爱亲的内涵表现得淋漓尽致。这首获奖作品的作曲韩建东是山西师大临汾学院艺术系教师。他说,“童声”活动是“一件有意义的事情,做好就非常了不起,而能连续做下去更是不易。音乐是一个强大的载体,少儿艺术创研活动基地的建立已经证明了它存在的意义。”“童声”品牌进入基地运作阶段,最大的受益者是孩子。少儿艺术有了发展的平台,能让儿童文艺工作者的参与度更高、动力更强。　（记者吴昊　曾银霞）

【宋乐伟会见卡特彼勒研发总部客商】　11 月 5 日,区委书记宋乐伟在区行政中心第一接待厅会见卡特彼勒研发总部总监 Jim Blass 一行。他说,卡特彼勒是世界 500 强企业,一直是工程机械、能源和动力系统行业领导者,在通州建设 986H 大型轮式装载机生产线及亚太试验场,有助于帮助通州更好地吸引高端人才,加快形成高端制造业集聚效应,推动产业发展壮大。表示将一如既往关注和支持卡特彼勒在通州的项目发展,继续提供高效优质服务,帮助企业做大做强。Jim Blass 表示,在通州支持下,卡特彼勒(通州)有限公司从开工到投产仅用一年时间,堪称是卡特彼勒建设速度和质量的完美体现。他说,亚太试验场是卡特彼勒亚太地区唯一的、也是最大的整机测试场。表示将利用亚太试验场开展运土、挖掘等机械试验工作,邀请众多代理商和客户来体验卡特彼勒产品,不断扩大产品知名度和市场占有率,进一步带动通州大型机械研发、生产发展,实现合作共赢。　（张为新）

【四川省政协代表团考察通州】　11 月 7 日,四川省政协副主席、秘书长高烽率队到通州考察统筹城乡综合配套改革和推进新型城镇化建设,先后实地参观考察金土地生态农业园、区体育中心、城市展览馆。高烽说,通州是一座有着深厚文化底蕴的城市,产业实力雄厚,规划起点高,城市功能完善。无论是人文历史还是城市建设,都让他们很受震撼,也很受启发,尤其是在新型城镇化建设方面,很多好的经验和做法值得学习。　（记者　朱键）

【宋乐伟会见陈一坚院士】　12 月 20 日,区委书记宋乐伟在区行政中心第一接待厅会见中国工程院院士、中国“飞豹”飞机总设计师陈一坚一行。宋乐伟表示,依托空港产业园,加快飞机修造、航空物流等临空产业,亟须航空领域高端人才加入,更好地助推通州航空产业发展。陈一坚简要介绍项目基本情况后说,通州发展临空产业有先天优势,具有较强的前瞻性,也与国家产业大气候相符。西北工业大学无人机项目在国内开展最早,实力也较为雄厚,愿意为通州航空产业发展做贡献,在人才、技术等方面鼎力扶持,实现合作共赢,开创南通地区航空产业发展新局面。

（张为新）

（本栏目除署名者外,由冯金荣根据区党政信息网相关报道整理）

知识窗

中国人民抗日战争

中国人民抗日战争(英语:War of Resistance Against Japan),国际上称作第二次中日战争,(英语:Second Sino - Japanese War)是指 20 世纪中期第二次世界大战中,中国抵抗日本侵略的一场民族性的全面战争;由于全面战争时间约为 8 年(1937 年七七事变国民政府发表《告全体将士书》—1945 年日本宣布投降),亦被称为八年抗战,或简称为抗战。

1931 年,侵华日军发动九一八事变后,完全侵占中国东北,并成立伪满洲国,此后陆续在华北、上海等地挑起战争冲突,国民政府则采取妥协政策避免冲突扩大。1937 年 7 月 7 日,日军在北平附近挑起卢沟桥事变,中日战争全面爆发。

在战争初期,中国投入大量军队以遏制日军的进攻;随后交战双方即转入相持,中国共产党领导的敌后力量逐渐发展壮大,1941 年 12 月 7 日日本发动太平洋战争后,美国的罗斯福政府正式对日宣战,中国战场成为二战(第二次世界大战的简称)的主战场之一。

1945 年 8 月 15 日,日本在密苏里号上向包括中国在内的同盟国无条件投降。抗日战争对中国造成了巨大的人员和财产损失,但战争过程中民众的国家观念得到了增强,战争的胜利极大的提高了中国在世界舞台上的地位。

（资料来源:新华网“中国人民抗日战争”）

区委、区政府重要会议报告

动员全区上下把握新常态，迈上新台阶，为圆满完成“十二五”各项目标任务、奋力走在苏中新一轮发展前列而努力奋斗！

——在中共南通市通州区委十一届委员会第九次全体会议上的讲话

宋乐伟

（2014年12月31日）

（节　选）

一、工作回顾

今年以来，面对复杂多变的宏观经济环境和艰巨繁重的改革发展任务，全区上下认真落实中央和省市委决策部署，以全面深化改革统领全局，坚持稳中求进总基调，突出五大行动主抓手，经济社会继续保持平稳健康发展态势。预计（下同）全年实现地区生产总值835亿元，同比（下同）增长10.5%；财政总收入、一般公共预算收入分别突破170亿元和70亿元。经济质态在创新转型中实现新提升。大力培育创新主体，新增高新技术企业39家，总量达111家，高新技术产业产值占比提高1.8个百分点；新增省级以上创新平台载体5家，新增“三创”载体22万平方米、新入驻企业30家。强化人才支撑，新引进千人计划、长江学者等18名，新增创新创业项目42个。创新金融发展，江苏银行科技支行成功获批，天天富余互联网金融平台上线运行，省高投南通天使投资基金等项目成功落户。推动三大产业研究院加快建设，特色主导产业转型取得新进展，家纺产业创成国家新型工业化产业示范基地；船舶行业应税销售增长30%；建筑业设立全市首个产业基金，新获鲁班奖3项，施工总产值突破1300亿元。通过设立国家新材料创业投资基金、船舶海工并购基金，深化与中航工业、海兰信、江苏国信等龙头企业的合作，加快培育海工配套、航空航天、新一代信息技术等产业，新兴产业产值占比提高7个百分点。项目化推进服务业重点业态发展，一批重大项目加快建设，增加值占比提高1.5个百分点。物流业创成国家AAA级以上企业19家，南通供销产业园和顺丰速运分别创成AAAAA和AAAA企业。南通家纺电商园投入运行，入驻企业65家。农业现代化进程加快，新增设施农业2.7万亩，高标准农田占比达61%，145只农产品通过“三品”认证，景瑞农业荣获中国驰名商标，相关工作得到农业部领导同志的肯定。主力平台在开发开放中增添新活力。南通高新区以成功召开建设推进大会为契机，创新机制、整合资源，开发框架全面拉开；积极构建技术研发、创业孵化、科技金融、综合配套四大平台，被确定为省产学研产业协同创新基地；甬金三期等12个重大项目加快推进，园区综合实力不断增强。锡通科技产业园不断深化与无锡新区合作，获批苏南苏中合作共建园区和省科技产业园。南通家纺城列入首批国家级知识产权保护规范化培育市场。滨江新区、空港产业园、石港科技产业园功能进一步完善，重大项目和优质项目加快落户，园区整体实力不断提升。城乡建设在功能完善中展示新形象。S225新线、东沙大桥建成通车，G345中段、金通三大道、南通世纪大道东延西段、青年路中段即将建成通车，南通人民路东延正抓紧建设，连接南通主城区骨干路网基本形成。开展世纪大道南段、鹏程大道两侧城市设计，加快城东新区商业开发和银河新区功能完善，政务服务中心、体育中心、文博中心等投入使用，通吕运河“一河两岸”完成示范段业态策划和景观设计。持续提升老城区，改造整治老小区34个，城区住宅小区物业管理实现全覆盖。加快推动基础设施向农村延伸，农村公路、桥梁、泵站等加快建设，生产生活环境有效改善。民生事业在共建共享中迈上新台阶。区委常委会安排8次会议16个议题，对年初确定的10大类20项为民办实事项目逐项督查，推动落实。继续实施居民收入倍增计划，城乡居民收入分别增长9.2%和11%左右。推进社保提标扩面，启动城乡居民基本医疗保险制度整合并轨，各项社会保险覆盖率均达98%以上。社会事业加快发展，专题召开教育现代化工作大会，制定出台“一个实施意见、六个实施方案”，全面部署新一轮教育现代化工作；扎实推进深化医改各项工作，大力实施镇级医疗机构提标改造和村卫生室标准化建设，完成基层医疗卫生资源优化整合，实施区级医院药品零差率销售改革；报纸、电视、广播全面改版，建成省级公共文化服务体系示范区，成立“童声里的中国”少儿艺术创研活动基地，圆满举办全国首届儿童音乐奖评选、江苏戏剧奖·小戏小品奖决赛；区社会福利中心主体封顶。保质保量推进安置房建设，竣工175.6万平方米，安置5203户。持续创新社会治理，深入推进区镇村三级综合服务管理平台等建设，探索实践“政社互动”模式；“六五”普法有序推进，中期工作全国先进，法治建设满意度全省第一，被表彰为全省法治县（市、区）创建工作先进单位。生态文明在重点攻坚中凸显新成效。全力实施4大类27项生态攻坚重点工程，落实生态红线区域保护规划，环境质量不断提升。农村环境切实改善，面源污染处理设施加快建设，获得省村庄环境整治工作先进集体称号，开沙村入选中国最美村。强化现场检查、即时考评，集镇环境综合整治常态化开展。积极推进低效用地开发等工作，土地利用总体规划评估修编方案加紧审批，被评为全省国土资源节约集约模范县（市、区）。高度重视群众饮水安全，扎实推进应急水源建设等工作。推行“河长制”，疏浚整治农村河道155条（段）、拆坝100条，姜张河等河道整治取得阶段性成果。加快实施城区雨污分流改造工程，8条（段）生态河道试点有序推进。新增成片造林2.51万亩，生态廊道一期工程建设完成。滨江污水处理厂建成，益民污水处理厂等8个重点减排工程加快推进，启动污泥处置工程建设，尾水排江行政审批获得许可。深入开展环保执法“亮剑行动”，强势推进“三小”行业污染源规范处理和钢丝绳行业专项整治，关停涉污企业48家。党建工作在固本强基中得到新加强。宣传思想工作持续深化，精心组织“七个一”系列活动传播社会主义核心价值观，通州元素入镜央视专题片《国魂》。积极选树“通州好人”，集中宣传先进典型，公民道德素质不断提高，努力推进文明办丧，文明城市长效管理再上新台阶。坚持正确选人用人导向，研究制定干部选拔任用流程和加强优秀年轻干部培养选拔工作的《实施意见》，选派28名年轻干部到外地先进园区、区重点一线挂职锻炼。深化拓展“五位一体”党建惠民联动工作体系，细化示范点创建标准，创新“两新”组织党建模式，整顿提升22个软弱涣散基层党组织，推动在职党员到社区报到服务。严格落实党风廉政建设“两个责任”，按照“三转”要求，调整区纪委内设机构。完善权力运行监控体系，实现单位主要负责人“四个不直接分管”制度全覆盖。坚持有腐必反、有贪必肃，坚决查处党员干部违纪违法案件，切实解决发生在群众身边的腐败问题，着力营造风清气正的发展环境。与此同时，人大、政协充分履职，建言献策，发挥了积极作用。人武、统战、群团、老干部、关心下一代等各项工作取得新成效。

在实际工作中，我们着重把握了五个方面：

（一）*以习近平总书记系列重要讲话精神指导实践推动工作*。我们坚持把学习贯彻习总书记系列重要讲话精神作为一项重大政治任务，作为始终贯穿通州工作的一条主线，融会贯通、笃信笃行，确保了讲话精神落地生根、开花结果。区委中心组组织集体学习12次、专题讨论交流4次，全区集中宣讲600多场，通过密集、系统、全面的学习，广大党员干部更加自觉地把讲话精神作为思想引领和行动指南。学习贯彻中，我们把总书记对江苏提出的“三项重点任务”作为重中之重，结合落实省委“八项工程”、市委“八个领先”，深化拓展五大行动思路举措，更加清醒理性务实地抓工作干事业，真正让上级部署要求在通州得到不折不扣贯彻执行。

（二）*从严从实开展教育实践活动，显著提振了党员干部干事创业的精气神*。在中央和省市委正确领导下，在省委常委、省纪委书记弘强同志及省市委督导组精心指导下，区委按照“照镜子、正衣冠、洗洗澡、治治病”的总要求，坚持认真、求真、顶真、动真，一着不让做好各个环节工作。区委常委会率先垂范，作出“八坚持八带头”公开承诺，突出“一把手”抓、抓“一把手”，突出即知即改，突出群众参与，突出严督实导。各级党组织自觉践行“三严三实”要求，以整风精神开好高质量专题民主生活会和组织生活会，达到了红脸出汗、排毒治病的目的。通过教育实践活动，全区广大党员干部受到深刻的思想政治洗礼，党性观念和宗旨意识明显增强，发现和解决自身问题的能力明显提升，干部群众干事创业的精气神明显提振，党风政风和社会风气明显转变，得到了中央巡回督导组、省市委领导的充分肯定，获得了广大群众的普遍认可和社会各界的积极评价。

（三）*聚焦聚神聚力抓落实，全面深化改革扎实开局*。今年是全面深化改革的第一年，我们在中央顶层设计的大框架下，紧紧围绕区委十一届七次全会确定的改革路线图和时间表，不等不靠，全力推进，推动全面深化改革扎实开局。成立区委全面深化改革领导小组，迅速展开改革的总体布局和工作架构。召开常委会议、领导小组会议15次，对改革工作进行研究部署，出台40多项改革意见和实施方案，并项目化责任化加以落实。围绕经济体制改革这个重点，区委十一届八次全会作出具体部署，相继出台5个专项实施方案，确定了47项具体任务，目前正扎实有序推进。简政放权方面，强化“接、放、管”，推进行政审批制度改革，精简权力事项37.5%，审批时限整体压缩50%以上；深化区镇合一，在3个镇试点下放区级经济社会管理权限245项。农村综合改革方面，农村产权交易市场建设省级试点顺利推进，成交全市首笔百万元以上农村土地承包经营权抵押融资；积极推进“双置换”，开展农村土地承包经营权确权登记颁证试点，新增土地流转4万亩，培育新型经营主体200个，两家家庭农场被认定为省级示范。与此同时，政治、文化、社会、生态文明和党的建设各领域改革也在有条不紊进行。

（四）*增强工作定力，在加快转型升级中推动经济持续稳定健康发展*。我们理性看待经济发展环境变化，引导全区上下在应对风险挑战中增强定力，在加快转型升级中提质增效。注重发挥投资的关键作用，每季度开展项目集中签约、联合开工，国际棉花交易中心、新江海动力电子等重大项目开工建设，展华电子、华诺物流等签约落户。深入研究消费需求新变化，培育了一批新增点。积极应对外需市场持续不振带来的影响，外贸进出口总额增长10%，境外投资总额2.21亿美元。我们始终把实体经济牢牢抓在手上，继续实施扶持企业发展政策，着力保障要素供给，百强企业应税销售增长43%，占规模工业比重达72%，有力支撑了全区经济运行总体平稳、稳中有进的好势头。

（五）*严格落实维稳第一责任，社会大局总体安定有序。*今年，改革发展的矛盾问题比较复杂，社会不稳定因素增多，重要时段和敏感节点较多。常委会安排13次会议15个议题，研究推进维稳工作。加强对经济运行风险的监测管控，及时协调解决一批银企矛盾，守住了不发生系统性、区域性风险的底线。高度重视安全生产，建立“党政同责、一岗双责”的责任体系，部署开展打非治违专项行动，全区安全生产事故和死亡人数连续10年双下降。深入开展“五大专项行动”，最大程度消除了不稳定因素和安全隐患，有力策应和保障了青奥会顺利举行。青奥会结束后，我们将相关工作转入常态化，保持了社会大局和谐稳定。

在肯定成绩的同时，我们也要清醒看到工作中存在的问题，主要是：改革措施落地见效不够快，少数地方和部门存在等待观望倾向；经济增长动力不足，部分企业生产经营困难，经济下行压力较大；结构调整阵痛显现，新经济增长点、新支撑力量还在培育之中，转型升级任务艰巨；城乡居民增收难度较大，民生建设、保障水平、生态环境质量与群众期盼还有差距；各种不稳定因素相互交织，化解社会矛盾的任务依然艰巨；少数党员干部的精神状态需要进一步提振，干事创业的劲头需要进一步增强，群众工作的能力需要进一步提升；“四风”问题时有反复，反腐倡廉任重道远。对此，我们要采取有效措施，切实加以解决。

二、学习贯彻党的十八届四中全会精神

党的十八届四中全会，是在我国全面建成小康社会进入决定性阶段、全面深化改革进入攻坚期和深水区的关键时期，召开的一次具有里程碑意义的会议。全会通过的《决定》，是加快建设社会主义法治国家的纲领性文件。省委、市委先后召开全会，并出台相关《意见》，对学习贯彻四中全会作出部署。全区各级党组织要加强领导，周密安排，迅速兴起学习宣传贯彻的热潮。

我区法治建设起步较早，2002年就提出了建设法治通州的目标。经过10多年的努力，在权力阳光运行、弘扬法治文化、司法救助、公共法律服务全覆盖等方面，取得了明显成效、形成了特色品牌，有力保障和促进了经济社会发展。现在，法治通州建设正站在一个新的起点上，全区上下要坚定不移走中国特色社会主义法治道路，围绕全面推进依法治国的总目标和总抓手，牢牢把握“五个坚持”原则，全面落实这次全会确定的法治建设工作布局和重点任务，积极推进中国特色社会主义法治体系和法治国家建设在通州的实践探索，力争到2018年法治通州建设达到省级示范标准，人民群众对法治建设的满意度持续保持全省领先。鉴于区委《实施意见》已经作了全面部署，这里不再重复，主要就贯彻落实中需要把握好的几个问题作些强调。

*一要把改革和法治两轮齐转作为工作导向。*党的十八届三中、四中全会分别把全面深化改革、全面推进依法治国作为主题并作出《决定》，这是一个总体战略部署在时间轴上的顺序展开，是不可分割的姊妹篇。全面深化改革和全面推进依法治国是全面建成小康社会的两个轮子，我们必须坚持两轮齐转，通过改革使市场主体更具活力，通过法治使经济社会秩序更加规范，从而把各项事业协调向前推进。法治领域改革涉及的主要是公检法司等国家政权机关和强力部门，各方面都要顺应大势、服从大局，跳出部门框框，做到互相支持、互相配合。

*二要把遵守宪法法律作为行动准则。*各级党员干部要对法律怀有敬畏之心，牢记法律红线不能触碰、法律底线不能逾越，带头遵守法律，带头依法办事，不得违法行使权力，更不能以言代法、以权压法、徇私枉法。要突出权力规范和约束这个核心环节，对权力的赋予要法定化，对权力的边界要厘定清楚，对权力的运行要加强监督，真正把权力关进制度的笼子。

*三要把维护公平正义作为使命追求。*当前正处在社会矛盾凸显期，公平正义成为社会各方的聚焦点。要认清群众观点与法治观念的一致性，把体现人民利益、反映人民愿望、维护人民权益、增进人民福祉落实到法治建设全过程。行政机关作为执法主体，与人民群众打交道最多最直接，要坚持在法治轨道上开展工作，严格依法按程序行使事权，着力解决好执法不规范、不严格、不透明、不文明等问题，不断提高人民群众对行政执法的满意度。司法机关要抓好优化司法职权配置、推进诉讼制度改革、构建阳光司法机制、加强司法活动监督等各个环节工作，筑起保证公平正义的牢固防线。

*四要把加强队伍建设作为关键举措。*推进依法治区，建设一支德才兼备的高素质法治队伍至关重要。要以思想政治建设为根本，以岗位练兵、技能比武、业务考核、队伍督查为抓手，不断提高执法、司法队伍的政治素质和专业素养，努力建设正规化、专业化、职业化的法治工作队伍。执法人员必须忠于法律、捍卫法律，严格执法、敢于担当。司法人员必须信仰法律、坚守法治，端稳天平、握牢法槌，铁面无私、秉公司法。同时，要加强律师队伍建设，增强他们对中国特色社会主义法治建设的政治认同、理论认同和感情认同。

*五要把强化党的领导作为根本保证。*各级党委要履行对本地区、本部门法治建设的领导责任，定期听取法治建设情况汇报，及时研究解决重大问题。不断完善党内议事决策规则，提高依法决策、科学决策、民主决策水平。人大、政府、政协和法院、检察院的党组织要领导、监督本单位模范遵守宪法法律，坚决查处执法犯法、违法用权等行为。政法委是党委领导政法工作的组织形式，要把工作着力点放在把握政治方向、协调各方职能、统筹政法工作、建设政法队伍、督促依法履职、创造公正司法环境上。区依法治区领导小组及其办公室要适应法治建设的新要求，调整充实力量，强化统筹协调，更好地发挥作用。要进一步健全工作推进机制，建立重心下移、力量下沉的法治工作机制；完善考核评价体系，把法治建设成效作为衡量各级领导班子和领导干部工作实绩的重要内容，把遵守法律、依法办事作为考察干部的重要依据。要加强法制宣传教育，坚持法治与德治两手抓，为法治通州建设创造良好环境。

三、深刻领会习总书记视察江苏重要讲话精神

12月13日至14日，习近平总书记亲临江苏出席南京大屠杀死难者国家公祭仪式，并在我省视察指导工作后发表了重要讲话。这是江苏发展史上具有里程碑意义的一件大事，全省上下受到巨大的鼓舞和激励。

习总书记视察江苏后，我区第一时间传达学习了总书记的重要讲话精神。近日，省委召开全会、市委召开全委扩大会议，就学习贯彻作出全面部署。全区各级党组织要把深入学习贯彻习总书记重要讲话以及省市会议精神，作为当前和今后一个时期最重要的政治任务，作为党委（党组）中心组学习、党员干部培训、新闻宣传的核心内容，切实帮助广大党员、干部和群众领会总书记重要讲话的精神实质。要准确理解和把握“两个率先”的光荣使命。总书记在讲话中，把“两个率先”上升到江苏的“光荣使命”，既充分肯定了江苏的实践成果，也寄予了新的更高期许。近年来，我们紧紧围绕省定更高水平小康指标，踏踏实实补短补软补缺，去年综合得分91.8分，全市第一、苏中领先。下一步，要继续扎实做好小康建设的各项工作，持续提升质量和水平。在此基础上，积极进行基本实现现代化建设的探索，为全省“两个率先”作出应有贡献。要准确理解和把握“建设新江苏”的最新定位。总书记对江苏工作的总要求，最核心的就是“努力建设经济强、百姓富、环境美、社会文明程度高的新江苏”，这是江苏未来发展的总命题，也是引领各项工作的总纲领。省委全会对“新江苏”的内涵作了深入浅出的阐述，指出这四个方面构成了一个有机整体，是中国梦江苏篇章的生动描绘。下一步，我们要以“强”“富”“美”“高”为新的参照，提升目标追求、深化工作部署、拓宽思路举措，干在实处，务求实效，让总书记描绘的美好蓝图早日在通州变为现实。要准确理解和把握“五个迈上新台阶”的重点任务。总书记要求我省在经济发展、现代农业建设、文化建设、民生建设、全面从严治党等五个方面迈上新台阶，指向性非常明确，涵盖面很广，针对性很强。省委全会强调，要把“迈上新台阶、建设新江苏”鲜明地写在江苏发展的旗帜上，使之成为主旋律、最强音。近年来，我区不少工作走在了全市前列，但对照总书记的最新要求，对照苏南县市的先进水平，还有很多不足，尤其是转方式、调结构的步伐还不快，农业仍是“四化同步”的短板，民生建设与群众期待还有差距，文化软实力有待加强，从严治党还存在薄弱环节。我们没有任何理由歇脚停步、松劲懈怠，必须坚持问题导向，更有针对性地抓重点、攻难点、补弱点，不断向更高水平和层次攀登。要准确理解和把握“四个全面”的总体框架。总书记在讲话中提出，要“协调推进全面建成小康社会、全面深化改革、全面推进依法治国、全面从严治党”。将“四个全面”并提，这还是第一次。“协调”指的是要把握“四个全面”的逻辑关系，从总体上来谋划和推进。“全面”既体现了工作内容上的全面性，又体现了上下协同的整体性。我们要在“协调”上用功，在“全面”上见效，扣住全面建成小康社会这个目标，坚持全面深化改革和全面推进依法治区两轮齐转，强化全面从严治党这个根本保证，使我们的工作更有成效、发展更加全面。要准确理解和把握“为全国发展探路”的谆谆嘱托。总书记在讲话中强调，为全国发展探路是中央对江苏的一贯要求，并提出了“下一步发展路子如何走”这样一个重大时代命题。这是对江苏的巨大信任，也是全方位的考验。我们要勇于把通州发展放到大局中去谋划，以敢于担当的自信和清醒、善于担当的本领和作风，在多种所有制经济共同发展、更大力度“走出去”、现代农业、法治建设以及党的建设等方面先行先试，努力探索路子、多作贡献。

四、在新常态下做好明年工作

中央经济工作会议在科学研判国内外经济形势的基础上，明确指出我国经济发展进入新常态，并从九个方面系统阐述了新常态带来的趋势性变化。认识新常态，适应新常态，引领新常态，是当前和今后一个时期我国经济发展的大逻辑。我们一定要把思想和行动统一到中央对新常态的重大战略判断上来，全面认识新常态下经济发展的新趋势新特征，自觉遵循新常态下经济运行的新规律新要求，做到认识上到位，方法上对路，工作上得力。新常态要有新追求。经过这几年的接续奋斗，通州主要指标全市领先，具备了更好的发展条件和基础。现在，新常态划出了一条新的起跑线。只要我们按照总书记的最新要求，坚持从实际出发，与时俱进深化拓展思路举措，就一定能够在新常态中迈上新台阶，走在苏中新一轮发展前列。新常态要有新动力。发展仍然是解决一切问题的基础和关键。从我区各方面支撑条件看，多重国家战略持续叠加，特别是明年中央重点实施的三大战略，其中就有“一带一路”、长江经济带惠及我们，必将对今后发展产生深远影响。市委、市政府认为通州经济体量大，区位优势好，发展后劲足，对我区寄予厚望。我们要把这些优势转化为现实生产力，坚持尊重经济规律、自然规律、社会规律，聚焦新常态下的科学发展、可持续发展、包容性发展，推动经济发展方式从规模速度型粗放增长转向质量效率型集约增长，经济结构从增量扩能为主转向调整存量、做优增量并举的深度调整，经济发展动力从传统增长点转向新的增长点。新常态要有新作为。对当前增长回落、经济下行不能听之任之，对改革发展的困难挑战不能无所作为，对宏观环境变化带来的工作压力不能有畏难情绪。要牢固树立忧患意识、担当意识、进取意识，紧紧咬住发展目标，谋划好既利当前又利长远的思路举措，重视解决发展中的突出矛盾问题，制定务实管用的对策措施，牢牢把握经济工作主动权，推动新常态下各方面工作都有新提升、取得新成效。

明年是全面深化改革的关键之年、全面推进依法治区的开局之年、全面完成“十二五”的收官之年，做好明年工作意义重大。全区工作的指导思想是：全面贯彻党的十八大和十八届三中、四中全会、中央经济工作会议以及省委、市委全会精神，主动适应经济发展新常态，坚持稳中求进工作总基调，把转方式调结构放到更加重要位置，以提高质量和效益为中心，以深化改革为动力，以法治建设为基石，协调推进创新转型、开发开放、城乡统筹、民生保障、生态治理等工作，强基础、谋长远、求突破，促进经济平稳健康发展和社会和谐稳定,确保圆满完成“十二五”各项目标任务,以崭新的姿态迈入“十三五”!

区委建议,明年经济社会发展的主要预期目标是:地区生产总值增长10%左右,一般公共预算收入增长10%左右,固定资产投资增长16%左右,社会消费品零售总额增长11%左右,外贸进出口总额增长6%左右,全社会研发投入占地区生产总值比重达2.45%,城乡居民收入与经济保持同步增长,节能减排完成市下达的目标任务。

围绕指导思想和上述目标,明年重点抓好八个方面的工作:

(一)*在转型升级中促进经济平稳健康发展*。中央经济工作会议强调,要把稳定增长作为首要任务。我们要准确把握国家宏观经济政策取向,坚持调速不减势,促进“三驾马车”更均衡地拉动增长。扩大有效投入。开展“招商引资和项目建设突破年”活动,突出抓好产业链、专业化和政企联动招商,做到定产业、定区域、定人员、定项目,在实践中锻造专业队伍、提升招商质量。精心组织集中签约和联合开工,实行“季季看、家家到”考评机制,重点推进甬金三期、新江海动力、国际棉花交易中心等竣工投产,展华电子、深南电路等开工建设。发挥政府投资的引导作用,注重调结构、补短板、惠民生,促进投资稳定增长和结构优化。认真落实中央、省市关于鼓励社会投资的政策意见,有效撬动民间资本参与重点领域建设。促进消费增长。重点培育养老健康、旅游休闲等潜力大、前景好的消费热点,努力促进大众消费。积极支持社会力量举办养老、健康、医疗等服务机构,满足群众多层次、多样化需求。大力发展旅游休闲消费,加快开沙岛、渔湾水道、余西古镇等旅游景点开发建设,不断完善旅游公共服务体系。稳定对外贸易。加快转变外贸发展方式,进一步提高一般贸易比重,鼓励家纺、船舶、机械、电子等主要出口行业提高产品技术含量和附加值,促进外贸出口平稳增长。积极拓展新兴市场空间,发展服务贸易和服务外包,培育跨境电子商务等新型贸易业态,切实增强出口竞争力。鼓励企业扩大先进技术设备、关键零部件和能源资源的进口,促进对外贸易均衡发展。提升企业质效。深入实施大企业培育三年行动计划,鼓励企业加大技改投入,支持优势企业兼并重组,综合施策支持实体经济做大做强。充分发挥民营企业面广量大、体制灵活等优势,引导更多的优势民企与央企国企合作,不断创新混合所有制经济发展模式。多途径开展政银企对接活动,加快推进企业上市和场外挂牌交易,拓宽融资渠道,切实帮助中小微企业化解融资难题。这里需要强调的是,要强化底线思维,坚持标本兼治,积极防范产能过剩、企业联保互保、房地产市场波动等潜在风险,确保不发生区域性系统性问题。

(二)*以提质增效为目标深化产业结构调整*。总书记指出,把经济发展搞好,关键还是转方式、调结构。我们要加大结构调整力度,推动产业由中低端向中高端迈进,不断提高区域发展的核心竞争力。做优主导产业。突出抓好三大产业研究院建设,加快产业改造提升。家纺研究院要尽快设立运行管理公司,健全管理体系,大力引进研发创新团队,积极开展检测认证、创意设计、版权交易与保护等公共服务,成为引领家纺产业转型发展的重要力量。船舶海工产业研究院要按照“一区一战略”的要求,深化与上海交大、乌克兰国立大学等研究机构的技术合作,运作好海兰信海外并购基金,加快推进海工装备产业园建设。现代建筑研究院要发挥鲁班基金的引导作用,有效运作施工技术、新型建材、智能建筑等五大中心,加快中试基地建设,为产业转型储备先进技术和顶尖人才,促进科技成果转化。做大新兴产业。要在做精智能装备及新材料、节能环保等已有产业的基础上,加快培育生物医药、电子信息、智慧产业、航空产业等新兴板块,力争新兴产业产值占比提升两个百分点。生物医药加快筹建产业发展基金,深化与美国相关企业的合作,选准产业重点,搭建研发平台,适时启动生物医药产业园建设。电子信息重点围绕高性能集成电路等领域,以展华电子、深南电路等为龙头,加快引进配套项目,着力打造电子信息产业集聚区,争创省级产业基地。智慧产业积极抢抓南通国家试点机遇,加强与国际知名企业合作,培育软件、大数据、云计算等新增点,积极打造智慧通州。航空产业高效利用空侧资源,加快发展飞机维修、航空物流等临空产业;强化与中航工业的战略合作,大力引进航空核心零部件、航空新材料等产业项目,加快建设航空配套产业园。做强现代服务业。要以融入主城为契机,着力打造一批高端商务载体,抓好服务业集聚区建设,不断壮大楼宇经济和总部经济。积极发展平台经济、数字制造等新业态,加快培育一批领军型骨干企业。抢抓现代综合交通体系加速形成的机遇,做大现代物流业。推动电子商务与实体经济互动融合,力争在互联网经济发展上实现新突破。

(三)*在强化“四个对接”中做实创新驱动发展*。总书记要求江苏以只争朝夕的紧迫感,切实把创新抓出成效。我们要在强化“四个对接”中做实创新驱动,加快形成发展新动源。强化科技同经济对接。深化科技体制改革,围绕产业链部署创新链,围绕创新链完善资金链,破除体制机制障碍,促进科技创新与经济社会发展,特别是产业转型、企业培育更加紧密结合。强化创新成果同产业对接。突出企业在创新中的主体地位,深入实施高新技术产业发展“双增”计划,加快推进科技企业“小升高”,着力构建科技型企业、高新技术企业、创新型领军企业培育梯队,力争新增高新技术企业30家,高新技术产业产值占比提高两个百分点。鼓励社会资金投入创新研发,以区创投中心和综艺科技金融港为平台,大力引进各类基金,完善金融机构和资本市场支持创新的体制机制,力争新引进创投机构5家。强化创新项目同现实生产力对接。坚持需求导向和产业化方向,大力推进开放式创新,做专做特创新载体。科技之窗要合理布局研发孵化、创新创业、科技服务、公共配套功能,确保中铝中试研究院等入驻运行,全力打造功能完善的综合创新创业服务平台。科创大厦要加快推进创新公园、中科院软件中心、广和云智慧、甲骨文教育培训等项目入驻,着力打造智慧软件园。强化创新人才培养引进同经济社会发展需求对接。加大人才培养引进力度,既重视高端型、领军型人才,也重视技能型、实用型人才,重点培养一批复合型创新人才。用好用活各类人才,完善人才培养、引进、使用模式和机制,不断提高人才落地率和孵化成功率。力争新引进创新创业人才(团队)30个,其中千人计划、长江学者等顶尖人才8名。

（四）着眼增强发展动力深入推进改革开放。要按照中央和省市委部署,围绕解决发展面临的突出问题,推动各项改革举措快落地早见效,为新常态下构筑发展新动力创造体制条件。大力推进简政放权。深化行政审批制度改革,加快制定出台"5张清单",规范精简前置性审批和审批中介服务,实行"一窗式"审批。再下放一批区级行政权力。开展综合执法试点,强化事中事后监管。有序推进新一轮区政府机构改革,进一步优化组织结构。加快财政体制改革。构建规范透明的全口径预算管理体系,优化转移支付制度,调整财政资金支持产业发展方式。加快推进国有平台公司实体化运作,积极探索政府与社会资本合作(PPP)模式,有效防范和化解政府性债务风险。坚持节约集约用地。统筹推进同一镇域范围内村庄建设用地布局调整,开展零散基本农田归并整合试点。突出投资强度和产出效益硬约束,引导土地立体开发利用,大力清理闲置低效用地,推进城镇低效用地再开发。深化土地有偿使用制度改革,建立健全耕地占补平衡指标有偿流转机制。

积极对接"一带一路"和长江经济带建设,注重引进来与走出去相结合、对内对外开放相协调,增创开放型经济新优势。提升开放平台功能。南通高新区要进一步优化体制机制,用足用好市委市政府支持加快发展的政策意见,持续推进创新驱动、产城融合两大战略,着力打造特色园区、创新园区、智慧园区、功能园区、活力园区和品质园区,成为全区创新转型的主阵地。要强化经济发展的主体地位,逐步理清社会事务管理职能,全面构建扁平化的管理体系和运作机制。加快科技新城建设,不断提高创新资源集聚度,成为转型发展的创新极核。锡通科技产业园要加快构建"政企分开、区镇合一"的运作机制和管理体制,进一步激发园区发展活力。要以汽车研发制造、电子信息等高端装备制造业为主导,加快推进园中园建设,进一步提升园区形象和整体实力。滨江新区要突出融合发展,积极抢抓沪通铁路、南通西站建设和通扬线航道整治等机遇,坚持统一规划,大力整合资源,合理布局铁路站点区、产业集聚区、生活配套区和公共服务区,努力打造高铁新城、桥港新区。南通家纺城要围绕家纺产业转型升级,以电子商务、现代物流、创意设计为重点,大力发展新业态、新模式,着力打造创新型国际家纺城。空港产业园要大力发展航空产业,加快推进与高新区的互动融合。石港科技产业园要积极引进高质量的中小企业,成为北部片区发展的主引擎。深化对外开放。依托平台优势,加快复制应用上海自贸区制度创新模式,努力承接更多溢出效应。放大区位优势,推进江海联动,深度融入长江经济带发展。加快构筑全方位"走出去"促进体系,扩大境外投资规模,完善境外投资服务,鼓励更多优势企业积极参与"一带一路"建设,拓展新兴市场,加快提高国际化水平。

（五）以转方式为关键加快推进农业现代化。要始终绷紧巩固农业基础这根弦,按照生产技术先进、经营规模适度、市场竞争力强、生态环境可持续的要求,加快转变农业发展方式,加速农业现代化步伐。构建现代农业产业体系。稳定粮食种植面积,增强综合生产能力,确保粮食丰产丰收。大力发展高效设施农业,强化农产品质量安全监管,走产业高效、产品安全、资源节约、环境友好的路子。培育新型农业经营主体。着力培育专业大户、农民合作社、农业企业和职业农民,确保新增家庭农场20家、"全托管"服务组织40家。要依托物联网等信息技术,发展智慧农业,培育一批特色示范,带动旅游业发展,形成现代农业新亮点。提高农业物质装备和技术水平。加强农田水利等基础设施建设,夯实现代农业发展基础。深入实施高标准农田建设工程,确保新增5万亩。加快推进农业科技创新,不断提升农业机械化水平。继续深化农村改革。稳步推进土地确权登记,有序扩大试点范围,鼓励和引导农村土地向新型农业经营主体流转集中,力争新增土地流转3万亩以上。完善农村产权交易平台建设,全面建立镇农村产权交易服务站,大力推进农村产权抵押融资,有效盘活农村资源资产,为农村经济发展注入更多活力。

（六）坚持以人为本推进新型城镇化和城乡发展一体化。这是推动经济发展的强大引擎,也是最大的结构调整。我们要坚持以人的城镇化为核心,更加注重城乡品质提升,扎实有序推进新型城镇化、城乡一体化。打造宜居城市。城市路网要全面建成"成环成网"道路体系,确保G345、南通人民路东延等骨干道路全线竣工通车,完成城区主干道改造、支路循环畅通,让群众出行更快捷。城区水系要突出抓好河道疏浚、截污改造等综合整治,让水变得更清更灵动。园林绿化要突出"一河两岸"、运盐河公园示范段打造,合理布局城市绿地、绿廊、小游园。有序推进建成道路及兴仁道口绿化建设,实现"一路一景一特色"。注重城市生活功能的谋划和提升,强化城市家具系统设计和改造,加强城区主要道路、重点区域的城市色彩把控,规划建设城区慢行系统。加快城东新区、银河新区城市综合体开发建设,稳步推进老小区、棚户区改造,让群众生活更方便。建设新型城镇。按照"全域规划、多规合一"的理念,优化镇村布局规划,促进城乡各类规划的有效衔接和管理,加快完善四级城乡空间体系。引导中心镇因地制宜、产城融合,突出抓好功能完善和产业集聚,更好地放大节点辐射带动效应。推动其他镇形象改善、功能提升、特色塑造,加快基础功能配套延伸,优化重点道路和"出入口"环境,使城镇焕发新面貌。深化户籍制度改革,有序推动农业转移人口市民化,夯实产业和就业支撑,强化基本公共服务供给,让农民进得来、留得下、融得好。建立多元化可持续的投融资机制,探索专项债等融资渠道,逐步扩大保洁、绿化等市场化管理外包范围,不断提高市场化水平。进一步理顺管理体制,推动城管重心下移,激发基层的积极性和主动性。改善农村环境。以农村河道整治三年行动计划为抓手,更大力度整合涉农资源,统筹推进河道拆坝整治、农路农桥建设、植树绿化等工作,努力实现"河畅、水清、岸绿、景美",推动农村环境面貌持续改善。继续巩固集镇环境整治成果,深化农村"四位一体"长效管理,更加突出片区与片区、镇与镇、村与村之间节点打造,精致做好串点、成线、连片文章。依托忠孝文化园、景瑞农业、金土地、万顷良田等资源,有效开发特色村落,做优做美田园风光,努力打造集农事、休闲、民宿于一体的慢生活体验区。

(七)以保障民生和创新治理为重点加强社会建设。要紧紧围绕总书记提出的"7个更"的要求,像抓经济建设一样抓民生保障,像落实发展指标一样落实民生任务,全力办好10大类24项民生实事,持续构建六大体系。促进居民持续增收。这是我区全面小康建设的短板。要完善就业服务体系,健全区镇村三级就业服务平台,构建城乡一体就业长效机制,努力实现更高水平的充分就业。要深入实施全民创业工程,加大创业基地建设力度,健全"四位一体"创业帮扶机制,让更多群众投身创业行列。要多渠道增加居民经营性、财产性收入,稳步提升转移性收入,努力实现居民收入增长与经济发展同步。要根据我区低收入人口分布的情况,切实增强帮扶措施的针对性和有效性,提升其自我发展能力,防止平均数掩盖大多数。不断提升保障水平。推进社会保险基本制度"并轨"改革,切实做好被征地农民社会保障工作,确保各项社会保险参保率达98%以上。建立健全合理的社会保障待遇正常调整机制,稳步提高标准和统筹层次。规范运营区社会福利中心,探索推进医养融合发展,完善社会养老服务体系。着力加强文化建设。持续开展文化惠民系列活动,抓好基层文化设施建设,打造"15分钟文化圈",不断提升省公共文化服务体系示范区水平。充分发挥文化发展资金的引导作用,吸引更多社会资本实施重大文化产业项目,建设重点文化产业园区。深化文化管理体制改革,健全现代文化市场体系。加强对江海文化的保护和利用、传承与创新,繁荣艺术精品创作,放大"童声里的中国"少儿创研活动基地孵化培育功能,持续扩大品牌效应,着力提升文化软实力和影响力。深化教育领域综合改革。扎实推进新一轮教育现代化建设,针对基础教育薄弱环节,大力发展普惠性学前教育。均衡配置义务教育资源,逐校推进现代化达标。积极稳妥做好高中布局调整,提升特色发展水平,推进通州高中新校区建设。发展职业教育和高等教育,加快通州中专二期建设,创建通州高等职业技术学校,争取高等院校落户我区。推动医药卫生体制改革。加快推进区人民医院、中医院三乙创建,结合股份制改造,适时启动规划建设政府完全举办的区级综合性医院。分步实施中心医院、镇卫生院改扩建工程,全面完成村卫生室标准化改造。加强医院运行管理,试行医疗机构区域集团化管理改革。调整完善基本药物制度。区级医院全部实行药品零差率销售,着力破除以药养医机制。加强和创新社会治理。提升"政社互动"工作水平,规范社会组织管理,促进政府治理和社会调节、居民自治良性互动。健全社会稳定风险评估机制,认真落实接访下访、信访积案项目化管理等制度,更加注重用法治思维和法治方式化解社会矛盾。高度重视安全生产,强化食品药品安全专项整治。深化平安通州建设,完善立体化、现代化治安防控体系,依法防范和打击各种违法犯罪行为,确保社会大局和谐稳定。

(八)强化保护治理并举加强生态文明建设。经济要上台阶,生态文明也要上台阶。总书记勾画的"建设新江苏"美好蓝图中,环境美是一个重要的目标内涵,我们要以此为引领,严守生态红线,落实关键举措,全面实施生态重点攻坚工程,促进经济社会与生态建设协调发展。狠抓节能减排。突出结构、工程、管理"三减排",加快园区生态化改造,大力实施印染行业中水回用,深入推进畜禽养殖污染治理,加紧建设一批重点节能和清洁生产项目,积极推广新能源汽车,持续淘汰燃煤小锅炉,全力冲刺"十二五"减排目标任务。坚持重点突破。强化南部水环境治理,扎实推进姜张河整治。加快益民污水处理厂、污泥处置中心等重点工程建设,提高集中处理能力。推进生态廊道二期等工程建设,完成绿化面积2.4万亩。强化铁腕治污,继续抓好行业专项整治,严厉打击环境违法行为。健全生态机制。把生态环境建设纳入制度化、法制化轨道,探索建立主要污染物排放权交易和企业环保信用等级评定等机制,完善生态建设考评激励机制,强化环境保护的制度导向。持续推进生态文明宣传教育,切实增强全民生态意识和环保理念,努力营造人人参与支持生态文明建设的社会氛围。

明年还有一项重要工作,就是谋划编制好"十三五"发展规划。要认真总结"十二五"工作成效和发展经验,深入研究事关全局的重大项目、重大工程、重大政策。坚持远近结合、拓宽视野、提高站位、创新思路,更加注重以解决长远问题的办法来应对当前挑战,使"十三五"规划更加适应时代要求、符合区情实际、反映人民意愿。

五、强化全面从严治党根本保证

习总书记在讲话中,首次提出"全面从严治党",意味着治党管党的系统性、整体性要求大大提高。总书记还强调,从严治党需要大气候,也需要小气候。我们要认真学习领会总书记关于从严治党的新思想新论断,以党的群众路线教育实践活动为新起点,深入推进党建工作创新工程,积极营造良好政治生态和从政环境,努力形成一心一意谋发展、聚精会神抓党建、抓好党建促发展的生动局面。

一要树立大宣传理念,持续夯实思想基础。要进一步完善党委统一领导、党政齐抓共管、宣传部门组织协调、相关部门分工负责、全社会共同参与的大宣传工作格局。以党委(党组)中心组学习为引领,扎实推进学习型党组织建设,把学习贯彻习近平总书记系列重要讲话精神持续引向深入,确保理论武装工作继续走在全省前列。切实加强党员干部党性教育,补好精神之"钙",增强政治定力。要大力培育和践行社会主义核心价值观,深入实施公民道德建设工程,继续选树"通州好人",为做好各项工作提供强大的价值引导力、文化凝聚力和精神推动力。落实文明城市长效管理机制,健全动态化考核专业队伍,推动建管常态化。促进媒体融合发展,切实加强网情研判、引导、应急处置，不断改进宣传方式，加大正面宣传力度，积极引导社会舆情，牢牢掌握意识形态工作的领导权、管理权、话语权。

二要抓队伍、强基础，持续筑牢组织保障。从严治党重在从严管理干部，要按照管理全面、标准严格、环节衔接、措施配套、责任分明的要求，深入推进"阳光监督"，开展领导干部个人报告有关事项抽查核实等工作，完善干部监督工作联系通报机制，积极构建完备的制度监督网，做到思想监督不留"盲区"、严格管理不挂"空档"，使干部心有所畏、言有所戒、行有所止。要认真贯彻20字"好干部"标准，严格执行《党政领导干部选拔任用工作条例》，切实抓好配套制度的制定和执行，牢牢把好用人标准关、识别考察关、选人用人关、培养锻炼关，强化"德"的考察和运用，旗帜鲜明地选用重用一批作风过硬、实绩突出、群众公认的干部，为好干部打开广阔成长空间。注重实践锻炼、挂职锻炼和互挂锻炼，大力实施"5311"培养计划，建设一支数量充足、结构合理、素质优良的优秀年轻干部队伍。要以开展镇区园党委（工委）书记基层党建工作述职评议考核为契机，建立健全10项工作推进机制，进一步强化党组织书记抓党建工作的责任。延伸拓展"五位一体"党建惠民联动工作体系，提升"百千万"工程、在职党员进社区等服务载体功能，建立党组织晋位升级长效机制，加快"两新"组织党建标准化建设，进一步促进薄弱基层党组织整改转化，真正使基层党组织和党员成为百姓的主心骨、贴心人。

三要巩固教育实践活动成果，持续强化党风建设。作风建设没有休止符，要在抓常抓细抓长上下功夫，毫不松懈地落实中央八项规定和省市区委十项规定。对照教育实践活动中制定的班子"两方案一计划"以及个人"整改落实清单"，拿出行动、严格兑现，决不开空头支票。对区委"十大专项整治行动"和94条中央巡视组反馈意见整改措施，坚决打好攻坚战，不达目的绝不收兵。要从严遵守政治纪律和政治规矩，加强经常性的纪律教育，旗帜鲜明地反对政治自由主义。纪检机关要把维护党的政治纪律放在首位，加强监督检查，对执行中央方针政策走样变形、阳奉阴违的，严肃追究责任。严格执行民主集中制，不允许各自为政、各行其是。严格落实请示报告制度，各镇区园各部门各单位重大问题、重要事项、重点工程，包括主要领导外出都要及时报告。要把总书记"四个不"的刚性要求，即零容忍的态度不变、猛药去疴的决心不减、刮骨疗毒的勇气不泄、严厉惩处的尺度不松，落实到党风廉政建设和反腐败斗争上，进一步强化党委主体责任、纪委监督责任的落实。各级党组织必须牢固树立正确政绩观，主要负责人要担负起管党治党"第一责任"；各级纪委要敢于亮剑出招，严格执行"一案双查""一案五报告"等制度，执好纪、问好责、把好关，进一步强化不敢腐的氛围。深入推行"四个不直接分管"等制度，加强和改进对主要领导行使权力的制约监督，争创全市"三清示范区"。

四要凝神聚力鼓士气，持续激发工作干劲。决战决胜"十二五"，需要我们发扬钉钉子精神，把各项任务层层细化分解，实行项目管理，强化督查考核，确保目标必成。各级各部门都要牢固树立"一盘棋"思想，坚决服从大局，主动作为，协同配合。各级干部都要适应新要求、练就新本领，以舍我其谁的勇气、以我为主的担当，勤勤恳恳工作，踏踏实实干事。要在全社会大力弘扬"三创三先"精神，进一步提振干事创业的精气神，把各方面的工作热情充分激发出来、创造活力充分释放出来，汇聚起推动改革发展、促进社会和谐的强大正能量。（资料提供　陈国祥）

知识窗

世界反法西斯战争

世界反法西斯战争是指第二次世界大战，战火牵扯到了五大洲的居民。战争分为西、东两大战场，即欧洲北非战场和亚洲太平洋战场，是继第一次世界大战之后发生的人类史上最大规模的战争。1939年9月1日至1945年9月2日，以德国、意大利、日本等轴心国及保加利亚、匈牙利、罗马尼亚等卫星国为一方，以中国、美国、英国、苏联等反法西斯同盟和全世界反法西斯力量为同盟国进行的第二次全球规模的战争。从欧洲到亚洲，从大西洋到太平洋，先后有61个国家和地区、20亿以上的人口被卷入战争，作战区域面积2200万平方千米。战争中军民共伤亡7000余万人，损失达约5万多亿美元。

第二次世界大战最后以中国、美国、苏联等反法西斯国家和世界人民战胜法西斯侵略者赢得世界和平而告终。第二次世界大战是德、日、意等法西斯国家实行侵略扩张、争世界霸权所挑起的，经过多次局部战争逐渐演变而导致全球战争。

（资料来源：新华网"第二次世界大战的主要战场"）

政府工作报告

——在南通市通州区第十五届人民代表大会第四次会议上

区长 陈永红

(2015年1月15日)

(节 选)

2014年工作回顾

过去的一年,面对复杂严峻的宏观形势,我们在市委、市政府和区委的正确领导下,坚持稳中求进总基调,攻坚克难、开拓创新,统筹做好改革发展稳定各项工作,较好地完成了全年目标任务。预计(下同)实现地区生产总值835亿元,同比增长10.5%。完成财政总收入182亿元,增长24.9%,一般公共预算收入70.4亿元,增长15.1%。

一、抓转型、调结构,经济增长稳中提质

产业结构不断优化。坚持存量优化与增量扩张并举,三次产业结构调整为6.4∶52.3∶41.3。通州家纺获评"国家新型工业化产业示范基地";船舶海工产业难中求进,产值增长6.5%;建筑业新增"鲁班奖"3项,省绿色建筑示范区创建全面启动。智能装备、新材料等新兴产业加快集聚,产值占比提高7个百分点。现代服务业"5+1"重点业态持续扩张,南通供销产业园建成国家AAAAA级物流企业,楼宇经济、总部经济、互联网经济初具规模,服务业增加值占比提高1.5个百分点。农业现代化进程加快,全区新建扩建规模以上农业项目124个,新增设施农业面积2.7万亩,高标准农田占比达61%,新增国家级示范合作社3家。"金土地"生态园被认定为省四星级乡村旅游点。

项目建设扎实推进。组织季度项目集中签约、联合开工活动。全年新签约项目136个,总投资达230亿元。展华电子、民航飞行校验中心、顺丰速运分拨中心等一批高端优质项目成功落户。全年完成固定资产投资515亿元,总量全市第一。服务业投入持续加快,完成投资209亿元,增长35%。实施亿元以上项目150个,甬金三期、国际棉花交易中心等30个市区两级重大项目加快推进。鸿泰科技、富松模具等40个项目竣工达产,成为新的经济增长点。强化土地要素保障,盘活存量土地3569亩,争取点供、独立选址用地指标1945亩。

企业运行总体平稳。全年实现工业应税销售831亿元,增长17.5%。启动大企业培育三年行动计划,实施技改项目410个,完成投入220亿元,新增亿元工业企业40家。百强企业应税销售增长43%,占规模工业企业比重达72%。全区"三经普"[1]登记企业总量1.1万家,比2008年增长55%。深化政银企合作,积极防范企业运行风险。企业上市步伐加快,达海智能、恒晟农贷登陆"新三板",7家企业在"四板"[2]挂牌。品牌建设取得新成效,新增中国驰名商标2件、江苏名牌产品3只。"景瑞"成为全省首个蔬菜类中国驰名商标。

二、抓改革、促开放,发展活力持续增强

重点改革有序推进。实施外商投资便利化改革,归并审批事项5项。综艺集团获批全市首家外汇资金集中运营管理试点[3]。积极构建多层次的金融体系,华夏银行志浩支行开业,新引进天使投资、创业投资等基金12家。全面开展企业公有资产清理处置,经营性国有资产监管实现全覆盖。规范政府性债务管理,完成预算公开试点。土地利用总体规划中期评估方案获批。推进低效用地再开发,建成省国土资源节约集约模范县(市、区)。区农村产权交易中心在全省率先挂牌,成交首笔百万元以上土地承包经营权抵押融资。

园区建设不断加快。南通高新区争树新一轮国家高新区标杆,"一核多园"发展定位更加明晰,被列为省两化融合试验区。锡通科技产业园获批省级苏南苏中合作共建园区和省科技产业园。南通家纺城标准厂房建设全省领先,产业发展服务中心入选第五批国家技术转移示范机构。滨江新区"一区三园"格局初步形成,东沙大桥建成通车,新世界通用码头投运。空港产业园航空产业加速集聚。石港科技产业园建设框架进一步拉开。

开放水平稳步提高。完成注册外资5.5亿美元,实际到账3.3亿美元。外贸稳增长措施落实有力,完成外贸进出口总额32亿美元,增长11.2%。新增境外投资企业18家,协议投资额达2.2亿美元。建筑业海外施工产值突破2亿美元。抢抓央企国企改革机遇,与中航工业、中广核等央企开展一系列合作,混合所有制经济发展取得新突破。

三、抓科技、强主体,创新体系不断健全

协同创新推进有力。与南京理工大学等高校院所建立产学研合作关系120多项,引进建设科技服务平台14个。积极开展国际科技合作,宏德机电中欧国际合作项目获准立项。设立海兰信海外并购基金[4],搭建船舶海工国际技术转移平台。南通高新区被确定为省海智计划工作基地[5]。南通家纺城入选省协同创新服务示范基地。石港镇获批省创新型试点乡镇。科技成果加速转化,5个项目列入国家星火、火炬计划,4个项目列入省科技支撑计划。成功举办第十届"高洽会",新引进国家"千人计划"专家、长江学者等18名,新增创新创业项目42个。

创新平台建设加快。建成科创大厦、综艺金融港,科技之窗主体封顶，新增省级以上创新载体5家，新增“三创”载体面积22万平方米，三翼航空、百博丝纳米等一批创新项目成功入驻。船舶海工研究院加快建设，家纺、建筑产业研究院投入运作。南通家纺知识产权快速维权中心联网运营。全区完成专利申请2579件，万人发明专利拥有量达13.5件。成功举办第九届“张謇杯”中国国际家纺产品设计大赛、第七届中国家纺画稿交易会。

企业创新成效明显。新增高新技术企业39家、省级高新技术产品86个，培育省民营科技企业215家。高新技术产业产值占比达43.4%，提高1.8个百分点。高新技术企业研发机构实现全覆盖，新增省重点企业研发机构9家、省级企业工程中心、技术中心18家。景瑞农业院士工作站获省级立项。全社会研发投入占比达2.4%。

四、抓统筹、重提升，城乡面貌日益改善

城乡统筹步伐加快。通富路北延建成通车，金通三大道、G345南通东绕城、南通世纪大道、人民路、青年路东延全力推进，连接南通城区的骨干路网基本形成。推动西部片区三镇产业布局、交通路网一体化，加快东南片区联动发展。平潮、石港、二甲3个市级中心镇功能配套不断完善。持续改善农村生产生活条件，新建农村公路150公里，改造灌区206个、农桥150座，疏浚农村河道145公里，完成新一轮农村饮水安全工程。强化农村环境“四位一体”长效管理，获省村庄环境整治工作先进集体称号。五接镇开沙村入选中国最美村。

城市功能不断完善。深化世纪大道南段、鹏程大道两侧城市设计，完成城区绿地系统、停车设施等专项规划。城东新区、银河新区加快开发，金沙滩商业水街开放运营。完成朝霞西路、新通掘路北段提标改造。启动城市公共无线上网工程。推进城区雨污分流，新建管网15.7公里。新增公共绿地面积120万平方米，建成霞中公园、太山公园、世纪大桥景观绿地。改造提升老小区34个，实现城区住宅小区物业管理全覆盖。试行城管执法重心下移，城区面貌持续改善。

生态环境持续优化。全力实施4大类27项生态攻坚重点工程。生态红线保护工作通过省级考核。实行河道管理“蓝线制”“河长制”。开展姜张河等重点河道整治。迁建益民污水处理厂，建成溯天污水处理厂。推行污水片区收集模式，新建城镇污水管网27.8公里。坚持铁腕治污，关停涉污企业48家，主要污染物排放得到有效控制。秸秆禁烧和综合利用取得新成效。完成生态廊道一期建设，新增成片造林2.5万亩、小游园127处、省级生态村2个。

五、抓民生、建和谐，小康水平稳步提升

民生事业加快发展。全面启动新一轮教育现代化工作，新增省优质幼儿园4所，育才中学、石港小学等4所学校迁入新校园，高标准高中主体工程封顶。成功举办全国农村学校艺术教育现场推进活动。积极推进区级医院综合改革，完成新一轮镇卫生院资源整合，建成村标准化卫生室195家，三级医疗卫生服务体系不断完善。稳妥实施“单独两孩”政策。承办“江苏戏剧奖·小戏小品奖”决赛，一批文艺作品在全国、全省获奖，被命名为全国文化先进县（市、区）、中国民间文化艺术之乡。体育中心对市民开放。社会发展水平评价全市第一，蝉联“十二冠”。

保障体系更加健全。新增城镇就业9168人，再就业4234人，城镇登记失业率为2.5%，农村、城镇居民人均可支配收入分别达17150元、36000元。社会保障扩面提标，各类社会保险覆盖率均超98%。启动城乡居民基本医疗保险制度并轨工作。完善征地补偿和被征地农民社会保障政策。健全社会养老服务体系，新增养老机构床位800张。区社会福利中心主体工程封顶。稳步提高城乡低保、农村五保、重残救助标准，切实改善困难群众生活条件。建成保障性住房6054套，改造棚户区22.8万平方米，完成农村危旧房改造506户。大力推进安置房建设，竣工175.6万平方米，安置5203户。

社会治理有力有序。深入推进三级综合服务管理平台建设，完成先锋镇“政社互动”试点。深化平安通州建设，建成50个村级技防监控中心。扎实开展“五大专项行动”。全面落实安全生产“党政同责、一岗双责”，投入1.4亿元用于安全生产领域建设，系统开展安全生产“七打七治”、打非治违等专项行动，依法关停企业145家，安全生产形势总体平稳。畅通群众诉求渠道，全力抓好信访维稳工作，积极化解社会矛盾。严格管控违法建设，拆除违建8.5万平方米。“六五”普法中期评估考核获全国先进。省“双拥模范城”创建实现“七连冠”。文明城市长效管理水平不断提升。同时，积极支持群团组织发挥作用。全区物价、统计、审计、档案、气象、供销、地方志、民族宗教以及慈善、红十字、关心下一代等工作取得新业绩。

一年来，我们始终把加强自身建设作为政府工作的重中之重，政府系统作风效能持续提升。区政府党组带头贯彻落实中央八项规定、省市区委十项规定，坚持“突出针对性、突出问题导向、突出促进发展”，扎实开展党的群众路线教育实践活动。大力推进学习型政府建设。深入学习贯彻党的十八大、十八届三中、四中全会和习近平总书记系列重要讲话精神，始终做到融会贯通、笃信笃行。在政府系统常态化开展知识培训和业务测试，促进工作提升。围绕发展过程中的重点难点热点问题，常态化开展系统研究，努力探寻切合通州实际的改革发展之路，形成了集体研究工作、共同谋划发展的良好氛围。大力推进效能型政府建设。健全完善政府会议、决策、应急管理等一系列规章制度，规范秩序、优化流程，推动政府工作高效运转。实施区政府周工作例会制度，将全年工作分解为100项重点攻坚任务，建立“交办、反馈、督查”推进机制，加快工作节奏，提高工作效率。完善重大决策社会稳定风险评估机制，认真落实“三重一大”集体决策和“四个不直接分管”制度。邀请市民代表列席区政府一系列重要会议。深化政府机构改革，优化部门职能配置，大力推进简政放权。推动382项审批事项集中进驻新政务中心，审批时限整体压缩50%以上。大力推进廉洁型政府建设。深入落实党风廉政建设责任制，严格履行“一岗双责”，严厉惩处贪污腐败，深度治理窗口部门不作为、慢作为和乱作为等问题。规范公务接待管理，严控“三公”经费支出。自觉接受区人大及其常委会法律监督、工作监督和区政协民主监督，办理区人大代表建议209件、政协提案220件。政府风清气正的工作氛围更加浓厚。

各位代表，过去的一年，各项成绩的取得来之不易。这是区委正确领导，区人大、区政协监督支持，全区上下同心同德、顽强拼搏、不懈努力的结果。在此，我代表区人民政府，向奋战在各条战线上的广大干部群众，向各位人大代表、政协委员，向各民主党派、工商联、无党派人士和离退休老同志，向驻通部队、武警官兵，向所有关心支持通州发展的各界人士、海内外朋友，表示衷心的感谢和崇高的敬意！

与此同时，我们也认识到工作中还存在一些问题和不足，主要是：支撑发展的重大项目偏少，新兴产业集聚度不高，转型升级步伐有待进一步加快；关键领域改革措施落地见效不够快，红利尚未充分释放，改革攻坚力度有待进一步加大；城乡一体化进程不快、居民增收难度加大，民生建设还需要付出更大努力；“四风”问题还没有从根本上消除，推进工作精力不集中、合力不强、政令不畅等问题在政府系统仍一定程度存在，干事创业的精神状态还需进一步提振。对此，我们将采取有力措施，认真加以解决。

2015年工作安排

今年是全面深化改革的关键之年，是全面推进依法治区的开局之年，也是全面完成“十二五”规划的收官之年。当前，全球经济仍处在深度调整期，我国经济呈现“三期叠加”[6]阶段特征，发展进入新常态，但总体向好的基本面没有变。我们要按照习总书记视察江苏时的最新要求，认识新常态、适应新常态、引领新常态，科学把握“一带一路”[7]和长江经济带国家战略实施、沪通铁路加快建设等机遇，理性看待经济发展条件和环境变化，战略上保持平常心态，坚定信心，主动作为，以改革促转型、促开放、促发展，战术上坚持底线思维，积极应对各种深层次问题和矛盾，把握主旋律、汇聚正能量，全面完成“十二五”各项目标任务，以崭新的姿态迈入“十三五”！

今年政府工作的总体要求是：全面贯彻党的十八大、十八届三中、四中全会和省市区委全会精神，紧紧围绕建成全面小康社会、走在苏中新一轮发展前列奋斗目标，坚持稳中求进总基调，以提高质量和效益为中心，主动适应新常态，积极应对新挑战，勇于改革创新，强化依法治区，加快推动项目集聚、转型升级、城乡统筹、民生改善、生态文明，强基础、谋长远、求突破，促进经济持续健康发展、社会和谐稳定。

主要预期目标是：地区生产总值增长10%左右，一般公共预算收入增长10%左右，固定资产投资增长16%左右，社会消费品零售总额增长11%左右，进出口总额增长6%左右，居民人均可支配收入增长10%左右，城镇登记失业率控制在3%以内，全社会研发投入占比2.45%，万元地区生产总值能耗降幅和主要污染物减排完成市下达任务。

实现上述目标，我们将坚持和把握以下工作理念和基本原则：更加注重质量效益。强化项目龙头地位，突出创新转型提速，加快科技、金融、人才与产业互动融合，以优质增量带动结构调整，实现有质量、有效益、可持续的中高速增长。更加注重改革创新。不断深化经济、文化、社会和行政领域改革，持续创新发展理念和体制机制，充分释放改革红利、市场潜力和创新活力。更加注重城乡一体。积极推进以人为核心的新型城镇化，促进区域协调发展，加快推进产城融合，强化生态文明建设，实现以城带乡、城城一体、城乡一体，全面提高城乡发展品质。更加注重民生建设。始终把“人民对美好生活的向往”作为价值追求和奋斗目标，按照“七个更”[8]的要求，着力加强社会建设、办好民生实事，让改革发展成果惠及更多群众。更加注重依法行政。坚持把依法行政作为政府管理经济社会事务的基本方式，依法调节社会利益关系，维护群众合法权益，保障全体人民平等参与、平等发展的权利，着力提升政府的公信力和执行力。

做好今年工作，我们将着重抓好十个方面：

一、加快项目集聚，提升经济增长质效

*营造浓厚氛围。*大力开展“招商引资和项目建设突破年”活动，健全领导带动、部门互动、上下联动的招商工作机制。突出招商引资“一把手”工程，强化任务分解、责任落实、考核评比，提振聚力招商引资、聚焦项目建设的精气神。突出新常态下招商方式转型，注重产业集聚、功能完善、要素匹配、服务提升，全力构筑招商引资新优势，全面掀起新一轮项目建设热潮。

*打造专业队伍。*进一步选优配强区招商分队，南通高新区等六大主力平台进一步壮大专业招商队伍，各镇均配备专职招商力量。强化宏观经济、产业政策、行业知识、招商技巧等业务培训和实战演练，把握产业发展和资本流动趋势，提高招商专业化水平。全力推行定向招商、分队招商、园区招商和以商引商，大力开展中介招商、代理招商，着力扩大招商成效。

*实施精准招商。*明晰产业发展定位，围绕主导产业强链、新兴产业补链、现代服务业建链，提高招商精准度。坚持“定人员、定产业、定区域、定项目”，突出北上广深、欧美、港台等热点区域；紧盯全球500强、央企国企和行业龙头企业；瞄准城市产业转移、重大基础设施建设搬迁、大企业长三角布点及PPP合作[9]等项目，深入挖掘，重拳出击。系统组织园区、片区及现代服务业项目集中签约活动。全年新签约亿元以上项目不少于50个，其中千万美元以上外资项目不少于15个。

*狠抓项目推进。*坚持重大项目预审联审、会商会办，实行“一个项目、一名领导、一套班子、一抓到底”的项目推进机制。紧扣项目签约、开工、竣工、投产等关键节点，强化时效约束，优化推进流程。扎实开展项目联合开工活动，严格落实“季季看、家家到”考评机制，全力推进新江海动力等项目竣工投产，华电热电联产等项目快出形象，深南电路、展华电子等项目全面开工，形成重大项目建设梯队。全年实施亿元以上项目100个。

二、加快科技创新，提升核心竞争能力

激发企业创新活力。推动创新资源向支柱产业、主导产业和优势企业集聚。新增市级以上企业工程中心、技术中心18家。鼓励企业开展技术攻关，承接重大科技成果转化项目，全年争取省级以上科技计划项目30项。推进科技企业“小升高”，新认定高新技术企业30家、省级民营科技企业50家，新增省级以上高新技术产品60个，高新技术产业产值占比提高2个百分点。强化品牌建设，新增中国驰名商标1件，江苏名牌产品3只。

健全创新载体平台。以科技新城为突破，同步推进载体建设、项目招引。建成科技之窗，科创大厦投入运营，推动中铝中试研究院、创新公园等一批项目入驻。加快新兴产业项目转化基地建设，新增省级以上创新载体2家。完善协同创新机制，与上海交大等高校院所共同实施50项产学研合作项目。借助德维科技等国际科技服务平台，引进前沿重大科技产业化项目2个以上。启动南通国际创新资本合作区建设，全年引入创投基金5家，推动金融、科技、产业融合发展。拓展区知识产权交易平台服务覆盖，万人发明专利拥有量超过15件。

加快创新人才集聚。围绕产业转型、创新需求，深入实施“510英才计划”，发挥科技镇长团桥梁纽带作用，进一步提高招才引智的针对性、实效性。优化人才政策导向，健全人才招引、培养和服务工作体系，完善人才管理进退机制。尊重科技人才劳动成果，逐步实现研发人员创新劳动同其利益收入对接，营造有利于人才脱颖而出的良好环境。力争新引进创新创业人才(团队)30个，其中国家“千人计划”专家、长江学者等顶尖人才8名。

三、加快结构调优，提升产业发展层次

创新发展支柱产业。依托家纺、建筑、船舶海工三大研究院，导入科技、金融和品牌等元素，着力推动支柱产业向中高端迈进。加快发展智慧家纺、创意家纺，促进家纺产业提档升级。建筑业加大工业化和智能化研发投入，打造绿色智能建筑产业板块。船舶海工产业加强人才招引和技术创新，提升船舶海工装备产业整体发展层次和水平。

集聚发展新兴产业。瞄准产业高端前沿，发展壮大智能装备及新材料、电子信息、航空等新兴产业，产值占比提高2个百分点。以南通机场一类口岸开放为契机，做大航空物流、飞机维修等产业，打造长三角地区有影响的临空产业基地。加快筹建生物医药产业发展基金，推动与国际国内知名药企合作，适时启动生物医药产业园建设。以南通智慧城市国家试点为契机，深化与两岸智慧产业联盟的合作，实现互联网经济与实体经济嫁接融合。

特色发展现代服务业。深入实施服务业“三百”行动计划[10]，新增集聚区1—2家，力争增加值占比提升1.8个百分点。积极培育聚势网络、顺丰电商等一批龙头企业，打造南通国际家纺电子商务产业园。积极引进物流信息服务平台，推进大型物流项目建设。发挥楼宇经济比较优势，加快发展总部经济、服务外包、文化创意等城市经济新业态，依托综艺金融港，打造金融服务业集聚区。推进开沙岛旅游度假区建设、石港国家湿地公园申报，打造旅游业发展新亮点。

四、加快农业转型，提升现代农业质态

构建现代农业产业体系。稳定农业生产基础，确保粮食丰产丰收。大力发展蔬菜、瓜果、食用菌、花卉等特色产业，加快推进农业产业化经营，新增设施农业面积1.5万亩。突出农产品精深加工，探索农产品销售与电子商务、现代物流有效融合的途径，新增市级以上农业龙头企业5家以上。加快发展乡村旅游，启动农业休闲观光集聚区建设，推动现代农业“接二连三”发展。

培育新型农业经营主体。发展适度规模经营，全年流转土地3万亩以上。培育家庭农场、全托管服务组织、农民合作社、农业企业等新型农业经营主体200家。鼓励和引导工商资本到农村发展适合企业化经营的现代种养业，新建扩建规模农业项目120个。加大新型职业农民培训力度，努力打造有文化、懂技术、会经营的新型农民队伍。

提高农业装备技术水平。加大支农惠农投入，加强农田水利现代化建设，改造灌区150个，新建高标准农田5万亩，夯实现代农业发展基础。大力推广先进适用农机具，农业机械化水平超过82%。强化农业技术人才引进与装备提升，充分发挥景瑞院士工作站、农技推广云平台、12316为农服务平台等作用，不断增强农业科技创新和推广转化能力。

五、加快园区开发，提升对外开放能级

突出主题开发。南通高新区积极打造电子信息、智慧软件等区中园，加快规模扩张、能级提升，力争形成一批全国有影响的产业板块。锡通科技产业园重点发展汽车研发制造、电子信息等高端装备产业，进一步提升园区形象和整体实力。滨江新区抢抓沪通铁路、南通西站建设和通扬线航道整治等机遇，规划建设现代物流园，打造高铁新城、桥港新区。南通家纺城以智慧家纺、电子商务、现代物流为重点，推动家纺产业向新业态、新模式转型，着力打造创新型国际家纺商务城。空港产业园强化航空及其配套产业项目招引，做大做强产业集聚区。石港科技产业园加快承接优质产业项目转移，建设中小企业集聚区，打造北部片区发展主引擎。

强化功能提升。合理布局六大园区公共基础设施及功能配套项目，大力发展生产性服务业，推动产城融合。推进海关特殊监管区申报，力争在重点园区、关键企业设立保税物流中心、保税仓库。扩大外汇资金集中运营管理试点，引导企业开展跨境人民币结算，构建开放金融新环境。推动南通家纺城、空港产业园与南通高新区功能互补、产业互动，提升发展融合度。

增创发展优势。深入学习、接轨、配套、服务上海自贸区，努力承接更多溢出效益，积极争取中关村先行先试政策，提升园区开发开放层次。南通高新区用足用好市委市政府支持加快发展的政策意见，充分发挥利用外资计划单列省级授权效应，实施外商投资管理体制改革，争取更高层次、更宽领域行政审批权限下放试点。锡通科技产业园放大苏南苏中合作共建园区政策优势，加快构建“政企分开、区镇合一”的运行机制。

六、加快深化改革，提升区域发展活力

推进开放型经济改革。推进投资便利化，优化审批流程，试行外资企业“三证合一”[11]登记办法。推进贸易便捷化，对接南通电子口岸“一站式”申报系统[12]。加快引进相关平台企业，发展跨境电子商务。落实对外贸易扶持政策，全年外贸进出口总额增长6%。支持有实力的企业“走出去”，鼓励建筑企业加快拓展海外市场。

推进财税金融改革。实施规范透明预算制度，强化预算约束和绩效管理，完善财权与事权相匹配的转移支付制度。实行政府性产业扶持资金基金化管理，探索发展类扶持资金资本化改革，放大财政资金的引导效应和撬动作用。强化国有资产和资源整合，推进区属国有企业分类改革。切实加强政府性债务管理。大力推进政府和社会资本合作，推动各类资本相互融合、优势互补。加快吸引各类金融机构、新型金融组织落户，探索组建政府性融资担保公司，完善金融服务体系。鼓励区内企业进军资本市场，全年新增上市公司1家、“新三板”挂牌企业2家以上。

推进农村领域改革。做好农村土地承包经营权确权登记颁证试点工作。完善区镇农村产权交易平台建设，探索农村资源资产评估办法，扩大农村产权抵押融资范围和规模。深化农村社区股份合作制改革，不断提高村级集体资产运行质量，促进集体经济发展和农民收入持续增长。

七、加快城市建设，提升东部新城品质

优化空间形态。深化城市发展战略规划研究，引领城市和产业加快南进、西拓步伐，推动通州与南通城区相向融合发展。推进G345南通东绕城段、南通市人民路、世纪大道、青年路东延和金通三大道等连接南通城区的主干道路建设，确保年内全部竣工通车。推进新建道路及兴仁道口等绿化建设，合理配置绿化树种、景观小品、路灯杆线等配套设施，实现“一路一景一特色”。以沪通铁路建设和南通铁路东站东移为契机，加快推进平东枢纽、东站枢纽两大交通核心体系规划建设，先期开展G345北绕城段、G228改线、S226、S602、S405等[13]国省干道线型研究，超前谋划通州未来综合交通及快速路网体系。

加快功能提升。推行“立体规划”模式，修编完成城区地下空间利用、慢行系统[14]等专项规划。加快引进城东新区、银河新区城市综合体等功能项目，集聚人气、商机。优化交通组织，完善城区道路微循环系统。突出重点区域、重要节点的城市设计和色彩把控，强化城市家具[15]系统设计和改造，提升城市生活功能配套。推进通吕运河“一河两岸”综合开发和运盐河示范段景观建设。实施后街小巷综合整治，改造提升老小区20个，美化亮化街景35万平方米，全力塑造功能完善、品质优良、特色鲜明的宜居城市形象。

强化精细管理。加强区级指挥协调、部门联动协作、属地综合管理，健全完善“大城管”格局。推进城管重心下移，推动执法资源整合，着力解决好主要道路、学校附近、市场周边交通拥堵、环境脏乱差问题。突出镇区主体责任，完善快速发现和巡查处置机制，严控违法建设。启动新一轮城市环境综合整治三年计划，加强环卫保洁、广告设置、车辆停放等长效管理，提升文明城市形象。

八、加快城乡一体，提升城镇发展水平

强化统筹协调。推进新型城镇化改革和“多规合一”[16]试点，完善四级城乡空间体系，优化镇村规划布局，促进城乡一体化发展。突出政策引导、市场引领，强化资源配置，推进就业、社保、教育、医疗、文化、住房、交通等公共服务均等化。充分考虑农村实际、尊重居民意愿，探索农业转移人口市民化路径，依法保障农业转移人口合法权益。

建设新型城镇。引导平潮、石港、二甲3个中心镇因地制宜、产城融合，突出抓好功能完善和产业集聚，打造统筹城乡发展的重要支撑点。引导其他镇探索多元化投融资渠道，完善基础设施，做优生态环境，加快开发建设步伐。突出“一镇一品”，鼓励各镇区依托交通区位、资源禀赋，大力发展先进制造业、特色服务业，着力培育一批产业重镇、生态小镇、旅游名镇。结合通扬线航道整治、特高压输配线路、通洋高速道口等重大基础设施建设，在平东、十总、骑岸等镇建设一批布局合理、功能完善的新型社区。

打造美丽乡村。扎实开展美丽乡村建设试点。深入推进“覆盖拉网式”农村环境综合整治[17]，持续完善农村环境“四位一体”长效管理机制。全面实施农村河道整治三年行动计划，大力整合涉农资源，统筹推进拆坝清障、河道疏浚、污水区域收集、路桥涵配套、植树绿化等工程建设，着力营造“河畅、水清、岸绿、景美”的生态水环境，全年打造10个水美乡村。

九、加快民生改善，提升群众幸福指数

宽领域推进社会事业。全力实施10件24项为民办实事项目。扎实推进教育现代化建设，创建省学前教育改革发展示范区和义务教育优质均衡发展区，新建幼儿园9所，创建省优质园3所，金郊初中等35所学校通过南通市现代化学校验收。完成新一轮普通高中布局调整，通州高中迁入新校区。推进通州中专二期工程建设，积极引进高等教育资源，提升教育发展层次。健全三级医疗卫生服务体系，优化基本公共卫生服务。加快推进区人民医院、中医院三乙创建，启动区级综合性医院政府完全举办工作。加快中心医院、镇卫生院提标改造，完成村卫生室标准化建设。深化文化管理体制改革，实施文化惠民工程，鼓励精品文艺创作，繁荣群众文化生活。探索体育场馆市场化运行机制。重视发展老龄事业和健康服务产业，探索区社会福利中心社会化运作模式。推进镇敬老院和民办养老机构建设，新增床位300张以上。

广覆盖提升保障水平。加强就业指导帮扶，扩大职业技能培训，重点解决好高校毕业生、农村转移劳动力等人员就业问题，全年新增城镇就业9000人。深入实施城乡居民收入倍增计划，增加中低收入者和困难家庭收入。持续推进各类社保扩面提标，做好城乡居民医保整合并轨运行工作。整合社会救助资源，健全困难帮扶机制，解决好社会弱势群体的实际困难。全力推进重点地块棚户区改造。新建安置房210万平方米、竣工160万平方米,完成上级下达的保障房建设任务。

多举措强化社会治理。深化城乡和谐社区建设,深入推进"政社互动"工作。落实最严格的安全生产制度,健全隐患排查治理和安全防控体系,开展十大重点领域专项整治,常态化开展安全生产大检查,确保全区安全生产形势持续稳定。强化舆论引导、舆情监测,畅通诉求表达渠道,做好信访、大调解等工作,努力解决群众关心的热点和难点问题。完善公共应急管理体系。持续深化"平安通州"建设,实施村级技防监控中心二期工程,着力完善社会治安防控体系,确保人民群众安居乐业。

十、加快绿色发展,提升生态环境质量

强化资源集约利用。实施国土资源"双提升"行动计划[18],大力清理低效用地,推进园区二次开发,推广高标准厂房建设,盘活闲置土地2000亩。探索基本农田空间布局优化调整路径,开展同一乡镇范围内村庄建设用地布局调整试点等工作。严格执行环境准入机制,大力发展循环经济,加快淘汰落后产能,推广新能源汽车,全年实施重点节能和清洁生产项目12项,全面冲刺"十二五"节能减排目标。

注重环境保护治理。深入贯彻实施新《环境保护法》,落实环境保护责任。严格排污许可,探索建立主要污染物排放权交易机制。持续开展印染、钢丝绳、电镀等行业污染整治,严厉打击各类环境违法行为。强化城乡污水管网建设,提升镇区污水处理厂运行效率。加快益民污水处理厂建设运营,推进污泥处置中心建设。建立大气联防联控机制,深入开展工业废气、施工扬尘治理,推进秸秆禁烧和综合利用,不断改善空气环境质量。

推进生态修复补偿。严守生态红线,强化底线思维,落实生态文明建设、生态红线区域保护等规划,推进生态重点攻坚工程建设。实施绿化造林工程,推进生态廊道二期建设,新增成片林2.4万亩。实施水体修复工程,持续开展重点河道整治。加强水源地、湿地保护,启动城区地下水应急水源地建设,进一步提升生态文明建设水平。

各位代表,今年也是谋划"十三五"发展的重要一年。我们将充分发扬民主,集中各方智慧,认真研究编制下一个五年规划,科学合理确定新一轮经济社会发展的目标、思路和举措,着力增创新常态下创新发展、科学发展、可持续发展新优势。

建设人民满意的法治政府

坚持以法治思维和法治方式深化改革、推动发展、化解矛盾、维护稳定,加快建设职能科学、权责法定、执法严明、公正公开、廉洁高效的法治政府。

坚持权责法定原则。加快政府部门职能整合,完成卫计委、市场监督管理局、服务业发展局等部门组建,优化政府机构职能体系。坚持"法无授权不可为、法定职责必须为",依法全面履行政府职能。推行政府权力清单制度,实行权力事项动态化管理。强化运行监管,扎实推进权力下放试点。深化"三集中、三到位"行政审批制度改革,试行并联制审批、"一窗式"办理,提高服务效能,提升服务水平。

增强全民法治意识。深入推进"六五"普法,扎实开展法律"六进"活动[19],引导广大群众增强法治观念,养成法制思维习惯,善于依法维权。加快构建社会诚信体系和信用信息系统,建成区镇村三级法律服务平台,常态化开展政府部门法律法规知识学习、培训和考核,在社会和政府两个层面加快形成办事依法、遇事找法、解决问题用法、化解矛盾靠法的良好法治环境,在法治轨道上推动各项事业发展。

健全依法决策机制。把科学决策作为推进依法行政的重要环节,建立完善"公众参与、专家论证、风险评估、合法性审查、集体讨论"的政府决策程序。细化人大代表、政协委员、专家学者、法律顾问、市民代表参与政府决策制度。认真办好人大代表建议、政协提案。建立完善重大决策前置稳评、跟踪反馈、纠偏纠错和责任倒查机制,确保重大决策科学合理、依法依规。

规范行政执法行为。深化行政执法体制改革,完善行政执法程序和具体操作流程。全面梳理部门执法权,推进跨部门、跨行业综合执法,着力解决权责交叉、多头执法的问题。继续实施行政执法"三联防"工程,切实防范执法风险。健全行政裁量权基准制度[20],严格落实执法责任制,积极推行指导、建议、提醒、劝告等柔性执法方式,提高执法效率和规范化水平。

强化权力制约监督。深入推进政务公开,全面公开"三公"经费。深化行政权力网上公开透明运行。区公共资源交易平台建成省一类中心。自觉接受区人大及其常委会的法律监督、工作监督和政协的民主监督。强化审计监督、"三重一大"事项全程监督。持续巩固群众路线教育实践活动成果,认真贯彻落实中央八项规定和省市区委十项规定,反"四风",转作风。严格落实党风廉政建设责任制,强化惩防体系建设,严肃查处违法违纪案件,倾力打造廉洁高效政府。

附件一

2014年政府为民办实事项目完成情况

1. 中小学校舍安全工程。计划改造项目24个,总建筑面积4.1万平方米,其中重建项目2个,面积0.3万平方米,加固项目22个,面积3.8万平方米。

计划调整为5个重建项目和19个加固项目。5个重建项目,总建筑面积0.8万平方米,4个已开建,南兴小学实验楼已完成招标,正在拆迁;19个加固项目,总建筑面积3.3万平方米,已交付使用。

2. 教育信息化工程。对校园网进行改造,新添计算机3200台,电子白板700套,4所学校新增录播教室。

已全面完成。

3. 实施28所中小学运动场地塑胶化改造。

已全面完成。

4. 开工建设高标准高中。

高标准高中主体工程已封顶，正在进行内部装修，2015年秋季开学投入使用。

5. 卫生服务体系建设。完善区二院功能布局，增加综合医疗病床50张；提标改造镇卫生院，异地新建先锋、川姜、五接3家镇卫生院，启动兴仁、刘桥2家镇卫生院异地新建准备工作；实施村卫生室标准化建设，完成任务数的60%。

二院扩建、3家镇卫生院新建工程全部开工建设；完成195个村卫生室标准化建设，占任务数的96%。

6. 卫生信息化建设。实施区域卫生信息平台一期建设、医疗机构专网升级改造，实现基层医疗卫生机构综合业务信息系统全覆盖，推进二级医院电子病历建设。

已按要求推进到位。

7. 健康管理促进。为农村65岁以上老人免费体检17万人次；为2.5万名农村育龄妇女进行乳腺癌和宫颈癌"两癌"筛查；免费提供孕前检查及优生指导，目标人群4100对，覆盖率达90%以上。

为农村65岁以上老人免费体检25.2万人次；完成"两癌"筛查任务；完成孕前检查及优生指导目标人群任务。

8. 启用医保健身一卡通。凡在全区统筹范围内参加城镇职工医疗保险的且医保个人账户结余金额超过3000元的市民，均可持卡到指定网点进行健身消费，每年消费设置上限。

已按要求推进到位。

9. 区社会福利中心建设。当年主体建筑封顶并着手内部装潢，2015年6月投入试运营。

已按要求推进到位。

10. 城乡体育设施建设。对全区40个居委会（含农民集中区）健身设施进行更新；在东社、兴东新建2个农村体育公园，在骑岸、张芝山扩建2个农村体育公园；在城区新建的公园和广场配建体育设施。

完成40个居委会（含农民集中区）健身设施更新；完成东社、兴东、骑岸、张芝山体育公园新建、扩建任务；为城中公园、五一小游园、五号横河公园等配建了体育设施。

11. 实施百场文化惠民演出，组建百个业余文艺团队。

已全面完成。

12. 提高城乡困难群众救助标准。根据社会救助自然增长机制和逐步缩小与主城区差距的要求，提高城市和农村困难群众救助标准。

城镇低保、农村低保、孤儿集中供养、孤儿散居供养、农村五保集中供养、农村五保分散供养、城市三无老人集中供养和分散供养标准每人每月分别提高到570元、400元、1400元、870元、640元、550元、1220元和900元。

13. 提高新农合筹资水平，提高新农合大病保险标准。

已完成（注：全区840149人参加新农合，参合率达到99.94%，人均筹资标准由每人每年380元提高到480元；新农合大病保险标准提高到每人30元，惠及参合者8900余人，补偿金额达1700多万元）。

14. 提高城乡居民社会养老保险参保补贴标准；推进社会保障卡发放，完成医保卡换发工作。

已提高城乡居民社会养老保险参保补贴标准，参保人数达24.11万人，参保率达98.8%；完成社会保障卡制卡15.6万张，正在分批换发。

15. 新建农村水泥道路150公里、镇村公路安保工程1000公里、改造县道危桥10座、镇级危桥4000平方米。

已完成，其中改造镇级危桥4100平方米。

16. 改建灌溉泵站124座、新建防渗渠360公里、改造农村桥梁100座；疏浚农村河道134公里，土方230万方；疏通坝头、坝埂100处。

建成泵站124座、防渗渠365公里，改造农桥150座；疏浚农村河道145公里，土方241万方；疏通坝头、坝埂100处。

17. 实施金沙横河生态浮床建设及中心竖河、八角亭河、运盐河等河道疏浚工程；实施城东新区湘江路至长江路段运盐河两侧公园绿地建设工程。

完成金沙横河6000平方米生态浮床建设任务，完成唐灶港、运盐河、十五总港河道疏浚；运盐河公园建设进入招投标程序。

18. 新建7个镇级社会服务管理中心。

完成川姜、四安、西亭、先锋、骑岸、五甲、二甲7个镇级社会服务管理中心建设。

19. 区食品药品检验中心建设。

区食品药品检验中心因涉及机构调整，根据省政府2014年93号文件精神，对检验中心功能定位进行调整。

20. 老小区整治改造。

已完成金沙镇、高新区34个老小区改造任务

附件二

2015年政府为民办实事项目

1. 教育惠民。实施教育信息化项目。基础教育学校实现"优质资源班班通"，并接入南通市基础教育专网。60%的学校建成数字化校园，14%的学校开展数字化学习试点，共建共享名师、名校课堂。实施南通市现代化创建工程，35所学校通过市级验收。

2. 医疗卫生。实施区域卫生信息化二期建设；整体迁建第七人民医院、兴仁卫生院，改扩建十总卫生院；启动西亭、骑岸卫生院及高新区社区卫生服务中心异地新建前期工作。提高财政补助标准，新农合筹资标准从480元提高到600元，大病保险标准从30元提高到40元；整合城乡居民基本医疗保险制度；建立城镇职工基本医疗自费补充保险制度。

3. 生态治理。实施唐灶港（碧华路—朝霞路段）截污沟、世纪大道雨污水管网改造；建设城镇污水管网40公里，城镇污水处理运行负荷提高到60%。在12个镇20个涉农村（居）集居点建设小型生活污水处理设施及配套管网和3个镇的非规模粪便处置中心。分批淘汰10蒸吨/小时以下

的燃煤锅炉。

4. 人居环境。对金沙镇15个小区、高新区5个小区实施老小区改造。拆除农村河道坝头、坝埂1000处左右；疏浚整治县乡河道14条（段），疏浚土方55万方。建成村庄小游园30个；实施城东新区玉兰园（含张公祠）公园绿地工程和金沙横河东段（新通掘路—湘江北路）河道景观工程。新建镇村主干道路150公里，改造农桥4000平方米，完善500公里农路安保工程。

5. 创业就业。新增创业1200人，扶持农村劳动力自主创业380人，创业培训500人，城镇登记失业率不高于3%。

6. 城市管理。开工建设城区综合批发市场、竖石河9号美食广场。建设公共自行车租赁系统，在主城区设置30个点位，投放600辆公共自行车。

7. 文化体育。建设40个村（居）示范性文体广场，组织100场精品惠民演出，举办1000场文体活动，培训10000名基层文艺爱好者。新建4个农村体育公园；在农民集中居住区铺设40套健身路径，添置50张室外乒乓球桌；在城区公园和绿地配套体育设施。实施百场科学健身进社区活动。

8. 金融服务。新增社区银行6家，建立农村金融综合服务站210个，实现金融基本服务村村通。

9. 公共安全。实施村级技防监控中心二期建设。实施综治信息网格化服务工程。实施城区备用水源工程。

10. 社会关爱。为65岁以上老人、重性精神疾病、高血压、糖尿病患者免费体检25万人；为2.5万名农村育龄妇女进行乳腺癌和宫颈癌"两癌"免费筛查；为5500对新婚对象免费进行婚前医学检查；为8000名新生儿免费进行疾病筛查；免费提供孕前检查及优生指导，覆盖率达90%以上。

附件三

《政府工作报告》有关词语释义

1. 三经普：第三次全国经济普查的简称，主要调查我国2013年全年第二、第三产业发展规模、结构和效益等信息。全国经济普查工作每五年进行一次。

2. 四板：即区域性股权交易市场，是为特定区域内的企业提供股权、债券转让和融资服务的私募市场。

3. 外汇资金集中运营管理试点：跨国公司根据经营需要，在所在地银行开立国际、国内外汇资金主账户，集中运营管理境内外成员企业外汇资金及从其他境外机构借入的外债资金，促进投资贸易便利化。

4. 海兰信海外并购基金：由通科、海兰信、南通产控、力合清源等公司联合设立，以基金为纽带，搭建船舶海工国际技术转移平台。

5. 海智计划工作基地：是中国科协"海外智力为国服务行动计划"工作基地的简称，为海外人才回国创新创业和为国服务搭建平台、构建桥梁、提供帮助。

6. 三期叠加：增长速度换挡期，结构调整阵痛期，前期刺激政策消化期。

7. 一带一路：丝绸之路经济带，21世纪海上丝绸之路。

8. 七个更：习近平总书记提出的努力让人民群众有更好的教育、更稳定的工作、更满意的收入、更可靠的社会保障、更高水平的医疗卫生服务、更舒适的居住条件、更优美的环境。

9. PPP合作：政府和社会资本合作模式的简称。政府通过特许经营权、合理定价、财政补贴等事先公开的收益约定规则，使投资者有长期稳定收益。投资者按照市场化原则出资，按约定规则独自或与政府共同成立特别目的公司建设和运营合作项目。

10. 实施服务业"三百"行动计划：实施百亿投资工程，推进"规模大、投入大、贡献大"的服务业项目；实施百企创新工程，培育发展创新型服务业重点企业；实施百个平台工程，促进平台经济商业模式、技术和业态创新。

11. 三证合一：对我省行政区域内的企业，依托省企业注册登记并联审批平台，按照"一表申请、一窗收件、并联审批、核发一照"的模式，将营业执照、组织机构代码证和税务登记证，合并到一起办理。

12. 南通电子口岸"一站式"申报系统：是南通电子口岸平台规划建设的重要应用系统之一，整合海关、国检、商务管理端口，为货代企业提供互联网申报服务，实现数据一次录入、多次使用、多方共享。

13. G228改线，即223省道北延；S226，即南通市工农路北延；S602，即平海公路西段；S405，即刘桥互通连接线。

14. 慢行系统：将步行、自行车、公交车等慢速出行方式作为城市交通的主体，解决快慢交通冲突、慢行主体行路难等问题。

15. 城市家具：城市中各种户外环境设施，包含信息设施、卫生设施、照明安全设施、娱乐服务设施、交通设施以及艺术景观设施等。

16. 多规合一：将国民经济和社会发展规划、城乡规划、土地利用规划、生态环境保护规划等多个规划进行统筹整合，融合到一张可以明确边界线的县（市、区）域图上，实现一个县（市、区）一本规划、一张蓝图。

17. 覆盖拉网式农村环境综合整治：按照全省统一规划，2013—2017年，我区在18个镇的90个村居开展整治试点工作，建设一批村庄生活污水处理设施及配套管网、非规模化畜禽粪便综合利用设施。

18. 国土资源"双提升"行动计划：严守耕地保护数量和质量红线、永久基本农田红线、生态保护红线和城市发展边界线，全力实施"空间优化、五量调节（控制总量、优化增量、盘活存量、用好流量、提升质量）、综合整治"三大战略，实现节地水平和产出效益双提升。

19. 法律"六进"活动：通过开展普及法律的活动，使法律进机关、进乡村、进社区、进学校、进企业、进单位。

20. 行政裁量权基准制度：是指行政机关依据法定职责，细化和量化行政裁量权标准，规范裁量范围、种类、幅度的制度。

（资料提供　顾　鹏）

大 事 记

Record of Major Events

编 辑 陈 菊

（2014 年）

1 月

2 日 江苏蛟龙重工集团举行多功能海上安装平台研制成功汇报会。该平台由蛟龙重工集团和美国设计公司 BAA 共同研发，属于世界上最新的第三代海上风电安装平台。

5 日 中国人民政治协商会议南通市通州区第十二届委员会第三次会议在区行政中心举行。

6 日 通州区第十五届人民代表大会第三次会议在区行政中心举行。会议听取和审议区长陈永红代表区人民政府所作的《政府工作报告》。

9 日 通州区科学技术协会第九次代表大会在区行政中心召开。会议选举产生区科协第九届委员会和第九届常委会。

10 日 通州区“阳光助医”慈善救助金发放仪式在区行政中心举行。此次仪式上共发放 100 万元慈善救助金，近 500 名重症患者受助。

13 日 通州区举行安全生产工作会议。会议要求全区上下高度重视安全生产工作，在预防和治本上下功夫，杜绝较大以上生产安全事故、减少一般生产安全事故，努力保持全区安全生产形势持续稳定。

26 日 通州区召开项目建设暨招商引资动员会，贯彻落实中央、省经济工作会议和市委、区委全会及“两会”精神，加快推进全区招商引资、项目建设和财税工作。

27 日 南通市委常委、纪委书记庄中秋一行深入通州区城乡社区，走访慰问困难群众，检查推进安全生产等工作落实情况。

2 月

7 日 全区文明表彰暨作风建设大会召开。

13 日 通州区第十五届人大常委会第 27 次主任会议在区行政中心举行。会议听取区政府 2014 年度融资安排情况的报告等。

14 日 通州各界群众在区体育中心观看第六届民俗文化节暨古沙灯谜节——“通州风情”大型情景歌舞演出。

17 日 中共南通市通州区第十一届纪律检查委员会第四次全体会议在区行政中心举行。会议学习贯彻习近平总书记重要讲话和中央纪委三次、省纪委四次、市纪委四次全会精神，结合群众路线教育实践活动，研究部署 2014 年通州区党风廉政建设和反腐败工作。

18 日 通州区工商联（总商会）十届四次执委（扩大）会议召开。会议宣布成立区工商联（总商会）法律维权中心。

19 日 通州区委召开党的群众路线教育实践活动动员大会，具体部署开展党的群众路线教育实践活动。

20 日 通州区举行春季重大项目联合开工活动，永磁高效电机、酚醛泡沫保温新材料、新型干混砂浆设备制造等 10 个项目集中开工，涉及现代家纺、智能装备、新材料等多个产业，总投资达 16.2 亿元。

△ 南通市体育为民惠民现场推进会在通州区举行。

21 日 全区党建暨农村工作会议召开。

25 日 通州区召开政法工作会议。

26 日 通州区第十五届人大常委会在区行政中心举行第十五次会议。会议听取区人大常委会 2014 年工作要点（草案）、区人大常委会专题询问暂行办法（草案）、区人大常委会专项工作评议暂行办法(草案)和区人民法院增补选任人民陪审员的请示及有关人事任免事项。

△ 通州区召开物业管理全覆盖工作动员会,推进全区物业管理向市场化、规范化、专业化、长效化轨道运行,确保年底实现物业管理全覆盖目标。

28日 通州区召开第二十次老干部代表会议和关心下一代工作会议。

3月

7日 南通市政协副主席陆玉明带领市政协部分常委、委员到通州区,就"构筑技能人才高地,促进产业转型升级"开展专题调研。

12日 台北市电脑商业同业公会智慧城市交流团一行到通州区考察,双方就智慧城市建设等信息产业领域合作进行交流。

20日 由区纠正行业不正之风领导小组办公室、人民广播电台、电子政务管理中心、新闻信息传播中心联合主办的2014年度"999民生热线"节目正式开播。

21日 通州区召开党的群众路线教育实践活动征求意见会,听取基层党组织代表的意见和建议。

24日 通州区第十五届人大常委会举行第28次主任会议。会议听取区财政局关于2013年部门预算执行及2014年部门预算编制情况的报告等。

△ 通州区委召开党的群众路线教育实践活动"一把手"专项述职暨集体约谈会。

26日 南通市委副书记、市长张国华到通州区调研空港产业园建设情况。

27日 举行伊藤忠物流等27个项目集中签约。其中,内资项目22个,投资总额31.7亿元;外资项目5个,投资总额2.58亿美元。签约项目涵盖现代物流、不锈钢铸造、智能家居、高端装备、精密机械及医药机械等新兴行业。

28日 通州区召开文化遗产普查工作推进会,就如何高效开展文化遗产普查工作进行交流和辅导。

△ 通州区委举行党的群众路线教育实践活动专题报告会,上海浦东干部学院副院长王金定应邀作专题辅导报告。

29日 通州区召开园区建设工作情况汇报会,总结分析当前园区发展情况和形势,协调解决园区发展过程中存在的困难和问题。

4月

3日 江苏省政协副主席、省政府党组成员、省科技厅厅长、党组书记徐南平率队到通州考察南通高新区建设情况。

15日 河北省县(市、区)长"转变发展指导思想、推进河北绿色崛起"专题研讨班一行到通州区学习考察。

17日 通州区第十五届人大常委会举行第29次主任会议,听取区人民政府关于进一步加强全区基层医疗卫生服务体系建设意见的报告等。

△ 南通市委常委秦厚德到通州区调研群众路线教育实践活动推进情况。

18日 通州区举行党的群众路线教育实践活动专题报告会,党的十八大代表、全国优秀共产党员、全国道德模范张云泉应邀作报告。

23日 河北省第二期县(市、区)长"转变发展指导思想、推进河北绿色崛起"专题研讨班到通州区学习考察。

△ 南通市"为民务实清廉"先进典型事迹报告团到通州区宣讲。

24日 南通市委常委秦厚德到通州区调研农村工作情况,检查安全生产工作。

28日 通州区第十五届人大常委会在区行政中心举行第十六次会议,听取"关于社会治安防控体系建设情况"的报告等。

△ "逐梦江海"驻通记者采风团一行走进通州,中央、省和南通市级媒体的30多名记者进行集中采访和采风。

28日—29日 江苏省委书记罗志军到通州区调研。

30日 中国供销集团南通供销产业发展有限公司国际棉花交易中心等18个项目集中开工,总投资43.45亿元。

5月

4日 通州区召开平台建设研讨会,研究全区功能平台建设的发展重点、工作思路,推动园区经济向平台经济转型。

6日 通州区召开动员会,研究部署秸秆禁烧和综合利用工作。

7日 南通市副市长朱晋到通州调研医疗卫生等工作。

△ 南通市委副书记、市长张国华率市相关部门主要负责人赴南通高新区现场办公,研究会办高新区发展中需要解决的相关问题。

9日 通州区举行团员青年践行党的群众路线教育专题活动暨通州"十佳青年"评选20周年纪念大会。

△ 通州区结合"5·10思廉日"活动,举办党的群众路线教育实践活动专题党课。

13日 浦东干部学院青年科技领军人才创新能力专题培训班学员到南通高新区开展现场教学。

12日—13日 江苏省科技厅原厅长王永顺到通州区调研指导科技创新工作,并就"科技孵化器建设与科技创新"开展专题讲座。

14日 全区信访工作会议在区行政中心召开。

15日 江苏省教育厅厅长沈健到通州区考察,对通州区教育工作予以高度评价。

15日—16日 江苏省委常委、纪委书记弘强到通州,调研指导通州区党的群众路线教育实践活动。

24 日—26 日　通州区行政审批中心全体部门单位搬迁至行政中心旁的新大楼，更名区政务服务中心，27 日起正式对外办公。中心共入驻 61 个部门和单位，其中 53 个部门和单位设独立窗口，8 个部门和单位设综合窗口，共设服务窗口 200 多个，工作人员 400 余名，纳入管理的行政审批事项 416 项。此次电信、公交、有线电视等 8 个便民服务单位 14 个窗口一齐入驻，实现"一窗式受理、一站式审批、一条龙服务、一次性收费"功能。

27 日　江苏省副省长徐鸣到通州区调研"三夏"工作。

28 日　通州区第十五届人大常委会在区行政中心举行第 30 次主任会议。会议分别听取区人民法院、区人民检察院关于贯彻实施《中华人民共和国法官法》《中华人民共和国检察官法》情况的报告等。

31 日　全区秸秆禁烧工作会议召开，对当前秸秆禁烧工作进行再动员、再部署。

6 月

4 日　《999 民生热线》"作风建设在路上"大型户外直播活动在石港镇举行，18 家单位及镇区的主要负责人参与直播。

5 日　江苏省委督导组副组长、省财政厅副巡视员汪以力一行到通州区调研指导群众路线教育实践活动。

6 日　南通市委常委秦厚德到十总镇柏树墩村，调研指导党的群众路线教育实践活动。

9 日　通州区第十五届人大常委会举行第 31 次主任会议，听取区外侨办关于侨务工作情况的报告等。

11 日　人民日报社江苏分社社长贺广华到通州区调研现代家纺产业发展情况。

13 日　通州区第十五届人大常委会在区行政中心举行第十七次会议，听取副区长陈伟平所作的关于集镇环境综合整治工作情况的报告等。

20 日　以国家卫生计生委基层卫生司副司长聂春雷为首的调研组到通州区调研新农合大病保险等卫生工作。

23 日—24 日　通州区委常委会召开专题民主生活会。省委常委、纪委书记、省委教育实践活动领导小组副组长弘强全程参加。

26 日　南通市委副书记、市长张国华一行到通州区调研船舶海工产业发展状况，了解企业生产经营情况，鼓励相关企业加强自主创新，不断提升产品附加值和市场竞争力，为南通船舶海工产业持续健康发展做贡献。

7 月

1 日　通州区召开纪念建党 93 周年暨教育实践活动第二环节推进会。

2 日　通州区召开国土资源管理暨土地执法工作会议，研究部署国土资源工作。

△　尊翔公务航空等 21 个项目集中签约，总投资超 40 亿元。

4 日　江苏省经信委副主任胡学同一行到南通家纺城调研电商平台建设，对通州区家纺电子商务发展情况予以充分肯定。

20 日　上海交通大学党委副书记朱健到通州，就学校船舶与海洋工程学科与高新区开展协同创新进行交流。

21 日　南通市委常委、政法委书记曹斌一行专程到通州区实地调研人民来访接待中心建设情况。

23 日　通州区第十五届人大常委会在区行政中心举行第 32 次主任会议，分别听取区人民法院、区人民检察院关于贯彻实施修正后的《中华人民共和国刑事诉讼法》情况的报告等。

27 日　南通国家高新技术产业开发区建设推进大会在区行政中心举行，这标志着南通高新区正式纳入国家创新体系。

29 日　南通市深化发展大调解工作现场推进会暨维护社会稳定工作专题会议在通州区举行。

30 日　中共南通市通州区委十一届八次全体会议在区行政中心召开。会议的主要任务是：贯彻落实党的十八届三中全会、省委十二届七次全会和市委十一届七次全会精神，总结上半年工作，明确下半年工作重点，对深化经济体制改革作出部署，动员全区上下以深入开展党的群众路线教育实践活动为契机，改进作风、深化改革、扎实工作，确保完成全年各项目标任务，不断开创通州改革发展新局面。

8 月

5 日　通州区与台北市电脑商业同业公会两岸智慧城市交流联盟签订友好合作框架协议，在信息化产业、云计算与物联网应用、智慧城市应用产业等方面开展全方位的合作。

8 日　韩通重工与中化船务、香港金威船东分别签订 4 +3 艘和 1 +2 艘 38K 不锈钢化学品船订单，该批订单将于 2016 年下半年起陆续交付。这是韩通继承接 20. 8 万吨载重散货轮后，在船型大型化、技术附加值更高产品上的又一里程碑。

△　通州区在体育中心举行全民健身月暨万人健步走启动仪式。

14 日　南通市委副书记、市长张国华到锡通科技产业园调研。

15 日　江苏省政府法制办副主任高建新一行到通州区进行《江苏省绿色建筑发展条例（草案）》立法调研，对通州区推进绿色建筑，建设生态通州的做法给予肯定。

20 日　通州区发放 2014 年慈善助学金，150 名贫困学子获 75 万元资助。

22 日　南通市委副书记陈斌就文明城市建设新气象、经济社会发展新亮点以及五项专项整治行动进行时等方面，深入通州区部分企业车间、项目工地、民生工程现场、社会管理服务窗口和村级服务型党组织等基层一线开展调研。

28日 通州区第十五届人大常委会在区行政中心举行，听取区委常委、常务副区长陈斌关于2014年上半年国民经济和社会发展计划执行情况与下半年工作打算的报告等。

9月

4日 全区党的群众路线教育实践活动“四风”突出问题专项整治工作会议召开，部署和推进开展“十大专项治理行动”。

△ 通州区与农发行南通市分行开展银企合作座谈，对5个共计30亿元的项目进行研究推进，制定落实时间。

9日 南通市人大常委会党组书记、副主任黄利金，南通市委常委、常务副市长韩立明前往张芝山镇、川姜镇部分中小学，看望慰问教育工作者，向辛勤耕耘在教育战线上的全体教师致以节日的问候和崇高的敬意。

△ 通州区召开大会庆祝第三十个教师节。

△ 江苏省司法厅厅长、党组书记柳玉祥，率领参加全省公共法律服务全覆盖体系建设推进会的全体人员，参观考察通州区现场。

12日 南通市加快现代农业发展促进农民增收工作推进会在通州区召开，总结分析2014年以来全市农业农村工作，研究部署下一阶段加快项目农业发展、促进农民增收等重点工作。

16日 全区慈善工作表彰大会召开。

17日 通州区举行“最美家庭”表彰暨家庭道德讲坛活动，20户通州“最美家庭”获表彰。

18日 通州区第十五届人大常委会举行第34次主任会议，听取区人民政府关于推进基层医疗卫生服务体系建设的议案办理情况的报告等。

26日 江苏省卫生和计划生育委员会主任王咏红到通州区调研，了解社区卫生室以及计生指导站建设情况。

28日 顺风电商产业园、中科天艺科技等24个项目集中签约，总投资超56亿元。

29日 南通市委常委秦厚德带领市安监局、城乡建设局、消防支队等部门负责人到通州区四安镇、石港镇部分企业、施工单位进行节前安全生产检查。

△ 南通市委常委秦厚德到通州区听取教育实践活动情况汇报。

△ 南通市委常委秦厚德一行到通州区调研中心镇建设情况，实地了解平潮镇、石港镇的拆迁安置区、特色产业园区、社区小游园等建设情况。

30日 通州区举行公祭烈士活动缅怀先烈。

10月

8日 通州区集中收看收听党的群众路线教育实践活动总结大会。

11日 通州区召开深化文明城市建设推进会，总结前一阶段工作，研究部署下一阶段工作任务。

△ 通州区召开秋季秸秆综合利用和禁烧工作动员会。

13日 江苏省人大常委会副主任、党组副书记蒋宏坤到通州区调研现代化农业发展情况。

14日 南通市纪委到通州区督察落实“两个责任”建设“三清示范区”工作。

16日 通州区组织收听收看南通市党的群众路线教育实践活动总结大会。

18日 通州区举行第十届高层次人才智力与项目合作洽谈会。美国、加拿大、日本等国家和地区，以及北京、上海、武汉、厦门、南京等高校院所的81位知名教授、专家、高层次人才齐聚通州，并带来新能源、新材料、节能环保等50多个合作项目。

20日 通州区第十五届人大常委会举行第35次主任会议，听取区住建局关于城区住宅小区物业管理情况的报告等。

21日 通州区第十五届人大常委会在区行政中心举行第十九次会议，听取区委常委、常务副区长陈斌所作的关于代表建议、批评和意见办理情况的报告等。

△ 通州区委召开党的群众路线教育实践活动总结大会，认真学习贯彻习近平总书记重要讲话精神，按照中央和省市委的部署要求，对通州区群众路线教育实践活动进行总结，对巩固和拓展活动成果、加强作风建设、全面推进从严治党进行部署。

22日 “张謇杯”2014年中国国际家纺设计大赛获奖作品发布暨第七届中国（川姜）家纺画稿交易会在南通家纺城开幕。

23日 通州区召开会议，集中评议46家重点窗口单位政风行风建设情况。经现场民主测评，区财政局、区公安局、南通市住房公积金管理中心通州管理部分获综合管理组、行政执法组、公共服务组第一名。

△ 通州区举行家纺产学研合作洽谈会，东华大学、江南大学等7所高校，涉及纺织工程、高分子等领域科研院所的20位专家，以及30家重点家纺企业的负责人参加活动。

△ 第八届“江苏戏剧奖·小戏小品奖”大赛决赛颁奖活动在通州区文博中心成功举行。

28日 通州区在区行政中心举行船舶海工国际技术开发合作签约活动。

29日 云南省委党校第35期中青年干部研讨班学员到通州区参观学习。

△ 南通市高标准农田建设工作现场会在通州区召开。

11月

1日 中航工业集团公司副总经理顾惠忠带领集团旗下的中航国际、中航建发、中航资产等企业负责人一行十余人到通州区考察。

4日 “童声里的中国”少儿艺术创研活动基地落户通

州。“童声里的中国”少儿艺术创研活动基地建设汇报会暨“全国首届儿童音乐优秀创作奖”获奖作品展演在此成功举行。少儿艺术创研活动基地的建成开放,标志着“童声里的中国”品牌活动进入基地化运作阶段。

7 日 四川省政协副主席、秘书长高烽带队到通州区考察统筹城乡综合配套改革和推进新型城镇化建设。

12 日 通州区召开教育现代化建设推进大会,贯彻落实省、市教育现代化建设推进会精神,全面部署通州区教育现代化各项工作。

△ 全区领导干部会议召开,传达贯彻省委十二届八次全会精神,安排部署当前重点工作。

△ 南通市委常委、常务副市长韩立明检查通州区秸秆禁烧和综合利用工作。

25 日 通州区第十五届人大常委会举行第 36 次主任会议,听取关于召开区第十五届人民代表大会第四次会议筹备工作的报告等。

△ 南通市委副书记、市长张国华到通州区调研创新驱动发展和空间布局调整情况。

27 日 启东市党政代表团到通州区参观考察。

28 日 南通毅达创新创业投资基金在通州区揭牌,并与 5 家科技型小微企业现场签约。

△ 全国政协常委、人口资源环境委员会副主任、中华全国供销合作总社原党组书记、理事会主任李成玉一行到通州区调研中国供销集团南通供销产业园项目建设。

12 月

2 日 南通市政协主席联席会议在通州区召开。会议回顾总结 2014 年特色工作和创新举措,交流 2015 年工作打算。

3 日 通州区举行党的十八届四中全会精神专家宣讲报告会,全面贯彻落实四中全会精神,进一步拓展学习的广度和深度。

8 日 通州区第十五届人大常委会举行第二十一次会议,听取区委常委、常务副区长陈斌所作的关于区十五届人大三次会议议案办理情况的报告等。

△ 通州区第十五届人大常委会举行第 37 次主任会议,听取区人大常委会执法检查组关于检查《中华人民共和国水污染防治法》贯彻实施情况的报告等。

15 日—16 日 浙江省桐乡市人大常委会主任张林洪率队到通州区考察区镇人大工作开展情况。

18 日 环保部生态司副司长毕华率国家生态市考核组一行到通州区检查国家生态市建设和环保工作。

20 日 通州区委书记宋乐伟在区行政中心第一接待厅会见中国工程院院士、中国“飞豹”飞机总设计师陈一坚一行。

28 日 农业部党组书记、部长韩长赋到通州视察江苏景瑞现代农业产业园。

29 日 南通市建立城乡统一的居民基本医疗保险制度启动仪式在通州区举行,标志着南通全面开始实施城乡医保整合并轨工作。

31 日 中共南通市通州区第十一届委员会第九次全体会议在区行政中心举行。全会认真贯彻落实党的十八届四中全会、习近平总书记系列重要讲话以及中央、省、市一系列重要会议精神,在习总书记视察江苏重要讲话精神指引下,总结 2014 年工作,部署 2015 年工作。

通州区公共自行车　　（原载中国通州网,卑多敏摄）

通州概览

Survey of Tongzhou

编　辑　冯金荣

地理位置

【概　况】 南通市通州区位于长江三角洲北翼。南起北纬31°52′的张芝山镇竖积洪村,北至北纬32°15′的刘桥镇米三桥村,南北间最大直线距离50公里;西起东经120°41′的五接开沙岛,东至东经121°25′的南通滨海园区北侧,东西间最大直线距离85公里。东临黄海,海岸线长15.97公里;西部地区南濒长江,江岸线长10.77公里;西南与崇川区相接,东南与海门市为邻,北与如东县毗连,西北与如皋市接壤;总面积1525.74平方公里,其中陆地面积1351.50平方公里、江海水域174.24平方公里。全区横宽纵窄,土地平坦,耕层深厚,适耕性强。地势西北部较高,东南部和沿江、近海垦区较低。高程一般在3.80~4.50米,近海最低处为2.20米。交通便捷,新长铁路(支线)和宁通、盐通、通启高速公路穿境而过,通扬、通吕、通启运河和九圩港、遥望港、新江海河等大型骨干河道纵横交错,南端连接苏通长江公路大桥,南通飞机场位于兴东镇,班机直飞北京、天津、广州、深圳、成都、昆明、武汉、重庆、沈阳、福州、哈尔滨、太原、南宁、西安、长沙、厦门、大连、海口、青岛、珠海。

(方　嵘)

行政区划

【政区沿革】 通州境域,初为长江口海域中的沙洲,南北朝中期出水。南北朝后有人定居,煮盐为业。唐为盐亭场,设防务机构。唐末沙洲涨接大陆,即凿河运盐,开通至杨州的航道,并筑坝圩、培土壤、植麦黍,逐步改变单一从事盐业生产的局面。五代初称静海镇。后周显德五年(958年)设通州,因东北有大海通辽海诸夷、西南有长江连吴越楚蜀、内运渠道达齐鲁燕冀,故而得名。静海镇改称县,隶属通州。

宋仁宗天圣元年(1023年)改通州为崇州,又名崇川,属淮南东路;明道二年(1033年)仍称通州;徽宗政和七年(1117年)改为静海郡,不久复名通州,属扬州。元世祖至元十五年(1278年)升为通州路;至元二十一年复为通州,属扬州路,隶江北淮东道廉访司。

明洪武元年(1368年)废静海县,通州直管静海本土,领海门、崇明两县,属扬州府;洪武九年划崇明县归苏州府,通州仅领海门一县。嘉靖年间(1522—1566年),通州除州城外,分6乡6场。清顺治二年(1645年)属江南省扬州府;康熙六年(1667年)起属江苏省扬州府;康熙十一年,因江岸坍没,海门废县为乡,并入通州。

清雍正二年(1724年),通州升为直隶州;宣统元年(1909年),设3市区、10镇区、8乡区;宣统二年,市区、镇区改为市,乡区改为乡。

中华民国元年(1912年)5月,废州,改称南通县,属江苏省;全县仍设13市、8乡,民国9年增设三余乡。民国18年(1929年),市乡合并为18个区,区下设镇、乡、闾、邻;民国23年(1934年)又并为13个区,区下设镇、乡、保、甲。

1949年2月2日,南通县全境解放,原县城及港闸等地划出另置南通市,实行城乡分治。南通县政府移驻金沙镇,隶属南通行政公署管辖。同年10月,全县设12个区159个乡。1956年2月和1957年10月两次并区并乡后,全县为8个区47个乡和3个县属镇、2个区属镇。1958年3月,撤销区建制,设通海、通中、通东、通北、通西5个片。1958年成立38个人民公社,实行政社合一,公社下设大队,大队下设生产队;后公社范围逐步调小,至1982年全县有61个公社、5个县属镇。1961年9月,恢复8个区建制;1966年增设十总区。

1983年,实行市管县体制,隶属南通市管辖。同年,政社分设,公社改为乡,大队改为村,生产队改为村民小组,年末,全县为9个区、60个乡、5个县属镇、1个海洋渔业公司。1984 年 5 月,实行镇管村体制,全县设 14 个镇、43 个乡,以后各乡先后改建为镇。1987 年 2 月,撤销区委、区公所,按原行政区域设 9 个区工委和指导组。1991 年 1 月,陈桥、幸福、秦灶、新开 3 乡 1 镇和小海镇的 6 个村划归南通市区后,县境面积为 1637 平方公里,人口 145 万有余。1992 年末,全县为 17 个镇、32 个乡、1 个海洋渔港管理委员会、36 个居民委员会、884 个村。

1993 年 2 月,南通县撤销改设通州市。

1996 年 4 月机构改革中,9 个区工委、指导组撤销。2000 年全市行政区划再次调整,原 49 个乡镇撤并为 26 个。2001 年 4 月,观音山、小海、竹行 3 镇和市良种场、种畜场划归南通市区,通州市行政区域内的南通农场(省属)和东方红农场(省属)也划入南通市区范围。2002 年末,全市辖 23 个建制镇,3 个街道办事处,376 个行政村,52 个社区,5 个农场。2005 年,新设北兴桥、三门闸、五接、李港、海晏 5 个社区居民委员会,全市有 23 个建制镇,4 个街道办事处,376 个行政村,57 个社区,5 个农场,总面积 1351 平方公里,总人口 126.25 万人。2006 年,石港镇金庄村并入金庄社区,刘桥镇凤仙村并入刘桥社区;三余镇设立五甲苴社区。年末,全市有 23 个建制镇,4 个街道办事处,374 个行政村,58 个社区,5 个农场。总面积 1351 平方公里,总人口 125.64 万人。2007 年 2 月,经省政府批准,北兴桥镇、海晏镇与三余镇合并设立新的三余镇;新联镇与刘桥镇合并设立新的刘桥镇。同年,撤销石港镇石西村和渔湾村,设立渔湾、石西社区居民委员会。年末,全市共设 20 个建制镇,4 个街道办事处,372 个行政村,60 个社区,5 个农场。2008 年 2 月 3 日,经省政府批准,川港镇与姜灶镇合并设立川姜镇。同时,原川港镇所辖八字桥、安东、南兴、大成、保通、通海、竖积洪、培德村整建制划归张芝山镇管辖;原姜灶镇所辖董家埭、利民、周照港、正场、民平村整建制划归先锋镇管辖。2 月 21 日,全市进行村(社区)合并调整,原 376 个行政村、58 个社区合并调整为 207 个行政村、63 个社区。12 月,撤销三余镇团结社区居民委员会,建立滨海工业区团结社区居民委员会。年末,全市共设 19 个建制镇,1 个省级经济开发区,4 个街道办事处,207 个行政村,63 个社区,5 个农场。总面积 1525.74 平方公里,其中陆地面积 1351.50 平方公里。年末,耕地面积 7.35 万公顷,户籍总人口 124.27 万人。2009 年 3 月和 4 月,苏通大桥工业区、通州滨海工业区分别更名为"苏通大桥科技产业园"和"通州滨海新区"。

2009 年 7 月 2 日,撤销通州市,设立南通市通州区。年末,全区共设 19 个建制镇,1 个省级经济开发区,4 个街道办事处,207 个行政村,63 个社区,5 个农场。耕地面积 7.06 万公顷,户籍总人口 124.16 万人。2010 年末,全区耕地面积 7.02 万公顷,户籍总人口 124.64 万人。2011 年 9 月 30 日,经省人民政府批准,通州经济技术开发区更名为"南通高新技术产业开发区"。年末,全区设 19 个镇,1 个高新技术产业开发区,4 个街道办事处,207 个行政村,63 个社区,5 个农场。耕地面积 7.02 万公顷,户籍总人口 125.25 万人。2012 年 3 月 20 日,南通市人民政府决定(通政发〔2012〕31 号),通州滨海新区、三余镇由南通滨海园区代管,行政区域仍隶属通州区。年末,全区设 19 个镇,1 个高新技术产业开发区,4 个街道办事处,207 个村,63 个社区,5 个农场,户籍总人口 125.73 万人。2013 年 1 月 10 日,区人民政府批准,南通高新技术产业开发区增设碧华、金霞社区;4 月 15 日,二甲镇余西社区居民委员会更名为余西村民委员会。12 月,国务院批准南通高新技术产业开发区升级为国家高新技术产业开发区。锡通科技产业园、通州滨江新区、中国南通家纺城、南通空港产业园、石港科技产业园初具规模。年末,全区设 19 个镇,1 个国家高新技术产业开发区,4 个街道办事处,208 个行政村,64 个社区,5 个农场。户籍总人口 126.27 万人。 (方 嵘)

【现行区划】 2014 年 4 月 9 日,区人民政府批准,金沙镇增设天霞、天熹、天晖、天虹社区。年末,全区设 19 个镇,1 个国家高新技术产业开发区,4 个街道办事处,208 个行政村,68 个社区,5 个农场。户籍总人口 126.66 万人。

(陆治平)

气　　候

【概 况】 2014 年,通州区气候特点是:年平均气温与常年相比正常,降水总量比常年正常略偏多,日照与常年相比正常。年平均气温 15.9℃,比常年(1981—2010 年,以下同)偏高 0.3℃,比上年低 0.4℃;年极端最高气温 35.5℃(8 月 4 日);年极端最低气温 -5.1℃(1 月 22 日)。年降水总量 1306.1 毫米,比常年偏多 205.2 毫米,偏多 19%。年日照时数 1935.7 小时,比常年偏多 19.6 小时,偏多 1%。

冬季(2013 年 12 月—2014 年 2 月),季平均气温 5.0℃,比常年同期偏高 0.6℃,其中,1 月月平均气温较常年异常偏高 2.2℃。季极端最低气温为 -5.1℃(1 月 22 日)。季降水量 159.4 毫米,比常年同期偏多 18%。其中 12 月、1 月比常年显著偏少 68% 和 70%,2 月比常年异常偏多 172%。季日照时数 399.6 小时,与常年同期基本持平。

春季(2014 年 3—5 月),季平均气温 15.6℃,比常年同期高 1.5℃,其中,3 月、4 月平均气温较常年同期显著偏高 1.8℃和 0.9℃,季极端最低气温 0.4℃(3 月 7 日)。季极端最高气温 34.8℃(5 月 30 日)。季降水量 223.2 毫米,比常年同期偏少 4%。其中 4 月比常年显著偏多 55%。季日照时数 584.4 小时,比常年同期偏多 18%。

夏季(2014 年 6—8 月),季平均气温 25.0℃,比常年同期偏低 1.2℃。其中,8 月平均气温较常年显著偏低 1.8℃。季极端最高气温 35.5℃(8 月 4 日)。季降水量 683.8 毫米,比常年同期偏多 33%,其中 7 月较常年显著偏多 56%,8 月异常偏多 89%。季日照时数 391.6 小时,比常年同期偏少 27%。

秋季(2014 年 9—11 月),季平均气温 18.3℃,比常年同期高 0.6℃。季极端最高气温 29.8℃(9 月 2 日),季极端最低气温 3.7℃(11 月 14 日)。季降水量 240.2 毫米,比常年同期偏多 11%,其中 10 月较常年显著偏少 69%,11 月较常年显著偏多 65%。季日照时数 511.3 小时,比常年同期偏多 6%。

【重要天气和主要灾情】 *梅雨* 6 月 20 日起入梅(平均入梅日为 6 月 19 日),与常年相比正常,7 月 18 日出梅(平均出梅日为 7 月 12 日),较常年偏迟,梅期长 28 天(常年 23 天)。梅期降水量 226.2 毫米,较常年(243.1 毫米)偏少 7%。梅期内出现≥50 毫米的暴雨日 1 天。

暴雨 全年出现 5 个暴雨日(日降雨量≥50 毫米),分别出现在 7 月 12 日和 27 日、8 月 14 日和 29 日、9 月 1 日。

台风 全年有 4 个台风影响通州区。分别是,10 号台风“麦德姆”、12 号台风“娜基莉”、16 号台风“凤凰”和 19 号台风“黄蜂”。其中:

7 月 24 日 20 时至 25 日 15 时,受 10 号台风“麦德姆”影响,全区普降小到中雨,最大降水量 23.7 毫米,出现在刘桥。风力陆上 6~8 级,最大风速 16.4 米/秒(7 级,新坝),通州本站最大风速 15.0 米/秒(7 级);沿江地区最大风速 17.4 米/秒(8 级,开沙岛),沿海地区最大风速 17.5 米/秒(8 级,盐场)。石港镇睹史院村 38 组有 2 间房屋受损。

8 月 1—2 日,受 12 号台风“娜基莉”外围影响,全区普降小到中雨。最大雨量 24.1 毫米,出现在五甲。全区出现 6 级以上阵风,最大风速 19.8 米/秒(8 级),出现在通州盐场。

9 月 22 日 20 时至 24 日 08 时,受 16 号台风“凤凰”影响,全区普降中雨,局部大雨,最大降水量 26.8 毫米,出现在石港。22 日下午全区风力逐渐增大,20 时风力陆上 6~8 级,最大风速 15.1 米/秒(7 级,骑岸),通州本站最大风速 14.3 米/秒(7 级);沿海地区最大风速 16.0 米/秒(7 级,盐场)。

雷雨大风 全年全区出现雷暴日 13 个,其中最大的 2 个。

7 月 27 日下午 4 时 30 分左右,雷电和强降雨造成平东镇 1 户 2 间房屋受损,转移安置 3 人。

8 月 23 日,出现雷雨大风等强对流天气,造成平东镇吉坝村和花坝村民居、大棚设施、厂房和树木倒损,其中房屋倒损约 300 间,经济损失约 400 万元。十总镇柏树墩村 8 组一村民家中电视机、洗衣机等家电遭雷击损坏。

雾 全年出现雾日(能见度小于 1 千米)49 天。

(彭小燕)

2014 年通州区主要气象要素情况表

表 1

指　　标	全年	1 月	2 月	3 月	4 月	5 月	6 月	7 月	8 月	9 月	10 月	11 月	12 月
平均气温(℃)	15.9	5.3	4.8	10.3	15.1	21.4	22.9	26.6	25.5	23.1	18.7	13.1	4.3
距平(℃)	0.3	2.2	0.1	1.8	-0.9	1.7	-0.8	-1.1	-1.8	-0.2	0.8	1.3	-1.2
异常情况	正常	异常偏高	正常	显著偏高	正常	显著偏高	正常	偏低	显著偏低	正常	正常	偏高	偏低
降水量(mm)	1306.1	16.3	132.6	69.2	104.7	49.3	114.2	284.0	285.6	138.3	14.3	87.6	10.0
距平(%)	19	-70	172	-14	55	-42	-37	56	89	29	-69	65	-69
异常情况	正常	显著偏少	异常偏多	正常	显著偏多	偏少	偏少	显著偏多	异常偏多	偏多	显著偏少	显著偏多	显著偏少
日照时数	1935.7	161.6	89.9	181.6	169.3	233.5	117.9	163.0	110.7	106.1	246.6	158.6	196.9
距平(%)	1	25	-27	24	3	25	-19	-12	-46	-38	47	9	35
异常情况	正常	偏多	偏少	偏多	正常	偏多	正常	正常	偏少	偏少	偏多	正常	偏多

(彭小燕)

经济体制改革

【概　况】 2014 年,通州区围绕区委十一届七次全体会议确定的改革路线图和时间表,推动全面深化改革。成立全面深化改革领导小组,对改革工作进行总体设计、统筹推进。组建经济体制和陆海统筹、生态文明、民主法治、文化体制、社会体制、党的建设、纪律检查等专项小组督促落实。围绕经济体制改革重点,相继出台深化金融改革创新等 5 个专项实施方案,各项工作取得新进展。

简政放权,深化行政审批制度改革。区级行政审批服务事项由原 650 项,调整保留为 406 项,精简 37.5%,审批时限整体压缩 50% 以上。梳理行政事业性收费和政府性基金项目目录清单,取消行政事业性收费项目 48 项,降低收费标准 5 项,免征 9 项,停止征收 13 项。推进政府信息公开,完善政务服务平台建设,区级行政权力实现网上运行。深化区镇合一,向石港、川姜、五接镇试点下放区级经济社会管理权限 245 项,向重点镇区园下放涉及城管、安监共 156 项行政处罚、行政强制等行政权力事项。改革工商注册登记制度,企业注册资本实缴登记改为注册资本认缴登记,企业年检制度已改为年度报告制度。

创新金融改革。区创投中心新入驻海石投资等投资管理公司3家,入驻南通毅达、金玖锐信等创投基金9家,管理资本总规模31亿元,其中南通毅达创新创业投资基金是全市首家专业天使投资基金。“江海之星”城市建设投资基金正式成立,为企业融资超25亿元。同时,首家科技支行江苏银行南通高新区支行落户,首家互联网金融平台天天富余上线运行,科技型中小企业担保基金正式设立。新增“新三板”挂牌企业2家,其中达海智能是市区首家。恒晟农贷是全市首家挂牌小贷公司。新增“新三板”入轨企业7家。上海股权托管交易中心南通孵化基地落户。尔创科技等3家企业在上海股权托管交易中心挂牌,君光影视等4家企业在江苏股权交易中心挂牌。

积极构建开放型经济新体制。取消《外商投资企业进口设备审批(初审转报)》等审批事项,归并审批事项5项,实现外商投资便利化。全年完成注册外资5.50亿美元,实际到账3.30亿美元。全面落实外贸稳增长各项措施,完成外贸进出口总额32亿美元,增长11.2%。新增境外投资企业18家,协议投资额2.20亿美元。建筑业海外施工产值超2亿美元。与中航工业、中广核等央企开展一系列合作事项,推进混合所有制经济发展。综艺集团获批全市首家外汇资金集中运营管理试点。

节约集约用地实现“双提升”。土地利用总体规划中期评估方案获批准。平潮镇成为南通市统筹推进同一乡镇范围内村庄建设用地布局调整3个试点乡镇之一。平潮、二甲、石港镇共申报城乡建设用地拆旧区复垦项目57个,新增耕地43公顷。实施高标准基本农田和复垦项目建设,高标准基本农田建设1675公顷。通过收回、转让、重新开发建设等方式处置闲置、用而不足土地51.3公顷,被省国土厅评为全省国土资源节约集约模范区,获13.3公顷农用地计划指标奖励。再开发利用城镇低效用地64.73公顷。

深化改革财政体制。健全规范透明预算制度,向社会公开区财政预决算及20家试点单位的部门预算、“三公经费”预算;积极推进镇级部门预算规范化建设,设置预算总体框架。国库集中支付新系统上线运行。完善区镇财政管理体制,测算各镇区园前3年转移支付资金,形成按转移支付镇类型确立的梯度转移支付方案。开发财政扶持企业发展信息系统,实现政策公开、信息共享、日常监管、绩效管理。国有企业改革取得成效,惠通公司实施集团化、市场化、专业化改革,通过建立科学、合理的绩效考核激励机制和自主用人机制,进一步激发发展活力。 (吴明敏)

国民经济和社会发展

【概　况】 2014年,全区实现地区生产总值860.73亿元,按可比价计算,比上年(下同)增长10.8%。按常住人口、户籍人口计算的人均地区生产总值分别为7.54万元和6.81万元,按当年人民币兑美元平均汇率折算分别为1.23万美元和1.11万美元。分产业看,第一产业增加值57.05亿元,增长3.8%;第二产业增加值446.99亿元,增长10.4%;第三产业增加值356.68亿元,增长12.5%。产业结构进一步优化,三次产业结构比例由上年的7.0∶53.2∶39.8调整为6.6∶52.0∶41.4,第三产业增加值占GDP比重比上年提高1.6个百分点。全年实现高新技术产业产值811.95亿元,增长20.6%,占规模以上工业总产值比重为43.8%,上升2.3个百分点。

【民营经济】 2014年,全区注册私营企业1560户,注册资本到账58.59亿元;注册个体工商户6019户,资金数额5.75亿元。民营规模工业总产值占全部规模工业总产值的比重和民间投资占全部固定资产投资的比重分别为65.8%和91.1%。

【农林牧渔业】 2014年,全区实现农林牧渔业增加值57.05亿元,按可比价计算,增长3.8%,增速同比回升0.5个百分点。全年粮食总产量53.47万吨,增长1.2%。全年生猪饲养量83.69万头,增长1.9%,其中出栏55.70万头,增长4.7%;猪肉产量4.20万吨,增长3.2%。全年家禽饲养量1670.85万羽,下降2.3%,其中出栏1235.73万羽,下降3.5%。水产品产量35380吨,增长1.9%,其中淡水养殖产量29360吨,增长3.0%;内河捕捞产量6020吨,下降3.1%。

【农业机械化】 2014年,全区农业机械购置总投入10586万元,增加693万元。年末农业机械总动力51.21万千瓦,增加4.45万千瓦。农业生产机械化水平进一步提高,全区机耕面积88787公顷,机播面积54673公顷,机电灌溉面积45125公顷,机植保面积75978公顷,机收面积56726公顷,农业综合机械化水平85.2%。

【水　利】 2014年,新建、改建灌溉泵站206座,新建防渗渠道648公里。疏浚农村河道155条(段),共145公里、土方240万方,拆除坝头坝埂100处;建设生态河道8条(段),共19.6公里。改建农村桥梁121座。实施新一轮农村饮水安全工程,解决了11个镇共18.2万人饮水不安全问题。对长江通州段和6条一级河、23条二级河全部落实“河长制”。

【工　业】 2014年,全区实现全部工业增加值367.49亿元,按可比价计算,增长11.5%。全年规模工业企业实现工业总产值1855.49亿元,增长14.1%,其中高新技术产业产值811.95亿元,增长20.6%;新兴产业产值614.0亿元,增长29.4%。全年规模工业企业实现主营业务收入1822.02亿元,增长12.9%;利税总额213.54亿元,增长14.6%。

【建筑业】 2014年，实现建筑业增加值79.50亿元，按可比价计算，增长5.2%。全年建筑施工企业完成施工产值1188.83亿元，增长17.5%；施工面积11378.11万平方米，增长12.2%；竣工面积3792.56万平方米，增长17.6%。全区拥有特级资质企业3家，一级资质企业28家。是年，通州区获“鲁班奖”3项、“国优工程奖”5项、“詹天佑奖”1项；获扬子杯、上海白玉兰杯等省级以上优质工程67项。全年获主项资质：一级1家、二级1家、三级15家、劳务1家；获增项资质：二级3家、三级4家、劳务1家。

【固定资产投资】 2014年，全区完成固定资产投资总额520.12亿元，增长19.2%，其中第一、第二、第三产业投资分别为2.89亿元、311.14亿元、206.09亿元，分别增长134.2%、11.0%、33.0%。三次产业投资比重为0.6:59.8:39.6，与上年末相比，第一、第三产业投资比重分别提升0.3和4.1个百分点，第二产业投资比重下调4.4个百分点。全年共有在建亿元项目150个，比上年增加14个，其中工业亿元项目86个，增加9个。全区亿元项目完成投资285.98亿元，增长20.2%，占全区项目投资比重为63.2%，提升2.7个百分点。

全年完成房地产开发投资67.79亿元，增长58.2%，其中商品住宅完成投资55.25亿元，增长79.9%。房地产开发投资占服务业投资比重为32.9%，比上年提高5.2个百分点。各类商品房竣工面积145.31万平方米，增长115.3%，其中商品住宅竣工面积为128.43万平方米，增长133.9%。

【国内贸易】 2014年，实现社会消费品零售总额279.88亿元，增长12.0%，其中城镇消费品零售额190.21亿元，增长12.2%；农村消费品零售额89.67亿元，增长11.5%。批发零售业零售额258.17亿元，增长11.8%；住宿餐饮业零售额21.71亿元，增长13.6%。

在限额以上企业商品零售额中，粮油、食品、饮料、烟酒类零售额下降0.2%，服装、鞋帽、针纺织品类增长12.6%，化妆品类增长7.5%，金银珠宝类下降0.3%，日用品类增长4.8%，家用电器和音像器材类增长1.9%，中西药品类增长10.0%，文化办公用品类下降18.1%，家具类增长9.6%，通讯器材类下降22.3%，石油及制品类增长17.7%，建筑及装潢材料类增长11.4%，汽车类增长0.3%。

【对外经济】 2014年，实现进出口总额33.19亿美元，增长15.4%，其中出口总额29.38亿美元，增长13.0%；进口总额3.81亿美元，增长37.2%。全年净出口总额25.57亿美元，比上年增加2.36亿美元。外商投资稳中求进。全年新增工商登记注册外资6.05亿美元，增长17.2%，其中工商注册外资超千万美元项目12个。注册外资实际到账3.31亿美元，增长26.0%。全年新批三资企业项目47个，增资项目19个。

【交通、邮电和旅游业】 2014年，全区公路客运总量1260万人次，增长1.4%；公路货运总量964万吨，增长10.9%；水路货运量187万吨，增长3.9%。建成四级农村公路150公里，完成农村危桥改造30座，完成县道大中修30公里。年末，全区公路总里程3432公里，其中高速公路66公里、一级公路114公里、二级公路340公里、三级公路216公里、四级公路2679公里。全区汽车保有量15.41万辆，增长20.6%；私家车拥有量13.81万辆，增长25.5%。

全年完成邮政业务收入1.65亿元，增长13.8%；收寄国际、国内函件136.40万件，下降16.1%；国际、国内包件2.20万件，下降8.3%；投送特快专递43.02万件，下降5.5%；发送各类报刊杂志1509.71万份，下降14.2%；年末邮政储蓄余额110.13亿元，增长12.2%。年末本地固定电话用户31.70万户，移动电话用户113.34万户。

全区新建成省四星级乡村旅游点1家，省三星级乡村旅游点2家。年末，省星级乡村旅游点增至6家，其中四星级2家，三星级4家。全年实现旅游总收入32.63亿元，接待旅游总人数269.59万人次。

【财政·金融】 2014年，实现一般公共财政预算收入70.44亿元，增加9.25亿元，增长15.1%，是南通市首个超70亿元的县（市、区）。一般公共财政预算收入中，税收收入58.83亿元，增长15.6%，其中企业所得税（40%部分）4.74亿元，下降10.0%；个人所得税（40%部分）4.57亿元，增长46.4%；营业税26.85亿元，增长18.9%；增值税（25%部分）7.22亿元，增长7.7%。全年完成非税收入11.61亿元，增长12.5%。全年“三公”经费支出比上年减少1100万元，下降10.3%。年末，全区金融机构人民币存款余额1099.19亿元，比年初增加150.03亿元，增长15.8%，其中城乡居民储蓄存款715.02亿元，比年初增加86.22亿元，增长13.7%。人民币贷款余额604.67亿元，比年初增加80.54亿元，增长15.4%。

【法治建设】 2014年，新收各类案件13316件，增长9.3%；审执结案件12633件，增长8.3%。一审结案案件中，刑事案件876件，上升13.9%；民事案件4791件，下降3.0%；经济纠纷案件3506件，上升14.3%。全年办理法律援助案件1105件，其中刑事案件151件，民事案件954件，涉案金额1596万元，免收法律服务费269.50万元；办理群体性案件14件，涉及人员703人，涉及金额1169万元。解答法律咨询11960余次。年末，全区有普法讲师团1个，讲师成员22名；电视法治频道（栏目）1个，广播法治栏目1个，报刊法治栏目1个，通州普法网1个，普法微博1个；法治文化公园1个，法治文化广场1个，青少年法制教育基地1个，法治文化作品创作中心1个；省级法治文化示范点1个，南通市级法治文化示范点1个。

【科学技术】 2014年，通州区通过省知识产权战略区示范验收。全年新认定高新技术企业39家，新增省级工程技术研究中心7家，市级工程技术研究中心9家。争取15项部省级科技计划项目立项，争取经费2635万元。南通家纺产业发展服务中心被认定为“国家技术转移示范机构”，中国南通家纺城被列入“国家级知识产权保护规范化培育市场”。全年申请专利3596件，其中发明专利1005件，授权专利2141件。完成马德里商标国际注册4件，所有国际商标已延伸至23个国家和地区。年末，全区拥有中国驰名商标10件，江苏省著名商标52件，南通市知名商标125件。全年共申报江苏名牌19个，南通名牌47个。全区拥有江苏名牌52个，南通名牌89个。

【教　育】 2014年，全区拥有小学41所，中学30所，其中高中8所。幼儿园在园在托幼儿22796人，小学在校学生46734人，初中在校学生22428人，高中在校学生13796人，各类中等职业教育在校生5308人，特殊教育在校学生123人。全区初中毕业生升学率99.6%，毕业率100%；小学入学率100%，小学毕业率100%；幼儿入园率为97.2%。全区高中、初中、职中、小学、幼儿园专任教师的学历达标率分别为100%、100%、97%、100%和100%。

【文化、卫生和体育】 2014年，全区共有档案馆2个，保存纸质档案15.23万卷，其中向社会开放档案10.47万卷，馆藏数字化档案500万页。共有区级有线广播电台、电视台各1个，镇级广播电视站18个；数字电视用户27.57万户，数字电视转换率90.6%。是年，再次被文化部命名为“全国文化先进县”“中国民间文化艺术之乡”称号，被评为“江苏省公共文化服务体系示范区”。文艺作品获全国奖5个，省级奖35个，市级奖13个。

全区有医疗卫生机构505个，其中医院、卫生院和社区卫生服务中心37个，社区卫生服务站317个，疾病预防控制中心、卫生监督所、妇幼保健所、采供血机构、计划生育技术服务机构各1个。共有卫生技术人员5480人，其中执业医师和执业助理医师2079人，注册护士2128人。全区拥有医疗标准床位5671张。全年诊疗病人549.23万人次。新农合人均筹资标准由380元提高至480元。年末，全区参合人数84.01万人，补偿37486.07万元，其中门诊补偿2351.71万元，住院补偿35134.36万元。

全区有各类体育场馆及设施1139个，增长6.5%。有社会体育指导员4211人，其中一级指导员22人，增长69.2%；二级指导员982人，与上年持平。区体育中心成功试运营，场馆单日开放时长15小时，累计接待市民健身112万人次。全年举办国家级赛事1项，其他各类单项比赛及全民健身活动417次，增长12.1%，参加活动150万人次，增长16.7%。是年，在南通市级以上比赛中获奖牌55枚，增长10.0%。全年体彩销售额1.59亿元，增长7.8%。

【城乡发展·生态环境】 2014年，新通掘路北段机动车道、慢车道和人行道基本竣工；朝霞西路改造工程竣工通车。区政务服务中心、新图书馆、档案馆、妇女儿童活动中心分别交付使用。全年更新道路道板砖1500平方米，修补破损路面2500平方米，更新路口标识标线1800平方米，调整各类窨井126个；增设公交站台18座；对金沙镇、高新区各17个小区进行改造；获中央、省保障性安居工程建设补助专项资金1.23亿元。全年公共租赁住房新开工818套，基本建成615套；危旧房改造新开工2328套，基本建成6054套。

全区供水7165万吨，其中城区供水2548万吨，区域供水4617万吨。城区供水中，生活用水839万吨、生产用水567万吨、特种用水78万吨、公益用水474万吨。燃气销气量3380万立方米，增长86.5%。

是年，通州区大气PM2.5浓度日均值0.057毫克/立方米，下降12.3%，环境空气质量优良率(AQI)72.0%。全区加快推进重点减排工程，完成46家纺织染整企业和1家水处理公司废水提标改造工程建设；开展禁燃区燃煤锅炉淘汰整治，淘汰燃煤锅炉27台；强势推进钢丝绳、印染和电镀行业等重点领域专项整治，关停违法涉污企业48家，对80起环境违法行为进行立案查处，共罚款580余万元。区生态红线保护工作顺利通过省级考核，2个村获省级生态村命名，高新区建成省级生态工业园区。

【人口·居民生活·社会保障】 2014年末，全区户籍人口126.66万人，其中城区(金沙镇和高新区)户籍人口27.17万人。全年出生10809人，出生率为8.55‰，出生婴儿男、女性别比(以女性为100)为101∶100。自然增长率为-0.33‰。

全体居民人均可支配收入24836元，增长9.6%。城镇居民人均可支配收入34565元，增加2825元，增长8.9%；农村居民人均可支配收入16835元，增加1641元，增长10.8%。城乡居民收入比(以农村居民为1)为2.05∶1。居民人均消费支出15903元，增长8.5%，其中食品烟酒消费支出4933元，增长8.7%；衣着消费支出1097元，增长7.4%；居住消费支出2653元，增长9.1%；家庭设备及用品消费支出843元，增长10.2%；交通通信消费支出2067元，增长7.3%；教育文化娱乐消费支出2854元，增长7.7%；医疗保健支出982元，增长10.6%；其他用品和服务消费支出474元，增长9.9%。

全区城镇新增就业9287人，农村劳动力新增转移就业6478人，年末城镇登记失业率2.53%。

全区城镇企业职工基本养老保险、城乡基本医疗保险、工伤保险、生育保险、失业保险参保人数分别为14.62万人、18.29万人、13.20万人、11.90万人和9.16万人；全区城乡居民社会养老保险参保人数38.37万人，领取养老金人数27.91万人，续保率91.5%；城乡基本养老保险覆盖率、城乡基本医疗保险覆盖率、失业保险覆盖率分别为97.6%、97.6%和98.0%。城、乡低保分别为每人每月570元、400元，比上年提高40元和20元。农村五保集中和分散供养水准分别为每人每年7680元、6600元，比上年提高580元、500元。集中和散居孤儿基本生活养育标准分别提高至1400元和870元。全年共发放各类生活救助款7315.60万元，为4909名重病患者支付医疗救助金1037万元，为6户三峡移民改造危旧房。在3个镇实施敬老院高标准建设，总投入3600万元，新建床位466张。（注：本公报使用的数据为快报数，部分数据因四舍五入的原因，存在与分项合计不等的情况；地区生产总值及其分类项目增长速度按可比价计算，为实际增长速度，其他指标除特殊说明外，均按现行价计算，为名义增长速度；水利、旅游、科技、教育、文化、体育、住建等相关内容不包含原三余镇数据）

（于海燕）

精神文明创建活动

【概　况】 2014年，通州区紧紧围绕构建“社会主义核心价值体系”根本，牢牢把握“围绕中心、服务大局”基本职责，突出全国文明城市长效管理重点，坚持贴近实际、贴近生活、贴近群众，不断深化拓展公民思想道德建设，创新丰富群众性精神文明创建活动，努力提高市民素质和社会文明程度，进一步提升城市文明程度测评指数。

【文明城市长效管理】 2014年，通州区全国文明城市建设工作领导小组办公室指导19个专项工作组按照“文明城市测评要求”，进一步深化文明城市长效管理工作，以“创建我先行，共建文明城”为主题，开展各类创建达标竞赛活动。同时，根据《南通市市区城市长效管理考核办法》要求，金沙镇、高新区和街道门店、农贸市场、河道、餐饮业、校园周边环境、交通秩序及网吧、大型超市等26个项目参加市每月一次的城市长效管理考核。创建办公室将市区城市长效管理工作月考核情况结合实际进行分解、汇总，并刊载于《通州日报》和党政信息网，促进各职能部门落实整改，进一步巩固文明城市长效管理成果。实行网格化管理，所有测评点位都落实到具体的分管领导和责任人，确保工作横到边、纵到底，不留盲区、没有死角，最终以一流的精神面貌、一流的城市环境和一流的工作业绩通过中央和省测评。

【公民思想道德建设】 2014年，通州区围绕“培育和践行社会主义核心价值观”，组织开展“五个一”，即“传唱一首歌曲、推广一批童谣、拍摄一部影片、创作一本书、制作一批公益宣传节目”系列活动。同时，广泛开展“我推荐我评议身边好人”活动，把推荐评选“身边好人”与党的群众路线教育实践活动结合起来；与评选“劳动模范”“新风文明典型”“最美南通人”“南通市十大孝星”“最美基层干部”等先进典型评选活动结合起来，使“身边好人”候选人更具广泛性、群众性和典型性。是年，全区共涌现各类先进典型60余人，其中钱育良家庭获全国“最美家庭”称号，曹灿华入选“江苏好人”和“最美南通人”，钱育良和王振华分别入选市十大孝星候选人。管佳毅、李明生、陆才魁分别获市第36次文明新风典型。全区先后开设各类“道德讲堂”160多个640多次，检察院、地税局、石港镇和金沙镇南山、育才社区，高新区果园社区的道德讲堂被命名为市道德讲堂示范点，地税局和实验小学的道德讲堂作品被市表彰为优秀作品。

【基础性创建工作】 2014年，通州区全面推进文明办丧祭祖工作。通过努力，高新区、金沙镇文明办丧祭祖基本达到“控制规模，控制时间，控制器具，控制秩序”目标。组织开展2013—2015年度省级文明单位预申报和2013—2014年度市级文明单位预申报工作，对预申报的文明单位实行半年一度的考核测评，不断提升其在落实精神文明建设重点工作、加强诚信建设、参与公益活动等方面的创建水平，强化常态管理。在全区组织开展“最美乡村、最美家庭”创建活动，刘桥镇长岸村和东社镇香台村被推荐为市首届美丽乡村示范村，骑岸镇丁顺霞家庭等20个家庭被推荐为市首届美丽农家标兵户，五接镇开沙村获2014年中国“最美村镇”。组织开展农村精神文明建设工作创新案例征集和文明镇、文明村居、文明社区创建活动。

【未成年人教育】 2014年，通州区建设“童声里的中国·少儿艺术创研活动基地”。与儿童音乐编辑部共同设立全国儿童音乐的最高奖项——“童声里的中国”儿童音乐奖。年末，首届评选活动评出10首最佳儿童歌曲。11月，举办“童声里的中国·少儿艺术创研活动基地”建设汇报会暨全国首届“儿童音乐优秀创作奖”作品展演。以社会主义核心价值观为主题，创作《中国是条富强船》儿童歌曲，在全区5万多名中小学生中传唱。以“日行一善，月习一礼”为抓手，扎实开展未成年人文明礼仪养成教育。以“爱学习、爱劳动、爱祖国、实践中国梦”为主题，深化全区“三好”标兵竞赛评选活动。精心组织“我们的节日”“七彩的夏日”“缤纷的冬日”“优秀影片进校园”“经典阅读”“节日小报”“网上祭英烈”等未成年人道德实践活动。持续推进学校少年宫建设，全区共建设城市少年宫2所、乡村少年宫18所。同时，在全区深入开展“净吧、净网、净屏、净边”专项整治活动，有效推进社会文化环境净化工作，为青少年成长营造良好社会环境。

【志愿者工作】 2014年，通州区在旅游景点、电影院、公园广场、主要交通路口等公共场所，组织和引导5200余名志愿者开展便民利民、文明劝导、公共秩序维护等志愿服务。在江海明珠广场建设南通面积最大、设施最全、服务最优的江海志愿者服务站，为市民提供便利。以“党员干部进社区、志愿服务作表率”活动为载体，面向空巢老人、留守儿童、困难职工、残疾人，组织开展“学习雷锋好榜样、践行核心价值观”志愿服务进社区集中行动，“邻里守望——情暖江海”等形式多样的志愿服务活动。以“12·5”国际志愿者日为契机，开展“斑马行动——我要过马路”“暖手温心”关爱志愿者等主题宣传与实践活动。积极组织网络文明传播志愿者,在网上宣传精神文明建设成果,传播网络正能量。努力打造江海志愿服务平台,不断规范志愿服务管理。是年,共登记注册会员1.60万人。广泛利用报纸、广播、电视、网络、“小喇叭”等媒介,开展各种形式宣传活动,营造人人参与志愿服务的良好氛围。 (丁 莉)

组织机构和领导人员名录

中共南通市通州区委员会

书　　记:宋乐伟
副 书 记:陈永红　李　玲(女)　凌建华
常　　委:宋乐伟　陈永红　李　玲(女)　凌建华　桑建美(女)　陈　斌　陈艳梅(女)　虞越嵩　汪水明　瞿云峰　葛卫民　胡卫东　刘克勇(4月任,挂职)

南通市通州区人大常委会

主　　任:明汉清
副 主 任:曹国平　昝圣达　易　昕(8月辞)　吴晓晖
党组书记:明汉清
党组副书记:曹国平

南通市通州区人民政府

区　　长:陈永红
副 区 长:陈　斌(常务)　陈艳梅(女)　刘克勇(6月当选,挂职)　刘　洪　李学义　顾　坚　张兴国　朱明方(4月辞,挂职)　瞿　斌(8月辞,挂职)　陈海群(10月辞,挂职)　陈伟平　徐林锋　李儒斌(8月当选,挂职)
党组书记:陈永红
党组副书记:陈　斌

政协南通市通州区委员会

主　　席:宋乐伟
副 主 席:施　辉　王沈康　葛　涛　季　平　吴　俊
党组书记:施　辉
秘 书 长:吴　俊(9月免,兼)　韩　建(9月提名)
副秘书长:吴宇平(9月提名)

中共南通市通州区纪律检查委员会

书　　记:虞越嵩(兼)
副 书 记:蔡　忠(10月免)　包良均(12月任)　陈泽华
常　　委:虞越嵩　蔡　忠(10月免)　包良均(12月任)　陈泽华　张刘华　葛勇进(8月免)　陶　洋(12月免)　李功涛(12月任)　赵建峰(12月任)　张为民(12月任)

区委工作部门及直属机构

区委办公室
　主　　任:刘学军
　副 主 任:吴宇平(9月免)　崔红星(12月免)　沈智慧　邱　智(11月免)　王　勇　冯永华
　研究室
　主　　任:沈智慧
　副 主 任:陈国祥
　督查室
　主　　任:何　静(女)

组织部
　部　　长:桑建美(兼,女)
　副 部 长:顾建军(常务)　姜卫国　陈　超
　部务委员:曹莉萍(女)
组织员办公室
　主　　任:徐　华
区级机关工作委员会
　书　　记:姜卫国(兼)
　副 书 记:季　煜(主持日常工作)　施晓灵(女)
新经济新社会组织工作委员会
　书　　记:姜卫国(兼)
　副 书 记:顾慧辉(女)
人才工作办公室
　主　　任:顾建军(兼)
　副 主 任:施志坚(8月挂职期满)　曹邢彬　刘　青(8月任,挂职,女)

宣传部
　部　　长:虞越嵩(1月免,兼)　胡卫东(1月兼任)
　副 部 长:陈益明(常务)　丁　燕(女)
　精神文明建设指导委员会办公室
　主　　任:陈益明(兼)
　副 主 任:张汉忠　周　冲

统战部
部　　长:吴　俊(兼)
副 部 长:樊　珂　易天明
民族宗教事务局
局　　长:樊　珂(兼)
副 局 长:龚伟杰

政法委员会
书　　记:瞿云峰(兼)
副 书 记:顾　坚(兼)　何新华　蔡胜江
政治处主任:杜爱华(女)
社会信息管理办公室
主　　任:
社会管理综合治理委员会办公室
主　　任:
副 主 任:邱建华
依法治区领导小组办公室
主　　任:瞿云峰(兼)
副 主 任:朱晓明
国家安全办公室
主　　任:
副 主 任:朱永宁(9 月任)

610 办公室
主　　任:夏季兵(兼)
副 主 任:陆卫东　王晓梅(女)

机构编制委员会办公室
主　　任:顾建军(兼)
副 主 任:邱天擎

农村工作办公室
主　　任:姜子国
副 主 任:曹　辉　严卫华(女)　季水华
主任助理:袁国林
区人民政府农村工作办公室
主　　任:姜子国(兼)

区委机要局(区国家密码管理局)
局　　长:蒋建伟
副 局 长:顾晓明　康建锋
区委保密委员会办公室(区国家保密工作局)
主任(局长):蒋建伟(兼)
台湾工作办公室(区人民政府台湾事务办公室)
主　　任:
副 主 任:王红琴(女)

老干部局
局　　长:陈　超
副 局 长:王建云(主持日常工作,女)　施向东

党校
校　　长:凌建华(兼)
副 校 长:许煜曦(常务)　耿　燕(女)　胡永洲
行政学校
校　　长:陈　斌(兼)
副 校 长:许煜曦　耿　燕(女)　莫建娥(兼,女)　胡永洲

区级机关事务管理局
局　　长:崔红星
副 局 长:吴广强　江　毅　曹　军
党组书记:崔红星

接待办公室
主　　任:吴宇平(9 月免,兼)　崔晓东(9 月任)
副 主 任:崔晓东　高宏彬(9 月免)

党史工作办公室
主　　任:王　飞
副 主 任:阚新华　卫　清
地方志编纂委员会办公室
主　　任:王　飞(兼)

档案局(档案馆)
局长(馆长):张新丽(女)
副 局 长:张　强　谢国志

人大工作部门

人大办公室
主　　任:单雄清
副 主 任:张菊兰(兼,女)
研究室
主　　任:张菊兰(女)
副 主 任:徐建锋
老干部服务科
科　　长:王祝达
信访督办科
科　　长:徐茂军

财政经济工作委员会
主　　任:金　剑
副 主 任:张蔚华

内务司法工作委员会
主　　任:耿曹均

副 主 任:朱亚琴(女)

人事代表工作委员会

主　　任:姜兆军

副 主 任:王晓霞(11 月任,女)

环境资源城乡建设工作委员会

主　　任:蔡行一

副 主 任:丁俊荣

农业和农村工作委员会

主　　任:袁学义

副 主 任:徐雪松(11 月任)

教科文卫工作委员会

主　　任:陈旭初

副 主 任:吴伯军

民宗侨台工作委员会

主　　任:徐　雷

副 主 任:

区政府工作部门及直属机构

12 月,根据通发〔2014〕32 号文件《关于区人民政府机构改革的实施意见》通知,进行区政府机构改革。

区政府办公室

主　　任:包云祥

副 主 任:吴宇平(9 月免,兼)　石裕超(兼)
殷学军(3 月通州区纪委对其立案调查)
张晓飞(兼)　陈建华　张友奎(9 月免)
倪健忠　朱国兴　钱晓新　钱道锋
施晓辉　张卫忠(1 月任)

党组书记:包云祥

法制办公室

主　　任:包云祥(兼)

副 主 任:李　锐

外事侨务办公室

主　　任:包云祥(兼)

副 主 任:于　红(女)

人民防空办公室

主　　任:包云祥(兼)

副 主 任:张振西(主持日常工作,5 月免)

主任助理:胡映春

督查室

主　　任:吴兴林

发展和改革委员会

12 月,区发展和改革委员会增挂区物价局牌子,撤销区物价局党组。

主　　任:朱卫民

副 主 任:秦瑞作　丁　华(9 月免,兼)　孙振坚
季玉华(女)

党委书记:朱卫民

纪委书记:丁明体

区政府金融工作办公室

主　　任:朱卫民(兼)

旅游局

局　　长:秦瑞作

港口管理局

局　　长:朱卫民(兼)

物价局

局　　长:丁建荣(12 月免)

副 局 长:张乃文　严　斌

重点项目建设办公室

主　　任:秦　锋(12 月免)
王　燕(12 月任,女)

经济和信息化委员会

主　　任:李均华

副 主 任:花建山　徐琳琳　周国栋　冯建军

党委书记:李均华

纪委书记:季　然(女)

中小企业局

局　　长:李均华(兼)

副 局 长:钱　俊(12 月免)　朱跃琦

教育局

局　　长:韩　建(9 月免)　张进荣(9 月任)

副 局 长:严鼎生　郭志明　邢　斌　钱国华
王笑梅(挂职,女)　刘　新(1 月任)

党委书记:韩　建(9 月免)　张进荣(9 月任)

党委副书记:严鼎生

纪委书记:张春潮

科学技术局

局　　长:王钰华(女)

副 局 长:蔡　陶　蔡志兵　黄东晓
杜　云(8 月挂职期满)
李宗印(8 月任,挂职)

局长助理:顾志聪

党组书记:黄剑豪

党组副书记:王钰华(女)

知识产权局

局　　长:王钰华(兼,女)

公安局

局　　长:顾　坚
副 局 长:夏季兵　倪　军　王荣华　葛秀清
　　王志清
政　　委:曹　勇(12月免)
副 政 委:曹群英(女)
党委书记:顾　坚
党委副书记:曹　勇(12月免)　倪　军
纪委书记:张　伟
督 察 长:顾　坚(兼)

监察局

局　　长:蔡　忠(10月免)　包良均(12月任)
副 局 长:葛勇进(8月免)　李功涛　章　婷(女)

民政局

局　　长:张武军
副 局 长:施锦荣　周玉君　徐建国　金小红(女)
局长助理:金建峰
党组书记:张武军
纪检组长:谢　智

司法局

局　　长:包良均(12月免)　张新民(12月任)
副 局 长:姜　平　姜志亮　丁华斌(12月免)
党组书记:包良均(12月免)　张新民(12月任)

财政局

局　　长:张正杰
副 局 长:沈　杰　张　芳(女)　吴雪华
党组书记:张正杰

人力资源和社会保障局

局　　长:钱国宾
副 局 长:莫建娥(女)　施雪平　曹　玮　包　坚
　　李宗印(8月任,挂职)
党委书记:钱国宾
纪委书记:吴卫东
军转办主任:吴卫东(兼)

环境保护局

局　　长:殷学军(3月通州区纪委对其立案调查)
　　丁建荣(6月任)
副 局 长:朱宝剑　陈　卓(女)　蒋　军
　　邱少波　曹　雪(8月免)
　　曹锡江(9月任)
党组书记:殷学军(3月通州区纪委对其立案调查)
　　丁建荣(5月任)

住房和城乡建设局

局　　长:汤葱葱(9月免)　周　鉴(9月任)
副 局 长:吴建林(兼)　陆建兵　季建新
　　张友奎(9月兼任)　黄索宇　李晓东
　　高　翔　俞政权
总工程师:丁舜锋
党委书记:汤葱葱(9月免)　周　鉴(9月任)
纪委书记:金佩银

城市管理局

局　　长:孙锦华(9月免)　周建清(9月任)
副 局 长:邱永兴(8月免)　宋建新　成建荣
党组书记:孙锦华(9月免)　周建清(9月任)
纪检组长:张慧超
城市管理行政执法局
局　　长:孙锦华(9月免,兼)　周建清(9月兼任)

交通运输局

局　　长:诸培国
副 局 长:金志锋　宋国彬　周建清(9月免)
　　张　明　季　平
党委书记:诸培国
纪委书记:张晓玲(女)

农业委员会

主　　任:张剑冰
副 主 任:陈祖建(9月重新任命)　吴建均(兼)
　　季国军　张宏杰　王国强
党委书记:张剑冰
纪委书记:曾雪美(女)
海洋与渔业局
局　　长:张剑冰(兼)
副 局 长:高创新

水利局

局　　长:张进荣(9月免)　丁　华(9月任)
副 局 长:倪建东　徐春华　胡栋林
局长助理:方　杏(女)
党委书记:张进荣(9月免)　丁　华(9月任)
纪委书记:周　佾

商务局

局　　长:金泽林
副 局 长:朱德胜　李向阳　张卫忠(1月免)
局长助理:董惠梅(8月免,女)
党委书记:金泽林
纪委书记:王建新(10月去世)

粮食局

局　　长:金泽林(兼)
副 局 长:朱国安　秦　华(5月免)

文化广电新闻出版局

局　　长:陈剑俊
副 局 长:冯罗费(女)　张贺林　葛红玲(女)
局长助理:周广清
党委副书记:陈剑俊
纪委书记:吕志坚

卫生局

局　　长:吴抑非(12月免,女)
副 局 长:谢　平(11月免,挂职)　刘伟圣(12月免)
　　刘永杰(12月免)
党委书记:吴抑非(12月免,女)
党委副书记:王颖麒(12月免)
纪委书记:王颖麒(12月免,兼)

人口和计划生育委员会

主　　任:季　亚(12月免)
副 主 任:钱素兵(12月免)　卞玉梅((12月免,女)
　　张　毅(12月免)　张启军(12月免)
党组书记:季　亚(12月免)

卫生和计划生育委员会

12月,组建区卫生和计划生育委员会,成立区卫生和计划生育委员会党组。不再保留区卫生局、区人口和计划生育委员会,撤销区卫生局党委、区人口和计划生育委员会党组。

主　　任:吴抑非(12月任,女)
副 主 任:季　亚(12月任)　王颖麒(12月任)
　　张　毅(12月任)　刘伟圣(12月任)
　　钱素兵(12月任)　刘永杰(12月任)
　　张启军(12月任)
党组书记:吴抑非(12月任,女)
党组副书记:季　亚(12月任)
纪检组长:卞玉梅(12月任,女)

审计局

局　　长:黄春玉
副 局 长:顾　霞(女)　蔡玉新　张单华
党组书记:黄春玉

体育局

局　　长:严鼎生(兼)
副 局 长:曹　劼
局长助理:陈　克

统计局

局　　长:张　勤(女)
副 局 长:季林华　曹　剑(女)
党组书记:朱卫民(兼)

安全生产监督管理局

局　　长:丁明新
副 局 长:黄建飞　陈　飞　杨　进　宋红军
党组书记:丁明新

食品药品监督管理局

局　　长:张新民(12月免)
副 局 长:沈　豪(12月免)　陶汉清(12月免)
　　张红梅((12月免,女)　易　建(12月免)
党组书记:张新民(12月免)
党组副书记:沈　豪(12月免)

市场监督管理局

12月,组建区市场监督管理局,挂区食品药品监督管理局、区工商行政管理局、区质量技术监督局牌子,不再保留区食品药品监督管理局、南通市通州工商行政管理局、南通市通州质量技术监督局。成立区市场监督管理局党组,撤销区食品药品监督管理局党组、南通市通州工商行政管理局党组、南通市通州质量技术监督局党组。

局　　长:曹　勇(12月任)
副 局 长:刘玉贤(12月任)　沈　豪(12月任)
　　吴建忠(12月任)　吴一鸣(12月任)
　　倪　林(12月任)　陶汉清(12月任)
　　张红梅(12月任,女)　周宇春(12月任)
　　易　建(12月任)　彭德新(12月任)
　　刘庆华(12月任)　王铁峰(12月任)
党组书记:曹　勇(12月任)
党组副书记:刘玉贤(12月任)
党组成员:曹　龑(12月任,副科职)
　　杨建华(12月任,副科级)

信访局

局　　长:石裕超
副 局 长:丁华斌(12月任)　顾志宏(12月免)
　　胡祝平　顾亚明
党组书记:石裕超
党组副书记:丁华斌(12月任)

广播电视台

台　　长:陈剑俊(兼)
副 台 长:陈　杰　季雪平　丁晓峰
台长助理:王云峰
党组书记:陈剑俊

新闻信息传播中心

主　　任:
副 主 任:丁晓峰(兼)
主任助理:曹　军

地震局

局　　长:
副 局 长:

政务服务中心

主　　任:姜　华
副 主 任:李　忠　张志林
党委书记:姜　华
纪委书记:马秀荣

招标投标管理中心

主　　任:郁　新(9月免)　陶　洋(9月任)
副 主 任:丛春明　司红林
党组书记:郁　新(9月免)　陶　洋(9月任)

乒乓球运动学校(中国乒乓球通州训练基地)

校　　长:王寿兵
副 校 长:沈红东
主　　任:王寿兵
副 主 任:沈红东　陆志清(兼)

政府投资项目工程建设中心

主　　任:汤葱葱(9月免,兼)　张友奎(9月任)
副 主 任:李　弢(女)　陈宇光
总工程师:蔡世杰

社会矛盾纠纷调处中心

主　　任:包良均(12月免,兼)
副 主 任:丁华斌　冯跃如　姜　莉(女)

教育督导室

主　　任:王新荣
副 主 任:章锦华

沿海(沿江)开发办公室

主　　任:丁　华(9月免)
副 主 任:王林源　王　燕(12月免,女)
徐　卓(12月任)

数字化城管监督指挥中心

主　　任:邱永兴(8月免,兼)

建筑工程管理局

局　　长:吴建林
副 局 长:朱国成　季　杰
党委书记:汤葱葱(9月免,兼)　周　鉴(9月兼任)
党委副书记:吴建林
纪委书记:姜亚东

农业机械管理局

局　　长:吴建均
副 局 长:陈树清　姚　冰(女)
党委书记:陈树清
纪委书记:张达世

农业资源开发局

局　　长:陈祖建(9月免)　张剑冰(9月兼任)
副 局 长:张建荣　陆跃斌
局长助理:黄剑兰(女)
党组书记:陈祖建(9月免)　张剑冰(9月兼任)

电子政务管理中心

主　　任:张晓飞
副 主 任:包晓炜

区政府网站管理中心

主　　任:张晓飞(兼)

省政府远程通信网通州工作站

站　　长:张晓飞(兼)

招商局

局　　长:金泽林(兼)
副 局 长:顾彬斌　张友奎(9月免)
秦　锋(12月任)

区政府国有资产监督管理办公室

主　　任:
副 主 任:吴巧俏(女)

企业公有资产管理办公室

主　　任:花建山(兼)
副 主 任:丁淑娥(女)　于建华

市政公用事业管理中心

9月,经区委常委会讨论,决定组建区市政公用事业管理中心,挂区城区水环境建设管理处牌子。

主　　任:季建新(9月任)
副 主 任:花云霞(9月任)

城区水环境建设管理处

主　　任:季建新(9月任)
副 主 任:黄索宇(9月免,主持日常工作,兼)
黄宝乐

房屋动迁管理办公室

主　　任:陆建兵(兼)

副 主 任:张　勇　王　昕

园林绿化管理中心

主　　任:丁舜锋(兼)

事业单位登记管理局

局　　长:陆卫华

政协工作部门

政协办公室

主　　任:吴宇平(9 月任)

副 主 任:樊冬梅(兼,女)　杨　峰　陈　凯

老干部服务科

科　长:沈　杰

提案委员会

主　　任:孙锦华(9 月任)

副 主 任:曹顾涌(主持日常工作,9 月不再主持)　王　琳(9 月免,女)

学习、文史委员会

主　　任:钱　俊

副 主 任:陈益明(兼)　王海峰

经济科技委员会

主　　任:李均华(兼)

副 主 任:施季平

文教卫体委员会

主　　任:袁卫平

副 主 任:郭志明(兼)

城乡建设、社会法制委员会

主　　任:陈锦新

副 主 任:王　琳(9 月任,女)

人口资源环境委员会

主　　任:陈汝林

副 主 任:邹宪章

港澳台侨委员会

主　　任:樊冬梅(女)

副 主 任:杨　峰

南通高新技术产业开发区

11 月,根据通办发〔2014〕8 号文件《关于印发《南通高新技术产业开发区党工委管委会主要职责内设机构和人员编制规定》的通知》通知,南通高新技术产业开发区机构升格。

党工委书记:汪水明(8 月免)

党工委副书记:汪水明(8 月任)　曹建新(11 月免)　金泽林(11 月免,兼)

管委会主任:曹建新(11 月免)

管委会副主任:汪水明(8 月任,主持日常工作,正处职)　曹建新(11 月任)　叶　辉(11 月任)　徐　健(11 月任)　倪燕飞(11 月免,女)　姚　忠(11 月免)　卞建平(11 月免)　李焱明(11 月免)　姜小国(11 月免)　奚建武(8 月挂职期满)

纪工委书记:刁玉芬(11 月任,女)　于季华(11 月免)

党工委委员:曹建新(11 月任)　徐　健(11 月任)　刁玉芬(11 月任,女)　于　燕(11 月免,女)　袁利忠(11 月免)　张建新(11 月免)　陈东兵(11 月免)　张永琪(11 月免)　王霄峰(11 月免)

管委会委员:于敏新(11 月免,兼)　吴成梓(11 月免)　顾圣亮(11 月免)　吴小昊(11 月免)　金　健(11 月免)

人大联络处主任:于　燕(11 月更名,女)

政协工委副主任:于　燕(女)

监察室

主　　任:于季华(11 月任)

副 主 任:

审计室

主　　任:于季华(11 月任)

副 主 任:

办公室

主　　任:李焱明(11 月任)

副 主 任:

党群工作局

局　　长:

副 局 长:袁利忠(11 月任,主持日常工作)　曹　铖(11 月任)

经济发展局

局　　长:姚　忠(11 月任)

副 局 长:昝建斌(11 月任)

科学技术局

局　　长:

副 局 长:邱　智(11 月任,主持日常工作)　吴小昊(11 月任)

招商局

局　　长:

副 局 长:陈东兵(11 月任,主持日常工作)

张建新(11 月任)

规划建设局

局　　长:

副 局 长:蔡劲松(11 月任)

综合执法局

局　　长:卞建平(11 月任)

副 局 长:吴成梓(11 月任)　金　健(11 月任)

安全生产监督管理局

局　　长:

副 局 长:

政法和社会建设局

局　　长:

副 局 长:王霄峰(11 月任,主持日常工作)

葛建华(11 月任)

行政服务中心

主　　任:

副 主 任:顾圣亮(11 月任)

财政局

局　　长:倪燕飞(11 月任,女)

副 局 长:季　彬(11 月任)

公有资产管理办公室

局　　长:倪燕飞(11 月任,女)

人武部

部　　长:

副 部 长:陈　炎(12 月任,副科级)

科技新城管委会

主　　任:姜小国

副 主 任:邱　智　张永琪　龚志军(11 月任)

丁显有(8 月任,挂职)

张友军(8 月任,挂职)

尹　盛(8 月任,挂职)

刘金波(8 月任,挂职)

房屋征收管理办公室

主　　任:

副 主 任:葛震宇(11 月任)

空港产业园管委会

主　　任:曹建新(12 月任)

副 主 任:王晓亮(12 月任,常务)

投资建设服务中心

主　　任:

副 主 任:张永琪(11 月任,主持日常工作)

李　仲(12 月任,女)

人才服务中心

主　　任:

副 主 任:张建新(11 月任,主持日常工作)

锡通科技产业园

党工委书记:李　玲(女)

党工委副书记:吴卫兵

管委会副主任:吴卫兵(主持管委会工作)　廖文华

朱卫民　丁如俊

党工委委员:张加华(兼)

石港科技产业园

8 月,石港科技产业园与石港镇实行“区镇合一”管理体制。

党工委书记:凌建华(8 月兼任)

党工委副书记:刁玉芬(8 月任、12 月免,女)

龚　卫(12 月任)　陈　兵(8 月任)

吴广进(8 月任)

管委会主任:刁玉芬(8 月任、12 月免,女)

龚　卫(12 月任)

管委会常务副主任:

管委会副主任:陈　兵(8 月任,常务)　葛建中(8 月任)

单志建(8 月任)　王福祥(8 月任)

陈建烽(8 月任)　张开骁(8 月挂职期满)

纪工委书记:李　锋(8 月任)

党工委委员:顾本勇(8 月任)　陈育锋(8 月任)

陆雪峰(8 月任)　季小雄(8 月任)

陈海林(12 月任)

滨江新区

8 月,滨江新区与五接镇实行“区镇合一”管理体制。

党工委书记:瞿云峰(兼)

党工委副书记:高锦陈　顾永林(8 月免,兼)

吴进华(8 月免,兼)　李卫华

李　斌(8 月任)

管委会主任:高锦陈

管委会副主任:李卫华(常务)　张钱华(8 月任)

王风华(8 月任,12 月通州区纪委对其立案调查)

王锦明(8 月任)　沈小锋(8 月任)

姚云飞(8 月任)　李江涛(8 月挂职期满)

薛南山(8 月任,11 月通州区纪委对其立案调查)

演克武(8 月任,挂职)　刘卫东(8 月挂职期满)

党工委委员:黄亚南(8 月任)　赵　楠(8 月任)

孙志凤(8 月任)　纪建峰(8 月任)

李　钢(8 月任)

纪工委书记:王锦明(8 月免,兼)　朱小祥(8 月任)

开沙岛旅游度假区

党工委书记:瞿云峰(兼)

管委会主任:高锦陈(兼)

南通家纺城

党工委书记:桑建美(兼,女)
党工委副书记:龚　卫(12 月免)　邵爱军(12 月任)　张颖倩(女)
管委会主任:龚　卫(12 月免)　邵爱军(12 月任)
管委会副主任:张颖倩(女)　陈超平　刘其霞(8 月任,挂职,女)
党工委委员:柏　涛　郭志坚　周　丹(女)　张新荣　卑圣君　樊朝伟
管委会委员:韩建华　郭　华　吴红星　陈　前
家纺知识产权快速维权中心
副 主 任:施亚兴(女)　秦　兵

通州区人民法院

院　　长:刘碧波
副 院 长:张建平　俞继进　张月淑(女)
专职委员:张明华(9 月免)
党组书记:刘碧波
党组副书记:张建平
纪检组长:施为民
政治处主任:陈宗林
执行局局长:喻峰新

通州区人民检察院

检 察 长:李建国(1 月辞)　黄凯东(1 月当选)
副检察长:王　栋　曹卫星　袁国明　左仰东
专职委员:张建兵　潘杏杏(女)
党组书记:李建国(1 月免)　黄凯东(1 月任)
反贪污贿赂局局长:王益锋
反渎职侵权局局长:张徐华
政治处主任:王立新
纪检组长:陆　斌

通州区人民武装部

部　　长:杨红卫
政　　委:葛卫民
副 部 长:刘跃军(3 月免)　徐　东(3 月免)　曹永平(3 月任)
党委第一书记:宋乐伟
党委书记:葛卫民
党委副书记:杨红卫
纪委书记:曹永平(3 月任)

人民团体

总工会
主　　席:曹　华
副 主 席:王美霞(女)　吴宗俊　徐　飞
党组书记:曹　华

团委
书　　记:叶佳佳(女)
副 书 记:陆伟丽(女)　钱　亮(女)
党组书记:叶佳佳(女)

妇联
主　　席:朱汉云(女)
副 主 席:王晓燕(女)　陈爱华(女)
党组书记:朱汉云(女)

科协
1 月 9 日,召开南通市通州区科学技术协会第九次代表大会,并进行换届选举。
主　　席:赵国明
副 主 席:张亚新　李国新　郭志明(兼)　陈　健(1 月届满,兼,女)　黄东晓(1 月当选,兼)　陈　卓(1 月当选,兼,女)　张宏杰(1 月当选,兼)　刘永杰(1 月当选,兼)
党组书记:赵国明

社科联
主　　席:虞越嵩(兼)
副 主 席:陈泉江　陈建华(兼)　张菊兰(兼,女)　钱　俊(兼)　许煜曦(兼)　韩　建(9 月免,兼)　朱卫民(兼)　金泽林(兼)　陈益明(兼)　张进荣(9 月兼任)

文联
主　　席:
副 主 席:许　君(女)

侨联
主　　席:许　斌(兼)
副 主 席:赵莉玲(女)　黄　荣(兼)　蒋　忠(兼)　杨晓婷(兼,女)

工商联

主　　席:王沈康(兼)
副 主 席:易天明(常务)　成　军　耿裕华(不驻会)
　陆　军(不驻会)　徐国华(不驻会)
　谢一峰(不驻会)　俞建辉(不驻会)
　姜煜峰(不驻会)
党组书记:易天明

总商会

名誉会长:昝圣达(兼)　易　昕(兼)　孙益源(兼)
　刘伯香(兼)　张建石(兼)
会　　长:王沈康(兼)
副 会 长:易天明(兼,常务)　成　军
秘 书 长:成　军(兼)

红十字会

名誉会长:宋乐伟(兼)　陈永红(兼)　凌建华(兼)
　李学义(兼)
会　　长:徐松康
副 会 长:钱　兵(常务)　陈建芳(女)
　陈建华(兼)　顾建军(兼)　陈益明(兼)
　韩　建(9 月免,兼)　张武军(兼)
　曹　勇(12 月免,兼)　吴抑非(兼,女)
　丁致清(12 月免,兼)　张进荣(9 月兼任)
　张正杰(12 月兼任)
党组书记:钱　兵

残联

理 事 长:邱小鑫(11 月免)　徐　蔚(12 月任)
副理事长:吕　英(9 月任,女)
党组书记:邱小鑫(11 月免)　徐　蔚(12 月任)

法学会

会　　长:瞿云峰(兼)
副 会 长:何新华(兼)　耿曹均(兼)　陈锦新(兼)
　包良均(兼)　陆建兵(兼)　张建平(兼)
　王　栋(兼)　王荣华(兼)　李　锐(兼)
　包　坚(兼)　胡永洲(兼)
专职副会长:季海华

贸促会

会　　长:
副 会 长:孙晓俊

垂直及双重管理单位

中国人民银行通州支行(国家外汇管理局通州支局)

行长、局长:金志坚
副 行 长:刘　琴(12 月免,女)　曹建平(3 月任)
党组书记:金志坚
纪检组长、总稽核:李锡芳(3 月免)　季　芳(3 月任)

中国工商银行股份有限公司南通通州支行

行　　长:刘明华
副 行 长:姚嘉宁(8 月任)　季　英(女)
　李建新(9 月免)
党委书记:刘明华
纪委书记:张卫红

中国农业银行股份有限公司南通通州支行

行　　长:葛红娟(7 月免,女)　宋曙明(7 月任)
副 行 长:金鸿均　邱晓勇　陆肖华
　陈爱锋(7 月任)
行长助理:陈爱锋
党委书记:葛红娟(7 月免,女)　宋曙明(7 月任)
纪委书记:陆肖华

中国建设银行股份有限公司南通通州支行

行　　长:陈家忠
副 行 长:金瑛辉(3 月免)　崔　烨(3 月免,女)
　张　奕(3 月任,女)　刘晓玉(3 月任,女)
　高　峰(11 月任)　朱鹏祥(8 月任)
风险经理:朱鹏祥
行长助理:刘晓玉(女)　徐晓成(11 月免)
党委书记:陈家忠

中国银行股份有限公司南通通州支行

行　　长:周国华
副 行 长:喻新安　赵玲玲(女)　姜理铭
副 书 记:龚　勤

中国农业发展银行南通市通州支行

行　　长:王志冬
副 行 长:黄　成　喻中华
支　　书:王志冬

中国人民财产保险股份有限公司通州支公司

经　　理:刘志新
副 经 理:王建南　李劲松
支　　书:刘志新

中国人寿保险股份有限公司通州支公司

总 经 理:
副总经理:朱剑波(主持工作)　庄建新
　刘建国(5 月免)
总经理助理:李朝阳(7 月免)
副 支 书:朱剑波

南通农村商业银行

董 事 长:曹　康(6月免)　佘　俊(6月任)
行　　长:佘　俊(6月免)　王晖东(6月任)
监 事 长:刘　伟(6月免)　沈峰山(6月任)
副 行 长:金　泳　刘海山　邵伟俊
首席风险官:孙如学(6月免)
党委书记:曹　康(6月免)　佘　俊(6月任)
党委副书记:佘　俊
纪委书记:吴　斌

南通市国土资源局通州分局

局　　长:俞　华
副 局 长:卢　俊　顾为民　张卫东(11月任)
党组书记:俞　华
纪检组长:张卫东(11月免)　季云忠(12月任)

南通市规划管理局通州分局

局　　长:陆　成
副 局 长:葛振军　朱雪平(女)
党组书记:陆　成

国家税务局

局　　长:钱　宏
副 局 长:张圣军　周国均　黄俊康(9月免)
　　陆　琰(9月任,女)
党组书记:钱　宏
纪检组长:黄聚奇

地方税务局

局　　长:王冠新
副 局 长:周立志　秦丽华　刘国虎
党组书记:王冠新
党组副书记:周立志
纪检组长:盛险峰

南通市通州工商行政管理局

局　　长:邵爱军(12月免)
副 局 长:吴建忠(12月免)　吴一鸣(12月免)
　　倪　林(12月免)　周宇春(12月免)
　　王铁峰(2月任,12月免)
党组书记:邵爱军(12月免)
党组副书记:吴建忠(12月免)
局长助理:曹　龑(2月任,12月免,副科职)
纪检组长:陆　辉(12月免)

南通市通州质量技术监督局

局　　长:刘玉贤(12月免)
副 局 长:彭德新(12月免)　刘庆华(12月免)
党组书记:刘玉贤(12月免)
党组成员:杨建华(3月任,12月免,副科级)
纪检组长:刘庆华(12月免)

邮政局

局　　长:施　卫
副 局 长:韩玉梅(女)　周明秋(4月免)
局长助理:冯建松(4月任)　吴勇军(11月任)
党委书记:施　卫
纪委书记:韩玉梅(女)

中国电信股份有限公司通州分公司(电信局)

总经理(局长):平淑清(3月免)　李智标(3月任)
副总经理(副局长):程　炜　潘　海(9月免)
　　刘　建(9月任)
党委书记:平淑清(3月免)　李智标(3月任)
纪委书记:程　炜

南通市供电公司通州营业部

总 经 理:严　锋
副总经理:杨晓春　黄成功(5月免)
　　纪　斌(9月免)　李秋实(7月免)
总支书记:杨晓春
总支副书记:严　锋

气象局

局　　长:施俊荣(4月免)　张素江(4月任)
副 局 长:吴锐涛

南通市烟草公司通州分公司(烟草专卖局)

经理、局长:钱德俊(12月免)　张志斐(12月任)
副 经 理:张志斐(12月免)　李铁强(12月任)
副 局 长:朱卫东

盐务管理局(盐业公司)

局长、经理:李建忠(12月免)
副局长、副经理:姜中华　陈小华(12月任)
　　周庙新(4月任)
党组书记:李建忠(12月免)
党组副书记:姜中华(12月任,主持日常工作)

新华书店

经　　理:单守耘(女)
副 经 理:钱　华　成煜林
支　　书:单守耘(女)

区经济实体单位

供销合作总社

主　　任:张慎军
副 主 任:陈志军　陈卫军(1 月任)
　　　　曹　雪(8 月任)
党委书记:张慎军
纪委书记:严伯奇(12 月免)

驻外办事处

上海办事处
主　　任:于敏新
副 主 任:

南京办事处
主　　任:高宏彬(8 月任)
副 主 任:高宏彬(主持日常工作)
　　　　任云鹏(11 月免)

天津办事处
主　　任:

大连办事处
主　　任:吉文林(兼)

深圳办事处
主　　任:昝瑞国

厦门办事处:
主　　任:仇建平

镇党委、人大、政府、政协、纪委

金沙镇
书　　记:葛红俊(女)
副 书 记:孙伟俊　杨洪杰　张　显
　　　　杜　云(8 月任,挂职)
　　　　周　波(8 月挂职期满)
人大主席:曹红军
镇　　长:孙伟俊
副 镇 长:杨　海　何　俊　季　华　施永兵
　　　　陆志方
政协工委副主任:蔡小芳(女)
纪委书记:王　展
组织委员:曹江梅(女)
宣传、统战委员:蔡小芳(女)
政法委员:陈　亮
党委委员、人武部长:陆云华
党委委员:杨　海　瞿前进

西亭镇
书　　记:邱志珺(女)
副 书 记:陈晓飞　道宗明　王　洁(挂职,女)
人大副主席:郭世均
镇　　长:陈晓飞
副 镇 长:张国强　孙　进　黄继华
　　　　陈　华(12 月任)
政协工委副主任:王冬明
纪委书记:张殷红
组织委员:徐祥忠
宣传委员:张　斌(6 月免)
统战委员:王冬明
政法委员:施金花
党委委员、人武部长:徐　健

二甲镇
书　　记:沈凯军
副 书 记:张连清　曹　康
人大主席:沈凯军(兼)
人大副主席:陈　平
镇　　长:张连清
副 镇 长:王　健　季玉梅(女)　吴鹏云　高　峰
政协工委副主任:顾红燕(女)
纪委书记:赵晓云(女)
组织委员:曹　鹏
宣传委员:季　琳(女)
统战委员:顾红燕(女)
政法委员:吴其春
党委委员:王　健　王桂英(女)　瞿　杰(12 月任)
　　　　秦牧秋(挂职,女)
人武部部长:陈　平(3 月免)　瞿　杰(3 月任)

东社镇
书　　记:周　鉴(9 月免)
副 书 记:匡咏梅(女)　赵建新　徐建华(挂职)
　　　　赵　狄(10 月任,挂职)
人大主席:朱汉成
镇　　长:匡咏梅(女)
副 镇 长:何汉江　高　荣　瞿仪晨　徐林冲
政协工委副主任:陈　熹
纪委书记:王雪康
组织委员:邱玲艳(女)
宣传、统战委员:陈　熹
政法委员:张宏萍(8 月免,女)　卞晓娟(12 月任,女)
党委委员、人武部长:朱汉斌
党委委员:徐林冲

十总镇
书　　记:季　勇

副 书 记:陈亚铭　丁云芬(女)
朱国兴(4月挂职期满)　冯国峰(挂职)
人大主席:季　勇(兼)
人大副主席:顾雪莲(女)
镇　　长:陈亚铭
副 镇 长:曹　峰
花建忠(3月通州区纪委对其立案调查)
张树新　张元鸿(12月任)
政协工委副主任:纪宝莉
纪委书记:王　忻
组织委员:葛坚强(12月免)
宣传、统战委员:纪宝莉(女)
政法委员:朱徐峰
党委委员、人武部长:黄汉平
党委委员:曹　峰

骑岸镇

书　　记:丁亚军
副 书 记:陈国华　王淑平(女)　冯国锋(挂职)
人大副主席:张新华
镇　　长:陈国华
副 镇 长:李国强　顾　华　殷跃飞　张晓维
政协工委副主任:卫庆玉
纪委书记:王淑平(兼,女)
组织委员:朱异玲(女)
宣传委员:花继东
统战委员:卫庆玉(女)
政法委员:杨鹏飞
党委委员:李国强
纪委副书记:丁义刚
人武部长:陈一峰(12月任)

五甲镇

书　　记:许易峰
副 书 记:曹荣琪　曹锡刚　赵　狄(10月任,挂职)
人大主席:陶文龙
镇　　长:曹荣琪
副 镇 长:曹献江　朱春华　徐刘波
政协工委副主任:张小娟(女)
纪委书记:季甫荣
组织委员:王　冬
统战委员:张小娟(女)
政法委员:吴向晖
党委委员:曹献江
人武部长:朱春华(12月免)　黄国祥(12月任)

石港镇

书　　记:刁玉芬(12月免,女)　龚卫(12月任)
副 书 记:陈　兵　吴广进
人大主席:潘桂华
镇　　长:陈　兵
副 镇 长:葛建中　单志建　王福祥　陈建烽
帅剑锋(8月免)
政协工委副主任:季小雄
纪委书记:李　锋
组织委员:顾本勇
宣传委员:陈育锋
统战委员:季小雄
政法委员:葛　健(5月免)
党委委员、人武部长:陆雪峰
党委委员:葛建中　卜　翔(挂职)

四安镇

书　　记:张淑萍(女)
副 书 记:胡劲武　王迎兵
人大主席:顾元华
镇　　长:胡劲武
副 镇 长:孙建华　顾　倬　熊剑萍(女)　何　莹
政协工委副主任:张国民
纪委书记:王佳蓓(女)
组织委员:刘淑芬(女)
宣传委员:赵　楠(8月免)　黄建锋(12月任)
统战委员:张国民
政法委员:朱泽华
党委委员:顾　倬　黄　军(12月任)
人武部长:黄　军(3月任)

刘桥镇

书　　记:林　峰
副 书 记:顾　灏　马　锋　李　钰(10月任,挂职)
人大主席:陈　凯
镇　　长:顾　灏
副 镇 长:魏建章　朱建芹(女)　吴志祥
陈巧云(女)
政协工委副主任:汤　旭
纪委书记:姜春雷
组织委员:魏　星(女)
宣传委员:王　霏(女)
统战委员:汤　旭
政法委员:戴葛兵
党委委员、人武部长:刘　新
党委委员:朱建芹(女)

平潮镇

书　　记:顾永林
副 书 记:姚　斌　孙曙彦(女)
张蔚华(4月挂职期满)
人大主席:顾永林(兼)

镇　　长:姚　斌
副 镇 长:刘　焱(女)　冯志娟(女)　王向阳
夏　伟　浦晓东
政协工委主任:孙曙彦(兼,女)
政协工委副主任:徐美云(女)
纪委书记:钱　澄(女)
组织委员:徐美云(女)
统战委员:夏元建(5月免)
政法委员:吴锦云(女)
党委委员、人武部长:江　敏
党委委员:刘　焱(女)　张　辉

平东镇
书　　记:吴进华
副 书 记:徐　蔚(12月免)　孙清建　施卫东
人大主席:吴进华
人大副主席:顾美云(女)
镇　　长:徐　蔚(12月免)
副 镇 长:高　健　高建华　夏育华　程金锋
政协工委副主任:任红云(女)
纪委书记:任红云(女)
组织委员:黄　炜(女)
宣传委员:施晨飞(12月任)
统战委员:任红云(女)
政法委员:孟镇勋
党委委员、人武部长:李国建
党委委员:高建华

五接镇
书　　记:高锦陈
副 书 记:李卫华　李　斌
人大主席:张斌林
镇　　长:李卫华
副 镇 长:沈小锋　姚云飞
薛南山(11月通州区纪委对其立案调查)
政协工委副主任:孙志凤
纪委书记:朱小祥
组织委员:黄亚南
宣传、统战委员:孙志凤
政法委员:纪建峰
党委委员、人武部长:李　钢
党委委员:沈小锋

兴仁镇
书　　记:沈新宇
副 书 记:曹　锐　卫志云(女)　蔡卫中
沈智慧(4月挂职期满)
杨宏兵(8月挂职期满)
人大主席:沈新宇(兼)

镇　　长:曹　锐
副 镇 长:蔡文国　王汝英(女)
蒋金忠　马建芳(女)
政协工委副主任:陈小兵
纪委书记:姜美娟(女)
组织委员:杨　霞(女)
宣传委员:夏　云(女)
统战委员:陈小兵
政法委员:董菊花(女)
党委委员、人武部长:钱建军
党委委员:王汝英(女)

兴东镇
书　　记:王晓亮
副 书 记:陈　雨　邢建均　朱建军(8月挂职期满)
童士忠(10月任,挂职)
人大主席:王美云(女)
镇　　长:陈　雨
副 镇 长:娄　光　金俊杰　姚晓兰(女)　张可嘉
政协工委副主任:顾　峰(女)
纪委书记:喻晓康
组织委员:沙　宁
宣传委员:徐玉红(女)
统战委员:顾　峰(女)
政法委员:卫飞燕(女)
党委委员、人武部长:张豪华
党委委员:娄　光

张芝山镇
书　　记:丁如俊
副 书 记:瞿　勇　刘永华　张　峰
人大主席:吴　兵
镇　　长:瞿　勇
副 镇 长:李　勇　叶天竹　倪梓程(5月任)
曹　敏(5月任,女)
政协工委副主任:赵春慧
纪委书记:井　卫
组织委员:李菊梅(女)
宣传委员:倪梓程(5月免)
统战委员:赵春慧
政法委员:顾学德
党委委员、人武部长:顾　冲
党委委员:李　勇

川姜镇
书　　记:龚　卫(12月免)　邵爱军(12月任)
副 书 记:张颖倩(女)　陈超平
顾万勇(4月挂职期满)
曹顾涌(4月挂职期满)

刘丰兴(8 月挂职期满)
石星恺(10 月任,挂职)
人大主席:龚　卫(12 月免,兼)
邵爱军(12 月任,兼)
人大副主席:周　英(女)
镇　　长:张颖倩(女)
副 镇 长:柏　涛　韩建华　郭　华　吴红星
陈　前
政协工委主任:樊　斌
政协工委副主任:张新荣
纪委书记:郭志坚
组织委员:周　丹(女)
统战委员:张新荣
党委委员、人武部长:卑圣君
党委委员:柏　涛　樊朝伟

先锋镇

书　　记:张加华
副 书 记:严　勇　马迎霞(女)　季新建(9 月任)
人大主席:包汉彬
镇　　长:严　勇
副 镇 长:李昕辉　施晓健(女)　丁金澄　顾云海
政协工委副主任:马秦芳
纪委书记:季新建
组织委员:葛　昊
宣传委员:邢志平
统战委员:马秦芳(女)
政法委员:朱　勇(女)
党委委员、人武部长:张乃胜
党委委员:李昕辉

部分事业单位

江苏省通州高级中学

校　　长:季仲平
副 校 长:许　斌　秦志强　张圣兵(11 月任)
党委书记:曹光明
党委副书记:季仲平　许　斌
纪委书记:曹光明

江苏省通州中等专业学校(江苏广播电视大学通州学院)

8 月,经区委常委会研究,江苏省通州中等专业学校(江苏广播电视大学通州学员)党总支升格为党委建制。

校　　长:邢　斌
副 校 长:张裕涛　张劲松　葛　坚　胡栋均
顾　强
党委书记:张　建(8 月任)
党总支书记:张　建
党委副书记:邢　斌(8 月任)
党总支副书记:邢　斌
纪委书记:姜汉荣(8 月任)

金沙中学

8 月,经区委常委会研究,金沙中学党总支升格为党委建制。

校　　长:李　达
副 校 长:樊　豪　羌达勋　黄学恭
薛　军(8 月任)
党委书记:李　达(8 月任)
党总支书记:李　达

江苏省西亭高级中学

校　　长:严少标
副 校 长:瞿国华　朱新星　缪国林　徐训荣
党委书记:瞿国华
纪委书记:任益南

二甲中学

校　　长:蔡华军
副 校 长:吴国成　季洁华　柴淑艳(女)
党总支书记:蔡华军
党总支副书记:吴国成

二窎中学

校　　长:王振华
党总支书记:王振华

石港中学

校　　长:丁　建
副 校 长:金郁峰　顾建华　黄　新
党总支书记:丁　建

刘桥中学

校　　长:王新彦(8 月任)
副 校 长:王新彦(主持日常工作)　张建明
孙振建(8 月免)　高　峰
陈　炎(8 月任)
党总支书记:王新彦

江苏省平潮高级中学

校　　长:朱元祥
副 校 长:冯建兵　朱学锋　金均全
孙振建(8 月任)
党委书记:朱元祥(8 月任)
党委副书记:朱元祥
纪委书记:陈　炎(9 月免)

兴仁中学

校　　长:羌建中
副 校 长:张圣如(9 月免)　戴红玲(女)
党支部书记:羌建中

姜灶中学

校　　长:薛　彬(8 月任)
副 校 长:薛　彬(主持日常工作)
卞加标(8 月免)　张剑峰
薛新华　王能龙(8 月任)
党总支书记:薛　彬(8 月任)
党总支副书记:薛　彬

通海中学

校　　长:刘　谨
副 校 长:黄惠超　陈祖平
党支部书记:刘　谨

农业综合技术学校

校　　长:李发新
副 校 长:戴　锋　季春雷
党支部书记:李发新

南通市通州卫生职工中等专业学校

校　　长:瞿宝祥
副 校 长:李　建
党支部书记:
党支部副书记:瞿宝祥

人民医院

董 事 长:易　昕
院　　长:陈　建
副 院 长:施　庆　徐　洪　赵　云
郭　云(女)
党委书记:陈　建
党委副书记:施　庆
纪委书记:施　庆

中医院

董事长、院长:曹　杰
副 院 长:杨　将　曹亦军
党委书记:曹　杰
纪委书记:秦晓纲

疾病预防控制中心

主　　任:刘伟圣(兼)

卫生监督所

所　　长:谢　平(11 月免)

国家统计局通州调查队

队　　长:葛建刚
副 队 长:严春燕(女)

地产发展中心

主　　任:季云忠(12 月免)

土地储备中心

主　　任:刘旭峰

生产力促进中心

主　　任:蔡　陶(兼)

会计核算中心

主　　任:陈　霞(女)

地方海事处

主　　任:

运输管理处

主　　任:张宏勋
支　　书:刘建新

党员干部现代化远程教育办公室

主　　任:朱剑锋

人才服务中心

主　　任:顾建华

干部信息中心

主　　任:严　巍

对外交流服务中心

主　　任:姜一春(女)

城管执法大队

大 队 长:顾军峰
教 导 员:顾　斌

互联网新闻中心

主　　任:韩立新

安全生产督查大队

大队长:施洪春

(曹邢彬)

中共通州区委员会

Tongzhou District Committee of CPC

编　辑　阚新华

综　述

【概　况】 2014年，通州区认真落实中央和省市委决策部署，以全面深化改革统领全局，坚持稳中求进总基调，突出五大行动主抓手，经济社会继续保持平稳健康发展态势。全年实现地区生产总值860.73亿元，增长10.8%；财政总收入、一般公共预算收入分别突破182.01亿元和70.44亿元。

经济质态在创新转型中实现新提升。大力培育创新主体，新增高新技术企业39家，总量达111家，高新技术产业产值占比提高1.8个百分点；新增省级以上创新平台载体5家，新增"三创"载体22万平方米、新入驻企业30家。强化人才支撑，新引进千人计划、长江学者等18名，新增创新创业项目42个。创新金融发展，江苏银行科技支行成功获批，天天富余互联网金融平台上线运行，省高投南通天使投资基金等项目成功落户。推动三大产业研究院加快建设，特色主导产业转型取得新进展，家纺产业创成国家新型工业化产业示范基地；船舶行业应税销售增长30%；建筑业设立全市首个产业基金，新获鲁班奖3项，施工总产值达1188.83亿元。通过设立国家新材料创业投资基金、船舶海工并购基金，深化与中航工业、海兰信、江苏国信等龙头企业的合作，加快培育海工配套、航空航天、新一代信息技术等产业，新兴产业产值占比提高7个百分点。项目化推进服务业重点业态发展，一批重大项目加快建设，增加值占比提高1.5个百分点。物流业创成国家AAA级以上企业19家，南通供销产业园和顺丰速运分别创成AAAAA和AAAA企业。南通家纺电商园投入运行，入驻企业65家。农业现代化进程加快，新增设施农业1800公顷，高标准农田占比达61%，145只农产品通过"三品"认证，景瑞农业荣获中国驰名商标，相关工作得到农业部领导同志的肯定。

主力平台在开发开放中增添新活力。南通高新区以成功召开建设推进大会为契机，创新机制、整合资源，开发框架全面拉开；积极构建技术研发、创业孵化、科技金融、综合配套四大平台，被确定为省产学研产业协同创新基地；甬金三期等12个重大项目加快推进，园区综合实力不断增强。锡通科技产业园不断深化与无锡新区合作，获批苏南苏中合作共建园区和省科技产业园。南通家纺城列入首批国家级知识产权保护规范化培育市场。滨江新区、空港产业园、石港科技产业园功能进一步完善，重大项目和优质项目加快落户，园区整体实力不断提升。

城乡建设在功能完善中展示新形象。S225新线、东沙大桥建成通车，G345中段、金通三大道、南通世纪大道东延西段、青年路中段即将建成通车，南通人民路东延正抓紧建设，连接南通主城区骨干路网基本形成。开展世纪大道南段、鹏程大道两侧城市设计，加快城东新区商业开发和银河新区功能完善，政务服务中心、体育中心、文博中心等投入使用，通吕运河"一河两岸"完成示范段业态策划和景观设计。持续提升老城区，改造整治老小区34个，城区住宅小区物业管理实现全覆盖。加快推动基础设施向农村延伸，农村公路、桥梁、泵站等加快建设，生产生活环境有效改善。

民生事业在共建共享中迈上新台阶。区委常委会安排8次会议16个议题，对年初确定的10大类20项为民办实事项目逐项督查，推动落实。继续实施居民收入倍增计划，城乡居民收入分别增长9.2%和11%左右。推进社保提标扩面，启动城乡居民基本医疗保险制度整合并轨，各项社会保险覆盖率均达98%以上。社会事业加快发展，专题召开教育现代化工作大会，制定出台"一个实施意见、六个实施方案"，全面部署新一轮教育现代化工作；扎实推进深化医改各项工作，大力实施镇级医疗机构提标改造和村卫生室标准化建设，完成基层医疗卫生资源优化整合，实施区级医院药品零差率销售改革；报纸、电视、广播全面改版，建成省级公共文化服务体系示范区，成立"童声里的中国"少儿艺术创研活动基地，圆满举办全国首届儿童音乐奖评选、江苏戏剧奖·小戏小品奖决赛；区社会福利中心主体封顶。保质保量推进安置房建设，竣工 175.6 万平方米，安置 5203 户。持续创新社会治理，深入推进区镇村三级综合服务管理平台等建设，探索实践“政社互动”模式；“六五”普法有序推进，中期工作全国先进，法治建设满意度全省第一，被表彰为全省法治县（市、区）创建工作先进单位。

生态文明在重点攻坚中凸显新成效。全力实施 4 大类 27 项生态攻坚重点工程，落实生态红线区域保护规划，环境质量不断提升。农村环境切实改善，面源污染处理设施加快建设，获得省村庄环境整治工作先进集体称号，开沙村入选中国最美村。强化现场检查、即时考评，集镇环境综合整治常态化开展。积极推进低效用地开发等工作，土地利用总体规划评估修编方案加紧审批，被评为全省国土资源节约集约模范县（市、区）。高度重视群众饮水安全，扎实推进应急水源建设等工作。推行“河长制”，疏浚整治农村河道 155 条（段）、拆坝 100 条，姜张河等河道整治取得阶段性成果。加快实施城区雨污分流改造工程，8 条（段）生态河道试点有序推进。新增成片造林 1673 公顷，生态廊道一期工程建设完成。滨江污水处理厂建成，益民污水处理厂等 8 个重点减排工程加快推进，启动污泥处置工程建设，尾水排江行政审批获得许可。深入开展环保执法“亮剑行动”，强势推进“三小”行业污染源规范处理和钢丝绳行业专项整治，关停涉污企业 48 家。

党建工作在固本强基中得到新加强。宣传思想工作持续深化，精心组织“七个一”系列活动传播社会主义核心价值观，通州元素入镜央视专题片《国魂》。积极选树“通州好人”，集中宣传先进典型，公民道德素质不断提高，努力推进文明办丧，文明城市长效管理再上新台阶。坚持正确选人用人导向，研究制定干部选拔任用流程和加强优秀年轻干部培养选拔工作的《实施意见》，选派 28 名年轻干部到外地先进园区、区重点一线挂职锻炼。深化拓展“五位一体”党建惠民联动工作体系，细化示范点创建标准，创新“两新”组织党建模式，整顿提升 22 个软弱涣散基层党组织，推动在职党员到社区报到服务。严格落实党风廉政建设“两个责任”，按照“三转”要求，调整区纪委内设机构。完善权力运行监控体系，实现单位主要负责人“四个不直接分管”制度全覆盖。坚持有腐必反、有贪必肃，坚决查处党员干部违纪违法案件，切实解决发生在群众身边的腐败问题，着力营造风清气正的发展环境。与此同时，人大、政协充分履职，建言献策，发挥了积极作用。人武、统战、群团、老干部、关心下一代等各项工作取得新成效。

（陈国祥）

重要会议

【通州区文明表彰暨作风建设大会】 2 月 7 日，通州区召开通州区文明表彰暨作风建设大会。区委书记宋乐伟出席会议并作重要讲话。会议要求通州区上下学先进、争先进、赶先进，反“四风”、转作风、树新风，进一步凝心聚力、克难奋进，在新的一年里再创新的业绩。会议指出，2013 年，各级各部门认真践行区委“敢争先比作为、提效能强执行、树形象增合力”的要求，服务发展能力显著提升，机关工作效能显著提升，干部队伍形象显著提升，机关作风在服务通州区经济社会发展大局中，进一步得到了锤炼、经受了考验。但客观地看，通州区机关作风建设还存在不容忽视的问题，必须引起高度重视、切实加以整改。会议强调，新的一年里，通州区上下要按照中央的最新要求，以开展教育实践活动为契机，始终坚持领导带头、示范带动，始终坚持抓住不放、善作善成，坚决打好改进作风这场攻坚战和持久战，努力营造锐意进取、昂扬向上的好风气，开创科学发展、跨越发展的好局面。就做好今年作风建设工作，会议要求做到四个“力戒”、四个“力行”：一要力戒形式主义，力行求真务实。各级各部门必须旗帜鲜明地反对形式主义，努力从实处着眼、用实干考量、凭实绩说话。雷厉风行强执行，具体工作说了要算、定了快干；真抓实干比作为，力戒空谈，一步一个脚印、扎扎实实推进工作；督查考核促落实，继续优化督查机制，及时发现问题，加大督查力度，迅速解决问题。二要力戒官僚主义，力行勤政为民。党员干部要加强党性修养，增强宗旨意识，自觉把党和人民的利益放在第一位，真心诚意搞好服务。竭尽全力服务群众，深怀爱民之心，恪守为民之责，多办利民之事，努力让人民群众过上更加幸福美好的生活；竭尽心智服务企业、尊重企业、关爱企业、服务企业，将扶持企业发展壮大的政策转化为部门行动，转化为企业效益，转化为攻坚克难的强大动力；竭尽所能服务基层，着力解决效率不高、合力不强的问题，坚决落实首问负责制和交办制，杜绝推诿扯皮、搪塞失责。三要力戒享乐主义，力行艰苦奋斗。当前，通州的发展还面临着许多困难和挑战，迫切需要我们弘扬艰苦创业的作风，不畏艰难，百折不挠，推动通州在跨越发展的道路上取得一个又一个崭新业绩。要处处争一流，高点定位，勇于争先，奋力走在苏中新一轮发展前列；人人敢担当，恪尽职守推进通州发展，努力在通州区上下形成各司其职、各尽其能，同心同德、同创大业的生动格局；个个比奉献，学习和弘扬默默无闻、甘于奉献的优秀品质，真正做到忠于职守，爱岗敬业，以真抓实干的务实举措，推动事业发展，实现人生价值。四要力戒奢靡之风，力行勤俭节约。进一步弘扬艰苦奋斗、勤俭节约的优良作风，防止“舌尖上”腐败，杜绝“车轮子”铺张，避免“钱袋子”浪费，把有限的人力、物力、财力集中到推动发展、改善民生上来。为了让反“四风”、转作风真正落到实处、取得实效，会议强调要落实四个“强化”：强化领导带头。区四套班子领导要带头执行上级的规定要求，带头遵守政治纪律、组织纪律和工作纪律。强化用人导向。按照全面深化改革的要求，推动更多的机关干部到镇区园一线，充实力量，前移服务。强化动真碰硬。真正以铁的决心、铁的措施、铁的纪律推进工作，实现机关干部作风大转变。强化反腐倡廉。始终绷紧廉洁这根弦，切实提高自身修养，主动接受各方监督，坚决守住思想道德防线和廉洁从政底线。

区委副书记、区长陈永红主持会议。区委副书记凌建华宣读了表彰决定。明汉清、李玲、桑建美、陈斌、陈艳梅、虞越嵩、汪水明、瞿云峰、葛卫民、胡卫东、施辉等区领导参加了会议。南通高新区、川姜镇、政务服务中心、通州工商局主要负责同志作表态发言。

【党的群众路线教育实践活动动员大会】 2月19日下午，区委召开党的群众路线教育实践活动动员大会，对通州区开展党的群众路线教育实践活动进行具体部署，动员通州区广大党员干部以饱满的政治热情、良好的精神状态投身教育实践活动，为扎实推进五大行动、走在苏中新一轮发展前列提供坚强有力的保证。省委督导组组长耿乃凡，市委常委秦厚德，省委督导组尹振江等出席通州区动员会。秦厚德作了大会讲话，区委书记、区委党的群众路线教育实践活动领导小组组长宋乐伟主持会议并作动员部署，南通市委督导组组长姜建宁讲话。区委副书记、区长陈永红，区人大常委会主任明汉清，区委副书记李玲、凌建华，南通市委督导组副组长刘张华，区委常委桑建美、陈斌、陈艳梅、汪水明、瞿云峰、葛卫民、胡卫东，区政协党组书记施辉等出席大会。会议强调了五点要求：统一思想，深刻领会教育实践活动的重大意义；突出重点，准确把握教育实践活动的目标要求；把握关键，扎实抓好教育实践活动的各个环节；讲究方法，科学推动教育实践活动的有力开展；注重实效，着力加强教育实践活动的组织领导。会议指出，通州区上下要认真贯彻落实党的十八大、十八届三中全会和习总书记系列重要讲话精神，按照"照镜子、正衣冠、洗洗澡、治治病"的总要求，坚持严的标准、严的措施、严的纪律，对照理论理想、党章党纪、民心民声、先辈先进"四面镜子"，以为民务实清廉为主题，以补精神之"钙"、除"四风"之害、去行为之垢、立为民之制为重点，推动思想认识进一步提高，工作作风进一步转变，党群干群关系进一步密切，为民务实清廉形象进一步树立，基层基础进一步夯实，为通州走在苏中新一轮发展前列提供坚强保证。会议指出，根据部署，通州区教育实践活动从本月开始，到9月份基本完成。各地各部门要明确每个环节的任务要求，精心制定实施方案，扎实做好各项工作，确保活动深入有效开展。要充分借鉴历次党内集中教育活动特别是第一批群众路线教育实践活动的经验做法，紧密结合通州实际，采取行之有效的方法，把教育实践活动组织好、开展好。要注重抓好"一把手"，各级各部门"一把手"都要以普通党员身份把自己摆进去，处处先行一步、以身作则，一级做给一级看，一级带着一级干；要突出群众参与，进一步创新开门搞活动的载体和形式，查找问题要主动深入到基层群众中间，整改落实要吸收群众参与、接受群众评判；要坚持问题导向，努力查找问题，敢于动真碰硬，在突出解决问题的同时，妥善处理好各类群体、各个阶层、各个方面的利益诉求；要严把工作要求，严在思想教育、严在整改落实、严在正风肃纪；要深化制度建设，结合通州区作风建设实际，及时出台有关制度规范，形成促进党员干部为民务实清廉的长效机制。会议强调，开展好教育实践活动，是当前和今后一个时期通州区政治生活中的头等大事，是各级党组织的一项重大政治任务。我们要坚决贯彻中央和省市委要求，在省委、市委督导组的有力指导下，高起点开局、高标准开展、高质量推进教育实践活动。要落实领导责任，加强督促检查，坚持分类指导，搞好宣传引导，注重统筹兼顾，以高度的政治责任感和饱满的精神状态，推动教育实践活动深入扎实开展，向市委和通州区人民交上一份满意的答卷。全体区委委员、候补委员；区人大常委会、区政府、区政协领导班子成员；部分担任过区级领导职务的老同志；区法院、区检察院；区级机关及其直属单位和企事业单位主要负责同志；镇党委书记、镇长、纪委书记、组织委员、宣传委员，南通高新区管委会主任、纪工委书记、党群工作局局长，滨江新区纪工委书记；区民主党派、工商联主要负责同志和无党派代表人士；垂直管理部门单位及各金融机构主要负责同志；不在上述人员范围内的党的十八大代表和省第十二次、市第十一次党代会代表；部分基层"两代表一委员"和党员、群众代表；区委督导组全体成员参加会议。大会结束后进行了民主评议。

【通州区党建暨农村工作会议】 2月21日下午，通州区召开党建暨农村工作会议。区委书记宋乐伟在出席会议并作重要讲话。会议肯定了去年通州区党建工作成绩，通州区各级党组织深入实施党建工作创新工程，统筹推进宣传、组织、纪检监察、统战等各项工作，开创了党的建设与经济社会建设协调发展、齐头并进的良好局面，为通州区经济社会发展凝聚了合力，贡献了力量。会议指出，十八大以来，习近平总书记围绕加强和改进党的建设发表了一系列重要讲话，提出了许多新思想新观点。要认真学习领会，自觉贯彻落实，不断提高通州区党建科学化水平。要突出一个导向，打造三大品牌，进一步加强思想文化建设。要突出舆论引导，鼓劲提神，激发干劲。着力打造理论武装品牌、文明创建品牌、文化惠民品牌，按照党管媒体、党管文化单位、党管文化干部的原则和"管人、管事、管资产、管导向"相统一的要求，进一步健全完善文化改革发展的领导和管理机制，推进文化产业、文化事业协调发展。要抓实一个活动，深化三大建设，进一步提升组织工作水平。要抓实群众路线教育实践活动，切实履行好指导整体活动的重要职责，狠抓各个环节的工作重点，把握节奏、注意方式，增强针对性实效性。进一步深化干部队伍建设，加快干部选拔任用制度改革，区分实施选任制和委任制选拔方式，严格规范公开选拔和竞争上岗，注重把握关键环节，不简单以票取人，坚决纠正唯分取人，真正选出信念坚定、为民服务、勤政务实、敢于担当、清正廉洁的好干部。进一步深化人才队伍建设，深入实施"510英才计划"，优化政策环境，更加突出人才落地转化率和孵化毕业率这两方面的考核，增强人才工作的实效性，促进人才工作转化为现实生产力。进一步深化基层组织建设，深化拓展"五位一体"党建惠民联动工作体系，逐步把组织网络和工作模式向其他社会领域延伸，以组织全覆盖带动有效服务全覆盖。要聚焦一个重点，把握三大关键，进一步推进党风廉政建设和反腐败工作。要把加强作风建设作为聚焦点。着力提升教育的说服力,加强反腐倡廉教育,不断提高党员干部的廉洁自律意识,筑牢思想防线,增强拒腐防变能力。着力提升制度的约束力,加强反腐败体制机制创新和制度保障,深化廉政风险防控机制建设,强化对权力运行的监督制约,整合监督资源,形成监督合力。着力提升惩戒的威慑力,坚持以零容忍态度惩治腐败,有案必查、有腐必惩,既坚决查处领导干部违纪违法案件,又切实解决发生在群众身边的不正之风和腐败问题。要坚持"大团结、大联合"主题,发挥人才荟萃、智力密集优势,发挥团结人心、凝聚力量优势,发挥求同存异、体谅包容优势,进一步汇聚统一战线合力。区委副书记、区长陈永红主持会议。区领导明汉清、李玲、凌建华、桑建美、陈斌、陈艳梅、虞越嵩、汪水明、瞿云峰、葛卫民、胡卫东、施辉参加会议。

【区委常委会专题民主生活会】 6月23日下午至24日,区委常委会召开专题民主生活会。常委班子及其成员以"为民务实清廉"为主题,围绕解决"四风"突出问题,认真对照检查,深刻剖析根源,以整风精神认真开展批评与自我批评,进一步明确今后工作思路和整改举措。省委常委、纪委书记、省委教育实践活动领导小组副组长弘强全程参加并作重要讲话。市委常委秦厚德主持会议。省委督导组组长耿乃凡、市委督导组组长姜建宁分别作点评。会上,宋乐伟代表区委常委班子进行了对照检查,并作了自我剖析,带头开展批评与自我批评。陈永红、李玲、凌建华、桑建美、陈斌、陈艳梅、虞越嵩、汪水明、瞿云峰、葛卫民、胡卫东、刘克勇等常委同志逐一作对照检查,并接受班子其他成员直截了当又坦诚中肯的批评。大家按照中央和省委要求,认真检查了遵守党的政治纪律、贯彻中央八项规定精神情况,深入查找了"四风"方面存在的突出问题。比如:对科学发展观的深层次内涵把握不够,存在形象工程、政绩工程的倾向,以至于民生工程没有很好地听取群众意见;研究战略全局问题不足,推动改革力度不大;深入调研、把握全局不够,抓工作落实欠缺,督查力度不够;工作激情下降,进取精神、攻坚克难勇气减退;公务接待有讲排场的现象,等等。针对这些问题,区委常委班子和每一位班子成员深刻剖析问题产生的深层次原因,明确了整改方向和具体措施。大家表示要强化宗旨意识,践行"三严三实",结合通州改革发展大局和工作实际,大胆探索,扎实工作,推动通州发展再上新台阶。姜建宁代表市委督导组对民主生活会作点评发言,此次专题民主生活会征求意见建议广泛深入,开展谈心谈话坦率正直,对照检查触及灵魂,取得了预期效果。通州区委常委班子认真开展批评与自我批评,严于解剖自己,真正把自己摆进去认真查摆、深挖根源;开展批评动真格,既触动思想又解决问题,体现了整风精神,达到了凝心聚力的目的。耿乃凡充分肯定通州区教育实践活动和这次专题民主生活会取得的阶段性成果,认为区委常委班子全体成员认真贯彻中央和省委要求,紧密联系通州实际,以焦裕禄精神为标准,突出为民务实清廉的主题和反对"四风"、服务群众的重点,严于剖析自己,展现了应有的认识水平和正确视角。区委主要领导在问题查摆、开展批评上,发挥了很好的带头示范作用。专题民主生活会紧贴反"四风"核心内容,贯彻整风精神,达到了"团结—批评—团结"的目的,达到了预期目标。一天半时间里,弘强认真听取每个班子成员的自我剖析和相互间的批评。她肯定通州区常委班子专题民主生活会动真格、有"辣味",聚焦"四风"实事求是,开展批评和自我批评一针见血,是一次质量较高的民主生活会。弘强说,在整个活动的前阶段,通州区委常委班子广泛听取了意见,认真查找了自身"四风"方面的问题,撰写了对照检查材料,取得了阶段性成果。下一阶段要更加深化教育实践活动,在整改上下真功夫,一鼓作气、善始善终地抓好实践活动。秦厚德在总结会议时指出,这次专题民主生活会,通州区委班子及全体常委精心准备,对存在的"四风"问题进行了全面查摆、深入剖析,明确了整改措施,批评和自我批评严肃认真,闻到了浓浓的"辣味",达到了红脸出汗、排毒治病的效果。在下一阶段的教育实践活动中,要深入学习贯彻弘书记讲话精神,始终坚持高标准、严要求,扎实推进教育实践活动各个环节的工作,以实实在在的成效赢得群众认可,为南通"两个率先"和全省发展大局多作贡献。省纪委副书记、监察厅厅长、省委教育实践活动办公室副主任江里程,省委督导组副组长汪以力和其他成员参加了民主生活会。区领导明汉清、施辉列席会议。

【南通国家高新技术产业开发区建设推进大会】 7月27日上午,南通国家高新技术产业开发区建设推进大会在通州区举行,这标志着南通高新区正式纳入国家创新体系。科技部副部长曹健林,省政协副主席、省政府党组成员、科技厅厅长徐南平共同为南通高新区揭牌。市委书记丁大卫致欢迎辞,市委副书记、市长张国华主持会议,区委书记宋乐伟汇报了南通高新区建设情况。丁大卫在致辞中说,南通高新区升格为国家级高新区,是南通创新型城市建设的重要里程碑,掀开了南通创新发展、转型发展的新篇章。宋乐伟在汇报南通高新区发展情况时说,近年来,高新区突出体制机制创新,园区活力逐步增强;突出高点定位,核心区建设加快推进;突出转型发展,特色优势不断彰显;突出主体培育,高新技术产业快速壮大,园区示范、引领和带动作用显著增强。下一步,通州将抓住用好上海自贸区和"两带一路"建设等机遇,以培育特色主导产业为重点,引领区域经济转型发展;以科技新城为核心,全面提升区域创新能力;以人才强区为根本,加快构建人才集聚高地;以打造国际化园区为目标,积极增创综合竞争新优势,深入实施创新驱动、开放融合两大战略,着力打造传统产业转型升级示范区、新兴产业集聚区、经济体制改革先行区,到2020年对南通市区经济增长贡献率超过20%。徐南平说,南通高新区升格为国家高新区,融入国家创新体系,不仅对优化全省创新布局,进一步提高科技创新能力具有重要意义,而且为南通的转型发展提供了新的机遇,必将有力地推动南通在科学发展、创新发展、率先发展道路上迈出更加坚实的步伐。

曹健林对南通高新区升格国家级表示热烈祝贺，指出南通高新区升级为国家高新区是加速江苏省经济社会发展和高新区建设的一件大事，体现了党中央、国务院对江苏省高新技术产业化工作的高度肯定。并表示，科技部将一如既往和江苏、南通共同努力，把南通国家高新区建设好。科技部高新司副司长胡世辉宣读《国务院关于同意江苏省南通高新技术产业开发区升级为国家高新技术产业开发区的批复》。国家科技部，省、市相关部门和单位，部分金融机构、高校院所，省内各高新区，区四套班子全体领导，通州区各镇区、各部门、各单位参加会议。国家科技部火炬中心常务副主任张志宏、省政府副秘书长陈少军、省科技厅常务副厅长王秦，市领导王德忠、黄利金、黄爱军、陈一星，市政府秘书长顾诺之，区委副书记、区长陈永红等出席会议。

【中共南通市通州区委十一届八次全会】 7月30日，中共南通市通州区第十一届委员会第八次全体会议在区行政中心举行。区委常委会主持会议。区委委员、候补委员出席会议。区纪委委员和有关方面负责同志列席会议。全会认真贯彻落实党的十八届三中全会、省委十二届七次全会和市委十一届七次全会精神，总结上半年工作，明确下半年工作重点，对全面深化经济体制改革作出部署。宋乐伟同志受区委常委会委托作了工作报告，陈永红同志传达了省委十二届七次全会、市委十一届七次全会精神。全会一致同意宋乐伟同志代表区委常委会所作的工作报告。全会认为，报告总结工作实事求是，部署任务重点突出，充分体现了中央和省市委要求与通州实际的紧密结合，体现了求真务实、改革创新的精神。全会充分肯定区委常委会上半年的工作。全会认为，今年以来，通州区上下坚持以习近平总书记系列重要讲话精神为根本遵循，以全面深化改革统领全局，认真落实中央和省市委决策部署，努力保持经济稳中有进，深化改革工作布局全面展开，着力营造和谐稳定的社会环境，从严从实开展党的群众路线教育实践活动，通州区经济社会发展取得新成效、呈现新亮点。坚持以落实省委“八项工程”、市委“八个领先”为主抓手，扎实推进五大行动，各项工作进展情况良好。全会指出，做好下半年工作，要全面贯彻中央最新要求和省市委全会精神，坚持以五大行动为主抓手、主战场，更有针对性地抓重点、抓关键、抓薄弱环节，把各方面工作做得更加扎实更有成效。重点要保运行稳增长，全力促进经济健康发展；转方式调结构，全力推动产业转型升级；扎实推进新型城镇化，全力加速城乡一体化发展；积极开展“五大专项行动”，全力维护社会和谐稳定；切实加强党的建设，全力构筑改革发展坚强保障。全会强调，中央和省市委对深化经济体制改革作出了部署，为我们指明了方向，要紧紧围绕经济体制改革这个重点，着力推进八个方面的改革任务。要以简政放权和提高治理能力为重点，加快转变政府职能；以增强市场主体活力和壮大微观经济基础为方向，加快形成多种所有制经济共同发展格局；以提高资源配置效率和公平性为目标，加快完善现代市场体系；以发挥资金杠杆作用和服务实体经济为关键，加快推进财税金融改革发展；以深化改革和扩大开放互动并进为核心，加快构建开放型经济新体制。全会要求，进一步强化责任落实，聚焦聚神聚力抓改革，力求多出成果、快出成果，交出一份改革开局之年的好答卷。进一步突出统筹协调，充分发挥经济体制改革的牵引作用，统筹推进政治、文化、社会、生态文明和党的建设制度改革，全面构建通州改革新优势，为走在苏中新一轮发展前列注入动力和活力。全会号召，通州区各级党组织和广大党员干部群众，迅速行动起来，解放思想，坚定信心，埋头苦干，奋勇争先，为开创通州改革发展新局面而努力奋斗！

【通州区党的群众路线教育实践活动总结大会】 10月21日，区委召开党的群众路线教育实践活动总结大会，认真学习贯彻习近平总书记重要讲话精神，对通州区群众路线教育实践活动进行总结，对巩固和拓展活动成果、加强作风建设、全面推进从严治党进行部署。区委书记、区委党的群众路线教育实践活动领导小组组长宋乐伟发表重要讲话。省委督导组组长耿乃凡出席会议，南通市委督导组组长姜建宁出席会议并讲话。南通市委督导组副组长刘张华出席会议，区委副书记凌建华主持会议。区委领导李玲、桑建美、陈艳梅、虞越嵩、汪水明、葛卫民等出席会议。会议指出，通州区上下要深入学习贯彻习近平总书记重要讲话精神，切实把思想和行动统一到中央和省市委最新部署要求上来。各级党组织和广大党员干部要把学习贯彻习近平总书记重要讲话精神作为重大政治任务，摆在突出位置抓紧抓好。一要在学习贯彻讲话精神中进一步统一思想行动。二要在学习贯彻讲话精神中进一步指导作风建设实践。三要在学习贯彻讲话精神中进一步推动从严治党。会议肯定通州区教育实践活动取得的成效，要求更加坚定贯彻群众路线的行动自觉。从今年2月活动开展以来，通州区上下坚决贯彻习近平总书记系列重要讲话精神，以“照镜子、正衣冠、洗洗澡、治治病”为总要求，坚持认真、求真、顶真、动真，增强政治自觉，强化组织不走过场；坚持领导示范，抓“一把手”“一把手”抓；突出问题导向，即知即改取信于民；注重群众参与，敞开大门开展活动；严格督查指导，传递压力推动落实，确保活动有力有序推进。教育实践活动开展8个月以来，经过各方面的共同努力，取得重要思想成果、实践成果和制度成果，体现在五个方面：一是理想信念进一步坚定，有力增强了党员干部为民务实清廉的思想自觉。二是解决了一批群众反映强烈的“四风”问题，有力推动了党风政风明显转变。三是改进作风长效机制和刚性约束初步形成，有力促进了联系服务群众常态化长效化。四是党内政治生活得到严格锻炼，有力提高了各层各级党员干部发现和解决自身问题的能力。五是提振了干部群众干事创业的精气神，有力保障了通州区经济社会持续健康发展。会议强调，实践充分证明，开展党的群众路线教育实践活动，抓住了从严管党治党的要害，抓住了巩固党的执政基础的根本，抓住了作风建设的关键，是新的时代条件下永葆党的先进性纯洁性的重大探索和有益实践，也使我们进一步深化了对作风建设规律性的认识：我们党的根基在人民、血脉在人民、力量在人民，必须把践行群众路线、改进工作作风融入党执政为民的全部实践；理想信念是精神之“钙”，必须把坚定理想信念作为加强作风建设的重要前提；领导干部作风具有重要示范引领作用，必须把“三严三实”作为改进作风的重要取向；作风问题具有很强的顽固性反复性，必须把抓常抓细抓长要求贯穿于作风建设始终；教育实践活动为加强作风建设提供了重要经验，必须用以指导作风建设新实践。会议强调，落实从严治党要求，推动通州区党的建设不断取得新成效。从严治党必须具体地而不是抽象地、认真地而不是敷衍地落实到位，这是教育实践活动给我们提供的最深刻的启示。通州区上下要以习近平总书记重要讲话精神为根本遵循，以这次活动为新起点，坚持“三严三实”，把从严治党要求落实到党的建设的各个方面。一要落实管党治党责任。通州区各级党委（党组）要牢固树立正确的政绩观，把抓好党建作为最大的政绩，坚持党建工作和中心工作一起谋划、一起部署、一起考核，真正做到两手抓、两手硬。各级纪委是执行党内监督的专门机关，必须切实履行好管党治党的监督责任。各级党委要全力支持纪委加大在抓作风建设上的执纪问责力度、在惩治腐败上的查办案件力度、在反腐败体制机制上的改革创新力度，为纪委履行监督责任提供有力支撑。二要从严教育管理干部。各级党委必须把从严管理干部贯穿到从严治党的全过程，坚持以严的标准要求干部、以严的措施管理干部、以严的纪律约束干部，使干部心有所畏、言有所戒、行有所止。要严格按照制度来管理干部，进一步完善干部选拔任用工作机制，坚持以正面教育为主、预防为主、事前监督为主的原则，严格执行干部管理各项规定，坚持“抓书记”与“书记抓”相统一，努力营造良好的舆论环境和社会环境。三要严肃党内政治生活。要严格执行党内政治生活各项制度，切实提高党内生活政治性原则性战斗性。要严肃党内政治生活，要讲政治、讲原则、讲规矩。各级党委要认真贯彻民主集中制，时刻保持同党中央高度一致，确保中央大政方针和省市区委决策部署在通州政令畅通。坚持以整风精神开展批评与自我批评，敢于同形形色色违反党内政治生活原则和制度的现象作斗争。四要持续加强作风建设。要大力发扬“钉钉子”精神，继续动真碰硬抓好专项整治，坚持从群众中来到群众中去，同时注重发挥人大依法监督、政协民主监督和公众监督的作用，汇聚社会各方面力量，共同为深化作风建设支着出力。五要抓好基层组织建设。要优化基层服务网络，进一步细化夯实村（社区）“五位一体”工作体系，不断完善镇区便民服务中心、村居公共服务中心功能，规范基层组织管理，选优配强基层党组织带头人、党小组长、党员中心户等基层服务骨干力量，持续实施“百千万”工程，架起联系服务群众的“快车道”。六要严格执行党的纪律。各级党组织要加强经常性的纪律教育，引导党员干部切实增强党的意识。各级党组织在承接好、落实好中央和省市区委相关制度规定的基础上，要根据形势和党的建设需要不断完善各方面纪律，确保务实管用，真正能够管住人、管住事、管住权。要搞好配套衔接，把严格落实党的纪律作为履行党风廉政建设主体责任的重要任务，坚决惩治腐败，巩固和发展通州风清气正的从政环境。

【通州区教育现代化建设推进大会】 11月12日，通州区召开教育现代化建设推进大会，贯彻落实省、市教育现代化建设推进会精神，全面部署通州区教育现代化各项工作。省教育厅厅长沈健、副市长朱晋出席会议，区委书记宋乐伟主持会议并讲话，区委副书记、区长陈永红对通州区教育现代化建设工作进行部署。会议指出，要立足全局，充分认识推进教育现代化的重要意义。推进教育现代化是落实省市决策部署的必然要求，是事关通州长远发展的内在要求，是办好人民满意教育的现实要求。通州区上下要把握教育事业在通州区改革发展中的基础性、先导性、全局性地位，推动教育优先发展，使教育优势成为引领通州发展最突出的优势。会议强调，要突出重点，切实把握推进教育现代化的关键环节。要围绕推进教育现代化的“一个实施意见、六个实施方案”这个重点，齐心协力、攻坚克难，确保高水平、高质量完成各项目标任务。要构建体系完备的终身教育，围绕学前教育要普惠、义务教育要均衡、高中教育要提质、职业教育要提升、高等教育要创新、社会教育要高效等方面，进一步强化举措，促进各类教育协调发展、内涵发展。要提供更加丰富的优质教育，把提高教学质量作为核心，重点抓好高素质的校长队伍、高水平的教师队伍、高标准的现代化学校等建设，不断提升通州区教育的影响力和竞争力。要激发体制改革的创新活力，进一步优化教育资源配置，深化教育教学改革，强化教育管理创新，加快推进教育现代化进程。会议强调，要加强领导，有效凝聚推进教育现代化的强大合力。明责任，各级各部门要按照推进教育现代化的各项目标任务要求，抓好落实，坚持不懈、一步一个脚印地做出成效；稳推进，建立完善通州区教育现代化建设监测分析制度，动态掌握教育现代化进程，同时对照评估标准，抓住亟待解决、事关全局的重点问题，集中力量，高效突破；强督查，区纪委以及区委区政府督查部门要对照责任分解表，定期进行督查考核，确保各项创建任务按时按质完成。

【中共南通市通州区委十一届九次全会】 12月31日，中共南通市通州区第十一届委员会第九次全体会议在区行政中心举行。区委常委会主持会议。区委委员、候补委员出席会议。区纪委委员和有关方面负责同志列席会议。全会认真贯彻落实党的十八届四中全会、习近平总书记系列重要讲话以及中央、省、市一系列重要会议精神，在习总书记视察江苏重要讲话精神指引下，总结2014年工作，部署2015年工作。全会一致同意宋乐伟同志代表区委常委会所作的工作报告。全会认为，报告总结工作实事求是，部署任务重点突出，充分体现了中央和省市委要求与通州实际的紧密结合，体现了求真务实、改革创新的精神。全会充分肯定区委常委会一年来的工作。全会认为，区委常委会面对复杂多变的宏观经济环境和艰巨繁重的改革发展任务，认真落实中央和省市委决策部署，以全面深化改革统领全局，坚持稳中求进总基调，突出五大行动主抓手，经济质态在创新转型中实现新提升，主力平台在开发开放中增添新活力，城乡建设在功能完善中展示新形象，民生事业在共建共享中迈上新台阶，生态文明在重点攻坚中凸显新成效，党建工作在固本强基中得到新加强。在实际工作中，区委常委会着重把握了五个方面：一是以习近平总书记系列重要讲话精神指导实践推动工作；二是从严从实开展教育实践活动，显著提振了党员干部干事创业的精气神；三是聚焦聚神聚力抓落实，全面深化改革扎实开局；四是增强工作定力，在加快转型升级中推动经济持续稳定健康发展；五是严格落实维稳第一责任，社会大局总体安定有序。全会审议通过了《中共南通市通州区委关于贯彻落实十八届四中全会精神和省委市委意见全面推进依法治区的实施意见》。宋乐伟就《实施意见（讨论稿）》向全会作了书面说明。全会指出，全面推进依法治区，要坚定不移走中国特色社会主义法治道路，围绕全面推进依法治国的总目标和总抓手，牢牢把握“五个坚持”原则，全面落实这次全会确定的法治建设工作布局和重点任务，积极推进中国特色社会主义法治体系和法治国家建设在通州的实践探索，把改革和法治两轮齐转作为工作导向，把遵守宪法法律作为行动准则，把维护公平正义作为使命追求，把加强队伍建设作为关键举措，把强化党的领导作为根本保证，力争到2018年法治通州建设达到省级示范标准，人民群众对法治建设的满意度持续保持全省领先。全会要求，深入学习贯彻习总书记重要讲话精神以及省市会议精神，是当前和今后一个时期最重要的政治任务。通州区各级党组织要深刻领会习总书记视察江苏重要讲话精神，准确理解和把握“两个率先”的光荣使命，准确理解和把握“建设新江苏”的最新定位，准确理解和把握“五个迈上新台阶”的重点任务，准确理解和把握“四个全面”的总体框架，准确理解和把握“为全国发展探路”的谆谆嘱托，让总书记描绘的“迈上新台阶、建设新江苏”的美好蓝图早日在通州变为现实。全会指出，中央经济工作会议在科学研判国内外经济形势的基础上，明确指出我国经济发展进入新常态，并从九个方面系统阐述了新常态带来的趋势性变化。通州区上下要把思想和行动统一到中央对新常态的重大战略判断上来，全面认识新常态下经济发展的新趋势新特征，自觉遵循新常态下经济运行的新规律新要求，做到认识上到位，方法上对路，工作上得力。全会指出，2015年是全面深化改革的关键之年、全面推进依法治区的开局之年、全面完成“十二五”的收官之年。通州区上下要全面贯彻党的十八大和十八届三中、四中全会、中央经济工作会议以及省委、市委全会精神，主动适应经济发展新常态，坚持稳中求进工作总基调，把转方式调结构放到更加重要位置，以提高质量和效益为中心，以深化改革为动力，以法治建设为基石，协调推进创新转型、开发开放、城乡统筹、民生保障、生态治理等工作，强基础、谋长远、求突破，促进经济平稳健康发展和社会和谐稳定，全面完成“十二五”各项目标任务，以崭新的姿态迈入“十三五”！全会对当前和今后一个时期工作作出了具体部署，要求重点抓好八个方面的工作：（一）在转型升级中促进经济平稳健康发展。要坚持调速不减势，扩大有效投入，促进消费增长，稳定对外贸易，提升企业质效，推动“三驾马车”更均衡地拉动增长。（二）以提质增效为目标深化产业结构调整。要做优主导产业，做大新兴产业，做强现代服务业，推动产业由中低端向中高端迈进。（三）在强化“四个对接”中做实创新驱动发展。要强化科技同经济对接，强化创新成果同产业对接，强化创新项目同现实生产力对接，强化创新人才培养引进同经济社会发展需求对接，加快形成发展新动源。（四）着眼增强发展动力深入推进改革开放。要大力推进简政放权，加快财政体制改革，坚持节约集约用地，推动各项改革举措快落地早见效。积极对接“一带一路”和长江经济带建设，提升开放平台功能，深化对外开放，增创开放型经济新优势。（五）以转方式为关键加快推进农业现代化。要构建现代农业产业体系，培育新型农业经营主体，提高农业物质装备和技术水平，继续深化农村改革，加速农业现代化步伐。（六）坚持以人为本推进新型城镇化和城乡发展一体化。要更加注重城乡品质提升，打造宜居城市，建设新型城镇，改善农村环境，扎实有序推进新型城镇化、城乡一体化。（七）以保障民生和创新治理为重点加强社会建设。要全力办好10大类24项民生实事，促进居民持续增收，不断提升保障水平，着力加强文化建设，深化教育领域综合改革，推动医药卫生体制改革，加强和创新社会治理，持续构建六大体系。（八）强化保护治理并举加强生态文明建设。要全面实施生态重点攻坚工程，狠抓节能减排，坚持重点突破，健全生态机制，促进经济社会与生态建设协调发展。全会强调，要强化全面从严治党根本保证，认真学习领会总书记关于从严治党的新思想新论断，以党的群众路线教育实践活动为新起点，深入推进党建工作创新工程，树立大宣传理念，持续夯实思想基础；抓队伍、强基础，持续筑牢组织保障；巩固教育实践活动成果，持续强化党风建设；凝神聚力鼓士气，持续激发工作干劲，努力形成一心一意谋发展、聚精会神抓党建、抓好党建促发展的生动局面。全会审议通过了区委常委会履行党风廉政建设主体责任的情况报告，对市管领导班子和领导干部进行了年度考核测评，对2014年度干部选拔任用工作进行了“一报告两评议”。全会号召，通州区各级党组织和广大党员干部群众，以学习贯彻习总书记视察江苏重要讲话精神为强大动力，意气风发，扎实工作，为圆满完成“十二五”各项目标、奋力走在苏中新一轮发展前列而努力奋斗！（邓志强）

重大决策

【开展党的群众路线教育实践活动】 根据中央和省市委的部署要求，2月19日—10月21日，在区委统一领导下，通州区参加了第二批党的群众路线教育实践活动。通州区共有92家参学单位和238个村(社区),3219个基层组织,共57793名党员参加了活动。在省委常委、省纪委书记弘强和市委常委秦厚德以及省市委督导组的精心指导下,区委把开展教育实践活动作为从严治党、建设学习型服务型创新型马克思主义执政党的重大部署,作为加强领导班子和干部队伍建设的重大机遇,先后召开14次常委会、14次领导小组会议,研究谋划推进措施。区委常委会作出“八坚持八带头”承诺,制定常委班子教育实践活动整改落实方案。各单位认真落实中央和省市区委部署要求,周密安排,精心实施,推动教育实践活动深入开展。活动期间,区委部署开展了“十大专项治理行动”,制定了11项制度建设计划。广大党员干部下基层听民声解民困,共梳理社情民意3.9万条,开展便民服务16910余次,各类矛盾纠纷同比减少21.5%。活动结束后,区委对中央巡视组向江苏反馈的意见逐项逐条进行自查,制定了4个方面22项任务94条整改措施,并结合专项整治行动,一项一项地整改,一个一个地攻坚。各地各部门以敢于担当的精神齐抓共管,坚决做到问题不解决决不收手,整改不到位决不收兵,推动整改工作落到实处、取得实效。

【建立区领导结对帮扶困难群众制度】 针对党的群众路线教育实践活动中基层群众对通州区领导走访、帮扶困难群众的方式提出的意见和建议,区委常委会研究决定建立区四套班子领导干部结对帮扶困难群众制度。结合继续实施“百千万”、深化“三解三促”活动,每位区领导到挂钩联系镇区结对帮扶2户贫困户,针对不同帮扶对象采取全方位、多形式帮带困难群众脱贫致富。在结对帮扶过程中,进一步增强领导干部群众观念,转变工作作风,提高机关效能,用更多的时间深入基层、联系群众,关注民生、关爱百姓,密切党群、干群关系,更好地架起党委政府与百姓的连心桥。 (蒋建军)

【“五大专项行动”工作】 根据省委、省政府部署,结合通州实际,区委、区政府决定,从8月1日至11月10日,在通州区范围集中开展“五大专项行动”,即以防范打击暴恐犯罪为重点的社会治安综合整治专项行动,以解决信访突出问题为重点的矛盾纠纷排查化解专项行动,以消除重大隐患为重点的安全生产检查整改专项行动,以保障环境质量为重点的环境保护专项行动,以净化网络内容为重点的网上舆论引导专项行动。区委、区政府制定下发《关于推进“五大专项行动”工作的实施方案》《关于进一步强化“五大专项行动”维护社会稳定严格责任追究的通知》《关于在通州区集中开展“五大专项行动”维护社会大局稳定工作专项督查的通知》,成立由区委书记、区长负总责,相关分管区领导分别任组长的“五大专项行动”工作领导小组,并组成7个督查组分赴各镇区园督查指导。区公安局、区联席办、区安监局、区环保局、区委宣传部5个部门,分别制定了各专项行动实施方案,牵头负责具体工作,确保任务要求落到实处。通过深入开展“五大专项行动”,找准了影响安全稳定的突出问题、重大隐患和主要矛盾,消除了各种不安全、不稳定、不和谐因素,防止了重大群体性事件及个人极端事件、恶性刑事案件、重大公共安全事件的发生,为南京青奥会安全成功举办和通州区经济社会发展创造了和谐稳定的外部环境。 (邱学国)

调查研究

【概　况】 2014年,区委办公室(研究室)抓住牵动全局的重点、热点、难点问题,深入细致地调查,潜心入微地研究,在重大决策、关键问题上给区委献计献策。围绕五大行动,精心组织开展了调研课题竞赛活动,形成调研文章20篇,择优刊发《调查研究》,同时牵头完成了对接上海自贸区、应对陆海统筹、深度拓展融入南通等一批调研报告,为领导科学决策提供了依据。 (陈国祥)

组织工作

【概　况】 2014年,通州区认真贯彻党的十八大、十八届三中全会及全国、省、市组织工作会议精神,全面落实区委工作部署,紧扣从严治党主线,突出从严管理干部重点,组织开展党的群众路线教育实践活动,深入实施党建工作创新工程,统筹推进领导班子和干部队伍、基层党组织和党员队伍、人才队伍建设,不断提升组织工作科学化水平,为全区抢抓机遇深化改革,走在苏中新一轮发展前列提供坚强有力组织保证。

全面推进基层党建工作创新。指导开展党的群众路线教育活动,做好组织谋划、综合协调、推动落实、检查督办工作,取得一批实践成果、制度成果和理论成果,党员干部作风建设和思想政治素养得到新提升。深化“五位一体”工作,统筹推进各领域基层服务型党组织建设。细化“星级基层服务型党建示范点”创建标准,建立评价指标科学合理、考核结果有机衔接的考核评价体系。抓好“机关党员进社区,志愿服务作表率”活动的拓展延伸,研发管理系统加强管理,受到南通市委组织部的认可,并在全市推广。探索建立“动迁村党总支+社区党支部+楼幢党小组+党员中心户(楼道长)”的组织架构和拆迁安置小区“党务、居务、物管”服务网络。推进“两新”党建工作标准化建设,印制《标准化手册》,形成标准模块。创新“两新”组织党建模式,探索组织设置合理、活动开展丰富、作用发挥有效的商会党建新路径。围绕“五定”“五有”“五化”,推行村干部队伍职业化管理,围绕“五好”,推行社区工作者专业化建设。不断改进党员发展教育管理。加强基层远程教育站点规范化建设,办好《时代先锋》电教片和党建《基石》报,宣传典型、弘扬先进。

积极稳妥推进干部人事制度改革。研究探索选人用人有效办法，加强领导班子和干部队伍建设，加大干部交流力度和平时考察考核力度，在全面科学考实干部上下功夫。坚持正确的选人用人导向，按照新时期好干部二十字标准和“三严三实”要求，做好干部使用任用和储备规划。认真贯彻《党政领导干部选拔任用工作条例》，制订《干部选拔任用流程》，规范干部选拔任用工作程序、具体环节和操作步骤。着力构建完善科学的干部监督管理机制，建立领导干部离任交接制度，从严监督管理“三责”行为，建立干部监督特别档案，把好干部任用关口。采取集中轮训、专题宣讲、中心组学习等多种形式，推广研究式、互动式、体验式教学，广泛运用案例式教学，提高干部教育培训实效，全年举办6期主体培训班，6期菜单式选学讲座。选派6名年轻干部到外地先进园区挂职锻炼，选派22名年轻干部到区重点一线挂职锻炼，有力提升干部素质。大力实施年轻公务员墩苗提升工程，深化大学生村官培优工程，完成区属事业单位新一轮相似正副股级职位竞岗工作。开展全区科级领导干部超职数配备清理工作，截止12月底，共清理消化超配干部26人。积极推进领导干部在企业兼职（任职）和在社会团体兼职的规范清理，全区共清理在企业兼职（任职）干部93人，核查在社团兼职领导干部51人。

围绕产业升级集聚高层次人才。紧扣“提高人才落地转化率和孵化毕业率”要求，突出产业导向、服务经济转型，突出高端引领、服务自主创新，高层次创新创业人才加速集聚，人才项目产业化进程加快推进。全年共落户创新创业项目29个，其中，创业项目15个，创新项目14个，由“千人计划”“长江学者”“杰青”等顶尖人才领衔的创新创业项目8个。26个创业类人才项目预计到年底产生应税销售19215.6万元。全年共20人（团队）入选南通市第六、第七批“江海英才计划”，获资助总额2400万元。区“510英才计划”资助24个人才项目，总额1790万元；配套资助市“江海英才计划”695万元。加强高层次后备人才引进与培养，面向全国高校应往届毕业生选调高层次后备人才23名。出台《关于进一步加强全区高层次后备人才培养管理工作的意见》，加大培养教育和日常管理工作力度。研究出台《通州区引荐高层次产业人才奖励实施办法（试行）》，对各类社会化人才中介服务机构和个人进行引才奖励23万元。金和家园人才公寓投入使用，29个人才团队入住。推进盛发科技园专家活动中心建设，提升公共管理与服务的质量水平。

加强组织部门和组工干部队伍建设。3月起，在全区组织系统开展“比政治信念、比公道正派、比业务水平、比作风形象，争创模范部门、争当模范干部”（简称“四比双争”）活动，重温《焦裕禄》《身边人眼中的周恩来》等专题片，坚持每月由一名组工干部上一堂“微型”党课，锤炼和提升组工干部党性修养。9月，召开全区新老组工干部“话传统”座谈会，传承组工文化。12月，在上海浦东干部学院举办组工干部能力素质提升培训班，全年不定期开展组工干部读书荐书，不断提升组工干部理论和业务水平。注重调查研究，促进组织工作创新创优，积极撰写一批有深度、有参考价值的调研文章，汇编《组织工作调研和信息成果汇编》。开展组工干部下基层、进社区等活动，倾听群众呼声，帮助解决难题。出台《全区组工干部争先创优激励考核暂行办法》，加大组织系统的内部竞争力度，激发工作主动性。不断健全和严格执行各项规章制度，落实用制度管权、管人，努力打造模范部门和一支让党放心、让人民满意的组工干部队伍。

【党的群众路线教育实践活动】 2月19日，全区党的群众路线教育实践活动启动，区委组织部精心指导全区92家参学单位和238个村（社区）、3219个基层组织、57793名党员，按照中央和省市部署要求，以“照镜子、正衣冠、洗洗澡、治治病”为总要求，深入开展教育实践活动。切实推动中央精神和省市委部署落地，作为省委常委、省纪委书记弘强的联系点，区委常委会率先作出“八坚持八带头”公开承诺，先后召开14次常委会、14次领导小组会、4次推进会，持续搞好思想发动，区委“两方案一计划”率先在媒体公示。制定《“一把手”工作手册》，先后4次召开“一把手”专项述职会和教育实践推进会，并通过签订责任书、重点找谈、媒体访谈等方式，层层传递政治责任。

抓好学习教育，明确“四个必须”（必读规定书目、必走教育基地、必看红色影片、必学先进典型），落实推广“一十百千万”的学习模式（上好一堂专题党课，十场菜单式选学讲座，百位科级干部大宣讲，千场学习交流，开展“党课教育万里行”），精心组织开展“自觉践行‘三严三实’要求，争当焦裕禄式好党员好干部”主题活动。坚持问题导向，区级层面共收集9大类2698条意见建议，以集中交办和个别交办的形式反馈给有关责任单位。重点围绕文山会海、检查评比和台账资料泛滥、“中梗阻”、多占办公用房、领导干部超职数配备和企业兼职、涉拆上访化解、三级医疗卫生体

通州区召开党的群众路线教育实践活动动专题报告会

系建设、提高失地农民保障水平等突出问题细化整改方案，扎实推进专项整治。《人民日报》刊登通州动真碰硬抓整改的经验做法。6月23日下午至24日，区委常委班子用3个半天和晚上的时间开展批评和自我批评。省委常委、省纪委弘强书记认为民主生活会动真格、有辣味，是一次质量较高的民主生活会，达到清除思想和行为灰尘、增进党性基础上团结的目的。7月20日，中央第三巡回督导组刘上洋副组长听取我区石港镇党委教育实践活动开展情况，重点了解镇领导班子民主生活会准备情况，认为通州区和石港镇教育实践活动规定动作做到位，自选动作有成效。区级媒体共播(刊)出活动报道1000余篇，市级媒体报道80余篇，省级媒体报道10余篇。区活动办办《简报》44期，省活动办《简报》录用1篇，市活动办《简报》录用12篇。10月25日，区委召开党的群众路线教育实践活动总结大会。

【干部日常管理规范】 全年经常性、不定期调研了解区级机关和镇区园干部情况，随时掌握干部基本信息、动态变化。4月，举办1期主题为加强党性修养和增强群众工作能力的年轻干部培训班，遴选83名优秀年轻干部参训。5月起，相继选派6名年轻干部到北京、上海、无锡等外地先进园区挂职锻炼。7月起，到有关区级机关、镇区园及相关重点工程指挥部调研，强化对领导班子、领导干部的实绩分析和综合研判。9月，印发《关于进一步加强改任非领导职务干部管理的实施细则》，加强对到龄改任非领导职务干部管理，全年有219名改任非领导职务干部全部上岗工作。10月，出台《规范区委区政府各类领导小组成立调整撤销工作的实施办法》，对全区近五年来成立的临时机构进行梳理，并经区委讨论建议撤销临时机构35个，有效解决各类领导小组过多过滥的问题。12月，对区级机关及镇区园进行集中年度考察考核。全年共调整领导干部9批次130人，涉及32个区直机关、13个镇区园领导班子。

【干部教育培训】 1月，印发《关于2014年科级领导干部在职自学的意见》，致力提升领导干部的理论素养、思想境界和工作本领。3月，召开区委干部教育工作领导小组成员会议，通过《2014年干部教育培训工作要点》，提出围绕“创新转型提速、开发开放提档、城乡发展提质、民生幸福提升、生态文明提效”五大行动，筹备举办39个主体班学习班次。4月在区委党校举办年轻干部培训班，5月在上海市委党校第五分校举办两期新任副科职干部进修班，相继组织副科职干部进修班、正科级领导干部高级研修班等三期综合培训班，组织生态文明专题研修班、新型城镇化建设研修班、民生保障培训班等三期专题培训班，累计选派70名干部参加上级各类进修培训。全年组织“菜单式”选学讲座5期。

全区新任副科职干部进修班开班典礼

【规范领导干部离任交接行为】 3月，出台《领导干部离任交接暂行规定》，进一步规范领导干部离任交接行为，增强领导干部责任意识和自律意识。《离任交接表》经移交人、接交人、监交人签字确认后报纪委、组织、审计等部门备案，作为领导干部“三责联审”的基础资料和划分离任领导干部、接任领导干部工作责任界限的重要依据。

【年轻公务员培养】 6月，对全区第一批区级机关和镇区园之间双向互挂锻炼年轻公务员进行期满考核。8月，启动第二批年轻公务员互挂锻炼工作，并通过季度座谈交流、不定期跟踪检查等方式，试行驻点工作、工作纪实、工作定期报告、重大事项报告等五项制度，加大对第二批挂职锻炼工作的过程管理。9月，出台《关于进一步加强年轻公务员培养的意见》(通组〔2014〕45号)，提出加快全区年轻公务员培养总体目标，准备通过3—5年时间，从抓好教育培训，提高思想政治业务素质；抓好岗位培养，提升工作实践能力；抓好压担使用，畅通选拔培养渠道；抓好组织管理，完善监督约束机制等四方面着手，培养一批35周岁以下优秀年轻公务员进入副科级后备干部储备库。

【大学生村官培养】 5月，启动全区大学生村官“集中培训月”活动，围绕“思想扎根、能力提升”两大目标，从不同类型大学生村官发展需求出发，将全区223名大学生村官分成领导管理、创业富民和基层服务三种不同类型，用近一个月时间，对所有大学生村官实行分类“压茬式”轮训，举办“两委”正职及后备干部培训、创业富民专题培训、服务能力提升培训三个主体培训班次。10月，出台《关于进一步加强全区大学生村官工作的意见》(通组〔2014〕53号)，从明确目标、择优选聘、强化培训、培养使用、注重考核、扶持创业、有序流通、加强领导等八方面进一步强化和明确大学生村官管理的措施。

【区属事业单位相似正副股级职位竞岗工作】 2014年初，启动新一轮区属事业单位竞争上岗工作，此轮竞争上岗采用事业单位内部全员竞争上岗方式进行，针对事业单位人员年龄老化、结构单一、流动不畅等实际问题，通过三个“前置”倒逼构建中层职位培优梯次，疏通事业单位干部队伍能上能下能流动渠道。规定前置，执行红线预设。明确区属事业单位相似正副股级“369”人员必须充分交流。即在同一职位任职满3年的实施计划交流，连续任职满6年或同一单位正、副股级任职连续满9年且正股级职位任职满3年的必须实施轮岗交流。督查前置，从严资格预审。从组织、纪检、人社、编制等部门抽调人员组建3个指导督查组，联合预审竞岗人员资格，杜绝违规报名行为，防止年限已满、拒不轮岗竞聘现象发生。培养前置，启动人才预研。以主管部门为主体启动人员思想状态和岗位素质研判，开展“369”人员谈心谈话工作，消除负面情绪和思想顾虑，实现工作同步、无缝对接。

【第十届“高洽会”】 10月18日，通州区举办第十届“高层次人才智力与项目合作洽谈会”，来自美国、加拿大、日本等国家和地区，及北京、上海、天津、西安、武汉、厦门、南京等高校院所的81位知名教授、专家、高层次人才齐聚通州，其中国家“千人计划”专家等顶尖人才12人，带来新能源、新材料、节能环保等50多个合作项目，最后达成合作意向28个。

通州区举办第十届高层次人才智力与项目合作洽谈会

【“五位一体”工作体系建设】 7月，制定出台《关于在深化“五位一体”工作中加强基层服务型党组织建设的实施意见》，进一步细化夯实服务网络。8月起，利用两个月时间开展“微调研”，面对面征求村（社区）党组织、党员和群众对“五位一体”工作的意见建议，建立镇（区）“五位一体”工作问题清单，落实镇区党（工）委主体责任。创新推广“特色服务型党小组”、无职党员“服务先锋岗”等服务载体，充分发挥党员先锋模范作用，架起联系服务群众“快车道”。全面推行民情信息“接收——处理——反馈——评价”环式运作机制，实现了基层党建资源循环利用、民情信息高效处理、群众诉求快速解决，全年共疏理社情民意信息3.9万条，根据群众点单，开展便民服务16910余次。

【薄弱基层党组织整顿提升】 9月起，针对部分村（社区）存在的集体经济薄弱、党员作用发挥不明显、服务功能不完善等问题，开展薄弱基层党组织整顿提升工作。建立健全“动态排查、针对帮扶、目标晋位”三项机制，倒排出22个薄弱村（社区）党组织，由12名区委常委和1名党员副区长每人至少联系帮扶1个薄弱村（社区）党组织；区镇联合下派1名“第一书记”、1个帮扶区级单位、1个帮扶工作组到薄弱村（社区）指导整改，实行责任挂钩考核；遴选17个可学可比先进村（社区）与薄弱村（社区）党组织结对共建。10月，出台《选聘村（社区）后备干部工作暂行办法》，公开选拔24名年轻后备干部充实到村级组织，按照“一村一品、一户一法”思路，引导薄弱村（社区）党组织健全“合作社+党支部”“企业+合作组织+农户”等运行机制，促进富民强村。目前已调整村（社区）党组织书记6名、“两委”干部27名，新（改）建3个建筑面积达3700多平方米的公共服务中心，全区帮建部门为薄弱村（社区）提供资金856万元，确定主导产业项目11个，有力增强自身“造血”功能。

（刘小冬）

宣传工作

【概　况】 2014年，通州区宣传思想文化战线坚持以习近平总书记系列重要讲话精神为指引，紧紧围绕区委区政府工作中心，站位全局抓龙头，立足长远强基础，突出特色创品牌，做了大量富有成效的工作，在全区工作大局中发挥了积极作用、做出了重要贡献。

理论武装扎实有效。以学习宣传中共十八大、十八届三中、四中全会和区委十一届七次、八次全会精神为主要内容，坚持分类指导、分类推进、典型示范、机制保障，深入推进学习型党组织建设，用学习武装头脑、指导实践、推动工作，为全区经济社会的跨越发展提供了坚实的理论支撑。精心设计专题，区委理论学习中心组作为全区各级理论学习中心组的龙头，率先垂范，集中学习、集中研讨、集中交流，认真做好教育实践活动学习宣传，组织区委中心组集中学习12次，专题学习交流讨论4次。重视应用性理论研究，动员全区社科理论工作者围绕“五大行动”开展重点应用课题研究，确定了其中15项为立项课题。在市年度热点课题申报中，通州两人参与“青蓝工程”项目研究，两人参与重点立项课题研究，1项课题确定为立项课题。冬训工作取得优异成绩，在全省党员冬训工作评比中，五接镇荣获“冬训工作先进集体”。充分利用媒体解读、市民讲坛、基层党校、基层党员冬训、“三下乡”等载体阵地，举办理论骨干培训班，组织理论宣讲志愿者深入到机关、镇村、学校、企业广泛开展普及宣传，举办各类讲座600余场，

舆论引导积极有力。围绕区委区政府决策部署，精心策划了党的群众路线教育实践活动、社会主义核心价值观、生态文明建设、文明城市长效管理、陆海统筹等重大主题的宣传，以强有力的声势传达区委、区政府的声音。牵头对报

纸、电视、广播三大媒体进行全面改版，在媒体改版基础上，着力推进管理体制机制创新，对现有广播、电视、报纸试行相对独立运行、对三个媒体内部的新闻宣传、经营创收分别考核，以此调动各媒体的积极性，增强责任意识，使媒体各显特色，形成既相互竞争又优势互补的态势。建立新闻月度例会制度，制定新闻宣传工作考核办法，开展岗位大练兵，不断提高新闻队伍业务水平和工作质量。加大了网络管理力度，出台了《通州区网络舆情应对管理实施办法》《通州区互联网信息内容管理应急预案》《通州区安全生产网络舆情应对预案》，做到舆情早发现、早研判、早预警、早处置。多途径开展网络正面宣传。积极推进政务微博建设，利用政务微博，广泛收集网民的意见和建议，发挥好政务宣传和服务民众的功能，全区开通政务微博51个。

文明新风广泛弘扬。全力推进文明办丧祭祖工作，通过政府通告、下发倡议书、媒体宣传、社会宣传、文艺宣传等多种形式，在全区上下形成了强大的宣传声势，取得了初步成效。扎实开展各类群众性精神文明创建活动，不断提升文明单位在落实精神文明建设重点工作、加强诚信建设、参与公益活动等方面的创建水平，强化文明单位的常态管理。组织开展“最美乡村、最美家庭”评比，五接镇开沙村获2014年中国“最美村镇”，钱育良家庭荣获全国“最美家庭”。大力弘扬志愿服务理念，组织开展各类志愿服务活动，全年共有1万余名志愿者踊跃参与志愿服务，在江海明珠广场新建集服务区、项目展示区、志愿者之家、阅览区等功能为一体江海志愿者服务站。加强未成年人思想道德建设，深入开展文明礼仪养成教育，确定8所学校为示范学校，实验幼儿园文明礼仪故事化特色教育活动得到了省专项督查组的充分肯定，“三好”标兵竞赛评选活动不断深化。

文化惠民活力迸发。大力推进公共文化服务体系建设，以文化馆、图书馆新馆落成规范文化服务为抓手，顺利通过省级公共文化服务体系示范区创建验收。扎实开展、精心组织文化惠民工程，举办艺术精品惠民活动90余场。加强文艺创作生产引导，充分挖掘通州丰富的历史人文资源，鼓励文艺工作者从通州生动的发展实践中挖掘题材，创作出一批群众喜闻乐见的精品力作。电视剧《她的一生》、动漫《熊仔》荣获江苏省精神文明建设“五个一工程”奖，小品《春暖花开》、歌曲《幸福花开》荣获“江苏五星工程奖”银奖。着力培育壮大文化创意产业，出台2014年度文化产业专项引导资金项目申报指南，10个项目被列入南通市文化产业重点项目，其中亿元项目3个，泰东文化传媒成功落户通州，微纺电子参展第三届“中国·苏州文化创意设计产业交易博览会”，成功举办“张謇杯”2014年中国国际家纺设计大赛获奖作品发布暨第七届中国(川姜)家纺画稿交易会。

【“六个一”传播社会主义核心价值观】 2014年，开展“六个一”系列宣传活动，用群众喜闻乐见的形式传播社会主义核心价值观，使社会主义核心价值观在落细落小落实中落地生根。一是以社会主义核心价值观为主题，创作了《中国是条富强船》儿童歌曲，在全区5万多名中小学生中传唱；二是与中国音乐家协会合作，利用《中国儿童音乐杂志》面向全国发起“核心价值观沐浴我成长”新童谣创作征集活动；三是拍摄电影《三袋米》，被教育部、国家新闻出版广电总局列为第33批向全国中小学生推荐的优秀影片；四是扶持通州籍作家黎化创作了18万字的长篇纪实文学《闯荡南非洲》，入选中国作家协会2014重点作品扶持项目；五是推出一批主题鲜明、具有时代感、艺术感的公益广告作品，使广大人民群众在潜移默化中接受核心价值观；六是积极引导和培育树立一批群众身边的典型模范，用先进人物的榜样力量，示范引导人们把价值导向转化为自觉行动。

【“童声里的中国”少儿艺术创研活动基地落成】 创意规划建设“童声里的中国”少儿艺术创研活动基地，于2014年10月落成开放，“童声里的中国”品牌活动进入基地化运作阶段。基地坐落于通州经济文化中心地带，与图书馆、文博中心等文化场所为伴。基地下设“一基地四中心”，包括“童声里的中国”创研活动基地，儿童音乐创研活动中心、儿童文学创研活动中心、儿童影视创研活动中心、少先队创研活动中心。基地将遵循“创作—研究—实验—推广”运作模式，通过承办全国全省的文化艺术活动，研发“童声里的中国”文化精品成果，让广大少年儿童伴随着“中国梦”健康成长。11月3日—4日，举办“童声里的中国”少儿艺术创研活动基地建设汇报会暨全国首届儿童音乐奖获奖作品展演活动以及“新时代呼唤新儿歌”专家论坛，十届全国人大副委员长、中关委主任顾秀莲，省领导张艳、顾浩、梁勇、杨志纯，市领导陈斌、章树山等出席，全国著名音乐家、词曲作家徐沛东、郁钧剑、阎肃等到会祝贺，评选出《孔子爷爷好》等10首获奖歌曲。央视新闻频道新闻直播间专题报道“童声”创新发展成果长达7分钟；中国教育电视台分别报道“基地”建设盛况和儿童音乐奖展演；《半月谈》杂志进行深度解读；《人民日报》《光明日报》、人民网、江苏网、江苏电视台等十多家媒体纷纷报道。

【网上舆论引导专项行动】 2014年6月下旬起，区委宣传部开展网上舆论引导专项行动。一是制定出台《通州区网络舆情应对管理实施办法》，强化网络舆情监控和研判处置工作；二是充分发挥网络发言人、网评员、网络文明志愿者作用，着力打造一支想做、能做、会做的舆情工作队伍；三是多途径开展网络正面宣传，在上级媒体上积极发声，利用“中国通州”、党政信息网、政务微博群多渠道回应社会关切；四是全面加强网络信息安全管理，做好政府网站安全工作，加大对网上意识形态管理的力度，及时打击违法行为。

(邵丹丹)

统一战线工作

【概　况】 2014年,通州区统一战线紧紧围绕改革发展大局,以打造"五型统战"为主线,以开展"凝心促改革,聚力促率先"主题活动为抓手,以深入开展党的群众路线教育实践活动为契机,突出重点,把握特色,创树典型,大力推进统战工作创新创优。区委统战部连续三年荣获"中国统一战线宣传先进单位",被中央统战部宣传办表彰。

【合作共事】 针对撤市设区后民主党派发展的新情况,加强与各民主党派的联系,建立民主党派规范发展的协商机制,支持民主党派健康发展。2014年末,全区共有民建、民进、农工党、九三学社4个民主党派基层组织,民主党派成员136名。其中,民盟盟员14名,民建会员21名,民进会员16名,农工党党员18名,九三学社社员67名。在民主党派、无党派人士中开展"参政议政创佳绩,民主监督创新路,服务社会树品牌,自身建设树形象"主题活动,引导民主党派成员、无党派人士发挥积极作用。支持民主党派加强调查研究,积极参政议政,全年递交政协提案82件。其中,农工党通州支部提出的《全面接轨上海自贸区,打造通州经济升级版》被列为区政协十二届三次全会一号提案。农工党通州区支部、九三学社通州区委员会和无党派知识分子联谊会提出的3篇集体提案和6篇个人提案被评为优秀提案。组织开展"我为'双促'献一计"活动,征集各类建议60余篇。对党外人士提出的好的建议意见,区委统战部通过编发《同心建言简报》向区委、区政府报送,受到区委主要领导的重视和肯定。

【"凝心促改革,聚力促率先"主题活动】 3月,区委统战部下发《关于在全区统战系统开展"凝心促改革,聚力促率先"主题活动的实施方案》(通委统〔2014〕7号),组织和动员全区统战干部和统战成员,围绕区委工作中心和工作重点积极建功立业。全区统一战线积极参与,完成调研课题10个,递交调研报告12篇。成立通州区总商会法律维权中心和行业(异地)商会法律顾问团,帮助会员企业提供法律咨询、诉讼代理和矛盾纠纷调解等服务。区工商联通过与南京大学等高校对接,搭建2个产学研合作平台和1个合作项目。引导行业商会和商会会员企业积极参与光彩事业、关爱特困家庭、资助困难学生、支援抗震救灾,共捐款捐物500多万元。支持民主党派、无党派知识分子联谊会积极开展专家走基层、名师进校园、义诊进社区等社会服务活动;发动宗教界人士开展"宗教慈善周"活动,共捐助资金11.48万元。

【民族宗教】 学习贯彻中央民族工作会议精神,加强党的民族政策学习宣传、贯彻落实。深入推进民族团结进步事业,开展全区少数民族情况、企业民族工作、城市民族工作调研活动。面向少数民族实施"民生幸福工程、创业致富工程、便民服务工程",加强少数民族困难家庭走访慰问、帮扶救助等工作,鼓励有条件的少数民族家庭自主创业,推动少数民族共同团结进步、共同繁荣发展。依法加强宗教事务管理,组织开展"宗教政策法规学习月"活动,推进"和谐寺观教堂"创建工作,加强宗教教职人员队伍建设和宗教活动场所安全管理,通过外出参观、讲经说法、学习交流等形式,提高宗教教职人员思想修养和宗教活动场所管理水平。

【海外统战】 加强与海外人士的联系联络,健全和完善海外乡亲人物信息,加强与海外人士的联谊交友。全年共接待15批、120多人次港澳台同胞、海外侨胞到通州区回乡探亲、参观考察。以香港通州同乡会为依托,积极开展乡情联谊活动,为两地合作搭建平台。

【经济领域统战工作】 开展非公有制经济人士理想信念教育实践活动,建立由区委组织部、区委宣传部、区委统战部、区发改委、经信委、人社局、工商局、总工会、工商联等部门共同参与的联席会议制度,召开非公有制经济人士理想信念教育实践活动推进会,组织总商会、行业商会、异地商会召开座谈会、交流会,加强非公有制经济人士典型人物宣传,推进教育实践活动深入开展。利用通州南京商会的人脉资源,与南京大学技术转移中心合作,搭建产学研合作平台。促成南通航运职业技术学院与船舶钢结构商会合作,利用航运学院的师资、技术等资源,为通州船舶钢结构产业转型升级提供人才技术支撑。支持浙江商会、东北商会举办知识产权专题讲座,开展法律法规专题培训。

【统战信息宣传】 全年报送信息、宣传稿件110篇。其中,《通州区民主党派助推村级医疗卫生事业》在《人民政协报》统战新闻版报道。《通州区建立基层统战成员信息管理系统》在《中国统一战线》上发表;《发挥商会优势,服务两个健康》等4篇稿件在《挚友》上发表;被《南通日报》《南通统一战线》等录用稿件40余篇。　（杨　平）

农村工作

【概　况】 通州区深入贯彻落实中央和省市农村工作会议和区委十一届八次全会精神,以科学发展观为指导,以农业增效、农民持续增收为目标,加大统筹城乡力度,积极深化农村各项改革,加快发展现代高效农业,巩固提高经营管理水平,超前谋划,主动作为,农业农村各项工作稳步推进,粮食产量实现"十一连增"。

【现代农业发展】 深入开展重大项目推进年活动,先后在宁波、上海等地成功举办农业项目招商活动,签约引进各类农业项目4个。2014年,全区新建扩建规模农业项目124个,其中农产品加工业类项目31个、养殖业类项目26个、设施种植类项目44个、休闲农业类项目17个、农产品市场建设类项目6个。推动转型升级,新增设施农业面积1800公顷,发展连片500亩以上钢架大棚项目15个。水产设施养殖项目快速发展,主要集中在骑岸、五甲、西亭、十总、东社等镇。农业产业化水平不断提升,新建银河面粉、瑞虹冷储、顶茂食品等农产品加工项目,"景瑞"蔬菜获中国驰名商标,是全省蔬菜类首个中国驰名商标。

【农民专业合作组织建设】 2014年,工商注册登记三大合作组织达到978家,新增81家。工作重点从发展与规范并举转到重点抓规范,围绕打造百家规范合作社,引导和督促合作社加强财务管理,规范化运作,提升一批合作社,通过自查自纠,促进合作社规范化建设,3家合作社获国家农民合作社示范社。引导合作社向二三产业拓展,发展了一批农产品加工流通型合作社,1家合作社认定为全国农民合作社加工示范社。引导合作社以项目建设促发展,以发展提升带动能力,为13家合作组织争取上级扶持资金360万元。建立合作社名录库,积极推介金融支持新型经营主体的新模式,7家合作社获"金农贷""富农贷"贷款935万元,缓解农民合作社发展融资难的问题。积极推进"双置换"改革试点,在川姜镇川港社区4组、金沙镇进鲜港村48—58组开展集体收益权置换社区股份改革试点,分别组建2家社区股份合作社。在十总镇二爻居和二甲镇余北居开展土地承包经营权置换土地合作社股权改革试点,分别组建禾田土地股份合作社和顺拓土地股份合作社。

【农村集体"三资"管理】 深入开展农村集体三资管理规范年活动。坚持以制度建设为根本,筑牢"三资"管理基石。会同区监察局出台《关于进一步加强和规范村级财务管理工作的意见》,从加强村级会计工作、完善村级财务民主管理机制、加强农村集体财务审计监督和强化村级财务管理保障措施等四个方面,进一步强化农村集体财务制度的执行力。坚持以规范管理为手段,形成良性运行机制。建立财务会审机制和白条专项治理机制,每两个月开展一次财务会审活动。继续开展村级集体经济组织"白条问题"专项治理活动。坚持以科技创新为驱动,推动三资管理信息化。各镇村全面使用通州区农村集体三资管理信息网,达到"三资"管理制度流程上网、档案信息保管、远程实时监控,形成区、镇、村实时监督农村集体"三资"运行格局。完善"三资"信息化网站,即时公布"三资"管理工作的最新动态、政策法规、土地流转信息和村务公开等。开展农村集体"三资"委托代理服务中心工作人员、村会计业务培训,使其熟悉工作流程,掌握基本业务技能,提升管账理财能力,确保农村集体资金管理有序、资产资源保值增值。

【村级集体经济发展】 明确发展目标,完善发展政策,细化工作措施,一着不让地抓好村级集体经济发展。年初,组织各村制订村级集体经济发展方案,要求各村根据实际,明确增收重点,排出时序进度,认真组织实施。强化工作举措,到完成任务有困难的镇开展调研,帮助他们分析现状,挖掘潜力,多渠道发展村级集体经济。区、镇、村建立村级经济发展台账,每两个月对村营收入完成情况进行核查,随时把握工作动态。开展村际竞赛活动,根据四项指标,对全区各村进行综合排名,对前移幅度最大的20个村给予奖励。全区217个村,实现村级集体经济收入总额1.87亿元,村均86.4万元。

【农民负担监督管理】 3月29日,全区农经工作会议明确通州区2014年度一事一议筹资筹劳筹集标准,即筹资每劳45元,筹劳5个工日,自愿以资代劳每工日10元。发放负担监督卡、《农民负担政策告知书》各28.5万份,发放率达到100%。2014年度全区开展一事一议筹资筹劳筹集工作的共有17个镇165个村,其中只开展筹劳的有149个村,计划筹集一事一议资金(含筹劳以资代劳)2181.8万元,议立一事一议项目377个,其中财政奖补项目67个,涉及66个村;计划总投资5583.12万元,其中奖补项目3949.7万元(其中省、区奖补资金3097.83万元)。建成水泥路314条,计169千米,防渗渠6条,计3.4千米,环境整治项目10万平方米。

【农村土地承包管理】 根据2014年省委省政府专题会议精神,结合农业部刚出台的确权登记三个行业标准,对原先已经进行确权登记的76个村登记方案进行重新调整并按新标准实施。邀请江苏省地质测绘厅第七测绘院按照其在省确权登记示范单位高淳区的具体测绘方法,对通州区东社镇唐洪村十二组进行实地测绘,完成地图测绘、数据核对、完善信息、签字确认和信息公示等工作。同时对东社、西亭两个试点镇下拨测绘专项经费。完成南通市确权登记试点现场会的准备工作。根据省农委要求,选择好土地管理软件公司,对形成承包地块数据库软件公司开发的土地管理软件公司搞好对接,重点做好与省地质测绘院测绘的电子图有效对接,为全面实测工程招标提供第一手资料。通过深入调查比照政策法律,将确权登记过程中遇到的具体问题及解决办法形成12条指导性意见。

2014年全区按照"依法、自愿、有偿"的原则,新增土地流转4万亩,为进一步集约利用土地,提高土地产出率,增加农民收入提供了重要保障。继续做好土地承包纠纷的调解仲裁工作,全年共受理仲裁案件5起,结案率均达100%,提起法院再审的案件零起,到南通市、省、国家上访零起。农村土地仲裁工作继续保持领先地位。

【村庄环境整治】 2014年4月28日,省村庄环境整治办对通州进行全域验收考核,认定通州区村庄环境整治全域验收合格,实现了南通市委、市政府提出的"五年任务、三年完成"的目标。在徐州召开的全省村庄环境整治会议上,通州区再次获得江苏省村庄环境整治工作先进集体荣誉。2014年通州区村庄环境整治工作主要围绕农村环境长效管理，与区城管局联合开展村庄环境整治和“四位一体”全域推磨式抽查，制订了考核细则，定期通报整治成效。积极开展美丽乡村创建工作，全区农村环境面貌有了较大改观。

【农业保险与扶贫开发】 全区种植业保费2425.9万元，主要种植业品种承保面达到90%以上。高效农业保费3235.4万元，高效农业保费占总保费的57.2%。新增了肉鸭、林木和内塘螃蟹等3个险种，参保险种达到21个。全区农业保险共理赔资金3762.1万元，赔付率为66.5%。深入开展“扶贫日”“百千万帮扶”活动和区镇村三级联动“关爱”行动，提升社会救助水平，不断改善特殊群体生活保障。认真做好建档立卡监测工作，全区5000元以下的贫困人口为9947人，脱贫6976人，脱贫率达69.94%，圆满完成省下达的6200人指标任务。（孙淑慧）

政法工作

【概　况】 2014年，通州区政法工作扎实推进三大建设（平安建设、法治建设、政法队伍建设），为服务和保障区域发展、稳定、和谐营造良好环境。通州区被省委、省政府表彰为2012—2013年法治县（市、区）创建工作先进单位，被市委、市政府表彰为2013年度南通市法治建设先进县（市）区。全区公众安全感96.5%，法治建设满意度95.1%，政法队伍满意率95.29%，均位居全市前列。

【政法保障作用】 着力做好上海亚信峰会、南京青奥会、中央巡视组驻宁、“12.13”国家公祭日、各级“两会”等重要时段、关键时期的安保维稳工作，持续保持政治社会大局平稳安定有序；围绕全区中心工作、重点工作，全程跟踪和帮助解决重点项目推进过程中涉及的各种法律服务和政策保障问题；突出风险项目评估，报备重大项目（事项决策）313个，完成评估304个，全年未发生有重大影响的群体性事件和个人极端事件；坚决惩治经济领域犯罪，依法起诉扰乱市场经济秩序犯罪案件48件83人；妥善处理各类民商事纠纷，全年受理民商事案件4362件，审结4021件。

【平安通州建设】 加大维稳工作组织力度。全面开展“大排查”行动，依托基层综治组织网络进行排查和收集，对排查出的突出问题，按照“包案到底”和“一把手负责”原则，落实承办人员，规定承办时限，落实稳控措施。开展“大梳理”行动，按诉求合理合法、涉法涉诉、合理合法诉求与无理非法诉求相交织、无理非法缠访闹访四种类型，按“分级负责、归口办理”的原则，全面落实包掌握情况、包解决问题、包教育稳控、包依法处理、包停诉息访的“五包”责任制，全区没有发生一起有重大影响的群体性事件和个人极端事件。严厉打击各类违法犯罪活动。统筹推进打击“两盗一骗”等专项行动，共破获各类刑事案件2011起，抓获刑事作案成员1370人，破现案率达45.2%，“八类”案件破案率达98.7%。依法严厉打击黑恶势力违法犯罪活动，成功打掉黑社会性质组织1个，摧毁恶势力团伙19个；积极开展“震网行动”，建立打击网络电信诈骗案件合成侦查机制。加快防控体系建设。深化“320”工程建设，全面完成城东新区治安监控系统建设，在主城区周边主要出入口和金沙横河的所有桥梁全部加装高清抓拍系统，高标准形成“环城”封闭和新老城区跨河封闭。在去年推进“公共安全智能化工程”的基础上，把技防监控的触角向村（社区）延伸，在各镇（区园）主镇区、治安复杂的区域、边缘区域主推3个技防村（社区），目前已建成48个。全面推广“摩托化”巡防模式，按照专职巡防力量“一车两员”的标准配备450余辆巡防电动车、170余部手持电台，并同步跟进应用GPS定位设备，与网上巡防力量形成快速互动、相互策应的防控链条。加快推进三级平台全覆盖。区级平台，以信访局为主体，国安办、维稳办进驻，履行信访接待、法律援助、涉法涉诉、矛盾调解、新通州人服务管理、风险评估等职能，在南通九县（市区）中有特色、较实在。镇级平台，是年建成16个、在建3个（四安、骑岸、高新区），至年底建成率94.7%（五甲未建好）。村级平台，是年已建212个，建成率89.1%。镇村两级平台建成率在南通领先。加强基层综治力量配备。全区配备专职保安1375名，专职社工75名，群众性义务巡防“红袖标”人员1.4万人。村（社区）配足“1221”力量，即1名综治专干、2名社区保安、2名老干部调解员、1名综治社工（大学生村官），做到有人做事、有力量做成事。加大大调解工作创新力度。在区社管中心建立大调解视频指挥系统，把区级大调解工作做强。在四建公司、高新区果园区总结提炼企业单位大调解工作做法，把基层大调解工作做优。指导川姜镇（南通家纺城）探索建立知识产权、电子商务、现代物流等调处中心，把新型领域做专。7月29日，南通市在通州区召开近年来规格最高的一次深化大调解工作现场推进会，推广通州区大调解工作经验。加强体制机制创新。结合党的群众路线教育实践活动，对基层反映强烈的台账问题进行认真清理和专项整治，取消村级台账，镇级台账减少40%，成员部门台账减少20%，起到较好导向作用。积极推进综治平安建设与法治建设相融合，同谋划部署、同督查考评、同组织推进，较好地整合了推进方法和手段。

【法治通州建设】 围绕“提升法治建设满意度、构建大法治创建格局、提升领导干部法治思维、提升公民法治素养、服务经济社会发展”五个方面，积极推进法治通州建设。完善依法治区工作领导格局。认真履行区委赋予的依法治区工作组织统筹职责，坚持将法治建设工作纳入区委、区政府年度目标管理绩效考核，纳入对领导干部的政绩考评体系，及时调整充实区依法治区领导小组和六大协调指导组（依法决策、公正司法、普法教育、新闻宣传、监督查究、区级机关法治建设),协调并配合区政府大力推进依法行政相关工作,协调区人大、区政协共同参与推进法治建设。强化依法治区工作推进机制。出台《2014年法治通州建设工作要点》和重点工作责任分解表,坚持每季度指导、督促、通报。深化法治通州创建系列活动。坚持把开展系列法治创建活动作为推进依法治区的重要载体,牵头区机关工委、教育、经信、卫生、司法、民政等部门分别制定本年度法治型机关、法治学校、诚信守法企业、平安法治医院、民主法治村(居)实施意见或方案,通过召开会议、出台文件、签订责任书、开展培训、媒体宣传、加强考核等方式,督促推动落实,并大力推动镇(区、园)规范依法治理机构组织架构,建立村居(社区)法治工作室,落实专(兼)职法治工作人员,抓好创建工作的落实。大力传播和弘扬法治文化。协调区委组织、宣传部门,将法治建设内容纳入全区领导干部学习课程和讲座,并组织开展"党政领导谈法治""我看法治江苏这十年"论文征集和"运用法治思维和法治方式推动工作解决问题"实践案例和"法治梦·中国梦"摄影作品征集活动,提升领导干部和广大群众法治意识。定期维护更新"法治通州"网站,制作12期《平安法治通州》电视专栏,举办通州之夜"法润通州"专场文艺演出,开展"平安法治通州"宣传月活动,参与金沙镇等单位举办的法治文化惠民文艺活动。建立全区"法学、法律人才专家"库、征集2014年法学研究重点课题。推动全区法治文化阵地建设,扩大城区法治文化公交站台覆盖面,实地督促和现场推进区、镇两级法治文化阵地建设。重点抓好依法行政、公正司法三项机制的落实。抓行政机关负责人出庭应诉机制,出台《关于进一步加强行政机关负责人行政诉讼出庭应诉工作的补充规定》,完善信息通报、督办协商等六项工作制度,确保行政机关负责人出庭应诉率保持100%。抓重点执法案件备案审查机制,对31种不同情形的重点执法案件(其中司法案件18种)进行定期备案审查,倒逼严格公正执法。是年备案审查重点司法案件80件,发现和纠正问题26个。抓司法救助机制,为解决涉法涉诉领域弱势群体的生活难题提供直接经济救助。

【政法队伍建设】 以群众路线教育实践活动为抓手,从五个方面抓队伍建设。抓主题实践,在全区政法系统组织开展"践行群众路线"演讲比赛和先进事迹报告会;抓典型培育,出台《关于在全区政法系统组织实施先进典型培育工程的实施意见》;抓队伍监督,聘请政法队伍督察员,坚持每季度开展一次督察;抓执法督查,对重点司法案件实行定期评查,确保司法公正;抓品牌建设,召开队伍建设"践行群众路线"微型现场会,有效扩大政法工作影响力。在品牌打造上,注重好经验、好做法的提炼,总结出五会六部、夫妻警务室、蒲公英之家、网络连心室、警界先锋播客、警察妈妈关爱春蕾女童、忠林护学岗等一系列特色品牌。

【执法督查】 一是做好案件协调。是年,共组织和参与各类案件协调会12次,解决各部门在处置过程中的配合问题。二是做好案件评查。对涉法涉诉信访案件、法院发回重审案件、终结的执行案件,检察院被法院改变定性、减少起诉事实的案件,捕后不诉、捕后判缓的案件,公安机关立案以后作撤销处理的经济犯罪案件等展开评查。11月份南通政法委抽调25个案件进行评查,未发现有疑义案件。三是开展重点执法案件报备审查工作。重点执法案件报备审查列为政法委2014年度特色工作之一。从公、检、法聘请10名业务骨干建立了司法案件评查专业人员库,组织开展了报备案件的评查。全年共评查报备案件80件,发现有小瑕疵案件13件,发备案审查意见单案件2件。

【涉法涉诉信访】 2014年,共受理各类来信来访44件,对其中有正当理由的来访者,主动与相关职能部门联系,尽最大努力帮助其妥善解决。凡上级机关或领导交办督办案件,都及时向交办机关和领导书面报告办理结果。以信访案件的查办督办为抓手,努力破解维稳难题与挑战。是年,认真部署开展全区涉法涉诉信访积案集中排查化解活动。为全面掌握全区涉法涉诉信访案件第一手资料,分别于5月、7月、9月组织政法部门开展排查化解活动,并督促各部门逐案落实化解责任、稳控责任和领导责任。对一些重点涉法涉诉信访案件,统一思想认识,会商解决办法,强化跟踪督查。年内,参与政协委员杨某信访事项、张芝山宋某因拆迁问题被子女遗弃事项、张芝山张某信访事项、刘桥蒋某举报事项、三峡移民维稳事项、东社李某非正常死亡事项、兴仁姚某信访事项、兴仁某村村民为失地农民保障政策集访等事项的协调会,完成海门纺都城业主集访事项的排查汇总、跟踪督办及联络上报等工作。此外,认真做好日常信访接待工作,注重法律宣传,着力化解矛盾,最大限度地减少各种不和谐因素。坚持"以民为本、法治惠民"工作理念,司法救助工作落实到位。是年,共审批司法救助案例54起,救助经费477770元。 (杨 慧)

机构编制工作

【概 况】 2014年,区编办全面推进重点镇区园行政管理体制、简政放权深化行政审批制度、事业单位分类以及政府机构等多项改革,着力优化机构编制资源配置,为通州经济社会发展提供有力的体制机制保障。至2014年底,全区设置行政机构81家,事业单位513家。核定行政编制3292名,事业编制14821名。在编行政人员3146人,事业单位在编人员14283人。

【简政放权深化行政审批制度改革】 区政府印发《关于公布区级行政审批服务事项的通知》(通政发〔2014〕28号),完成行政审批事项目录清单的公布。区级行政审批服务事项由原650项,调整保留为406项,精简37.5%。同时,印发《关于全面梳理区级部门职责建立区级政府行政权力清单的工作方案》,依托行政权力库中现有的4400项行政权力事项,组织各部门自查清理、逐项回头看,提出保留、取消、下放、转移、暂停、整合的初步调整规范意见。参照南通市政府专项资金管理清单,区财政局在原有的17项政府专项资金预算的基础上,重新梳理政府专项资金清单,并向社会公布政府专项资金管理清单目录。区物价局参照省行政事业性收费目录清单,梳理完成区行政事业性收费目录清单,在2012年梳理的行政事业性收费目录基础上,取消48项,降低收费标准5项,免征9项,停止征收13项。政务服务平台建设逐步完善到位,区级行政权力实现网上运行、电子监察监控系统完成软件开发,除公共资源交易监察系统外,其余监察系统已通过验收并正常运行。区政务服务中心完成"一站式"审批向"一窗式"服务改革试点工作,中心设立单独窗口,实行一表式受理,对餐饮(娱乐)项目进行试点,凡在中心登记的,实现在一个窗口受理、预审、办结。以制度建设,提升政府履职水平和效能。向石港、川姜、五接镇3个重点镇区园下放部分区级行政权力事项,其中行政许可类46项,行政审批类7项,行政服务类36项,共计89项。

【重点领域改革】 通过优化机构设置、完善管理体制和运行机制、重新核定人员编制和领导职数,完成石港镇(石港科技产业园)、川姜镇(南通家纺城)、五接镇(通州滨江新区)等重点镇区园的行政管理体制改革工作。按照中央、国务院《关于地方政府职能转变和机构改革的意见》要求,调整优化组织结构。积极稳妥实施大部门制,科学规范部门职责,优化政府机构设置和职能配置。整合卫生行政部门、人口和计划生育部门的机构和职责。推进食品药品监督管理体制改革,组建新的食品药品监管机构、划转人员编制。完成工商、质监管理体制调整工作。完成区人民医院、中医院等8家医疗机构的重新定编工作。深入区卫生局调研2014年全区基层医疗卫生资源整合,完成部分基层医疗卫生机构设置和人员编制的调整工作。完成教育布局调整后有关学校的撤并工作,配合做好高标准高中推进建设过程中的相关工作。完成区体育中心的机构重组等工作。

【事业单位分类改革】 深入区水利局、区农委、区文广新局、区住建局等8个部门和单位开展事业单位分类工作调研,并对初步分类结果进行反馈,在此基础上,完成全区事业单位分类方案的拟订工作。组成专题调研组,采取现场调研与书面调研相结合的方式,深入171家区属事业单位开展调研。整合城区水环境管理处、市政公用事业管理处(燃气管理处)、路灯管理所的职责,组建市政公用事业管理中心。形成关于整合教育、农委、水利、住建等部门所属部分事业单位的建议方案。

【事业单位法人治理结构试点】 选取区文化馆、区五甲镇卫生院作为试点单位,深入推进全区第二批事业单位法人治理结构试点工作。印发《南通市通州区开展事业单位法人治理结构试点工作方案》,形成试点工作指引、事业单位章程示范文本,召开试点工作布置会。多次到试点单位调研,并指导事业单位成立理事会、建立事业单位章程。组织事业单位法人代表参加南通市事业单位理事培训,10月底组织文化馆、五甲卫生院召开第一次理事会。

【改革事业单位年检制度】 2014年,凡经区事业单位登记管理机关办理登记的事业单位,取消每年一次的年检,完成全区476家事业单位法人年度报告公开网上申报、现场审核及换发证书工作。将应公开的事业单位年度报告集中在区编办网站上进行公开,开通投诉举报专栏,公布举报电话。继续实施事业单位现场核查工作。对新设立登记的事业单位开展现场核查工作,不断完善登记工作流程,规范登记审核程序,确保事业单位登记事项的真实性、合法性。

【首推"政务""公益"中文域名注册、网上名称和网站标识管理工作】 在坚持数量和质量并重原则的前提下,以机构编制实名制信息和事业单位登记管理信息为依据,对全区机关事业单位网站建设情况进行前期摸底。与财政做好经费统筹沟通工作,为做好全区中文域名注册工作提供保障。通过印发文件、组织培训、利用网站群等多形式部署宣传,全区机关事业单位中文域名注册单位数达到411家,超额完成省、市下达占机构总数60%的目标任务。积极做好全区党政机关网站开办审核和资格复核、事业单位网上名称规范工作,指导党政机关和事业单位加挂网站标识工作,确保按期完成任务。

【机构编制监督检查】 按照中央、省市编办统一部署,自7月开始至11月中旬,区编办会同组织、人事、财政、审计等部门联合,对全区机构编制开展新一轮核查工作。通过对全区81家行政机构、513家事业单位机构和人员编制的核查,实地审核200余家机关事业单位,建立基础档案550余卷,最终实现机构设置清,人员编制清、领导职数清、实有人员数目清等"四清"目标。会同组织、审计等部门对有关部门党政主要领导进行"三责联审"。通过审核意见反馈和通报等办法督促被审对象和单位对存在的问题加以整改。针对2013年少数镇、部门存在增设机构、超职数配备中层干部、行政事业交叉混岗等问题,有重点地对石港镇、先锋镇、区动迁办、民政局等部门整改情况进行了"回头看",较好地维护机构编制管理的严肃性和权威性。 (尹 琪)

机关党的建设

【概 况】 2014年,通州区级机关工委扎实开展党的群众路线教育实践活动,继续深化"三好一争""党员干部进社区"主题实践活动,着力构建学习型、规范型、服务型、创新型、廉洁型机关党组织,全力推进创新转型提速、开发开放提档、城乡发展提质、民生幸福提升、生态文明提效“五大行动”，为通州走在苏中新一轮发展前列提供思想组织保证。

提升党员干部能力素质。组织机关党员干部深入学习贯彻党的十八大、十八届三中、四中全会精神。原原本本学，通过集体学习、个人自学、专题辅导、交流研讨等多种形式，引导机关党员干部深刻领会全会精神实质。联系实际学，以学习指导工作，用工作检验学习，做到理论与实际、学习与运用、言论与行动的统一，切实提高解决问题能力。领导带头学，以模范行动营造氛围，努力当好学习表率，不断推动通州经济社会各项事业又好又快发展。坚持把党的理论与实践创新最新成果作为学习型机关党组织建设的主要内容，牢牢把握学习习近平总书记系列讲话精神这一首要任务，把握培育和践行社会主义核心价值观这一灵魂工程，把握谱写中国梦通州篇章这一不懈追求，加强机制建设，把学习的“软任务”变成制度的“硬约束”，以学习型机关党组织建设带动学习型社会建设，不断提高科学执政、民主执政、依法执政水平。坚持“服务高效、作风优良、快乐工作、展示才能”的机关文化建设导向，强化服务为先理念，切实加强机关党员干部道德教育和职业素质教育，大力营造务实能干事、扎实干成事、踏实不误事的人文环境。4月份组织开展了“学习党的历史、践行群众路线”有奖知识竞赛活动；10月份举办了“弘扬优良作风、践行群众路线”主题演讲比赛，进一步坚定机关党员干部率先发展的坚强信念、提振奋发有为的精神状态、强化开拓进取的创新意识。

规范机关基层组织建设。全面贯彻落实中央《条例》和省委《实施办法》，继续组织开展星级党建示范点创建、“机关党建创新创优成果”评选等活动，通过目标引导、典型示范、观摩交流、考核表彰，激励机关党组织争先进位、机关党员比学赶超。加强机关党务干部队伍建设，切实抓好机关党组织的换届改选工作，推动各项工作的不断创新和发展。11月份举办了一期机关党务干部培训班。深入推进机关党建工作联创区建设，加强机关党建工作交流和互动学习，努力形成党建工作资源共享、齐头并进的良好态势。不断夯实党建工作基础，从制度化层面抓好党组织基础建设，完善和落实“三会一课”、理论学习、发展党员、民主评议党员等制度，使党的各项工作有章可循、责任明确；从规范化层面抓好党组织基础建设，进一步规范党内生活、阵地建设、台账建设，着力解决机关党组织基础工作不扎实问题；从科学化层面抓好党组织基础建设，以科学理论和方法指导党建工作，以创新思维和前瞻眼光谋划、推动党建工作，使机关党建工作始终与不断发展变化的形势任务紧密相扣。继续深化“三好一争”主题活动，强化党员身份意识教育，严格党员队伍教育管理，切实加强党员队伍先进性和纯洁性建设，广泛开展“星级党员评定”“党员示范岗”创建活动，把教育管理、监督党员与关怀、服务党员，帮助党员解决实际问题结合起来，努力建设一支觉悟高、本领强、作用大的党员队伍。12月份举办了一期区级机关党员轮训班。

扎实开展教育实践活动。切实加强组织领导，认真研究制定《教育实践活动实施方案》及各环节实施办法，通过召开党员干部会、党支部学习会等形式，深入进行思想发动，及时召开动员会议进行部署，确保教育实践活动各项工作落实到位。认真抓好学习教育，坚持个人自学与集中学习相结合；系统学习与交流讨论相结合；学习理论与学习先进相结合，先后组织集中学习4次，召开集中学习交流会2次，专题讨论会2次。广泛征求意见建议，通过发放征求意见函、开设征求意见箱、4次深入挂钩联系村、召开9次座谈会、走访15家机关党组织、梳理汇总意见建议等方式，认真听取基层干部群众及各方面的意见建议，共收集征求意见建议57条。认真开好专题民主生活会和组织生活会，领导班子针对“四风”方面存在的7个主要问题，深刻剖析原因，提出整改方向和措施；班子成员在广泛开展谈心谈话的基础上，深入查摆自身存在的突出问题，认真开展批评和自我批评，相互提出批评意见12条。切实抓好整改落实和建章立制，针对“四风”方面存在的突出问题，逐条制定整改措施，明确整改责任领导、责任科室及整改时限，领导干部认真制定个人整改清单；强化制度建设，制定出台《党员干部联系服务基层联系服务群众制度》等3项制度性文件，进一步推动机关党建工作制度化、规范化建设。

创新服务基层群众载体。围绕“党员干部受教育、居民群众得实惠、社区建设上水平”目标，坚持“全员参与、简便易行、活动经常、注重实效”原则，深入开展“党员干部进社区、志愿服务作表率”活动，健全完善服务社区群众的常态化长效化机制，加强活动跟踪管理，定期了解党员干部在社区服务活动中的表现，将党员服务社区情况作为星级党员管理、评选优秀党员和预备党员转正等工作的重要依据，不断拓宽党员干部直接联系群众的渠道。2014年，区级机关3200名党员干部共参加社区志愿服务活动13956人（次）。围绕“优化服务、提高效能、创新工作、完善制度、群众满意”工作标准，继续深化“党建服务品牌”创建活动，全面推广“一口清服务”“一站式服务”“一条龙服务”，以品牌创建提升效能，以优质品牌提升形象，并把创建服务品牌活动与创建文明行业、文明单位等活动有机结合，不断改进服务方式，创新服务手段，优化服务措施，精心打造一批知名度和社会满意度高的区级机关优质党建服务品牌。注重发挥群团组织作用，积极探索和思考在党的群众路线教育实践活动和推动机关各项工作中发挥有益作用，按照时代要求拓展和延伸“三八”巾帼建功、“五一”岗位练兵和“五四”青年志愿者活动等载体，把机关职工真正吸引到加强学习、提高技能、建言献策、参与管理等工作中来。注重发挥机关老干部和关工委组织作用，不断创新创优区级机关“带管帮”工作品牌。

【区级机关党员轮训】 12份，在区委党校举办第一期区级机关党员轮训班，100名机关普通党员参加首批轮训。计划用3年左右时间，对区级机关所有党员普遍轮训一次，进一步提升机关党员的思想政治素质和政策理论水平，努力

区级机关党员轮训班

建设一支讲党性、重品行、作表率和为民务实清廉的机关党员队伍。

【“弘扬优良作风、践行群众路线”演讲比赛】 10月份，举办区级机关“弘扬优良作风、践行群众路线”演讲比赛，经过预赛、初赛、决赛三个阶段的激烈角逐，区公安局万慧获

演讲比赛现场

得一等奖，区法院顾一鸣等3名同志获得二等奖，区委组织部徐钰等3名同志获得三等奖，区检察院伍倩等4名同志获得优胜奖，区盐务局吴璐璐等17名同志获得纪念奖。

（戴建锋）

老干部工作

【概　况】 2014年，全区老干部工作紧紧围绕“全面做好离退休干部工作”“让党放心、让老干部满意”工作目标，以弘扬具有时代特征、鲜明特色的先进典型为引领，突出重点，紧扣难点，真抓实干，争创一流，全区老干部工作呈现科学发展新局面。

强化组织领导，努力提高老干部工作科学化水平。区委、区政府继续把老干部工作纳入全区经济社会发展全局和党建目标管理考核范畴，进一步健全了各级老干部工作领导组成员例会制度。老干部主题实践活动、“三型”老干部党组织创建、老干部部门服务品牌创建活动列入区委对老干部局进行考核的特色重点工作。

全面落实政治待遇，老干部“两项建设”得到加强。在全区离退休干部中广泛开展“我看十八大以来新变化”专题讨论活动，引导广大老干部全面理解、准确把握党的重大理论观点、重大战略思想、重大战略部署，在思想上行动上与党委政府保持一致。先后组织老领导到区经信委、卫生系统、空港产业园参观视察，并积极征求老干部对地方经济社会发展的意见和建议。通过着力抓好组织设置、着力抓好基本保障、着力抓好学习教育、着力抓好作用发挥，“三型”老干部党组织建设工作取得显著成效。全区107个老干部党组织中，已有102个老干部党支部达标，超额完成区委确定的两年80%的达标任务。

扎实开展主题实践活动，老干部正能量有效汇聚。以“学、引、为”拓展“共筑中国梦、再展夕阳红”和“学典型、争先进，比贡献、展风采”主题实践活动内涵。通过集中学习、微型党课、送学上门、流动课堂等方式强化学习；通过身边人、身边事的先进事迹激发老干部发挥作用的热情；通过引导老干部争当群众路线教育活动宣讲员、党建工作指导员、勤政廉政监督员、关爱下一代辅导员、科普保健宣传员、文化养老示范员等，让老干部思想政治工作在发挥余热中得到升华；通过开展“听民声，助发展”活动，引导老干部为党委政府建言献策，在党的群众路线教育实践活动中，全区老干部共提出合理化建议近500条；通过组织“我服务、我快乐”活动，全区1000余名老干部自发组织成立各类服务群众的社会组织，在调处社会矛盾、帮扶弱势群体、关心下一代等方面发挥余热。组织开展“群众路线大家谈”主题征文活动，共收到老干部征文近百篇，共有25篇征文在南通市主题征文评比中获奖，通州区获得南通市优秀组织奖。

认真落实生活待遇，老干部成果共享充分体现。联合区委组织部、区财政局、人社局发文，明确全区退休干部与离休干部在慰问上同步，标准上一致，并提高老干部春节和夏季慰问的标准。坚持和完善老干部“三个保障机制”，坚持领导带头、分级负责，做好春节和夏季走访慰问老干部工作。全面落实80周岁以上老干部尊老金的发放工作，确保老干部应有的待遇全部落实到位。探索建立老干部专家门诊和社区家庭医生责任制度，为老干部提供及时、便利、快

捷、优质的医疗服务。针对空巢、失独、双高期老干部缺少与社会联系的实际,将服务重点转向文化养老、心理慰藉,举办心理健康知识讲座,开展有益身心的文体活动。结合夏季慰问活动,开展"办实事、解难题、送温暖"活动。

突出以人为本,老干部服务管理基础不断夯实。举办两期区管退休干部培训班,邀请了专家学者为退休干部作专题讲座,邀请南通附院专家和区老干部大学心理健康专家作保健知识讲座。组织就近就地参观视察本地改革开放新成果。以二甲镇定兴桥村、金沙镇虹南社区的创建工作为着力点,推进利用社区资源服务老干部市级示范点创建工作。

【第二十次老干部代表会议】 2月28日,全区第二十次老干部代表会议隆重召开。南通市委组织部副部长、老干部局局长王亚雄到会致辞。区委副书记凌建华代表区委、区政府作老干部工作报告。区委书记宋乐伟在会上作重要讲话。

【第二届老干部文化艺术节】 4月18日,全区第二届老干部文化艺术节启动仪式在区老干部活动中心举行,艺术节以"夕阳共筑中国梦"为主题,涵括了灯谜、长牌、乒乓球、象棋、征文、文艺汇演、花卉盆景展、书画展、先进事迹图片展等一系列文化体育活动,倡导"文化养老、文化健老、文化兴老"理念,全面丰富老干部的文体生活、提升老干部的晚年生活质量。

【宋英获全国先进荣誉】 11月26日,全国离退休干部先进集体和先进个人表彰大会在北京人民大会堂举行。通州区离休干部宋英获"全国离退休干部先进个人"荣誉称号。同时,她还在中华慈善总会于4月份启动的第二届"中华慈善突出贡献奖"评选活动中,获得"中华慈善突出贡献(个人)奖"。 (陈雪连)

对台(湾)工作

【概　况】 2014年,通州区委台办坚持党的"和平统一,一国两制"基本方针,以"做好台湾人民工作"为主线,找准对台工作与地方经济建设的结合点,把推动两岸关系和平发展作为工作的主方向,把做好对台经贸、交流合作作为工作的主抓手,全力开创全区对台工作的新局面。积极邀请台商到通州区考察洽谈。2014年区台办接待台商10批100多人次。2月14日全国台企联常务副会长郑荣文先生一行到通州区高新技术产业开发区考察。3月8日,从事农业观光休闲的陈芳晨女士一行考察通州区台湾农民创业园。台北市电脑商业同业公会分别在3月、5月、8月、10月、12月到通州区考察,双方就智慧城市建设等信息产业领域合作进行了广泛交流,并与通州区区政府签订了合作框架协议。12月8日,台湾工业总会理事长许胜雄独子许介立先生一行到通州区考察,宋乐伟书记亲自接待。继续深入台湾岛内开展对台经济工作。积极组织赴台招商团组到台湾考察洽谈。3月21日至3月27日,区委书记宋乐伟率团赴台;5月22日至5月27日,区长陈永红率团赴台,两位领导赴台,推动高新区在台洽谈的电子元器件项目。5月份赴台考察团组,由于台湾有大型活动,赴台时间受到限制,还动用大陆海协会、台湾海基会、台湾陆委会的资源,在团组出发前一天晚上6时多才拿到入台证,连夜赶到南通公安局办理加注,让几乎没有希望成行的团组最终成行。区台办的种种努力,为通州区赴台招商引资提供了前提保障。台湾燿华电子与南通高新区签订了高端电子元器件制造项目。该项目总投资3.4亿美金,分两期进行,一期2.5亿美金。该项目是通州区有史以来招引的最大一个台资项目。12月1日至12月7日,区长陈永红率团赴台,在台北市5天时间内拜会企业30多家,年末,有6家台湾上市公司带着投资意向回访通州,有些企业进入选址阶段。另外,通州区华盛新材料、富家宜电子等12家企业20多人次在区台办的热心服务下赴台湾进行商务考察。4月15日,在副主任王红琴的带领下走访了通州区的锭律集团、南通惠成食品有限公司等台资企业,认真了解他们在生产生活方面存在的困难,并听取他们的意见建议,为了能更好地宣传惠成食品公司的产品,区台办积极通过网络平台帮助他们宣传产品。中秋节期间,组织了通州区重点台商代表联谊活动。开展羌永健先生"希望助学金"发放活动,2014年是该助学金发放的第十年,也是最后一年。看望慰问特困台属顾达勋、信访户台属秦君球,帮助南通农场常驻台胞曹鸿祥办理相关手续,协助他申领台湾方面的一次性退休工资。

【台北市电脑商业同业公会多次到通州区考察洽谈】 3月12日,台北市电脑商业同业公会智慧城市交流团张永美副总干事一行到通州区考察,双方就智慧城市建设等信息产业领域合作进行了广泛交流。5月30日,张永美副总干事一行应邀再次到通州区作进一步考察洽谈,宾主双方就智慧城市建设等信息产业领域合作进行了深入交流。8月5日,台北电脑公会又一次到通州区作进一步洽谈,并与区政府签订了合作框架协议,这也意味着通州区和台北电脑公

举办智慧家纺论坛

会将在信息化产业、智慧城市应用产业等方面开展全方位合作。10 月 22 日，台北电脑公会乔培伟会长一行应邀参加了第七届中国(川姜)家纺画稿交易会，乔培伟作为颁奖嘉宾给获奖者颁奖。当日下午举办 2014 年智慧家纺论坛暨家纺企业与台企对接会。

【台胞关爱通州贫困学子】 2005 年 7 月，旅台 50 多年仍情系家乡的通州籍台胞羌永健先生，在通州高级中学举行“希望助学金”首发仪式。“希望助学金”每年从通州高级中学在籍学生中挑选成绩优良、思想品德优秀、家庭经济困难的 8 名学生为资助对象，每学年每人资助人民币 1000 元，为期 10 年，2014 年是第十个年头。十年来，“希望助学金”共帮助了 80 位通州学子，羌永健虽因年事已高不能亲自到大陆来发放这笔助学金，但每年都会定期委托亲戚把助学金发放到学生的手中，羌永健先生希望用这种行动，鼓励更多的学生勤奋学习，刻苦锻炼，报效学校、家乡和祖国。

（黄金艳）

党史工作

【概　况】 2014 年，通州区委党史办继续做好党史征编、研究、宣传等工作。启动新时期地方党史编研，完成区委执政纪事初稿，开展中共通州地方党史三卷本撰写调研。维护和利用 3 个党史“六进”示范点，新建高新区界北村示范点 1 个，全面建成中共江北特委纪念园党史党性教育基地，在南通市理治小学新建通州区党史学习教育基地 1 个。编写通州抗战人物传 35 人。编审《新四军战斗在大江南北》专版，在《通州好生活周末》报刊载 30 余期。举办“学习党的历史、践行群众路线”知识竞赛 1 场。

【“学习党的历史、践行群众路线”知识竞赛】 4 月 10 日—5 月 31 日，区委党史办与区级机关工委联合举办“学习党的历史、践行群众路线”有奖知识竞赛活动。参赛对象主要为各镇区园、区级机关各部门各单位党组织以及社会各界人士，活动共收到有效答卷 1756 份，区公安局等 15 个单位获优秀组织奖，有 75 人分获一、二、三奖。

【中共南通市通州区委执政纪事】 启动《中共南通市通州区委执政纪事(1993—2013)》征编工作，完成初稿 12 万字，收集图片 100 多幅。

（杨王军）

党校工作

【概　况】 2014 年，区委党校以党的群众路线教育实践活动为依托，围绕全年特色重点工作，发挥职能作用，各项工作成绩显著。全年共举办主体培训班 15 期，培训 1437 人。具体包括党员发展对象培训班 4 期，每期 4 天、456 人；青年干部培训班 1 期，4 天、82 人；大学生村官培训班 3 期，分别为“两委”正职及后备干部培训班、创业富民专题培训班和服务能力提升培训班，每期 4 天、共 240 人；中学生入党积极分子培训班 1 期，2 天、143 人；参照公务员法管理事业单位工作人员培训班 1 期，3 天、175 人；公务员初任培训班 1 期，7 天、115 人；事业人员初聘培训班 1 期，4 天、42 人；大学生村官岗前培训班 1 期，7 天、23 人；区级机关党务干部培训班 1 期，2 天、64 人；区级机关党员轮训班 1 期，2 天、97 人。全年共发表各类论文 38 篇，其中省级以上 35 篇。

主体班培训现场

【资政服务】 围绕区委、区政府的中心工作和区经济社会发展实际，撰写调研文章 11 篇。编印《参阅资料》10 篇，送区四套班子及有关部门领导作决策参考，被通州党政信息网“调查研究”栏目录用，区委宋乐伟书记对其中两篇调研报告作了批示。1 项课题被省委党校立项，3 项课题被南通市立项。1 篇论文获省哲学社会科学界第八届学术大会优秀论文三等奖。在南通市 2014 年度经济与社会发展热点问题研究成果评奖中，获二等奖和三等奖各 1 项。在区第二届哲学社会科学优秀成果评奖中，获二等奖 2 项、三等奖 2 项。在区 2014 年度经济与社会发展重点应用课题研究成果评奖中，获一等奖 1 项、二等奖 2 项、三等奖 2 项。1 篇论文获依法治区领导小组办公室 2013 年“党政领导谈法治活动”一等奖。

【流动党校】 主动与相关镇、区委宣传部、建工局、卫生局、公安局等协调联系，完成 15 场现场教学任务，培训党员干部 3838 人次。市外现场完成 3 个：4 月份组织教师赴北京、天津，11 月到徐州建筑施工现场进行教学，参训人数分别为 144 人、196 人、61 人；联办班举办 8 个：分别与先锋、兴东、骑岸、五甲等镇举办镇村干部培训班 4 个，培训天数和人数分别为 2 天、384 人次，2 天、600 多人次，2 天、408 人次，8 天、560 人次。与区委宣传部联合举办全区宣传理论骨干培训班 1 个，2 天、295 人。与公安局分别联办政工班和中层干部培训班各 1 个，培训天数和人数分别为 3 天、90

人和2天、200人。与卫生局联合举办领导干部培训班1个,3天、75人。

【拓展基层宣讲】 组织教师撰写党的十八届三中、四中全会精神、习近平同志系列讲话精神、党的群众路线、社会主义核心价值观等专题宣讲稿,到机关、镇开展宣讲活动,参加区委专题宣讲团,共计43场,听众近万人次。其中,在各类主体培训班开设群众路线教育专题讲座,应邀到机关、镇、社区作群众路线教育实践活动专题报告,共计30多场,听众达8000多人次。

【提升师资素质】 为确保特色重点工作任务的完成,学校重视并采取措施,促进教师理论素养和教学能力提升。抓政治学习。集中与自学常态化;抓教学比赛。组织校内青年教师开展教学比赛,评选优秀教学者;抓精品课程。筛选反映党性修养、时代精神、经济社会热点等专题,集体备课、个人试讲、反复锤炼;抓调查研究。由校领导带队,赴机关、镇村开展社会调研70多人次;抓外出进修。选派教师分批参加各类师资培训60多人次;抓活动参与。选派教师参加市、区组织的演讲、精品课和论文评奖等活动,获市、区奖励19项。

(黄春燕)

2014年区委党校在省级以上刊物发表的科研成果

表2

作者姓名	成果标题	类别	刊物、出版社
胡永洲	发展战略性新兴产业的几点思考	论文	《苏东论坛》2013.3
胡永洲	城乡一体化视域下农村基层治理机制建设的思考	论文	《苏东论坛》2014.1
胡永洲	新型城镇化进程中农村社区社会治理工作的思考	论文	《上海农村经济》2014.6
胡永洲	健全改进作风的常态化机制	论文	《唯实现代管理》2014.5
陈锦昌	县域发展生产性服务业路径——以南通市通州区为例	调研	《产业与科技论坛》2013.23
陈锦昌	通州区发展生产性服务业的调查与思考	调研	《苏东论坛》2013.4
施　晖	人事管理向人力资源管理转化的途径探索	论文	《产业与科技论坛》2013.21
张　华	通州区两化融合的现状评估与对策思考	调研	《苏东论坛》2014.2
张　华	农村土地流转中政府行政行为的边界与功能	论文	《江苏党校报》2013.10.5第436期
张洁云	正确处理五个关系与把权力关进制度的笼子里	论文	《中共云南省委党校学报》2013.6
张洁云	南通通州区城乡文化统筹发展的调查与思考	调研	《南通纺织职业技术学院学报》2014.1
张洁云	南通通州区加快推进新型城镇化的调查与思考	调研	《上海农村经济》2014.5
张洁云	培育和践行企业的核心价值观	论文	《吉林省社会主义学院学报》2014.2
张　梅	农业现代化背景下农业信息化建设初探	论文	《中共福州党校学报》2014.1
张　梅	加快推进社会养老服务体系建设调查与思考	调研	《苏东论坛》2013.4
张　梅	通州区农业信息化水平的调查	调研	《云南农村经济》2014.2
张　梅	我国农业循环经济发展路径探析	论文	《上海农村经济》2014.4
杨　曼	群众路线教育实践活动的制度保障	论文	《胜利油田党校学报》2014.2
杨　曼	政府在发展战略性新兴产业中的定位思考	论文	《中共桂林市委党校学报》2014.1
杨　曼	践行群众路线　促进全面深化改革	论文	《吉林省社会主义学院学报》2014.3
杨　曼	关于推进国家治理体系和治理能力现代化思考	论文	《福州党校学报》2014.4
杨　曼	推进市级中心镇建设的调查与思考——以江苏省南通市通州区平潮镇为例	论文	《上海市经济管理干部学院学报》2014.6
杨　玲 沈　平	论需求与价值观之关系在思想政治工作中的实践创新	论文	《苏东论坛》2013.4
杨　玲 沈　平	巩固马克思主义在意识形态领域指导地位的几点思考	论文	《苏东论坛》2014.1
杨　玲 沈　平	论个体需要与思想政治教育的有机契合	论文	《山西省直机关党校学报》2014.2
杨　玲 沈　平	当前基层政府建设面临的困境及破解路径	论文	《理论学习》2014.6

续表2

作者姓名	成果标题	类别	刊物、出版社
杨　玲	网络舆论斗争对意识形态的冲击	论文	《理论学习》2014. 4
	骑岸镇构建农业现代化新型生产关系研究	调研	《云南农村经济》2014
刘　蕊	农民工市民化进程中出现的问题及对策	论文	《理论研究》2014. 1
	我国第三产业对城镇化的影响	论文	《山西青年职业学院学报》2014. 1
	农民工素质对经济社会发展的影响	论文	《苏东论坛》2014. 2
黄　颙	日企管理理念的理性分析及其借鉴意义	论文	《科教导刊》2014. 1(上)
	海外留学人员回国工作的探讨	论文	《经营者》2014. 3
	新形势下关于加强企业青年员工政治觉悟的思考	论文	《全国商情》2014. 7
徐存祥	“书呆子”办报	杂文	《青年记者》2014. 1(上)

信息工作

【概　况】 2014年，通州区信息工作紧紧围绕“上报省市信息”和“服务同级党委”两个重点，自我加压，奋进创新，以新的思路、新的措施保持了信息工作的优势地位，被评为“全省党政信息工作先进单位”“南通市信息工作先进集体”。

【上报信息】 2014年，面对省委办公厅对信息工作的新要求，科室人员努力掌握信息报送新流程，认真探索总结信息录用新规律，拓展信息得分新领域，在年度“马拉松”式的信息工作中取得了优异成绩。主要是紧抓三个重点报送信息：围绕上级党委、政府的方针、政策和重大决策反馈信息，《南通市通州区反映棉花临时收储政策停止后新棉上市价格大跌》《南通市通州区实施注册资本登记制度改革以来企业登记呈现特点及存在问题分析》为省委《江苏信息》录用。围绕区内一段时期的工作重点反馈信息，《南通市通州区新农合大病保险试点工作“通州模式”受国家卫计委肯定》等被省委《快报》录用。围绕群众关心的难点、热点问题反馈信息，《基层反映四类特殊群体党员教育实践活动亟待加强》《基层农技人才队伍“青黄不接”问题值得重视》等一批社情民意类信息均被省委《江苏信息》刊物采用。全年精心制作并上报信息1600余篇，报送总量和采用积分均居省前列，列市第一。其中，《媒体持续关注省检察院官员殴打护士事件》等9篇舆情分析材料得到多位省级领导的15次批示，省委主要领导批示8次。信息录用总量与省委领导批示总量均获历史性突破。

【服务同级党委】 今年以来，内刊编辑以《要情快递》为载体，紧贴通州区重点工作，及时探寻、汇总各镇区园、各单位各部门在工作中值得借鉴的好做法、好经验以及出现的新典型、新亮点，为领导掌握情况提供有效服务，为各单位各部门学习借鉴、沟通交流搭建平台；同时以信息报送系统为平台，对各镇区园、各单位各部门信息报送数量、采用文稿数量和题目及时给予分类、分期通报，激发各报送单位信息调研工作积极性，在通州区上下形成了争先进位做信息的浓厚氛围。共编辑《要情快递》250期450余篇内部材料，为领导掌握实情、科学决策提供参考。此外，根据省市委会议精神，将重要紧急信息列入报送重点，出台《关于进一步做好重要紧急信息报送工作的通知》《关于进一步加强重要紧急信息报送工作的通知》，切实加大重要紧急信息监测力度，建立重要紧急信息一线联系制度，要求各镇区园、各单位各部门确定一名重要紧急信息工作上报信息员，在发生省市区委文件规定必须上报的四大类重要紧急信息时，必须在规定时间内上报初步情况，并及时跟踪续报详细情况，做到了重要紧急信息不漏报、不迟报。　(章灵芝)

督查工作

【概　况】 2014年，区委督查室紧紧围绕区委重大决策、重要部署和重点工作，突出健全督查机制、丰富督查内涵、提高督查实效，通过有计划、有重点、针对性地开展各项督促检查，有力推动了区委各项决策部署落到实处。

【集体会商工作机制】 更加突出对督查事项的集体会商和督查会办，年初通过研读全委会报告、区委年度工作要点及任务分解，结合深化改革重点任务、区政府民生实事工程以及区委主要领导关注的重点事项，经两办主任集体研究会商，围绕五大行动计划最终确定了54项重点督查事项，对24个部门进行了书面交办和定期督查，共按月编印《通州督查专报》9期供领导参阅。同时，受理涵盖劳动保障、城镇环境、小区改造等多个领域的书记信箱群众来信264

件,承办政协提案26件,回复率及满意率均为100%。荣获区“提案办理先进单位”称号。

【加强决策督查】 加强了对全区重要会议、重大活动、重点事项及区委主要领导调研中发现问题的跟踪督办,设立定期督办汇报制度,视办理时限分别以专项督查报告、督查周报表、月报表等方式对交办事项的推进落实情况进行上报。2014年度,对书记交办的89项工作进行了及时了解和重点跟进,共形成专项督查报告30篇、督查周报25期、月报7期。其中,张芝山拆迁安置、万顷良田项目建设、高标准高中建设、云南华尔木业信访事项等多份督查报告获得区委主要领导肯定和重要批示;关于通州区安置房建设审批报批报建手续办理情况的调研报告在区委研究室的《调查与研究》上进行了发表。此外,还对2014全年度区委常委会议定事项作了分类梳理,对15件布置类议题涉及的工作事项落实情况进行了跟进督查,推动党委决策落到实处。

【增强督查实效】 更加强化深入基层一线实地督查,以明查和暗访相结合全面增强督查实效。对季度集中开工、签约的重大项目推进情况、通吕运河“一河两岸”重点攻坚工程、乡镇涉农商业保险情况、镇区党政主要领导住镇值班、区委“四个不直接分管”制度执行、区安全生产大检查落实情况等进行了多轮现场督查;对文明城市创建工作落实和机关干部深入挂钩社区服务等进行了暗访和回头看;协同区纪委对“通州格林豪泰遇火”情况及“四个不直接分管”制度上报不及时的部门进行了专门调查和情况通报。对督查中发现的薄弱环节和倾向性、深层次问题,加强了调查研究和理性分析,确保督查工作求真务实、优质高效,有力保障了各项重点工作目标任务的顺利完成。 (何 静)

保 密 工 作

【概 况】 2014年,通州区深入学习贯彻十八届四中全会精神,坚持以科学发展观为指导,落实《中共中央关于加强新形势下保密工作的决定》及各级保密工作会议精神,以突出加强新形势下保密管理能力和水平为抓手,着力强化保密指导、宣传、监督、检查和服务,切实抓好党政机关、重点涉密部门的保密工作,圆满完成为通州区改革发展、大局稳定保驾护航的任务。

【保密宣传教育】 4月举办中央文件收文单位机要秘书培训,结合中央文件及一般保密文件的管理规定对各中央文件收文单位机要秘书进行业务指导。11月举办面向新任公务员、事业单位人员、大学生村官等新录用人员的系列培训,通州区共200人次参训。组织学习《中华人民共和国保守国家秘密法实施条例》等法规制度及中央、省、市关于加强保密工作的文件精神,及时下发《中华人民共和国保守国家秘密法实施条例解读》《党政干部和涉密人员保密常识必知必读》等新形势保密法制宣传教育资料。

【加强保密管理】 严格规范日常保密工作。清查严禁使用的网络设备,强化对重点要害部门(部位)、涉密会议保密管理,消除各种失泄密隐患;对复制国家秘密载体定点单位的保密工作进行经常性的监管和指导,确保涉密复制工作的安全进行。持续推进网络安全管理。利用搜索引擎、关键字检索对通州区机关单位门户网站进行梳理排查,对互联网计算机中存有的敏感、涉密信息进行技术消除。持续将各单位新增的电子政务内网、涉密计算机纳入到违规外联监管体系,全年接收处置内网硬盘18块,违联事件2起,与2013年度相比下降80%。对通州区在用网络进行全面核查,严格依据存储、处理信息的最高密级确定网络密级,纠正了过去网络定性模糊,定性不准的情况。大力开展保密普查工作。6—7月在通州区范围内组织开展保密工作数据统计报送工作,共统计部门单位80余个,发放保密普查填报表120余份。通过本次数据统计工作的开展,完善通州区保密工作数据库年度更新机制,为保密工作分级开展奠定基础。

【保密工作检查】 3月初至4月下旬,在区委保密委领导下,区保密局联合区委办、区政府办、区公安局、工商局、电子政务管理中心等五个部门,抽调骨干力量成立联合检查小组开展了通州区保密大检查,共检查区级机关单位53家,镇(区、园)21家,党政机关周边广告公司、印刷厂、文印店6家,计算机设备471台(政务内网、涉密计算机150台,互联网计算机321台),各类涉密载体53个。4月组织中央文件收文单位保密管理预检,及时帮助各单位根据市检查组现场检查反馈结果进行整改。10月在通州区范围内开展非涉密网络专项检查工作,共发放《非涉密网络保密管理情况检查表》90份,其中有效上报单位共90份,顺利完成此次专项检查,摸清了通州区非涉密网络管理情况。

(吉 良)

通州区人民代表大会常务委员会

The Standing Committee of Tongzhou District People's Congress

编辑 马钰

综述

【概况】 2014年，区人大常委会共召开常委会会议7次、主任会议12次，听取和审议“一府两院”专项工作报告28项，作出决议、决定10项，依法任免国家机关工作人员17人（次），办理议案1件、建议212件，执法备案审查规范性文件3件，备案司法案件84件。编发常委会《会报》7期、《通州人大》6期。接待群众来访53人（次），受理来信69件。常委会听取、审议关于计划和预算执行情况、财政决算、审计等报告，审查批准区级财政决算和预算调整，持续跟踪监督重大项目进展情况。先后听取农业生产服务体系建设、小型水利工程建设与管理、都市型生态农业基础设施项目建设、全区农村道路建设、村庄整治及长效管理、集镇环境综合整治等工作报告，推动城乡统筹协调发展。听取“两院”关于《中华人民共和国法官法》《中华人民共和国检察官法》《中华人民共和国刑事诉讼法》贯彻实施情况的报告，力促构建良好的法制环境。围绕城东新区建设和管理、拆迁安置房建设情况首次开展专项工作评议和专题询问，对十个政府部门工作进行评议，增强监督实效性。推进基层医疗卫生服务体系建设。开展《中华人民共和国水污染防治法》贯彻实施情况执法检查。推进“一个载体，两项制度”建设，发挥代表主体作用。加强对镇人大工作指导，组织基层人大开展争先创优活动。是年，区人大常委会被评为南通市人大工作先进单位。

重要会议

【区第十五届人大第三次会议】 1月6—8日在区行政中心举行。出席会议的区人大代表应到381人，实到371人，因事因病请假10人。区委、区政府、区政协以及区有关部门负责人列席会议。会议先后听取并审议通过区人民政府区长陈永红所作的通州区人民政府工作报告、区人大常委会主任明汉清所作的通州区人大常委会工作报告、区人民法院院长刘碧波所作的通州区人民法院工作报告、区人民检察院检察长李建国所作的通州区人民检察院工作报告以及通州区2013年国民经济社会发展计划执行情况和2014年国民经济社会发展计划（草案）的报告、通州区2013年财政预算执行情况和2014年财政预算（草案）的报告。会议期间，陈旭初等代表联名提出的《关于推进我区基层医疗卫生服务体系建设的议案》被列为大会议案，交由区人民政府办理，并授权区人大常委会对办理情况进行跟踪督办。代表们在会议期间提出的210件建议、批评和意见，分别交区人民政府和有关部门研究办理，在大会闭会后6个月内办理完毕并答复代表。会议选举黄凯东为区人民检察院检察长。

区第十五届人大第三次会议

【区第十五届人大常委会第十五次至第二十一次会议】 2月26日，区第十五届人大常委会第十五次会议在区行政中心举行。会议听取区人大常委会研究室主任张菊兰所作的关于区人大常委会2014年工作要点(草案)起草情况的说明,以电子表决方式,通过区人大常委会2014年工作要点(草案);听取区人大常委会专题询问暂行办法(草案)和专项工作评议暂行办法(草案),以电子表决方式,通过区人大常委会专题询问暂行办法(草案)和专项工作评议暂行办法(草案)。听取和审议区人民法院院长刘碧波所作的关于区法院人民陪审员增补选任的请示和关于提请任免陈宗林等人职务的报告,会议同意区法院人民陪审员增补选任的请示,以电子表决方式,决定免去左金石南通市通州区人民法院审判委员会委员职务、喻锋新南通市通州区人民法院兴仁人民法庭庭长职务、季忠南通市通州区人民法院行政审判庭庭长职务、徐淑华南通市通州区人民法院兴仁人民法庭副庭长职务,任命陈宗林、喻锋新为南通市通州区人民法院审判委员会委员、何毓飞为南通市通州区人民法院行政审判庭庭长、季忠为南通市通州区人民法院兴仁人民法庭庭长、徐淑华为南通市通州区人民法院知识产权庭副庭长。

4月28日,区第十五届人大常委会第十六次会议在区行政中心举行。会议听取和审议区人民政府副区长顾坚所作的关于社会治安防控体系建设情况的报告;听取区人大常委会副主任曹国平所作的关于组织区人大代表评议区政府部门工作实施方案(草案)的说明,审议关于组织区人大代表评议区政府部门工作的实施方案(草案),以电子表决方式,通过区人民代表大会常务委员关于组织区人大代表评议区政府部门工作的决定;听取和审议区人大常委会关于检查《中华人民共和国水污染防治法》贯彻实施情况的方案(草案),以电子表决方式,通过区人民代表大会常务委员关于检查《中华人民共和国水污染防治法》贯彻实施情况的方案;听取和审议区第十五届人大代表魏建国、殷学军因个人原因辞去代表职务的报告,以电子表决方式,通过区人民代表大会常务委员会关于同意魏建国、殷学军辞去南通市通州区人民代表大会代表职务的决定。

6月13日,区第十五届人大常委会第十七次会议在区行政中心举行。会议听取和审议区人民政府副区长陈伟平所作的关于集镇环境综合整治工作情况的报告,区人民政府副区长陈斌受区长陈永红委托所作的关于提请刘克勇、丁建荣任职以及殷学军免职的议案,区人民法院院长刘碧波所作的关于提请任命人民陪审员的报告,以电子表决方式,通过区人民代表大会常务委员会关于同意朱明方辞去南通市通州区人民政府副区长职务的决定、决定免去殷学军南通市通州区环境保护局局长职务,任命刘克勇为南通市通州区人民政府副区长、丁建荣为南通市通州区环境保护局局长。以无记名投票方式,任命李素琴等90人为南通市通州区人民法院人民陪审员。

8月28日,区第十五届人大常委会第十八次会议在区行政中心举行。会议听取和审议区人民政府常务副区长陈斌所作的关于2014年上半年国民经济和社会发展计划执行情况与下半年工作打算的报告,区财政局局长张正杰受区人民政府委托所作的关于2014年上半年财政预算执行情况和下半年工作打算的报告,区审计局局长黄春玉受区人民政府委托所作的关于2013年区级财政预算执行和其他财政收支情况的审计工作报告,区财政局局长张正杰受区人民政府委托所作的关于通州区2013年财政决算(草案)的报告,以电子表决方式通过区人民代表大会常务委员会关于批准通州区2013年财政决算的决议。听取和审议区人民政府常务副区长陈斌受区长陈永红委托所作的关于提请李儒斌任职的议案和区人民检察院检察长黄凯东所作的关于提请葛健职务任命的报告,以电子表决方式,决定任命李儒斌为南通市通州区人民政府副区长,任命葛健为南通市通州区人民检察院检察员。听取和审议区人大常委会副主任易昕、区人民政府副区长瞿斌、区人大代表李成兴的辞职报告,以电子表决方式,通过区人民代表大会常务委员会关于同意易昕辞去南通市通州区人民代表大会常务委员会副主任职务的决定、关于同意瞿斌辞去南通市通州区人民政府副区长职务的决定、关于同意李成兴辞去南通市通州区人民代表大会代表职务的决定。

10月21日,区第十五届人大常委会第十九次会议在区行政中心举行。会议听取和审议区人民政府关于全面深化改革情况的报告,区人民政府常务副区长陈斌所作的关于代表建议、批评和意见办理情况的报告,区人民政府副区长陈艳梅所作的关于村庄整治及长效管理工作情况的报告,区人大常委会副主任曹国平所作的关于组织区人大代表评议区政府部门工作情况的报告,区人民政府常务副区长陈斌受区长陈永红委托所作的关于提请张进荣等人职务任免的议案。以电子表决方式,决定免去韩建南通市通州区教育局局长职务、汤葱葱南通市通州区住房和城乡建设局局长职务、孙锦华南通市通州区城市管理局局长职务、张进荣南通市通州区水利局局长职务,任命张进荣为南通市通州区教育局局长、周鉴为南通市通州区住房和城乡建设局局长、周建清为南通市通州区城市管理局局长、丁华为南通市通州区水利局局长。

10月27日,区第十五届人大常委会第二十次会议在区行政中心举行。会议听取和审议由通州区选举产生的8位市人大代表履职情况的报告。

12月8日,区第十五届人大常委会第二十一次会议在区行政中心举行。会议听取和审议区人民政府常务副区长陈斌所作的关于2013年区级预算执行和其他财政收支情况的审计工作报告审议意见处理结果的报告、关于议案办理情况的报告,区财政局局长张正杰受区人民政府委托所作的区人民政府关于调整2014年财政收支预算的报告,以电子表决方式,通过区人民代表大会常务委员会关于批准南通市通州区人民政府调整2014年财政收支预算的决议。听取和审议区人大常委会副主任、执法检查组副组长吴晓晖所作的关于检查《中华人民共和国水污染防治法》贯彻实施情况的报告,以电子表决方式,通过区人民代表大会常务委员会执法检查组关于检查《水污染防治法》贯彻实施情况的报告。听取和审议区人大常委会副主任曹国平所作的区人大常委会关于召开区第十五届人民代表大会第四次会议筹备工作的报告，以电子表决方式，通过区人民代表大会常务委员会关于召开南通市通州区第十五届人民代表大会第四次会议的决定。

【区第十五届人大常委会第26次至第37次主任会议】 1月28日，区第十五届人大常委会第26次主任会议在区行政中心举行。会议研究区人大常委会2014年工作要点及其实施计划。

2月13日，区第十五届人大常委会第27次主任会议在区行政中心举行。会议听取区政府2014年度融资安排情况的报告，研究2014年区人大代表小组活动建议内容、关于召开区人大常委会与“一府两院”负责人联席会议的方案（草案）、南通市通州区人大常委会专项工作评议办法（草案）和专题询问暂行办法（草案）。

3月24日，区第十五届人大常委会第28次主任会议在区行政中心举行。会议听取区财政局关于2013年部门预算执行及2014年部门预算编审情况的报告，讨论区人大常委会关于组织区人大代表评议区政府部门工作的实施方案（草案）。

4月17日，区第十五届人大常委会第29次主任会议在区行政中心举行。会议听取区人民政府关于进一步加强全区基层医疗卫生服务体系建设意见的报告、区水利局关于小型水利工程建设与管理情况的报告，研究区人大常委会关于检查《中华人民共和国水污染防治法》贯彻实施情况的方案（草案）、有关人事任免事项、区人大常委会第十六次会议有关事项。

5月28日，区第十五届人大常委会第30次主任会议在区行政中心举行。会议听取区人民法院关于贯彻实施《法官法》情况的报告和区人民检察院关于贯彻实施《检察官法》情况的报告、区农委关于农业生产服务体系建设情况的报告，研究并通过关于建立通州区第十五届人大专业代表资料库的方案。

6月9日，区第十五届人大常委会第31次主任会议在区行政中心举行。会议听取区外侨办关于侨务工作情况的报告、区科技局关于全区科技创新体系建设情况的报告，研究区第十五届人大常委会第十七次会议的有关事项，听取区委组织部、区人民法院的有关人事任免事项。

7月23日，区第十五届人大常委会第32次主任会议在区行政中心举行。会议分别听取区人民法院、区人民检察院关于贯彻实施修正后的《中华人民共和国刑事诉讼法》情况的报告。

8月20日，区第十五届人大常委会第33次主任会议在区行政中心举行。会议听取区交运局关于全区农村道路建设管理情况的报告、区农资局关于都市生态型农业基础设施项目建设情况的报告，研究并通过组织南通市人大代表向原选举单位报告履职情况的实施方案，研究区第十五届人大常委会第十八次会议的有关事项，听取区人民检察院的有关人事任免事项。

9月18日，区第十五届人大常委会第34次主任会议在区行政中心举行。会议听取区人民政府关于推进基层医疗卫生服务体系建设的议案办理情况的报告、区发改委关于投资重点民生工程进展情况的报告，研究关于专项评议城东新区建设和管理工作的实施方案（草案）。

10月20日，区第十五届人大常委会第35次主任会议在区行政中心举行。会议听取区住建局关于城区住宅小区物业管理情况的报告、区发改委关于重大项目建设情况的报告，讨论区人大常委会评议领导组关于组织区人大代表评议区政府部门工作的情况报告，研究区第十五届人大常委会第十九次会议的有关事项，听取区委组织部的有关人事任免事项。

11月25日，区第十五届人大常委会第36次主任会议在区行政中心举行。会议听取关于召开南通市通州区第十五届人民代表大会第四次会议筹备工作的报告，交流镇人大工作调研情况，研究确定2014年度镇人大工作先进单位和先进个人，研究2014年度南通市优秀人大代表建议名单、2014年度办理建议先进单位和个人名单以及关于召开区人大常委会与“一府两院”负责人联席会议的方案（草案）。

12月8日，区第十五届人大常委会第37次主任会议在区行政中心举行。会议听取区财政局关于调整2014年财政收支预算的报告、区人大常委会执法检查组关于检查《中华人民共和国水污染防治法》贯彻实施情况的报告，研究召开区第十五届人大第四次会议和常委会第二十一次会议的有关事项。

重要工作

【专项评议城东新区建设和管理】 2014年，区人大常委会制订专项工作评议方案，专题调研、视察城东新区建设和管

区人大常委会召开城东新区建设和管理评议会

理情况,召开座谈会听取社会各界人士的建议和意见。10月,召开专项工作评议会议,围绕强化城东新区规划设计约束力、加大招商力度、加快公共服务设施建设、加强生态文明监管等7个方面提出评议意见,要求区政府及相关部门认真研究处理。

【拆迁安置房建设专题询问】 2014年,区人大常委会组成人员深入有关镇区及安置房建设现场,调查研究,了解情况,听取反映,对掌握的资料认真研究分析,分成若干专题,经过数轮讨论研究,形成工作方案。10月底,常委会召开专题会,围绕拆迁安置小区的资金筹集、规划选址、质量监管、配套设施建设、物业管理以及如何加快安置房建设进度、保障失地农民的充分就业等问题进行询问,区政府及财政、住建、规划、人社、动迁等相关部门和单位主要负责人作答。此次专题询问形式新、选题准、内容实、互动效果好。区政府及相关部门积极落实整改,变答复为行动,变承诺为现实。

调研拆迁安置房建设情况

【组织评议政府部门活动】 2014年,区人大常委会在认真组织代表广泛联系选民、了解情况、做好评议前期准备工作基础上,将组成人员分成三个调研组,集中3天时间深入到全区19个镇(区),与区人大代表、群众代表及镇村干部座谈交流,充分听取区发改委、经信委、司法局、人社局、住建局、交运局、卫生局、审计局、人口与计生委、安监局等10个被评部门服务基层、服务群众的工作情况,通过代表小组分别评议、驻会委员收集整理、举行大会集中通报的形式,对被评部门工作进行满意度测评。要求区政府及被评部门及时建章立制、采取措施、改进流程、简化程序,有效解决群众反映强烈的问题。

【《水污染防治法》执法检查】 4月—12月区人大常委会开展《中华人民共和国水污染防治法》贯彻实施情况执法检查。检查组开展前期调研,认真制定执法检查方案,明确指导思想、检查重点、检查方式以及时间安排。9月,听取区环保、住建、水利等部门的报告;11月,赴部分重点水污染企业、畜禽养殖大户和水环境污染较为严重的镇(区)进行视察、调研;12月,听取和审议执法检查报告,并连同审议意见一并交由区政府研究处理。

开展"水污染防治法"实施情况执法检查

【镇人大工作先进单位和个人评选】 2014年,区人大常委会加强对镇人大工作指导,召开镇人大工作座谈会,交流、探索镇人大工作新经验、新方法。组织镇人大负责人参加上级人大培训活动,邀请镇人大主席列席常委会会议。继续组织开展争创镇人大工作先进单位和和个人活动,经主任会议研究,确定金沙、西亭、二甲、骑岸、四安、刘桥、兴东、平东、五接、张芝山、先锋镇为镇人大工作先进单位,朱汉成、季勇、陶文龙、潘桂华、顾永林、沈新宇、龚卫、于燕为镇人大工作先进个人。

【代表工作】 2014年,区人大常委会制定下发《2014年区人大代表小组活动建议内容》,指导代表小组围绕经济社会发展和民生热点问题开展活动,实现闭会期间代表活动常态化和规范化。邀请代表列席常委会会议、参加常委会执法检查和调研视察,安排代表参加行风评议、列席政府相关会议和旁听法庭审理,拓宽代表知情议政渠道。组建区人大代表资料库,充分发挥代表主体作用和专业优势。协助南通市人大代表小组开展活动,组织8名南通市人大代表向原选举单位报告履职情况,促进代表依法执行代表职务。及时交办代表议案和建议,通过听取汇报、实地检查、"回头看"等方式推进议案和建议办理工作。组织开展先进单位和个人评比活动,经主任会议研究决定,区住建局、交运局、卫生局、城管局、人社局、公安局被评为办理工作先进单位,孙淑慧(农工办)、邹秦川(规划分局)、邢霞(教育局)、季斌(环保局)、赵军(财政局)、江华(发改委)被评为办理建议先进个人。

(杨志明)

通州区人民政府

The People's Government of Tongzhou District

编 辑 张晓芹

综 述

【概 况】 2014年,通州区坚持稳中求进总基调,攻坚克难、开拓创新,统筹做好改革发展稳定各项工作,较好地完成全年目标任务。实现地区生产总值860.73亿元,比上年(下同)增长10.8%。完成财政总收入182.01亿元,增长25.0%,一般公共财政预算收入70.44亿元,增长15.1%。

产业结构不断优化。坚持存量优化与增量扩张并举,三次产业结构调整为6.4:52.3:41.3。通州家纺被评为"国家新型工业化产业示范基地";船舶海工产业难中求进,产值增长6.5%;建筑业新增"鲁班奖"3项,省绿色建筑示范区创建全面启动。智能装备、新材料等新兴产业加快集聚,产值占比提高7个百分点。现代服务业"5+1"重点业态持续扩张,南通供销产业园建成国家AAAAA级物流企业,楼宇经济、总部经济、互联网经济初具规模,服务业增加值占比提高1.5个百分点。农业现代化进程加快,全区新建扩建规模以上农业项目124个,新增设施农业面积1800公顷,高标准农田占比达61%,新增国家级示范合作社3家。"金土地"生态园被认定为省四星级乡村旅游点。

项目建设扎实推进。组织季度项目集中签约、联合开工活动。全年新签约项目136个,总投资达230亿元。展华电子、民航飞行校验中心、顺丰速运分拨中心等一批高端优质项目成功落户。全年完成固定资产投资515亿元,总量全市第一。服务业投入持续加快,完成投资209亿元,增长35%。实施亿元以上项目150个,甬金三期、国际棉花交易中心等30个市区两级重大项目加快推进。鸿泰科技、富松模具等40个项目竣工达产,成为新的经济增长点。强化土地要素保障,盘活存量土地237.93公顷,争取点供、独立选址用地指标129.67公顷。

企业运行总体平稳。全年实现工业应税销售831亿元,增长17.5%。启动大企业培育三年行动计划,实施技改项目410个,完成投入220亿元,新增亿元工业企业40家。百强企业应税销售增长43%,占规模工业企业比重达72%。全区"三经普"登记企业总量1.1万家,比2008年增长55%。深化政银企合作,积极防范企业运行风险。企业上市步伐加快,达海智能、恒晟农贷登陆"新三板",7家企业在"四板"挂牌。品牌建设取得新成效,新增中国驰名商标2件、江苏名牌产品3只。"景瑞"成为全省首个蔬菜类中国驰名商标。

重点改革有序推进。实施外商投资便利化改革,归并审批事项5项。综艺集团获批全市首家外汇资金集中运营管理试点。积极构建多层次金融体系,华夏银行志浩支行开业,新引进天使投资、创业投资等基金12家。全面开展企业公有资产清理处置,经营性国有资产监管实现全覆盖。规范政府性债务管理,完成预算公开试点。土地利用总体规划中期评估方案获批。推进低效用地再开发,建成省国土资源节约集约模范县(市、区)。区农村产权交易中心在全省率先挂牌,成交首笔百万元以上土地承包经营权抵押融资。

园区建设不断加快。南通高新区争树新一轮国家高新区标杆,"一核多园"发展定位更加明晰,被列为省两化融合试验区。锡通科技产业园获批省级苏南苏中合作共建园区和省科技产业园。南通家纺城标准厂房建设全省领先,产业发展服务中心入选第五批国家技术转移示范机构。滨江新区"一区三园"格局初步形成,东沙大桥建成通车,新世界通用码头投运。空港产业园航空产业加速集聚。石港科技产业园建设框架进一步拉开。

开放水平稳步提高。完成注册外资5.5亿美元,实际到账3.3亿美元。外贸稳增长措施落实有力,完成外贸进出口总额32亿美元,增长11.2%。新增境外投资企业18家,协议投资额达2.2亿美元。建筑业海外施工产值突破2亿美元。抢抓央企国企改革机遇,与中航工业、中广核等央企开展一系列合作,混合所有制经济发展取得新突破。

协同创新推进有力。与南京理工大学等高校院所建立产学研合作关系120多项，引进建设科技服务平台14个。积极开展国际科技合作，宏德机电中欧国际合作项目获准立项。设立海兰信海外并购基金，搭建船舶海工国际技术转移平台。南通高新区被确定为省海智计划工作基地。南通家纺城入选省协同创新服务示范基地。石港镇获批省创新型试点乡镇。科技成果加速转化，5个项目列入国家星火、火炬计划，4个项目列入省科技支撑计划。成功举办第十届“高洽会”，新引进国家“千人计划”专家、长江学者等18名，新增创新创业项目42个。

创新平台建设加快。建成科创大厦、综艺金融港，科技之窗主体封顶，新增省级以上创新载体5家，新增“三创”载体面积22万平方米，三翼航空、百博丝纳米等一批创新项目成功入驻。船舶海工研究院加快建设，家纺、建筑产业研究院投入运作。南通家纺知识产权快速维权中心联网运营。全区完成专利申请2579件，万人发明专利拥有量达13.5件。成功举办第九届“张謇杯”中国国际家纺产品设计大赛、第七届中国家纺画稿交易会。

企业创新成效明显。新增高新技术企业39家、省级高新技术产品86个，培育省民营科技企业215家。高新技术产业产值占比达43.4%，提高1.8个百分点。高新技术企业研发机构实现全覆盖，新增省重点企业研发机构9家、省级企业工程中心、技术中心18家。景瑞农业院士工作站获省级立项。全社会研发投入占比达2.4%。

城乡统筹步伐加快。通富路北延建成通车，金通三大道、G345南通东绕城、南通世纪大道、人民路、青年路东延全力推进，连接南通城区的骨干路网基本形成。推动西部片区三镇产业布局、交通路网一体化，加快东南片区联动发展。平潮、石港、二甲3个市级中心镇功能配套不断完善。持续改善农村生产生活条件，新建农村公路150公里，改造灌区206个、农桥150座，疏浚农村河道145公里，完成新一轮农村饮水安全工程。强化农村环境“四位一体”长效管理，获省村庄环境整治工作先进集体称号。五接镇开沙村入选中国最美村。

城市功能不断完善。深化世纪大道南段、鹏程大道两侧城市设计，完成城区绿地系统、停车设施等专项规划。城东新区、银河新区加快开发，金沙滩商业水街开放运营。完成朝霞西路、新通掘路北段提标改造。启动城市公共无线上网工程。推进城区雨污分流，新建管网15.7公里。新增公共绿地面积120万平方米，建成霞中公园、太山公园、世纪大桥景观绿地。改造提升老小区34个，实现城区住宅小区物业管理全覆盖。试行城管执法重心下移，城区面貌持续改善。

生态环境持续优化。全力实施4大类27项生态攻坚重点工程。生态红线保护工作通过省级考核。实行河道管理“蓝线制”“河长制”。开展姜张河等重点河道整治。迁建益民污水处理厂，建成溯天污水处理厂。推行污水片区收集模式，新建城镇污水管网27.8公里。坚持铁腕治污，关停涉污企业48家，主要污染物排放得到有效控制。秸秆禁烧和综合利用取得新成效。完成生态廊道一期建设，新增成片造林1666.67公顷、小游园127处、省级生态村2个。

民生事业加快发展。全面启动新一轮教育现代化工作，新增省优质幼儿园4所，育才中学、石港小学等4所学校迁入新校园，高标准高中主体工程封顶。成功举办全国农村学校艺术教育现场推进活动。积极推进区级医院综合改革，完成新一轮镇卫生院资源整合，建成村标准化卫生室195家，三级医疗卫生服务体系不断完善。稳妥实施“单独两孩”政策。承办“江苏戏剧奖·小戏小品奖”决赛，一批文艺作品在全国、全省获奖，被命名为全国文化先进县（市、区）、中国民间文化艺术之乡。体育中心对市民开放。社会发展水平评价全市第一，蝉联“十二冠”。

保障体系更加健全。新增城镇就业9168人，再就业4234人，城镇登记失业率为2.5%，农村、城镇居民人均可支配收入分别达17150元、36000元。社会保障扩面提标，各类社会保险覆盖率均超98%。启动城乡居民基本医疗保险制度并轨工作。完善征地补偿和被征地农民社会保障政策。健全社会养老服务体系，新增养老机构床位800张。区社会福利中心主体工程封顶。稳步提高城乡低保、农村五保、重残救助标准，切实改善困难群众生活条件。建成保障性住房6054套，改造棚户区22.8万平方米，完成农村危旧房改造506户。大力推进安置房建设，竣工175.6万平方米，安置5203户。

社会治理有力有序。深入推进三级综合服务管理平台建设，完成先锋镇“政社互动”试点。深化平安通州建设，建成50个村级技防监控中心。扎实开展“五大专项行动”。全面落实安全生产“党政同责、一岗双责”，投入1.4亿元用于安全生产领域建设，系统开展安全生产“七打七治”、打非治违等专项行动，依法关停企业145家，安全生产形势总体平稳。畅通群众诉求渠道，全力抓好信访维稳工作，积极化解社会矛盾。严格管控违法建设，拆除违建8.5万平方米。“六五”普法中期评估考核获全国先进。省“双拥模范城”创建实现“七连冠”。文明城市长效管理水平不断提升。

重要会议

【区政府全体（扩大）会议】 2014年，区政府共召开区政府全体（扩大）会议2次。2月13日，区政府召开全体（扩大）会议，要求政府系统各部门、各单位全力实施三大战略、打好五大战役、推进百项攻坚任务，推动通州走在苏中新一轮发展前列。三大战略：全面落实中央、省、市和区委关于全面深化改革的各项部署；全面对接省市关于推进陆海统筹配套改革的各项要求；全面完成人代会报告确定的各项任务。五大战役：以南通高新区升级为契机，在园区建设上求突破；以开放开发平台打造为重点，在功能配套上求突破；以争取全国小城镇建设试点为引领，在城乡统筹上求突破；以土地利用总体规划修编为抓手，在发展空间拓展上求突破；以建设南通东部新城为导向，在城市经济发展上求突破。8月15日，区政府召开全体（扩大）会议，要求政府系统各部门、各单位认真贯彻落实省委十二届七次全会、省政府全体（扩大）会议、市委十一届七次、区委十一届八次全会精神，不断强化政府系统能力建设、作风效能，确保全面完成年度各项目标任务。

【区政府常务会议】 2014年，区政府共召开政府常务会议14次，发会议纪要14期。1月25日，召开第1次政府常务会议，听取国家级示范高中（一期）项目估算及主要建筑物工程概算说明。2月17日，召开第2次政府常务会议，主要研究区城市建设指挥部重点工程建设业主目标责任制考核办法（试行）、区城市建设指挥部城建交通重点建设工程施工保障督查考核办法（试行）、关于进一步加强村级医疗卫生机构建设的意见及相关配套办法、区生态廊道（一期）建设方案、2014年重点部门争取上级扶持资金计划、区体育中心试运营方案。3月3日，召开第3次政府常务会议，主要研究2014年度区级机关和镇区园目标管理绩效考核实施意见、2014年金融工作考核奖励办法、关于促进创业投资和股权投资发展的若干意见、2014年重大项目推进年实施办法、关于大力推进企业上市若干政策的意见、2014年招商引资（外贸）工作奖励办法、区集镇环境长效管理考评办法、区农村环境“四位一体”长效管理考评办法。3月28日，召开第4次政府常务会议，主要研究区新建住宅区配套用房管理办法（试行）、区集体土地联建房建设管理操作办法及报批报建程序、金沙镇2014年征迁安置工作方案、通州中专因学制延长增加相关教学生活设施的实施方案，听取关于加强村镇建设工程安全生产监督管理工作的意见、关于川姜镇和家纺城实行“区镇合一”管理体制后区级行政审批权力下放事项的汇报。4月29日，召开第5次政府常务会议，主要研究关于完善南通市通州区军队转业干部随调家属安置办法的意见、关于加强村镇建设工程安全生产监督管理工作的办法，听取全区一季度安全生产工作汇报及二季度工作安排。6月3日，召开第6次政府常务会议，主要研究区政府党组开展党的群众路线教育实践活动、2014年通州区社会救助提标方案、智慧通州（无线城市）工作实施方案、通州区地下水应急水源地建设实施方案。6月27日，召开第7次政府常务会议，主要研究通州区加快培育工业大企业（集团）三年行动计划、通州区预算支出绩效管理暂行办法、通州区2014年基层医疗卫生资源优化整合实施方案，听取2014年政府性基金和财政专项资金收支预算、2014年政府性基金和财政专项资金收支决算。7月28日，召开第8次政府常务会议，主要研究区级国有公司改革方案、省高投南通天使投资基金设立方案，听取关于渔湾水乡申报国家湿地公园有关情况的汇报、金融工作情况汇报、区级行政审批服务事项清理下放情况汇报。8月28日，召开第9次政府常务会议，主要研究南通市通州区关于深化国库集中支付改革的意见、南通市通州区深化财政国库集中支付改革领导小组建议名单、区经济体制改革五个方面内容的具体实施方案、关于规范和促进民办养老机构发展办法、“童声里的中国”少儿艺术创研基地布展和标志性雕塑建设的有关事项，听取南通市通州区安全生产“党政同责、一岗双责”实施细则。9月26日，召开第10次政府常务会议，主要研究通州区2014年度安委会成员单位安全生产目标管理绩效评估办法、全区2015年度新型农村合作医疗实施意见、关于要求确认广电网络资产评估与审计结果并确定出资额等事项的请示。10月25日，召开第11次政府常务会议，主要研究关于推进教育现代化建设的实施意见及相关实施方案、通州区征地补偿和被征地农民社会保障办法、南通市通州区农村集体经济组织成员界定指导办法（试行）、2015年城建重点工程计划。11月21日，召开第12次政府常务会议，主要研究南通市通州区人民政府职能转变和机构改革方案、南通市通州区生态红线区域保护监督管理暂行办法和南通市通州区生态补偿专项资金管理暂行办法。12月15日，召开第13次政府常务会议，主要研究政府采购货物和服务实行投标人资格后审的规定和对石港、川姜、五接三个镇下放行政处罚等156项行政权力事项，集中学习新修订版《安全生产法》，并听取当前全区安全生产工作情况汇报。12月25日，召开第14次政府常务会议，主要研究通州区突发公共事件总体应急预案及相关专项预案、2015年通州区生态文明建设重点工程项目计划、2015年通州区10件民生实事项目安排、2015年国民经济和社会发展指标计划安排、南通市通州区城镇职工基本医疗自费补充保险暂行办法、国有公司政府投资项目回购结算办法。

【区长办公会议】 2014年，区政府共召开区长办公会议34次，发会议纪要34期。1月11日，召开第1次区长办公会议，专题研究年度全区动迁计划；1月25日，召开第2次区长办公会议，专题研究2月份区政府重点工作安排、2014年中小学校舍安全工程规划、沈海高速兴仁道口改造等事宜；2月22日，召开第3次区长办公会议，专题研究区房屋协议搬迁补偿安置指导意见、X305西延工程延伸（老通甲路至S307）实施、集镇环境综合整治考评验收、社会福利中心项目建设等事宜；3月3日，召开第4次区长办公会议，专题研究3月份区政府重要工作、汽车综合性能检测站易址重建、青岛北路公交调度中心（停保场）建设、征迁安置小区规划管理意见、申报征迁补偿安置资金概算的补充规定、家纺产业技术研究院2014年建设运行费用等事宜；3月24日，召开第5次区长办公会议，专题研究规范镇区园城管执法协管队员队伍建设、拨付城东新区交通治安电子监控设施建设费用、推进“全托管”新型农业经营主体建设、城乡道路两侧建筑控制、2014年优化工程实施方案、解决原南通市第十二棉纺织厂部分改制分流职工医疗保险费、通州区2014年南通市劳动模范和先进工作者推荐评选等事宜；3月28日，召开第6次区长办公室会议，专题研究4月份区政府重点工作安排、南通市内河水上搜救中心通州分中心技术业务用房重建等事宜;4 月 12 日,召开第 7 次区长办公会议,专题研究秸秆禁烧和综合利用工作意见和相关考核办法、拨付区消防大队专项建设经费、落实区保安消防大队运行经费、拨付医疗单位 2011 年度职工绩效工资清算经费、落实通州城区污水处理尾水排江排口及沿线管道项目设计咨询单位、实施省政府 93 号令具体办法出台前征地补偿安置费用临时处置办法等事宜;4 月 29 日,召开第 8 次区长办公会议,主要研究 5 月份区政府重点工作安排、增加金川大道西延工程概算、实施滨河西路南段等事宜;5 月 10 日,召开第 9 次区长办公会议,专题研究通州区地下水应急水源地建设、实施通州区河道管理"河长制"、区六院异地新建项目及镇卫生院提标改造、区政务云计算中心建设等事宜;5 月 16 日,召开第 10 次区长办公会议,听取 2014 年以来全区经营性土地出让情况;6 月 3 日,召开第 11 次区长办公会议,专题研究 6 月份区政府工作重点安排、进一步规范区人民医院和中医院管理、兴飞花苑安置房建设项目招标、恒祥大厦周边部分地带绿化提升、相关道路信号灯智能改造升级、区交运局办公大楼修缮、区看守所增加监控设施等事宜;6 月 16 日,召开第 12 次区长办公会议,专题研究江苏省(南通)家纺产业技术研究院理事会成立、川姜镇义成村安置区扩建规划选址、拨付区中小企业应急互助基金区财政引导资金、促进中国南通家纺城发展等事宜;6 月 27 日,召开第 13 次区长办公会议,专题研究区政府部分领导班子成员工作分工、区政府党组群众路线教育实践活动开展、7 月份区政府重要工作安排、川姜镇磨框镇村安置区扩建规划选址、通吕运河示范段景观设计公开招标、建立农村产权交易平台、出台农村产权交易管理办法、成立农村产权交易监督管理委员会、农村土地承包经营权抵押贷款、九圩港临时农贸市场规划设计建设及资金渠道、扶持南通国际棉花交易中心启动业务经营、城镇低保标准调整、绿色汽车示范推广等事宜;7 月 4 日,召开第 14 次区长办公会议,专题研究全区企业公有资产清理处置和政府投资建设的地下建筑办理土地使用证等问题;7 月 5 日,召开第 15 次区长办公会议,专题研究区政府党组党的群众路线教育实践活动开展、新瑞广场地下商铺土地使用证办理、危仓老库维修改造工程有关项目变更新增、平潮实验初中临时食堂建设、安全生产检查整改专项行动及近期安全生产形势通报等事宜;7 月 7 日,召开第 16 次区长办公会议,专题研究加快推进传化物流南通智能公路港项目等事宜;7 月 14 日,召开第 17 次区长办公会议,专题研究通州区科技型中小型企业贷款担保基金管理、通州卫校搬迁维修改造等事宜;7 月 9 日,召开第 18 次区长办公会议,专题研究经营性用地供地计划优化调整工作;7 月 21 日,召开第 19 次区长办公会议,专题研究关于加强新形势下征兵工作的意见、忠孝文化园银河路改造方案等事宜;7 月 28 日,召开第 20 次区长办公会议,专题研究农村杆线规划管理办法(试行)、关于推进财政预算决算公开工作的实施意见、政府性债务管理暂行办法、关于使用专项经费组织开展"公共安全智能化工程"深化扩容建设等事宜;8 月 9 日,召开第 21 次区长办公会议,听取上半年全区市级重点经济工作综合考核主要指标自评情况汇报,专题研究开展以解决信访突出问题为重点的"百日攻坚"活动方案、城区查扣的封闭非国标三、四轮电动车进行妥善处置的建议、经一路道路工程建设实施方案、"童声里的中国"少儿艺术创研基地布展设计方案、金沙殡仪馆升级改造方案、第一集贸市场消防设施回购维保等事宜;8 月 15 日,召开第 22 次区长办公会议,听取运盐河公园设计方案汇报,专题研究原江华机械厂职工住宅搬迁、奥邦公司商场销售许可等事宜;8 月 28 日,召开第 23 次区长办公会议,专题研究 9 月份区政府重要工作安排、区级国有公司改革方案、通州区专利资助办法、全覆盖拉网式农村环境综合整治试点工作方案、调整通州城区住房保障低收入家庭收入标准、城东新区商业综合体项目招商实施方案、编制南通开沙岛旅游度假区发展总体规划及控制性详细规划等事宜;9 月 6 日,召开第 24 次区长办公会议,专题研究新建南通高新技术产业开发区人民法庭审判业务用房、2013 年冬季退役士兵安置实施方案、因病支出型贫困家庭救助办法(试行)、金沙镇云游堂内建设文明办丧点、江苏华电通州热电有限公司申报清洁发展委托贷款办理意见、金通三大道穿越兴东机场灯光带优化建设方案等事宜;9 月 15 日,召开第 25 次区长办公会议,专题研究相关副区长工作分工、十大专项治理行动、信访维稳工作、核拨忠孝园四期工程孔像安装费用等事宜;9 月 26 日,召开第 26 次区长办公会议,专题研究 10 月份区政府重要工作安排,购置广播、电视宣传车,购置消防车辆,拨付金沙镇万顷良田建设征收"南通市港北高效农业综合开发有限公司"专项经费,惠通投资有限责任公司实体化运行改革方案,2014 年度覆盖拉网式农村环境综合整治试点工作技术咨询服务项目直接发包等事宜;10 月 11 日,召开第 27 次区长办公会议,专题研究进一步加强农业机械安全监督管理工作的意见、2015 年造林绿化工作实施方案等事宜;10 月 18 日,召开第 28 次区长办公会议,专题研究关于确定捐赠飞机安装所需经费的请示;11 月 1 日,召开第 29 次区长办公会议,专题研究 11 月份区政府重要工作安排、城乡居民基本医疗保险制度整合并轨、加快楼宇经济发展的若干政策意见、加快发展现代服务业激励政策的意见、万顷良田金沙项目区运行管理等事宜;11 月 3 日,召开第 30 次区长办公会议,专题研究 2015 年绿色通道提升工程实施方案。11 月 8 日,召开第 31 次区长办公会议,专题研究直属城管执法队伍派驻高新区、金沙镇工作、二甲镇对接区"一河两岸"搬迁企业、区社会福利中心内部装潢设计等事宜;11 月 21 日,召开第 32 次区长办公会议,专题研究通州区重点抚恤优待对象医疗救助修订方案、公立医院综合改革实施方案及财政补偿方案、关于合作完成"凯伦帝景"项目的请示、关于 2015 年一事一议财政奖补资金计划安排和开展美丽乡村建设试点的请示等事宜;12 月 15 日,召开第 33 次区长办公会议,专题研究通州区第二集贸市场工程建设主体及配套变更等增加工程造价、区自来水有限公司代建区域供水金通三大道给水工程、如港—恒科 220kV 线路建设工程对如皋一次性补偿等事宜；12月20日，召开第34次区长办公会议，专题研究区政府会议制度、通州区2015年水利建设与管理意见、通州区农村河道整治三年行动计划工作方案（2015—2017年）、关于看守所供电线路、燃煤锅炉改造和房屋维修及增加相关设施等的请示、关于建议将区域供水金通三大道给水工程交由南通市供水工程公司代建的请示等事宜。

【专题办公会议】 2014年，区政府共召开专题办公会议34次，发会议纪要34期。1月10日，专题研究加快推进通州华电燃机热电联产项目建设有关事宜。1月23日，专题研究张氏宗祠（南通市文物保护单位）及原金西初中校舍管理问题。2月12日，专题研究江华高档纺织品等5个项目前期预审问题。2月18日，专题研究区生态文明规划编制招投标事宜。2月19日，专题研究全区教育、卫生发展中的重点难点问题。3月7日，专题研究妥善处理好通州区城东新区箱式变压器安装工地事故后续工作。3月27日，专题研究黄标车限行区划定工作。4月25日，专题研究南通市九圩港提水泵站工程征迁安置有关工作。4月29日，专题研究通州南部地区污水处理厂实施政府回购有关事宜。5月6日，专题研究西亭加油站迁建相关事宜。5月14日，专题研究加快推进通州国际物流港项目有关事宜。5月15日，专题研究平潮镇九圩港五岔路口拆迁安置改造工程资金平衡问题。5月22日，专题研究四安中学校门恢复重建遭校邻阻挠相关问题。6月5日，专题研究界定锡通科技产业园北区四至范围事项。6月6日，专题研究新通掘公路（行根路至S335段）拓宽改造占用土地补偿及施工保障相关事宜。6月19日，专题研究落实全区集体、民办幼儿园专职保安配备工作。6月26日，专题研究高精密度器械生产等10个产业项目预审意见。7月3日，专题研究通启河、通甲河整治工作。7月4日，专题研究见义勇为的姜灶中学教师周福如医疗费用报销问题。7月7日，专题研究新建平潮实验初中临时食堂事宜。7月7日，专题研究金飞达出让地块开工预售有关问题。7月15日，专题研究党校、卫校搬迁事宜。8月12日，专题研究兴仁专职消防队建设和运行经费问题。8月14日，专题研究南通旺而盛纺织有限公司申报南通经信委技改补贴有关事宜。8月14日，专题研究惠通公司申请退出政府融资平台作为一般类公司管理的相关事宜。8月22日，专题研究区知识产权运营中心建设事宜。8月22日，专题研究区社会福利中心建设事宜。8月25日，专题研究文博中心小剧场建设问题。9月5日，专题研究城区老拖拉机站、家电学校周边等地块征迁安置工作。9月7日，专题研究高新区污水管道修复问题。10月17日，专题研究中心医院、镇卫生院招标改造过程中的质量控制、安全生产工作。12月2日，专题研究五接农业机电管理站电镀厂政策性关闭的处置方案。12月2日，专题研究民生银行南通家纺支行化解南通"国泰国建系"企业不良贷款事宜。12月2日，专题研究通西专职消防队运行经费问题。 （顾　鹏　马　丹）

重大活动

【为民办实事工程】 2014年，在广泛征求社会各界建议意见的基础上，确定政府为民办实事二十项工程。一是实施中小学校舍安全工程。4个重建项目开建，南兴小学实验楼完成招标，正在拆迁；19个加固项目交付使用。二是实施教育信息化工程。对校园网进行改造，新添计算机3200台，电子白板700套，4所学校新增录播教室。三是实施中小学运动场地塑胶化改造。全面完成28所中小学运动场地塑胶化改造任务。四是开工建设高标准高中。高标准高中主体工程封顶，进行内部装修，2015年秋季开学投入使用。五是完善卫生服务体系建设。二院扩建、先锋、川姜、五接3家镇卫生院新建工程全部开工建设；完成195个村卫生室标准化建设，占两年任务数的96%。六是卫生信息化建设。实施区域卫生信息平台一期建设、医疗机构专网升级改造，实现基层医疗卫生机构综合业务信息系统全覆盖，推进二级医院电子病历建设。七是健康管理促进。为农村65岁以上老人免费体检25.2万人次；为2.5万名农村育龄妇女进行乳腺癌和宫颈癌"两癌"筛查；完成孕前检查及优生指导目标人群任务。八是启用医保健身一卡通。在全区统筹范围内参加城镇职工医疗保险且医保个人账户结余金额超过3000元的市民，均可持卡到指定网点进行健身消费。九是推进区社会福利中心建设。2014年主体建筑封顶并着手内部装潢，2015年6月投入试运营。十是推进城乡体育设施建设。完成40个居委会（含农民集中区）健身设施更新；完成东社、兴东、骑岸、张芝山体育公园新建、扩建任务；为城中公园、五一小游园、五号横河公园等配建体育设施。十一是实施百场文化惠民演出。组建百个业余文艺团队。十二是提高城乡困难群众救助标准。城镇低保、农村低保、孤儿集中供养、孤儿散居供养、农村五保集中供养、农村五保分散供养、城市三无老人集中供养和分散供养标准每人每月分别提高到570元、400元、1400元、870元、640元、550元、1220元和900元。十三是提高新农合筹资水平，提高新农合大病保险标准。全区新农合人均筹资标准由每人每年380元提高到480元；新农合大病保险标准提高到每人30元。十四是提高城乡居民社会养老保险参保补贴标准；推进社会保障卡发放。提高城乡居民社会养老保险参保补贴标准，参保人数24.11万人，参保率达98.8%；完成社会保障卡制卡15.6万张。十五是新建农村水泥道路150公里、镇村公路安保工程1000公里、改造县道危桥10座、镇级危桥4000平方米。全面完成建设任务，其中改造镇级危桥4100平方米。十六是建成泵站124座、防渗渠365公里，改造农桥150座；疏浚农村河道145公里，土方241万立方米；疏通坝头、坝埂100处。十七是完成金沙横河6000平方米生态浮床建设任务，完成唐灶港、运盐河、十五总港河道疏浚；运盐河公园建设进入招投标程序。十八是新建7个镇级社会服务管理中心。完成川姜、四安、西亭、先锋、骑岸、五甲、二甲7个镇级社会服务管理中心建设。十九是做好区食品药品检验中心建设。区食品药品检验中心因涉及机构调整,根据省政府2014年93号文件精神,对检验中心功能定位进行调整。二十是老小区整治改造。完成金沙镇、高新区34个老小区改造任务。

（马　丹）

【南通首个国家级高新区揭牌】　7月27日,升级为国家高新技术产业开发区的江苏南通高新区正式揭牌,这是南通市首家经国务院批准设立的国家级高新区。南通国家高新区的前身为通州经济开发区,创建于1992年,1993年成为首批省级开发区,2012年,科学发展综合评价排名列江苏省级开发区第一。2013年12月20日,国务院批复江苏南通高新区为国家高新技术产业开发区。（马　丹）

【南通毅达创新创业投资基金揭牌】　11月28日,南通毅达创新创业投资基金在通州揭牌,注册资本1.1亿元,成为全市首个专业从事天使投资的天使投资基金。近年来,通州区积极响应南通市政府加快创新驱动号召,以建成多元化、多层次、多渠道的科技投融资体系为目标,在全市范围内率先成立创业投资中心,通过新兴产业创投引导基金共计出资7000万元参股4家含创投在内的金融服务机构,有效引导并撬动社会资金进入投资等金融服务领域。全区现有创投机构29家,注册资本14亿元,管理资本规模32亿元,对产业转型升级和实体经济发展发挥重要作用。

（易卫东）

【农村产权交易中心挂牌】　9月,通州区农村产权交易中心在全省率先挂牌并正式运行,依法为全区农村产权交易、流转提供场所设施、信息发布、组织交易、交易鉴证等服务。2014年,通州区加快转变农业发展方式,推进农村改革创新,培育各类新型农业经营主体200余家,新增设施农业1800公顷,高标准农田占比达61%,成交首笔百万元以上土地承包经营权抵押融资,跻身全省发展现代农业成效显著县行列,荣获全市"三农"工作综合考评一等奖。

（杜　丘）

【全国农村学校艺术教育实验县(东片)现场推进展示在通州召开】　12月11日—13日,全国农村学校艺术教育试验县(东片)现场推进展示在通州区召开。来自北京等16个省(自治区、直辖市)的70个农村艺术教育实验县(市、区)相关负责同志实地观摩了石港小学、石港中学、兴仁小学、实验小学的艺术教育工作现场。近年来,通州区坚持素质教育理念,积极创新机制,加大载体建设和投入,认真开展好农村艺术教育各项工作,取得丰硕成果。2013年,通州区被教育部确定为"全国农村学校艺术教育实验县(市)"。

【新一轮教育现代化建设推进会召开】　11月12日,通州区召开教育现代化建设推进大会,部署推进全区教育现代化建设工作,省教育厅厅长、省委教育工委书记沈健到会并作重要讲话。2014年,区委、区政府研究制订《关于推进教育现代化建设的实施意见》及关于学前教育改革发展、义务教育优质均衡发展、普通高中优质特色发展、职业教育与社会教育提升发展、师资队伍素质提升、推进教育信息化等6个具体实施方案,明确全区新一轮教育现代化建设总体目标,即到2016年教育现代化发展水平总体达到省定指标体系要求(单项指标实现程度80%以上,综合得分90分以上),同时完成南通市教育现代化示范区建设下达的各项任务,教育整体水平和综合竞争力达"全市前列、全省一流"。（张雪兵）

【第九届"张謇杯"中国国际家纺产品设计大赛】　10月22日,第九届"张謇杯"中国国际家纺产品设计大赛颁奖典礼在通州区举行。大赛共收到来自国内外100多家企业和个人近320套(件)参赛作品,共有54件产品分获中国家纺品牌产品流行风尚奖、文化概念奖及产品设计奖,另设置设计银奖6件、铜奖9件和优秀奖30件。

【第七届中国(川姜)家纺画稿交易会】　10月21日—23日,第七届中国(川姜)家纺画稿交易会在中国南通家纺城成品展示中心举行,展会旨在"整合设计资源、引领时尚潮流"。本次家纺画稿交易会共收到322套参赛作品,268家单位参展,其中国外设计单位44家,国内设计单位168家,高等院所21家,成品企业35家。

【南通供销产业发展有限公司晋升为国家AAAAA级物流企业】8月10日,由央企中国供销集团投资,通州区引进的第一家大型央企物流企业——南通供销产业发展有限公司晋升成为国家AAAAA级物流企业,实现通州现代物流业国家AAAAA级物流企业历史性突破,成为中华全国供销总社系统内第一家国家级AAAAA物流企业。

【海兰信海外并购基金设立】　2014年,通州区海工研究院按照"一区一战略"发展要求,与北京海兰信、南通产控、力合清源达成合作协议,发起成立规模近2.5亿元的海外并购基金,以基金为纽带、市场化为手段,加快海内外高端技术、产品、人才向高新区集聚,搭建船舶海工国际技术转移平台,推动南通船舶海工装备产业转型发展。

【景瑞农业院士工作站获省科技基础设施建设计划立项】2014年,区江苏景瑞农业承担的企业院士工作站获省科技基础设施建设计划立项,全省共11家,南通唯一一家。院士工作站总投入2300万元,建筑面积4500平方米。引进中国农科院方智远院士及其领导的7名教授、博士组成的创新团队,重点研究蔬菜高效栽培及生产的高新技术,共建蔬菜栽培、生产研究实验基地。

【市场监督管理局组建】　2014年,由通州区工商、质监、食药监三部门整合成立市场监督管理局，这是通州区市场监管领域的一项重大改革，有利于提升政府社会治理能力，保障人民群众消费和食品安全。新成立的通州区市场监管局打破原来市场监管领域分段管理的固有格局，重点围绕食品安全、证照管理、市场经营秩序等八个方面开展执法工作，有利于查处危害人民群众生命财产安全、破坏市场秩序、损害经营者与消费者合法权益等各类严重违法案件。

（昝志强）

【服务业重点业态加速集聚】 2014 年，通州区科技金融、现代物流等服务业重点产业发展取得突破，江苏达海智能系统股份有限公司、恒晟小贷公司在"新三板"成功挂牌，互联网金融平台"天天富余"上线运行，区首家天使投资基金"南通毅达创新创业投资基金"挂牌运作。聚势家纺电商园入驻电商企业 65 家，南通顺丰速递、南通供销产业园分别建成国家 AAAA、AAAAA 级物流企业，"金土地生态农业园"获评省四星级乡村旅游点。注重服务业专题招商，签约尊翔公务航空、天使投资基金等一批服务业项目。10 月 31 日，南通市服务业重大项目现场推进会在通州区召开；在南通市服务业目标考核评比中，区服务业获市区评比第一。

（李晓东）

【市民中心、体育中心投入使用】 区市民中心五座建筑单体中，政务服务中心于 3 月 28 日完工，4 月 26 日交付使用。档案馆、妇女儿童活动中心、图书馆及文博中心于 2014 年下半年相继竣工并交付使用。区体育中心项目于 4 月 24 日顺利通过竣工验收，5 月 10 日全面交付使用。

【成功申报创建省级绿色建筑示范区】 2014 年年初，通州区创建省级绿色建筑示范区工作正式启动，4 月完成提交申报，5 月通过省住建厅专家评审，6 月被省住建厅成功立项，获省专项补助资金 2500 万元。

【交通基础设施建设加速发展】 2014 年，通州区完成建设总投资 30 亿元，创历史新高。其中，225 省道改线、东沙大桥及接线元旦前实现简易通车；345 国道中段、龙昌大道、南通世纪大道东延西段、青年路农村段春节前实现简易通车。

（彭道新）

政府法制工作

【规范性文件审查】 2014 年，区政府法制办公室组织起草及审核规范性文件 4 件，经区政府颁布实施。

1.《南通市通州区绿色建筑管理实施办法（试行）》（通政规〔2014〕1 号）

2.《通州区企业拆迁与补偿办法（试行）》（通政规〔2014〕2 号）

3.《南通市通州区新建住宅区配套用房管理办法（试行）》（通政规〔2014〕3 号）

4.《通州区规范和促进民办养老机构发展办法》（通政规〔2014〕4 号）

【行政复议】 申请复议的事项主要涉及行政处罚、信息公开、工伤认定等。审查中，以调解和解机制创新为抓手，主动加强与申请人、被申请人、第三人的交流与沟通，找准案件的关键点，尽全力使案件调解成功，最大限度做到案结事了。2014 年，共收到行政复议申请 33 件。因不属行政复议范围或超过复议期限等原因，不予受理 12 件，占收案总数的 36%；依法受理 18 件，占受案总数 55%；其他 3 件，占收案总数的 9%；审结案件 15 件，其中维持 11 件，占审结总数的 73%；经调解申请人撤回申请的 2 件，占审结总数的 13%；驳回 1 件，占审结总数的 7%；确认违法 1 件，占审结总数的 7%。

【行政审批制度改革】 精简行政审批事项，提升行政审批效率。通过"减、转、放、免"，加快推进政府职能转变，减少和规范行政审批，建立行政审批事项目录清单。8 月，区政府发文公布区级行政审批事项目录清单。行政审批服务事项由原来的 650 项精简至 406 项，精简行政审批服务事项 244 项，精简率达 37.5%。全面梳理政府职权，建立政府行政权力清单。根据相关法律法规规章，9 月起，按照职权法定、转变职能和简政放权要求，集中梳理区政府各部门行政权力，按行政处罚、行政强制、行政确认、行政裁决、行政征收、行政征用、行政给付、行政奖励、其他行政权力等进行分类，编制区级行政权力事项。推动权力下放，增强基层社会管理职能。按照"放得下、接得住、用得好"原则，凡直接面向基层、量大面广、由基层政府管理更方便有效的经济社会事项，一律下放给基层管理。依法逐步赋予市级中心镇、重点镇区园部分区级行政审批权限，最大限度激发基层政府发展活力。向石港、川姜、五接三个镇下放行政审批服务事项 89 项，行政处罚和行政强制措施 156 项。

（司舒琰）

外事工作

【概　况】 2014 年，通州区外事侨务办公室按照地方外事"为中央整体外交服务，为地方经济建设服务"的根本宗旨，充分发挥自身职能作用，积极开拓外事工作新领域，努力为通州经济和社会建设服务，认真做好出国（境）管理、对外交流和外事服务工作。

【出国（境）管理】 2014 年，区外侨办结合全区因公出国（境）管理的实际情况，拟定《通州区因公出国（境）专项治理行动实施方案》。同时，对 2013 年之前的党政干部因公出国团组(2012 年 9 批 52 人次、2013 年 6 批 29 人次)进行自查。全年共审批出国(境)团组 39 个,共 53 人次,其中党政干部出访 4 批 18 人次。

【对外交流】 2014 年,区外侨办积极为区领导和机关、企业因公出国(境)工作提供优质服务。主要出访有:通州区委书记宋乐伟率领的赴美国、加拿大经贸团;通州区委常委、常务副区长陈斌率领的赴德国、捷克经贸团。通过组团出访,增强对外友好交流,促进通州对外开放,推进招商引资、项目落户工作,提高通州及企业在国际上的知名度和影响力。

【外事服务】 为助推通州区传统产业转型升级,使通州企业能"走得出,走得顺,请得进",区外侨办对企业因公出国(境)及邀请客商来华敞开渠道,在简化手续、优化服务、加强管理等方面采取一系列措施。2014 年,共办理审批企业人员出访 41 人次,审批企业邀请客商入境 182 人次,为通州区外向型经济健康发展提供有力保证。同时区外侨办还积极做好 APEC 商务卡申办工作,至今已申报 APEC 商务卡 116 张,获颁 93 张。

【涉外管理】 针对涉外事件政治性、政策性强的特点,坚持"统一领导、归口管理、分级负责、协调配合"的原则,按照《通州区涉外突发事件应急预案》要求,进一步建立健全涉外突发事件应急机制,更好地做好涉外事件的预警和防范,科学指导协调有关部门及时妥善处理各类涉外突发事件。加强境外非政府组织在通活动的管理,进一步完善境外非政府组织管理工作联席会议机制,对境外非政府组织在通州的活动情况进行深入调研,促进该项工作常态化、规范化。

(徐　娟)

侨务工作

【概　况】 2014 年,通州区外侨办充分发挥侨务工作在经济建设和社会发展中的独特优势,紧扣区委区政府的中心工作,认真做好护侨暖侨、以侨引侨工作。

【侨务引智】 2014 年,区外侨办充分发挥外侨资源独特优势,主动融入人才强区战略,向通州区海内外侨界人士大力宣传南通市江海英才引进计划和通州区 510 人才引进计划及投资环境,突出对海外高层次人才的感情投入和服务引导。6 月,举办"海外华侨华人高层次人才江苏行"活动,9 位博士以上学位的高层次人才到通州实地考察并参加通州区投资环境与人才政策推介会,2 位嘉宾与南通高新区达成明确合作意向。

【社区侨务】 2014 年,区外侨办因地制宜规划建设华侨村,扩大华侨村影响力,全面推动"新侨乡"建设工程。3 月,南通市人大副主任黄利金带领市人大部分组成人员到通州视察"新侨之乡"建设工作。5 月,南通市政协五侨联动视察华侨村建设。6 月,通州区人大深入华侨村进行专项调研,专题听取区政府侨务工作报告。

【维护侨益】 2014 年,区外侨办继续当好侨胞"娘家人",切实维护侨胞合法权益。共接受华人、华侨、港澳同胞及归侨、侨眷来信来访 13 批次。调处有关建房、生活困难、子女就学、迁坟祭祖等诸多事项,办理"三侨"子女享受中、高考优惠政策 7 人。认真做好海外同胞接待工作。先后接待华人、华侨、港澳同胞 6 批 18 人次,接待海外社团 2 批 12 人次,利用接待积极宣传党的侨务方针政策,宣传侨法,宣传通州,鼓励反哺家乡。特别关注困难归侨侨眷,积极落实对困难归侨的帮扶和补助,定期组织开展联谊和慰问,增强归侨侨眷的荣誉感、自豪感。

(徐　娟)

民族宗教工作

【概　况】 2014 年,区民族宗教事务局(简称民宗局)以星级宗教活动场所创建活动为抓手,紧紧围绕区重点工作,引导民族宗教界人士为通州经济社会发展做出贡献。

加强民族宗教干部、民族宗教界人士爱国主义和法制教育。开展宗教政策法规学习月活动,组织民族宗教干部、民族宗教界人士学习《宗教事务条例》《江苏省宗教事务条例》《江苏省少数民族权益保障条例》等法律法规,提高民族宗教干部、民族宗教界人士知法、守法、用法的能力。组织全区宗教教职人员参加南通市宗教界爱国主义教育培训、宗教政策法规培训、信息工作研讨、信访业务培训,全年政治学习 6 次、工作交流会 5 次。

完善民族宗教工作机制。12 月,区政府实行新一轮机构改革,区民族宗教事务局由与区委统战部一个机构、两块牌子调整为单独设置,为区政府工作部门,按照"三定"方案要求推进人员划转、资产移交、档案移交等工作。继续完善区、镇、村三级网络和两级责任制,对全区 19 名民宗助理进行业务知识和民族宗教信息培训,增强业务知识,提高业务水平,做到级级有人管、层层有人抓、事事有人做。推进专项治理工作。认真做好提案答复和信访接待工作,答复提案 4 件,接待、答复来信来访 4 件 16 人次。与公安部门联手开展反邪教反异端宣传,抵御渗透,打击邪教和异地传教活动 2 起 8 人次。

加强宗教活动场所管理。积极推进江苏省星级宗教活动场所创建评比活动,与宗教活动场所签订《宗教活动场所综治和长安建设责任书》;加强全区 31 处宗教活动场所的安全监管和日常管理,做到组织领导到位,应急保障到位,安全预控到位;恢复设立先锋灵峰寺佛教场所一处;开展消防、安保、防疫和施工等方面的安全检查,加强西亭西禅寺大雄宝殿建设、平东弥勒寺天王殿、五甲白龙寺东西厢房、圣光堂附属用房、姜灶基督教会临时教堂等在建工程施工安全检查，全年进行消防安全检查4次，对存在的安全隐患督促整改到位；把好佛教教职人员资格认定关，认定第二批佛教教职人员3人；协助南通市基督教“两会”把好代表推荐关，通州区基督教“三自”爱国运动委员会推荐代表10人；摸清全区佛法事从业人员底数，配合区政府举办佛法事从业人员文明办丧祭祖培训，培训人员270余人；开展“宗教慈善周”活动，共募捐善款约11.4万元；协助慈云寺、西社庙、江心寺、西禅寺搞好奠基、落成、祈福法会、水陆法会等大型宗教活动，确保安全无事故。

开展民族团结进步创建活动。召开少数民族工作座谈会，典型指引，激发少数民族创业致富热情；配合中央《民族团结》杂志社记者对婚嫁到平潮镇的满族同胞蒋荟萃创业致富事迹进行采访；协助通州法院及时为在兴仁打工的彝族同胞解决劳务纠纷，维护彝族同胞的合法权益；为30人恢复或变更民族成分，为81名符合政策的考生办理受照顾政策加分手续。

区民宗局举行宗教活动场所档案业务培训

【宗教政策法规学习月】 6月17日，召开全区31处宗教活动场所负责人会议，推动政策法规学习月活动开展。各场所利用法制宣传栏、板报、横幅、标语等载体，大力宣传宗教政策法规，提高信众法制意识；邀请区司法局负责同志结合山东招远“全能神”邪教杀人案例，从遵守法律法规、爱国爱教、邪教本质等方面为宗教界人士进行法治宣讲；与区司法局联合开展律师进场所活动，播放宣教片，发放宣传资料，现场为信众提供法律咨询、解答和指导法律援助。

律师在金沙教堂为信教群众提供法律咨询服务

【星级宗教活动场所认定】 6月，江苏省宗教局开展星级宗教活动场所认定工作。区民宗局召开全区宗教活动场所负责人会议，组织学习《认定办法》和《考核评分细则》，组织宗教场所负责人赴海安广福寺学习档案管理先进经验，与区档案局联合举办档案管理培训班，帮助宗教活动场所完善档案管理硬件设施、收集建立健全台账资料，推动宗教活动场所档案管理上台阶。经初选，推荐上报五星级宗教活动场所二处，四星级宗教活动场所一处，三星级宗教活动场所五处。

（沈李华）

信访工作

【概　况】 2014年，全区信访工作围绕为“奋力走在苏中新一轮发展前列”营造良好社会环境，以“基层基础提高年”活动为抓手，着力畅通信访渠道、规范信访秩序，推动问题解决、压实工作责任。先后完成全国、省、市“两会”，省委督导组在通、青奥会、中央巡视组巡视江苏、十八届四中全会、APEC会议等期间的信访维稳工作任务，实现“无非访、无进京集访、无上访极端行为”目标，全区信访形势继续保持平稳向好的总体态势。通州区荣获“南通市信访维稳工作先进单位”等荣誉称号。

【信访总量】 2014年，全区共受理信访总量2522件（次），和去年同期相比（下同）上升47%。受理人民来信1168件，上升68.7%；接待群众来访1354批7961人次，批次上升33%，人次上升25%。其中，集体上访237批3817人次，批次上升49%，人次上升11%。受理网上投诉26件,信访专网181件,上升39%;全年共发生越级访115批1344人次,其中进京上访44批68人次,赴省上访28批46人次,去通上访43批1230人次。

【积案化解】 2014年,区信访局排查梳理影响全区稳定的信访突出问题,拉升有效工作载体,实行信访积案化解项目化管理。先后3次交办180件信访积案,明确区包案领导、化解责任单位、责任人和稳控责任单位、责任人。6月—12月,在全区重点开展矛盾纠纷排查专项行动,部署以解决信访突出问题为重点的百日攻坚活动,全力推进专项行动。健全完善交办案件领导包案制度、履职保证金制度、无访村以奖代补制度、协调会议制度、督查督办制度和信息报送等制度。共督查督办问题75场次,协调会办130多次,化解127件,化解率达71%。

【联合接访中心运行】 2014年,区信访局在坚持和完善各级领导定期接访、集中下访、约访的基础上,探索、创新“一站式接待、一条龙办理、一揽子解决”的联合接访工作模式。6月10日,解决群众诉求、化解社会矛盾的联合接访中心正式运行。该中心使用面积3500平方米,设立一站式联合接待大厅,设置信访接待、矛盾调解、涉法涉诉和法律援助4个综合性服务窗口。10个部门敏感时期进驻中心值勤,积极为来访群众做好法律解释、法律咨询和法律援助工作,减少来访群众的往返,引导群众依法理性维权。是年,联合接访中心共接待来访群众349批792人次。

（朱向陌）

接待工作

【概　况】 2014年,通州区接待办圆满接待全国人大常委会原副委员长顾秀莲,空军装备部部长袁强将军,中航工业集团董事长林左鸣、副总裁顾惠忠,科技部副部长曹健林,全国政协人口资源环境委员会副主任郑晖,中国科学院原副院长朱佳木,国家卫计委基层卫生司副司长聂春雷,江苏省委常委、纪委书记弘强、江苏省副省长徐鸣,省政协副主席、科技厅厅长徐南平,省人大常委会常务副主任、党组书记蒋宏坤,江苏省人大常委会副主任张艳,省委原副书记顾浩,省慈善总会会长、省政府原常务副省长俞兴德等领导的视察和调研。先后接待国务院发展研究中心考察组、国家卫计委专题调研组、中央巡视组、省委督导组、省科技创新调研组等上级部门的调研视察,以及新疆伊宁市、青海省海南藏族自治州、湖北省秭归县、浙江省余杭区、徐州沛县、徐州铜山区和启东、海安等党政代表团的考察交流活动。协助举办“童声里的中国”创研基地揭牌、第八届“江苏戏剧奖　小品小戏奖”大赛、张謇杯中国家纺设计大赛等活动。

【公务接待】 2014年共完成接待任务242批0.61万人次。其中,中央及省部级领导21批757人次,外省县市宾客62批次1138人次,省内(含省厅委办及院校新闻单位)和其他地区宾客78批1893人次,大型团队7批445人次,军队(含预备役)宾客11批124人次,港澳台同胞及其他宾客63批1743人次。

（朱朝霞）

电子政务工作

【概　况】 2014年,区电子政务管理中心围绕通州经济社会发展大局,做好信息宣传、系统建设、热线服务工作。加强网站安全管理,全面提高信息安全防护能力。在南通市九县(市、区)政府门户网站测评中名列第一,获“中国县域网络形象排行榜”政务微博示范奖和“中国政务网站优秀奖”。

【政务信息宣传】 2014年,区政府网站全方位、全天候发布政府信息,传播主流声音,日均访问量突破2万人次。首次举办政府网站总体形象设计方案有奖征集活动,入选的网站徽标(LOGO)应用于新华社党政客户端“大美通州”和“中国通州网”微信公众平台。政府网站举办“新时期的群众观”系列访谈,政府工作部门“一把手”走进直播间,就群众关心的干部作风、交通秩序、社会保障、城市公交、小区物业等热点话题进行政策解读、互动交流,成为群众路线教育实践活动亮点。8月,“中国通州网”微信公众平台通过腾讯官方认证正式运行,开设“微话题”“微发布”“微服务”功能菜单,每日编发与市民生产、生活密切相关的各类公共服务和实用信息。

【12345市民服务热线】 “12345”市民服务热线作为窗口单位,发挥自身优势,整合力量开展合作。“999民生热线”与传统媒体合作,督办、跟踪热线听众提出的问题,将结果以新闻报道形式发布在“中国通州”网“999民生热线”专栏。在《通州日报》开辟“民心专列”专栏,跟踪报道市民关心的违章违建、教育收费等问题。为通州电视台“张聪跑腿”“民生直通车”等专栏提供热线报道线索,定期通报12345热线受理市民诉求情况,选取典型案例宣传报道,充分发挥自身品牌效应。

【信息公开系统升级】 2014年,区电子政务管理中心积极整合网络、网站、系统资源,做好信息公开系统升级改造工作,顺利完成区政府信息公开系统二期工程,网站建设从内容导向型逐步走向服务导向型。新建区电子政务网云计算中心,为全区党政机关近30多个应用系统提供服务器资源,节约政府运行成本,提高行政管理效率。信息公开系统运行稳定,要素齐全标准,在年度考核中获南通市第一名。

【政务网站管理】 通州区已连续6年开展政府网站绩效

评估,以评促管、以评促用,优化完善评估指标体系。区协同办公平台新开发移动办公功能,全区党政机关于年底前实现异地远程办公。电子政务内网开发“群众路线留言板”,全面征集社会各界对政府机关“四风”问题的意见和建议。

【互联网技术服务】 2014年,区电子政务管理中心创新政府信息管理技术,推动移动互联网、三网融合、云计算在“智慧城市”建设中的应用,提升政务资源服务成效。重点服务行政中心外网核心更换,参与区“市民中心”和高新区“科技之窗”等项目建设,从技术上配合政务中心和体育中心搬迁,为区重点工程智能化建设提供网络支持;为区村镇电子阅览室建设提供专用网络通道;为区卫生信息系统、房产交易管理系统、城管移动执法系统等部门信息化项目建设的开发与实施提供技术保障。开发镇区园便民服务中心综合管理系统,实时监督监察下放到川姜、石港、五接等3个园区的89项权力事项及25个便民事项的全程网上流转。优化网页二维码生成和公众分享功能,方便网友阅读、收藏、分享。承办通州区第三届技能比武“信息技术”技能单项竞赛活动。对网站群下属子站进行业务指导,做好党政机关、事业单位网站标识挂标工作。 (季 璟)

地方志工作

【概 况】 2014年,通州区地方志工作全面贯彻《地方志工作条例》精神,加快推进二轮志书编纂进度,方志成果显著。《通州市志(1993—2009)》通过验收并送出版。编辑出版《通州年鉴(2014)》,全书共计89.5万字,设34个篇目,232个分目,1000多个条目,正文照片79张,随书附赠电子光盘,并在通州史志网设置相应栏目,供读者免费下载浏览。

【《通州年鉴(2013)》获省级表彰】 1月,在省地方志办公室开展的综合年鉴评选活动中,《通州年鉴(2013)》“特载”和“建筑业·概况”分获创新(特色)栏目二等奖和综述性条目三等奖。《通州年鉴(2013)》注重年鉴的地方特色、年度特点、时代特征,狠抓年鉴编纂规范和创新,年鉴编纂工作呈现出创新发展的良好态势。《通州年鉴(2013)》聚焦通州区2012年大事、要事、新事、特事,资料翔实,版式新颖,受到年鉴界和社会各界的一致好评。

【《通州市志(1993—2009)》进入出版流程】 9月19日,《通州市志(1993—2009)》正式送中国文史出版社编审付印。2006年7月,《通州市志(1993—2009)》启动编修工作,先后通过初审、复审、终审。2014年5月7日,《通州市志(1993—2009)》顺利通过南通市地方志办审查验收组验收,成为南通市首部通过验收的志书。9月16日,区政府批准同意正式出版。《通州市志(1993—2009)》近220万字,分33篇、196章、777节,另设综述、大事记和附录,收录照片208幅,全面记录通州该时段的历史沿革、发展历程和现代风貌。 (雨 辰)

档案工作

【概 况】 2014年,通州区档案局紧紧围绕区委、区政府“创新转型、开发开放、城乡发展、民生幸福、生态文明”重点工作,不断拓展档案工作为经济建设和民生服务的新领域,为全区政治、经济和社会事业的发展做出应有贡献,圆满完成年度各项目标任务。荣获江苏省档案宣传工作先进集体、南通市档案工作先进集体,通州区党建、精神文明建设工作先进集体等荣誉称号。

档案资源体系及利用服务体系建设。2014年,区档案馆扩大征集范围,多渠道、多途径构建档案资源库,征集到《光绪通州舆图》《民国初南通县境全图》《明万历通州四境图》《宣统通州水陆道里详图》、张蓁的《花鸟图》等电子档案和南通历史上第一部方言词典《南通方言词典》。建成4.8万条案卷目录和83万条文件目录电子数据资源库。大力推进传统载体档案数字化,累计完成馆藏档案数字化500万页。积极打造“积累档案、传承历史、开发资源、服务民生”工程,全年共接待查档3040人次,提供档案3626卷次,出具档案证明3120份,为领导决策、编史修志、解决纠纷、迁移户口等工作和民生需求提供可靠依据。

档案基础管理。2014年,为全力做好进馆单位档案进馆前的规范化工作,区档案局分别举办四期各类档案人员业务培训班,包括星级测评复查业务培训、档案人员继续教育培训、纳税百强企业档案人员培训以及宗教场所档案人员培训等。大力推进政府公开信息场所建设,与电子政务中心联手打造政府信息公开查阅中心平台。加快推进民营企业建档,多次组织业务骨干深入建筑、家纺、船舶、机械等行业的龙头企业实地指导,帮助建立规范的档案工作。

【镇(区、园)档案三星级全覆盖】 2014年,为进一步巩固全国首批、江苏首家全国社会主义新农村建设档案工作示范区创建成果,区档案局将全区所有镇(区、园)档案工作达省三星级标准作为年度特色重点工作,通过多次举办业务培训,上门督促、指导、召开推进会等方式推进创建工作,至11月中旬,19个镇(区、园)档案工作实现三星级全覆盖。

【首批电子档案异地备份】 电子档案异地备份是确保档案数据完整、安全的一项重要举措,通过异地备份工作可最大限度地确保档案信息资源的安全和可恢复能力,规避重大灾害和突发事件带来的风险。2014年5月,区档案馆与省档案馆捆绑式开展电子档案异地备份工作,明确将湖南省档案馆作为档案资源数据异地备份场所，通州首批 1.1T 电子档案数据落户湖南省档案馆。

【数字档案馆建设启动】 2014 年，为加强档案资源的收集和管理，促进档案资源的充分利用，区档案馆在充分调研、认真学习、借鉴其他地区档案部门成功经验的基础上启动数字档案馆建设工作。制定《通州区数字档案馆建设实施方案》，在"统一规划、分步实施、资源共享、确保安全"原则的指导下逐步建立档案数字资源收集、存储、加工、管理、利用过程体系，建立电子文件资源库、管理过程信息资源库，最终构建基于局域网、政务网、互联网平台上的档案信息资源共享总库，不断满足档案利用和管理的需求，数字档案馆将分三期进行建设。

【区档案馆搬迁】 11 月 19 日，通州区档案馆正式启动新馆搬迁工作。新建成的档案馆为市民中心一揽子工程和政府为民办实事项目，坐落于区行政中心东侧，占地 1.1 万平方米。馆藏档案布局实行重大调整，新增民生档案、实物档案、声像档案、特藏库等专用库房，增设档案查阅大厅、政府信息公开查阅中心、技术业务用房等功能区，有效提升档案保管利用水平。 （赵冬梅）

行政审批工作

【概　况】 2014 年，区政务服务中心进一步深化行政审批制度改革，提升行政服务水平，提高行政审批效率，积极为企业、群众提供优质、快捷、高效服务。中心各窗口全年共受理并办理各类行政审批、许可、服务事项 834702 件。其中工行办件量为 35164 件、财政局办件量为 21140 件、气象局办件量为 221 件、经信委办件量为 164 件、散装水泥办办件量为 121 件、质监站办件量为 162 件、房产交易所办件量为 41 件、住建局办件量为 688 件、规划分局办件量为 362 件、国土分局办件量为 1016 件、人防办办件量为 26 件、发改委办件量为 230 件、商务局办件量为 1485 件、建工局办件量为 110 件、城管局办件量为 1229 件、安监局办件量为 196 件、质监局办件量为 18426 件、国税局办件量为 58981 件、地税局办件量为 249651 件、卫生局办件量为 17850 件、交通运输局办件量为 25143 件、环保局办件量为 570 件、农委办件量为 24 件、公安局（治安）办件量为 45425 件、公安局（出入境）办件量 16375 件、文广新局办件量为 137 件、消防大队办件量为 313 件、水利局办件量为 25 件、工商局办件量为 15205 件、白蚁防治站办件量为 23 件、墙改办办件量为 121 件、烟草局办件量为 2605 件、民政局办件量为 3612 件、公积金中心办件量为 9145 件、价格认证中心办件量为 370 件、人社局（就业中心）办件量为 52404 件、房产监理所办件量为 24018 件、人社局（医保中心）办件量为 115522 件、联通公司办件量为 200 件、移动公司办件量为 765 件、公交公司办件量为 446 件、电信公司办件量为 708 件、自来水公司办件量为 42275 件、华润燃气办件量为 37301 件、人社局（人才中心）办件量为 4005 件、审图中心办件量为 93 件、药监局办件量为 191 件、人社局（企保中心）办件量为 27844 件、人社局办件量为 2029 件、农村产权交易中心办件量为 5 件、有线电视办件量为 540 件。

【政务服务中心搬迁】 5 月 28 日，区政务服务中心由银河路 588 号搬至碧华路 197 号市民中心内办公。进驻中心的单位（部门）有 61 家，其中设置独立窗口的单位（部门）53 家，8 家单位（部门）设置综合窗口。8 月—9 月，配合区监察、法制等部门，对进驻中心部门所有事项进行督查，并对未进驻中心受理事项的部门进行交办，进驻中心审批、服务事项 400 项，工作人员 397 名。新增供水、燃气、移动通信等 8 家便民服务窗口，中心服务功能进一步完善。

【行政审批制度改革】 2014 年，区政务中心完善政务服务平台建设，对赋予部分区级经济社会管理权限的石港镇（石港科技产业园）、五接镇（滨江新区）、川姜镇（中国南通家纺城）先后分四批做好事项受理业务培训和指导工作，实现"无缝对接"。规范优化行政审批服务，研究制订《首问负责制》《并联审批制》和《限时办结制》等制度。10 月起，在中心进驻窗口开展行政审批前置环节的中介服务调查，为清理规范中介服务事项做好准备。各进驻部门加大审批事项的"减、转、放、免"力度，全区行政审批事项由 650 项缩减为 406 项，审批项目减少 37.5%，完成审批项目总

区政务服务中心办公楼

体减少30%以上、一般性审批项目办结时限总体缩短一半以上、行政审批收费显著减少的目标。试行"一站式"审批向"一窗式"服务转变，开展餐饮（娱乐业）"一窗式"服务试点工作。

【政务公开】 2014年，区政务中心改善政务服务大厅环境，进一步增强政务信息公开力度，在服务大厅增设查询机，对办理事项、申请条件、办理程序、申报材料等通过查询系统一次性告知并实现即时打印。通过信息发布系统公示工作人员身份、办理事项和办理结果。通过中心网站及时完善修改行政审批服务办事指南栏目，全面公开行政审批服务实施主体、法定名称、法定依据、承诺时限、申请示范文本、收费依据、收费标准、联系及监督方式等，确保行政审批阳光、透明操作。新增网上预约、排队叫号服务功能，为群众提供方便、快捷服务，营造良好服务环境。（苏晓容）

招标投标监督管理工作

【概　况】 2014年，区招投标管理中心充分履行职能，主动服务大局，努力为全区招标投标工作提供有力保障和良好环境。全年共完成交易项目2223项，交易额122.99亿元。其中工程类项目987项，交易额117.01亿元，涉及财政及国有资金80.6亿元，节约资金12.77亿元，节约率13.7%；采购类1236项，交易额5.98亿元，节约资金0.86亿元，节约率12.59%。

【网上电子招投标】 2014年，区招标投标管理中心加快推进网上电子招投标工作。对依法公开招标的房屋建筑和市政公用工程全面实行网上电子招投标，对交通、水利等建设类工程及设计、监理等项目，通过开发、完善网上电子招投标系统功能，实现项目管理纳入5.0系统。举办两期业务培训，提高招标人、招标代理机构和部分投标单位使用网上电子招投标系统的能力和水平。是年，新增审核入库会员单位189家，审核、完善入库信息约3600次。

【资格后审和远程评标】 2014年，区招标投标管理中心严格执行资格后审制度。资格后审项目规模扩大到50万元以上施工类和货物类采购及30万元以上的设计、监理，有效遏制了串标行为的发生，促进公平竞争，提高财政资金的经济效益。积极推行远程评标，对500万元以上综合因素评标项目一律实行远程评标，对1000万元以上价格单因素评标项目，部分实行远程评标，有效减少评标过程中人为因素的干扰和影响。是年，完成远程评标项目39个，远程评标率达100%，为兄弟县市提供远程评标服务12次。

【诚信体系建设】 2014年，区招标投标管理中心加强与纪检监察、发展改革等相关部门协调，与区住建局（建管、质安、造价等）、区交通局、区水利局等主管部门建立定期会商、信息交流制度，共同建立、完善工程招投标市场诚信体系，完成项目经理业绩、在建项目及奖惩情况信息采集，推行不良行为记录与公示制度，开展诚信企业评选，推进招投标监管工作规范化、标准化和信息化。认真处理各种质疑、投诉，确保评标结果的公正公平。是年，共办理各类咨询、质疑、投诉及公众监督意见等事项15件，约谈8家单位法人代表、向6家单位发放行政监督意见书，并将其列入内部黑名单，回复率、办结率、满意率达100%。

【标后管理】 2014年，区招标投标管理中心积极配合区监察局，会同住建、水利、交通等行业主管部门，以校安工程、安置房工程、交通工程等项目为重点，就质量、安全生产开展施工现场巡查，注重检查项目负责人、项目管理人员及监理人员到岗履职情况，对中标人未能按照投标文件承诺履行职责，造成工程质量低劣、存在安全生产隐患或严重延误工期的要求限期整改，整改不到位的责令停工并通报批评，并作为不良行为予以记录。同时，结合巡查开展打击围标串标、挂靠投标、违法分包等违法违规行为的专项整治活动。（姜敏敏）

机关事务管理工作

【概　况】 2014年，区级机关事务管理局始终把做好服务保障工作作为机关事务管理工作的出发点和落脚点，紧紧围绕全区中心工作，在服务提质、资产管理、节能降耗等方面取得新成效。

【安全保障工作】 2014年，区级机关事务管理局加强对消防、食品、秩序、设施设备等方面的安全管理，定期组织安全检查，及时发现、排查安全隐患；加强行政中心车辆进出管理，做好内、外部车辆分流工作；改造重点部位安全监控、室内停车场道闸，保障安全秩序；改进行政中心保安管理制度，出台《行政中心保安队员考核办法》，提升保安队员的工作积极性。

【国有资产管理】 2014年，区级机关事务管理局做好超标准办公用房整改工作，通过对行政中心四套班子领导办公用房改造、督查区级机关和乡镇超标准办公用房清理，全区共清理、腾退办公用房199间，总面积6361.85㎡；严格执行《党政机关办公用房建设标准》，挖掘房屋使用潜力，加大统筹管理力度，为全区30余家机关、事业单位制定办公用房调配使用方案。加强车辆编制管理，严格执行车辆配备标准，规范审批流程。实行节假日、非工作时间公车集中停放和使用报备制度。做好公务用车制度改革调查摸底工作，对车改范围内的110家机关、事业单位的人员、车辆、费用等信息进行全面调查统计。

【后勤服务保障】 2014年，区级机关事务管理局改进行政中心用餐制度，设置套餐、自选窗口，有效缩短工作人员排队打饭时间；根据季节变化，增加水果、粗粮；实行"每周菜谱早知道"，在机关网站公布菜谱。把统筹协调新落成的政务中心的安全保卫、资产接收、物业管理作为服务保障工作重点，为216个服务窗口的正常运转提供坚实保障。派驻工作组，提前介入、主动参与，做好设施设备的接收管理工作。加强安全保卫管理，做好秩序维护、巡逻检查，保障中心安全运转；对行政中心室外停车场进行改造，前广场划线增加停车位，两侧停车场安装车棚，为机关工作人员停车提供便利。

【机关财务服务】 2014年，区级机关事务管理局做好统管单位的经费结报、财务记账、报表编制等日常性工作，做好预算编制、预算执行、经费分析工作；执行财务公开，自觉接受监督，定期向各单位公布经费预算的收支及执行情况，在财务网站上提供工资、费用支出明细、预算指标、项目支出明细、个人就餐卡消费明细等数据；严格执行财务制度，遵守财经纪律，认真落实政府采购制度、重大支出申报制度，切实加强财务管理工作，为机关各单位的正常运转提供财务保障。

【公共机构节能管理】 2014年，区级机关事务管理局为贯彻公共机构能源资源消费统计新要求，结合通州区近两年公共机构能耗统计工作实际，研究修订《南通市通州区公共机构能源资源消费统计实施方案》《南通市通州区公共机构2014年节能工作实施方案》。同时为全面完成公共机构节能目标任务，结合全区公共机构节能工作具体情况，下发《南通市通州区公共机构年度考核补充规定》。以"携手节能低碳　共建碧水蓝天"主题，在全区范围内开展公共机构节能宣传周活动，采取多种形式普及节能常识，推广节能节水新技术，培养节能行为习惯，组织部分单位节能工作负责人参加南通市第二届公共机构节能节水技术产品展示会。开展节能成果展和调研活动，加强节能技改的支撑和引导。对行政中心中央空调系统进行节能改造，实现分区域控制，有效降低能耗。全区公共机构人均综合能耗、单位建筑面积能耗、人均水资源消耗量分别比上年下降2.2%、1.6%和2.2%。

（王鑫刚）

名词解释

"全要素生产率""三证合一"与"普遍性降费"

全要素生产率是指生产活动在一定时间内的效率，是衡量单位总投入的总产量的生产率指标。即总产量与全部要素投入量之比。

三证合一就是工商营业执照、组织机构代码证和税务登记证三个证件合并成一个。

普遍性降费是指国务院常务会议决定自2015年1月1日起减免小微企业、养老、医疗等收费。

（资料来源：新华网）

政协通州区委员会

Tongzhou District Committee of CPPCC

编 辑 杨王军

综 述

【概 况】 2014年,区政协突出团结民主两个主题,扎实履行政治协商、民主监督、参政议政职能,深入开展党的群众路线教育实践活动,服务改革发展,助推"五大行动",积极协调关系,促进社会和谐,敏锐抓住改革发展中的热点难点问题,在经济转型升级、生态文明建设、新型城镇化建设、税源经济培植等方面,深入调研、建言献策,为党政科学决策提供移依据。关注民生,广泛收集社情民意,及时反映群众所思所盼所忧,帮助党委政府理顺情绪、协调关系、化解矛盾、维护稳定。强化自身建设,开展学习型、活力型、节约型、和谐型机关建设,委员素质不断提高,政协工作科学化水平不断提升。

重要会议

【区政协十二届三次全体会议】 1月5日—7日,政协通州区第十二届委员会第三次会议在区行政中心举行,由区政协十二届委员会常务委员会主持并召集。区委、人大、政府和区纪委、人武部、法院、检察院领导,历届区人大、政协的老领导,区机关部门、单位的负责人,镇统战委员和有关特邀人士应邀出席。会议听取和讨论区委书记宋乐伟的重要讲话,听取和审议施辉的工作报告和王沈康的提案工作报告。会议期间,委员通过协商讨论、提交提案和反映社情民意信息等形式,围绕区重点工作以及人民群众普遍关心的热点、难点问题积极献计献策,部分委员作大会发言。与会委员列席区十五届人大三次会议,听取并讨论区长陈永红所作的区政府工作报告和其他有关报告。审议通过《中国人民政治协商会议南通市通州区第十二届委员会第三次会议决议》,听取提案审查报告。会议表彰2013年度承办政协提案先进单位、先进个人、优秀提案、政协工作先进集体和优秀个人。

【区政协十二届九至十二次常委会议】 3月26日,区政协召开十二届九次常委会议,专题学习生态文明建设。会议听取省环保厅专家许纲熙所作的"生态文明与中国梦"专题讲座。会议协商通过区政协有关人事任免,通报区政协常委会2014年工作安排。区政协副主席季平主持会议。

6月27日,区政协召开十二届十次常委会议,就"加强生态文明建设,致力打造美丽通州"课题进行调研,会上,四个调研组从"推进节能减排、美化人居环境、弘扬生态文明"等方面进行交流,协商通过《关于"加强生态文明建设,致力打造美丽通州"的建议案》。会议由区政协副主席葛涛主持。区委副书记李玲出席会议并讲话。

9月29日,区政协举行十二届十一次常委会议,协商国税、地税工作情况。协商并通过区政协《对通州国税局工作情况民主评议的意见》和《对通州地税局工作情况民主评议的意见》。会上,国税局、地税局的主要负责人就做好税务工作、落实整改措施作表态发言。由相关党派团体组成的调研组围绕"提高依法纳税意识、建立第三方信息交换机制、培植税源经济、打造旗舰型企业"等四篇调研报告进行交流。区政协副主席葛涛主持会议。区委常委、常务副区长陈斌出席会议并讲话。

12月23日,区政协举行十二届十二次常委会议,听取区政府关于政协提案办理情况通报,协商通过区政协"两个工作报告"及召开区政协十二届四次会议等决定。区委常委、常务副区长陈斌代表区政府作关于区政协提案办理情况通报。是年,区政府共接到交办提案220件,所有提案均按时办结。办复提案中,已解决或基本解决的131件,占承办总数59.5%;正在解决或列入计划逐步解决的提案共79件,占承办总数36.0%;目前难以解决或留作参考的提案为10件,占承办总数的4.5%。会议还协商通过关于召开区政协十二届四次会议的决定,协商通过区政协"两个工作报告"及调整政协委员名单等其他事项。区政协副主席吴俊主持会议。

重要工作

【关注改革发展】 多层次协商议政。完善常委会专题协商、主席会议重点协商、专委会对口协商的多层次协商议政格局,先后就生态文明、农村土地流转、现代农业发展、镇村医疗服务机构建设、重点行业安全监管、镇村公路安保工程等课题进行协商,推动相关工作开展。多方位资政建言。民主党派、科协、科技、农业、妇联等界别开展"科技先锋超市"、科普惠农"三进"等活动,就城乡统筹发展、优化公共服务、单亲贫困母亲救助等课题积极建言献策。围绕"新型城镇化和城乡一体化"等课题举办"委员论坛",政协委员从注重产城融合、推进中心镇建设、发展特色村镇、凸显地方文化特色、统筹农村社会事业发展等角度,发表真知灼见。多形式评议监督。组织区30个基层委组参加对国税局、地税局开展民主评议,积极参与区重点工作,做好"五大专项行动",切实维护社会稳定,对政府为民办实事项目、生态文明建设重点工程等进行专项督查,助推区委、区政府决策落实。推荐近30名政协委员担任特约监督员、人民陪审员、行风监督员等。先后围绕工业企业污染排放监督、城市绿地规划、宗教活动场所建设与管理、为农服务体系建设与运行等进行专题视察。

【聚焦民生热点】 运用提案、调研、视察等形式,将履职重点聚焦到民生版块,做到摸清实情、履职为民。发挥提案作用。举办提案质量研讨会,邀请专家作辅导讲座,帮助委员提升业务素养,激发履职为民责任感。完善办前、办中、办后"三沟通"的提案办理工作制度,推动多方沟通协商制度,推动镇级医院提标改造、养老服务体系建设等20件重点提案所提问题解决。实行重点提案公示制,完善开门办案、现场办案、协商会办的督办形式和提案办理激励考核机制。深入调查研究。精心选择职业技能教育、河道整治工程及长效管理、食品药品安全监督、镇级社会保障平台建设等专题进行调研,形成调研报告10余份。收集社情民意。通过走访约访委员、座谈、开设信箱等形式,广泛收集社情民意,全年共收集社情民意160余条,编发《社情民意专辑》10期,其中"推进转型升级应注重再制造业发展""防止农村畜禽养殖污染""在河道整治中对芦苇限制使用灭生性除草剂"等建议得到落实。

【促进团结民主】 发挥政协团结民主、凝聚力量和协调各方的作用,调动各阶层积极因素。坚持合作共事。为各民主党派、工商联、无党派和社会各界人士创造协商空间,提供参政议政平台和渠道,提高履职责任感和积极性。主动联系各界。参加长江三角洲十三县(市、区)政协工作研讨会、江苏沿海十四县(市、区)政协工作研讨会,承办全市政协主席联席会议,举办迎新年茶话会,开展联谊走访活动,加强与民族宗教人士、"三胞"眷属和新社会阶层联系。丰富社团活动。为庆祝建国65周年和政协成立65周年,区政协书画摄影联谊会举办书画摄影展并出版专集;政协联谊会正常开展活动,通过加强与各阶层人士沟通,为全区经济社会发展出谋划策;张謇研究会围绕"张謇交通运输思想"举办研讨会,出版《謇园》杂志,发挥文史资料存史、资政、团结、育人作用。

【强化自身建设】 将开展党的群众路线教育实践活动作为一项重大政治任务,增添履职活力。学习到位。开展"我是谁、为了谁、依靠谁"大讨论和学习活动,召开"如何践行好干部标准"专题讨论会。积极整改。对照为民务实清廉和"四查四治""三严三实"要求,活动期间共征集近40条意见,列出问题清单,迅速整改到位。完善制度。制订《关于践行群众路线、加强与人民群众联系的意见》等8项规章制度,促使教育实践活动不走过场、务求实效。推进机关建设。深入基层,结合"三解三促"等活动,走村访户倾听百姓呼声,密切与基层群众的联系。端正文风会风。精简会议文件,优化机关勤政节俭作风,提高机关干部的执行力、学习力、创新力,形成和谐、团结、务实、高效的氛围。提升素质。举办讲座,邀请省、市专家作"中共十八大三中全会精神及生态文明建设""中国文化与领袖风范——感受习近平总书记讲话风格和语言魅力"讲座。组织各类活动。组织政协委员参加情况通报会、专题报告会、工作座谈会,举行2次"委员学习日"活动,组织委员听取全区经济社会发展情况通报,开展主席会议成员走访委员活动,听取意见建议,帮助解决难题。

(孙崇兰)

纪检监察

The Discipline Inspection and Supervision

编 辑 阚新华

综 述

【概 况】 2014年，全区各级纪检监察组织聚焦党风廉政建设和反腐败工作中心任务，深入推进转职能、转方式、转作风，全力抓好各项任务落实。协助区委制定《关于落实党风廉政建设党委主体责任、纪委监督责任的意见（试行）》，组织区委常委、党员副区长带队检查责任制落实情况，对典型案件实施"一案双查"。加大查办案件力度，查办案件数量、查处科级干部人数均创历史新高，并推出"一案三发布"等制度。把落实中央八项规定和省市区委十项规定精神作为经常性工作，集中力量监督检查，点名道姓批评教育，推出《进一步加强作风建设、坚决整治"中梗阻"问题实施意见》，开展执法部门和窗口单位履职情况监督检查专项行动。制定纪律检查体制改革实施方案，清理议事协调机构，调整委局内设机构，实施派驻机构统一管理，规范纪委书记（纪检组长）分工和兼职调整。推行主要领导"四个不直接分管"制度，出台《对领导干部实施廉情约谈暂行办法》，推出党风廉政建设动态信息管理机制、干部任职考察前廉政审查机制，深化行政执法履职风险"三联防"工程，建成综合电子监察平台，实施村（居）监委绩效管理。开展示范教育、警示教育和岗位廉政教育，运用"清廉通州"微博微信弘扬廉政文化、回应网民关切，加强"古沙清韵"廉政文化品牌建设。结合群众路线教育实践活动，推进学习型纪检监察组织建设，严格纪检监察干部纪律约束，建立健全内部监督制约机制，促进严格执纪、廉洁执纪、文明执纪。

【区纪委十一届四次全体（扩大）会议】 2014年2月17日下午，中共南通市通州区第十一届纪律检查委员会举行第四次全体（扩大）会议。会议深入学习贯彻习近平总书记重要讲话和中央纪委三次、省纪委四次、市纪委四次全会精神，结合群众路线教育实践活动，研究部署2014年全区党风廉政建设和反腐败工作。

区委常委、区纪委书记虞越嵩作了题为《以改革精神统领反腐倡廉建设，为推进"五大行动"提供铁的纪律保障》的工作报告。会议回顾总结了2013年全区党风廉政建设和反腐败工作，研究部署了2014年工作任务。通州区委书记宋乐伟同志到会并讲话。全会要求全区各级纪检监察组织和纪检监察干部要以党的十八大和十八届三中全会精神为指导，全面贯彻落实中央纪委三次全会、省纪委四次全会、市纪委四次全会部署，坚持标本兼治、综合治理、惩防并举、注重预防的方针，切实加强作风建设，深入推进惩治和预防腐败体系建设，认真解决群众反映强烈的突出问题，聚焦中心任务，坚守责任担当，推进改革创新，攻坚克难、狠抓落实，以反腐倡廉建设的新成效推进干部清正、政府清廉、政治清明示范区建设，为实施"五大行动"、实现通州走在苏中新一轮发展前列的目标提供铁的纪律保障。

区纪委十一届四次全体（扩大）会议

出席会议的有区纪委委员14人。各镇区园纪(工)委书记,区直各部门、各单位纪委书记,区直不设纪检监察组织单位的分管领导,区管企事业单位纪委书记,区纪委、监察局全体人员列席会议。

主要工作

【落实“两个责任”】 紧紧扭住党风廉政建设主体责任这个“牛鼻子”,协助区委制定《关于落实党风廉政建设党委主体责任、纪委监督责任的意见(试行)》,明确责任清单,强化制度保障。为营造氛围,在媒体开设专栏,连载案例、组织访谈。深入开展落实责任制示范点创建活动,改进“三书两报告”落实机制,督促完善责任体系,层层传导压力,形成工作支撑。为促进“两个责任”落地生根,组织区委常委、党员副区长带队检查,并结合巡查、点评、交办等方式强化监督实效,发现问题41个,提出整改意见57条,9名副科级以上干部被问责。

【实施一案双查】 区纪委坚持依纪依法、实事求是、权责一致、惩教结合的原则,实施“一案双查”机制,即在查处违纪违法案件时,既查清当事人的违纪违法问题,又查清当事人所在单位党政组织及其领导干部在履行党风廉政建设主体责任、纪检监察组织及其领导干部在履行党风廉政建设监督责任方面的失职渎职问题,并实施责任追究。

【推进纪律检查体制改革】 落实区委全面深化改革部署要求,制定纪律检查体制改革实施方案,明确时间进度和责任部门,有序推进任务落实。深化纪检监察组织“三转”,对区纪委监察局参与的81个议事协调机构进行清理,保留或继续参与19个。在机构总数和人员编制保持不变的前提下,调整优化委局机关内设机构,增设2个纪检监察室,执纪监督部门占内设机构总数的72.7%,从事执纪监督人员占总编制的71.4%。推进区纪委派驻机构统一管理,规范纪委书记(纪检组长)分工,确保主要精力放在主业上。完善反腐败协调运行机制、议事规则,建立执法执纪部门案源线索共享、重大疑点通报等制度。

【加强正风肃纪】 把落实中央八项规定和省市区委十项规定精神作为经常性工作,通过《通州日报》和999热线专题解读规定,以微信微博等媒体配发案例提醒,集中力量开展“四风”问题监督检查,组织17轮检查活动发现问题145个,发出10期通报曝光47家单位,对86人实施诫勉谈话等处理,点名道姓批评教育。推进反浪费反奢侈专项检查,督促执行厉行节约反对浪费各项规定,“三公”经费同比显著下降。深入核查拆迁安置的有关问题,出台征迁工作“十条禁令”“12个不准”,征迁工作行为得到规范。

【执法部门和窗口单位履职情况监督检查】 配合教育实践活动的开展,推出《进一步加强作风建设坚决整治“中梗阻”问题实施意见》,发挥“检查的再检查、监督的再监督”作用,开展对区重点行政执法部门和窗口单位履职情况监督检查专项行动,重点查纠依法办事、秉公执法、服务质量、政务公开、清正廉洁等作风问题,诫勉谈话13人、纪律处分4人、免职1人、取消执法资格3人、清退乱收费119万元,“中梗阻”问题明显减少。

【《党员领导干部操办婚丧喜庆事项监管制度》】 着力规范党员干部婚丧喜庆操办事宜,出台《关于进一步加强对党员领导干部操办婚丧喜庆事宜监督管理的通知》,主要包括严格执行领导干部廉洁自律相关规定、严格控制婚丧喜庆事宜种类和规模、严格报告制度、严格监督管理等四个方面的主要内容。通过在多种媒体上进行全面解读及报道,并组织开展征文活动,选择19篇优秀文章,在《通州日报》“绿色感恩,文明谢师”栏目刊登;在电视台制作专题片3集,在全社会形成良好的社会氛围。同时组织监督员不定期到各饭店、餐馆进行明查暗访,促使制度落到实处。

【查办案件】 不断加大查办案件力度,全年组织查办案件174件,其中百万元以上案件6件,查处科级干部13人,11人被移送司法机关处理。在查处十总镇原党委书记殷某某、原副镇长花某某、原人大副主席曹某某受贿案件中,坚持执纪必严、违纪必究,最终办成涉及9人的系列案件,3人被移送司法机关处理。在查处五接镇原副镇长薛某某、滨江新区管委会原副主任王某某受贿案件中,共立案查处党员领导干部11人,2人被移送司法机关处理。着力查处群众身边的腐败案件,全年处理侵占集体利益、私分集体资产的村居干部60人。办案的同时,对发现的苗头性问题做到早发现、早教育、早处理,以身边典型案例制作警示教育片组织展播,召开警示教育大会以案明纪,并推出“一案三发布”等制度,突出查办案件治本功能。切实加强案件监督管理和审理,加强线索管理,规范办案流程,严明监督执纪工作纪律,积极推行案件审理“三审一评”工作。

【“一案三发布”制度】 为进一步发挥查处案件的警示震慑作用,有效回应群众反腐关切,区纪委出台“一案三发布”制度。该制度规定,凡属通州区纪委、监察局自办的案件,在立案调查、移送司法、法院判决三个环节,须向社会主动发布案件查处信息。明确对于自办的已经履行“两规”“两指”手续的案件,在立案后、移送司法机关或行政执法机关的同时、法院判决生效后七日内均须及时起草发布内容,经领导审定,报市纪委监察局“江海清风网”,并通过通州廉政网、区纪委官方微博、微信和通州日报发布。

【源头治腐】 为切实加强行政执法部门风险防范,依法行政、高效行政、廉洁从政,全面推行行政执法部门履职风险“三联防工程”。全年组织22家执法部门开展“三联防”活动196次，对各单位行政执法人员履职过程中的苗头性、倾向性问题及时进行预警和防控。整合12345热线、移动执法电子、公共资源交易等电子监察系统，建成区综合监察电子平台，针对服务效率、质量、纪律、作风进行全方位视频监控，监察行权10463件，发起网上督办54件，促进行政权力网上公开透明运行。制定下发《全区村(居)监督委员会绩效管理考核工作意见》，对全区各村(居)监委全面开展绩效管理。制定《村(居)监督委员会绩效管理考核细则》，结合责任制巡查、检查等工作，对各村居监督委员会工作开展情况进行监督检查。

【廉政教育】 以"5·10"思廉日、算好廉政账专题教育月、"12·9"国际反腐败日等活动为载体，深入开展示范教育、警示教育和岗位廉政教育等系列主题教育活动。以身边典型案例制作警示教育片《权力之劫》，全区组织观看专题片112场(次)，单位"一把手"上廉政党课90余次，党员领导干部撰写体会文章700多篇，区委书记宋乐伟在全区警示教育大会亲自上党课。开展廉洁过节活动，向全区党员干部家属发放廉政书籍250本。结合最新反腐动态，及时更新通州廉政教育展示厅展板内容。通过发放"倡议书"倡廉、签订"承诺书"诺廉、阅读"廉书"思廉、写好"家书"悟廉等形式，面向广大党员领导干部家属全面开展"四书"助廉活动。加强廉政文化建设，着力打造"古沙清韵"廉政文化品牌。

"通州之夜"廉政专场演出

【开通廉政微信微博】 主动适应"三转"，借助自媒体平台，以"传递廉政资讯，弘扬廉政文化，倾听群众呼声，拓展监督途径"为宗旨，10月28日开通官方微博、微信"清廉通州"。两个月内通过微博平台发布信息250条，关注人数473人，微博阅读量达30万，与网友互动约7500人次；通过微信平台发布信息21期110条，关注人数805人。

【主要领导"四个不直接分管"制度】 规定各级党政机关、事业单位"一把手"不直接分管"干部人事、财务管理、工程招投标、物资采购"等4个方面的具体工作，强化对内部管理权的监督，建立"副职分管、正职监管、集体领导、民主决策"的权力运行架构和工作机制。通过全面实施和推进，全区已实现"四个不直接分管"制度全覆盖。被南通市委、监察局评为2013—2014年度全市反腐倡廉"好制度"。

【效能建设】 完善效能建设考评机制、建立效能暗访常态机制，采取随机抽查、现场察看、模拟办事、随同办事等方式组织6轮暗访，对"慵懒散""不作为、慢作为、乱作为"等问题行为发出4期效能通报，对29个单位34人予以批评教育、诫勉谈话并实时扣分。加强对区重点工作的监督检查，组织秸秆禁烧、文明城市建设专项督查，发出10份交办单限时整改、跟踪督办并追究责任。牵头对部门"三集中三到位"落实情况全面督查，对存在问题直接点名督促整改。

【政风行风建设】 依托广播、电视、报纸、网络"四位一体"热线平台，播出39期999民生热线，共受理诉求280个，同比增长208%，现场解答和解决180个，交办相关单位99个，并联合12345热线、电视、报社等媒体跟踪督办问题26个。加强政风行风建设，组织第三方调查、现场质询、集中测评，民主评议政风行风更加规范。6月，在石港镇组织999民生热线"作风建设在路上"户外直播活动，18家参与单位共发放宣传资料3005份，接待群众341人次，接听热线电话24个，接受各类咨询、建议、投诉199件；当场答复、解决问题153个。加强师德建设，重拳治理有偿家教。纠正卫生行业不正之风，共组织出院病人函调1100人次，医务人员退还、拒收"红包"93人次，上交红包212人次。

【执法监察】 进一步健全区纪委监察局、工作室、基层纪检监察组织分层分级的监督网络，组织"三重一大"事项监管274项。区纪委、监察局对新通掘路北段工程、高标准高中工程立项监督，工作室立项监督17项，基层纪检监察组织自行立项106项。对新通掘路北段工程、高标准高中工程紧盯工程重点环节，针对易出问题的环节建章立制，堵塞漏洞。

【利民信访】 优化信访举报受理平台，根据当前群众信访举报的新需求，在原有的信、访、网、电、视频、短信举报渠道上增加微博、微信互动平台，引导群众科学、理性、有效地参与反腐倡廉建设。全面构建基层信息采集网络，积极开展多样化的宣传活动，切实完善实名举报工作机制，严把信息分析、信访处理、信访监督三个关口，认真履行信访举报工作基本职责，充分发挥信访举报执纪监督作用。认真践行群众路线，改进工作作风，切实做好信访基础工作，积极发挥窗口工作优势，着力维护社会和谐稳定。

【重点投资工程标后监管】 2015年，牵头相关监管部门对25个政府重点工程进行了多轮次检查，共发现问题180余个，发出《整改通知书》40余份，并督促整改到位。

（曹　忠）

民主党派·工商联

The Democratic Parties Federation of Industry and Commerce

编　辑　杨王军

九三学社南通市通州区委员会

【概　况】 2014 年,九三学社南通市通州区委员会共有社员 67 名,其中女社员 22 名,退休人员 13 名。高级职称 47 人,占社员总数 70%。社区委有医疗卫生、农业经济、综合、建筑、科技教育 5 个支社。共有 18 名社员当选为市、区人大代表、政协委员。有 14 名社员当选为区政协委员,1 名社员为区政协常委,3 名社员当选为区人大代表,2 名社员为通州人大常委,3 名社员当选为南通市政协委员,1 名社员当选为南通市人大代表。

【参政议政】 在年初通州区"两会"上,围绕区经济社会发展中的重大问题以及人民群众关注的热点、难点问题,共提交区政协提案 42 件,其中党派集体提案 8 件,人大代表建议 11 件。在南通市"两会"上,提交市政协提案 6 件,市人大代表建议 4 件。集体提案《关于大力发展农业专业化服务的建议》被区政协会列为发言提案。在区政协"推动新型城镇化建设,促进城乡一体化发展"委员论坛中,社区委认领"深度整合农村土地资源,推进农村产业转型升级,引导农民参与新型城镇化发展"课题,承办区政协评议税务部门"建立第三方信息交换机制,完善综合治税体系建设"课题,组织力量,深入开展调研,顺利完成两个课题任务。"关于进一步加强乡村公路交通安全的建议""实施镇级医院提标改造,加快卫生资源整合步伐""加强农村教师队伍建设,促进通州教育均衡发展""关于开拓我区农村文化市场的建议"等 4 件提案被区政协列为重点督办提案。社区委调研报告《提升理念,转变方式,推进我区建筑业更好更快发展》获区社科联 2014 年度重点应用课题研究成果三等奖。社员丁俊荣参加第七届江苏九三论坛,以《江苏新型城镇化的战略布局、路径选择与现实举措》为题作重点发言。12 月,在区政协提案质量研讨会上,蔡志兵以《牢记使命,着力打造提案精品》为题,代表社区委作交流发言。

【社员活动】 先后组织社员赴张家港市永联镇、常熟市蒋巷村,进行"新型城镇化建设"专项参观,走访安徽省小岗村,参观通州恒力纺织新材料产业园,调研南通高新区经济科技发展情况,联合其他部门开展送科技下乡活动。召开"通州建筑业转型发展研讨会",邀请区人大环资城建工委、区政协城建法制委及区发改委、住建局、科技局、建管局、社科联、五甲镇等部门参加,就建筑业发展征集建议和意见。召开"我为社会争贡献,我为九三争光彩"社员汇报大会,以展示社员风采,促进相互交流。妇女节组织女社员外出参观学习,重阳节组织退休社员到区老年大学旁听"中西医保健"课程。对患病住院社员及时慰问,送去组织温暖。重视对优秀社员宣传推介,年初"两会"期间,在《通州大众》报刊发丁俊荣、管宏斌、韩振新、李红军、孙志中、吴卫兵等 6 名优秀社员风采。

【服务社会】 医卫支社结合高血压防治日、糖尿病防治日组织社员开展义诊咨询活动,积极参与南通市工伤服务中心"工伤预防伴你行"百日行动,支社成员在中文核心、科技核心期刊上发表论文 8 篇。农经支社成员积极参加"强农惠民"送科技下乡活动,扎实推进农业新知识、新品种、新技术的普及和应用,在骑岸、石港镇接待咨询 200 多人次,发放宣传资料 700 多份。科教支社继续开展"九三名师进校园"等活动。建筑支社引导成员发挥所长,积极为区建筑行业发展、城市规划、城市建设出力献策。综合支社支持社员积极开展慈善捐物、司法援助等社会服务工作。

【社员成果】 2014 年,季彩群晋升为研究员级高级工程师,负责的江苏大唐房地产公司在业界整体形势下滑情况下运行良好。李红军先后被中国安装协会聘为专家库专家、江苏省安装协会聘为省优质工程现场审核专家。丁志强认真做好国家和省级科技入户工程,积极参政,被评为南通市优秀人大代表。王建华带领区农产品质量检测中心获省农产品质量安全工作考核一等奖。孙志中带领科研团队,开发新产品4项,技术攻关4项,获发明专利1项、实用新型专利10项。王红梅在招商一线,年收集信息近百项,完成新科技项目博沃汽车电子项目在南通高新区落户,并获区嘉奖。潘荣服务区重大工程项目货物及材料招标,达600多批次,为区节约财政资金近6000万元。毛东云被评为区政务中心服务之星。许建忠被区司法局评为法律服务先进个人。钱栋梁被区城市建设指挥部评为先进个人,被区政协表彰为信息工作先进个人。何忠锋撰写《做人教育的实践体系》论文,获省教育学会评比一等奖,其他论文获省"师陶杯"二等奖。管宏彬在省内外作特级教师专题讲座五次,带领"管宏彬工作室"成员市内外展示公开课五次。刘亚华积极参与国家级慢病综合防控示范区创建工作,两篇业务论文分别在中文核心与科技核心期刊发表。韩振新获得"南通市百名优秀医生""南通市医德医风标兵"和"南通市青年岗位能手"称号。滕冲积极参与南通市工伤服务中心"工伤预防伴你行"百日行动,先后在四安通达、明德重工、社保局组织的区人事干部会上进行安全生产、职业病防治知识普及。邵晓东做好全国道德模范宋英老人医护工作,群众满意度高。王冰通过注册会计师资格考试。顾朝瑞为相关企业代理申请1项发明专利,8项实用新型专利,还撰写上报3条信息。邱祖美老有所学、老有所为,多次参与老年舞蹈团队到社区、敬老院等文娱演出。徐青松努力创业,成立上海股权托管交易中心通州基地、南通金五一三股权投资管理中心,为四川省北川新县城马槽红军小学捐赠700多只书包,使该校半数以上困难学生背上新书包。

(张晓燕)

中国农工民主党南通市通州支部

【概　况】 2014年,农工党通州支部有党员18人,主要分布在医药卫生界,其中,1人为区人大代表,6人为区政协委员。认真履行参政议政、民主监督职能,深入调查研究,积极建言献策,深度反映社情民意。在区政协十二届三次会议上,"全面接轨上海自贸区、打造通州经济升级版"的提案被确定为一号提案,并与"关于进一步加强乡村医生队伍管理的建议"的提案被列为年度区政协重点督办提案。提出的"规范村级卫生组织建设,提升基层卫生服务能力"建议,引起区委、区政府高度重视。区政府将"实施村卫生室标准化建设"作为医疗服务改善的重要内容,列为为民办实事项目。是年,被农工党南通市委表彰为"社情民意信息工作先进集体""党务宣传工作先进集体"。

(吴益祥)

区工商业联合会

【概　况】 2014年,区工商联牢牢把握促进"两个健康"工作主题,探索经济发展新常态下助力民营经济发展的新途径,依靠全区商会组织的通力合作和广大非公经济人士的积极参与,围绕中心,服务大局,卓有成效地推进工作开展。与区司法局组建法律维权中心和9个行业(异地)商会法律顾问团,帮助会员企业进行法律知识讲座和法律咨询,为会员企业提供有效法律服务,及时化解民营企业在发展中遇到的法律问题。是年,工商联获区科技创新和人才工作先进集体称号。家纺商会、浙江商会获市工商联先进商会组织称号,船舶钢结构商会的"生产要素调剂机制"、建筑房地产的"开辟《铁军风采》电视专栏"、粮油商会的"粮油收购'三统一'"、浙江商会的"会员服务热线"被评为市商会组织优秀服务品牌。

【非公有制经济人士理想信念教育实践活动】 根据中央统战部和全国工商联统一部署,结合党的群众路线教育实践活动,深入开展以"信念、信任、信心、信誉"为主要内容的非公有制经济人士理想信念教育实践活动。由区委组织部、宣传部、统战部以及区发改委、经信委、人社局、总工会、工商联和通州工商局组成理想信念教育实践活动联席会议机制,加强领导,搞好协调,形成合力。召开非公有制经济人士理想信念教育实践活动联席会,部署和推进"四信"教育。召开理想信念教育实践活动推进会,江苏通达动力科技公司、南通双盛服饰公司、江苏紫罗兰家用纺织品公司的董事长结合各自企业发展历程,从不同角度,深刻诠释民营企业的发展,必须始终坚持信念、信任、信心和信誉,在宏观形势严峻环境下,给非公有制经济人士以典型引路,言传身教,鼓舞士气。

区非公有制经济人士开展理想信念教育实践活动

【利用政协平台参政议政】 区工商联撰写《引导民间资本投资助推通州经济发展》的调研报告，得到区委、区政府、区政协高度重视，在政协全会上作主题发言。参与区政协城镇化专题调研。深入南通高新区、滨江新区、锡通科技产业园以及南通家纺城、空港产业园和石港科技产业园实地调研，了解产城融合现状，以及产业推进新型城镇化建设中存在的主要困难和问题。撰写“注重产城融合，构建新型城镇化的基础”调研报告，在政协委员论坛上交流。参与区政协评议税务工作。围绕区税源结构特点、影响税源的经济形势分析等方面深入调研，撰写“培植税源　优化结构　服务地方经济社会发展”调研报告。在区政协提高提案拜师专题研讨会上作“围绕经济中心，发挥界别优势，以高质量的提案履行参政议政职能”专题发言。

【参与招商引资和招才引智】 继续通过发挥通州在外商会的作用，吸引在外企业家回乡投资项目3个，即跨越实业公司、南通金旭社区综合服务公司、南通邸佳纺织品设计公司等3个项目落户通州。积极争取省工商联和德国高级专家组织(SES)智力合作项目服务通州企业，通过向德国工商总会和工业协会为南通福乐达汽车配件公司在德国“高级专家库”寻找企业需求相匹配专家。邀请澳洲工程师协会注册工程师、澳大利亚考库姆批量系统公司董事长伊万·普莱斯对南通四方冷链装备股份公司进行考察，洽谈技术合作事项。

【商会科技创新和人才服务】 通过通州南京商会在省城资源，与南大技术转移中心建立政产学研合作平台。借助平台，优先向通州企业提供最新技术转化成果，根据通州企业需求开展订单式人才培养，为通州企业技术攻关提供专家支持，与通州高新技术企业合作开展技术创新等。牵头组织船舶钢结构商会与市航运职业技术学院建立校商企产学研合作。建立航院学生就业实习基地和师资培训基地，为通州船舶钢结构产业转型升级提供人才智力支撑。邀请南大和市航院的9名专家教授参加区第十届高洽会。就征集到13家企业的18个人才和高新技术项目需求信息，进行校企对接。南通医疗器械公司与南大教授葛云，就提取患者化验组织的精准穿刺定位技术涉及的数字成像图像清晰度提高、对DR产品上的功能提升两个高新技术项目达成合作协议，并顺利启动项目可行性研究；南通江海电容器股份公司与南大科技成果转化中心主任陈强在“超级电容器”方面达成合作意向。

【专题栏目宣传】 加强与通州电视台合作，继续办好“通州创业人”和“铁军风采”两个品牌栏目，全年拍摄30多集。“铁军风采”专栏获南通电视台社教类节目二等奖。建筑房地产商会筹措资金30万元，通过中国建筑工业出版社，编纂出版《铁军风采》丛书。区工商联与家纺商会共同策划，出版《家纺精英创业史》，采编“通州家纺在转型”栏目，报道通州家纺精英创业创新群像。开通区工商联（总商会）网站，宣传推介通州企业，展示通州企业家坚苦自立、创新致远的精神风貌。

【第四届(南山湖1号)“吃在通州”美食文化节】 8月28日，由总商会策划指导区服务业商会餐饮分会举办的第四届(南山湖1号)“吃在通州”美食文化节开幕，共9天，参展单位达80余家，入场人数1万余人。通过政府支持、商会搭台、企业唱戏、市场化运作，以“品通州美食，享健康生活”为主题，开展大型广场美食交流、派发“食尚·通州”画册、餐饮慈善基金·义卖资金捐助贫困大学生、“味在通州”摄影大赛、南山湖1号“通州好味道”厨艺大赛等系列活动，弘扬通州美食文化、交流和提高烹饪技艺、树立餐饮服务品牌，繁荣餐饮市场。

【3家企业进入全国民营企业500强】 区工商联(总商会)在广泛调研基础上，组织撰写2013年度通州民营经济发展报告和通州区建筑业发展报告，形成上规模民营企业调研机制。同时，组织对22家2013年度营业收入超5亿元的上规模民营企业调研和上报，南通四建集团、通州建总集团、南通新华建筑集团进入2014年中国民营企业500强，分列230、268、455位。江苏东源电器集团股份公司进入全国民营企业制造业500强，列418位。至此，南通共有17家企业入围全国民营企业500强。 （蒋玉芝）

中国民主促进会南通市通州区支部

【概　况】 中国民主促进会南通市通州区支部有会员16名，主要来自教育、文化、经济等领域，自2013年筹建以来，积极履行政治协商、民主监督、参政议政工作职能，扎实开展调查研究、励志教育、建言献策、参政议政等活动，在围绕中心、服务大局方面取得好成绩，为全区经济社会发展作贡献。9月28日，中国民主促进会南通市通州区支部成立会在西亭中学召开。民进南通市委员会秘书长江幼玲宣读《民进南通市委关于批准成立中国民主促进会南通市通州区支部的决定》，西亭中学校长严少标汇报民进通州区支部筹备工作情况。会议协商产生民进通州区支部主委、副主委和支委，严少标任主任委员，张锋任副主任委员。市委统战部副部长王虎为民进通州区支部揭牌。区政协副主席、区委统战部部长吴俊出席会议。 （杨　平）

中国民主建国会南通市通州区支部

【概　况】 中国民主建国会南通市通州区支部于2012年

11月成立，至2014年底，共有会员22名，主要由经济界人士构成，界别特点鲜明，年龄结构合理，其中，区人大代表2名、区政协委员6名。

【参政议政】 2014年，在市、区级“两会”上，民建通州区支部人大代表和政协委员积极履职，提交建议和提案。在区“两会”上，共提交个人提案和建议12篇。由支部会员、区政协常委洪亮执笔的《通州拆迁安置小区物业管理的现状及对策》作为支部集体提案，在区政协十二届四次会议委员会上书面发言。会员胡文荣撰写的《加强美育，为通州教育事业锦上添花》被评为优秀提案，顾霞、胡文荣、蒋超被评为提案工作优秀个人，朱朝晖、洪亮被评为优秀社情民意工作者。在区委统战部开展的“我为‘双促’献一计”活动中，组织会员围绕区委重点工作建言献策，提交建议12份。

【社会服务】 2014年，组织会员发挥自身优势，参与公益事业，通过捐资助学等多种形式回报社会。江苏中发置业董事长黄锦华通过民建思源工程，建立中发置业助学基金，向南通电大捐赠助学款10万元，用于资助该校品学兼优的困难学生。南通三江置业董事长冯树宾在二甲镇捐资设立孤困学生救助基金，首批善款10万元用于捐助孤困中小学生，帮助他们顺利完成学业。南通海德混凝土公司董事长徐兴中每年赞助金沙镇贫困学生万余元。南通富瑞税务师事务所长朱朝晖策划并主持青年联谊活动，为区单身青年职工搭建交友平台。

【会员企业为南通大学修建园林】 4月3日，在南通大学举行“树君缘”园林开园仪式，南通市副市长、民建南通市委主委赵闻斌，南通大学党委书记成长春、副书记彭怀祖，市委统战部部长殷雄、副部长胡凡，民建南通市委副主委胡澜石等出席开园仪式。该园林由支部会员企业南通三江置业捐资100万元修建而成，民建南通市委牵线搭桥、构建平台，园林绿化面积约5500平方米，为大学师生打造一个“四季常绿、四季有花”的精品园林景观。

（薛金萍）

乡村游　　（原载中国通州网，卑多敏　王丽华摄）

南通市通州区经济和信息化委员会

NAN TONG SHI TONG ZHOU QU JING JI HE XIN XI HUA WEI YUAN HUI

全区工业经济双过半推进会

南通市通州区经济和信息化委员会是区政府工作部门，挂“中小企业局”牌子，系全区工业经济和信息化产业综合管理部门，承担全区新型工业化、信息化及推进资源综合利用、现代物流等重要职责。

自成立以来，树立新部门、新作风、新形象。工业应税销售总量3年连跨三大台阶，现代家纺成功创建国家新型工业化产业示范基地。南通供销产业园成为全国供销系统第一家国家AAAAA物流企业、五星级仓库。两化融合、科技创新走在全市前列。“企业娘家”“服务到家”被评为全区十佳最佳效能服务品牌。连续多年被评为区级机关目标管理绩效考核先进集体、项目集聚工作先进集体、作风建设工作先进集体。被南通市委市政府评为新型工业化、民营经济、节能工作先进县（市、区）。

南通市通州区农业委员会

NAN TONG SHI TONG ZHOU QU NONG YE WEI YUAN HUI

农业部部长韩长赋考察调研通州农业园区

保加利亚农业专家考察金土地生态农业园

2014年，南通市通州区紧紧围绕农业基本现代化总体目标，推进农业特色化、规模化、科技化、产业化，提升传统优势产业、拓展高效园艺产业、优化特种养殖产业；积极实施现代农业园区、绿色通州建设、新型农民培训工程和农业专业化服务，取得良好成绩。万顷良田沟渠路泵站等基础设施全面建成，设施面积300公顷。新建骑岸规模设施农业园和二甲规模设施农业园为市级设施农业园，建成十总万亩蔬菜基地和二甲万亩蔬菜基地为省级菜篮子工程永久性蔬菜基地，十总蔬菜基地新增设施面积466公顷，二甲蔬菜基地新增设施面积413公顷。全区新增设施农业面积1666公顷，全区设施农业面积1.14万公顷，占耕地面积16.2%，其规模、档次居全市首位。

年内，完成造林绿化1673.33公顷，其中生态防护林1180公顷、苗圃式绿化193.33公顷，道路河道绿化300公顷。建成省级绿化示范村11个，森林生态示范村1个，绿化覆盖率23.0%；全区培训职业农民2440人，创业农民408人，家庭农场主123人，基层农技推广员72人，超额完成培训任务2.45个百分点。有573人通过技能鉴定，超额完成省下达任务，有效提高农业专业化生产和服务人员的职业技能、服务水平。

是年，粮油生产实现大面积增产增收，全区7.96万公顷粮食平均单产6718公斤，总产53.50万吨，再创历史新高。其中小麦2.51万公顷，平均单产5700公斤，水稻3.15万公顷，平均单产9450公斤，稻麦连续3年实现吨粮县目标；油菜面积2.61万公顷，总产8.69万吨，单产列全省第二。

南通市通州区人力资源和社会保障局

"关爱失独家庭　牵手喜看通州"活动

率先实现城乡居民医保制度和职能整合并轨

2014 年，南通市通州区人力资源和社会保障局始终坚持"民生为本、人才优先"主线，狠抓"作风效能建设"主题，完善"依法行政、区镇村三级联动"体系，深化"五险统征、被征地农民保障、城居医保与新农合整合"研究，突出"创业型城区建设、镇级平台建设、社会保障卡发放、城居保续保"重点，实现"人才强区、就业富民、保障惠民、维权安民、阳光人事"突破。全年引进高层次人才 57 人，其中江海英才 23 人，区 510 英才计划 34 人。新增外国专家 16 名，省"双创"博士 1 人、博士后研究生 1 人、高技能人才 6031 人，2 人入选省"六大人才高峰"高层次人才培养计划。19 个引智项目分别被省市立项，连续列全市第一。招录公务员 15 人（含参公），聘用事业单位工作人员 92 人；全区新增城镇就业 9287 人，再就业 4234 人，城镇登记失业率 2.53%，转移农村劳动力 6478 人，群众自主创业 1231 人，免费开展职业技能培训 4115 人。全区企业职工养老、城镇医疗、失业、工伤和生育保险参保人数分别为 14.62 万人、21.20 万人、9.16 万人、13.20 万人和 11.90 万人；城乡居民养老保险参保超 26 万人，续保率 90%；各类险种参保率 98% 以上。全区企业退休人员人均月养老金 1900.40 元，城乡居保基础养老金最低标准上调至每人每月 90 元。完成社会保障卡制作 15.60 万张。

是年，区人社局被评为全区作风效能建设先进单位及区级机关目标管理绩效考核先进单位。

千名企业家创新人才培养计划第三期开班

"春风送岗位"专场招聘会

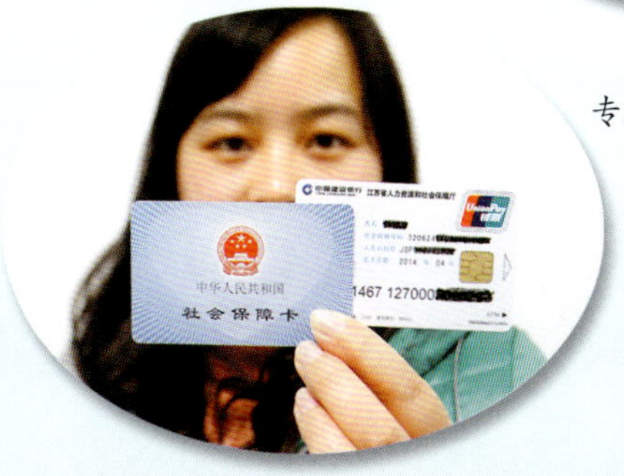

社会保障卡发放

党的群众路线教育实践活动动员大会

南通市通州区市场监督管理局

区委书记宋乐伟等现场指导工作

区长陈永红等现场指导工作

南通市通州区市场监督管理局组建于2015年1月，将区食安办、工商、药监、质监的职责和区卫生局的食品安全监管职责进行整合，监管领域贯穿生产、流通、消费各环节。

是年，该局紧紧围绕区中心工作，提出“一年打基础、两年变个样、三年跃台阶”发展目标和“做精机关、做大基层、做强执法”总体思路，全面实施“零二五”工作计划。以“民生护卫在行动”为抓手，强化食品药品监管、证照管理、产品质量监管和特种设备的安全监察工作，打击违规违法行为，构建执法长效机制，规范市场秩序。围绕“服务发展大局、服务市场主体、服务广大群众”，抓三定促融合、抓履职创品牌、抓队伍优作风、抓贯彻解难题，有效发挥“市场卫士，服务先锋”作用。

开展“凝人心、提技能、启航2015”全员系列业务培训活动

举行年度监管工作会议

开展“民生护卫在行动”系列监管执法活动

南通市通州区文化广电新闻出版局

国家级非遗仿真绣代表南通参加第十届中国(深圳)国际文化产业博览交易会(右一为江苏省委常委、宣传部长王燕文)

4.26世界知识产权保护日宣传咨询活动

通剧《乡间小路》

小品《不再陌生的邻居》

2014年,南通市通州区文广新局继续实施"特色文化、精品文化"战略,着力推进公共文化服务建设和文化产业发展,成功创建省级公共文化服务体系示范区,新建100支业余文艺团队,组织近千场各类文化惠民活动;精心组织艺术创作,6件作品获全国赛事奖项、20余件作品获省级赛事奖项;非遗、文物保护工作有序健康推进;文化产业取得良好突破,全区有12个文化产业项目列为南通市、通州区级重点项目,其中亿元项目3个;文化市场经营秩序进一步规范,组建区文化行政综合执法大队。2014年,通州区再次通过文化部"全国文化工作先进县(市、区)"和"中国民间文化艺术之乡"验收,先后被授予省公共文化服务体系示范区、省"扫黄打非"先进地区、省新闻出版(版权)依法行政示范点、省无"小耳朵"先进县(市、区)。通州歌舞团获第四届省"双服务"先进集体称号。

通州说唱《散花》

第十九届通州之夜广场系列演出开幕式

举办第八届江苏戏剧奖小戏小品奖大赛

南通市通州区住房和城乡建设局

NAN TONG SHI TONG ZHOU QU ZHU FANG HE CHENG XIANG JIAN SHE JU

区委书记宋乐伟调研城建重点工程项目推进情况

2014年，南通市通州区住房和城乡建设局以“建设新城区、提升老城区、对接主城区、辐射镇区园”为目标，大力实施“市政畅通、生态文明、民生保障、城乡统筹”等工程，城建重点工程和建设行业管理工作取得好成绩。

是年，被表彰为区目标管理绩效考核先进集体、城镇建设与管理工作先进集体、民生及社会建设工作先进集体、文明城市长效管理工作先进集体、2014年度“建筑业发展优秀组织奖”及“办理人大代表建议先进集体”“承办政协提案先进集体”。

局领导走进“999”民生热线直播间，与市民群众交流

副区长陈伟平调研城区水环境建设

大力实施“市政畅通工程”，图为新通掘路拓宽改造现场

推进工程质量治理“两年行动”，规范建设市场行为

拓宽改造和绿化提升后的新通掘路

南通市通州区公安局

NAN TONG SHI TONG ZHOU QU GONG AN JU

区委书记宋乐伟调研公安工作

区委副书记、区长陈永红检查指导高考安保工作

区人大领导视察社会治安防控体系建设

2014年，南通市通州区公安局紧盯公安“双争工作目标”，紧抓警务机制转型升级，社会管理、综合治理绩效和公众安全感继续位居全市前列，连续4年在南通市县级公安机关综合绩效考评和区政府目标管理绩效考核中进入先进行列，实现经济建设和社会治理同步发展、双向提升。

是年，全区共立刑事案件4460起，破案2019起，破现案率45.3%；78起“八类”案件全部告破；共抓获犯罪嫌疑人1411人、移诉1167人，比上年分别上升3.3%和3.1%。抓获各类逃犯138名，其中外省逃犯52名，外省命案逃犯2名，外地上网本地籍逃犯65名，公安绩效在南通市位列第一方阵，先后被评为“江苏省公安机关‘210工程’建设示范单位”，分别被评为区政风行风建设和南通市县级公安机关综合绩效考评先进单位。公安党建工作受到区委表彰并在全区党建工作会议上作典型交流。民警曹灿华入选“中国好人”候选人，荣登“江苏好人榜”，获第二届“江苏最美警察”提名奖，赵忠祥、曹灿华等荣立二等功。

市公安局领导检查国庆安保工作

区公安局特辅警队员强化训练提升实战能力

南通市通州区司法局

省司法厅厅长柳玉祥(前右四)率参加全省公共法律服务全覆盖体系建设推进会人员参观通州现场,区委书记宋乐伟(前右三)陪同

省司法厅副厅长张光东(左二)考察社区矫正管理教育服务中心

法律援助之歌,唱响“通州之夜”

2014 年,南通市通州区司法局以开展党的群众路线教育实践活动为契机,深入推进“四个全覆盖”工作体系建设。区级法治文化主题公园建成,张芝山、川姜、西亭、五接、四安、二甲、兴东镇法治文化阵地加快建设。4 月,全市推进公共法律服务体系建设现场会在通州举行。9 月,全省公共法律服务全覆盖体系建设推进会实地参观推广通州的经验做法。为区、镇、村配备一对一法律顾问,推动规模企业、学校建立法律顾问制度,有 800 余家企业由法律工作者担任法律顾问。开展“法律进万家,服务你我他”效能品牌创建活动,提出法律建议 47 条,避免可能发生的经济损失 1.20 亿元。

是年,通州区被评为全国“六五”普法中期先进县(市、区),区司法局被评为全省“六五”普法中期先进单位,区法律援助中心被评为全省首批“青少年维权岗”,公证处被评为“全省司法行政系统先进集体”。“法律进万家 服务你我他”效能品牌被评为全区 2014 年度最佳效能服务品牌。

全市推进公共法律服务体系建设现场会在通州举行

法律援助中心为车祸女孩献爱心

南通市通州区人民法院

落实院、庭长办案制度，院长刘碧波亲自开庭审理案件

党的群众路线教育实践活动知识竞赛

2014年，南通市通州区人民法院围绕司法为民公正司法主线，扎实开展“五力提升深化年”活动，依法履行审判职能，服务全区“五大行动”，深化司法为民举措，全面加强队伍建设，各项工作取得新进展。先后被通州区委、区政府评为“区级机关目标管理绩效考核先进集体”“综治工作先进集体”“作风效能建设工作先进集体”，被南通市妇联表彰为“南通市维护妇女权益工作先进集体”。兴仁法庭被共青团南通市委评为“南通市十佳青年文明号”。

在先锋镇正场村村委会巡回审判

涉毒案件集中宣判进社区

兴仁法庭江海志愿者服务队慰问孤寡老人

张芝山法庭敲响区法院审判权运行机制试点改革第一槌

曝光失信被执行人

南通市通州区人民检察院

NAN TONG SHI TONG ZHOU QU REN MIN JIAN CHA YUAN

检察长黄凯东到挂钩村督促污染企业限期整改

检察工作通报会

2014年，南通市通州区人民检察院围绕全区“五大行动”计划，以司法办案为中心，以检察改革为动力，强化法律监督，强化自身监督，强化队伍建设，为通州经济社会全面发展提供有力的法治保障，被评为“全国检察宣传先进单位”“全省预防青少年违法犯罪工作先进集体”，连续第四届荣获“全国检察机关文明接待示范窗口”称号。

该院积极履行检察职能，依法严厉打击各类严重刑事犯罪，坚决查处和有效预防职务犯罪，全面开展诉讼活动法律监督。加大打击侵犯知识产权犯罪力度，与多家单位签署合作备忘录，形成对小微企业、“电商”等的知识产权司法保护合力。全面推进检务公开，强化案件信息公开，该项工作被评为“区级机关优质服务品牌”。推出“育苗、护苗、助苗”未成年人保护三项工程，得到市委领导批示肯定。深入开展党的群众路线教育实践活动，制定《关于加强领导班子建设和管理的规定》，完善班子谈心、分工协作、集体学习等制度。

举行党的群众路线教育实践活动动员大会

参加南通市人民检察院“舞动金秋 靓丽随行”健身操比赛

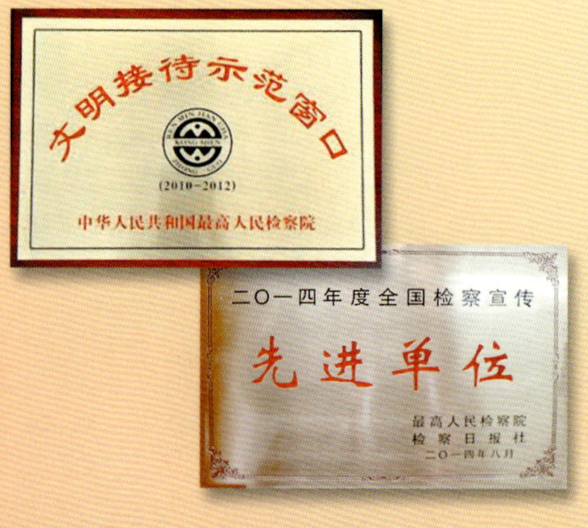

在十总镇举行职务犯罪案件剖析会

南通市通州区水利局

区委书记宋乐伟察看农村河道

区领导检查横港沙圈围工程

2014年，南通市通州区水利局围绕水利现代化战略目标，加快水利建设，强化水利管理。全年完成重点水利工程12大类42项工程，投资总额4.10亿元。完成遥望港通州段治理，整治河道17.7公里、新建护岸3.4公里；改建泵站124座，新建防渗渠道365公里；改造农村桥梁121座；试点建设生态河道8条（段）19.6公里；疏浚农村河道155条（段）145公里。小农水重点县绩效考评列全省第一；最严格水资源管理制度考核列全市第一；成功创建南通市首个省级节水型社会示范区；水行政执法案卷评比囊括全市前两名；通海闸管所高分通过省水利工程二级管理单位验收。服务全区重特大项目再结硕果，横港沙护滩固沙一期工程涉河建设方案通过水利部长江水利委员会行政许可，为通州区西部沿江开发奠定基础；益民污水处理厂尾水排江工程获省水利厅行政许可，结束通州无入江排口的历史。

是年，区水利局被评为目标管理先进单位、生态文明建设工作先进集体、农业农村工作先进集体、法治工作先进集体、“兴水润物　惠泽民生”连续被评为最佳服务品牌。

群众路线教育实践活动总结

工程质量与安全检查

通吕运河整治工程竣工验收

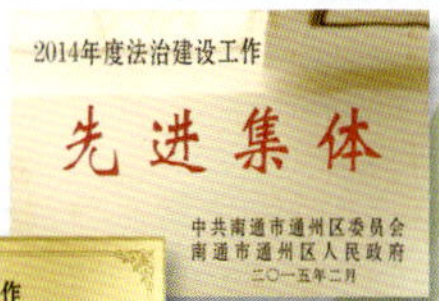

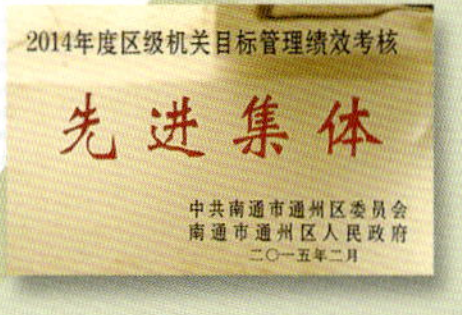

中小河流治理项目
（九圩港刘桥段）

运盐河二甲镇
余西段

东社镇东社闸河

十总横河

南通市通州区卫生局

NAN TONG SHI TONG ZHOU QU WEI SHENG JU

国家卫生计生委基层卫生司副司长聂春雷到通州调研

省卫生计生委主任王咏红考察金沙镇天禧社区卫生室

2014 年，是通州卫生事业在全面深化改革中实现跨越发展的一年。卫生体制改革有序推进。建成示范化、标准化村卫生室 195 家，其中 7 家被命名为“省示范村卫生室”。全面完成 14 个镇区 32 家医疗机构的资源整合工作。区人民医院、中医院和 5 家中心医院顺利启动公立医院综合改革。建成以新农合基本医疗保障为主，大病保险和商业保险为补充，覆盖广大农村居民的多层次医疗保障体系。综合服务能力不断增强。东社镇卫生院建成“省示范乡镇卫生院”。区第二人民医院纳入二级专科医院管理。全年招聘大中专生 200 多人，累计培训医护人员 2000 多人次。完成 65 岁以上老年人等四类重点人群免费健康体检 25.20 万人，超额完成 2.5 万农村妇女“两癌”筛查任务。全年卫生监督覆盖率 100%。全面完成 2 万座项目改厕任务。建成“江苏省卫生镇”1 个和“江苏省卫生村”23 个。项目建设不断加快，2 家镇卫生院扩建工程主体建设完成，3 家镇卫生院异地新建工程开工，1 家中心医院异地新建项目进场施工，2 家卫生院异地新建工程进入前期准备阶段。研究制订了全区卫生信息化三年发展规划和 I 期项目实施方案。卫生行业形象持续提升。群众路线教育富有成效，有效解决了一批群众反映强烈的“老大难”问题。5 家单位被评为“南通市平安法治医院”，17 家单位被评为“通州区平安法治医院”。成功举办杏林春暖摄影活动，编印《杏林春暖——通州卫生摄影作品集》。

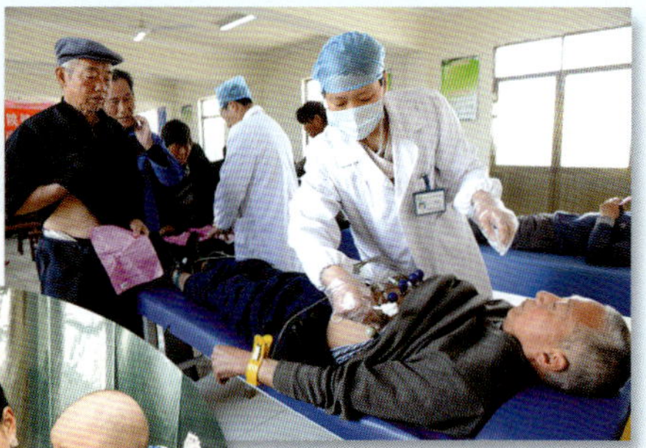

老年人接受免费健康体检

城南社区卫生服务中心数字化接种门诊

十总镇迎阳村卫生室

南通市通州区人口和计划生育委员会

NAN TONG SHI TONG ZHOU QU REN KOU HE JI HUA SHENG YU WEI YUAN HUI

9月26日，省卫计委主任王咏红到通州检查指导人口计生工作

慰问贫困基层计生工作者

2014年，南通市通州区人口和计划生育委员会落实机构改革和职能转变要求，贯彻实施中共中央、国务院《关于调整完善生育政策的意见》，注重强基础、优服务、促发展，不断提升人口和计划生育管理服务水平。

继续保持合理的生育水平，出生人口素质进一步提高。全区当年出生人口8212人，出生政策符合率99.2%，人口自然变动持续17年负增长，为-2.23‰，出生人口性别比103.27（女=100）。多措有序地推进“单独两孩”生育政策，4-12月，全区新增城市单独311对，未形成扎堆抢生的现象。大力弘扬新型人口文化，引导群众树立新型人口家庭观。强化计划生育服务质量管理，开展“计划生育技术服务质量安全年”活动。扎实推进优生促进工程，在全国和省临床检验室间质量评价活动中成绩优秀。健全流动人口计划生育服务管理体系和协会组织网络，提升流动人口服务管理水平，全面实施外来人口“居住证”制度。不断完善利益导向机制，全年发放奖特扶金6500余万元。巩固“人口计生行政执法水平提升年”活动成果，全面规范动态更新公开服务事项。积极推进“亲情牵手－心理援助”项目，大力开展对计划生育特殊困难家庭扶助关怀活动。

是年，区人口和计生委被评为省“免费孕前优生健康检查工作先进集体”，区计划生育协会被江苏省卫生和计划生育委员会、省计划生育协会评为“全省计划生育系列保险工作先进单位”。

资助计生特困家庭改造危房

16名失独老人理事长赴启东参观学习

中国家庭发展追踪调查工作启动

街头咨询宣传活动

组织基层计生干部业务培训

南通市通州区信访局

NAN TONG SHI TONG ZHOU QU XIN FANG JU

中共南通市委常委、政法委书记曹斌到信访局调研，区委书记宋乐伟陪同

局党组书记、局长石裕超走进在线访谈

南通市深化大调解工作现场会观摩区人民来访接待中心

2014年，全区信访工作紧紧围绕为“奋力走在苏中新一轮发展前列”营造和谐社会环境的目标，以加快信访法治化建设为引领、全面深化信访工作制度为主线，攻坚克难，主动作为，全面推进依法逐级走访；积极打造阳光信访，建成网上信访信息系统；规范初信初访办理，严格信访工作责任；开展信访积案化解项目化管理，努力化解信访存量；圆满完成各敏感时期信访维稳保障任务，全区信访形势继续保持平稳向好的总体态势。通州区政府被评为“2014年南通市信访维稳工作先进单位”。

信访约谈活动

群众路线教育实践活动研讨交流

解决问题赢民心

南通市通州地方税务局

NAN TONG SHI TONG ZHOU DI FANG SHUI WU JU

市地方税务局局长黄林华到通州调研

局长走进"在线访谈"

2014年，南通市通州地税局以"积聚发展正能量，提升改革新成效"为主题，围绕五大目标、十项重点，各项工作稳步推进、扎实开局。全年组织各项收入82.76亿元，比上年（下同）增长13.5%，其中税收收入61.20亿元，增长17.3%；地方公共财政预算收入47.03亿元，占区政府年初计划的101.3%。

税收职能有效发挥，圆满完成年度目标：快速落实税收政策，积极参与经济建设；依法行政，强化法规，督察内审，加强稽查工作；征管改革持续深化，组织架构更趋优化，风险监控更趋严密，风险应对更趋有效；管理基础有效夯实，基础事项、税费、综合治税管理和信息化运维管理不断加强；征纳关系融洽，办税服务提速，宣传培训务实，权益保护有效；队伍活力增强，干部履职提升，绩效管理加强，文化建设深化；文明创建成果丰硕，该局被评为南通地税系统年度绩效考核优良单位，蝉联区级机关目标考核先进集体和作风效能建设先进集体。吉斌被评为"最美江苏地税人"、江苏地税系统岗位标兵；一分局获"全国工人先锋号"。36人次在南通地税系统及通州区级以上各类竞赛中获奖，其中总局奖1个，省局奖3个，县（区）级以上奖161项。

点燃运动激情，打造活力团队

税收宣传走进江海风筝节

送关爱，迎七一

中共南通市通州区委台湾工作办公室

ZHONG GONG NAN TONG SHI TONG ZHOU QU WEI TAI WAN GONG ZUO BAN GONG SHI

区委书记宋乐伟接待台商许介立先生一行

区长陈永红接待台北电脑公会考察团一行

2014年，南通市通州区委台湾工作办公室坚持党的“和平统一，一国两制”基本方针，以“做好台湾人民工作”为主线，找准对台工作与地方经济建设的结合点并加以协调，把推动两岸关系和平发展作为工作的主方向，把做好对台经贸、交流合作作为工作的主抓手，围绕年初制订的重点工作，扎实开展，开拓奋进，全力开创全区对台工作新局面。

通州家纺企业与台企对接活动

智慧家纺论坛

台北电脑公会——两岸智慧城市交流联盟与通州区政府签订合作框架协议

台湾嘉惠集团——嘉慧科技总裁乔培伟参访通州家纺企业

南通市通州区民政局

2014年，南通市通州区民政局围绕省、市民政工作会议提出的目标任务，民生基础更加夯实，改革事项稳步推进，工作作风持续改进，民政在社会建设中的骨干作用日益凸显，被省委、省政府、省军区表彰为“双拥模范区”；被区委、区政府表彰为“民生及社会建设工作先进集体”“农业农村工作先进集体”“老区宣传文化先进扶贫工作先进单位”“2014年度民政宣传工作先进单位”，区慈善基金会被民政部表彰为“中国慈善透明榜样”。

参加“999”民生热线活动

全区民政工作会议

志愿服务队接受采访

中国邮政 CHINA POST 南通市通州区邮政局

放大“爱心邮路”效应，关爱海晏麻风村“情系残老村”爱心捐助活动

代理金融“百亿工程”誓师大会会场

2014年，南通市通州区邮政局围绕经营发展重点工作和转型发展战略定位，牢牢把握“务实创新、稳健发展”总基调，以年初制定的“四五工程”和“攻坚克难32项重点工作”为抓手，扎实推进各项工作，在全体干部职工的共同努力下，代理金融跃上“百亿”新台阶，邮务类转型实现新突破，企业精细化管理得到新提升，精神文明建设取得新成效。全年实现邮政业务总收入1.65亿元，比上年增长13.1%，有效收入增长15.6%（剔除储蓄政策影响），累计完成收支差额4641万元，先后获通州区五一劳动奖状，被评为区宣传思想工作和精神文明建设工作先进集体、工会工作目标管理考核标兵单位及“五好”示范关工委。

丰富职工文体活动，组队参加“舞动江海”广场舞大赛

南通市通州区体育局

NAN TONG SHI TONG ZHOU QU TI YU JU

为群众免费进行体质测试

2014年，南通市通州区体育局按照“公益性、基本性、均等性、便利性”原则，以服务民生、服务群众为导向，以社区和农村为重点，以体制改革创新为抓手，着力完善城乡公共体育基础设施，提高公共体育产品和服务供给能力，建立健全城乡统筹、惠及全民的公共体育服务体系，切实保障人民群众的基本体育权益，为促进区体育事业繁荣发展，推动全区经济社会健康稳步发展提供坚强保障。是年，承办全国少儿毽球比赛，举行通州区“全民健身月”启动仪式暨万人健步走活动。全年组织开展各类群体活动两百余项次，参与人数150万人次。群众体育设施基本完善，建成总占地面积17公顷，场馆总建筑面积5.1万平方米的区体育中心。在全区建设40个农民集中居住区体育设施、新（扩）建4个农村体育公园，在城区新建的公园、绿地增置体育设施。体育产业发展迅速，体育彩票销售1.59亿元。

新建成的通州区体育中心

环南山湖自行车赛

区全民健身月启动仪式暨“百日千场万人”北欧式健步走活动

全国少儿毽球

江苏省排舞、广场舞项目一级社会体育指导员再培训（南通站）

通州区老年人环南山湖健步走活动

江苏省健身秧歌项目一线社会体育指导员再培训（南通站）

通州区足球联赛

江苏省空竹项目一级社会体育指导员再培训（南通站）

南通市二级社会体育指导员健步走项目公益培训

南通市通州区档案局

区委常委、副区长刘克勇察看档案馆新馆

局长、馆长：张新丽

2014 年，南通市通州区档案局围绕区委、区政府重点工作，在档案基础业务建设上下功夫，在档案信息化建设上求突破，圆满完成年度各项目标任务。荣获全省档案宣传工作先进集体、南通市档案工作先进集体、通州区 2014 年度党建、精神文明建设工作先进集体等荣誉。是年，区档案局将“全区所有乡镇档案工作达省三星级标准”列为重点特色工作，年末实现乡镇档案工作三星级规范全覆盖。人民银行等 4 家单位档案工作通过全省最高级五星级测评（复查），国土、财政系统等 17 家档案通过三星级测评复查。围绕中心工作，提高档案工作服务大局、服务民生的能力。以数字档案馆建设为目标，加快档案信息化建设进程。大力推进传统载体档案数字化，累计完成馆藏档案数字化 500 万页。新增 4.80 万条案卷目录和 83 万条文件目录电子数据资源库。把提高服务质量、打造优质服务窗口作为围绕中心、服务民生的重点，全年接待查档 3040 人次，提供档案 3626 卷次，出具档案证明 3120 份，真正发挥了档案信息资源服务社会大众的作用。至 12 月底，区档案馆顺利完成新馆搬迁工作，馆藏十余万卷档案“顺利、安全、有序”地搬迁到新馆。

江苏省档案局副局长顾祖根考察通州区档案馆新馆

档案法治专题讲座

群众路线教育实践活动动员大会

档案进新家

南通市通州区农业机械管理局

省委政策研究室领导到通州调研

2014年，南通市通州区农业机械管理局坚持科技进步、协调发展的新型农机化发展道路，农机化工作成效显著。全年新增秸秆还田机械782台，秸秆还田面积超2万公顷；全区培育“全托管”经营主体76个，服务总面积2000公顷，新建粮食烘干中心6个、农机库11个、农机维修示范点1个；农机装备水平大幅提升，落实农机购置补贴资金1424万元，补贴各类机具1352台套，受益农户及组织1106个；继续深化农机“安全生产年”“打非治违”、隐患排查及农机专项整治等活动，农机安全生产态势平稳，为农业增效、农民增收作出积极贡献。是年，区农机局被省人力资源和社会保障厅、省农业机械管理局、省公务员局评为“全省农机系统先进集体”。

农机安全生产应急预案演练

秸秆机械化还田推进会

全托管业务培训

深入田间培训机手

农机职业技能比赛(秸秆还田技术)

南通市通州区公共资源交易管理办公室

评标现场

党风廉政建设暨作风建设会议

区政府采购实施条例专题业务培训

南通市通州区公共资源交易管理办公室(简称通州区公管办),设有5个内设机构:综合科(督查科)、监管一科、监管二科、监察室,下属一个事业单位(区公共资源交易中心)。在职能上,整合建设工程招投标、政府采购、药品器械采购、国有产权交易、农村产权交易、土地使用权出让等公共资源交易平台,全面履行全区公共资源交易监督、管理与服务的职责。

2014年,区公共资源交易中心完成交易项目2223项,交易额122.99亿元,其中工程类987项,交易额117.01亿元,涉及财政及国有资金80.60亿元,节约资金12.77亿元,节约率13.7%;采购类1236批次,交易额5.98亿元,节约资金0.86亿元,节约率12.6%。全年为财政节约资金13.63亿元,节约率13.2%。

区公共资源交易管理办公室揭牌

标后监管

南通市通州区房屋动迁管理办公室

NAN TONG SHI TONG ZHOU QU FANG WU DONG QIAN GUAN LI BAN GONG SHI

区政府分管领导调研

2014年，南通市通州区房屋动迁管理办公室不断优化服务意识，完善政策规范，强化行业监管，落实党风廉政责任制，建立健全起以政策、制度建设统领全局工作的长效机制，以“四条主线”统筹推进动迁安置进程的工作机制，以内强素质和外部监督为主要内容的权力运行监督机制，实现动迁安置工作有序推进，行业管理水平稳步提高，廉政建设逐项深化。

全年计划征迁面积150万平方米。实际完成征迁面积185万平方米，超额完成23%。人民路东延二期、北二环改造、北一环北延、沪通铁路大桥及配套工程、朝霞路西延、万顷良田四期等征迁工作相继结束。安置房新开工159万平方米，占150万平方米计划开工量的106%；竣工176万平方米，占160万平方米计划竣工量的110%。对照新增在外过渡户数量，安置房的竣工量与安置需求基本匹配，其中区重点考核项目虹西花苑已按时间节点完成建设任务；东飞花园二期、金东新城天香苑及老拖拉机站地块安置房建设的前期工作亦在有序推进。

廉政警示

虹西花苑内景

虹西花苑门面

南通市通州区园林绿化管理中心

五号横河

2014年，南通市通州区园林绿化管理中心较好完成全年工作任务。城区公共绿化建设投资3.50亿元，新建绿地120多万平方米，其中道路河道绿化50万平方米、公园绿地50万平方米、单位庭院绿化20万平方米，日常养护面积为600万平方米。

是年，先后规划设计运盐河公园、湘江北路、东城小游园、二号横河、十七总港、青岛路等公园绿地、河道、道路等绿化。完成大桥公园、霞中公园、五号横河太山河公园等公园绿地，新通掘路、朝霞西路、北三环至唐洪加油站等20多条道路，中心横河、二号横河、十五总港等河道景观绿化，朝霞广场改造、实小金桥校区周边等10多个中小型地块的绿化，新通掘路西侧、供电公司西侧等零星地块绿化也相继完成。

同时，为达到精致化养护水平，积极探索绿化养护管理新思路，对城区4万多平方米单位和小区围墙外零星绿化，全部纳入政府统一管养，实现绿化管养"无缝对接"，有效避免园林绿化管养"死角"，提高城市品质。

十五总港

大桥公园

北三环至唐洪加油站

霞中公园

养护

施肥

中国烟草·江苏
CHINA TOBACCO JIANGSU

南通市通州区烟草专卖局（分公司）

市局（公司）领导调研通州烟草

深入市场，了解需求

坚持依法行政、文明执法

2014 年，南通市通州区烟草专卖局（分公司）围绕“卷烟上水平”基本方针和实践“三大课题”、提升“五个形象”、争当“三个楷模”工作目标，以“规范、创新、发展”为主线，以党的群众路线教育实践活动为抓手，卷烟营销、专卖管理、企业管理和队伍建设取得明显成效，圆满完成年度各项工作任务。全年销售卷烟 3.96 万箱，比上年（下同）增长 2.0%；实现销售额（含税）11.93 亿元，增长 11.2%；实现税利 2.87 亿元，增长 12.9%。查获各类卷烟案件 110 起，卷烟 1.29 万条，罚没款到账 13 万元。查获 1 万元以上卷烟案件 35 起，5 万元以上的案件 9 起，20 万元以上的案件 4 起；判刑 3 人，刑事拘留 1 人；成功办结“3.25”“12.10” 两起符合国标的网络案件。

深入开展党的群众路线教育实践活动，主动参与全国文明城市创建、城乡文明结对共建、“三解三促”、党员干部进社区志愿服务等活动，全年人均参加社区志愿服务 6 次之多；积极开展扶贫济困、捐资助学、义务献血等。在兴东镇永庆村建办“‘同心’帮扶之家”，对该村困难群众予以长期关爱和物质资助，主动担当社会责任。是年，被评为“江苏省放心消费创建活动示范行业”“2013 年度宣传报道工作先进集体”“南通市级安全文化建设示范企业”，并通过省档案局“档案工作规范五星级”测评。

消费者权益日开展宣传咨询活动

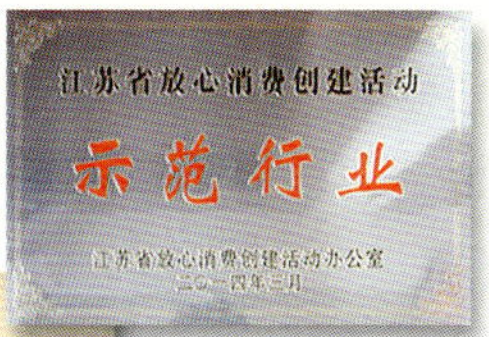

南通市通州区盐务管理局

（江州盐业）

盐政执法人员正在检查市场食盐

5 月 15 日，在大润发广场举办“5.15 全国第 21 个防治碘缺乏病危害宣传日”活动

2014 年，南通市通州区盐务管理局（江州盐业）认真落实“主营业务抓重点、非盐经营抓拓展、盐业市场强监管”精神，按照“内抓规范、外强监管、管销结合、稳中求进”工作思路，积极开展各项工作。全年盐品销售 8008 吨，完成指标的 100.2 %。食盐销售 6608 吨，其中小包装食盐销售 4337 吨、大包装食盐销售 2271 吨，完成指标的 103.2%；工业盐销售 1400 吨。实现主营销售收入 3009 万元，完成指标的 100.4%；非盐销售收入 1142 万元，实现利润（含视同利润）150 万元，分别完成指标的 151.9% 和 121.0%。

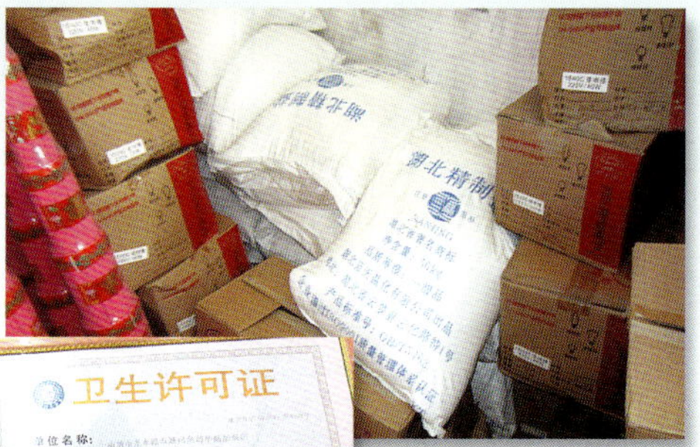

全年查处各类盐业违法案件 94 起，查获各类假冒伪劣食盐 16.9 吨

创建通州区“食盐放心店”600 家并挂牌公示

落实省政府“减盐行动”，宣传“少吃盐、吃好盐”，及时向市场推出满足人们“健康 · 营养”食盐新品

南通市通州区墙体材料革新与建设节能办公室

在“2014 年度全省墙材革新工作考核评比”中，南通市通州区墙改办荣获一等奖。这是该办连续第 6 年获此殊荣，全市仅此一家。

近年来，该办通过强化政策法规导向，加大墙改行政执法力度，不断加快转型升级，促进新墙材企业技改创新，新型墙体材料生产与应用显著提高，节能建筑稳步推进，呈现又好又快的发展趋势。

2014 年，全区新墙材产量折合标砖 10.80 亿块，占墙体材料总产量的 98.9%；新墙材建筑竣工面积 276.36 万平方米，占全部建筑竣工面积的 98.0%；保护耕地 119.1 公顷，节约能源 6.70 万吨标煤，利用粉煤灰等工业废渣 43.30 万吨，利用江河淤泥 128.90 万立方米；完成新墙材技改项目 1 个，新建新墙材企业 1 家，关停简易轮窑 2 座，墙改基金征收率 100%，返退墙改基金 568.13 万元。

使用新型墙体材料的在建工程

年末，南通五窑砖瓦厂有限公司年产 8000 万标砖的隧道窑项目已开工建设；南通恒沃建材有限公司投入 1300 万元技改资金，扩建后新增 6000 万块砼空心砖生产能力。区墙改办将坚持以城乡“禁实禁黏”为重点，以非黏土新墙材推广应用为龙头，依靠科技创新，加快非黏土新墙材发展，加大专项基金征收、使用和管理力度，突出政策法规的调研和宣传工作，实现墙改节能工作的新突破。

使用新型墙体材料的富都大酒店

部分新型墙体材料

南通市通州区文学艺术界联合会

NAN TONG SHI TONG ZHOU QU WEN XUE YI SHU JIE LIAN HE HUI

“童声”基地建设

2014年，南通市通州区文联围绕中心，服务大局，成功创建“童声里的中国”少儿艺术创研活动基地，举行“童声里的中国”少儿艺术创研活动基地建设汇报会暨“全国首届儿童音乐优秀创作奖”获奖作品展演；设立“童声里的中国首届儿童音乐优秀创作奖”，举办“新时代呼唤新儿歌”论坛；承办市文联第48期大讲坛——中国文联副主席、中国音协副主席徐沛东专题讲座《文艺创作的继承和创新》；举办南通市文联第九届“五月风”文艺展示月暨第四届“通州艺苑”文学艺术展示周开幕式；广泛开展“核心价值观沐浴我成长”新童谣征集评选工作，并结集出版；组织专家创作的弘扬社会主义核心价值观歌曲《中国是条富强船》，成为央视电视片《国魂》主题曲；拍摄的弘扬社会主义核心价值观电影《三袋米》在中央电视台电影频道播映，并成功举办研讨会；出版“通州文丛”，并开展作品研讨活动；成功举办文学艺术进校园、“水韵通州 美哉南山湖”主题摄影大赛、“体彩杯”通州区首届全民健身主题摄影大赛、“玉兰杯”通州区青少年书法大赛等多项活动。会员创作的文艺作品获省及国家级奖项近50项。是年，被评为通州区精神文明建设先进集体。

“童声”基地建设，通州领导接牌

童声里的中国·“全国首届儿童音乐优秀创作奖”获奖作品展演

第四届“通州艺苑”文学艺术展示周启动仪式

南通市通州区文化馆

1

近两年来，南通市通州区文化馆坚持以科学发展观为指导，积极贯彻落实党的十八届三中、四中全会精神，扎实推进区“四大文化惠民”工程，进一步发挥群众文化的龙头作用，加强公共文化服务，秉持“月月有活动，周周有演出，天天免费开放”的服务宗旨，在社会各界的关心和支持、广大群众的积极参与下，组织开展三十五大主题142场次的群众文化活动。

该馆积极搭建平台，组织古沙舞台周周演、“通州之夜”、送戏送展览下乡、“新通州人”才艺大赛及广场舞大赛、少儿舞蹈大赛等品牌活动。通过这些活动，让业余文艺团队有更多的展示机会，提升他们的演出水平。“金种子”送艺下乡活动，已连续6年，每年培训基层文艺骨干4000名以上。

2013、2014年度，区文化馆在全国各类评奖、赛事中屡屡获奖，获国家级奖项21个、省级奖项18个、市级奖项7个。2013年被评为省级巾帼文明岗，南通市三下乡先进集体。同时，连续多年被评为南通市文明单位。

2

3

4

5

6

1 小品《二嫂争地》获第八届中国曲艺牡丹奖剧目入围奖剧照
2 “通州之夜”广场文艺晚会
3 广场舞大赛
4 “金种子”送艺下乡
5 古沙舞台周周演
6 “新通州人”才艺大赛

南通市通州区市容环境卫生管理处

NAN TONG SHI TONG ZHOU QU SHI RONG HUAN JING WEI SHENG GUAN LI CHU

区委副书记、区长陈永红慰问环卫工人

局党组书记、局长周建清(左四)现场指导环卫工人技能比武

近年来，通州区委、区政府对环卫职工给予了高度关爱，每每逢年过节、高温酷暑，区领导都要亲临现场亲切慰问一线环卫职工。

2014 年，为了让环卫工人有个能遮风避雨的场所，区环卫处结合环卫一线作业工人的实际需求，实施“职工关爱”工程，把建设“安康驿站”环卫工人休息室作为一件惠民大事来抓，真正将对环卫工人的关注、关心、关爱之情落到实处。

在建设中，通州环卫勇于尝试，采用厢体组合装配式移动建筑，以采用环保型可回收利用材料为主，最大限度的节约了能源的投入。该工程建设完工后，给城区环卫工人提供了遮风避雨、消暑纳凉的温馨小港，也给南通地区推行新材料环卫设施建设起到表率作用。

环卫工人清洗作业

环卫机扫车保洁道路

湘江北路移动公厕

区固体废弃物转运中心

南通市规划局通州分局

召开民主生活会，开展批评与自我批评

举行听证会，保障百姓利益

开展"责任在我心中"演讲比赛

为在建项目提供保姆式服务

2014年，南通市规划局通州分局围绕"一八三"工作计划（即以开展党的群众路线教育活动这"一"主线，抓好规划队伍建设；围绕深化完善城乡规划体系，做好世纪大道两侧城市设计、城东新区北片区城市设计、城市色彩详细规划、城区绿地系统规划、绿色建筑发展规划、城区停车设施专项规划、重点园区控制性详细规划和城镇控制性详细规划等"八"项规划编制；围绕提升规划工作质量，实现"确保零距离服务""确保零事项败诉""确保零案件违纪"的三个目标），全力服务全区五大行动计划，认真履行部门职责，积极开展规划编制，不断提升服务水平，各项工作保持良好的发展态势。

全年共核发建设项目选址意见书92份，总用地面积815.24公顷；建设用地规划许可证109份，总用地面积739.57公顷；建设工程规划许可证174份，总建筑面积665.49万平方米；《乡村建设规划许可证》175份；审批农民建房980户。

是年，南通市规划局通州分局获区"项目集聚工作先进集体""城镇建设与管理工作先进集体""建筑业发展优秀组织奖"。

参观党史党性教育图片展

南通市通州区残疾人联合会

NAN TONG SHI TONG ZHOU QU CAN JI REN LIAN HE HUI

省残联副理事长蔡振康考察区盲人按摩中心

欢迎仁川亚残运会冠军顾晓飞、蒋兵兵凯旋

南通市通州区残联以"情系残疾人，服务千万家"为理念，以"做好残疾人服务保障"为主线，着重围绕"内强综合素质、外塑残疾人工作者形象、为残疾人做好保障"，多渠道听取残疾人意见建议，认真履行"代表、服务、管理"职能。通过创建"携手与爱同行"服务品牌，扎实推进残疾人社会保障和服务体系建设，全心全意为残疾人提供方便、快捷、有效的服务。2014 年全区残疾人生活水平、社会保障和公共服务都得到较大改善，残疾人事业发展态势良好，真正做到：呼应基本需求，惠残民生项目提标扩面——社会保障兜住底，康复服务惠万家，就业帮扶有成效；推动融合共享，社会影响取得新进展——精心组织开展宣传文化活动，残疾人各类体育赛事成绩显著，社会参与力度有新提升；完善基础管理，服务效能得到新提升——完善制度加强规范化管理，托养机构打造通州品牌，残疾儿童康复扩容升级，残疾人事业的社会参与力度有了新提升。

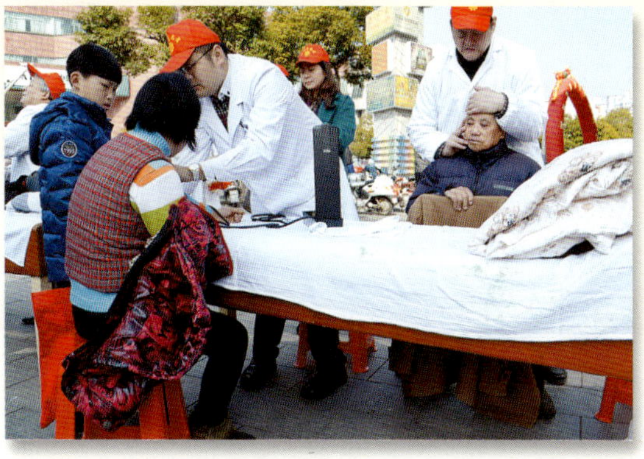

学雷锋日盲人按摩师为群众免费按摩

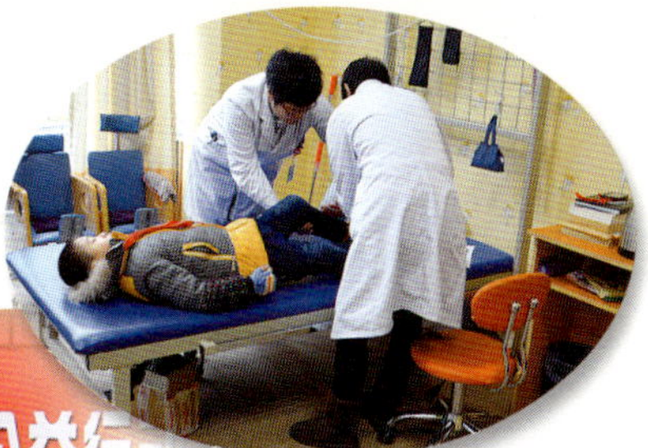

邀请南通市专家为残疾儿童做康复评估

助残日公益行动

世界自闭症日关爱自闭症儿童

南通市通州区公安消防大队

区委书记宋乐伟带队检查消防工作

区长陈永红听取消防工作汇报

2014年，区消防大队牢固树立科学发展观，按照“深入夯基础、全力保稳定、持续走前列”工作思路，积极创新社会消防管理，全面加强队伍正规化、执法规范化和城镇消防基础设施建设，努力提升部队灭火救援和应急保障能力，提高社会面火灾防控能力，较好完成各项目标任务。是年，该大队被区安委会评为“2014年度安全生产先进集体”，消防窗口被通州区行政审批中心评为“红旗窗口”，消防中队被通州区团委表彰为“新长征突击队”。2人被评为“2014年度安全生产工作先进个人”，1人荣立二等功，并被省委、省政府、省军区评为江苏省双拥先进个人，1人被表彰为“2014年度南通市优秀共青团员”。

全区安全生产工作会议

区政府消防工作考核

消防官兵合影

社会团体

Social Organizations

编　辑　阚新华

区总工会

【概　况】 2014年,通州区总工会以深入开展党的群众路线教育实践活动为契机,大力开展"工会在身边"系列活动,扎实办好情系职工十件实事,以作风的大转变推动各项工作的大发展。组织开展了第三届"劳动者风采"万人劳动竞赛活动,坚持条块结合、分头承办,先后组织了汽车驾培教练、企业办税、供水营销、学校食堂从业人员厨艺等十大技能比武活动,评比表彰"十大金牌职工",引导广大职工学技能、学业务。举办共有16支代表队300多人参加的南通市"舞动江海"广场舞大赛通州区选拔赛活动。加强职工服务工作。加大资金帮扶力度,春节和暑期共慰问困难职工1724人(次),发放资金146.34万元。为100个"双百圆梦"对象发放资金30多万元,并安排部分对象由区四套班子领导直接挂钩帮扶。根据动态管理要求,经推荐、审核、公示等程序,新确定18个困难职工家庭纳入"双百"帮扶范围。加强服务阵地建设,全区500人以上企业全部建立职工服务工作站,200人以上企业建站率达80%。拓展帮扶服务内涵。通过多方牵线、联系,帮助18名"双百"毕业大学生就业,兑现了帮助"双百"毕业大学生全部就业的目标。举办单身青年职工联谊会。借助区职工学校,免费家政培训60多人。与人社局等部门联合开展"春风送岗位"活动,提供4000多个岗位,近2000名求职者与企业达成就业意向。加强职工维权与和谐劳动关系创建活动,充分发挥"4+1"职工权益维护监督网络的作用,及时协调解决侵犯职工权益问题和隐患35起。区总工会全年接待职工信访180多人次,参与工伤事故处理40多起,为工伤职工追讨待遇380多万元,为农民工追讨工资100多万元。广泛开展"安康杯"竞赛活动,768家企事业单位的16万余名职工踊跃参与,范围之广、人数之多居历年之首。加强工会组织自身建设,5月份作为工会组建集中行动月,通过树典型、抓示范,全区累计新组建工会231家,发展会员1347人,超额完成南通市总工会下达的任务数。是年,区总工会获全国总工会"2013年度市级工会财务先进单位"、市总工会"2013年度工资集体协商工作优胜单位"、省总工会"全省工会新闻宣传工作优秀单位"等10项荣誉。

【工资集体协商星级企业创建】 2月,区总工会出台《创建工资集体协商星级企业活动的实施意见》,提出通过3年努力,到2016年底,全区星级企业建制率占90%以上,其中二、三星级企业分别占45%、35%以上,受益职工达18.5万人。通过以量建制、量星定级、创星升级、评星挂钩,进一步完善企业工资集体协商机制和职工工资正常增长机制。截至12月底,经组织评比验收,全区符合星级标准的企业达到70.2%。

【"三谈三增"活动】 2014年,区总工会在全区企业中全面、深入开展以谈思想,在深入交流中增进双方理解;谈工作,在建言纳智中增强发展活力;谈生活,在帮困解难中增添企业和谐为主要内容的"三谈三增"活动,活动中广大职工共提建议意见24000多条,企业帮助职工解决实际问题16200多个。《江苏工人报》连发了16篇专题系列报道。此项工作获南通市"工会在身边"系列活动成果奖。

【工会劳动保护监督检查员片区服务站建立】 4月,区总工会与区安监局联合下发《关于建立工会劳动保护监督检查员(片区)服务站工作的意见》,抓点带面,全程推进;5月,19个镇区服务站全部挂牌成立,并明确镇区工会主席或副主席、安监所长或副所长分别担任正、副所长,并做到牌子、场所、专兼职人员、工作职责、专项经费"五落实"。服务站与镇区和企业联合开展安全生产监督检查361次,整改隐患38处。

【南通市劳模推荐工作】 3月,通州区根据南通市统一部署，开展南通市级劳动模范和先进工作者候选人推荐工作。在广泛发动的基础上，各基层单位按照程序，对照条件和标准，通过层层推荐、筛选，并最终经区政府常务会议研究决定，推荐并由南通市人民政府表彰劳模和先进工作者31名，其中企业职工16名，占51.6%，农民含农民工、农村基层党支部（总支）书记、专业合作社负责人及龙头企业负责人7名，机关事业单位人员8名，4月29日，通州区欢送31名劳模和先进工作者赴南通参加全市庆“五一”表彰会。与此同时，区总工会在全区评比表彰了35个“五一劳动奖状”、120个“工人先锋号”，100名“五一劳动奖章”、50名“五一创新能手”。 （瞿 蔚）

通州团员青年践行党的群众路线教育活动暨通州“十佳青年”评选二十周年纪念大会

共青团南通市通州区委员会

【概　况】 2014年，通州区各级团组织围绕“共青团由事业型组织向枢纽型组织转变”这一主线，探索新媒体引导青年、青年自组织培育两大新兴领域，提升进取意识、机遇意识、责任意识，提升服务发展、服务青年的水平，团结带领广大团员青年在更高层次上协调推进经济、政治、文化、社会和生态文明建设。是年，团区委荣获省团属报刊宣传工作先进单位、省希望工程“圆梦行动”优秀组织奖。

【思想引领工程】 3月，与教育局联合举办辅导员培训班，邀请中国青年政治学院青年研究院名誉院长、享受国务院特殊专家津贴的陆士桢教授等专家学者宣讲社会主义核心价值观。5月，邀请海军指挥学院副院长、“全国十大杰出青年”龚允冲少将等开设“我的中国梦——青春大讲堂”。7月，创设“青春励志分享会”工作品牌，从高层次后备人才、创业青年、大学生村官等各类群体中挑选优秀典型，突出“面对面”交流，为机关企事业人员、在校学生等青年群体宣讲成长励志故事，已成功举办四期。同时，大力培育身边典型，在机关青年、农村青年、学校青年中，开展最美新型青年农民、江苏好青年、省魅力团支书等评选活动，每个类别都获省级表彰，平东镇草金专业合作社金晶被评为全国乡村好青年。

【成才助力工程】 5月，组织区“十佳青年”评选二十周年纪念活动。8月，创新实施学生社团社会化建设，引导中学中职学生走进社会，与企业、社区、贫困家庭等对接，开展创新创业、环保公益、扶弱济困等实践活动，使青年学生更好地融入社会、热爱通州。10月，组织沃太能源袁宏亮参加首届中国青年创新创业大赛江苏赛区比赛，获省一等奖并顺利晋级全国总决赛。10月，与区内现代农业企业合作，建立全区农村青年创业扶持基金，组建农村创业青年动态人才库，首期扶持资金已经到位。11月，组织区“青年岗位能手”评选活动，选树一批业务精通的青年典型。同时，与南通农商行合作，推动优秀信贷员担任镇编制外团委副书记，开展农村青年信用示范户评比，实施农村青年信用示范户小额贷款项目。

【成长关爱活动】 创新重点青少年管理体系，建立“以社区为主体，职能部门分工协作，社会力量共同参与”一体两翼的工作机制，打造出虹南社区、兴仁社区等“青春给力站”。与通州电信合作建立重点青少年群体信息采集、分析、评估和预警为一体的公共信息平台。推动重点青少年群体成长护航工程和零犯罪示范社区创建工作，为重点青少年铺筑一条健康之路。积极运作“12355”、青少年维权岗、“希望来吧”三大权益维护平台，让青少年群体实现“有地方说话、有地方维权、有地方学习娱乐”，为弱势青少年打开一扇心灵之窗。

【圆梦助学活动】 6月，举办通州区希望工程“情暖贵德”手拉手结对助学活动，组织通州青商企业家捐助希望工程专项资金8万余元，结对100名来自贵德县新街寄宿制小学、长牧寄校等4所学校的藏、回等民族的贫困生，为民族团结贡献了力量。7月，在省希望工程办公室、省青少年发展基金会联合主办的江苏希望工程“圆梦行动”十周年表彰活动中，区希望工程办公室被评为优秀组织奖。8月，开展“圆梦大学助学行动”，发放助学金3.9万元，帮助13名贫困学子圆了大学梦。9月，开展2014年度“青年文明号”结对贫困学生助学活动，活动期间共72家青年文明号集体和参创集体参与捐款，共筹善款50800元，发放给103名贫困学生。9月，开展2014年希望工程秋季助学活动，共资助特困学生50名，每人一次性资助300元，共计资助15000元。11月，团区委、区希望工程办公室联合区民政局、区慈善基金会在新瑞广场举办2014年通州区“希望工程”慈善助学金暨秋季助学金发放仪式，扩大希望工程活动的社会影响。

希望工程"情暖贵德"手拉手结对活动

【青年文化公益活动】 3月，开展"学习雷锋好榜样·践行核心价值观"志愿服务集中行动，来自40家单位的300多名志愿者为广大市民提供政策咨询、血压测量、图书义卖、免费配钥匙、理发等丰富多彩的志愿服务。7月，与区安监局联合开展安全生产征文大赛，引导广大青年职工强化安全生产意识、提高安全生产技能、参与安全生产管理、促进企业安全发展。9月，组织"知心姐姐"爱心联盟参加南通市关爱农民工子女创投大赛，获得一等奖。10月，组织萤火虫志愿者协会参加"助梦青春益起来"江苏省级项目大赛，获得三等奖。11月，举办"志愿者打卡器"使用培训班，投入使用志愿者打卡器手机应用软件，志愿者群体在手机上有了"家"。11月，举办青年文明号培训班，争创、命名了一批青年文明号，协调参与新通州人才艺大赛，开展通州好声音、通州好味道青工技能比武等活动纪念青年文明号评选20周年，展示了青年文明号的新时代风采。11月，举办新媒体团建暨城市综合体团建启动仪式，依托新瑞广场平台，探索青年专属优惠、广场自组织活动、文明诚信经营等主题活动，为青年谋福利，丰富青年生活。

【"走听转办"活动】 在党的群众路线教育实践活动中，组织开展"走基层·听心声·转作风·办实事"活动，全面打通了与各界青年的沟通渠道。推行挂钩联系制度，通过驻点调研、走访慰问、集中座谈、个别访谈等形式开展"四访四问"，了解青年现实需求和困难、思想状况和困惑，采集青年心愿，团干部每人认领3个青少年微心愿，常态化联系10名团员青年。开展家纺行业"走听转办"活动，深入中国南通家纺城青年诚信经营示范户和流动红旗商户开展集中走访。开展建筑行业"走听转办"活动，通过微信、微博等平台，建立起与行业驻外团工委的直接联系。开展农村青年"走听转办"活动，实地走访江苏和盛农资连锁有限公司、南通草金专业合作社及刘桥镇大学生村官创业实践基地等，与平东镇青年创业团队、刘桥镇大学生村官创业团队等进行了深入交流，并组织各地农村创业青年集中座谈。（孔双建）

纪念青年文明号评选20周年系列活动

区妇女联合会

【概　况】 2014年，区妇联认真贯彻落实区委十一届七次、八次全会精神，紧紧围绕妇女发展、服务、维权、文化需求，努力建设学习型、创新型、服务型妇联组织，全面推动全区妇女工作迈上新台阶。区妇联被市妇联评为南通市维护妇女权益工作先进集体；被区委区政府评为平安建设工作先进集体；平东镇钱育良家庭代表江苏省最美家庭在人民大会堂全国"最美家庭"揭晓暨第九届全国五好文明家庭表彰会上上台领奖，《新华日报》《农民日报》、江苏卫视、江苏省广播电台等媒体对钱育良家庭事迹作了深入报道。

【巾帼现代高效农业推进行动】 2014年，区妇联深入9个镇区21个巾帼现代农业示范基地、巾帼专业合作社、现代高效设施农业、巾帼农家乐等基地进行专题调研。7月15日召开区巾帼现代高效农业推进会，7月16日成立区农村女经纪人协会并揭牌，51名种养殖女能手加入协会，11月5日召开区巾帼科技农业现场推进会，全区98人次女经纪人观摩生态农业、现代农业产业园等。新培育1个省级巾帼现代农业科技示范基地、1个市级巾帼农业科技示范基地。举办农村女经纪人培训班2期。

【寻找"最美家庭"系列活动】 5月15日，联合区委宣传部等单位举办寻找"最美家庭"文艺演出。5月19日，在平东镇召开座谈会，欢迎被授予"全国最美家庭"称号的钱育良载誉归来，同时开展向钱育良家庭学习活动。9月17日，联合区委宣传部举办区"最美家庭"表彰暨家庭道德讲坛，全区各镇区妇联主席、区级机关各妇工委（妇委会）主任、受表彰的区"最美家庭”、基层村(居)妇女干部和群众代表近120人参加活动,区委宣传部、区妇联联合表彰20户“最美家庭”。10月22日,区“最美家庭”巡回演讲在平东镇政府会议室启动,平潮镇、平东镇、五接镇的妇女代表近100人参加首场演讲活动。

【“向日葵、康乃馨”公益项目圆梦行动】 1月11日,区妇联主席朱汉云一行前往金沙镇北山社区及育才社区看望单亲贫困母亲及困难党员户,送上慰问金和节日的问候。1月18日举办“中国梦 · 巾帼情”圆梦行动暨奥邦新春送“书”关爱流动、留守儿童温暖行活动启动仪式,20名流动、留守儿童代表接受了价值6000元的现场捐赠,启动仪式后还为全区1000名流动、留守儿童代表派发50000元的购书券。3月12日,朱汉云一行在西亭等七个镇走访慰问了22名家庭贫困的“三八红旗手”、妇女干部和单亲母亲。六一期间,与区慈善基金会、区国税局联合开展通州区第五轮“慈善助孤”暨“国税”春蕾班揭牌活动,邀请南通市未成年人思想道德建设专家为孤困儿童开展“心灵滋养”行动。106名贫困孤儿接受每人1000元的助学款,国税局出资3万元建立春蕾班,扶助20名流动儿童,同时前往区残疾儿童康复中心和高新区金霞北苑,探访残疾、重症等困难儿童。全年先后为高新区、金沙镇、刘桥镇、先锋镇6位家境贫困的“两癌妇女”送去每人10000元的慰问金。12月10日,联合区慈善基金会举办了单亲贫困母亲“圆梦行动”的捐助发放活动,100名单亲贫困母亲每人得到了1000元的捐助资金及冬令物品,区委常委、组织部部长桑建美,市妇儿工委办主任、市妇联副主席钮曦参加会议并讲话。

【区妇联十四届六次执委(扩大)会议】 2月26日上午,区妇联召开十四届六次执委(扩大)会议。区妇联第十四届执委会委员及各镇区妇联主席参加了会议。区妇联党组书记、主席朱汉云作工作报告。区委组织部部长桑建美出席会议并讲话。会议对2013年度全区妇女工作先进集体和先进个人进行表彰。

【“三八”国际劳动妇女节104周年纪念大会】 3月6日上午,区妇联召开纪念“三八”国际劳动妇女节104周年大会,对2013年度“双学双比”“巾帼建功”活动先进集体和个人以及十大“巾帼创业明星”、10户“五大文化”标兵家庭和90户典型家庭进行了表彰。区委常委、组织部部长桑建美对我区妇女工作取得的成绩表示肯定,区委常委、副区长陈艳梅主持会议。

【“智慧你我她　幸福千万家”系列知识讲座】 3月20日,区妇联组织举办了以“智慧你我她　幸福千万家”为主题的系列知识讲座,各镇区妇女工作者、部分女企业家等60多人到场聆听讲座。

【通州区家庭教育讲师团成立并启动通州区家庭教育公益大讲坛】 4月19日,区妇联、区教育局联合启动了通州区家庭教育公益大讲坛,同时成立通州区家庭教育讲师团。启动仪式上还特邀北京大学尔雅女性学堂客座教授牛琳老师做了题为“成功教子的方法和技巧”。区妇联全年举办18期家庭教育公益大讲坛,进一步完善了家庭教育指导服务体系。

【“百岗扶百困”结对活动】 5月11日,区妇联组织来自全区20位贫困母亲代表与20个区巾帼文明岗负责人代表,在《通州区“百岗扶百困”协议书》上签下自己的名字。该活动是通州区妇联“百岗扶百困”系列活动之一,目的是进一步深化“巾帼牵手创业就业援助行动”。

【妇女干部及婚姻家庭纠纷调解员培训班】 9月19日,19个镇(区)妇联主席及各镇(区)婚姻家庭纠纷调解中心(站、室)调解员等近90人,参加全区妇女干部及婚姻家庭纠纷调解员培训班。此次培训一是组织庭审现场观摩,二是观看区妇联拍摄的微电影《咱们的老舅妈》,三是进行法律知识专题讲座。

【“创建平安家庭,构建和谐通州”主题演讲比赛】 9月24日,区妇联把“创建平安家庭,构建和谐通州”主题演讲比赛(决赛)作为“平安家庭”创建宣传月的压轴“大戏”。来自张芝山镇的陈露夺取桂冠,另有2人荣获二等奖、3人荣获三等奖、4人荣获优秀奖。市妇联党组成员、副主席钮曦,区委政法委副书记蔡胜江到会并讲话。

【家庭暴力告诫制度推进暨“平安家庭”创建总结表彰会】

11月15日,区家庭暴力告诫制度推进暨“平安家庭”创建总结表彰会在区行政中心第九会议室召开。会上表彰了“平安家庭”创建活动先进集体、先进个人、示范户、“金牌老舅妈”等。区“平安家庭”创建活动领导小组及区婚姻家庭纠纷调解联动委员会成员,各基层派出所所长,各镇司法所所长、妇联主席90余人参会。区妇联主席朱汉云、区公安局副局长王志清分别进行了工作总结和部署。市妇联副主席钮曦、通州区委常委、政法委书记瞿云峰出席会议并讲话。

（刘莉莉）

区科学技术协会

【概　况】 2014年,区科协进一步突出服务中心、服务民生、服务人才,着力打造“创新之家、智慧之家、温馨之家、活力之家”,倾力实施协同创新、能力提升、科普惠农、科普益民、场馆建设、特色品牌“六大工程”,不断创新和完善科协工作机制和工作方式,取得明显成效。

【区科协第九次代表大会】 1月9日,区科协第九次代表

通州区科协召开第九次代表大会

大会在区行政中心召开，回顾总结区科协第八次代表大会以来的工作，共商通州科技工作大计。南通市科协主席姜晓军、区委书记宋乐伟到会祝贺并作重要讲话，区四套班子主要领导和分管领导出席大会。大会通过了赵国明同志代表区科协第八届委员会所作的题为《创新科协工作　提升服务能力　为通州经济社会跨越发展提供人才和智力支撑》的工作报告，明确今后5年区科协工作的指导思想和工作任务。会议选举产生区科协第九届委员会和第九届常委会，赵国明当选为新一届区科协主席，张亚新、李国新当选为专职副主席，郭志明、黄东晓、陈卓、张宏杰、刘永杰当选为兼职副主席。会上，区委、区政府表彰2009—2013年度全区科协工作先进集体20个、先进个人30名。

【科普惠农再次列入国家级项目】 2014年成功申报1个国家级项目和2个省级项目。江苏嘉安出口蔬菜专业技术协会被评为全国科普惠农兴村先进集体；十总镇二爻设施园艺科普示范基地被评为全省科普惠农兴村先进集体；二甲镇定兴桥村倪正华被评为省级科普惠农兴村带头人。

【省级海智工作基地和省级协同创新基地建成】 8月，通州区被列入省级海智工作基地；今年引进1个海智项目，与2家境内外企业达成海智合作协议。区科协引进留德硕士陈敏华到通州创业，陈敏华独资成立了南通德维科技服务有限公司。帮助南通德维科技服务有限公司与中欧国际技术转移中心实现初步对接。区科协和有关部门与德国新墨欧华有限责任公司达成招才引资合作意向。联系服务省市纺织工程学会已与南通家纺城实现对接，中国南通家纺城建成江苏省家纺新技术研发与应用协同创新服务示范基地。

【科普示范单位名列全市前茅】 骑岸镇骑岸社区被评为全省社区科普益民计划先进单位。4个镇、5个村、5个社区分别被命名为南通市科普示范乡镇、村、社区；7个基地被命名为南通市科普教育基地。全区现有全国科普示范社区1个；省级科普示范镇3个，科普示范村5个，科普示范社区4个；市级科普示范镇、社区、村共22个，三级科普示范单位数列全市第一。

【第26届科普宣传周暨第30届科技先锋超市主场活动】 5月6日，区科协在石港镇科技文化中心举办第26届科普宣传周暨第30届科技先锋超市主场活动。区科协、区水利局、区农委、区卫生局等10多个单位摆开咨询台，开展“生态文明创新发展”现场科普活动。据不完全统计，科普宣传周期间，全区共开展送科技下乡20多次，举办科普知识竞赛近百场次，放映科普影视100多场次，举办科普板报展览100多场次，开展科普咨询3000多人次，发放科普资料超10万份。

【全国科普日活动】 9月25日，在兴东镇和兴东小学举办2014年通州区全国科普日开幕式暨主场活动。南通市科协、通州区科协、区教育局、区科技局、区司法局、区委610办、区水利局等多家单位参与了此次活动。在科普日活动启动仪式上，对一批国家级和省级基层科普行动计划获奖项目、省市青少年科学教育特色学校、市科普示范镇等先进典型进行了表彰，并以“学校科学教育的意义和途径”为主题，进行了一场科学教育报告会。围绕“社区安全科普”“崇尚科学，反对邪教”“埃博拉病病毒预防”等主题，现场开展科普咨询、图片展、科普展、科普谜语竞猜等形式多样、趣味丰富的活动。9月18—19日，区科协组织南通和盛农产品专业技术协会和四安家禽专业技术协会代表通州7家获得国家级科普惠农项目单位，参加江苏省全国科普日主场活动。省科协党组书记、副主席陈惠娟、副主席冯少东等领导来到通州区科普惠农成果展台了解情况，并给予肯定。区科协被中国科协评为全国科普日活动优秀组织单位。

【科普知识有奖竞赛活动】 9月，区科协、区环保局、区教育局联合主办，通大车业上海大众4S店协办的“通大杯”环保科普知识有奖竞赛，共收到有效答题卡8000余份，本次有奖竞赛共设一等奖3名，二等奖10名，三等奖50名，鼓励奖100名。

【科普设施建设】 5月，区科协与石港镇人民政府、区水利局共同投资建设的石港镇健康科普馆正式开馆。在区委、区政府大力推动下，区科协联合区关工委、财政局，2013年、2014年两年实现全区272个村居科普电子阅览室全覆盖。组织科普志愿者网络注册，注册人数达17000余名，列全市第一。

【院士专家通州行工作】 一是搜集整理出企业技术需求

西北工业大学专家讲座

52 条并作了汇总。二是邀请南京航天航空大学科学院院长陈卫东等一行实地考察，共商活动安排。三是邀请国内知名工业设计专家作讲座并与有关企业对接；四是同清华大学等北京高校多次联系，到南京会同省科协和省级学会等对院士专家人选会商对接。五是为香芋（又名香参）深加工项目，帮助企业联系江南大学食品学院王周平副院长等专家教授，达成深加工研发与合作协议。今年共邀请中国工程院周守为院士等 8 位高层次专家作讲座、搞对接，对接企业 9 家：4 家达成意向，5 家签订协议；解决企业技术难题 12 个。

【大协作、大服务活动】 3 月，在全区科协系统开展“大协作、大服务”活动，年底评出一等奖 8 个，二等奖 10 个，三等奖 12 个，共奖补 28400 元。同时，完成上报南通市优秀厂会协作项目 10 个。

【慰问困难科技工作者】 1 月，区科协下发《关于对有重要贡献的困难科技人员状况开展调查的通知》，通过基层科协摸排调查，组织开展对做出重大贡献的困难科技人员送温暖活动，在全区慰问有重要贡献的困难科技人员 11 人，送去慰问金 1.1 万元。

（张丽敏）

区文学艺术界联合会

【概　况】 2014 年，通州区文联团结带领各专业文艺家协会、各基层文联组织和广大文艺工作者，围绕中心，服务大局，较好完成上级安排的各项工作任务，为促进全区的物质文明、精神文明建设做出了积极贡献。

【“童声里的中国”首届儿童音乐优秀创作奖】 1 月，通州区委宣传部和儿童音乐编辑部签订合作协议，共同创意全国儿童音乐的最高奖项——“童声里的中国”儿童音乐优秀创作奖。11 月上旬，由区委宣传部主办、区文联承办的“童声里的中国首届儿童音乐优秀创作奖”颁奖及“新时代呼唤新儿歌”论坛活动在通州成功举办，来自全国、省、市、区近四十名领导、专家、获奖者汇聚一堂，共商新儿歌繁荣和发展大计。中国文联副主席、中国音乐家协会驻会副主席徐沛东等全国音乐界人士出席。

【第四届“通州艺苑”文学艺术展示周】 5 月 24 日上午，南通市第九届“五月风”系列活动——第四届“通州艺苑”文学艺术展示周活动在通州高新区华山社区启动，“中国梦·民生幸福通州篇章”戏剧舞蹈专场演出为此次艺术展示周拉开了帷幕。启动仪式由通州区副区长李学义主持，南通市文联党组书记、主席王法以及通州区委常委、宣传部部长胡卫东分别讲话。在第四届“通州艺苑”文学艺术展示周活动期间，还举办了“聚焦高新区”主题摄影展、“接地气”美术书法楹联诗词展、“杏林春暖”主题摄影展，举行了“通州文丛”五部作品的首发式，并在开幕式现场开展了六位作家签名赠书活动。同时，组织广大江海文艺志愿者走基层、进企业、入校园，发挥专业文艺创作人员的引领作用，促进城乡文化大发展大繁荣。

“童声里的中国”专场文艺演出

【“核心价值观沐浴我成长”新童谣征集评选】 区文联与江苏省少年儿童文化艺术促进会、通州区委宣传部共同主办“核心价值观沐浴我成长”新童谣征集活动，共收到 4226 首作品。中国作协书记处原书记、儿童文学委员会主任束沛德，中国作协荣誉委员、著名诗人、评论家樊发稼等参加评审，共评出 100 首“核心价值观沐浴我成长”新童谣。新华社、《光明日报》《文艺报》《中国文化报》《中国艺术报》

《中华读书报》《中国青年报》等媒体采访报道。征集活动结束后，在全区组织开展了“核心价值观沐浴我成长”少儿歌咏活动，将征集到的优秀歌曲结集出版。

【励志电影《三袋米》】 区文联与中央电视台电影频道、江苏弘宇影视传媒有限公司、南通君悦文化艺术有限公司、通州区委宣传部联合拍摄了励志电影《三袋米》。作品通过一个催人泪下的真实故事，弘扬了慈母恩德和崇学向善的正能量。5月29日，电影《三袋米》中央电视台电影频道首次播映，在广大青少年中引起热烈反响。同时，成功举办“三袋米”作品当下意义研讨会。电影《三袋米》荣获南通市第六届精神文明建设“五个一工程”（2012—2014）入选作品奖，同时被教育部、国家新闻出版广电总局评选为“第33批向全国中小学生推荐优秀影片片目”。

【“通州文丛”出版】 “通州文丛”是一套散文丛书，共有5本散文集，由通州的6位作者著写，于2014年4月由中国文史出版社正式出版。作品出版后，区文联隆重举办“通州文丛”作品研讨会。

【“玉兰杯”通州区青少年书法大赛】 区文联举办“戴玉兰眼镜、圆通州好梦”——“玉兰杯”通州区青少年书法大赛。自9月初征稿，得到积极响应，计有35所学校、33名老师、355名学生投稿参赛，征集作品422件，其中毛笔书法152件、硬笔书法270件。经认真评审，26名作者的作品获优秀奖、133名作者的作品荣获入选奖，另有赵立新等3人获得优秀指导教师奖，通州高级中学等3所学校获得优秀组织奖，部分获奖作品在南通书法网等媒体刊登。

【“水韵通州、美哉南山湖”主题摄影大赛】 区文联与南通市摄影家协会、通州区委宣传部、通州区城市建设指挥部联合会举办“水韵通州，美哉南山湖”主题摄影大赛。活动征集作品3千余幅，经过专家认真评选，共评选出一等奖一名，二等奖三名，三等奖五名，优秀奖20名，入围奖100名。

【“体彩杯”通州区首届全民健身主题摄影大赛】 2014年9月至12月，区文联与区委宣传部、区体育局共同举办“体彩杯”全民健身主题摄影大赛。共有来自全区近百名摄影爱好者踊跃投稿，共收到参赛作品近两千幅，并有来自辽宁、河北等外省的影友积极参与。大赛涌现出一批反映通州区体育设施建设以及全民健身活动的精彩作品，经过大赛评委会的几轮评选，最终产生金奖一名，银奖三名，铜奖五名，优秀奖二十名，入围奖一百名。大赛期间，积极通过《通州日报》《中国通州网》等多家媒体，展开宣传活动，多次向媒体报送参赛作品。 （张剑彬）

2014年度通州区文联会员部分发表、出版及获奖作品一览

表3

类别	题　目	作者	出版、发表（展览、演出）情况	获全国奖	获省级奖
电影	三袋米	张　锋	荣获南通市第六届精神文明建设“五个一工程”（2012—2014）入选作品奖，同时被教育部、国家新闻出版广电总局评选为“第33批向全国中小学生推荐优秀影片片目”。		
游记	美丽通州之旅	通州区文联、通州区旅游局	出版		
散文	通州文丛	汤俊峰等	出版		
歌曲	中国是条富强船	钱荣泉	发表，央视电视片《铸魂》主题曲。		
报告文学	闯荡南非洲	黎　化	出版	中国作协2014年度重点扶持作品	省委宣传部、省作家协会等主办的“中国梦·我心中的梦”文学作品征集活动中获一等奖
小说	飞翔吧，海豚	张剑彬			获第三届“周庄杯”全国儿童文学短篇小说大赛优秀作品奖
话剧剧本	回家	张剑彬			在2014年山东省文化厅面向全国的舞台剧本征集活动中获三等奖

续表 3

类别	题目	作者	出版、发表（展览、演出）情况	获全国奖	获省级奖
小品	二嫂争地	姜冬云编剧、张山导演，张山、李汉芳、周玉珍表演		获第八届中国曲艺牡丹奖剧目入围奖（三等奖）	
广播剧	山那边，海这边	顾学军			获江苏省五个一精神文明奖
小话剧	生日聚会	顾学军		获中国戏剧奖·校园戏剧奖金奖	获江苏省群文干部技术比赛金奖
小品	二叔快跑	顾学军			获江苏省五星工程奖金奖，并获华东六省一市戏剧小品大赛特等奖
小品	幸福指数	顾学军			获江苏省五星工程奖金奖
小品	小秘的秘密	姜冬云编剧、张山导演，张山、李汉芳、倪敏表演		获第八届中国曲艺牡丹奖创作入围奖（三等奖）	
小品	胎教	姜冬云编剧		获“中华颂”第五届全国小戏小品展演金奖	
小戏	乡间小路	姜冬云编剧，张莉、季新华、何婷婷表演奖			获第八届江苏省戏剧奖剧目一等奖（张莉、季新华、何婷婷获优秀表演奖）
小品	不再陌生的邻居	张莉编剧，张山导演，杨洁、葛豪、杨文秀表演			获第八届江苏省戏剧奖一等奖（姜冬云获编剧奖，张山获优秀导演奖，杨洁获优秀表演奖，葛豪、杨文秀获表演奖，宋文治获舞美设计奖。），该剧并获首届长江流域小戏小品展演银奖
小品	春暖花开	姜冬云编剧，张山导演，许君、张山、张莉表演			入围第十一届省五星工程奖决赛，获金奖
小品	公园一角	葛豪编剧、导演，何婷婷、黄美霞子表演			第八届江苏省戏剧奖二等奖，葛豪获编剧奖、优秀导演奖
国画	云林清居	李　进	入选中国美协举办的“中国陶都　陶醉中国”吴冠中艺术馆第二届全国中国画作品展		
国画	山野清音	李　进		“第三届全国群众文化美术书法大展”银奖	
国画	故园蜜语	陈鹏刚	入选中国美协举办的“金陵文脉”——2014 年全国中国画展览并被收藏		
版画	雷雨天	陈鹏刚	参加第二届世界华侨华人美术书法展		

续表 3

类别	题目	作者	出版、发表 (展览、演出)情况	获全国奖	获省级奖
国画	南国风情	陈鹏刚		获"中国梦·我心中的梦"2014 全国剪纸艺术名家精品展优秀作品奖	
藏书票	江中休闲图	陈鹏刚	入选第 15 届全国藏书票小版画艺术展		
	冬日对话山水间	陈鹏刚	入选江苏省庆祝建国 65 周年美术作品展		
	巢里巢外	陈鹏刚			获江苏省文化馆(站)业务干部技能大展金奖
	挡不住的喜悦	陈鹏刚			入选江苏省五星工程奖展览
油画	金沙滩	华振明	入选江苏省庆祝建国 65 周年美术作品展		
油画	践行·筑梦	华振明	入选江苏省五星工程奖展览		
摄影	飞身扑救轻生女	卑多敏		获 2013 年度中国县市传媒新闻奖三等奖	
摄影	图书漂流进校园	卑多敏			在省摄协举办首届书香江苏摄影大赛中获得入选作品奖
摄影	生死关头	卑多敏			获得省摄协举办的江苏"百姓·百事"纪实摄影大展优秀奖(注:不设等级奖)
摄影	爱,没有距离	卑多敏			获江苏省县市报研究会、江苏省县市新闻中心工作委员会好新闻三等奖
摄影	钢琴协奏曲	张松年		获第十四届全国擎天柱职工摄影艺术联展三等奖	
摄影	太极拳	包志彬		获中国电信员工摄影大赛三等奖	
摄影	格调	宋协培		获"天翼手机杯"全国手机摄影大赛优秀奖	
舞蹈	扇舞新韵	殷晓莉			获江苏省第四届"莲花奖"舞殷晓莉蹈大赛常青组编、演银奖、省五星工程奖铜奖
少儿舞蹈	蟹趣	殷晓莉			获江苏省五星工程奖铜奖
群舞	蕉林乐	吴歆聆			获江苏省推新人大赛十佳称号
伴舞	幸福花开	刘　鹏	参加省五星工程奖决赛		

区哲学社会科学界联合会

【概　况】 2014年,区哲学社会科学界联合会围绕区委区政府中心工作,积极开展应用研究、社科评奖、社科普及和学会建设等工作,取得较好成效。2项成果分别获江苏省哲学社会科学界第八届学术大会优秀论文二等奖、三等奖;3项成果在南通市第十二届社科评奖中获三等奖;在南通市年度热点课题评奖中1项成果获二等奖、3项成果获三等奖;3项成果获南通市第三届学术大会优秀论文三等奖。

【第二届社科成果评奖】 精心组织区第二届社科优秀成果评奖工作。积极争取财政支持,大幅提高社科优秀成果奖励标准;修订完善评奖实施细则及相关工作方案,补充调整评审专家库;坚持质量标准,客观公正地开展成果评奖。经过成果审查、初评、终评和公示等环节,最终从申报的92项成果中,层层遴选,好中选优,评选出获奖成果30项,分别由区政府给予表彰奖励。

【应用课题研究】 围绕区委十一届七次全会提出的创新转型提速、开发开放提档、城乡发展提质、民生幸福提升、生态文明提效五大行动,以及开展群众路线教育实践活动要求,广大社科工作者深入开展调查,撰写研究报告,21项优秀成果分别被评为区应用研究一、二、三等奖。推进成果转化应用,多项成果获区领导批示。

【社科普及宣传】 在《通州日报》上开辟"理论学习"专栏,作为党员干部学习党的十八届三中全会精神的交流园地;组织社科理论骨干宣讲党的创新理论600余场,受众达10万余人次。与省市联动开展以"拓展社科服务,助力深化改革"为主题的通州区第五届社科普及宣传周系列活动。重点开展了社科专家"走基层"广场咨询、社科图片巡展、社科理论讲座、社科文艺演出进镇村等活动。继续办好"金沙市民讲坛",邀请南京大学新闻学院教授、博士生导师潘知常作"阅读与人生"主题讲座,让广大市民体会阅读的乐趣,受到听众的好评。

【社科普及示范基地建设】 修订《通州区社会科学普及示范基地管理办法》,推进社科普及示范基地规范化管理。与区委宣传部联合开展新一轮区社科普及示范基地的申报、评估、命名工作,忠孝文化园、图书馆等11家单位被授予区社科普及示范基地称号。

【理论骨干培训】 着力提高全区社科理论骨干的政治理论素养和业务能力,与区委宣传部联合举办两期培训班。邀请南通市委党校陈朋博士、南通职业大学丰坤武教授、南通市委党校季建林教授分别作"着力提高基层干部的调查能力研究""积极培育和践行社会主义核心价值观""沪通铁路建设对南通经济社会发展的影响"专题讲座;邀请南通市委党校副校长沈卫中教授作党的十八届四中全会精神专题辅导讲座。

（陈泉江）

区归侨侨眷联合会

【概　况】 2014年,区侨联广泛联系归侨侨眷和海外侨胞,进一步创新创优各项工作。相继组织开展侨界迎新聚会、端午茶话会、侨商会员联谊会、侨界摄影知识专题讲座、老归侨聚会参观、群众路线宣讲等形式多样、内容丰富的联谊活动,积极为侨界群众提供沟通、交流、联谊的平台。妥善处理好涉侨信访维稳工作,全年共受理海外信访3件次,国内侨属信访7件次,涉及子女上学、祖坟搬迁、拆迁安置、农村建房、办证等多个方面,满意率100%。积极邀请海内外嘉宾和社团组织到通州区考察交流,让海外侨胞了解通州,全年共接待华人华侨7批26人次。

【反映社情侨意】 积极发挥职能优势,为侨界政协委员参政议政搭建平台。全区10名侨界政协委员中,5人获评"优秀政协委员",2名被列入专访对象;侨眷张春华被评为优秀社情民意(信息)工作者。侨界政协委员蒋忠的建言被《中国南通家纺城》首页刊登。在通州籍海外侨胞中开展"建言献策做贡献"活动,积极鼓励海外侨胞为祖国和家乡发展建言。区侨联侨情信息《海外侨胞密切关注两会召开,五大建议祝愿中国更好、更快发展》被省侨联单篇采用,并被报送中国侨联和省委、省政府办公厅。

【"空巢"侨眷家庭主题关爱活动】 5月份,开展"空巢侨眷家庭调查月"活动,在全区各镇和高新区范围内调查归侨、侨眷"空巢"家庭(子女居住国外,国内无子女照顾的归侨侨眷)情况,进行表格登记,活动得到各基层单位的大力支持,大力推进侨联组织服务工作的有效性、针对性。5月29日,举办"侨界共迎端午茶话会",城区和乡镇的20多名"空巢"侨眷家庭代表欢聚一堂,共迎端午,共谋发展,共叙爱国爱乡情怀,活跃了侨界"空巢"家庭的文化生活,促进"空巢"归侨侨眷们互通、互动、互助,进一步增近与侨界群众的和谐关系和情怀。8月份,开展"送清凉,关爱空巢老侨"活动,驻会人员深入到基层空巢老侨家中走访慰问,带去党和政府对空巢侨界家庭的关爱,使他(她)们感受到组织的浓浓温情,通过相互沟通交流,进一步增进了与侨界群众的感情,提升了为侨服务水平,凝聚了侨心。

【华侨医疗保健中心医疗专家送医进华侨村】 6月30日,南通和通州两地华侨医疗保健中心的医疗专家们来到通州区华侨较为集中的金乐佳苑,开展义诊活动。金乐佳苑是

送医进华侨村义诊活动

文山村和界北村村民拆迁后集中居住的小区，这两个村有许多村民在海外创业经商，并在海外取得绿卡或长期居住证，是华侨较为集中的村居。活动现场，医疗专家们认真接待每一位就诊村民，把脉、量血压、诊断病情、解答各种咨询，得到村民大力称赞。此次送医进村活动服务了华侨村的村民，提升了侨联组织的凝聚力和感召力，更是侨联践行群众路线、联系服务侨界群众“最后一公里”的重要举措，推动了今后侨联工作更好的开展。

【盛祝平作水资源利用专题讲座】 区侨联通过发电邮、寄信函、打电话等多种方式，在海外侨胞中开展“发挥优势服务家乡”活动，得到海外侨胞积极响应。8 月 13 日，通州籍旅美博士、美国德克萨斯农工大学、农业生物工程系、埃尔帕索研究中心教授盛祝平先生利用回乡探亲之机，在区行政中心第九会议室给全区水利工作者作了一场题为“水资源可持续性开发利用——实例比较分析”的水资源利用专题讲座，取得圆满成功，得到与会者的一致肯定和赞赏。讲座中，盛教授利用 PPT 形式，边演示、边讲解，以全球水资源形势和问题综述作引子，从水资源综合管理的概念来讨论区域水资源规划的过程，从未来水的需求、水资源和供水能力、未来缺水评估、管理策略等方面详细阐述区域水规划的主要组成部分，用实例分析以示范水资源可持续性开发利用过程中可能面临的挑战。

通州旅美博士盛祝平回乡讲座现场

【关爱侨界健康知识讲座】 12 月 17 日上午，区侨联在区行政中心第一会议室举行“关爱侨界健康”主题知识讲座。 （管 鹰）

区红十字会

【概　况】 2014 年，南通市通州区红十字会紧贴区委、区政府中心工作，创新思路，强化举措，依法履职，全面完成年初确定的各项目标任务。区红十字会荣获“2014 年度中国红十字会总会报刊宣传先进集体特等奖”“全国青少年红十字运动和防灾减灾知识竞赛最佳组织一等奖”，1 人被评为江苏省红十字会系统先进工作者。区红十字会连续 17 年在南通市红十字会年度工作评估考核中，位列各县（市、区）第一。

【总会领导考察通州】 7 月 18 日，中国红十字会副会长王汝鹏一行在省红十字会党组书记、常务副会长盛放陪同下到通州调研，实地察看了区红十字会救护培训点现场、省红十字示范学校——区实验小学。他认为，通州红十字工作开展得有声有色，创新工作思路，取得了突出成绩。红会工作“通州模式”值得推广。

【基层组织建设】 全年发展新会员 8025 人，新建区公安局、城管局等 5 个基层红十字会，建立首家民营企业红十字会——南通威尔电机有限公司红十字会。编印下发《医疗卫生单位红十字工作台账》。推进实验小学红十字会建成南通市学校红十字青少年工作标准化活动基地，并获得南通市红十字会 5 万元经费支持。

【公益募捐】 2014 年，区红十字会募集各类捐赠款物共计 380.24 万元（其中资金 252.43 万

7月,中国红十字会副会长王汝鹏(中)到通州调研

元,物资折合人民币127.81万元)。开展“博爱在通州、人道万人捐”募捐活动,募集爱心款114万余元,有效增强救助实力。积极开展云南鲁甸抗震救灾募捐活动,共募集捐款7万余元。发动企业捐助,联合南通中瑾置业开展义拍活动,筹得善款4万元,接收通州蒙盛经贸有限公司捐赠贝因美奶粉,价值124万余元,为部分贫困学子和白血病儿童筹集救助款,获企业定向捐赠7万余元。积极争取政策支持,为两名患儿申报中国红十字基金会“小天使基金”,获专项救助款6万元;争取区政府向“红十字人道救助基金”注资60万元,专项用于备灾救灾救助工作。

【人道救助】 2014年,区红十字会累计发放救助款物231.54万元(其中资金102.76万元,物资折合人民币128.78万元)。开展“红十字博爱送万家”活动,发放救助款物54万余元,惠及全区1247户贫困家庭。做好中小学生红十字重症住院医疗互助金审核工作,为255名重症学生发放互助金53万余元。开展救助贫困婴幼儿活动,发放爱心企业捐赠价值64万元的贝因美奶粉,资助贫困家庭262户。开展博爱助学活动,为28名大学新生和5名历届优秀大学生共发放博爱助学款15.5万元。组织重阳节慰问活动,向全区敬老院老人送上价值60余万元的慰问品。

【公益救护培训】 2014年,通州区红会全年举办各类救护知识培训班100余期,培训初级救护员1025人、对9286人普及了救护知识。通过举办“救在身边——红十字应急救护公益讲堂”,开展“掌上急救、救在身边”,“世界急救日”活动,举行南通市“防灾减灾进学校”演练,在《通州日报》、通州党政信息网发布《人人学急救、急救为人人——红十字掌上学堂教您自救互救》公益广告,在通州电视台新闻综合频道播放世界急救日主题宣传片,开展“身边的急救”摄影作品征集活动等,广泛宣传应急救护常识,将应急救护知识普及到千家万户。加强学校红十字会应急救护培训硬件建设,为全区中小学统一配发心肺复苏模型,为学校规范开展工作提供物质保障。

【卫生救护培训】 全年举办初学驾驶人卫生救护培训班280期,培训初学驾驶人2.7万余人。坚持特色培训,在全省率先试行的“情境化教学、场景式训练”救护培训模式,成为南通模式的范本,南通市“民心专列”第三督查评议组到通州专项督查应急救护培训工作,对全区救护培训规范化管理工作给予充分肯定。注重师资队伍建设,组织召开教学研讨会,选派4人参加江苏省红十字会救护师资培训班,提升救护培训质量。加强救护培训阵地建设,争取到区政府无偿划拨600多平方米培训用房,进一步改善了培训条件。建立成功施救案例奖励机制。对市民邵正海利用所学红十字急救技能,科学施救燃气中毒女子、挽救他人生命的高尚行为,市、区两级红会进行了慰问和嘉奖。

【新增两例成功捐献】 区第三人民医院医生汤小锋、区疾控中心工作人员姜晓清分别于5月和10月成功捐献了造血干细胞,成为通州第三、第四例造血干细胞捐献志愿者。全年新增造血干细胞志愿者124人,初配相合13人,高配相合3人。截止到2014年底,全区累计入库造血干细胞志愿者1193人,登记注册遗体(器官)捐献志愿者共计8人。

【志愿服务】 做实“三进”服务活动。组织区级医疗机构进乡镇、镇级医疗机构进村居、村居医疗机构进家庭,开展健康检查、卫生宣教、义诊、巡诊、疑难病例会诊、业务培训、困难群众定点上门提供医疗康复服务等,全区各级医疗卫生单位红十字志愿者累计服务2万余人次,区红十字会为困难群众免费赠送价值10万元的药品。拓展志愿服务形式。组织红十字志愿者开展节日广场志愿服务活动,向市民宣传红十字知识、无偿献血、造血干细胞捐献、器官捐献、预防艾滋病等科普知识,为过往行人义诊、免费测血糖、测血压等。组织红十字阳光爱心车队的志愿者到敬老院、区特殊教育学校开展敬老助残送温暖活动。2014年,红十字志愿者王平被南通市文明委认定为首批五星级志愿者,通州仅此一名。

【拓展活动宣传载体】 5月,与区新闻信息传播中心联合举办“我与红十字的故事”主题征文活动,收到征文300余篇,77篇征文获奖,进一步提高了红十字会的社会认知度和吸引力。组织广大会员参加江苏省红十字会“镜头中的红十字故事”活动,1人获优秀奖、4人获鼓励奖。组织全区4万余名青少年参加“全国青少年红十字运动和防灾减灾知识竞赛”，区红十字会和42家学校红十字会荣获最佳组织奖，石港中学夏飞荣获个人奖，有力推动了红十字运动和防灾减灾知识在青少年中普及。在《通州日报》开辟专版介绍通州红十字工作情况，拍摄通州首例成功捐献造血干细胞志愿者专题片《徐建：帮助他人、收获快乐》在《通视新闻》中播出，进一步扩大红十字会的社会影响。积极在各级红十字媒体发布工作动态，全年投稿量、用稿量位居南通各县（市、区）第一。（邵晓明）

2014年通州区核准登记的社会团体

表4

核准时间	登记证号	社团名称	法人代表	地　　址
1月8日	社证字第0501号	通州区中小企业应急互助协会	李均华	南通高新区世纪大道198号
4月25日	社证字第0502号	南通市高新区八角亭社区萤火虫志愿者协会	倪健忠	
6月17日	社证字第0503号	通州区嘉安出口蔬菜专业技术协会	吴　浩	通州区刘桥镇新联工业园区
6月11日	社证字第0504号	南通市高新区碧华社区舞蹈协会	顾晓强	南通市高新区新华城市家园36幢三楼
6月11日	社证字第0505号	南通市高新区碧华社区体育爱好者协会	陈　洁	南通市高新区新华城市家园36幢三楼
6月11日	社证字第0506号	南通市高新区张门村青年志愿者协会	陈正菊	南通市高新区张门村村委会
6月11日	社证字第0507号	南通市高新区张门村残疾人协会	张乃泉	南通市高新区张门村村委会
6月11日	社证字第0508号	南通市高新区镇南社区计生协会	耿晓燕	南通市高新区师范桥新村31幢
6月11日	社证字第0509号	南通市高新区镇南社区体育健身协会	耿晓燕	南通市高新区镇南社区亚细亚广场
6月11日	社证字第0510号	南通市高新区进东村劳动保障协会	吴永红	南通市高新区进东村26组
6月11日	社证字第0511号	南通市高新区进东村残疾人协会	曹洪清	南通市高新区进东村26组
6月11日	社证字第0512号	南通市高新区利民村老年协会	吴升华	南通市高新区利民村17组
6月11日	社证字第0513号	南通市高新区利民村读书爱好者协会	张云蕾	南通市高新区利民村17组
6月11日	社证字第0514号	南通市高新区八角亭居慈善协会	姜　婧	南通市高新区八角亭居委会内
6月11日	社证字第0515号	南通市高新区八角亭居计生协会	杨春英	南通市高新区八角亭居委会内
6月11日	社证字第0516号	南通市高新区复兴村广场舞协会	姜　忠	南通市高新区复兴村村委会
6月11日	社证字第0517号	南通市高新区复兴村志愿者协会	朱华平	南通市高新区复兴村村委会
6月11日	社证字第0518号	南通市高新区民平村残疾人协会	黄福明	南通市高新区民平村15组
6月11日	社证字第0519号	南通市高新区民平村老年协会	施虎林	南通市高新区民平村15组
6月11日	社证字第0520号	南通市高新区金霞社区残疾人协会	瞿邵华	南通市高新区东湖路金霞北苑内
6月11日	社证字第0521号	南通市高新区金霞社区计划生育协会	朱菲菲	南通市高新区东湖路金霞北苑内
6月11日	社证字第0522号	南通市高新区通灵桥村物业管理协会	吴克仁	南通市高新区通灵桥村22组
6月11日	社证字第0523号	南通市高新区通灵桥村计生协会	邢晓晖	南通市高新区通灵桥村22组
6月11日	社证字第0524号	南通市高新区金南社区志愿者协会	陈　玲	南通市高新区双霞花苑内
6月11日	社证字第0525号	南通市高新区三姓街村计划生育协会	陈季芳	南通市高新区三姓街村村委会内
6月11日	社证字第0526号	南通市高新区金南社区计划生育协会	罗素平	南通市高新区双霞花苑内
6月11日	社证字第0527号	南通市高新区三姓街村广场舞协会	季丽华	南通市高新区三姓街村村委会内
6月11日	社证字第0528号	南通市高新区夏四店村广场舞协会	张汉明	南通市高新区夏四店村公共服务中心内
6月11日	社证字第0529号	南通市高新区麒麟桥村科普协会	季珊珊	南通市高新区麒麟桥村二十五组

续表 4

核准时间	登记证号	社团名称	法人代表	地　　址
6 月 11 日	社证字第 0530 号	南通市高新区夏四店村青年志愿者协会	吴益锋	南通市高新区夏四店村 25 组
6 月 11 日	社证字第 0531 号	南通市高新区麒麟桥村劳动保障协会	赵文娟	南通市高新区麒麟桥村二十五组
6 月 11 日	社证字第 0532 号	南通市高新区碧堂庙社区平安协会	翁晓卫	南通市高新区银河路 99 号
6 月 11 日	社证字第 0533 号	南通市高新区碧堂庙社区广场舞协会	许　燕	南通市高新区碧堂庙社区公共服务中心内
6 月 11 日	社证字第 0534 号	南通市高新区油榨村青年志愿者协会	瞿柯柯	南通市高新区油榨村村委会
6 月 11 日	社证字第 0535 号	南通市高新区油榨村广场舞协会	成建娣	南通市高新区油榨村金乐 C 区公共服务中心内
6 月 11 日	社证字第 0536 号	南通市高新区金普村志愿者协会	俞成明	南通市高新区金普村 1 组
6 月 11 日	社证字第 0537 号	南通市高新区金普村残疾人协会	俞之奎	南通市高新区金普村 1 组
6 月 11 日	社证字第 0538 号	南通市高新区大石桥村卫生服务协会	黄　菊	南通市高新区大石桥村一组
6 月 11 日	社证字第 0539 号	南通市高新区大石桥居家养老服务协会	李　忠	南通市高新区大石桥村一组
6 月 11 日	社证字第 0540 号	南通市高新区花家渡村老年协会	季佩华	南通市高新区花家渡村 1 组
6 月 11 日	社证字第 0541 号	南通市高新区花家渡村残疾人协会	顾文海	南通市高新区花家渡村 1 组
6 月 11 日	社证字第 0542 号	南通市高新区文山村计划生育协会	单荷花	南通市高新区金乐佳苑 A 区公建
6 月 11 日	社证字第 0543 号	南通市高新区文山村老年协会	顾鑫磊	南通市高新区文山村 24 组
6 月 11 日	社证字第 0544 号	南通市高新区界北村少儿图书协会	黄国培	南通市高新区界北村公共服务中心二楼
6 月 11 日	社证字第 0545 号	南通市高新区界北村残疾人协会	黄国培	南通市高新区界北村
6 月 11 日	社证字第 0546 号	南通市高新区朝东圩村社会保障协会	陆建新	南通市高新区朝东圩村 20 组
6 月 11 日	社证字第 0547 号	南通市高新区朝东圩村残疾人协会	吴克刚	南通市高新区朝东圩村公共服务中心
6 月 11 日	社证字第 0548 号	南通市高新区正场村劳动保障协会	徐高飞	南通市高新区正场村正场街道
6 月 11 日	社证字第 0549 号	南通市高新区华山社区科普协会	季晓晓	南通市高新区华山社区公共服务中心内
6 月 11 日	社证字第 0550 号	南通市高新区华山社区环境保护协会	张　杰	南通市高新区华山社区公共服务中心内
6 月 11 日	社证字第 0551 号	南通市高新区邢园村慈善协会	陈永华	南通市高新区邢园村村委
6 月 11 日	社证字第 0552 号	南通市高新区邢园村计生协会	张素珍	南通市高新区邢园村村委
6 月 11 日	社证字第 0553 号	南通市高新区狮子桥村老年协会	施汉中	南通市高新区狮子桥村 32 组
6 月 11 日	社证字第 0554 号	南通市高新区狮子桥村志愿者协会	王春峰	南通市高新区狮子桥村 32 组
6 月 11 日	社证字第 0555 号	南通市高新区元帅庙村科普协会	张　建	南通市高新区元帅庙村村委会
6 月 11 日	社证字第 0556 号	南通市高新区元帅庙村广场舞协会	张　建	南通市高新区元帅庙村村委会
6 月 11 日	社证字第 0557 号	南通市高新区果园居老年协会	邢光荣	南通市高新区果园居盆架桥花苑南门入口
6 月 11 日	社证字第 0558 号	南通市高新区果园居南山湖腰鼓队协会	蔡宏云	南通市高新区果园居盆架桥花苑南门入口
6 月 11 日	社证字第 0559 号	南通市高新区金桥社区志愿者协会	顾祖涛	南通市高新区金桥居委会
6 月 11 日	社证字第 0560 号	南通市高新区金桥社区爱心社团	顾　伟	南通市高新区金桥居委会
6 月 11 日	社证字第 0561 号	南通市高新区双池头村文体协会	单志洪	南通市高新区双池头村村委会

续表 4

核准时间	登记证号	社团名称	法人代表	地　　址
6月11日	社证字第0562号	南通市高新区双池头村科普协会	单志洪	南通市高新区双池头村村委会
6月11日	社证字第0563号	南通市高新区正场村广场舞协会	包淑平	南通市高新区正场村正场街道
6月12日	社证字第0564号	通州区二甲镇袁南居垂钓爱好者协会	赵乐英	通州区二甲镇袁南居44组
6月12日	社证字第0565号	通州区二甲镇坨墩村金土地生态农业协会	徐加兵	通州区二甲镇坨墩村33组
6月12日	社证字第0566号	通州区二甲镇北潭村关爱留守儿童协会	陈汉忠	通州区二甲镇北潭村
6月12日	社证字第0567号	通州区二甲镇余北居棉花种植专业户协会	周学进	通州区二甲镇余北居
6月12日	社证字第0568号	通州区二甲镇三甲居家纺绣品协会	季素芳	通州区二甲镇三甲居
6月12日	社证字第0569号	通州区二甲镇新市社区蓝印花布印染协会	顾锡林	通州区二甲镇新市居
6月12日	社证字第0570号	通州区二甲镇通运桥村马东油菜专业户协会	殷锦忠	通州区二甲镇通运桥村村委会
6月12日	社证字第0571号	通州区二甲镇定兴桥村兴农果蔬种植专业户协会	倪正华	通州区二甲镇定兴桥村
6月12日	社证字第0572号	通州区二甲镇路中村运盐河畔水果种植协会	曹国新	通州区二甲镇路中村十四组
6月12日	社证字第0573号	通州区二甲镇余西居粮食销售协会	丁雪冬	通州区二甲镇余西居
6月12日	社证字第0574号	通州区二甲镇六甲镇村绿波蔬菜种植专业户协会	钱亚琴	通州区二甲镇六甲镇村40组
6月12日	社证字第0575号	通州区二甲镇宝云山村宝新苗木协会	曹桂东	通州区二甲镇宝云山村
6月12日	社证字第0576号	通州区二甲镇袁南居蔬菜种植专业户协会	赵乐英	通州区二甲镇袁南居
6月12日	社证字第0577号	通州区二甲镇坨墩村杂粮营销协会	徐加兵	通州区二甲镇坨墩村33组
6月12日	社证字第0578号	通州区二甲镇北潭村花生种植专业户协会	陈汉忠	通州区二甲镇北潭村
6月12日	社证字第0579号	通州区二甲镇余北居托老服务协会	周学进	通州区二甲镇余北居
6月12日	社证字第0580号	通州区二甲镇三甲居大棚蔬菜专业户协会	季素芳	通州区二甲镇三甲社区
6月12日	社证字第0581号	通州区二甲镇新市居老年人艺术协会	顾锡林	通州区二甲镇新市居
6月12日	社证字第0582号	通州区二甲镇通运桥村敬老志愿服务协会	殷锦忠	通州区二甲镇通运桥村村委会
6月12日	社证字第0583号	通州区二甲镇定兴桥村环境保护志愿者协会	倪正华	通州区二甲镇定兴桥村
6月12日	社证字第0584号	通州区二甲镇路中村长牌协会	曹国新	通州区二甲镇路中村十四组
6月12日	社证字第0585号	通州区二甲镇余西居葡萄种植专业户协会	丁雪冬	通州区二甲镇余西居
6月12日	社证字第0586号	通州区二甲镇六甲镇村纺织绣品协会	钱亚琴	通州区二甲镇六甲镇村40组
6月12日	社证字第0587号	通州区二甲镇宝云山村关心下一代工作协会	曹桂东	通州区二甲镇宝云山村

续表 4

核准时间	登记证号	社团名称	法人代表	地　址
6月11日	社证字第0588号	通州区五接镇天后宫村舞蹈协会	马金霞	通州区五接镇天后宫村村委会
6月11日	社证字第0589号	通州区五接镇天后宫村老年人协会	马金霞	通州区五接镇天后宫村村委会
6月11日	社证字第0590号	通州区五接镇老木厂村舞蹈协会	卞海燕	通州区五接镇老木厂村村委会
6月11日	社证字第0591号	通州区五接镇老木厂村老年人协会	卞海燕	通州区五接镇老木厂村村委会
6月11日	社证字第0592号	通州区五接镇李港村舞蹈协会	刘永卫	通州区五接镇李港村村委会
6月11日	社证字第0593号	通州区五接镇李港村老年人协会	刘永卫	通州区五接镇李港村村委会
6月11日	社证字第0594号	通州区五接镇开沙村舞蹈协会	郭红芳	通州区五接镇开沙村村委会
6月11日	社证字第0595号	通州区五接镇开沙村老年人协会	郭红芳	通州区五接镇开沙村村委会
6月11日	社证字第0596号	通州区五接镇复成村舞蹈协会	黄锦华	通州区五接镇复成村村委会
6月11日	社证字第0597号	通州区五接镇复成村老年人协会	黄锦华	通州区五接镇复成村村委会
6月11日	社证字第0598号	通州区五接镇袁三圩村舞蹈协会	孙美芳	通州区五接镇袁三圩村村委会
6月11日	社证字第0599号	通州区五接镇袁三圩村老年人协会	孙美芳	通州区五接镇袁三圩村村委会
6月11日	社证字第0600号	通州区五接镇张大圩村舞蹈协会	陈　美	通州区五接镇张大圩村村委会
6月11日	社证字第0601号	通州区五接镇张大圩村老年人协会	陈　美	通州区五接镇张大圩村村委会
6月11日	社证字第0602号	通州区五接镇桃园村舞蹈协会	唐瑾瑜	通州区五接镇桃园村村委会
6月11日	社证字第0603号	通州区五接镇桃园村老年人协会	唐瑾瑜	通州区五接镇桃园村村委会
6月11日	社证字第0604号	通州区五接镇五接居委会舞蹈协会	余华丽	通州区五接镇居委会村委会
6月11日	社证字第0605号	通州区五接镇五接居委会老年人协会	余华丽	通州区五接镇居委会村委会
6月12日	社证字第0606号	通州区刘桥镇新联社区劳动保障服务协会	管　建	通州区刘桥镇新联居建设路
6月12日	社证字第0607号	通州区刘桥镇慎修村舞蹈协会	黄玉芳	通州区刘桥镇慎修村34组
6月12日	社证字第0608号	通州区刘桥镇慎修村劳动保障服务协会	孙晓燕	通州区刘桥镇慎修村12组
6月12日	社证字第0609号	通州区刘桥镇蒋一村舞蹈协会	刘玉兰	通州区刘桥镇蒋一村5组
6月12日	社证字第0610号	通州区刘桥镇蒋一村劳动保障服务协会	帅　斌	通州区刘桥镇蒋一村村委会
6月12日	社证字第0611号	通州区刘桥镇苏池村舞蹈协会	李雪梅	通州区刘桥镇苏池刘东校2组
6月12日	社证字第0612号	通州区刘桥镇苏池村劳动保障服务协会	宋卫民	通州区刘桥镇苏池刘东校2组
6月12日	社证字第0613号	通州区刘桥镇极孝村舞蹈协会	丁海平	通州区刘桥镇极孝村24组
6月12日	社证字第0614号	通州区刘桥镇极孝村劳动保障服务协会	司明东	通州区刘桥镇极孝村洞坝口11组
6月12日	社证字第0615号	通州区刘桥镇长岸村劳动保障服务协会	管建峰	通州区刘桥镇长岸村村委会
6月12日	社证字第0616号	通州区刘桥镇长岸村舞蹈协会	房　燕	通州区刘桥镇长岸村村委会
6月12日	社证字第0617号	通州区刘桥镇英雄村舞蹈协会	陈连芳	通州区刘桥镇文秀路
6月12日	社证字第0618号	通州区刘桥镇英雄村劳动保障服务协会	王建中	通州区刘桥镇文秀路
6月12日	社证字第0619号	通州区刘桥镇米三桥村舞蹈协会	丁红娟	通州区刘桥镇米三桥村委会
6月12日	社证字第0620号	通州区刘桥镇米三桥村劳动保障服务协会	于广炎	通州区刘桥镇米三桥村委会

续表 4

核准时间	登记证号	社团名称	法人代表	地　　址
6 月 12 日	社证字第 0621 号	通州区刘桥镇徐园村舞蹈协会	丁泽云	通州区刘桥镇徐园村
6 月 12 日	社证字第 0622 号	通州区刘桥镇徐园村劳动保障服务协会	黄进南	通州区刘桥镇徐园村
6 月 12 日	社证字第 0623 号	通州区刘桥镇尹家园村舞蹈协会	徐毓娟	通州区刘桥镇尹家园村
6 月 12 日	社证字第 0624 号	通州区刘桥镇尹家园村劳动保障服务协会	夏荣华	通州区刘桥镇尹家园村
6 月 12 日	社证字第 0625 号	通州区刘桥镇新中村舞蹈协会	孙丽娟	通州区刘桥镇新中村 22 组
6 月 12 日	社证字第 0626 号	通州区刘桥镇新中村劳动保障服务协会	周　霞	通州区刘桥镇新中村 22 组
6 月 12 日	社证字第 0627 号	通州区刘桥镇刘桥社区舞蹈协会	梁淑云	通州区刘桥镇文秀路
6 月 12 日	社证字第 0628 号	通州区刘桥镇刘桥社区劳动保障服务协会	羌峰鑫	通州区刘桥镇文秀路
6 月 12 日	社证字第 0629 号	通州区刘桥镇新联社区舞蹈协会	丁　燕	通州区刘桥镇新联居建设路
6 月 6 日	社证字第 0630 号	通州区金沙镇太山村志愿者协会	吴振达	通州区金沙镇太山村 18 组
6 月 6 日	社证字第 0631 号	通州区金沙镇金余村志愿者协会	吴　刚	通州区金沙镇金余村 17 组
6 月 6 日	社证字第 0632 号	通州区金沙镇港北村帮扶残疾人志愿者协会	纪雪云	通州区金沙镇港北村 30 组
6 月 6 日	社证字第 0633 号	通州区金沙镇平桥村志愿者协会	张圣凤	通州区金沙镇平桥村 47 组
6 月 6 日	社证字第 0634 号	通州区金沙镇进鲜港村志愿者协会	瞿锦峰	通州区金沙镇进鲜港村
6 月 6 日	社证字第 0635 号	通州区金沙镇金北社区志愿者协会	张慎建	通州区金沙镇金北村委会
6 月 6 日	社证字第 0636 号	通州区金沙镇城东村志愿者协会	单正国	通州区金沙镇城东村三组
6 月 6 日	社证字第 0637 号	通州区金沙镇新三园村志愿者协会	张　云	通州区金沙镇新三园村
6 月 6 日	社证字第 0638 号	通州区金沙镇虹西村互助志愿者协会	季美红	通州区金沙镇虹西村
6 月 6 日	社证字第 0639 号	通州区金沙镇东市社区党员干部队伍志愿者协会	周　纯	通州区金沙镇东市社区民富佳苑 6 号 3 层
6 月 6 日	社证字第 0640 号	通州区金沙镇南山社区夕阳红广场舞协会	刘秀芬	通州区金沙镇南山社区
6 月 6 日	社证字第 0641 号	通州区金沙镇南山社区青年志愿者协会	戚　蕾	通州区金沙镇南山社区
6 月 6 日	社证字第 0642 号	通州区金沙镇朝阳社区志愿者协会	张晓春	通州区金沙镇朝阳社区
6 月 6 日	社证字第 0643 号	通州区金沙镇新市社区志愿者协会	李云英	通州区金沙镇新市社区
6 月 6 日	社证字第 0644 号	通州区金沙镇虹南社区志愿者协会	邢春红	通州区金沙镇虹南社区
6 月 6 日	社证字第 0645 号	通州区金沙镇新村社区志愿者协会	王　芳	通州区金沙镇新村社区
6 月 6 日	社证字第 0646 号	通州区金沙镇虹西社区助残志愿者协会	王丽丽	通州区金沙镇虹西社区居委会
6 月 6 日	社证字第 0647 号	通州区金沙镇北山社区志愿者协会	杨　林	通州区金沙镇北山社区
6 月 6 日	社证字第 0648 号	通州区金沙镇安康社区志愿者协会	季　艳	通州区金沙镇安康社区
6 月 6 日	社证字第 0649 号	通州区金沙镇育才社区学雷锋志愿者协会	丛　丽	通州区金沙镇育才社区
6 月 6 日	社证字第 0650 号	通州区张芝山镇通海村残疾人协会	徐　超	通州区张芝山镇通海村 18 组
6 月 6 日	社证字第 0651 号	通州区张芝山镇通海村计生协会	秦金晖	通州区张芝山镇通海村 18 组

续表 4

核准时间	登记证号	社团名称	法人代表	地　　址
6月6日	社证字第0652号	通州区张芝山镇居委会残疾人协会	顾　杰	通州区张芝山镇居委会芝山新村17号楼
6月6日	社证字第0653号	通州区张芝山镇居委会计生协会	陈菊妹	通州区张芝山镇芝山新村
6月6日	社证字第0654号	通州区张芝山镇决心村计生协会	徐天衣	通州区张芝山镇决心村15组
6月6日	社证字第0655号	通州区张芝山镇决心村残疾协会	李永亮	通州区张芝山镇决心村15组
6月6日	社证字第0656号	通州区张芝山镇培德村残疾协会	俞　伟	通州区张芝山镇培德村28组
6月6日	社证字第0657号	通州区张芝山镇培德村计生协会	黄亚菊	通州区张芝山镇培德村28组
6月6日	社证字第0658号	通州区张芝山镇八字桥村残疾协会	沈　帅	通州区张芝山镇八字桥村30组
6月6日	社证字第0659号	通州区张芝山镇八字桥村计生协会	黄玉兰	通州区张芝山镇八字桥村30组
6月6日	社证字第0660号	通州区张芝山镇通启桥村残疾协会	马　伟	通州区张芝山镇通启桥村9组
6月6日	社证字第0661号	通州区张芝山镇通启桥村计生协会	王兰萍	通州区张芝山镇通启桥村9组
6月6日	社证字第0662号	通州区张芝山镇天星村残疾协会	黄建华	通州区张芝山镇天星村23组
6月6日	社证字第0663号	通州区张芝山镇天星村计生协会	顾振娟	通州区张芝山镇天星村23组
6月6日	社证字第0664号	通州区张芝山镇银洋河村残疾协会	张　冲	通州区张芝山镇银洋河村38组
6月6日	社证字第0665号	通州区张芝山镇银洋河村计生协会	徐沈霞	通州区张芝山镇银洋河村38组
6月6日	社证字第0666号	通州区张芝山镇塘坊村残疾协会	沈　标	通州区张芝山镇塘坊村32组
6月6日	社证字第0667号	通州区张芝山镇塘坊村计生协会	钱敏涓	通州区张芝山镇塘坊村32组
6月6日	社证字第0668号	通州区张芝山镇南兴村残疾协会	徐　明	通州区张芝山镇南兴村38组
6月6日	社证字第0669号	通州区张芝山镇南兴村计生协会	茅卫菊	通州区张芝山镇南兴村38组
6月6日	社证字第0670号	通州区骑岸镇张沙村农技宣传协会	汤亿有	通州区骑岸镇张沙村
6月6日	社证字第0671号	通州区骑岸镇张沙村俏夕阳老年人协会	王玉美	通州区骑岸镇张沙村
6月6日	社证字第0672号	通州区骑岸镇象棋协会	顾　阳	通州区骑岸镇爱民村村委会
6月6日	社证字第0673号	通州区骑岸镇健身舞协会	丁　建	通州区骑岸镇爱民村村委会
6月6日	社证字第0674号	通州区骑岸镇骑北养鸽协会	戴新成	通州区骑岸镇骑北村12组新成养鸽场
6月6日	社证字第0675号	通州区骑岸镇骑北水产养殖协会	葛春明	通州区骑岸镇骑北村村委会
6月6日	社证字第0676号	通州区骑岸镇东场村农业良种科技协会	许汉成	通州区骑岸镇东场村公共服务中心
6月6日	社证字第0677号	通州区骑岸镇东场村基层法律协会	季晓燕	通州区骑岸镇东场村公共服务中心
6月6日	社证字第0678号	通州区骑岸镇上雁村波尔山羊养殖协会	丁志祥	通州区骑岸镇上雁村38组
6月6日	社证字第0679号	通州区骑岸镇季庄村绿色盆栽养殖协会	张　于	通州区骑岸镇季庄村
6月6日	社证字第0680号	通州区骑岸镇季庄村智能温室大棚研究协会	李建新	通州区骑岸镇季庄村
6月6日	社证字第0681号	通州区骑岸镇育民村乒乓球协会	王秋燕	通州区骑岸镇育民村36组
6月6日	社证字第0682号	通州区骑岸镇育民村环保协会	王　磊	通州区骑岸镇育民村19组
6月6日	社证字第0683号	通州区骑岸镇沧南居瓜果种植协会	陈晓健	通州区骑岸镇沧南居
6月6日	社证字第0684号	通州区骑岸镇沧南居农业机械协会	陈　燕	通州区骑岸镇沧南居

续表 4

核准时间	登记证号	社团名称	法人代表	地　　址
6 月 6 日	社证字第 0685 号	通州区骑岸镇防震减灾协会	倪志云	通州区骑岸镇花园路
6 月 6 日	社证字第 0686 号	通州区骑岸镇科普协会	倪志云	通州区骑岸镇花园路
6 月 6 日	社证字第 0687 号	通州区骑岸镇渡海亭桑园鸡养殖专业技术协会	王　杰	通州区骑岸镇渡海亭村 32 组
6 月 6 日	社证字第 0688 号	通州区骑岸镇渡海亭环渡蔬菜种植专业技术协会	丁美云	通州区骑岸镇渡海亭村 32 组
6 月 6 日	社证字第 0689 号	通州区四安镇徐家桥村文体协会	朱　颖	通州区四安镇徐家桥村 6 组
6 月 6 日	社证字第 0690 号	通州区四安镇九总渡村文体协会	张效娟	通州区四安镇徐家桥村 1 组
6 月 6 日	社证字第 0691 号	通州区四安镇韩家坝村文体协会	王克果	通州区四安镇韩家坝村
6 月 6 日	社证字第 0692 号	通州区四安镇戚家桥村文体协会	王肖飞	通州区四安镇戚家桥村 10 组
6 月 6 日	社证字第 0693 号	通州区四安镇阚庵东村文体协会	陆树彬	通州区四安镇阚庵东村 28 组
6 月 6 日	社证字第 0694 号	通州区四安镇温桥村芳菲舞蹈协会	江梅方	通州区四安镇温桥村
6 月 6 日	社证字第 0695 号	通州区四安镇酒店居文体协会	朱　卫	通州区四安镇陈酒路北首
6 月 6 日	社证字第 0696 号	通州区四安镇阚家庵村文体协会	李建中	通州区四安镇阚家庵村村委会
6 月 6 日	社证字第 0697 号	通州区四安镇龙坝村文体协会	徐　飞	通州区四安镇龙坝村 6 组
6 月 6 日	社证字第 0698 号	通州区兴仁镇兴仁社区舞蹈协会	包美华	通州区兴仁镇通富佳苑
6 月 6 日	社证字第 0699 号	通州区兴仁镇兴仁社区书法协会	包美华	通州区兴仁镇通富佳苑
6 月 6 日	社证字第 0700 号	通州区兴仁镇太阳殿村棋牌协会	施美娟	通州区兴仁镇太阳殿村
6 月 6 日	社证字第 0701 号	通州区兴仁镇太阳殿村乒乓球协会	施美娟	通州区兴仁镇太阳殿村
6 月 6 日	社证字第 0702 号	通州区兴仁镇李家楼村羽毛球协会	秦建新	通州区兴仁镇李家楼村 4 组
6 月 6 日	社证字第 0703 号	通州区兴仁镇李家楼村舞蹈协会	秦建新	通州区兴仁镇李家楼村 4 组
6 月 6 日	社证字第 0704 号	通州区兴仁镇兴仁村户外运动健身协会	秦美霞	通州区兴仁镇兴仁村村委会
6 月 6 日	社证字第 0705 号	通州区兴仁镇兴仁村家庭服务协会	秦美霞	通州区兴仁镇兴仁村村委会
6 月 6 日	社证字第 0706 号	通州区兴仁镇葛长路村体育爱好者协会	包兴涛	通州区兴仁镇葛长路村 12 组
6 月 6 日	社证字第 0707 号	通州区兴仁镇葛长路村志愿协会	王　剑	通州区兴仁镇葛长路村 12 组
6 月 6 日	社证字第 0708 号	通州区兴仁镇徐庄村快乐健身协会	陆源源	通州区兴仁镇徐庄村
6 月 6 日	社证字第 0709 号	通州区兴仁镇徐庄村阳光志愿者协会	吴春华	通州区兴仁镇徐庄村
6 月 6 日	社证字第 0710 号	通州区兴仁镇长林桥村广场舞协会	姚济华	通州区兴仁镇长林桥村村委会
6 月 6 日	社证字第 0711 号	通州区兴仁镇长林桥村计划生育协会	张晓云	通州区兴仁镇长林桥村村委会
6 月 6 日	社证字第 0712 号	通州区兴仁镇芦花港村读书协会暨农家书屋协会	陈　军	通州区兴仁镇芦花港村村委会
6 月 6 日	社证字第 0713 号	通州区兴仁镇芦花港村广场健身舞协会	陈　军	通州区兴仁镇芦花港村村委会
6 月 6 日	社证字第 0714 号	通州区兴仁镇孙家桥村科普协会	王锦华	通州区兴仁镇孙家桥村委会
6 月 6 日	社证字第 0715 号	通州区兴仁镇孙家桥村舞蹈协会	王锦华	通州区兴仁镇孙家桥村委会
6 月 6 日	社证字第 0716 号	通州区兴仁镇丁涧店村羽毛球协会	申均国	通州区兴仁镇丁涧店村
6 月 6 日	社证字第 0717 号	通州区兴仁镇丁涧店村科普协会	申均章	通州区兴仁镇丁涧店村

续表 4

核准时间	登记证号	社团名称	法人代表	地　　址
6月6日	社证字第0718号	通州区兴仁镇横港社区志愿者协会	周明芳	通州区兴仁镇横港社区居委会公共服务中心
6月6日	社证字第0719号	通州区兴仁镇横港社区环境保护协会	周明芳	通州区兴仁镇横港社区居委会公共服务中心
6月6日	社证字第0720号	通州区兴仁镇三庙村乒乓球协会	朱高乐	通州区兴仁镇三庙村村委会
6月6日	社证字第0721号	通州区兴仁镇三庙村环境保护协会	朱高乐	通州区兴仁镇三庙村村委会
6月6日	社证字第0722号	通州区东社镇苴西村法律援助协会	季　生	通州区东社镇苴西村1组
6月6日	社证字第0723号	通州区东社镇苴西村农业种植指导协会	季　生	通州区东社镇苴西村1组
6月6日	社证字第0724号	通州区东社镇老干部志愿者协会东平村分会	曹国玉	通州区东社镇东平村2组
6月6日	社证字第0725号	通州区东社镇唐洪村风筝协会	邱　建	通州区东社镇唐洪村政和路
6月6日	社证字第0726号	通州区东社镇谷丰粮食协会	瞿丽华	通州区东社镇严北村
6月6日	社证字第0727号	通州区东社镇黑鹿灶苗木协会	祁建国	通州区东社镇严北村
6月6日	社证字第0728号	通州区东社镇河东村读书协会	潘跃进	通州区东社镇河东村13组
6月6日	社证字第0729号	通州区东社镇香台村村民信息服务协会	曹永芳	通州区东社镇香台村
7月17日	社证字第0730号	通州区石港镇新貌村老年协会	张金涛	通州区石港镇新貌村村部
7月17日	社证字第0731号	通州区石港镇金庄社区老年协会	姜维胜	通州区石港镇金庄社区
7月17日	社证字第0732号	通州区石港镇四港村老年协会	郭建东	通州区石港镇四港村村部
7月17日	社证字第0733号	通州区石港镇马道村老年协会	吴建刚	通州区石港镇马道村村部
7月17日	社证字第0734号	通州区石港镇草市桥社区老年协会	葛锦义	通州区石港镇草市桥社区
7月17日	社证字第0735号	通州区石港镇江海村老年协会	顾金海	通州区石港镇江海村村委会
7月17日	社证字第0736号	通州区石港镇花市街村老年协会	郑怀新	通州区石港镇花市街村村部
7月17日	社证字第0737号	通州区石港镇志田村老年协会	李海亮	通州区石港镇四港村村部
7月17日	社证字第0738号	通州区石港镇石西社区老年协会	孙志娟	通州区石港镇石西社区
7月17日	社证字第0739号	通州区石港镇鱼湾社区老年协会	张国新	通州区石港镇鱼湾社区居委会
7月17日	社证字第0740号	通州区石港镇北渡村老年协会	时甫怀	通州区石港镇北渡村老年协会
7月17日	社证字第0741号	通州区石港镇广济桥老年协会	费光耀	通州区石港镇广济桥社区内
7月17日	社证字第0742号	通州区石港镇乐观村老年协会	吴建华	通州区石港镇乐观村村委会
7月16日	社证字第0743号	通州区滨江新区（五接）风筝协会	黄志灵	通州区五接镇天后宫村31组
12月15日	社证字第0744号	通州区印章行业协会	邱　律	通州区金沙镇朝阳路1号

（钮玉慧）

人民武装
People's Armed Forces

编　辑　杨王军

中国人民解放军通州区人民武装部

【概　况】 2014年,区人民武装部牢固树立"突出龙头、坚强队伍、夯实基础、狠抓安全、创新发展"理念,以扎实开展党的群线教育实践活动为主线,注重铸牢强军之魂、扭住强军之要、夯实强军之基,党委班子和干部队伍建设协调发展,全区国防后备力量建设稳步推进。民兵武器装备仓库实现连续60年安全无事故。

【政治工作】 加强创新理论武装。扎实开展"读经典、学哲学"活动,突出抓好党的十八届四中全会、习近平主席系列重要讲话以及全军、军区政治工作会议精学习,举办专题讲座4次、学习心得交流3流,选派干职工32人次参加军地理论集训,财政拨款12000元购买政治学习资料。在南通军分区组织的"弘扬改革精神、争当强军先锋"演讲比赛中,2名参赛民兵获二、三等奖。抓好政治思想教育。认真贯彻落实省军区民兵预备役政治工作文件精神,突出抓好"牢记强军目标、献身强军实践"主题教育,深入开展国防教育"五进"活动和第14个全民国防教育日活动,开设国防教育专栏5个,适时开展形势政策教育,统一干部职工和民兵预备役人员思想,与党中央、中央军委决策保持一致。推进特色政治工作。积极开展"群体民理危机干预处置"科目试训,形成"六个一"成果。认真做好新闻报道工作,是年,被市级以上新闻媒体录用稿件25篇,被南通军分区表彰为"新闻报道先进单位""政工研究先进单位"。

【战备训练】 认真开展作战值班规范化整治活动,政财投入10万余元,购置哨所对海观测器材,适时拉动战备值班分队,进行检验训练。进一步修订完善战备训练方案,完成区兵要地志和目标数据采集更新,组织5支民兵应急分队220人,对辖区重要目标进行协防演练。加强民兵情报信息网建设,建立军警民联合应急处突机制,并组织业务骨干分类培训。抓好首长和机关干部训练,推行常态化学习训练模式,做到"每天一练、每月一图、每季一考"。6、7月,组织10名现役干部进行为期16天的军事业务技能强化集训,以提升军官战术和业务技能。抓好民兵分他训练,全年遴选出12批116人次民兵参加上级集训比武,有16人取得名次。圆满完成军分区组织的"通防—2014"指挥所演习。

【国防后备力量建设】 按照"贴近实际、便于指挥、灵活管用"原则,抓好国防动员委员会正规化建设,规范战时国防动员指挥机构组织,成立国防装备动员办公室。积极深化国防后备力量建设调整改革成果,成立应急队伍、支援保障队伍、储备队伍。5月,民兵应急连官兵接爱军分区点验,连队经训率、退伍军人比例和党员比例均达标。扎实推进基层武装规格化建设,结合民兵整组检查调研,并分四个片区召开现场观摩讲评会,以提升整体建设水平。严把征兵准备、优待奖惩、宣传发动、兵员质量、廉洁征兵等5个关口,圆满完成新征集任务。

【预备役营建设】 通州预备役57高炮营围绕党在新形势下强军目标,凝心聚力、狠抓落实,高标准完成各项任务。开展主题教育,进一步增强预备役营官兵的责任感和使命感。抓好常态战备,以打牢军事战斗准备基础。进一步整合整组,以夯实预备役营战斗力基础。积极开展训练,着力提高预任官兵的战斗水平,在年度实弹射击考核中,获"命中拖把奖"和"实弹战术演练优胜单位",专业基础训练考核成绩全优。围绕预任抓胜任,进一步增强预任军官履职尽责意识。

（傅小兵）

中国人民武装警察部队通州区中队

【概　况】 2014 年,中国人民武装警察部队通州区中队坚持依法从严治警,始终把国防教育和普法教育作为精神文明建设重要组成部分,立足于“打得赢,不变质”两个历史性课题,着眼适应高科技局部战争特点,围绕执勤、反恐和处置突发事件中心,依据《军队基层建设纲要》,按照“强班子,打基础,谋发展,保稳定”工作思路,以“打造全面过硬,争创先进中队”为奋斗目标,补短板、治弱项,狠抓经常性基础性工作落实。围绕“牢记强军目标、献身强军实践,永远做党和人民的忠诚卫士”主题教育,深入扎实开展争先创优活动。是年,1 个班获嘉奖,1 人立三等功,9 人被评为“优秀士兵”,12 人获嘉奖。

【军事训练】 根据《军事训练大纲》和《军事训练若干规定》,从严、从难、从实战出发,开展岗位练兵活动。继续围绕“两个确保”奠定坚实基础。不断推出新举措,开展经常性军事训练,确保“人员、时间、内容、标准”落实,全面提高官兵军事技能。按照军委主席习近平提出的“能打仗、打胜仗”要求,创新训练方法,强化内务管理,提高训练质量。抓好经常性思想政治教育,面对当前世界恐怖势力不断扩大的新形势,牢固树立“居安思危”忧患意识和“积极预防、高效处置”指导思想,确保一旦发生恐怖事件,就能立即出动,高效处置。中队从兵力部署、力量使用、组织指挥、装备器材和保障措施等方面进行相应训练和准备,做到“拉得出、上得去、打得赢”,快速反应、高效处置,确保社会和谐稳定。

武警通州区中队进行军事训练

【执勤和处置突发事件】 2014 年,始终以执勤和处置突发事件为中心,制定预案,明确职责。除完成固定目标看守任务外,主要担负武装押解、武装巡逻及其他临时性任务。全年累计出动兵力 80 余人次,配合公安机关完成各项任务。主动与看守所搞好协作,研究制定执勤目标安全和处置突发事件行动预案,严密组织各项勤务训练,严格落实奖惩制度,做到依法执勤、文明执勤、正规执勤。应急战备,组织有序。落实好战备措施,做到人员、物资、装备始终处于良好战备状态,遇有紧急情况能快速反应,确保“拉得出,打得响,联得上”。保持人员在职在位,成立执勤应急小分队,时刻准备“上一线、打头阵”。在预防台风登陆之际,中队加强战备演练,储备救援物资,主动与人武部、公安局联系,协调预案。加强战备训练,提高应急反恐分队处置能力,在中秋、国庆节,完成战备、维稳常态备勤等任务。

【拥政爱民】 2014 年,与共青团通州区委结成“四联”对子,形成思想工作联抓、公益事业联做、人才培养联手、文体活动联谊的良好氛围。将中队建成国防教育阵地,先后接待团体、单位人员参观 3000 余人次。帮助学校开展军事训练、国防教育 30 多次。开展扶贫帮困和“一帮一”献爱心活动,全年捐款捐物折合人民币 5000 多元、义务献血 35 人次。积极联系地方相关部门,组织电脑操作、烹饪等技术学习,培育军地两用人才,为官兵退伍再就业提供技术支撑,为地方经济社会发展输送有用人才。 （王志逢）

中国人民武装警察部队通州区消防大队

【概　况】 2014 年,区消防大队按照“深入夯基础、全力保稳定、持续走前列”的工作思路,积极创新社会消防管理,全面加强队伍正规化、执法规范化和城镇消防基础设施建设,全力提升部队灭火救援和应急保障能力,以及社会面火灾防控能力,较好完成各项目标任务。是年,被区安委会表彰为“2013 年度安全生产先进集体”,消防审批窗口被评为“红旗窗口”,消防中队被区团委表彰为“新长征突击队”。1 人被记二等功、获省双拥先进个人荣誉,1 人被表彰为南通市优秀共青团员,2 人被评为区安全生产工作先进个人。

【消防监督与执法】 坚持政府主导、部门联动、多警联勤,建立健全消防安全联合执法长效机制,狠抓消防监督检查工作,在深化社会消防安全“防火墙”工程建设基础上,持续开展“第二次清剿火患”“重大火灾隐患集中专项整治”“青奥消防安全安保活动”“打非治违三合一、多合一整治”等活动,检查各类场所单位 2284 家/次,发现火灾隐患及违法行为 1872 条(处),督促整改火灾隐患或违法行为 1782 条(处),下发行政处罚决定书 364 份、临时查封 39 家,责令“三停”59 家,行政拘留 2 人,区政府挂牌督办重大火灾隐患9家。

【消防基础力量建设】 2014年,区消防大队有消防官兵40人、文员20人,区消防中队有消防执勤车8辆。设立通海、通西、石港、二甲、兴仁专职消防队5个,有消防执勤车辆10辆,队员81名。建有刘桥、十总、西亭、五甲保安消防站4个,消防车4辆,队员32名。各队站之间增强区域协同作战能力,负责消防安全保卫和灭火救援工作。加强消防装备建设,提请区政府拨款720万元,增配消防车辆及个人防护装备,有效提升消防装备建设水平和应急救援能力。

【消防宣传教育】 深入贯彻《全民消防安全宣传教育纲要》,开展以"找火灾隐患、保家庭保安"为主题的消防宣传教育,不断深化消防宣传进校园、进社区、进企业、进农村、进家庭工作。落实学生教育,开展校园"五个一"工程,通过学生带动家庭,使消防安全深入人心。落实基层宣传,将消防安全列入文明城市创建和文明社区评选内容,各居(村)委会和物业服务企业组织居民开展灭火以及疏散演练,在家纺城建立"三合一"消防安全警示教育馆,开展警示、普法教育。落实环境氛围,集中展开"消防安全与我同行中小学生消防安全征文活动",消防官兵进校园等志愿服务活动,营造学消防、懂消防、守安全的良好氛围。通过横幅、标语、电子显示屏车等,宣传"消防安全二十条"和"三提示",利用区科协16块户外科普显示屏,滚动播放消防视频和宣传标语。落实能力培训,严格落实从业人员持证上岗制度,组织120名人员分批参加消防控制室人员培训和考核,组织230名农村镇长、村"两委"及街道办事处、居委会负责人,参加消防安全培训。

【灭火救援与执勤训练】 严格按照打造公安消防铁军要求,积极开展灭火救援实战化训练,以"练什么、怎么练、为何练"为指导思想,以提高部队战斗力为目的,以加快战斗力生成模式转变为着力点,从难、从严、从实战出发,全员参训,全力做好灭火救援准备。积极参与灭火救援行动,保卫人民生命财产安全,全年全区接警1023起,其中火警894起、抢险救援129起,出动车辆2112辆,出动警力9699人,抢救被困人员56人,疏散被困人员110人,抢救财产价值9000万元,参与重大活动消防保卫5起。成功处置"6·16"横港世纪联华超市,"8·26"居梦莱等影响较大的火灾事故,确保全区火灾形势和队伍管理双稳定。 (陈 帅)

通州区公安边防大队

【概 况】 通州区公安边防大队下辖新开港、遥望港、东凌港3个边防派出所,现有官兵56人,其中干部37名,战士19名,担负着9个村(社区)及滨海1工业园区的边防管理任务,海岸线长39.32公里,辖区总面积398.47平方公里(其中陆地面积161.55平方公里、滩涂面积236.92平方公里),常住人口11697户、31295人。辖有出海港口6个、出海渔船303艘、渔民1066人、企业69家。是年,紧紧围绕基层基础工作、民主集中制、正规化管理和社会管理创新"四个建设年",全面推行岗位练兵、着力突破发展瓶颈、积极打造亮点品牌,圆满完成"青奥会"安保等系列任务,为滨海工业园区发展建设创造安全稳定的环境。是年,新开港边防派出所在青奥安保期间被公安部边防局记集体三等功,新开港边防派出所吴建峰被公安部边防局表彰为爱民固边先进个人,东凌港边防派出所郑先广被边防总队记个人三等功。新开港边防派出所服务沿海开发的经验做法在"全省公安边防派出所工作规范化建设会议"上作专题交流。边防大队的经验做法先后在《人民公安报》《边防警察报》等媒体上报道29次,南通电视台、通州电视台等先后到大队采风4次。

【爱民固边】 2014年,从全面增进对群众感情入手,以落实案件回访率、提升群众满意率为重点,深入推进新一轮爱民大走访活动,率先在全支队推广使用快捷高效的警用平板电脑,有效拓展"脚板+网络"式走访,积极推行"相约警务室""警营开放日""阳光调解室"等警民互动模式,进一步延伸服务下岗职工、孤寡老人、困难儿童等弱势群体的范围和内容,通过办好惠民"小事",形成党群心连心、警民心贴心的局面。同时,边防民警主动走访驻地党委政府和社会各界,通过开展工作报告会、警民恳谈会、发放征求意见表等形式,普遍征求意见建议,及时调整群众工作思路,创新便民利民举措,不断夯实群众工作基础。是年,先后救助困难群众87人,扑灭火灾14次,解决群众户籍难题31人次,为群众挽回经济损失960万元,收到锦旗11面。

【执法执勤】 针对日益增长的边防勤务压力,按照防范严密、控制有力的要求,紧盯社会面防控和人员管控两个重点,不断创新阵地管控模式,青奥会期间,严防死守,确保辖区安全稳定。规范整合专职安保联防队,健全6支32名义务联防队,以严整重点地区、严控重点人员、严查疑人疑车、严守治安卡口为重点,扎实开展"利剑"系列行动,部署实有人口、实有房屋、实有单位、实有组织和实有场所"五实"基础调查,在决战阶段连续40余天内,对辖区进行地毯式清查,实现辖区特殊人群、重点行业场所、出海船舶和渔船民信息采集率100%,牢牢掌握社会治安主动权。同时,针对沿海开发造成的案件高发势头,加大对情报队伍和侦查办案队伍倾斜力度,试点建立大队级侦察队,以"一所主导、多所参与、统一行动、共同查处"为主要模式,确立"攻大案、抓小案、破串案、清积案"的工作目标,建立多元互动、警情研判和案卷评审三项机制,有效提升各单位大案攻坚、小案侦防以及预警防范能力。

【边防队伍建设】 年初,在部队试行"一所一品"争创活动,通过边防大队统筹督办、重点指导,基层警地联推、内宣外联等办法，积极参加青年文明号、双拥先进单位、群众工作典型等部队和地方的重要表彰活动，确保每次创新、每名官兵都有机会成为典型推广。深入开展反腐倡廉警示教育整顿活动，专门制定活动方案，建立活动领导小组，抓好活动部署和落实。各级组织开展反腐倡廉家属座谈会、“强党性、促廉洁”主题参观见学、“讲正气、明是非、守底线”主题讨论、作风建设大讨论、观看警示教育片、专题理论测试等活动24次，进一步明确各级领导干部作为预防工作的第一类群体。突出个别人管理和信访工作两个重点环节，强化对办案民警、社区民警和户籍民警的重点监督，以保证队伍纯洁稳定。强化各级党组织对部队全面建设核心领导，努力营造风清气正、人和业兴的工作局面。以创建模范党组织生活活动为抓手，不断深化民主集中制建设，先后开展党内生活状况大调查、调阅基层党支部会议记录等活动，进一步完善“党内民主恳谈会”和“基层党员议事会”两项制度，把听取意见、吸纳民意作为各级党组织做出决策、部署工作的重要程序，不断增强开放式组织生活实效。深入开展丰富多样的联创联建活动，将驻地兄弟部队、基层党组织的优秀党建经验融入部队创建工作中，推动部队党建和中心工作双提升。新开港边防派出所依托“农民党员之家”平台，与闸北村村委、滨海工业园区工委等结成联创联建对子，定期召开联席会议，共话爱民固边，共谈村务工作，共同解决涉及群众切身利益问题，共同打造“平安社区”“和谐村居”。

（杜　超）

拥政爱民

【拥政爱民】 2014年，区人武部和通州驻军继续发扬人民军队拥政爱民优良传统，视驻地为家乡、视人民为父母，紧紧围绕中心，服务大局，组织驻军部队积极参与“博爱在通州、人道万人捐”和关爱“一老一少一基层”等活动，共计捐款3万余元。走访慰问贫困户120余户，资助贫困学生30多名。组织100余名地方党政机关人员过“军事日”，组织干部职工和民兵1000余人次，参与地主植树造林、义务献血、防汛抗台、秸秆禁烧等活动，受到地方党委政府和人民群众的好评。

（傅小兵）

人民防空

【概　况】 2014年，通州区人民防空工作以“能打仗、打胜战”为目标，切实履行战时防空、平时服务、应急支援使命。结合城东新区、银河西区、万顷良田、锡通产业园等城市建设，推进民防工程建设，加强民防工程平战结合力度，有效解决小区停车难问题。区民防地面指挥中心于2013年10月开工建设，于2014年1月通过上级民防局组织的专家评审和验收，并投入使用。4月，对全区7支民防专业队进行整组和训练，以提高专业队应急救援能力。结合“5·12防灾减灾日”，与市民防局、区教育局等在兴东小学开展防灾减灾疏散及应急救护演练，在校学生1000余人参加，并邀请村居干部和部分学生家长观摩，起到小手拉大手、以点带面效果。6月，新增固定民防警报器2台，安排技术人员对警报系统进行检查维修，排除故障点8处，确保8月1日警报系统升级改造后一次性试鸣成功。与区教育局联合发文，部署中小学校民防知识教育工作，免费为学校发放《民防知识》课本、《中国人民防空》杂志、民防教育教具等1000多册。结合八一防空试鸣日活动，利用通州日报、电视台及党政信息网等新闻媒体和广播电台“999热线”栏目，宣传民防法律法规和防空防灾知识。在各社区居委会开展民防工作，金沙镇育才居制定《社区防灾救灾方案》《社区突发公共事件应急救助预案》，并与辖区内的通州高级中学、通州职教中心、通州区委党校等签订《避难场所协议书》。社区还充分利用防空警报试鸣日、防灾减灾日、科普宣传周等开展防灾救灾宣传教育活动，以提高社区居民防空防灾预警预测、决策处置和紧急避险能力。深入推进民防行政审批改革，完善民防行政审批流程，结合工作实际，取消行政权利事项34项，暂停挂起行政权力事项22项，保留行政权力事项5项。

（朱　峰）

法　治

Rule of Law

编　辑　杨王军

综合治理

【概　况】 2014年，通州区认真贯彻省市深化平安建设的工作部署，落实维护稳定第一责任，提高社会治理第一能力，以“系统治理、综合治理、源头治理、依法治理”为统领，以“五大专项行动”为抓手，务实提高综治平安建设工作水平，有效提升公众安全感、矛盾化解率和社会和谐度。区公安机关破获刑事案件2011起、“八类”案件77起，破获率分别为45.18%、98.71%。各级调解组织受理调处矛盾纠纷12009起，调处成功11321起，其中区镇村三级调解组织受理调处3501起，调处成功3446起，调处成功率98.43%。综治工作以“五民工程”为载体，着力解决群众关心的热点难点问题，在南通市公众安全感测评数据中，全区公众安全感96.5%，位全市前列。

【落实综治领导责任制】 区委、区政府将平安建设作为全区工作重要组成部分，作为一把手工程，纳入经济社会发展总体规划，层层签订责任书，纳入党委、政府年度目标管理。在镇(区园)、各部门目标管理考核中，综治平安建设权重分别占10%、15%。区委常委会听取平安建设工作汇报，研究解决工作中存在的困难和问题，仅维稳工作，就安排13次会议15个议题。区委书记宋乐伟，区委副书记、区长陈永红多次专题听取和研究平安建设工作，并深入基层调研指导。区四套领导班子成员切实抓好各自联系镇、部门的平安建设工作，深入基层对平安建设工作开展调研。区人大、政协专题就技防建设进行5次视察指导。区综治委抽选区政法部门人员，分成5组，不定期进行督查暗访，全年共开展督查72人次，整改问题220多个。严格落实责任制，对发生2万元以上被盗案件的5家单位予以综治警示，对问题突出的1家单位一票否决。

【人财保障按需到位】 坚持警力向一线倾斜，派出所警力占总警力39.4%，社区民警占派出所总警力42.3%，基层法庭达8人以上。招聘财政供养为主、专职从事综治平安建设工作特勤85名。各镇针对综治平安建设工作日趋重要、任务日渐繁重的实际，对综治助理、司法助理按标配备，做到择优配强。全区专职保安联防队员、专业社工、外口中心协管员均按要求配备到位。区综治委集中举办一期镇(区园)综治办培训班，平时依托镇(区园)政法工作会议、业务培训会、季度点评会、情况交流会等，派业务骨干辅导培训，提高综治专干业务能力。全区综治、平安建设专项经费60万元、奖励基金50万元、维稳应急经费100万元，拨付专职保安、专职协管员、校园保安人头经费2717万元，每年安排2000万元用于发放网格专职人员工作补贴。对7个新建平台镇，采取以奖代补方式奖励20万元；对技防村按不同等级，区镇两级以奖代补奖励，撬动基层投入近5000万元。

【综治宣传月活动】 以打造衔接紧密、资源共享、协同共建、整体联动的宣传格局为目标，将通州电视台、《通州日报》等传统媒体与“一群三微”(QQ群、微博、微信、微视)等新兴媒体相结合，构建移动互联网新媒体、传统互联网网站和纸质媒体的“三联动”宣传大格局。以各节点为契机，开展综治宣传月、禁毒宣传月、平安家庭创建宣传月、防范电信网络诈骗宣传月等系列宣传活动，营造平安创建共建共享的浓厚氛围。为充分调动广大群众参与维护治安秩序的积极性，区见义勇为基金会利用基金利息增值部分，表彰奖励102人次，颁发抚恤金、慰问金16万余元，为见义勇为人员解决实际问题61件。注重总结经验做法，被上级转发或刊用经验材料5篇，被江苏长安网、南通政法网录用综治平安建设动态信息209条，居南通县(市区)第一。

【综治信息化系统】 严格按照省、市综治办部署要求，扎实推进综治信息化建设。全区综治信息化工作实现三个

“全部到位”,为开展认领下发数据、录入基础数据和填报动态信息奠定坚实基础。区级层面、成员单位和全区镇村综治专网联通全部到位,区镇村三级795部手持终端(区级层面11部、镇级层面57部、村居网格员727部)全部发放到位,对全区涉及综治信息系统建设的领导、专干、管理员、网格员分期分批组织开展业务培训全部到位。制订方案。5月15日,全省综治信息化建设推进会结束后,立即研究相关工作的实施方案,提出有关建议和设想,进行专门商讨。8月6日,专门成立区综治信息系统建设领导小组及领导小组办公室,全面负责推进信息平台各项工作落实。配强队伍。明确由区综治办副主任、区综治科科长和专门人员负责信息平台建设。整合数据优质高效。落实《关于加快综治信息系统数据数据整合工作的通知》要求,分解工作任务,制定计划书和时间表,收集全区护路护线(12个路段)、重点青少年(455人)和学校(147家)等工作信息提交到市综治办。落实经费强化保障。区综治、电信部门立足实际,开展专题调研,围绕一步到位、覆盖全区目标设定,详细规划区镇村三级平台专网接入、PC账户、手持终端等经费预算,编制《南通市通州区综治信息系统建设方案》,落实每年100多万元的专项建设经费,为加快实现互联互通、共享共用、及时准确、实战高效的综治信息系统建设目标提供有力保障。立足应用抓好培训。切实做好省综治信息平台数据认领核对和基础数据录入等工作,区综治办会同区电信公司组织区、镇、村三级管理员举办综治信息系统数据认领和基础数据录入业务培训。完善配套建章立制。坚持从区情实际出发,科学设定管理单元,设置区镇、村居和成员单位PC账户325个,配备网格长727个,明确有关源头采集、动态管理、分析研判、协作配合、考核奖惩、安全保密等要求,为进一步精细化、信息化和实战化地服务管理奠定基础。大调解视频指挥系统提档升级。利用区社会管理服务中心建成的契机,配套建设大调解视频指挥管理系统局域网,延伸到各镇区及重点专业调处、对接调处机构、公安治安监控平台,并与大调解成员部门党政网、外网链接,为重大矛盾纠纷化解搭建高效平台。专业信息系统先行先试,在全市率先试行社区矫正信息管理平台,以手机为载体,以档案管理、监控、呼叫、信息互动、统计分析等六大模块为主体,实现对矫正人员的电子档案管理、活动范围监督、表现考核、日常活动行为记录及工作记录,达到社区矫正人防与技防有效结合。落实南通市稳评工作机制建设综合试点项目,建成重大决策社会稳定风险评估信息管理系统,共报备重大风险项目307个、评估298个(暂缓实施4个),实行网上报备、审批、流转、监督、考核,实现稳评信息共享共用。

【网格化体系完善】 与党建惠民“五位一体”相结合,将全区241个村居划分为727个二级支部网格、2894个村民小组网格,配备网格员12842名,构建横向到边、纵向到底、全员覆盖的管理服务体系。每个网格配备4名专职工作人员(1名村干部、1名民警、1名社区保安、1名党员社工),实行专人专职管理,并强化村民小组长、楼栋长、门岗门卫、“红袖标”群防群治队伍、清洁工等“五大扁平化力量”作用,形成专兼结合社会服务团队。“诚网”体系取得实效。通过加强教育、完善制度、载体建设、示范带动,努力营造诚实、自律、守信、互信的社会信用环境。金太阳纺织科技有限公司等64家企业获省企业信用管理贯标证书,紫罗兰家纺科技股份有限公司、新华建筑集团跻身省信用管理示范企业行列,南通家纺城获国家级诚信示范市场称号。“虚网”管控不断完善。建立一支30人的专业网侦联络员和93名的网络评论员队伍,监控处置有害信息1609篇,上报异地专项有害并被采用信息1万余条,有效控制网络敏感事件炒作。

【系列平安创建活动】 深化“智能指挥、绩效提升、文明畅通、生命保障、品牌亮点”工程,在公路里程和交通流量急剧增长情况下,重大事故连续6年下降,“平安畅通县区”建设被评为国家级优秀等级。开展“十星级平安家庭”创建评选活动,引导农民群众自我管理、自我教育、自我提升。西亭镇华芦村获省“平安家庭”创建示范社区称号。落实平安医院“十整改”措施,开展治安保卫、消防安全、燃气、车辆、特种设备、水电、危险化学品、医疗废弃物、放射源、医疗安全10个大项52个小项的平安医院创建专项整改行动,新一轮平安医院创建达标率88.4%。深入推进平安金融系统创建,紧扣金融风险监测、评估和预警“三个环节”,充分利用统计、征信和各种信息系统,重点加强对金融机构、小贷公司监测,并通过综合评价体系、综合执法检查体系,确保治安防范、内部管理到位。世纪大道金融一条街创建成南通市首条平安金融一条街。

【社会治安重点地区专项综合整治】 成立重点地区排查整治工作组100多个,发动干部群众开展排查近2.5万人次,通过对全区19个镇区241个村(社区)开展拉网式、地毯式的片区排查、行业排查和重点排查,共排查出社会治安重点区域15处。对省级挂牌平潮地区,开展枪支零部件专项整治行动,实施拉网式排摸、规范化登记、全程式管理,立案查处4人,查获星座、准星、枪托、握把、枪套等1669件。对市级挂牌的南通家纺城三合口村,实施打防管控综合整治,设立专门卡口、清查流动人口,开展“三合一”消防安全整治。整治前原有280余户废布料收购点,现仅存60余户。发生入室盗窃案8起,无“八类”案件。对群众反映强烈的电信诈骗问题,按照主城区6人、中心镇4人、其他镇2人的标准成立金融特巡队,实行公安、银行双重管理,专职负责对辖区自助银行、自助设备及周边区域时段护卫巡查。通过严密金融安全防护网,全区电信诈骗案件同比下降19.1%,挽回经济损失近500万元。5月7日,通州公安成功阻止一名季姓女子被骗45万元。坚持“每日集中维稳研判”“每周维稳形势分析”“重大问题随时研判”研判机制,形成《每日集中维稳研判专刊》122期、《每周维稳形势分析》27期。先后开展代号为“民安在行动”专项侦破、

“两盗一骗”攻坚行动和“迎青奥、扫毒害、保安全”“雷霆行动”等专项行动，始终保持严打高压态势。破获“9·24”武装贩毒案，抓获涉案犯罪嫌疑人共23人，缴获毒品8.2公斤、手枪1把、子弹9发。完善“公共安全智能化工程”，建成高清智能抓拍系统142套，监控摄像机16682台，19个镇（区园）均建成3个以上村级技防中心，城镇居民、农村居民技防入户率分别达85%、80%。按总人口不低于1%标准，建立12.6万余人的“红袖标”群防群治队伍，落实“三必”工作法（陌生人必问、可疑人必查、来访者必带），开展治安巡逻和邻里守望工作，通过巡防抓获违法犯罪嫌疑人占抓获总数的20%左右。对52个治安防范薄弱老旧小区进行综合改造，封闭围墙24段、1250米，改造值班室36个，安装大门42个，建成非机动车停车场21个，安装小区技防28套、监控探头136个。

【特殊人群综合管控】 从监督行动、心理抚慰、生活援助、鼓励参加公益活动等四个方面入手，在物质、心理、精神上为社区矫正对象“立体疗伤”。同时不定期开展检查，严格执法惩处，实施警告惩处165人次，给予治安管理处罚、收监执行15人。省司法厅副厅长张光东到通州调研时，对社区矫正工作全面推行政府、社会、家庭三位一体关怀帮扶措施，提高社会公众参与度及丰富矫正文化元素给予肯定。对有不良行为青少年、闲散青少年、流浪乞讨未成年人、服刑在教人员未成年子女、流动留守儿童等五类重点青少年群体，实施“青春火炬·青少年护苗成长行动”，从生活上解困、学习上释疑、行为上纠偏、就业上帮扶，深入推进未成年人零犯罪社区（村）创建工作，未成年人违法率下降。出台预防处置精神障碍患者肇事肇祸行为实施意见，开展专项排查活动，共摸清精神病患者472人，有极端行为倾向的有188人，其中在院治疗的70人，落实监护措施64人，在家药物治疗55人，均落实“一名医生、一名民警、一名村（居）干部、一名监护人”的“四个一”管控措施。

【三级服务平台】 按照统一建设定位、统一工作职责、统一集中办公、统一建设标准、统一运作机制的“五统一”要求，区一级整合信访接待中心、社会矛盾纠纷调处中心、法律援助中心、视频指挥中心，镇一级整合政法综治中心、便民服务中心、矛盾纠纷调处中心，村一级整合社区警务、纠纷调解、综治平安法治等功能于一体，实行“一站式”服务。做好“减法”提升服务效能。实行首问负责制、责任追究制、限时办结制和一次性告知制，积极推行网上预约、节假日预约、上门办理等特色服务，到村（社区）就可办理大病救助、新农合报销、新农保参保、计划生育证、农业保险等，让群众享受便捷、高效服务。做好“乘法”实现服务“扁平化”。区镇村三级整体联动，实现叠加效应，各职能部门在村（社区）社会管理服务中心设立代办点，整合服务流，定期安排人员下沉办公，并实行村（社区）干部代理制，为群众代办相关事务，实现“上面千根线、下面一张网”，为群众“兜底”服务。镇级平台建成16个，其中，二甲镇社会管理中心，将镇综治办、派出所、司法所、信访、矛盾纠纷调解、民政、交警等7个部门进行整合，增设信访司法和民政2个群众接待大厅，打造集服务群众、调解纠纷、治安管理、维护稳定于一体的“七合一”式政法综治服务中心。村级平台建222个，建成率92.1%。镇村两级平台建成率在南通领先。

【维稳源头治理】 信访维稳积极主动。坚持“民意直通、民情直达、民事直办、民诉直解”原则，开展三级干部大下访、大走访、大回访，开通网上信访、视频接访、电话信访，方便群众向党委政府提出诉求，将信访群众吸附在基层，减少人访和越级访。同时，对排查出的突出问题，按照“包案到底”和“一把手负责”原则，全面落实包掌握情况、解决问题、教育稳控、依法处理、停诉息访的“五包”责任制，确保各级“两会”、上海亚信峰会、青奥会、中央巡视组驻苏、十八届四中全会期间稳定，全区未发生一起有影响的非访事件。在300人以上企业建立调委会，对单独建立调解组织有困难的小微企业指派专职调解员任调解联络员，实现调解组织在各类企业全覆盖。各级调解组织坚持接待群众“零距离”、受案准确“零差错”、规范程序“零障碍”、依法办案“零异议”、妥善处理“零越级”的“五零”工作标准，妥善调处矛盾纠纷，劝阻群体性上访291批次2540人次，防止矛盾激化192起，防止民转刑案件17件41人次。加强对经济运行风险的监测管控，建立中小企业应急互助基金，为9家会员企业提供应急互助资金1750万元，有效解决中小企业资金周转困难，防止企业破产引发社会矛盾。公调、检调、诉调对接主打品牌，公安局评选出10名“五星级调解员”，检察院连续四届蝉联“全国文明接待示范窗口”，法院开展“司法为民村居行”活动，由法官定期开展法制宣传、巡回审判等工作，落实常态化、制度化、零距离司法服务。依托南通家纺城，创新推进知识产权、电子商务、现代物流、涉外纠纷四大专业调处中心建设。医患纠纷调处中心每调处一起案件，均向医疗单位告知纠纷处理过程中发现的问题，提出改进措施，责成相关医院对每起医患纠纷中重大责任医师进行追责，并与绩效考核工资挂钩。各医疗卫生机构每季度开展一次医疗质量和医院管理检查，召开一次院长例会和医疗纠纷分析讨论会，开展医院满意度第三方评价工作，督促医院在医疗质量、护理服务、投诉管理等方面提高工作水平。全区未发生医患纠纷引起的信访，未发生围堵、闹丧的恶性案（事）件。区农村土地承包仲裁委员会获农业部农村土地承包经营纠纷调解仲裁工作先进单位。

【学校及周边治安综合治理】 区综治委学校及周边治安综合治理工作领导小组坚持把维护学校及周边治安秩序摆在突出位置，大力推进长安校园建设。将校园治安综合治理列入区社会治安综合治理目标管理考评标准进行考评。学校认真履行职责，开展创建“长安校园”活动。3月，由区综治办牵头，教育局、安监局、公安局、工商局、卫生局、文广新局等综治成员单位，协同配合，在各学校（幼儿园）对照要求自查基础上，对学校周边环境进行全面督查，提出整改建议65项，进一步改善学校及周边治安环境。公安部门在各学校设置驻校警务室，接警、出警及时，起到对不法分子震慑和打击作用。交警等部门在全区各中小学幼儿园门前设立交通警示标识，在交通情况复杂的学校门前设置减速带。在放学时间部署警力帮助学校维持道路交通秩序。区食品卫生监督、工商等部门对学校食堂卫生情况进行检查，为食堂工作人员办理健康证明。为预防春夏等季节传染病，在全区各学校开展乙肝和肺结核体检防治工作，切实做好呼吸道传染病、肠道传染病和食物中毒预防与控制工作。区文化、工商等部门对校园周边有关经营场所加强管理和监督，依法查处违法经营者，学校周边非法经营的报刊点、音像摊点、娱乐场所、饮食摊点得到有效控制。始终坚持把学校综合治理和平安建设工作纳入到教育总体规划和年度工作目标，强化责任落实，坚持实行安全综合治理工作领导责任制和单位责任制，将综治安全和平安建设工作实绩纳入学校及其校长年度绩效考核内容。年初下发《2014年南通市通州区教育系统综治安全工作意见》，与各校、各单位签订安全目标责任书，明确安全工作一票否决制。先后召开教育系统安全工作专题会议，全面部署学校安全综合治理工作。每学期校长会议上都强调安全工作重要性，并且明确安全工作具体要求。各校进一步健全校园安全综合治理工作组织网络，实行校长负责制。教育局明确分管领导和职能科室，落实工作责任，确立"谁主管、谁负责，谁组织、谁负责"的安全责任体系，实行主要领导负责机制，安全工作"一岗双责"制和全员责任制，层层签订校园安全工作目标责任书，明确分工，细化任务，把安全责任落实到每一个人，有效保障安全管理工作顺利开展。加强学校"三防"建设。学校和幼儿园安全保卫工作重点在落实人防、技防、物防等措施上。各学校、幼儿园进一步加强校园110警务室建设，做到制度上墙，民警到校指导，所有公办学校、民办幼儿园共配备保安396名，由公安局巡防大队扎口管理，并经过统一培训并持证上岗，统一着装，巡查执勤有记录，保证学生在校人身安全。技防标准化建设落实到位。各定点学校、幼儿园技防建设达标，学校和幼儿园校门进出口、公共活动场所、人群聚集地点及校园围墙等均安装视频监控报警系统，校园传达室都安装十户联防报警电话，并与辖区内派出所实现联网，进一步规范物防设施配备。在中小学、幼儿园教学区域、教师办公区域、师生住宿生活区域及微机室、实验室、财务室、主控室等重要部门，安装防盗门窗和报警电话设施。加大心防、自防工作力度。各中小学、幼儿园设立法制、安全、心理健康咨询室，定期对师生进行法制、安全、心理健康以及珍爱生命教育，向学生及家长发放宣讲资料，在校园醒目位置展示图片材料。对学生进行珍爱生命、交通安全、消防安全教育。不断提升应急防范能力。各学校结合实际及时修订各类应急预案，认真组织开展疏散演练。5月12日，南通市"5·12"防灾减灾综合应急示范演练观摩活动在区实验小学金桥校区举行。11月7日，教育系统安全宣传月暨消防老兵进校园活动启动仪式在通海中学举行。严格规范危险化学品的管理，锅炉等特殊工种人员持证上岗并及时接受培训。加强学校安全教育。各学校、幼儿园利用节假日、学校放假前、开学初、季节交替等重要时段，对学生重点进行防火、防盗、防诈骗、防传染疾病、防煤气和食物中毒、防溺水、防交通事故、防汛、防震、防意外伤害和反邪教等教育，切实做好各类安全事故预防工作。各学校通过开设交通安全常识课、聘任交通安全辅导员、编制交通安全读本，开展形式多样的宣传教育活动，不断强化学生交通安全意识。加强校车和学生交通安全管理。在学期开学前对全区67辆校车进行车辆安全性能检测，统一发放校车专用标志，落实专车专用、专人驾驶、教师随车导护等要求。严格执行接送学生车辆运行情况抄告制。公安交巡警、交通运管等部门在开学初严厉查处接送学生车辆的超速、超载等违规行为，以及使用报废车、货车、拖拉机、三轮车、农用车等车辆接送学生的违法行为。加强校舍安全工程建设。全区完成加固、重建不符合抗震要求校舍4.1万平方米，维修改造投入资金近4000万元。加强反邪教教育和禁毒教育。进一步深化"不让毒品进校园"活动，认真贯彻落实国家《关于深化全民禁毒宣传教育的指导意见》，深入开展毒品预防专题教育，确保"学生不吸毒、校园无毒品"。区公安局、禁毒委员会、法院、团委联合举办"全民禁毒，共筑和谐"禁毒知识竞赛，通过活动进一步带动学校做好积极预防工作，牢固树立防毒意识，提高自我保护能力。进一步巩固省、市、区"平安校园"创建成果，以"平安校园"建设为抓手进一步推动学校安全管理长效机制建立，切实增强师生平安建设、维护稳定的意识性，不断提高参与"平安校园"建设自觉性，努力建立良好的校园秩序和优美的校园环境。

【预防青少年违法犯罪】 强化主题教育活动。以"两法一办法"为重点内容，着力开展青少年法制宣传教育活动。通过联合有关部门加大法制宣传力度，建立相适应的青少年法制教育阵地，开展"模拟法庭""法制进校园"等形式多样法制教育活动，使广大青少年逐步养成知法、学法、懂法、守法的良好习惯，并能运用法律武器保护自己。以党团重大节日为契机，深入开展"团史知识竞赛""在光荣旗帜下，党团队员共话成长"等主题教育活动，引导青少年坚定高举团旗跟党走的理想信念。深化实践体悟活动。广泛开展争当"四好少年""磨砺我能行"成长夏令营、"18岁成人宣誓仪式"等实践教育活动，引导广大青少年在生活中锻炼自护能力、培养独立自主意识，在实践体悟中提升综合素质水平。组织动员广大青少年积极投身文明城市创建、城市社会管理创新等实践活动，促使青少年在参与中有所收获、在实践中有所体悟，逐渐形成积极、健康、向上、自主的精神风貌。发挥典型示范功效。通过深入开展"十佳青年""青年岗位能手""新长征突击手""十佳辅导员"等评比活动，以"典型事迹报告会"为载体，倡导爱岗敬业、无私奉献的社会风尚，引导青少年更好地成长成才。同时，充分发挥新媒体作用，广泛开展"微博达人"评比、"我们身边好青年"网络评选等活动。动员各相关单位把创建工作与"青年文明社区”创建、“青年文明号”创建、“青年志愿者城乡全覆盖工程”等活动结合起来，使预防维权领域直接覆盖到社区、学校和镇村。全区共有国家级优秀“青少年维权岗”2家，省级2家，南通市级9家，南通市优秀“青少年维权岗”创建单位3家。推进“未成年人零犯罪社区(村)”创建工作。在对全区社区不稳定青少年群体进行调研摸底基础上，重点抓好机构、队伍、阵地和载体等4个方面建设，通过举办预防青少年违法犯罪专业知识培训，推动社区预防工作者队伍职业化、专业化建设。通过区域划分、资源整合，实施“未成年人零犯罪社区(村)”片区联创项目化建设。全区“未成年人零犯罪社区(村)”创建工作经验在全市推广。创新服务维权载体，创新推进青少年利益诉求表达渠道。创新开展“共青团与人大代表、政协委员面对面”活动，通过借助“两会”召开的契机，开展“共青团与人大代表、政协委员面对面”座谈交流会，向市、区两级代表、委员反映青少年的普遍利益诉求，畅通青少年有序政治参与的渠道。同时，通过充分利用网络新媒体，开展“共青团与人大代表、政协委员面对面”微访谈、微直播活动，多渠道反映青少年普遍性利益诉求，切实维护好青少年合法权益。探索打造服务重点青少年群体平台。通过选取骑岸镇、川姜镇、高新区等团组织为试点，立足务工者子女现实需求，围绕“学业辅导、亲情陪伴、感受城镇、自护教育、爱心捐助”等内容，依托“彩虹计划”“周末驿站”“微笑基地”(关爱家纺城外来务工人员子女)等创新举措，重点推进“希望来吧”项目建设，以实现“希望来吧”对重点青少年群体全覆盖，切实关心农村留守儿童、外来务工子弟和城市困难、单亲家庭子女等群体的健康成长。建成3个“希望来吧”，分别是骑岸镇“希望来吧”，主要帮扶青少年儿童心理健康成长，提供心理健康教育咨询；四安镇“希望来吧”，为青少年儿童提供免费学业辅导；川姜镇“希望来吧”，主要针对外来务工子女，开展亲情陪护、亲情连线等服务。打造“12355”青少年服务平台。深入推进“12355”青少年维权与心理咨询公益热线建设。在通12355电话咨询热线，新增心理咨询、健康医疗、法律咨询、创业指导等四大板块基础上，注重与公检法司等部门合作，着力解决青少年维权诉求，在服务时限、跟踪回访、热线项目等方面取得成效；同时注重打造“12355，你说我服务”微博维权品牌，努力使“12355”成为青少年的诉求号码，亲情号码。

【实有人口服务管理】　全区常住人口、流动人口及境外来华人员等实有人口管理的工作效能和服务质量进一步提升，有效服务全区经济和社会发展。境外人员管理以信誉等级系统夯实外管基础。从加强涉外单位的管理入手，以分级分类管理体制为依托，边实施边改进，形成登记备案和信誉等级评价制度。办证、外管、办案有机结合，清查、摸底、上门多措齐下，提升主动发现能力。在外国人管理方面，开展外国人签证证件核查专项工作、第二次涉外领域安全保卫战、青奥会出入境安保专项行动、宾馆境外人员长包房专项整治、境外人员调查等专项行动。通过专项排查，摸清辖区内境外人员、涉外单位基本情况，对相关企业进行出入境法律法规宣传，对存在的安全隐患及时进行提醒，对排查中发现的违法行为进行及时查处。认真履行境外人员签证(注)职能。利用签证管理事权，把“签证审查”作为对境外人员管控的关键点，将流程分为“发证前严密审查”“发证后动态管控”两个紧密联系的部分。通过细化管控手段和措施，实现对在通境外人员有效管控。进一步加强住宿登记培训指导。住宿登记由一人审核改为双人审核，以提高住宿登记审核的准确性。是年，组织警力20人次对全区80家宾馆举办集中业务培训7场次，针对性上门培训2场次，共培训人员300余人次；发布数据质量通报15期，共检查数据2924条，实时纠错数据123条。处置各类涉外案(事)件15起15人，其中偷越国(边)境案件1起1人，非法居留6起6人，非法就业3起3人，未及时申报住宿登记案件1起1人，非法介绍1起1人，非法聘用外国人2起2人，未按规定办理居留证件登记事项变更1起1人，依法遣送2人。全面指导基层做好流动人口管理工作，进一步深化流动人口居住证管理制度，加快居住证信息系统建设，积极探索外来务工人员管理模式，提高流动人口管理水平。积极开展流动人口管控春季会战。3月5日，召开会战动员大会，重点明确会战所需达到目标。在内部组织发动同时，在繁华地段、大型集贸市场、重点乡镇主要地段、流动人口较为密集的地段张贴《江苏省暂住人口管理条例》和《致全区房屋出租户的一封公开信》等宣传资料，在社区民警和流动人口协管员对流动人口进行登记时，将《居住证管理制度八问》同时交给暂住登记对象，使得宣传发动和登记工作深入人心，营造流动人口主动申报氛围。通过春季会战，全区新登记流动人口125126人、注销27955人；登记出租房屋7920家，注销2255家，清理大平台数据123462条。通过流动人口管控工作，抓获各类违法犯罪嫌疑人59人，其中网上在逃人员6名。全力推进居住证系统管理使用能力。年初，召开区流动人口服务管理专项工作组各成员单位会议，围绕《南通市通州区居住证管理实施细则(试行)》进行专题讨论，结合自身职能强化居住证制度各项具体措施落实。至年底，采集新增流动人口196169人，核实注销流动人口85444人，更新流动人口信息68537条。采集出租房屋信息13897户，注销4280户，变更出租房屋信息6021条。实现流动人口登记率达95%。严密常住户口登记管理，进一步完善人口基础信息。开展户口登记管理专项清理整顿工作，自专项清理整顿工作开展以来，共发现重户口人员信息184条，注销重户口信息174条；发现利用假出生医学证明办理出生19例，注销利用假出生医学证明已办理出生申报3人，办理使用伪造证件(假出生医学证明)的治安案件2起。

【平安水域创建】　区综治委长江水域治安领导小组以“平安水域”建设为载体，坚持抓宣传、强发动，抓载体、强推进，抓机制、强执行，较好地完成平安水域创建任务。抓宣传、强发动，以点安带面安，狠抓组织推动。“平安水域”创建活动纳入南通市系列平安创建工作体系，成员单位、参与单位深入开展“平安水域”创建。4月，召开区“平安水域”工作会议，成立“平安水域”创建活动领导小组，将平安水域创建分为8大块，将任务分解到各个单位，明确牵头单位、协作单位，并制订考核细则，明确落实时限和标准，建立创建工作督查机制，成立督查小组，制定督查方案，对照创建目标，进行阶段性督查，推动“平安水域”创建活动开展。狠抓宣传发动。通过电台、电视台、网络等宣传报道水域发生的破获刑事案件，发生的各类事故危害，让全社会了解平安水域创建工作重要性。通过标语、横幅、电子显示屏等手段广泛宣传“平安水域”创建活动目的和意义，牢固树立平安水域责任意识。各成员单位共计制作、发放各类宣传资料2000余份。在通航水域险要地段及醒目位置增设安全警示标志、标语，时刻提醒船民水上通航安全的重要性。针对夏季溺水事件常有发生的现象，水警部门、地方海事处等创建牵头单位还多次开展警民恳谈会，防止溺水死亡事件发生。组织召开涉水单位负责人创建工作例会，并分别与辖区涉水单位负责人签订创建责任书，形成齐抓共管、上下联动、整体推进的工作格局，确保平安水域创建工作各项措施到位。狠抓示范带动。根据区内长江岸线长，水网密布，涉水单位多等特点，选择组织健全、制度完善、治安防范基本比较扎实的涉水单位作为此次平安创建示范点。确立“平安码头”示范单位，“平安船闸”创建示范单位。创建活动领导小组三次组织各“平安水域”创建活动成员单位负责人到各示范点召开现场会，学习好的做法并加以推广，对相应台账、日常创建工作进行现场观摩。以抓源头监管为载体积极创安。各涉水单位组织人员认真学习法律法规，做好特殊岗位的培训考核工作，加强应急预案的修订完善及培训演练工作，全面提升应急救援能力，确保受教育率达100%，不断提高作业人员的安全素质和自我保护能力。区水利局狠抓涉水工程安全生产，区交通局把“零事故、零伤害、零死亡”作为安全生产的最高目标，区农委严把渔船检验质量关和渔船进出港签证关，渔船年检合格率达100%。区海事处对沿江的危险品码头、船舶加强监管，确保安全生产到位。以抓事中化解为载体积极创安。通过各种方式，努力从源头上预防和化解矛盾纠纷，把不稳定因素化解在内部和萌芽状态。各涉水单位、涉水工程创建中，加强情报情报信收集工作，及时化解各类矛盾纠纷，杜绝劳资纠纷。年内通州水域未发生一起群体性事件和劳资纠纷事件。开展征求意见活动，对群众反映强烈的问题，耐心细致地做好宣传教育和疏导化解工作，把群众的正当要求积极尽快解决，努力从源头上化解矛盾，确保无信访案件发生。抓安全隐患整改。各成员单位突出重点，认真开展隐患排查，落实“四防”措施，沿江、沿河各码头安装监控率达100%，区农委严防渔船带危作业，在年检过程中抓好渔船安全救生工具的配备，从源头上消除隐患。海事部门强化水上执法工作，落实船舶船员安全管理措施。市交运局定期重点运输船舶进行检查、维护，并督促配置有效的通信、消防、救生设备，及时消除安全隐患。以抓全程督查为载体积极创安。为确保“平安水域”创建活动取得实际成效，“平安水域”创建活动领导小组在层层明确创建目标、级级落实工作责任的同时，对“平安水域”活动全程进行指导和检查督促。区交通局印发区交通运输系统“平安交通创建活动实施方案”，将平安航道、平安车船、平安港站等都纳入到平安创建活动的范围之中，制定考核细则，明确时间要求、责任部门。区海事处强化对沿江船舶、码头的监管，做到制度化、经常化、长期化。区水务局定期对涉水单位进行督查，通州“平安水域”创建工作取得好成效。全年全区水域没有发生重大刑事案件，矛盾纠纷明显减少，未发生一起重、特大事故，其他一般性事故同比下降50%以上。辖区水域的群众安全感增强，群众满意率达92%，码头技防率达100%。

【铁路护路联防】 2014年，紧紧围绕新一轮平安创建工作重点，完善铁路护路联防工作机制，以排查、整治、宣传为主要抓手，深入开展“平安铁路示范区、镇、村(社区)、学校、企业”创建活动，全面提升全区铁路护路联防工作水平，确保辖区内铁路治安稳定、安全畅通。落实工作责任，完善长效机制。铁路沿线镇按照年度创建工作目标、任务和要求，制订系列长安创建工作计划，把“平安铁路示范镇、村(社区)、学校、企业”创建工作纳入镇社会管理创新综治长安建设工作总体安排和年度考核中，把铁路护路联防及创建工作经费纳入镇年度财政预算，年不低于2万元，确保创建工作经费有保障。组织机构健全，工作措施落实。铁路沿线镇及时调整充实铁路护路联防工作领导小组，与村(社区)签订年度护路联防工作责任书、与学校签订爱路护路责任书，与规模企业签订护路联防工作责任书，与铁路沿线两侧2500米范围废旧金属物品收购站(点)、化工企业、使用销售易燃易爆物品单位和危险品仓库签订年度安全生产责任书。沿线村(社区)与“五残”人员监护人和“大牲畜”饲养户签订安全责任书等。加强护路联防，强化路地合作。铁路沿线镇将辖区铁路沿线两侧特别是复杂地段、铁路与公路交叉、运输物资集散地、铁路重要设施等重点位置纳入各镇巡逻线路之中，全区铁路沿线已设置巡逻点15个，安装电子巡更系统8个，关键路口已安装电子监控14个，增强铁路护路防控能力。夯实护路联防基础、创新护路机制。沿线镇围绕“平安铁路示范镇、安全示范村(社区)、安全示范学校、安全示范企业”创建活动，按照创建标准、工作台账和工作制度要求，全面落实好基层基础工作硬件建设，完善基层信息上报和矛盾纠纷调处机制。强化人员培训。为提高基层铁路护路联防工作人员业务水平，充分发挥镇、村基层组织在铁路护路联防工作中的作用。铁路沿线镇按要求对镇、村(社区)、学校、企业护路办领导及工作人员、专兼职联防队员进行定期培训。为培训人员上铁路安全常识及相关法律法规知识课，不断提高护路人员业务工作水平。加强宣传教育，提高全民护路意识。营造宣传氛围。铁路沿线镇充分利用“法制宣传月”“安全月”和“五一”节、国庆节等有利时机，采取多种形式，广泛宣传《中华人民共和国铁路法》《铁路运输安全保护条例》《中华人民共和国治安管理处罚法》等法律法规和铁路安全常识。平东镇针对宁启复线电气化改造工程施工的特殊性和铁路沿线潜在的不稳定因素，进行全面排查，向铁路沿线村民、中小学生发送知路、爱路、护路知识公开信800余份。3月，在铁路沿线专题开展记名式宣传活动，受教育村民达430户，受教育学生达260人。5月，平东镇护路办、南通火车站派出所、平东派出所民警结合科普宣传周活动，在平东农贸市场举办爱路护路宣传活动，向居民发放公开信和宣传品。“七一”前夕，在国道村、平东小学、赵甸小学开展“迎七一、保安全、保畅通”“知路、爱路、护路”宣传活动。拓展宣传范围。沿线各镇结合各自实际，充分利用广播、电视媒体、高音喇叭、村务公开栏等；学校延用升国旗仪式、校园广播、黑板报、主题班会等；企业（车间）利用晨会、周会、法制宣传栏等多种形式做好宣传教育工作，做到全方位、多角度、立体式的宣传教育，实现宣传教育经常化、形式多样化，让爱路护路意识深入人心。突出宣传重点。沿线各镇将“五残”人员、机动车驾驶员、行动迟缓的老人、外来务工人员作为宣传教育重点区域和重要群体，在与“五残”人员监护人签订安全责任书基础上，逐一登记造册，留有通信方式，定期回访宣传，增强宣传教育工作的实效性。通过多种形式宣传活动，使沿线群众、中小学生、“五残”人员、机动车驾驶员、行动迟缓的老人、外来务工人员的铁路护路安全意识得到明显提高。健全矛盾纠纷调处机制，促进社会和谐稳定。沿线各镇每月对铁路沿线治安情况进行排查，每季及重大节假日和重大活动期间，镇护路办联合调处中心、村（社区）对铁路沿线群众矛盾纠纷进行排查，及时掌握铁路治安形势和护路联防工作情况，对需要调处的矛盾纠纷，按制度指定专人，限期调处，全年共排查涉路矛盾纠纷10次，化解10次，未发生因涉路矛盾纠纷调处不力而影响治安和行车安全。

（蔡胜江）

依法治区

【概　况】 2014年，通州区认真贯彻中央、省市关于法治建设的工作部署，突出重点，扎实推进法治通州创建。将法治建设列入目标管理绩效考核，通过会议、文件等载体周密部署，细化分解重点工作。强化组织协调及时调整充实依法治区领导小组、法治建设协调小组等，组织各地各部门签定法治建设责任书，制定并落实法治型机关、学校等法治基础创建实施意见或方案。规范创建机制。每季度指导督查，明确和完善法治建设目标管理责任、挂钩共建联系、法治建设工作提示函、考评奖惩等10项工作制度。突出专项工作。出台《关于进一步加强行政机关负责人行政诉讼出庭应诉工作的补充规定》，完善信息通报、督办协商等6项工作制度，推进行政机关负责人出庭应诉工作。积极倡导各部门自主开展执法、司法为民惠民活动，下发并督促落实《关于组织实施2014年法治为民办实事项目的通知》，深化法治惠民实事。是年，入围“南通市平安法治医院”5家，建成第九批省级“民主法治示范村”15个、第五批南通市依法治校示范校3所、南通市依法治校先进学校14所，有11个镇通过南通市法治镇复审，刘桥、川姜镇被表彰为南通市法治镇。通州区被表彰为2013年度南通市法治建设先进县（市）区，2012—2013年全省法治县（市、区）创建工作先进单位，全国“六五”普法中期先进县（市、区）。法治建设群众满意度98%，位居全省第一。

【依法治理实践】 贯彻中共十八届四中全会精神和省委、市委贯彻意见的实施意见，严格执行《中共南通市通州区委常委会议事决策规则》等规章制度，认真落实党内法规制度合法性审查等机制。落实党风廉政建设责任制，完善“三重一大”事项监督机制，实施单位主要负责人“四个不直接分管”制度。加强行政决策机制制度建设，制定《通州区政府性债务管理办法（试行）》《通州区农村集体资产交易规则（试行）》等制度。规范行政权力运行，公布区级行政权力清单，全面清理、梳理行政执法主体和依据，压缩行政审批服务项目37.5%。优化服务，完善政务服务中心体系建设，镇（区）社会管理服务中心建成率94.7%。推进政务公开，公布区级行政审批服务事项，推行财政预决算“三公”经费公开。集中组织50多家单位部门开展政风行风评议，组织7轮暗访纠治。推进公正司法，实施重点执法案件备案审查机制，区法院开展“阳光司法工程”活动，区检察院推行案件信息公开。完善诉讼服务，严格落实每年200万元的“司法救助基金”制度。深入开展“党的群众路线”和“政法干警核心价值观”教育实践等活动，加强司法队伍建设。加强市场监管，开展药品食品质量监测、文化旅游市场专项检查；加强市场诚信体系建设，建立严重失信黑名单归集发布机制；规范招投标活动，建立全区综合性招投标专家库，制定《关于进一步加强区政府投资项目招标及变更管理的意见》；落实安全生产责任制，实施安全生产“一票否决”，加强宣传教育，开展专项整治；惩治破坏市场经济秩序活动，依法审理伪造金融票证、虚开增值税发票等扰乱市场经济秩序犯罪，加大知识产权犯罪打击力度。

【法治宣传教育】 深化“六五”普法。举办普法骨干培训班3期，培训普法骨干472人；对人大和非人大新任命的110多名领导干部进行任职法律知识考试，实施公务员邮箱普法，组织机关干部和事业单位人员参加“全国百家网站暨中国普法官方微博宪法知识竞赛”等普法考试，将法治作为“12·9”反腐宣传日活动主题。充实普法讲师团，组建区法治文化创作专家组，各镇配齐配强普法联络员和法制宣传员，成立普法志愿队伍。深化“法律六进”。完善党委（党组）理论中心组学法制度，把法律法规知识纳入干部和公务员培训。广泛开展送法进村居、进社区、进工地活动，加强青少年法制教育基地建设，深入开展送法进学校活动。继续实施“普法万里行”活动，对通州十万建筑铁军进行流动普法。弘扬宣传法治。充分利用《通州日报》、法治通州网、通州普法网等平台及通州电视台栏目，宣传法治。在江海明珠广场举办“通州之夜·法润通州”文艺会演。推进法治文化阵地建设。先后建立区法治文化主题公园、城区法治文化公交站台、区青少年法制教育基地、区法治文化创作中心等，逐步实现城区法治文化全覆盖，着力推动镇级法治文化特色阵地。区法治文化主题公园被评为省级法治文化建设示范点，张芝山镇培德村法治文化广场被评为市级法治文化示范点。积极宣传党十八届四中全会精神。各地各部门及时组织学习，组织、宣传等部门将学习宣传十八届四中全会决定列入工作议程，通过“党的十八届四中全会精神培训周”等活动，借助新闻媒体，以节目栏目、系列访谈、工作报道等形式宣传十八届四中全会精神以及法治通州建设举措和成效。（周晓兵）

公　安

【概　况】　2014年，通州区公安局围绕公安“双争工作目标”，紧抓警务机制转型升级，全区社会管理、综合治理绩效和公众安全感位居全市前列，连续4年在南通市县级公安机关综合绩效考评和区目标管理绩效考核中进入先进行列，实现经济建设和社会治理同步发展、双向提升。社会大局持续平稳。针对敏感节点集中、安保活动较多、政府改革力度加大等维稳形势，密织情报网络、强化重点管控，全区矛盾纠纷调解成功率和信访办结率分别达92.5%和97.6%。加强应急预案库管理，修订完成15项应急处置工作预案，调整机关合成行动队和防暴突击队，妥善处置群体性事件130余起，圆满完成各级“两会”、“青奥会”及APEC会议等重要安保任务90余次。主业绩效稳步提升。始终坚持把信息化作为提升战斗力核心手段，有力推动警务模式从传统向现代跨越。推进等级化技术室建设，坚持“四侦”同步上案，成功侦破公安部督办污染环境案、省厅挂牌督办持枪贩毒案以及高新区蒙面持刀入室抢劫案等大要恶性案件，“八类”案件侦破率达98.7%，取得命案侦破连续15年全破的战绩。社会管理持续优化。严格落实省厅改进作风服务群众和经济社会发展12项措施，以进驻市民服务中心为契机，健全完善软硬件标准，出入境、户政、车管等窗口推出“美丽窗口、温馨之家”“5+2”“8+1”等便民服务举措，得到群众肯定。深入开展文明城市创建和城乡交通秩序整治行动，强制淘汰“黄标车”1540余辆。深入开展消防安全大检查。立体设防提档升级。强势推进城市巡逻体制重组工程，组建巡特警大队，明确查报站和A、B类卡口职能。完成城东新区治安监控系统建设，在主城区周边主要出入口和金沙横河的所有桥梁安装高清抓拍系统，高标准形成“环城”封闭和新老城区跨河封闭。推动“村级技防监控中心”建设，纳入区“百项攻坚克难重点工作”，加快村级公共安全智能化建设。在交警中队推行交通勤务指挥室建设，与智能交管中心联网，提升智能交通指挥水平。扎实开展“大情报”建设，做好110接处警系统和首长指挥系统升级改造工作，高标准搭建智能化、一体化指挥调度平台。基础建设有效增强。深入开展“平安小区”创建活动，建立健全社区警务十项工作机制，社区民警见警率达90%以上。财政投入7000余万元，完成城南派出所及合成作战中心、首长指挥室、公安干校（战训基地）改造，对基层31个所、队老旧营房及部分单位办案区进行维修、改造和建设，增加、更新特警巡逻车、侦查专用车、警务通、警用平板电脑、执法记录仪以及高端刑事勘查器材。深入推进执法规范化建设，全局执法能力、执法质量、执法形象和执法公信力持续提升，实现全省执法质量考评“七连优”。是年，区公安局被评为“江苏省公安机关‘210工程’建设示范单位”，通州区政风行风建设和南通市县级公安机关综合绩效考评先进单位。党建工作受到区委表彰并在区党建工作会议上作典型交流发言。民警曹灿华为“中国好人”候选人、登“江苏好人榜”、获第二届“江苏最美警察”提名奖，2名民警立二等功，60名民警立三等功，12名民警被市局评为警种岗位标兵，26名民警被市级以上部门嘉奖，190名民警被区政府评为优秀。

【公安警队建设】　2014年，继续咬定“铸造铁军警魂”总纲不动摇，以“群众路线教育实践、职业警队建设、强化内部管理”带动全局作风效能高效提升。完成党的群众路线教育实践活动。先后召开专题会议17次，在局主页设置“教育实践活动专栏”，发布7个学习专题、开设17场次辅导讲座，编发动态简讯378期、活动简报22期，全局914名民警、66个党支部积极参加教育实践活动，参与覆盖面达100%。深入开展“我是谁、为了谁、依靠谁”及“为何从警、如何做警、为谁用警”等专题讨论，举办“群众在我心中”主题演讲、征文活动，进一步增强主旨意识，提升服务热情。

开展“梦·享成长”——关爱春蕾女童十年特别活动

开展群众进警营暨《警界先进锋》"微播客"推介活动

坚持聚焦"四风"找问题，相继出台《关于进一步加强文件会议管理的通知》《通州区公安局服务基层转变作风"九个一律"规定实施方案》，有效遏制文山会海现象，"三公"经费同比下降9.94%。健全"三解三促""万人评议"等活动常态化机制，深入辖区企业380余家，召开座谈会议32场次，找谈对象830余人，组织机关党员民警开展志愿服务2200余次，汇总梳理意见建议8大类59条，整改落实率达83.1%。围绕作风建设、民生警务、窗口服务等制定出台《通州区公安局"七大专项治理"行动》，修订完善33条作风建设制度，以实际行动践行为民服务宗旨。着力打造实战化职业警队。实施"六维建警计划"，内优机制、外塑品牌，激发斗志，凝聚警心，队伍实战化能力进一步增强。深入推进民警职业生涯规划，建立典型选树阶梯式培养机制，健全和完善后备干部库和专业人才库，完成36名副科职干部公推公选和120余名股职干部竞争上岗工作。围绕"一所一亮点、一队一特色、一警一品牌"，大力弘扬全国最美警察陈忠林等先进典型，注重经验做法的提炼，打造夫妻警务室、蒲公英之家、网络连心室、警界先锋播客、警察妈妈关爱春蕾女童、忠林护学岗等特色品牌。出台《区公安局优化警力配置工作办法》，创新"随警式补岗"模式，使警力在机关、基层、警种、岗位之间合理调配、随机互补，弥补民警休假、伤病、警情增长过快及其他特殊情况造成的短期警力不足。完善《从优待警十五项措施》，推行民警休假、功模疗养、热点岗位"保护式易岗"制度和夫妻团圆、老民警返乡计划等工作机制，建立红十字会专户，扩建民警互助基金，相继慰问11人次，发放慰问金42.5万元。铸造纪律型执法队伍。坚决贯彻落实中央"八项规定"、公安部"三项纪律"和省市委"十项规定"，扎实开展"五戒五要"主题教育、集中整治"中梗阻"问题、严肃财经纪律集中整顿月等专项行动，深入推进党风廉政责任制示范点以及年度效能服务品牌创建，出台《民警违反警务活动尚不够纪律处分责任追究暂行办法》等规章制度，发布廉政预警信息100余次，进一步规范警务活动运行质态，确保民警依法正确履职。全面启用网上督察中心，综合运用语言视频督察、卫星定位督察、涉案报备督察、队伍监督管理系统，全面、实时、动态、同步监督值班备勤、执法安全、枪支管理、巡逻防范、公车使用、内务管理以及民警八小时外活动，实现督察范围全覆盖、督察效能最大化。自网上督察中心成立以来，共开展网上督察8300余次，发现整改各类问题310余个，因执法办案、窗口服务的投诉率同比下降42%。

【重点地区专项整治】 2014年，以区域性、方面性治安突出问题为导向，强化切块整治和专项治理，全面净化川姜镇三合口村（垃圾村）等重点地区社会治安环境。深入开展打击治理黄赌毒"无声风暴"，共移送起诉涉赌刑事人员26人，涉娼刑事人员18人。完成对"公共场所治安管理信息系统"和"旅馆业治安管理信息系统"升级改造，全面启动危化品单位治安防范达标创建活动，合作开发危险物品单位监控联网报警系统，完成安装19家。成功侦破公安部督办污染环境案以及南通首例毒豆芽案件，加大对侵犯知识产权等经济类案件打处力度，共破获涉及全国假冒"多喜爱"注册商标等经济类案件30起，挽回经济损失390余万元，成功抓获和劝返境外逃犯3名。

【人口管理】 以二代证指纹系统建设为契机，进一步优化人口管理机制。全区常住人口总数为126.65万人，暂住人口登记数为15.26万人。受理户口变更2216次，办理身份证5.12万余人，办理临时身份证1.1万余人，接受群众咨询8千余次。完成二代证新老系统切换工作，全面实施居民身份证指纹信息系统登记，全年共为29376人办理指纹身份证，其中采集指纹信息29348人，指纹采集率达99.9%。扎实推进流动人口管控春季会战，清洗大平台数据123462条，抓获各类违法犯罪嫌疑人59人，在全市考核中名列前茅。

【出入境及往来港澳台管理】 以电子护照启用为契机，进一步深化出入境服务品牌建设。全年受理出国（境）申请25946人次，比上年同期上升13.2%。其中到港澳12029人次，同比增长17.7%；到台湾1337人次，略有增加；出国12443人次，同比增长10.5%。临时到通州的境外人员及港澳台居民2924人次，其中外国人2488人次，港澳居民91人次，台湾居民330人次，华侨15人次。为境外人员办理各类签证（注）54人次，外国人居留许可107人次。

【四安"4·27"故意杀人案破获】 4月27日17时53分左右，四安镇联洋家具厂工人石某（女，25岁）被同宿舍工友发现死在床上。接到报警后，区公安局迅速组织刑侦人员赶赴现场，发现被害人颈部有明显勒痕，系机械性窒息死亡，有他杀嫌疑。经侦查，4月27日15时许，居住在宿舍区二楼工人彭某(男,39岁)窜至受害人石某宿舍,欲行强奸,因石某剧烈反抗,遂心生恶念,用布带子将石某勒死。为防止罪行败露,彭某对作案现场进行打扫、清理,后被抓获归案。

【平潮“8·17”杀人抛尸案破获】 8月30日,接到报警称,家住平潮镇钱某芳(女,57岁)于8月17日下午骑电瓶车外出,多日未归。区公安局立即展开侦查,发现钱某明(男,59岁)有重大作案嫌疑,并将其成功抓获。经侦查,17日19时许,钱某明在家中与被害人钱某芳因琐事发生矛盾,后将钱某芳杀害,并将尸体藏匿家中小房间内。18日凌晨,钱某明在女婿熊某协助下将钱某芳尸体运走,抛尸于南通市港闸区一排水管内。

【兴东“9·1”故意杀人案破获】 9月1日13时10分左右,家住兴东镇黄金村的陆某(男,38岁)在兴东镇卫生院门口被人用刀捅伤,经救护医生确认死亡。区公安局接到报警后,通过线索分析,锁定犯罪嫌疑人为陶某(男,41岁),并将其抓获。经侦查,当日12时许,陶某与受害人陆某在村民王某家因争要喜钱发生争吵,遂起杀心,后尾随陆某至镇卫生院门口时,用尖刀刺杀陆某,致其不治而亡。

【省厅挂牌督办“9·24”贩毒案告破】 2013年上半年,区公安局在办理涉毒案件过程中,发现多起案件毒品来源地均为平潮镇,社会影响极为恶劣,被省公安厅挂牌为督办案件。区公安局对此案高度重视,将其命名为“9·24贩毒案”并实行专案攻坚。后于11月底,在平潮镇、五接镇、如皋市、南通市区、盐城市、南京市等地成功抓获吸、贩毒人员30人,当场缴获各类毒品共计8公斤、缴获枪支及弹药若干。

【川姜“11·15”杀人纵火案破获】 11月15日,区公安局接到报警,川姜镇双桥村某加工厂发生火灾,现场1人死亡、2人受伤,茅某(男,33岁)颈部被利器刺伤,茅某发(男,63岁)被烧伤,死者杨某(男,58岁)体表无明显伤痕,经初步侦查,现场有人为纵火痕迹。经调查,该厂员工王某(男,19岁)于14日因结算工资与茅某发生口角,后于15日凌晨窜至该工厂车间纵火,致茅某发被烧伤,杨某被烧死,并用尖刀杀害茅某未遂。

(白 鸽)

检 察

【概 况】 2014年,区人民检察院以司法办案为中心,以检察改革为动力,强化法律监督、自身监督、队伍建设,为全区经济社会全面发展提供有力的法治保障。是年,被评为“全国检察宣传先进单位”“全省预防青少年违法犯罪工作先进集体”,连续第四届获“全国检察机关文明接待示范窗口”称号。

【刑事检察】 2014年,严把审查逮捕、审查起诉关口,共受理审查逮捕案件327件393人,审查起诉案件871件1094人,依法批准逮捕各类犯罪嫌疑人313人。依法提前介入“特大电信诈骗案”“全能神案”等公安部挂牌督办、海外追逃等重特大案件19件,依法从快起诉故意杀人、抢劫、强奸等严重暴力犯罪嫌疑人63人,有力震慑犯罪。加大打击危害民生犯罪力度,依法对“死羊肉”、假药品等危害食品药品安全犯罪案件8件19人提起公诉,保障人民群众生命财产安全。围绕经济转型升级,严厉打击危害经济发展的各类犯罪,依法起诉合同诈骗、金融诈骗、虚开增值税发票等破坏市场经济秩序犯罪案件48件83人。加大侵犯知识产权犯罪打击力度,依法起诉假冒注册商标、销售假冒注册商标的商品等案件24件45人。着力服务生态文明建设,依法从快批捕3名涉嫌倾倒固体废物污染环境案件犯罪嫌疑人。

【职务犯罪查办】 2014年,深入开展查办发生在群众身边、损害群众利益职务犯罪专项行动,加强与纪检监察部门协作配合,坚决惩治征地拆迁、农业补贴、高效设施渔业补贴等涉农惠民领域职务犯罪案件。立案侦查贪污贿赂、渎职侵权等职务犯罪案件18件25人,其中,科级干部5人,犯罪金额百万元以上特大案件4件,通过办案为国家挽回直接经济损失800余万元。加大对行贿犯罪的打击力度,立案查办行贿犯罪案件4件5人。查办的环保局原局长殷某、十总镇原副镇长花某等大案,在全区引起较大反响。推行“一体化”办案机制,实现办案资源共享,切实增强办案合力。推动“智慧反贪”建设,完善侦查基础信息库,实现对区招投标电子信息实时查询,与工商、税务部门建立查询绿色通道,综合运用技术取证系统,切实提高办案效率,相关做法被上级检察院肯定。

区检察院组织开展“传播好声音、传递正能量”金融系统预防职务犯罪演讲比赛

【职务犯罪预防】 2014年，积极构建职务犯罪预防体系，延展“检察长宣讲团”工作辐射面，开展职务犯罪预防“六进三服务”活动，通过演讲比赛、案例剖析会等形式，开展警示教育活动45次，受教育人数3400余人。聘任20名大学生村官担任预防职务犯罪青年志愿者，借助城市LED屏滚动播放廉政提醒，发布“通州预防”微信公众信息等，做到清风常吹、警钟长鸣。健全“六类人员”告诫谈话制度，建立行政制度廉洁性审查机制，推动相关部门健全管理制度6项。开展“检徽在脚手架上闪耀”异地预防宣讲活动，编印《企业员工犯罪预防》等3类宣传手册，发放到200余家企业。

区检察院召开群众路线教育实践活动动员会

【刑事诉讼监督】 2014年，切实转变监督理念，坚持力度、质量、效率、效果相统一原则，依法立案监督3人，纠正漏捕、漏诉3人，纠正违法行为16件次。对879件刑事案件提出量刑建议，一审采纳量刑建议率达93.7%。开展羁押必要性审查工作，对不需要继续羁押的5名犯罪嫌疑人依法变更强制措施。开展在押人员随身财物专项检察活动，对涉及56人次、近30万元的随身财物违规处理情况，发出检察建议，促使规范管理，出台的在押人员随身财物检察管理制度被市检察院推广。加大监管活动监督力度，纠正违法行为26件。对2起指定居所监视居住、3起强制医疗执行开展检察监督活动；对126名社区服刑人员进行法治教育，监督12名社区矫正人员收监执行。

【民事行政检察】 2014年，积极构建民事行政检察多元化监督格局，受理民行申诉案件33件，对确有错误的生效判决裁定，依法提请上级检察院抗诉或向法院发出再审检察建议，提请市检察院抗诉1件，建议法院再审2件。稳步开展民事执行活动监督，向法院发出执行监督检察建议11件。开展打击虚假诉讼专项活动，发现并向公安机关移送虚假诉讼案件线索4件6人，监督虚假诉讼案件2件，9名涉案当事人被依法追究刑事责任。

【控告申诉检察】 2014年，开展涉法涉诉信访改革工作，完善信访便民机制，推行“四合一”接访模式，接待群众举报、控告、申诉、咨询296批次，下访13次，妥善办结25起信访案件，其中化解缠访、缠诉8件。开展实名举报答复、举报奖励和特困刑事被害人救助工作，对21起实名举报进行答复，发放举报奖励2.6万元，发放特困刑事被害人救助金2万元。

【检察队伍建设】 2014年，深入开展党的群众路线教育实践活动，在“学习教育，听取意见”“查摆问题，开展批评”环节，结合“三解三促”“五查五提升”等活动，召开征求意见座谈会5次，班子成员同干警间谈心320余人次，征求意见230余条；认真撰写对照检查材料，杜绝“过关”思想，民主生活会质效得到市检察院和区委督导组肯定。在“整改落实，建章立制”环节，确定4个方面整改任务和14项整改措施，制定《关于加强领导班子建设和管理的规定》，完善班子谈心、分工协作、集体学习等制度，帮助基层挂钩单位协调解决某玻璃钢制品公司、某养殖公司环境污染问题等4件。狠抓“四风”问题整治，会议发文、“三公”经费分别同比下降28.4%、21.5%，被评为区公共机构节能工作先进单位。完善高校深造、业务培训、岗位练兵、挂职锻炼、绩效考核、量才任用的“六位一体”人才培养激励机制，开展侦查审讯模拟、捕诉论辩、古沙法学社等岗位练兵、检察文化活动18次，组织143人次参加业务培训、全员参加华东政法大学检察业务培训班，有效提高干警素能，在上级检察院部门技能比武活动中，6个部门、7名干警受到市检察院表彰，在全市第十二届检察业务技能竞赛中，取得2名干警进入前五、团体总分第三的成绩。积极组织干警撰写检察调研宣传文章，在各级刊物录用190余篇，参加省级以上学术会9人次，调研文章获奖15篇。有50名干警受到上级记功、表彰，其中，陈静被评为“全省检察机关先进个人”、荣记二等功，并获“江苏好青年”称号。 （张建兵　张　涛）

审　　判

【概　况】 2014年，区人民法院坚持以“司法为民公正司法”为主线，以“让人民群众在每一个司法案件中都感受到公平正义”为目标，依法履行审判职能，全力服务“五大行动”，落实司法为民举措，切实加强自身建设，各项工作取得新进展。全年受理各类案件13316件，审执结12633件，分别比上年增长9.28%和8.34%。

【刑事审判】 全年共受理刑事案件920件，审结876件。

公开宣判重大涉黑案件

严厉打击严重影响社会公众安全的暴力犯罪、黑恶势力犯罪，共审结刑事案件27件47人，其中10人被判处十年以上有期徒刑。在二甲、川姜镇等地组织、领导黑社会性质组织犯罪的被告人朱某被判处有期徒刑19年。依法惩处社会危害面广、群众关注度高的食品、药品安全犯罪案件，6名被告人收购、销售死因不明的山羊，不符合食品安全标准被追究刑事责任，4名被告人通过网络销售假药被判处刑罚。依法严惩各类职务犯罪，共审结贪污、受贿、滥用职权等案件11件20人。准确把握从宽处理刑事政策，正确适用刑事和解制度，对36名积极赔偿损失并取得被害人谅解的被告人依法从轻处罚，对19名主观恶性较小、犯罪情节轻微的未成年人，依法封存犯罪记录。

【民商审判】 全年共受理民商案件9215件，审结8297件。审理婚姻家庭纠纷案件1882件，依法保护妇女、儿童、老年人合法权益，倡导公序良俗，促进家庭和睦。审理劳动争议案件256件，其中群体性劳动报酬纠纷案件12起，涉及职工451人。审理涉农案件11件，有效规制农村土地承包、土地使用权流转行为。依法判决外来种植户陈某支付56.7公顷土地承包金72.9万元。审理股东出资、股权转让等案件22件，保护中小股东决策参与权、知情权等股权权利，促进公司治理结构法治化。审理商品房买卖、房屋租赁、所有权确认等案件143件，维护房地产市场秩序。强化破产案件审理，加强与区人社、公安、信访等部门沟通配合，积极争取企业驻地党委、政府支持，稳定职工情绪，统一清算标准，审结二甲塑料厂等破产案件9件，处置变现企业资产1.12亿元，安置职工1038人。开展“金融生态司法护航”行动，设立专业合议庭，提高审判效率，全年审结金融案件478件，执结金融案件253件，执行到位标的额1.2亿元。

巡回审判进村居

【知识产权审判】 全年共受理知识产权案件380件，结案365件，为当事人挽回经济损失570余万元。全面推进知识产权民事、刑事、行政“三合一”审理，审结首例外观设计专利纠纷案件和首例知识产权行政案件。鼓励家纺业自主创新，有效保护家纺企业花型设计著作权，审结家纺类著作权纠纷案件255件。引入“陪审团”参审机制，邀请陪审员旁听庭审，对商标、著作权的相似性判断发表意见。向社会发布区法院八大知识产权典型案例，营造诚实守信、公平有序的市场环境。借助《南通家纺城报》等平台设立曝光台，公示、威慑侵权者，扩大知识产权保护影响力。

【执行工作】 全年共受理执行案件3814件，执结3463件。规范职权配置，打破执行权过度集中传统执行模式，实施执行权流程管理，设立执行启动组、财产查控组、财产处分组、结案研判组，做到协作配合，监督制约，执行投诉率明显下降。加大曝光“老赖”力度，利用最高法院网络平台发布116名失信被执行人信息，在城区繁华路段巨幅电子显示屏滚动播出失信被执行人信息39人次，在社区张贴曝光名单300余份，敦促被执行人履行义务，执行案件自觉履行率明显提升。扩建执行联动网络，与公安机关建立协作机制，通过公安机关协助查找恶意逃债的被执行人下落，限制被执行人出行、出境。与金融、房产、公积金管理等部门，建立“点对点”查控机制，全面掌握被执行人信息，及时控制、划拨可执行财物，执行效率明显提高。

【队伍建设】 扎实开展党的群众路线教育实践活动。通过观影观摩、专家辅导等形式，做

举办书记员技能比武活动

到教育学习全覆盖。拓宽意见来源渠道，征集意见建议60余条。狠抓整改落实，制定整改措施46条，完善制订规章制度20项。组织干警赴政法高等院校进行封闭学习，加快培养高层次、应用型、复合型法官，全年参加各类培训262人次。组织开展"六个一"学习交流、优秀裁判文书评比、书记员技能比武等活动。区法院9个部门及62名干警受到上级表彰。认真落实党风廉政建设责任制，分层、分类签订《党风廉政责任状》。组织干警观看廉政教育短片，举行"反四风、树清风"微型廉政党课比赛。建立廉洁自律提醒谈话制度，引导干警树立良好职业形象。加强对审判执行活动中26项廉政风险节点的监管，做到关口前移，预防在先。组织开展执行款物交接专项督察，规范执行款物管理。

【助推平安法治建设】 深入开展"司法为民村居行"活动，驻村法官定期开展工作，对村居存在的倾向性问题、苗头性隐患及时排查，协助村居排查化解矛盾纠纷216件。《人民法院报》头版头条报道，《江苏政法》向全省推介。派出法官到安监、城管等部门评析典型案件，研讨行政执法中普遍存在的难点问题，提出可行性建议，供行政机关参考。开展"法制进校园"活动，到西亭高级中学、育才中学举办法制讲座，进行法制宣传，与区教育局联合举办首届"与法同行、助我圆梦"青少年法制夏令营活动，提高青少年自我保护意识，预防青少年违法犯罪。强化涉环保案件执行，对未建设相关配套污水处理设施的纸业公司依法采取强制措施，停止生产，促进生态文明建设。依法支持控违工作，对强制执行申请，及时审查，快速作出强制执行裁定，与公安、国土等部门协调配合，强制拆除川姜镇施某2850平方米违法建筑，保护耕地资源。

【推进便民服务】 开通网上诉讼服务中心，为当事人提供诉讼指导、案件查询、网上立案等服务，实行全天接待，及时办理各类诉讼事宜，减少当事人诉累。简化审批程序，全年对73名案件当事人减缓免交诉讼费36.2万元。制定出台初信、初访周交办制度，提高信访化解成效。搭建远程视频接访平台，最高法院法官与信访人直接沟通、解答，促使信访人息诉罢访。建立院长定期接访制度，对群众到访第一时间答疑，第一时间批办，全年服判息诉率达94.6%，名列全市前茅。启用12368短信平台，通过手机短信及时发布案件进展情况。推进裁判文书公开，全年通过互联网发布生效裁判文书4027份。对重大典型案例利用法院网站进行庭审视频直播，通过官方微博进行图文直播，让公众更直观了解相关案件。通过淘宝网公开拍卖涉诉资产，成交40件，成交额达2500余万元，杜绝传统司法委托拍卖中可能存在串标、暗箱操作等现象。　（李　慧）

司法行政

【概　况】 2014年，通州区司法行政工作以开展党的群众路线教育实践活动为契机，进一步改正工作作风，激发创新活力，深入推进矛盾纠纷排查调处、公共法律服务、特殊人群服务管理、法制宣传教育"四个全覆盖"工作体系建设，为全区发展提供法治保障。是年，通州区被表彰为全国"六五"普法中期先进县(市、区)，区司法局被表彰为省"六五"普法中期先进单位。

【法制宣传教育】 围绕弘扬社会主义法治精神主线，大力推进组织建设网格化、制度建设规范化、载体建设多样化、法制宣传全覆盖等法制宣传教育四项工程，全社会法治化水平稳步提升。3月，区级法治文化主题公园建成。利用各镇体育广场，增加法治元素，重点推进张芝山、川姜、西亭、五接、四安、二甲、兴东等镇法治文化阵地建设。4月，成立涉农法律法规宣讲队，由区司法局、机关、律师、基层法律工作者等单位普法宣讲骨干组成，开展涉农法律法规宣讲。5月起，普法宣传车配备电脑、液晶显示器及扩音设备，制作形式新颖、内容通俗易懂的普法幻灯片和普法动漫等，随车播放，结合送戏下乡等活动，广泛开展普法环区行活动。开展送书进基层活动，丰富村居图书室的法律藏书，向所有村居和部分企业赠送涉农、涉企法律知识读本及普法家长读本5000余册。7月，开展"法制微电影进校园""法制歌曲唱响校园""学法小童星"和"知法守法青少年"双百评选、青少年法治文化作品有奖征集、"法在心中、律在行上"征文等活动，在全区掀起青少年学法、用法、守法高潮。8月，开展"我看法治江苏这十年"征文、"法治梦、中国梦"法治摄影作品大赛、"法润通州"法律知识有奖竞赛以及通州之夜法治文化专场演出，为百姓奉上法治文化大餐。开展"法润通州"法律知识竞赛活动，提高全民参与热情;组织参与市第二届普法名嘴大赛活动,获第三名;积极推荐参加全省万人学法竞赛活动,区选手在全省地级市中名列前茅。11 月起,开展“法润通州 · 法治阳光”专项活动,组建四中全会精神宣讲团,集中开展“12 · 4”宪法日宣传、普法环区行、法律服务惠民等活动,公共法律服务网络体系建设步伐稳健有力。

【基层基础工作】 扎实推进司法所建设,进一步提升基层基础力量。出台《关于进一步加强基层司法所建设的实施意见》,明确司法所实行区司法局和镇(区)双重管理,以区司法局管理为主的模式,并承担司法干警的招录、培训、任免、调配、交流工作,解决专编专用问题,为司法所长足发展打下良好基础。人民调解工作转变更实。下发《通州区镇(区园)大调解工作考评办法》,部署开展村(社区)、镇(街道)人民调解委员会规范化创建工作。建立健全专业调处中心。3 月,开展全区专业调处机制、对接调处机制运行情况调研,5 月,专业和对接调处机构人员调整到位,明确分管领导、联络员,责任到人。建设南通家纺城公共法律服务中心,知识产权、电子商务、现代物流、涉外纠纷四大专业调处中心集中挂牌。推动企业人民调解组织建设。逐步推动 300 人以上企业建立调委会,对单独建立调解组织有困难的企业,由所在镇(区)调委会指派专职调解员任调解联络员,定点联系、专人负责,逐步实现企业调解组织有效覆盖。7 月,全市深化发展大调解工作现场推进会在通州召开。探索政府购买调解服务。试点推行“政府购买服务、集中派遣进驻”的专职调解员队伍建设管理模式。在区 25 个派出所、12 个交警中队及医调中心各购买 2 名专职调解员服务。开展大调解工作巡回培训。借助镇(区)、部门及年轻干部、村干部培训班,举办群众工作讲座 15 期,培训专兼职调解员及基层干部 2230 人次。全年区、镇、村三级人民调解组织受理调处矛盾纠纷 3481 起,调处成功 3422 起,调处成功率 98.3%。医患、劳资、交通、消费等专业调处机构及三大对接机构受理调处 8814 起,调处成功 8131 起,调处成功率 92.25%。社矫安帮工作进一步创新。加强监督管理。组织社区矫正风险排查工作,开展审前评估、假释评估报告质量评比活动,严格社区矫正工作程序及手机定位管理,全区手机定位在册管理 430 人,无一人脱漏管。强化部门联动。定期召开社区矫正执法联席会议,并形成会议纪要。加强准入管控。全年共接受适用社区矫正前调查评估委托 365 例,其中审前评估委托 306 例,假释环境评估 59 例。加大执法力度。全区给予警告处分 165 人次,提请给予治安管理处罚 2 人,提请撤销缓刑收监执行 13 人。是年,共接收社区服刑人员 461 人,依法解矫 476 人,在矫 503 人,在册刑释解教人员 3185 名。

【法律服务保障】 法律服务围绕中心工作,紧贴经济社会改革发展、服务民生民本所需,以改革和创新促进法律服务领域发展,推动完善公共法律服务全覆盖体系。4 月 29 日,全市推进公共法律服务体系建设现场会在通州召开,推广区公共法律服务中心建设经验。以区级公共法律服务中心为龙头,推进镇、村公共法律服务平台建设,以实现法律咨询、法律援助、法制宣传、人民调解、公证办理、诉讼代理一站式服务。在 19 个镇(区)及区妇联、人社局、看守所等单位建立法律援助工作站 25 个,各配备 1 ~ 2 名联络员,在 238 个村(社区)建立法律援助联络点,明确 1 名联络员。实施法律顾问全覆盖工程。出台《关于实施“一对一”法律服务工程的意见》和《关于实施村(社区)法律顾问全覆盖工程的意见》,为区镇村配备一对一法律顾问,推动规模企业、学校建立法律顾问制度,81 所学校配备法律顾问,法律工作者担任企业法律顾问 800 余家。深入实施法律服务“四万”工程,落实服务转型发展“十项措施”,组建工商联(总商会)法律维权中心和行业(异地)商会法律顾问团 9 个。开展“法律进万家,服务你我他”效能服务品牌创建活动,组织律师对 100 家亿元规模以上重点园区企业和科技型中小企业实施“法律体检进企业”活动,提供上门服务,提出法律建议 36 条。是年,律师办理各类案件 707 件。公证处办理各类公证 3423 件,减免公证费 7.96 万元。实施法律援助惠民工程。对近三年以来办理的 3800 多件援助案件逐一电话回访,对特别困难的案件当事人实施临时救助和帮助申请司法救助基金。联合区电视台《张冲跑腿》栏目,通过个案扩大法律援助宣传。全年办理法律援助案件 1105 件,解答法律咨询 11960 余人次,免收费用 269.5 万元,办理群体性案件 14 件,涉及人员 703 人、金额 1169 万元。

【司法行政队伍建设】 把解决民生问题作为践行群众路线的重要着力点,打造政治过硬、业务过硬、责任过硬、纪律过硬、作风过硬的司法行政队伍。按照“为民、务实、清廉”要求,狠抓党风廉政建设责任制,坚持标本兼治,综合治理,惩防并举,注重预防,层层签订党风廉政建设责任书,认真执行中央“八项规定”和省市区委十项规定。局领导深入学教活动挂钩司法所,采取多种方式听取意见 37 次。分期召开行风监督员、服务对象、法律工作者等 8 个干部群众座谈会,参加人员超过 90 人次、发放调查问卷 80 多份,开展谈心谈话 60 多人次。召开局党组会议和专题会 5 次,对意见建议逐一认领、对号入座。班子成员之间、班子成员与机关干部之间开展谈心谈话 43 次,在局机关开展“为了谁、依靠谁、我是谁”三问三思大讨论活动,切实转变机关作风。党员干部思想认识与宗旨意识进一步提升,“人民满意”工作理念不断增强。不断深化“三解三促”活动,多次走访慰问联系镇村困难户、低保户。开展政风行风民主评议活动,推进党务政务公开,走进民生“999”热线,聘请政风行风监督员,召开政风行风监督员、管理和服务对象座谈会,收集各类建议和意见 21 条,及时开展自查自纠,发现问题及时整改到位。办理 12345 热线答复 30 件,无一件延期超期,办结率和群众满意率 100%。开展法律援助大回访,发现违规办案 1 起,教育处罚 2 人,排查出因被执行人无履行能力而导致受援人贫困 6 人,为特困受援家庭提供司法救助资金 3 万元,帮助受援人与法院衔接待执行案件 11 件。 (范田晶)

农　业
Agriculture

编　辑　杨王军

现代高效农业

【概　况】 2014年,全区紧紧围绕农业基本现代化总体目标,推进农业特色化、规模化、科技化、产业化,提升传统优势产业、拓展高效园艺产业、优化特种养殖产业,加快农业转型升级步伐,农业经济运营质态趋好,促进农民增收、农业增效、农村繁荣。新增设施农业面积1666公顷,全区设施农业面积达到11366公顷,占耕地面积16.2%。

【项目农业建设】 全区新建扩建规模以上农业项目126个,完成项目投入量16.3亿元。新建20公顷以上的钢架设施基地项目20个,钢架净面积715公顷。其中66.6公顷以上的项目1个,33.3公顷以上的项目11个,20~33.3公顷的项目8个。新建连栋温室项目5个,面积23.3公顷,全区连栋温室面积113.53公顷。十总万亩蔬菜基地和二甲万亩蔬菜基地分别新增设施面积466公顷、413公顷,建成省级菜篮子工程、永久性蔬菜基地。

【现代农业园区建设】 市级以上农业园区在规模、功能上有新拓展。通州现代农业产业园启动景瑞院士工作站建设,连栋温室内增设环境因子监测和调控装置。万顷良田沟渠路泵站等基础设施全面建成,设施面积达到300公顷。新建骑岸规模设施农业园和二甲规模设施农业园,并通过市级验收。

【农业龙头企业】 全区农业龙头企业规模进一步拓展,农业龙头企业新增投入达到1.5亿元,新认定市级农业龙头企业7家。国家级农业龙头企业江苏银河面粉有限公司迁址重建,总投资1.5亿元,已完成办公用房及库房建设。

【优势特色产业】 全区新建扩建各类种植基地、养殖基地、加工基地55个。设施蔬菜、设施葡萄、南方果品、设施对虾养殖、食用菌种植成为新兴特色产业。十总、东社镇成为万亩设施农业镇。蔬菜、优质山羊、特色水产3个十亿元以上产值规模进一步放大,双低油、优质弱筋小麦、优质稻米产业、生猪产业得到进一步提升。十总、骑岸、二甲、东社等镇引进的云南罗平小黄姜、日本菜、猕猴桃、杭白菊、无花果、阳光玫瑰葡萄等高档优质园艺作物品种10个以上,种植面积253.33公顷,为新一轮农业结构调整起到示范引领作用。

【休闲观光农业】 全区新增休闲观光项目4个,新增投入1.1亿元。南通金土地生态农业园新建游客接待中心、餐饮中心、产品销售中心及灯光廊道、体能拓展营等设施,国庆期间,接待游人5万人次。南通白鹭湖生态农业发展公司获全国休闲农业与乡村旅游星级示范创建企业称号。

【一村一品】 全区建设一村一品专业村40个。十总镇二爻居土地流转面积达96%,蔬菜生产面积占比达72%,成为蔬菜种植专业村。东社镇新街村设施面积逐年增加,成为设施蔬菜专业村。

种　植　业

【概　况】 2014年,认真落实粮油生产的各项关键技术措施,实现大面积生产增产增收,全区7.96万公顷粮食平均单产6718公斤,总产53.47万吨,粮食总产再创历史新高。其中小麦25130公顷,平均单产5700公斤,水稻31470公顷,平均单产9450公斤,稻麦连续3年实现吨粮县目标。油菜面积2.61万公顷,总产8.69万吨,单产列全省第二。

【惠农补贴政策】 全面落实直补、农资综合补贴、水稻、玉米、棉花、小麦、油菜良种推广补贴等惠农措施，发放补贴资金10115.07万元。其中水稻直补资金893.19万元，农资综合补贴资金7874.39万元，水稻良种补贴资金654.69万元，棉花良种补贴资金9.13万元，玉米良种补贴资金76.25万元，小麦良种补贴资金392.62万元，油菜良种补贴资金214.8万元。

【部、省级万亩示范片创建】 在二甲、石港、西亭等8个镇，建立部、省级粮棉油万亩示范片15个，总面积11140公顷，涉及农户7.51万户。按照省粮油高产创建测产验收办法，水稻万亩示范片平均亩产664.47公斤，超过全区平均亩产34.47公斤；小麦万亩示范片平均亩产569.8公斤，超过全区平均亩产190公斤；油菜万亩示范片平均亩产230.6公斤，超过全区平均亩产8.6公斤。其中二甲镇的坨墩村、宝云山村、北潭村油菜万亩示范片经省高产创建专家组实产验收，亩产列全省第四。

【农作物田杂草调查项目启动】 为掌握农田杂草发生与危害现状，在省植保站部署下，全区启动小麦、水稻、油菜、玉米等农作物田杂草情况调查项目。省植保站联合南京农业大学对杂草识别、标本制作及数据整理汇总，进行调查前培训。调查项目要求每种作物调查3个镇、每个镇3个村、每个村10块田，共90块田，杂草种类和密度采取倒"W"九点取样法，杂草危害程度采取七级目测法进行调查。至年底，完成小麦和水稻田的杂草调查任务。

【全国基层农技推广体系改革与建设补助项目】 在骑岸镇渡海亭村和石港镇江海村、四港村、金庄居、睹史院村，遴选产生示范户100个，聘用7名技术指导员对示范户入户指导和培训，并向每个示范户发放150元的桑保农药和优新蚕药。示范户全部采用菁松×皓月、苏豪×钟晔、苏秀×春丰等蚕品种3个，主推技术4项，入户率和到位率均达95%以上。至年底，完成各项绩效考评，并通过省、市级验收。

【省蚕桑科技入户工程】 招聘28位蚕桑技术指导员，在6个镇16个村遴选400个科技示范户。通过入户指导、集中培训等形式，推广主推品种及主推技术，示范户平均亩桑产茧量较辐射户增长率达7.5%，纯收入平均增长率达6.5%，辐射户平均亩桑产茧量较一般农户增长率达10.7%，进一步稳定全区蚕桑生产。全年共推广使用蚕用温湿度自动控制器48台、桑树圆盘锯式伐条机70台、切桑机3台，机具的推广量及推广面创区历史之最。

【农民科技培训】 全区培训职业农民2440人，创业农民408人，家庭农场主123人，基层农技推广人员72人，超额完成上级下达培训任务的2.45%。573人通过技能鉴定，超额完成省下达任务。通过培训，提高农业专业化生产和服务人员的职业技能和服务水平。

【项目申报】 申报农业三新工程、农业科技入户工程、基层农技推广体系改革与建设补助项目，争取部、省级项目资金371万元，为农业新品种、新技术的全面快速推广提供平台。成功申报省级标准化示范区1个，为省级永久性菜篮子蔬菜基地综合标准化示范区，向省质监局上报实施方案。

【农产品质量安全检测】 区农检中心实验室通过省质监局换证评审，其中蔬菜定量例行监测参数39项，与省级实验室检测参数接轨。承办区农产品质量安全检测技能竞赛，各镇农产品质量安全监管站、生产基地检测点的22位农产品检测技术人员参加。全区农产品质量安全检测日渐完善，形成以区农检中心为龙头，镇检测站为骨干，基地检测室的三级检测网络体系，做到检测网络全覆盖。通过举办检测技能大比武，镇村与基地检测人员培训，驻点指导等，以提升镇基层队伍检测能力水平，各保供基地实验设备配齐，确保农产品上市前正常自检。是年，全区新增"三品"("无公害""绿色""有机"农产品)认证共计102个，其中新认证"无公害"农产品65个，"有机"农产品37个。新增认定无公害农产品面积4000公顷，新增认定无公害农产品产量10万吨。并承担连云港、盐城的"三品"省级监督抽检任务。

【测土配方施肥技术推广】 2013年、2014年区土肥站列入测土配方施肥项目巩固县，实施周期为2013年6月至2015年6月，完成土样和植株样品的分析化验。至年底，化验分析土壤样品500种，2750项次，植株样品8种，32项次，肥料样品8种，56项次，共2833项次。调优专用肥配方，做好测土配方施肥专用肥的调拨供应。设计小麦专用配方2个、油菜2个、水稻4个、蔬菜3个。全区小麦、油菜、水稻3大主要作物全面推广应用测土配方施肥技术。推广测土配方施肥技术11.08万公顷，其中小麦、油菜、水稻、玉米、棉花、蔬菜分别为2.4万、2.6万、3.13万、8.5万、0.57万、1.84万公顷。施用配方肥6.03万公顷，推广专用肥3.97万吨。其中小麦配方肥施用数量为1.2万吨，施用面积2万公顷，油菜配方肥施用数量为1万吨，施用面积1.67万公顷，水稻配方肥施用数量为1.57万吨，施用面积2.09万公顷，蔬菜配方肥施用数量为0.2万吨，施用面积2667公顷，与上年持平。蔬菜上主要是开发专用肥进行示范。进一步建设和完善区级测土配方施肥示范方，加大镇、村级示范方建设力度，建立测土配方施肥示范方102个，其中区级示范方17个，通过宣传培训、召开现场会，使测土配方施肥技术落实到田间地头，全区示范方面积达2733.33公顷。

【割麦留高桩和油菜、蚕豆秆壳还田】 通过通州电台"999"民生热线技术讲座、镇广播站，以及拉横幅标语、发放资料等进行广泛宣传，全面推广割麦留高桩和油菜、蚕豆秆壳还田。同时以农民实用技术培训班为契机，在各镇开展面对面的技术培训，重点讲解秸秆还焚烧害处，秸秆还田好处及技术要求。全区夏熟作物秸秆还田应用面积占播种面积80%以上,亩均还草量180公斤以上。

养殖业

【概　况】 2014年,紧紧围绕推进陆海统筹、加快畜牧产业结构调整,转变畜牧业发展方式,以规模化为重点,进一步提升"规模畜禽"生态化水平。狠抓动物疫病防控,强化畜产品安全监管,规范队伍建设,动物疫病防控能力显著增强,畜牧业生产,实现可持续发展。生猪圈存27.99万头,年出栏55.70万头,比上年同期下降3.1%;家禽栏存435.12万羽,年出栏1235.73万羽,比上年同期上升1.0%;羊栏存25.59万只,年出栏33.82万头,比上年同期上升7.5%;大家畜存栏0.15万头,比上年同期下降2.2%。重大动物疫病强制免疫应免率达100%,免疫抗体合格率达80%以上,畜禽养殖、防疫信息建档率和报送率均达100%,牲畜挂标率达100%,规模场病死畜禽无害化处理率达100%,动物及其产品没有检出有毒有害物质,全区没有发生重大动物疫情。水产业重点推广优质蟹种培育、设施大棚南美白对虾养殖、蟹池多品种主养模式示范等关键技术和模式,推动产业结构调整调优。全年新增高效渔业养殖面积573.33公顷,达到3840公顷,新增设施渔业面积280公顷,达到1080公顷,渔业总产量为3.62万吨。

【标准化规模养殖场建设】 开展生态健康养殖场示范创建,为加速推进区畜牧规模养殖发展,努力提升标准化生产和质量安全水平,加快现代畜牧业建设步伐,全区开展生态健康养殖场示范创建3家。是年,生猪规模养殖户1162户,出栏43.23万头,占生猪出栏数82.2%,比上年同期增长1.9%。蛋禽栏存500羽以上有261户,栏存177.83万羽,占蛋禽栏存数93.5%,与上年持平;肉禽规模养殖165户,出栏795.17万羽,占肉禽出栏数95.8%,与上年同期持平。奶牛存栏20头以上有3户,栏存数1140头,占比100%。

【畜禽品种改良】 调整优化畜种结构,积极发展优质畜禽生产。以"自繁自养"模式为主导,充分利用人工授精、冷配等繁殖技术,做到"良种、良料、良法"相配套,提高畜禽生产水平。开展畜牧生态健康养殖示范创建,推进畜禽良种化进程。积极实施省级生猪良种补贴项目,全区1.8万头能繁母猪享受每瓶精液10元政策性补贴。

【畜牧业科技入户工程项目】 组织申报畜禽业科技入户项目,申报省级资金32万元。召开动员会,公开招聘39名技术指导员、3名专家,确定13个镇111个村,6个特色专业村,3个村级农业科技服务站,遴选出640个养殖示范户,推广6个主导品种和5项主推技术。通过人员到户、技术到人、良种到舍,扎实开展培训工作。39名畜禽科技入户技术指导员到示范户中开展培训、现场指导,累计4138天,通过入户指导累计解决生产实际问题7814个,开展咨询服务295次,发放技术书刊1600本,印发技术培训资料3200份、技术明白纸5000份。示范户对指导员满意度95%以上,辐射户满意度90%以上。示范户畜产品产量比辐射户增长率11.8%,示范户畜产品纯收入比辐射户增长12.6%;辐射户畜产品产量比一般农户增长率10.6%。

【"三新工程"项目实施】 组织申报"仔猪腹泻综合防控技术"三新工程项目,通过技术培训和物化补贴、入户指导和现场观摩、技术创新和专题研究,大力推广先进的饲养管理模式,全面落实预防、治疗新措施,仔猪腹泻得到有效控制。

【畜牧业投入品监管】 加强"瘦肉精"监管,加大对饲料、养殖、收购贩运、屠宰等环节排查,对辖区内生猪、肉羊规模场"瘦肉精"按每月不少于10%比例抽检,做到全覆盖,全年规模场"瘦肉精"抽样2651份,检测合格率达100%。定点屠宰生猪按5%比例进行抽检,严格执行即检即宰制度,全年屠宰场进场生猪"瘦肉精"抽样5134份,检测合格率100%,杜绝问题活畜、问题产品进入市场。加强兽药、饲料监管,组织执法人员对辖区内饲料生产企业、兽药经营户、饲料经营户、规模养殖场展开检查,检查饲料生产企业2家,检查兽药经营户、饲料经营户34家,规模养殖场1540家。加强生鲜乳监管,检查3家奶牛养殖场1140头奶牛,鲜奶3338吨。重点检查是否饲喂禁止使用的动物源性饲料、是否非法添加"三聚氰胺"等违禁物及饲料的新鲜度,全年生鲜乳采样6次54份,饲料采样2次18份,经检测合格率100%。通过对投入品监管,全区未发生畜产品质量安全事故。

【蚕桑】 2014年,共发蚕种10378张,同比增发693张,增长7.2%;产茧437吨,同比增产26.9吨,增长6.7%。在骑岸镇渡海亭村、西亭镇西禅寺村继续推广饲养"苏秀×春丰"1975张,饲养的其余品种为"菁松×皓月"3926张、"苏豪×钟晔"2153张、"锡方×春蕾"2324张。全区张种产值1632万元,亩产值2967.3元,因茧价下行等因素影响,桑园面积略有下降,年末数为366.67公顷。

【渔业科技入户】 2014年,区渔业科技入户工程实施第8年,入户工作水平保持全省领先。遴选示范户350个,在骑岸镇上雁村等10个村进行整村推进,示范总面积678.5公顷。以南美白对虾、河蟹、鳜鱼、乌鱼、大宗淡水鱼作为主推品种,以河蟹健康养殖技术、乌鱼标准化养殖技术、微生物制剂使用技术、微孔增氧技术作为主推技术,开展春季服务月、夏季行动、秋季病害防治宣传周等,通过技术培训、现场交流、观摩会等指导形式,扎实推进科技入户工程。全年组织各项专题活动46次,发放科技书籍和技术资料1.93万份,培训示范户、辐射户1500余人次,在省、市、区等媒体上宣传报道182篇次。通过科技入户工程项目实施,使先进实用技术入户率达91.2%,示范户养殖收入比周边养殖户平均收入提高11.3%以上,示范户主推品种覆盖率82.4%。

【省规模化畜禽粪便综合利用项目建设】 在五甲、刘桥、兴仁镇实施省规模化畜禽粪便综合利用项目3个,建设100立方米沼气工程2处、200立方米沼气工程1处,总容积为400立方米。年产沼气3.6万立方米,能供50户家庭生活用。项目竣工投产后将有效减少规模养殖场污染排放,产生的沼液可浇灌33公顷农田、果园,以改善和提高农产品品质。

林　　业

【概　况】 认真贯彻市"绿色南通"建设调研成果交流会议精神,加快生态文明建设,着力推进绿色发展,稳步增加林木覆盖率,以率先实现基本现代化为目标,以市场需求为导向,以扩大森林资源总量为目的,坚持大绿量、成景观绿化思路,组织实施生态防护林、苗圃式景观绿化、生态廊道等重点工程,全年完成造林绿化面积1673.33公顷,其中生态防护林1180公顷、苗圃式绿化193.33公顷、道路河道绿化300公顷,全区林木覆盖率达21.99%。建成省级绿化示范村11个,森林生态示范村1个。林业新技术新品种推广工作有序开展,申报的"盐土绿化技术集成与推广"项目,获市农业科学技术推广奖三等奖。

【生态防护林工程】 继续推进防护林工程建设,沿用租地造林模式,各镇区统一招投标,实行工程化造林与养护三年的管理机制,全区实施生态防护林面积1180公顷。骑岸、金沙镇的生态防护林建设连片面积均在6.67公顷以上,采用"高档次、大规格"景观绿化树种,以提升农村绿化整体水平和景观效果。

【生态廊道工程】 深入推进区生态文明建设重点工程项目建设,组织实施生态廊道工程,规划总长度28公里,南起海二线海门与二甲交界处,北至新通掘公路十总镇区,绿化总面积186.67公顷,沿路沿河两侧各建设不少于50米宽绿化带,建筑物密集地段利用零星土地建设绿化片林。该工程融绿色生态、休闲观光于一体,乔、灌、草相结合,常绿植物与落叶植物相搭配,以体现四季色彩变化,营造自然丰富生态景观。至年底,完成(一期)工程,为二甲镇的海二线、光明线和袁天线,绿化长度9公里,绿化面积77.33公顷。

【林业行政执法】 2014年,办理野生动物驯养繁殖许可证新证5本,年检6本,处理滥伐林木行政案件2起3人次,移交公安处理案件2起5人次,非法运输野生动物案件2起,累计缴获放生鸟类及陆生野生动物40余只,100余公斤。

【林业有害生物防治】 加强对林业有害生物的防控工作,2月、12月,开展美国白蛾及杨树食叶类害虫的越冬基数调查工作。8月,在高速公路沿线放飞四箱周氏啮小蜂,共100余万只。10月,在刘桥、兴仁镇开展人工毒环防治和杨扇舟蛾防治。做好7期舟蛾类和樟巢螟的虫害测报工作,分别发生五代和二代,3月起每月运用省森林病虫害防治信息系统进行数据测报,全区未发生1起省、市通报事故。

【林地变更工作】 在全市率先完成林地变更调查,为省林业重点工作。8月10日起,启动内业人工判图和修边拓扑工作,于10月通过省专家组的内业质量验收,11月,开始外业调查核实和数据库更新汇总工作,至12月,外业调查质量和数据库"一张图"得到省专家组认可。 (顾艳萍)

农业机械化

【概　况】 2014年,区农机部门以加快农机化发展方式转变、健全农机化社会服务体系、主攻主要农作物薄弱环节机械化为重点、以农机安全监管为保障,认真履行农机工作职责,全面加强农机管理和服务,农机化重点工作实现新突破。是年,区农机局被评为省农机系统先进集体。

【秸秆机械化还田】 2014年,区政府办出台《2014年秸秆禁烧和综合利用工作意见》,对购买55.13千瓦以上的大中型拖拉机和秸秆机械化还田配套机具并开展还田作业的,分别给予机具和作业奖补。推广55.13千瓦以上拖拉机配套犁翻旋耕一体机,实施麦秸秆机械化还田,在传统秸秆灭茬旋耕机基础上,增加铧式犁耕翻,作业深度一般达到15~18厘米,使地表秸秆和秸秆根茬深埋于土壤中。推广55.13千瓦以上拖拉机配套灭茬施肥播种一体机,进行水稻秸秆还田与三麦机播作业,旋耕深度12~15厘米,并同时复式进行播种、施肥作业,简化作业程序,降低作业成本。5月20日,区秸秆机械化还田现场推进会在刘桥镇长岸村召开,现场演示秸秆切碎抛撒、犁翻旋耕和水耕水整、水田平整等作业技术。是年,新增55.13千瓦以上拖拉机274台、犁翻旋耕一体机280台、灭茬施肥播种一体机251台,完成秸秆机械化还田面积超20666.67公顷。

【"全托管"经营主体培育】 全区培育规模以上"全托管"经营主体63个,其中33.33公顷以上的项目35个。新建粮食烘干中心6个,添置烘干机24台套及其相关配套设施,一次性粮食烘干能力288吨。新建标准农机库11个,总建筑面积5049平方米。石港镇"全托管"经营主体13家,服务面积573.33公顷,成为全市村村有"全托管"的第一镇。农成、天泰、中联合作社均打造大米品牌，形成粮食生产、加工、销售产业链，实现增收增效。中联、宝良、共创等经营主体将业务延伸到苏州、盐城及海门、港闸等地。通过“全托管”服务推行，推动农业分户经营向适度规模经营转变，提高农业生产经营效益。

【农机监理惠农政策和措施】 2014年，停止征收变型拖拉机牌证工本费、人工检测费，免收农机安全生产协会会员费。继续将联合收割机第三者责任险、运输型拖拉机和农用大中拖交强险、驾驶人意外险列入农机政策性保险的补贴范畴，共办理农机政策性保险1022台。二手农业机械经区产权交易中心免费出具产权交易鉴证书后，可办理转移登记手续。区农机监理所制作发放“服务联系卡”1000张，在农成、共创、南通苏欣农机等销售企业、合作社设立“便民服务点”10个，为农机手办理牌证业务提供便利。

【农机安全监督管理】 区农机监理所紧扣“变型拖拉机、上道路拖拉机、跨区作业联合收割机”三大重点，继续深化农机“安全生产年”“打非治违”、隐患排查及专项整治活动。对未参加集中检验的农业机械，逐一核发催检通知，共核发拖拉机催检通知书1769台、联合收割机催检通知书512台，清理、注销驾驶证794件。“三夏”“三秋”期间，组织开展安全监管，严查非法作业行为，排查治理隐患主体160个，排查一般隐患282项，整改率100%，核发农机安全隐患告知书1份。协助公安、安监等部门加强对上道路拖拉机安全监管，开展以“六打六治”为重点的农机“打非治违”专项行动，参加上道路行驶拖拉机动态查控，并对驾驶人进行现场宣传教育，事后补检补审。宣传贯彻《江苏省农业机械安全监督管理条例》，通过悬挂横幅、展板展示、发放宣传手册、集中学习等方式进行宣传。印制宣传手册2000本，制作宣传展板12块，召开全区农机安全监理工作暨业务培训会议。同时，结合农机科技入户项目、农机职业技能鉴定培训、秸秆机械化还田技术辅导等，开展送教到镇、到村、到社、到户活动，分别在骑岸、刘桥、石港、平东、西亭、二甲等镇举办法制宣传教育班。

【油菜生产机械化】 区农机推广站协助南通世创公司进行中型油菜播种机改造，协助市农机推广中心对试制中可同时进行秸秆还田的油菜播种机进行旱茬地油菜机播秸秆还回田间试验，对油菜秸秆机械化还田技术规范进行优化。5月26日，在二甲镇召开油菜机收现场会，演示油菜机械化收获作业和油菜秸秆机械化还田作业，现场技术培训。全区新增油菜联合收割机9台，新增油菜播种机27台，油菜机收面积2200公顷，油菜机直播面积2373.33公顷。

【农业机械维修技术合格证核发】 3月4日，区农机局印发《关于换发农业机械维修技术合格证的通知》，部署全区农机维修点换发农业机械维修技术合格证。全区核实、审定和发证的区农机维修网点25个（一级1个、二级5个、三级19个）。

【第二届农机职业技能竞赛】 11月20日，区农机局、总工会联合举办第二届农机职业技能竞赛活动，共40多名选手参加。竞赛由理论知识竞赛和操作技能竞赛组成，操作技能竞赛为秸秆还田旋耕施肥播种一体机还田作业，占总成绩60%。石港镇杨建峰夺冠，获“金牌职工”称号。

（丁　霞）

农业资源开发

【概　况】 2014年，全区以发展现代农业，建设高标准农田为目标，以促进农业增效、农民增收为宗旨，以“特色”工作为重点，将通州现代农业发展推向新台阶。全年共争取农业综合开发项目7个，上级划拨财政资金7800万元，为加快现代化农业发展奠定坚实基础。

【高标准农田工程建设】 成功争取国家高标准农田建设项目。刘桥、西亭镇国家高标准农田示范工程项目资金1950万元，建设面积1000公顷，新建泵站19座，防渗渠31.1公里，水泥道路26.3公里，农桥7座等。刘桥镇国家高标准农田增量工程项目资金650万元，建设面积333.33公顷，新建泵站7座，防渗渠16.44公里，水泥道路9公里。实施中央财政旱涝保收高标准农田县工程，建设面积2240公顷，上级划拨财政资金3800万元，新建泵站51座，防渗渠177公里。

【产业化经营项目】 成功争取国家农业综合开发产业化经营项目资金540万元。江苏嘉安食品有限公司2000吨出口速冻蔬菜原料保鲜扩建项目建设总投资601万元，其中财政投资240万元，建保鲜库1191.6平方米加购置部分设备。通州区石港也材狼山鸡养殖基地改建项目等2个，建设总投资155万元，其中财政补助100万元。建鸡舍刮粪池2000平方米，鸡舍吊顶2160平方米，建仓库60平方米，鸡粪便堆场300平方米及配套设施。通州区如玉面粉有限公司7万吨小麦加工扩建项目建设总投资501万元，其中财政投资200万元，建仓库1450平方米和部分设备。

（陈念平）

水　利
Water Resources

编　辑　杨王军

【概　况】 2014年,通州区按照水利现代化建设要求,深化水利改革,加快水利建设,共完成重点水利工程12大类42项,投资总量4.1亿元,向上争取项目16项,获补助资金1.1亿元。投入4500万元,改造农村桥梁121座;投入1500万元试点建设生态河道8条(段),长19.6公里。严格落实水资源管理制度,在南通市考核中,列全市6县(市、区)第一名。节水型社会示范区创建通过省水利厅、发改委的评估和验收,成为南通市首个省级节水型社会示范区。创成省级节水型企业2家、社区1家、学校1家、省级八大行业节水行动项目1个,封填(停)深井9眼,征收水资源费661.8万元。实施农村饮水安全工程,总投资1.2亿元,铺设镇村输配管道1750公里,为西亭、二甲、石港等11个镇解决农村饮水不安全人口26万人。强化水利依法行政,在全市水利行政执法案卷评比中,报送的2个案卷列全市前2名,全年处理水事纠纷27起,立案查处9起,结案7起。5月,水利部政策法规司专题调研水利"六五"普法依法治理工作,对通州给予高度评价。水利改革持续深入,出台"河长制"实施方案,探索河道管理"蓝线制",行政权力合并1项、向镇(区)下放1项、取消4项。水利信息化建设不断加快,拓展升级水利信息管理系统一期工程功能,开发水利信息管理移动智能终端政务平台和水利工程诚信系统。通海闸管所通过省水利工程二级管理单位验收。服务区重特大项目,横港沙护滩固沙一期工程涉河建设方案通过水利部长江水利委员会行政许可,为西部沿江开发奠定基础,益民污水处理厂尾水排江工程获省水利厅行政许可,结束区无入江排口历史。是年,区水利局被评为区目标管理先进单位、生态文明建设工作先进集体、农业农村工作先进集体、法治工作先进集体、优秀政府网站建设先进单位,"兴水润物、惠泽民生"连续被评为最佳服务品牌。

【农田水利建设】 2014年,在骑岸、五甲、西亭镇的11个村,实施中央财政小型农田水利重点县项目第五期工程,总投资4030万元,其中中央财政补助1200万元,省级财政补助1200万元,区镇财政配套1630万元,建设灌溉泵站51座,防渗渠道177公里。在全省小农水重点县绩效考评中,通州区连续四次获优秀等次,列省75个项目县(区)第一,获省级奖励资金300万元。在平东、刘桥、兴东镇的12个村启动小农水重点县第六期工程,总投资4029万元,其中中央财政补助1200万元,省级财政补助1200万元,区镇财政配套1629万元,建设灌溉泵站66座,防渗渠道190公里。在刘桥、四安镇的3个村(居)实施新增千亿斤粮食产能规划灌区末级渠系田间二期工程,总投资1000万元,其中中央财政补助800万元,区级配套200万元,拆建灌溉泵站13座,防渗渠道43公里。继续实施区级灌区改造项目,拆建灌溉泵站60座、防渗渠道145公里,总投资3500万元,涉及11个镇。

【农村河道疏浚】 全区投入2050万元,疏浚整治各类农村河道155条(段),总土方240.68万立方米。其中,疏浚整治二级河道3条,长20.13公里,土方49.35万立方米;三级河17条,长39.08公里,土方49.74万立方米;四级河道61条,长85.59公里,土方80.86万立方米;整治沟塘74处,土方60.72万立方米。

【河道长效管理】 2014年,全区积极探索农村河道长效管理工作新模式,不断完善河道管理办法和考核细则,在考核方面,由区水利局单独考核改为区农环办组织考核,每月增加专项考核,每季度进行推磨式考核,在经费保障上,增设考核奖励资金136万元,用于弥补各镇区管护经费不足。区财政投入51万元,购置4条机械化保洁船,用于区管一、二级河道日常保洁;投入38万元,对三、四级农村河道设置长效管理公示牌。农村河道长效管理水平取得明显提高,是年,区农村环境长效管理在全市考核评比中名列第一。

【中小河流治理】 九圩港(江海河口—新生竖河段)治理工程通过竣工验收,工程总投资2736万元,疏浚整治河道

10公里，新建刘桥镇区岸线防护3公里。遥望港(通州段)治理工程通过完工验收，工程总投资2123万元，疏浚整治河道17.7公里，新建护岸4.2公里，拆建泵站4座。工程实施后，岸坡坍塌段得到有效治理，进一步改善项目区引排条件。

【防汛防旱】 落实防汛责任制，建立700人应急抢险队伍，组织应急抢险演练，完善防汛防台及抗旱预案。开展2次汛前河道清障执法巡查，对巡查中发现的违法行为进行制止，现场开具《责令停止水事违法行为通知书》1份。区防汛指挥部发布《关于限期清除行洪障碍的通告》，防汛准备工作做到充分有效。在23号强台风“菲特”、24号台风“丹娜丝”影响通州时，全区统一部署、积极应对，成功抵御台风袭击，未出现任何灾情。 (马旭东)

通州水利　　　　(方　嵘摄)

工 业

Industry

编 辑 陈 菊

综 述

【概 况】 2014年,通州工业经济以构建现代产业体系为目标,以加快转型升级为主线,促进经济实力、创新能力、竞争能力、持续发展能力四大提升,实现更高质量更高水平的发展。实现规模工业增加值416.9亿元,比上年(下同)增长11.9%,总量、增幅居全市第一。实现规模工业产值1855.49亿元,增长14.1%,总量居全市第一,增幅居全市第二。实现工业应税销售831.3亿元,增长17.5%,总量、增幅居全市第二。工业累计用电35.66亿千瓦时,增长11.6%,总量列南通市第二。

工业应税销售总量跨上新台阶。实现工业应税销售831.3亿元,增长17.5%。实现工业净入库增值税金23.08亿元,总量居全市第一。通州工业应税销售增长得益于:一是新竣工大项目强势拉动。恒科新材料公司、甬金金属对全区工业应税销售增长贡献率达到90%以上。二是重点行业逆势增长。机械装备产业实现应税销售167.56亿元,增长36.9%;船舶海工产业实现应税销售53.21亿元,增长35.4%,其中韩通重工实现应税销售26.79亿元,增长37.4%。三是主力平台强势发力。高新区、滨江新区成为全区应税销售百亿级平台。高新区实现应税销售增长36.2%。滨江新区实现应税销售增长76.1%。四是百强企业支撑有力。百强企业实现纳税销售431亿元,增长34.7%。百强企业销售占区规模以上工业销售的比重为72.4%,占全部工业销售的比重为51.9%。百强企业实现纳税占规模以上工业纳税的比重为70.6%。38家企业纳税超千万元。江苏韩通船舶重工有限公司、德尔福连接器系统(南通)有限公司纳税超亿元。

新型工业化迈出新步伐。高新技术产业实现规模工业产值810亿元,增长20.7%,占规模工业产值43.7%,提高2.3个百分点。新兴产业实现规模工业产值612.7亿元,增长29.5%,占规模工业产值33.2%,提高7个百分点。百强企业销售占区规模以上工业销售的比重为72.4%,占区全部工业销售的比重为51.9%。八大主导产业实现规模工业产值1723亿元,增长13.9%,占全区规模工业产值的93.2%,提高1.5个百分点。现代家纺、船舶海工、新能源、新材料、电子信息、机械装备六大特色板块规模工业产值超百亿元。现代家纺规模工业产值465亿元,增长7.4%,占规模工业产值25.2%;船舶海工规模工业产值291.64亿元,增长15.8%,占规模工业产值比重为15.8%;新能源规模工业产值275.60亿元,增长11.8%,占规模工业产值比重为14.9%;机械装备规模工业产值207.13亿元,增长13.8%,占规模工业产值比重为11.2%;电子信息规模工业产值199.58亿元,增长16.4%,占规模工业产值比重10.8%;新材料产业规模工业产值159亿元,增长74.3%,占规模工业产值比重8.6%。

重大项目建设实现新突破。工业投入实现稳中有进,完成工业投入311.14亿元,增长11%。完成技改投入218.7亿元,增长50.8%,占工业投入比重70.3%。完成高新产业投资126.1亿元,占工业投入比重40.5%。完成工业设备投入206.92亿元,增长13.4%。工业亿元以上项目工业投资177.58亿元,增长22.4%。

科技创新实现新提升。韩通重工的风电基础运输船、明德重工的29800DWT环保型自御船、蛟龙重工的多功能海上安装平台被认定为江苏省首台(套)重大装备及关键部件。江苏华宇印涂设备集团有限公司的精密高速金属薄板平板涂料机、南通宏德机电有限公司的3.6MW风电核心件主轴(固定轴)、南通凯迪自动机械有限公司新型高效节能立式上胶机的烘箱系统、南通威明精工机械有限公司的智能型玻璃器皿爆口机、中广核中科海维科技发展有限公司的电子直线加速器、南通华新环保设备工程有限公司的JBZ型急闭闸6个产品被认定为南通市首台套重大装备及关键部件。海星电子、华宇印涂、御丰塑钢、大富豪纺织等4家企业被新认定为省级企业技术中心。雄邦压铸、虹波机械、四方罐式储运、力普电子、综艺新材料等企业技术中心被认定为市级企业技术中心。金太阳纺织、韩通船舶、山口精工、圣夫岛、居梦莱、四方冷链等6家企业12个产品通过省级新技术新产品鉴定。全区有17个项目被列入省重点技术创新导向计划项目库，8个项目被列入省重点推广应用的新技术新产品目录。　　（张雨林）

工业投入

【概　况】 2014年，通州区完成工业投入311.14亿元，在南通县（市、区）中（下同）名列第二，比上年（下同）增长11%，名列第三。实施工业技改项目432个，技改投入216.3亿元，占工业投入的69.5%，增长49.2%，总量与增幅双双位列第一。工业投入项目549个，其中亿元以上项目86个，累计完成投资177.58亿元，占全部工业投入的57.1%。这些项目呈现出科技含量高、投资效益高的特点，涵盖公务机修造、新材料、智能装备、节能环保、精密机械和现代生产性服务业等领域，具有良好的产业发展优势。7月1日，在全省县市（区）中率先试行《工业产业技术改造负面清单办法》。区经信委窗口共办理工业项目备案（核准）立项125个，计划总投资额36.06亿元，新开工千万元以上工业新建和技术改造项目390个。

【华电通州热电联产项目开工】 7月，落户南通高新技术产业开发区的华电通州4×200MW级燃机热电联产一期项目开工。该项目总投资50亿元，占地10公顷，其中首期投资30亿元，建设规模为4×200MW级燃气—蒸汽联合循环供热机组，分两期建设，一期工程先行建设2×200MW级燃气—蒸汽联合循环供热机组。9月，进行桩基基础工程施工。

【甬金金属三期项目】 2014年底，江苏甬金金属科技有限公司冷轧不锈钢带材生产项目（三期）主体工程钢结构厂房进行结构性封顶施工。该项目占地11.07公顷，建筑面积7.5万平方米，购置先进的淬火炉、轧机等生产设备，新增不锈钢带产能30万吨。该公司一、二、三期工程全部竣工后，将形成年加工精密不锈钢板60万吨的生产能力，实现销售额超百亿元，成为中国不锈钢板行业的精品生产基地。　　（季旭东）

技术创新

【概　况】 2014年，通州区以创新驱动为引领，积极引导和鼓励企业加大研发投入，加快新产品新技术开发，重视企业技术中心创建，努力提高企业自主创新能力和市场竞争力，取得明显成效。海星电子、华宇印涂、御丰塑钢、大富豪纺织等4家企业通过省级企业技术中心认定，雄邦压铸、虹波机械、四方罐式储运、力普电子、综艺新材料等5家企业通过市级企业技术中心认定，江苏恒科新材料、广东鸿图、甬金金属等10家企业通过区级企业技术中心认定。全区共有省级企业技术中心24家（其中建筑业3家），市级企业技术中心18家，区级企业技术中心24家。金太阳纺织、韩通船舶、山口精工、圣夫岛、居梦莱、四方冷链、南通紫鑫等7家企业共13个产品通过省级新技术新产品鉴定。17个项目被列入省重点技术创新导向计划项目库，8个企业的12个产品列入省重点推广应用的新技术新产品目录（第五、六批）。

【省产业人才研修班开班】 6月24日，江苏省产业人才“育鹰计划”第十期清华大学（两化融合）高级研修班在通州区开班。省内50家以及南通市20多家重点软件企业负责人等100余人参加开班仪式。高研班由清华大学设计课程和聘请师资，结合“两化融合”主题，开设工业软件的开发与智能机器人在工业领域的应用、物联网发展与产业机遇、创新型人力资本的开发与管理等课程。　　（杨　亲）

招商引资

【概　况】 2014年，通州区招商引资取得一定成绩。主动对接上海自贸区、苏南及北广深等重点区域，先后组织45批近150人次赴外招商。加强与上海外高桥保税中心、台达集团、龙之眼航空公司、中航工业集团、幸福航空、菜鸟网络、顺丰电商、深圳TCL、中环运跨境电子商务等一批知名企业和客商的沟通洽谈。建立健全专业招商人才库。在上海先后举办通州区产业座谈会和通州滨江新区（上海）投资环境推介会。与南通五环、中国市县招商网、上海上市公司协会、上海闵行区统战部等12家机构和部门建立合作关系。4月，在无锡成功举办近80名专业招商人员招商引资实务培训班。全区招商引资集中签约活动共签约项目136个，投资总额230亿元。其中，亿元以上项目54个，投资总额220.9亿元；千万美元以上项目14个，投资总额19.41亿美元。注册资本3.34亿美元。　　（杨海蓉）

工业组织

【概　况】 2014年，通州工业积极推进高端发展、集约发展、规模发展、创新发展、特色发展、融合发展“六大发展”，实现稳中有进，产业结构不断优化，运行质态不断提升，发展后劲不断增强。1月，研究制定工业经济考核激励细则，表彰全区纳税百强企业。2月，下达全区规模工业产值、应税销售、工业投入、净增规模企业、民营经济等主要指标。3月，召开首季工业经济开门红推进会。4月，组织走进百强企业、百个项目"双走进"调研。5月，开展工业经济"双过半"调研。6月，出台新型工业化(民营经济)评价办法。7月，召开机关干部挂钩百强企业服务交流会，出台大企业培育三年行动计划；通州区获"国家新型工业化产业示范基地"称号。8月，申报南通市汽车配件特色产业基地；通州区获中国国际家用纺织品及辅料博览会二十周年最佳合作奖，通州家纺商会获中国国际家用纺织品及辅料博览会二十周年最佳组织奖。9月，组织申报省物流基地和重点物流企业；国家工业和信息化部公布符合《船舶行业规范条件》第一批企业名单，江苏韩通船舶重工有限公司、南通明德重工有限公司首批入围。10月，成功举办"张謇杯"中国国际家纺产品设计大赛获奖作品颁奖典礼。11月，推进企业完成淘汰落后产能工作。12月，全年各项经济指标全面完成，超额完成南通市下达的"十二五"节能计划时序任务和禁燃区淘汰燃煤锅炉任务。

【现代物流实现新突破】 2014年，通州大力推进物流品牌企业创建工作。南通供销产业园成功创建国家AAAAA级物流企业和五星级仓库，成为中华全国供销总社系统内第一家国家级AAAAA物流企业。通州家纺物流园成功创建为省重点物流基地，江苏景瑞农业科技发展有限公司、南通汇晟物流有限公司成功列为省重点物流企业。顺丰速运公司、和盛农资公司、南通纪氏钢材料有限公司晋升为国家AAAA物流企业。至年底，全区国家AAA以上物流企业总数达到18家。

【蛟龙重工研制多功能海上安装平台】 1月2日，江苏蛟龙重工集团举行多功能海上安装平台研制成功汇报会。该平台由蛟龙重工集团和美国设计公司BAA共同研发，属于世界上最新的第三代海上风电安装平台。平台的设计为国内首创，拥有自主知识产权，且技术含量远超国内同类平台。该款平台满足无限制航区、自航自升式海洋平台的要求，具有广阔的市场前景以及较高的市场价值，定价达8000万美元。

【蛟龙重工通过武器装备生产许可审查】 9月26—28日，江苏蛟龙重工集团接受武器装备生产许可现场审查。此次审查得到国防科工局、江苏省国防科工办、南通经信委的大力支持，经5位审查组专家现场巡视、资料审查，蛟龙重工顺利通过审核。

【韩通重工获CNG船订单】 10月26日，江苏韩通船舶重工有限公司与CIMC ENRIC SJZ GAS签订CNG(压缩天然气)运输船建造合同。该船由中集海洋工程设计研究院设计，采用天然气为动力，双燃料主机驱动，船长110米，设计航速14节，入美国船级社(ABS)和印尼船级社(BKI)双船级社。这艘CNG船由印尼国电公司Perusahaan Listrik Negara(PT PLN)营运管理，用于印尼岛屿之间的天然气运输。

【大富豪公司牵手"百威"】 8月6日，江苏大富豪公司与全球第一啤酒公司百威英博召开新闻发布会，宣布双方达成合作，百威英博以16亿元收购大富豪啤酒板块，通过强强联合，江苏百威大富豪啤酒公司年产量将达100万吨。

(张雨林)

民营经济

【概　况】 2014年，全区个体工商户、私营企业户、私营企业注册资本累计分别为86425户、31565户、1216亿元，分别比上年净增586户、73户、231亿元。新增一般纳税人769户、小规模纳税人2726户。民营工业增加值增长11.8%，固定资产民间投资额416.9亿元，增长20.3%。引进超千万元市外民资项目73个，注册资本28.96亿元，计划总投资126.4亿元，其中亿元以上项目17个，注册资本18.6亿元，计划总投资101亿元，实际投资额39.5亿元。民营经济各项指标保持较快平稳增长。

【园区建设】 2014年，全区11个南通市重点工业集中区新增投资135.5亿元，其中高新技术产业投入65.7亿元，实现营业收入1308.4亿元；兴仁镇、平潮镇、五接镇、川姜镇等四个工业集中区营业收入超百亿元。川姜镇工业集中区小企业创业基地被命名为"江苏省小企业创业培育基地"，刘桥镇、先锋镇、川姜镇小企业创业基地被评为"南通市小企业创业示范基地"。积极推进工业园区创建活动，刘桥镇、五接镇工业集中区被命名为"南通市特色工业集中区"。

(蒋洪飞)

电力运行

【概　况】 2014年，全区电力供需总体平衡，电量电力稳步上升。夏季高温天气少，煤炭价格走低，发电量充足，有序用电和电力应急预案未启动，平稳迎峰度夏。全年最大负荷89.55万千瓦，比上年(下同)增长7.2%，负荷及增幅列南通六县市第一。全社会累计用电47.61亿千瓦时，增长8.9%，总量增幅均居南通市第一。其中，一产累计用电0.52亿千瓦时，增长85.3%；二产累计用电36.64亿千瓦时，增长12.1%，拉升全区用电增幅9.07个百分点；三产累计用电3.52亿千瓦时，增长7.3%。城乡居民累计用电6.93亿千瓦时，下降7.6%，拖动全社会用电增幅1.3个百分点，其中城镇居民用电下降6.4%，乡村居民用电下降7.9%。热电联产发电量、供热量稳增，通州美亚热电有限公司发电1.07亿千瓦时,增长17.3%;实际上网电量8137万千瓦时,增长19.6%;全年供热量50.35万吨,增长2.4%。

【工业用电增幅列首位】 2014年,全区工业累计用电35.66亿千瓦时,增长11.6%,增幅高于上年同期2.6%,总量居南通市第二,增幅第一。全区工业用电占全社会用电的74.9%,高于上年同期1.83个百分点,列南通市第三位,比同期前移两位。其中,轻工业用电增长16.0%,重工业用电增长6.1%。

【电力扩容增长】 2014年,全区完成电力增容60.94万千伏安,增长5.7%,增量增幅均居南通市第三。其中工业企业增加27.17万千伏安,下降25.1%,增量列南通市第三,增幅列第六;居民、商业等照明增加32.84万千伏安,增长57.3%。

（董　君　高卫贤）

风景秀丽的人民公园　（冯金杰摄）

建 筑 业

Architectural Industry

编 辑 陈 菊

综 述

【概 况】 2014年,通州区完成建筑业总产值1188.83亿元,比上年(下同)增长17.5%。实现地税入库16.8亿元,增长5.11%,其中营业税12.05亿元,所得税1.89亿元,其他税收2.86亿元;利税总额95.38亿元,增长11%。加强资本运作。江苏达海智能公司在全国中小企业股份转让系统成功挂牌,成为全区首家新三板挂牌建筑企业。南通首家产业基金——鲁班基金创立。通创现代建筑产业研究院开始运作,着力为实现产业现代化搭建研发创新平台。龙头企业优势明显。3家特级企业总产值占全区建筑业总产值的60%。全年有38家企业申报资质,首次申领18家,增项10家,升级7家,重组分立2家;申领一级资质2家,二级资质5家。产业结构调整取得明显进展,企业产业链延伸加快。全区一级专业资质企业达18家,涉及40多个经营类别,市政、桥梁、水利、海工、热电、地铁、高铁等领域拓展迅速。通州建总中标3亿元苏州地铁工程,南通扬子在苏州承建1.245亿元的轨道交通4号线安装工程和贵州的隧道安装工程。促进建筑业与建材业融合发展,推广新型绿色建材产品,举办通州区建材产品推介会。深入开展"四个一"等送服务到企业、送服务到前方系列活动,"铁军之家"连续多年获区"十佳服务品牌"。

【刘国中调研南通四建】 5月16日,中华全国总工会副主席、书记处书记、党组副书记刘国中在省总主席邢春林和市总主席、党组书记葛玉琴陪同下,到南通四建集团公司调研基层工会建设工作。刘国中一行听取达海投资公司董事长、南通四建名誉董事长、党委书记耿裕华介绍企业,并参观公司党建工会活动室,了解公司工会组织结构和运行情况。他对南通四建公司在基层工会建设方面的实践经验表示充分肯定,并希望公司继续保持争优态势,在保障基层职工权益方面能够突破思路,探出新路子,创造更好的经验。

【罗志军调研蛟龙重工】 4月28日—29日,省委书记罗志军调研蛟龙重工集团有限公司,详细了解产品研发、产销订单和经营利润等情况。他称赞蛟龙重工是江苏民营企业科技转型升级的成功典范,说:"你们能抓住机遇,克服劣势,实现新的发展,这与企业灵活的管理体制和机制是分不开的。"他勉励企业负责人进一步坚定发展信心,顶住经济下行压力,坚持依靠技术创新和结构调整,不断提高产品附加值和竞争力,牢牢占据市场竞争主动权,为全市乃至全省经济发展贡献出自身力量。

【鲁班基金诞生】 11月28日,南通首个产业基金——鲁班产业基金在建工大厦揭牌。该产业基金由南通长城、一建、英雄、卓强4家一级资质建筑企业联合南通鲁班投资管理公司共同创建。基金总规模5亿元,5家企业首期注册资本1亿元。这标志着一个新的建筑业金融服务模式及鲁班银行的雏形在南通形成,在债权、股权、并购、投贷联动等方面开展创新性业务,不仅对合伙人提供资金上的支持,而且通过PPP等路径协同合伙人共同承接政府基建项目,推动建筑企业的重大商业模式转型,为南通建筑业的加速发展及上下游金融服务注入新的活力。

建筑施工

【概 况】 2014年,全区建筑施工在建施工面积1.20亿平方米,比上年(下同)增长14%;竣工面积3991.8万平方米,增长16.37%;期末从业人员数33.3万人,增长9.54%。承建高层建筑4954幢,增长15.7%,其中超高层建筑918幢,增长30.7%。海外市场完成营业额2.1亿美元,期末在外人数达2250人。建筑业专业施工产值占建筑业总产值的 16.1%,提高 1.1 个百分点。

工 程 质 量

【概　况】 2014 年,全区建筑施工企业工程质量不断提高。5 家企业进入"中国建筑业双百强企业"榜单,3 家企业进入"中国民营企业 500 强"名单,1 家企业被中建协授予"2014 年全国建筑业质量管理诚信企业"荣誉称号。9 家企业跻身江苏省建筑业"双百强"企业行列,8 家企业获江苏省"百强企业"称号,2 家企业获"进沪企业 30 强"称号。20 家企业跻身区纳税百强企业行列。工程质量一次性验收合格率达到 100%。全年创"鲁班奖"3 项,国家级优质工程 8 项,"扬子杯""白玉兰"等省、市级优质工程 48 项。南通四建集团有限公司获南通市市长质量奖,成为全区首家获此殊荣的企业。

【获鲁班奖 3 项、国优奖 4 项】 2014 年,通州区获鲁班奖 3 项,分别是:南通四建承建的东南大学教学医疗综合大楼、通州建总集团有限公司承建的苏州独墅湖高等教育区教育发展大厦、南通新华建筑集团有限公司承建南京联创科技大厦。累计获鲁班奖 49 项,领先全国县(市、区)。获国家优质工程奖 4 项,分别是:南通四建承建的南京新城发展中心工程和参建的南京鼓楼医院仙林国际医院基本医疗区工程、通州建总承建的乌兰察布市公安局刑侦指挥中心工程、南通扬子设备安装公司参建的苏州唯亭科技创业基地。

【1 项工程获詹天佑奖】 2014 年,南通扬子设备安装有限公司承建的苏州星港悦湖花园荣获 2014 中国土木工程詹天佑奖优秀住宅小区金奖。

【3 项工程获中国安装、装饰工程优质奖】 2014 年,南通四建集团有限公司承建的江苏国际图书中心暖通安装工程、南通扬子设备安装有限公司承建的苏州唯亭科技创业基地项目机电安装工程获中国安装工程优质奖(中国安装之星)。南通新华幕墙门窗有限公司承建的通州区城市规划展览馆幕墙工程获全国建筑工程装饰奖。

【1 项工程入选改革开放"经典工程"】 2014 年,在中国建筑行业协会会同 13 家行业建设协会举办的"改革开放 35 年百项经典暨精品工程"评选活动中,通州建总集团公司承建的侵华日军南京大屠杀遇难同胞纪念馆扩建工程入选"经典工程"。

【4 项工程获优质安装"申安杯"奖】 据上海市安装行业协会公告,通州区在沪有 4 项工程获评 2013 年度上海市"申安杯"优质安装工程奖。分别是:南通四建集团有限公司承建的中航商发研发中心建设项目—101 号总部及研发大楼 A 区总部办公楼安装工程、华东理工大学奉贤校区药学院安装工程、重组蛋白药物和制剂生产与研发基地联合厂房安装工程;通州建总集团有限公司承建的上海儿童医院中心血液肿瘤中心、后勤保障楼和地下停车库安装工程。

【4 项工程获"白玉兰"奖】 南通四建和通州建总承建的 4 项工程获上海市建设工程白玉兰奖(市优质工程)。分别是:南通四建承建的中航商发研发中心建设项目—101 号总部及研发大楼、尚海湾豪庭 6 号楼高层住宅、华东理工大学奉贤校区药学楼,通州建总承建的上海交大医学院附属上海儿童医学中心血液肿瘤中心。

【5 项工程获上海市优质结构奖】 南通四建和通州建总承建的 5 项工程被评为 2013 年度上海市优质工程(结构工程)。分别是:南通四建施工的"华虹创新园"三期项目 3－7、3－6、3－8 号标准厂房、上海市航空电器有限公司生产基地新建项目(一期)二标 2 号楼光伏逆变器厂房等 4 个工程,通州建总施工的马桥基地住宅项目新建 16 号楼工程。

【1 项工程获中国长三角金石奖】 第六届中国长三角优秀石材建设工程金石奖评选结果揭晓,经行业推荐、赛区初审、评选办复审、专家工作组现场评审、评委会终审,共有 209 项工程获此殊荣。南通四建集团有限公司承建的尚海湾豪庭 6 号楼高层石材工程榜上有名,获金石奖(综合大奖)。

安 全 生 产

【概　况】 2014 年,全区建筑施工现场管理进一步规范,安全事故发生率得到有效控制,未发生一般以上重大生产安全事故。先后召开全区一级以上建筑施工企业法定代表人形势分析和"安全生产月"活动动员会议。召开企业安全科长、区内在建项目负责人、专兼职安全员等参加的各种安全生产会议 5 次。组织安全生产、文明施工、"七打七治"和机械设备脚手架等专项整治督查活动 6 次,抽查塔吊 77 台、施工升降机 14 台,签发书面事故隐患整改通知单 1260 份,停工通知书 52 份,起重机械禁用通知书 43 份,封停起重机械 33 台,发现事故隐患 9000 余条,督促整改近 8996 条,整改率达 98% 以上。邀请区消防支队官兵进行消防安全知识培训。严格实施设备备案登记和危险性较大分部分项工程方案的论证管理及现场安全工作的监管,完成 737 台机械设备省级网联转换备案登记。全年创通州区文明工地 61 个,南通市文明工地 18 个,江苏省文明标准化示范工地 33 个。

科技教育

【概　况】 2014年,全区建筑业获南通市工程建设优秀QC成果奖39项、省和国家级优秀QC小组成果奖52项,创省级工法28项、科技示范工程27项,新增国家发明专利2项,实用新型专利19项。全区在建的160多项工程实行LBS全覆盖管理,造价5000万元以上项目实行远程监控。

南通四建集团有限公司等5家企业获"2013年度全国优秀施工企业"称号,南通新华建筑集团有限公司被授予"全国建筑业先进企业"称号,通州建总集团有限公司连续10年跻身"中国承包商60强"行列,江苏达海智能系统股份有限公司获"省级创新示范企业"称号,南通四建集团有限公司被评为"2014年度江苏省首批地标型企业"。

3人获"全国建筑业优秀企业家"称号,7人获"中国工程建设高级职业经理人"称号。15人获"全国工程建设优秀项目经理"称号,1人获"全国建筑业企业优秀总工程师"称号。1人被评为全国"讲理想、比贡献,奋力实现中国梦"活动优秀组织者。2人获"国家优质工程奖突出贡献者"称号,1人获茅以升科学技术奖——建造师奖。7人获聘入选省级工法评审和新技术应用示范工程验收专家库名单。耿裕华入选"苏商十年十大形象代言人"榜单。3人获省安装行业"优秀建造师"称号。1人被评为"创业南通十大经济风云人物"。

全年共组织建筑企业"三类人员"和造价员、施工员、质检员、安全员、材料员"五大员"培训9886人次。完成8486人的继续教育培训,以及636名JGJ59—2011安全技术规范、462名台账资料员、186名质量验收标准等人员的培训,8825名特种作业人员理论和操作技能的复审、培训。引导企业推动产学研结合,加快先进适用技术的推广应用。南通四建、通州建总、南通新华等三家省级技术研发中心通过省住建厅和省经信委联合复审。新增266名一、二级建造师。全区共有一级建造师1146人,二级建造师2654人,位居全国前列。新增农民工业余学校52所,6500多人参训。

【葛建华技能团队入选省级工作室】 2014年,通州四建集团有限公司高级技师葛建华所在的技能团队,在全省高技能人才重点建设项目评审中被评为"江苏省技能大师工作室",是南通市唯一入选团队。该工作室作为省级高技能人才培养载体,接受高技能型紧缺人才培养,以参加技艺培训班、开展青蓝师徒结对、现场技能比武、施工技巧攻关等形式,推进企业技术创新,夺得更多精品工程。

(周　峰　茅胜南)

新华社2014年国内十大新闻(一)

全面深化改革元年出台多项重大改革举措

2014年是党的十八届三中全会提出全面深化改革的元年。一年间,党的建设制度改革、户籍制度改革、财税体制改革、考试招生制度改革、公车改革、央企负责人薪酬制度改革、城乡养老并轨等一批重大改革方案相继出台,改革总体部署全面展开,以破竹之势,在重要领域和关键环节向纵深推进。

2014 年通州区重点建筑企业完成指标情况一览

表 5

序号	单位名称	建筑业总产值（万元）	房屋建筑施工面积（平方米）	其中：当年新开工面积（平方米）	计算劳动生产率平均人数（人）	10 层以上建筑（幢）	资产合计（万元）	所有者权益合计（万元）	工程结算收入（万元）	工程结算税金及附加（万元）	管理费用中税金（万元）	利润总额（万元）	建筑业增加值（万元）
1	南通四建集团有限公司	30240692	32130847	13095068	84835	1074	30989602	2414704	18527089	611393	5486	545842	7257766
2	通州建总集团有限公司	20170762	31960025	30622954	54072	1548	23073832	925972	16365614	549869	361	672462	4840983
3	南通新华建筑集团有限公司	12003396	17125040	17125040	30130	703	13367897	1706249	12003396	403314	390	439997	2880815
4	江苏通州四建集团有限公司	6190181	5490917	5490917	12010	253	6787421	888666	4745635	162981	8276	615520	1485643
5	南通英雄建设集团有限公司	7323968	8426557	8366681	19184	543	7323968	1272640	5127257	169199	1538	389995	1757752
6	南通永峰建筑安装工程有限公司	4263272	1919563	1919563	8403	74	4263272	298931	1278981	42206	1529	23022	1023185
7	江苏通州二建建设工程公司	7534508	4192998	3574433	7045	196	7534508	670900	4106087	135612	1123	246294	1808282
8	南通长城建筑安装工程有限公司	7322633	6021520	6021520	30523	88	7922633	459996	2050476	68717	2442	98461	1757432
9	华东工业设备安装股份有限公司	3364200	—	—	6084	—	3364200	521263	3192400	131526	984	181966	807408
10	南通扬子设备安装有限公司	2505490	—	—	4225	—	2505490	174089	1002245	33645	308	31935	601318
11	南通通博设备安装工程有限公司	2200963	—	—	7449	—	2200963	108548	829823	27799	402	8434	528231
12	江苏蛟龙重工集团有限公司	6138183	—	—	2853	—	6287159	727386	5321450	156540	35465	705475	1473164
13	南通承悦装饰集团有限公司	2701344	—	—	1960	—	2701344	973629	2701344	89144	810	485391	648323
14	江苏金轮装饰集团股份有限公司	2415674	—	—	4057	—	2415674	610380	2415674	79107	175	195209	579762
15	江苏通州基础工程有限公司	541205	—	—	715	—	541205	53576	540431	18159	244	17534	129889
16	南通新华钢结构工程有限公司	859287	—	—	297	—	859287	121772	803620	3340	425	64496	206229
17	南通蓝天彩钢结构工程有限公司	193272	—	—	291	—	193272	20509	120658	3613	1521	4110	46385
18	江苏达海智能系统股份有限公司	201436	—	—	126	—	201436	268197	228436	8904	300	30112	48345
19	江苏船谷重工有限公司	306345	—	—	346	—	306345	56552	224050	6720	790	6849	73523
20	南通通西建筑装饰集团有限公司	825580	—	—	743	—	825580	150808	825581	41279	518	31521	198139
21	南通华宇建筑装饰有限公司	150718	—	—	539	—	150718	8931	113038	5075	1900	13728	36172

城乡建设

Urban and Rural Construction

编　辑　杨王军

城镇规划

【概　况】 2014年，通州区在城乡规划体系基本完善的基础上，注重规划特色、拓展规划深度，着力实施八项规划，即：世纪大道两侧城市设计、城东新区北片区城市设计、城市色彩详细规划、城区绿地系统规划、绿色建筑发展规划、城区停车设施专项规划、园区详细规划和城镇详细规划编制，为积极打造精品城市、建设南通东部新城，实现城乡发展既“做大做强”又“做精做优”的目标强化基础。进一步健全规划管理制度，出台《通州区征迁安置小区规划管理意见》《关于加强全区城乡道路两侧建筑控制的通知》《通州区农村杆线规划管理办法》等，以规范城乡建设行为。全年核发建设项目选址意见书92份、总用地面积815.24公顷，建设用地规划许可证109份、总用地面积739.57公顷，建设工程规划许可证174份、总建筑面积665.49万平方米，乡村建设规划许可证175份，审批农民建房980户。

【城区规划编制】 围绕提升城市品质，开展世纪大道和鹏程大道两侧区域城市设计，确立“智慧新通州　生态科技城”的发展定位；完成城东新区北片区城市设计，提出构建集生态绿廊、现代生活、生产于一体，具备新城镇示范建设意义的生态活力新社区；以建设智慧科技、生态绿色、宜居宜业的东部新城为目标，编制银河新区、科技新城等重点片区色彩详细规划；强化城区生态环境建设，改善人居环境质量，完成城区绿地系统、停车设施专项规划，促进城市健康可持续发展。

【村镇规划编制】 开展高新区控制性详细规划和空港城、锡通产业园、滨江新区、石港科技产业园控规及水系、绿地、道路市政设施等专项规划，引导园区规划规范有序建设；加大控制性详细规划编制工作力度，完成张芝山、兴仁、刘桥、五甲、四安、骑岸、十总、西亭、东社等9个镇镇区控制性详细规划，加快城镇化进程和提升城镇化质量；协调城乡建设与民生改善需求，完成通州区安置房布局专项规划，依法有序推进拆迁安置。　（季海云）

城市建设

【概　况】 2014年，区住房和城乡建设局以“建设新城区、提升老城区、对接主城区、辐射镇区园”为目标，大力实施“市政畅通、生态文明、民生保障、城乡统筹”工程，城建重点工程和建设行业管理工作取得好成绩。圆满完成省下达区农村危房改造500户任务，实际完成506户（新建450户、每户资助11000元，加固修缮56户、每户资助6500元）。全区集镇环境综合整治工作通过验收，转入长效管理阶段；协助区村庄环境整治工作，并通过省级验收。对217个村居开展村庄基本情况、农房现状、集中供水、道路硬化、垃圾处理、污水处理等调查，录入全国人居环境系统；组织对农村房屋现状进行调查，完成2050户农村危房现状调查并录入全国农村住房信息系统。制定《全区农村小游园建设实施方案》，指导镇区建设小游园29个，二甲镇余西居、石港镇广济桥居申报全国传统村落，东社镇申报全国特色景观旅游名镇，兴东镇土山村被确定为2014年度省美丽乡村建设示范项目，协助五接镇开沙村申报全国特色景观旅游示范区项目。指导实施各镇建成区污水收集管网建设，累计投入资金2374.54万元，新增城镇污水收集管网27.85公里。是年，表彰为区目标管理绩效考核先进集体、城镇建设与管理工作先进集体、民生及社会建设工作先进集体、文明城市长效管理工作先进集体、2014年度建筑业发展优秀组织奖”及“办理人大代表建议先进集体”“承办政协提案先进集体”。

【两中心投入使用】 2014年,区市民中心五座单体建筑相继竣工,其中,政务服务中心于4月26日交付使用,档案馆、妇女儿童活动中心、图书馆及文博中心于下半年交付使用。10月20日,第八届"江苏省戏剧奖·小戏小品奖"赛在文博中心举行。11月4日,"童声里的中国"少儿艺术创研活动基地建设汇报会暨"全国首届儿童音乐优秀创作奖"获奖作品展演在文博中心、妇女儿童活动中心开幕。区体育中心项目于4月24日通过竣工验收,5月10日交付使用。

【绿色建筑示范区创建】 2014年初,通州区创建省级绿色建筑示范区工作启动,区政府出台《全面推进南通市通州区绿色建筑规模化发展的实施意见》《南通市通州区绿色建筑管理办法(试行)》《南通市通州区绿色建筑与建筑节能专项引导资金管理办法(试行)》等,并成立省级绿色建筑示范区创建领导小组,以区长为组长,分管建设的副区长为副组长,区住房和城乡建设局等14个部门为成员单位。委托省绿色建筑工程技术研究中心编制《南通市通州区绿色建筑发展规划》和《可再生能源专项规划》《绿色交通专项规划》《水资源利用专项规划》《固体废物专项规划》,4个生态专项规划形成中期成果。全区新建民用建筑执行绿色建筑标准,计划三年新开工项目302.8万平方米,其中公共建筑比例20.7%,二星级及以上绿色建筑比例达54.9%,能耗监测建筑项目8栋,全装修住宅比例40.6%。4月,完成省级绿色建筑示范区创建申报,5月通过省住建厅专家评审,6月立项成功,获省专项补助资金2500万元。至年底,确定示范项目13个、建筑面积168.6万平方米,区市民中心(公建二星)绿色建筑全部完成,高新区科技之窗(公建二星)、区社会福利中心(公建一星)、五星级高中(公建一星)在进行项目建设和星级设计标识申报,碧桂园天玺湾(住宅二星级)、翰林御花园(住宅一星)、新瑞文化翡翠园(住宅一星)等住宅实施项目申报。

【城区道路建设改造】 2014年,投资2亿元,新建、改造新通掘路北段(长2550米,宽47米)、金通三大道东延(长1900米,宽46米)、虹西支路(长2000米,宽22米)、北二环(长1400米,宽35米)等工程,以提升、完善老城区路网。投资约5000万元,完成北二环和人民路东延、双皮桥南侧支路等续建工程,建设307支路、经一路、纬三路、城区52座公交站亭,配合数字化城管维修城区道路,维护交通安全设施。同时,结合文明城市创建,改造背街后巷、配套交通标志、施划道路标线、更新道路标牌、新增停车泊位,以缓解老城区行车难、停车难问题。

【城区绿化建设】 2014年,投入约1.85亿元,新增城区绿化面积约72万平方米。实施霞中竖河公园、五号横河太山河公园、世纪大桥桥头公园以及万顷良田小游园、五一公园、湘江北路北延两侧绿化、唐灶港南侧绿地建设;完成北一环东延、北二环东延、北二环西延、人民路东延、新通掘路(大庆路至S335段)、朝霞西路等道路绿化工程,完成中心横河(珠江路至湘江北路段)、十五总港(人民路至北一环段)、二号横河(中心路至世纪大道段)、朝霞广场改建工程、实验小学金桥校区周边和城东新区道路节点绿化提升,以及五一路、经三路、纬四路、新园路、翠园支路、湘江北路北延等道路行道树栽植工程,完成新通掘公路(北三环至唐洪路口)路侧绿化工程。城区绿化养护管理经费全年投入约600万元,有专业绿化养护企业9家,养护管理公园、绿地面积150多万平方米。

【住宅小区改造】 2014年,区财政投入3800万元,实施34个住宅小区(组团)综合改造,其中金沙镇城东小区、新佳园、天福公寓、水利局宿舍、公安局宿舍、城管宿舍楼、工商局宿舍、农林宿舍等17个,高新区金和小区、金南小区、师范桥小区、银河公寓、银河宿舍楼、工行宿舍楼、通州花苑、金丰小区、威美公寓、东大俪鑫、沁园新村、华德小区、荣华小区、纺织厂宿舍等17个。主要改造小区路网系统,修补破损路面,增设停车场,建造地下排水系统,清掏化粪池,实现雨污分流,修建路灯、绿化,增加监控设施,美化小区环境。至年底,共增加停车位520个、硬化路面约6.5万平方米、铺设雨污水管道22000米、安装路灯190套、监控设施110套、补植绿化约5万平方米,惠及住户5048户、15536人。

【城市亮化】 大力推进路灯规范化管理,路灯亮灯率全年保持在99%以上,设施完好率保持在95%以上。全年投入资金约163.86万元,先后完成通州湾快速通道、S225省道、北二环、十总至二爻道路、金通三大道、新通掘路、盐河南路、S305省道、东沙大桥、G345国道等17条道路亮化工程和城区楼宇景观亮化工程,新增各类路灯5864套,新增楼宇亮化15处。

【供水工程】 结合北二环东延、新通掘路南北段、虹西三支路、朝霞西路、杏园西路、北三巷、金欣路、金正路、康富路、金国路、虹西支路等道路新建、改造,配套给水管道施工34.47公里。在虹西花苑、滨河人家、金泰B区、金缘A区等4个拆迁安置小区,配套给水管道施工43.26公里,装表6177户。在综艺金融港、华山职工住宅、银河湾二期、金色城邦二期、万和华府二期、中瑾翰铂府北区、水榭花城二三期、翠湖景苑等9个商品房小区,配套给水管道施工26.75公里,装表4558户。在希望苑别墅区、师范桥新村、华德新村、沁园花苑、市委新村、华德花苑等13个整治改造小区,给水管道改造12公里。在希望苑2号楼、帝奥生活广场、虹南新村9号楼、南山新村6号楼等11个小区,完成改表出户185家。

【益民污水厂迁建】 区益民水处理公司迁建项目位于高新开发区文学路南、新江海河东、希望大道西、文鼎路北,占地面积14.02万平方米。人工湿地项目位于该项目南侧,占地面积为8.2万平方米。污水处理项目总投资约4.36亿元，主要包括：城市污水处理厂1座，总规划19.2万立方米/日，一期实施4.8万立方米/日，污水泵站1座，设计规模9.6万立方米/日，污水管道（DN1600—DN2200）长约5.8千米。5月，完成项目立项、环评审批、排口审批、专家论证、施工审查等，6月，开工建设。

【城区水环境建设】 加强城区河道水体置换力度，有效改善内河水体水质，并通过全国文明卫生城市、全省优秀管理城市等考核检查。全年利用金沙横河西闸站、中心横河西闸站、二号横河西闸站、中心竖河南闸站等12座闸站引水19732万立方米。投资约1000万元，实施唐灶港、金沙横河、十三总港、十五总港、运盐河、南十五总港、中心竖河等河道的水生态治理，以改善周边居住环境和内河水质。其中，采用生态清淤及快速处置一体化新技术疏浚唐灶港河道，长2100米，清淤2万立方米。相继实施城区临街洗浴中心、饭店、洗车场等"五小行业"及城区内河污水排口的截污改造工程，完成桃花源酒店、时珍居酒店、银泉酒店隔油池和沉淀池建设，配套建设经二路和世纪大道雨水管、虹西北路污水管、人民医院停车场前的雨污水管，完成人民西路大排口截污、朝阳路雨水管和新通掘路污水管建设。组建区益民给排水公司，以提升城区雨水管汛期通水能力，全年安排236人次、46车次，维修更换井盖396套，疏通污水管道3.68万米，清掏雨水井5030套、污水井1798座，监测雨污水管道7.23千米，截污改造管道2.27千米。

【建设市场管理】 2014年，发放施工许可103份、面积332万平方米，施工合同备案121份、造价73.58亿元。办理工程竣工备案92个、面积314.65万平方米，监理合同备案115份，组织重大项目初步设计会审39项。出台《贯彻落实〈工程质量治理两年行动方案〉实施方案》，开展工程质量治理专项行动，进一步规范建筑市场秩序。受理工程质量监督285项，面积644.48万平方米，其中上年度结转工程133项，面积286.22万平方米。参与竣工验收项目138项，建筑面积215.78万平方米。接收工程项目竣工档案148个，计13245卷，参加竣工预验收项目69个、竣工验收项目68个，整理工程竣工档案3126卷。实施新建工程施工图及抗震设计审查188项、建筑面积435万平方米，完成校安工程抗震加固设计审查21项、建筑面积近7万平方米，完成补办审查项目13项、建筑面积近15万平方米，报建工程抗震设计审查率100%。组织城建执法人员集中培训7次，开展城市住宅室内装饰装修、城市燃气管理法律法规和安全知识宣传5次，开展行政执法检查和执法巡查45次，开展燃气50次，实施行政处罚案件38起，罚款105.94万元，发放责令整改通知书83份，责令停工通知书6份，查处违章建筑面积28.45万平方米、工程造价1.78亿元。全年售水6912万吨、同比增长5%，实现销售收入1018亿元、同比增长6%。全年处理污水1217.06万立方米，处置污泥6158.03吨，综合出水合格率达98.5%。全年销售天然气3338.52万立方米、同比增长86.72%，新增接驳户数16856户、同比增长84.1%，新增点火数5807户，同比增长112.84%。现有燃气用户42112户，燃气管网384.47公里，天然气接收门站1座，天然气供气站4座、汽车加气站1座。

（徐志宏）

城市管理

【概　况】 2014年，通州区城市管理局（行政执法局）以惠民城管为主题，承担探索市场化运作、强化长效管理及省级示范路的创建等三项特色工作，扎实做好城管重点工作，夯实环卫基础，强化队伍管理，在向城市管理"整洁、有序"目标迈进过程中实现新跨越。是年，区农村环境"四位一体"长效管理工作获全市考核第一名。创建"城市利民'管家'"效能服务品牌，城管勤政教育基地成为区社会科学普及示范基地。

【三项特色工作】 2014年，城区主次干道、后街后巷及无物业管理小区的小广告清理以及城区14条道路两侧的非机动车停放管理业务均由专业公司承包，实行市场化运作。完成区10个大项46个小项的城市环境综合整治任务。4月起，对全区集镇环境进行长效管理，出台《南通市通州区集镇环境长效管理考评办法》，指导各镇开展市容秩序、经营秩序、交通秩序和环境卫生、住宅小区等方面的长效管理工作，并进行考核，11月起，对各镇争创示范户、示范路、示范小区的"三创"活动进行验收。完善《农村环境"四位一体"长效管理考评办法》，全区共处置生活垃圾26.18万吨，同比增加3.2%。树立"防拆结合、以防为主"理念，强化村居第一道防线责任，坚持日巡查、周分析、月考评与媒体通报制度，健全告之交办、催办、督办和约谈机制，全区共新发生违章建设809起、面积计13.78万平方米，发生率同比下降25%，拆除750起、面积计8.8万平方米，拆除率达97%，提高7%。取缔"回潮"废品收购站点471处，面积计9.1万平方米，8个镇建成再生资源集散中心并运行。投资4000多万元，对城区交通北路进行整治与改造，长1.7公里，主要拆除各类违规、破旧广告牌（匾）200余块，统一设置门头店招面积1068平方米，包装空调外机183台，翻新外墙面面积约5700平方米，规划设置非机动车停放区域80余处，清除橱窗张贴物350余处，是年，通过省住建厅组织的省级示范路验收。

【城管重点工程】 投入230万元，完善城管"两中心"设施，添置生活固废转运中心污水加压泵站和机扫混杂垃圾分离处理系统，在环卫处大楼院内新建膜结构车棚80个。投入近120万元，对城区环卫数字系统功能进行提升。投入250万元，在长江北路霞中公园新建公厕两座，在五号横河新建公厕两座，在湘江北路新建移动式公厕一座。投入近800万元,添置12吨洒水车1辆、电动高压冲洗车2辆、5吨洗扫车5台、1.85吨清洁助手扫路车2台、5吨垃圾内运车3辆、3吨垃圾内运车3辆、15吨垃圾外运车2辆、四轮运桶电瓶车2辆。投入1000万余元,对通吕公路("一河两岸"示范段)25座"高炮"进行拆除,同时对城区新通掘路(北三环至东大市场)、翠园中路、老通掘路南侧(长途车站至交通北路口)、老通掘路人民医院对面、华山路、中心路(金桥路至行根路)、瀚学苑东、北侧、育才路、育才花苑北侧、市民广场等路段的店招店牌进行整治与提档升级,面积约6000平方米。结合全国文明城市、生态区创建,组织开展市容环境卫生综合整治25次,规范或取缔各类违章行为1.5万余次,在人民中路、世纪联华等地段建设临时烧烤疏导点位40余个,夏季临时疏导点13个,便民修理点16处,规范青岛路早餐点25家。开展"零点行动"百日大整治,查处渣土违章违法行为564起,处置无主建筑垃圾6.2万立方米。是年,共受理城市管理方面的案件77124件,有效处置率99.45%。

【依法行政】 出台《关于推行行政指导的实施意见》,以"行政监管劝勉、执法事项行政提示、轻微问题行政警告、违法行为行政纠错、纠纷调解指导、案件回访"等6项制度为主要内容,重新完善编印《行政执法依据汇编》。每周发布法律法规短信1条,每月月初拟订试题在城管局网站,月底统一在网上进行考核,每季对各单位案卷评查及典型案例的分析,推行行政执法案件"网上巡查"机制。8月,组织对全区19个镇区园的367名城管协管员,先后分6批进行封闭式集训,内容包括体能训练、城管法律法规的学习、集镇长效管理、违建管控等业务技能。12月,推进城管执法重心下移,将城区执法队伍下移到高新区和金沙镇,以充实基层城管执法力量。是年,共办理行政执法案件1466件,行政权力网上运行工作绩效月度考核位列全区执法部门前列。

【队伍建设】 以群众路线教育实践活动为契机,认真查排党员领导干部在"四风"方面存在问题,在组织集中学习、观看电教片、聆听讲座、展开讨论的同时,把"懂规矩、讲程序、守纪律、重友谊"作为工作行为准则,着力推行"日三、月四、周六"工作法,坚持每周一次晨会、每月一次办公会及党组会,重大问题专项商议,充分发扬民主,用集体的知慧做出决策,解决各类问题。召开座谈会14次,刊发专题简报16期,征求意见建议96件,边查边改,即知即改。设立球类、象棋等兴趣小组9个,开展文体活动和环卫工人技能大赛,寓教于乐。以"五联一扶"为载体,坚持党员干部每月参加一次所在社区组织的活动;每季度去一次社区听取群众对城管工作的意见与建议;每半年对社区贫困户组织一次慰问;每年召开二次政风行风监督员(人大代表、政协委员)会议,汇报城管工作,听取监督员对城管工作的批准与建议,帮助小区解决各类问题20余件,全年受理各类投诉举报、群众来信来访1123起,办结率100%。组织慰问特困下岗职工和帮扶对象12人次,慰问各类物品及现金达2.5万余元,办理行政许可事项1010件,行政审批窗口5人次被评为"月度服务之星",行政服务窗口获"红旗窗口"称号,环卫工人顾振勇获南通市劳模,江海明珠广场城管志愿服务站获南通市优秀城管志愿服务集体称号。局领导带领执法大队、环卫、数字城管及科室主要负责人走入"999民生"热线直播室与中国通州网,倾听百姓心声,积极为民解难。全年承办人大代表建议、政协提案共34件,满意率100%。开展"阳光执法、亲民服务"主题教育,先后签订廉政承诺50余份,"一岗双责"得到有效落实,严格执行"四不直接分管"制度,出台《区城管局财务监督管理制度》《城管局重点项目管理办法》等,实行财务报销联审会签制,每周组织一次"三公"经费监督会签,建立并完善局机关、中层科室、基层中队(班、组)的"三级"监督机制,按照"三重一大"事项监督程序,对城管特色重点工作等9项工程建设、大额物品的采购及43名中层竞争轮岗进行监督。突出治理"中梗阻"问题,强化"三联防"和"八小时以外"管理,进一步筑牢拒腐防变城墙。以贴近工作,贴近实际,贴近百姓的"三贴近"为主线,突出做优当地主注流媒体的宣传,同时加强对网络舆情的监控,发现问题及时处置应对。在通州大众上制作《通州城管》专刊10期,被区级及以上报刊、网络等媒体录用稿件500余篇,政府门户网站内容保障工作获区先进,信息宣传工作位列全区及全市城管系统前列,获区第十三届科技节暨第二十六届科普宣传周活动先进集体荣誉。

(祁家中)

房地产业

【概 况】 2014年,抓好住房保障和房产管理,加大保障性住房建设和配租力度,推进全区拆迁安置房建设,制定下发《南通市通州区新建住宅区配套用房管理办法(试行)》《南通市通州区集体土地上搬迁安置房建设管理暂行办法》《南通市通州区住宅小区物业管理全覆盖实施意见》等,进一步加强行业管理、规范执业行为、提升服务水平。全区房地业持续健康发展,房屋产权登记、安全鉴定、白蚁防治等工作有序推进。是年,注册登记从事房地产开发建设企业52家,在城区从事房地产开发企业17家。全区有房屋征收服务机构20家、评估机构11家、测绘机构4家,核发执业人员上岗证1098人。采取物业进驻、政府兜底和业主自治的方式和分级分类管理考核机制,初步构建区、镇(区园)、社区"三位一体"物业管理网络。共成立物业管理公司52家,外地物业管理公司8家,物业管理从业人员2780人,管理92个小区、面积1213万平方米以及商业办公大楼92万平方米。建立小区业主委员会152个,筹集维修基金2.91亿元。

【区第十一届房地产交易展示会】 9月30日—10月3日,

区第十一届房地产交易展示会在江海明珠广场举办，以“绿色宜居、幸福家园”为主题。全区15家房地产开发企业、18个楼盘参加展示。展会期间，总共成交房源103套，成交额7365万元，意向成交167套、金额1.89亿元。

【房地产市场】 2014年，全区房地产开发完成投资43.28亿元、同比增长23.62%，房屋开工面积203.55万平方米、同比增长16.12%，其中商品房竣工面积76.12万平方米、住宅竣工面积67.26万平方米，同比下降7.13%。碧桂园、南山湖1号、福瑞嘉园、南湖学府三期、翰林御花园、新华金通家园、星源名苑等项目陆续开工建设，新上市面积突破100万平方米。是年，全区商品房销售面积135.62万平方米、同比增长10.85%。商品住宅销售均价6245.83元/平方米、同比增长2.36%，商品住宅销售4354套、同比下降16.99%。二手房交易面积19.26万平方米、同比下降7.12%，二手房交易金额5.46亿元，同比下降9.86%。

【房地产行业管理】 2014年，完成房屋初始登记803件、面积133.52万平方米，转移登记12266件、面积249.37万平方米，变更登记7.41件、面积29.01万平方米，房屋他项权利登记5420件、面积531.03万平方米。加大直管公房巡查监管力度，清理和整顿转租、强占公房等现象，构建承租人“一户一档”基础档案，推进公房管理信息化，全年征收实租金353.18万元。落实危旧公房定期巡查制度，及时摸清情况，消除安全隐患，并对骑岸、二甲、平潮、张芝山等镇危旧公房实施修缮改造，以提升房屋质量。全年查房83户次，受理报修671户次，投入维修资金70.67万元。完成房屋安全鉴定83处、建筑面积62.97万平方米。实施白蚁预防面积约380万平方米，新建房屋白蚁预防施药率100%，接待白蚁危害来访户53户，灭治施药38户、建筑面积3680平方米。

【住房保障】 为加快区保障性住房建设和城区棚户区改造步伐，完成通州区2013—2017年棚户区改造规划和通州区构建住房保障体系课题研究。是年，新开工建设公共租赁住房818套，建成1041套，棚户区改造安置房新开工2328套，基本建成6054套。完成42户城区住房困难家庭廉租房实物配租工作，发放廉租房租金补贴35户、14万元，批准职工享受购房补贴21名、41万元，批准75套公用住房上市出售，出具房改情况证明205份。审核单位动用维修基金15家、28.5万元，投入2.81万元，实施保障性住房室配套维修17次。

【征迁安置】 2014年，人民路东延二期、北二环改造、北一环北延、沪通铁路大桥及配套工程、朝霞路西延、万顷良田四期等征迁工作相继结束，至年底，完成征迁面积185万平方米。全区安置房新开工面积159万平方米，竣工面积176万平方米。其中，虹西花苑按时完成任务，东飞花园二期、金东新城天香苑及老拖拉机站地块安置房建设有序推进。

（徐志宏）

住房公积金管理

【概　况】 2014年，南通市住房公积金管理中心通州管理部积极履行职能，做好住房公积金归集及管理工作。全年新增单位开户146家，新增职工7737人。归集72867.73万元，列六县（市、区）第二，同比增长10.21%。至年底，累计归集39.27亿元，余额18.06亿元。全年共有81487人次提取住房公积金44054.96万元，同比分别增长28.27%和4.23%，提取额占同期归集额的60.46%。至年底，累计提取总额21.21亿元，占累计归集总额的54.01%。全年发放贷款1030户31883.2万元，同比分别下降33.6%和37.2%。至年底，累计向12504户家庭发放住房公积金贷款28.6亿元，贷款余额15.89亿元，个贷比率为87.97%，逾期率为零。全年开通逐月提取还贷业务956笔，占全年放贷户数的92.8%，至年底，逐月提取占比58.57%。全年实现业务收入7352.3万元，同比增加874.90万元，增长13.51%。业务支出3866.1万元，同比增加493.70万元。实现增值收益3486万元，同比增长12%。全年提取廉租房建设补充资金1113.67万元，累计提供3576.67万元。是年，被南通市住房公积金管理中心评为创建先进集体。

（邱云霞）

交通·邮电·供电

Communications · Postal and Telecommunications · Supply of Electricity

编辑 陈菊

交通

【概　况】 2014年,区交通运输局各项工作按照既定目标扎实推进并取得可喜成果。加强工程建设质量监管,以创建"平安工地""打非治违"和"标准化建设"等活动为载体,组织专项检查和月度巡查12次,及时查纠限期整改问题39起。东沙大桥及接线、225省道改线、345国道等4个项目9个标段获2014年度全省公路水运工程"平安工地"建设活动省级"示范工地"称号。区交通运输局被区委区政府表彰为区级机关目标管理绩效考核先进集体、城市建设与管理工作先进集体等。

【基础设施建设】 全年完成建设总投资30亿元,创历史新高。开沙岛恒力道路及西延道路建成通车;225省道改线简易通车;228国道、青岛路北延绿化工程和东沙大桥及接线工程交工验收;345国道中段、龙昌大道、世纪大道东延西段、青年路农村段、洋海线等项目进入路面施工;人民路东延二期、世纪大道东延东段、通刘公路、富港路等项目按序时目标扎实推进,完成或超额完成序时目标任务,通州城外成环、城内成网、互联互通大交通网络格局形成。通吕运河航道整治一期工程完成主体10.575公里(89.05%),完成投资约5650万元(87.30%);二期工程完成墙身浇筑1730米,地板浇筑1920米,基槽开挖2200米。

【公路管理】 公路养护:继续贯彻落实科学化养护理念,推行精细化、预防性养护举措,打造"畅、洁、绿、美、安"路域环境,提升路面通行能力和视觉感观效果,干线公路路况MQI值96.4,比上年(下同)上升0.62%;PQI优良路率95.1%,上升0.74%,达到指标要求。204国道圆满通过国检。农路管理:县道公路路况MQI值90.7,上升0.3%;PQI优良好路率89.3%,上升0.5%;符合指标要求;全省县道养护质量考核列南通市第二名、全省第四名。305县道(东通线)创建成为省级县道文明样板路及安保工程示范路。路政管理:实施路面治超检查79次,查处109辆,卸(驳)载超限货物1407.05吨,罚款32.64万元,超限运输控制在省定标准内;路政许可97件,收取路产赔(补)偿费240.98万元,路政许可及延续年审100%,路政审批准确率和社会满意度100%;路政事件发现率98%,办理路产索赔案160件,挽回路产损失45.24万元;清除摊点7022个、非标悬挂物5358块、障碍物5432.1立方米,清理143座桥下堆积1128立方米,拆除违章建筑物64处2156.5平方米,清除路边种植8万平方米;查处污染公路362起,处置公路病害1320处。

【航道管理】 全年巡航162天648人次,巡航7980公里,发现纠违12起,航道行政许可6件,处罚6件,收取赔补偿费328万元。完成六级以上航道断面测量,通启河、通吕河、九圩港等主要干支线航道清障扫床343.95公里,确保航道安全通畅,干线航道通航保证率100%、航标正常率99%。

【运输管理】 运输管理:大力推进客运班线公营。县际县内班线公车公营100%,市际以上班线公车公营76%。推进客运车辆提档升级。新增32辆LNG新能源客车,分别投放苏州、上海等客运班线和201、202、207、221路等4条公交线路运营。鼓励发展新型货运车辆。全区营运货车5062辆,比上年(下同)增长3.6%,其中危货车辆229辆,增长0.4%。严厉打击客运违法行为。查处客运违章76起,其中无证从事客运经营"黑车"27辆。完善应急预案,保障重点运输。完成公路客运量1260万人,增长1.4%,公路旅客周转量88401万人公里,增长0.6%;公路货运量964万吨,增长10.9%,公路货物周转量143229万吨公里,增长10.7%;水路货运量187万吨,增长3.9%,水路货运周转量39856万吨公里,增长3.2%。圆满完成春节、国庆、高考等重点运输保障任务，未发生重特大事故和旅客滞留现象，实现客运安全有序目标。严把水路经营资质核查关。完成4家水路运输企业、1家水路运输服务企业、102艘船舶38174载重吨核查工作，核查合格率100%。强化道路危货运输安全管理。与危货运输企业签订交通运输安全生产管理责任状，进一步明确安全生产责任。运用信息平台加强日常监管。以“安全生产月”“七打七治”打非治违等活动为载体，开展专项检查7次，查处无证从事危险品运输违法行为案6件，发放限期整改通知书16份，在规定时间落实整改。港口管理：提高内河港口企业持证率。新增港口经营许可16家，上升2%。汽修管理：强化日常监管和实时监控。与各维修企业签订维修质量管理责任书，督促企业将维修质量责任落到实处。全年维修产量28.64万余辆次（含三类专修），维修救援527辆次，新车入户技术等级评定检测1212辆，二级维护竣工检测9502辆，等评结合二维检测4801辆，委托检测543辆，燃油消耗核查838辆，为营运车辆安全运行提供有效技术保障。驾培管理：推进驾培智能系统升级。16家驾培机构均按要求完成设备安装。规范培训记录审核。开班844期，审核培训学员35753人，审核培训记录达117110人次。组织8000余名驾校学员参加文明志愿活动。开展驾培教练技能竞赛。16家驾校64名教练员参赛，通润驾校等6家驾校获团体竞赛前六名，西亭驾校曹茂进等6人获个人竞赛前六名。品牌建设取得实效。申报区通联农资连锁有限公司为省级农村物流示范企业，南通顺丰速递有限公司通州至淮安、嘉兴、宁波、金华等4条线路为江苏快货品牌，南通汉兰达汽车销售有限公司和江苏通大车业有限公司为绿色汽修企业。信誉考核再获佳绩。全区初评道路客运AAA级企业2家、AA级1家，水路货运AAA级企业2家、AA级1家，道路货运AAA级企业3家、AA级37家、A级2家。

【海事管理】 加强辖区水域安全管理。全年上航6834人天，检查船舶12581艘，查纠各类船舶违章6848艘，实施海事行政处罚6870件，罚款616万元，征收海事规费599.4万元，其中船舶港务费410万元；办理船舶进出港签证17467艘次、942.9万载重吨，分别增长7%和10%。重点水域水上水下活动安全监护保障有力，大件运输64艘22400吨、新造船舶16艘下水移泊护航安保服务及时周到，无因管理不善而发生航道堵塞事件，辖区航道畅通有序。

【安全管理】 全面落实安全生产责任。先后组织全系统安全生产教育12次，召开各类专题会议307次，发放宣传资料8700余份，张贴宣传画和标语1500多张（条、面），发送安全警示短信5860条次。以“春运安全”“平安交通创建”“安全生产月暨安康杯竞赛”“夏季安全生产百日竞赛”等为载体，开展“安全生产警语竞赛”“全员安全岗位职责汇编评比”“我的岗位、我的安全职责”三项竞赛活动，推荐优秀作品参加南通市交通运输局比赛，客运站郭晓燕演讲的《平凡的岗位也有天大的责任》获得一等奖。相继组织通州分公司在川港客货运输中心、分公司修理厂和882车队开展消防和夜间车辆停放应急疏散演练，地方海事处参加南通市地方海事系统水上交通事故和险情应急处置桌面推演活动，提升安全生产应急能力。积极组织开展“七打七治”打非治违专项行动，以南京“青奥会”和“国家公祭日”为契机，加大安全隐患排查整治力度，认真细致查思想认识、查制度建设、查措施落实、查隐患整改、查实际效果，严格落实监管责任。全年组织检查组220个，出动检查人员4431人次，检查各类运输企业1451家，排除发现各类隐患1226起，整改1210起，限期整改16起。巩固科技兴安成果。省际客运班车、旅游车、危货运输车辆GPS安装率100%；营运车辆二级维护上线检测率99.5%以上（其中客运车辆、危货运输车辆100%）；逐步建立内河港口信息电子化管理系统，引导危化作业码头安装使用电子监控探头；强化危险品运输信息管理系统和营运车辆技术管理网络平台应用范围；汽车维修行业全面安装使用全智通管理系统，提高汽车维修企业规范化管理能力；开通营运车辆技术管理系统网站，实时预警和催告车主及时二级维护；在机动车驾驶员培训行业应用驾培智能化管理系统，运用现代电子数字科技手段基本实现对交通运输全行业远程监控管理，提高监管效率。

【法制工作】 全系统实施交通行政处罚（处理）案件7837件（处罚案件7677件，2000元以上罚款案件539件，处理案件160件），罚款1034.45万元，收取赔（补）偿费45.38万元，行政许可451件，行政许可、行政处罚网上公开透明运行100%，按时办结100%，廉政告知100%，执法回访100%，重大行政许可和处罚回访100%，更好接受管理相对人监督。无行政诉讼、行政复议和行政诉讼败诉案件。

【交通惠民工程】 建成农村公路152公里，完成县道大修22.55公里、县道安保工程328公里、农路安保工程1032公里、危桥改造40座（其中农路危桥改造4100平方米约31座、县道危桥改造8座，拆除1座）。添置LNG清洁能源公交车28辆，报废更新、提档升级部分公交车辆，全区LNG公交车辆达到78辆，清洁能源公交车占比升至30%。新辟城区公交线207路，成为联通城东、城中、城西的公交专线。扎实推进镇村公交工作，新辟平潮至平东、团圆村至沿江公路、米三桥村至长岸村等3条镇村公交线，全区村村通公交镇增至13个，镇村公交开通率升至72.2%，全区181个行政村有174个通达公交。青岛北路公交运营指挥调度中心一期土建工程基本竣工（占地1.13公顷、总投资约4600万元），建成后可提供约50个公交车辆标准停车泊位。

【225省道改线路段通车】 12月30日，225省道改线（通富北路北延）工程阶段交工验收会议在该工程项目部举行，会议通过项目阶段交工验收。12月31日，该改线路段

简易通车。225省道是南通市贯穿南北、通江达海的主要交通通道之一。该项目北起225省道如东改线段，路线偏向西南跨越九圩港后从四安镇西侧绕越，向南跨团结河，上跨宁启高速公路，从兴仁镇西侧穿越，向南下穿预留的宁启铁路下穿孔，与江海大道(335省道)连接。沿途经过石港、四安、兴仁等三镇，路线全长22.73公里。项目工程造价8.0亿元。由江苏省交通科学研究院股份有限公司设计，南通市江海公路工程有限公司施工，南通交通建设咨询监理有限公司、江苏华宁工程咨询有限公司、江苏东南交通工程咨询监理有限公司监理，通州区苏通试验检测有限公司检测，江苏省交通规划设计院股份有限公司管理。

【东通线建成省级县道文明样板路】 12月29日，东通线(X305)通州段通过省交通运输厅公路局组织的创建验收，被命名为县道文明样板路。这是通州境内继洋海线成功创建成省级县道文明样板路后，第二条省级县道文明样板路。该路段东起二甲镇，西至南通市高新区(4K+574－14K+600)，全长10.03公里，为通州区连接南部地区东西向县道之一，于2010年12月建成通车，为二级公路，路面宽度14米，全线桥梁13座。本次创建投资约730万元，对东通线3.5公里老旧路面进行大修改造、标志标线出新，硬化道口1000平方米，疏通清理排水沟20.1公里，增设警示桩100根、桥名牌4块，更新轮廓标150根，油漆刷白桥梁等附属设施3000平方米，安装波形护栏450米，对北段2公里沿河路段进行边坡整治、绿化提档升级，对沿河公路坡脚进行排桩加固，新种、补植红叶石楠和大叶黄杨球等5500多株。

（徐锦忠）

邮　　政

【概　况】 2014年，通州区邮政局实现邮政业务收入1.65亿元，比上年增长13.1%，完成收支差额4641万元，有效收入增幅15.6%。放大“爱心邮路”效应，累计帮扶孤寡老人230多人，组织慰问金沙敬老院老人、海晏麻风村残老，开展“情系残老村”、国际志愿者日募捐等活动；开展村镇结对共建，履行“双拥”义务，慰问结对社区的下岗家庭；定期编撰《通州邮政信息汇报》，宣传邮政改革、发展和服务地方信息。

【邮政业务】 以市场为导向，整合邮政“实物流、资金流、信息流”特色资源，以“大邮政”理念创新服务，为客户提供更加专业、高效的现代邮政服务。推进网点转型，通过功能分区、业务分流、服务分层，建立“以客户需求为中心”的邮政服务模式；拓展便民服务范畴，加快推进村邮站、邮件自提服务点、信贷服务站建设；围绕特色重点工作要求，加快构建民生服务公共平台，推出“粮优优”微信服务平台、“惠民优选”手机APP服务平台、“积分商城”客户服务平台等；继续开展“福农卡”电费预存代扣、名址数据库维护工作等，积极服务三农、服务中小企业；细化会员制服务要求，组织“畅饮大富豪，共赏世界杯”会员日活动，完善客户分类管理模式，为客户量身订制“一揽子”会员制服务。全年函件业务收入1816万元，包件业务收入28万元，报刊发行业务收入730万元，集邮业务收入593万元，电子商务业务收入700万元，分销业务收入165万元，代理金融业务收入12233万元，代理速递业务收入48万元，机要业务收入1.1万元，其他业务收入225万元。

（张晓丹）

电　　信

【概　况】 2014年，中国电信股份有限公司通州分公司围绕“一去两化新三者”战略，提升服务和运营能力，加快“光网通州”“智慧通州”建设。是年，公司先后荣获电信集团网络投资划小“最佳管理者”“中国电信江苏公司先进基层党组织”等称号。

【网络建设】 聚焦客户，加大投入，城乡统筹，充分发挥电信双百兆优势，全面升级有线、无线一体化的精品网络。加快光网建设，全年新增光缆近5.8万芯公里，新增通信管道189孔公里，新建和改造FTTH小区1156个，覆盖用户达28万户，实现城区光网全覆盖和农村60%覆盖，8M以上带宽占比超60%。开展天翼4G网络建设，开通4G基站数达268个，实现城区4G全覆盖和乡镇50%覆盖。通过2G、3G、4G、wi－fi四网协同和RRU室分整治实施，实现网络向4G平滑过渡，为大数据时代带来极速的上网体验。投资680万元，配合政府“一中心四片区”规划，在通掘路北段、世纪大道改造、苏222线北延、高新园区、城东新城、滨海园区、锡通园区等线路完成迁改任务，共迁移杆线72公里，建设配套管道246孔公里。

【行业应用】 大力推进“智慧通州”建设。先后实施虹南智慧云社区示范项目、智能环卫项目，签订农技宝打造“智慧农村”。完成138家“数字企业”申报，推动中小企业信息化进程，其中三星级112家、四星级21家、五星级5家。配合政府城建工程，改造世纪花苑、食品新村、八角亭小区等20多个老小区，提供视频监控，提升人居环境。整合资源实施“翼支付”，实现手机支付水电费、通信费和交通罚款。与西亭中学、平潮中学合作实施“智慧校园”，实现考勤、食堂、借书、电话等一卡式服务。

【品牌服务】 全面履行和持续提升“免费提供清单查询服务”“预约装移机服务”“未经客户确认不开通收费类新业务”等三项服务承诺，积极推行““五个一”服务举措。加大整治接入宽带不达标用户，试行修障不达标超时或未修复补偿，承诺宽带四项服务承诺、百兆用户3项专属服务。建立4G快速服务响应、投诉处理专项机制，统一服务口径，重点优化流量提醒服务。打造“以前台服务为标志、后台服务为支撑、网络服务为基础”的服务链，公司荣获2014年度消费者协会省级“诚信单位”称号。（周　锋）

移动通信

【概　况】 2014年，中国移动通信集团江苏有限公司通州分公司以4G建设发展和信息化拓展为重要突破手段，加快市场发展进程。公司被共青团南通市委评为青年文明号，被江苏省妇女联合会、省城镇妇女“巾帼建功”活动领导小组评为“巾帼文明岗”等。

【网络建设】 围绕客户需求，加大网络建设力度，有效提升网络覆盖、网络结构、网络质量、网络容量方面的客户感知。LTE网络实现城区及重点乡镇深度覆盖，其他乡镇全覆盖。建有4G基站492个，4G室分127个，传输节点机房48个，管道560管程公里，杆线1184杆程公里，光缆总皮长6585皮长公里。采用先进的光纤技术，加大家庭互联网宽带建设力度，光纤宽带基本覆盖城区各个小区、各镇镇区和大部分乡村。（石玉峰）

联　通

【概　况】 2014年，中国联合网络通信有限公司南通市通州区分公司3/4G用户规模和收入规模继续保持稳定增长。坚持“领先3G网络+先进4G网络”发展战略，成功开通“智慧城市”无线宽带wi-fi覆盖项目。

【网络通信】 继续加强重点乡镇的小区宽带网络覆盖，率先推出20M、100M等高带宽的小区光纤宽带服务，新覆盖光纤小区40余个。建设管道350公里、杆路710公里、光缆2195公里。重点加强滨江新区、空港产业园、石港科技园等园区，以及高速沿线、乡镇主干道路沿线4G网络覆盖和商务区、小区的深度覆盖，建设物理基站358个，开通室内分布系统64个。拥有GSM移动电话交换容量58万门、信道总数21.80万个、固定电话交换容量32万门、互联网接入端口数16万。（冒建锋）

供　电

【概　况】 2014年，南通供电公司通州供电营业部完成供电量47.36亿千瓦时，比上年（下同）增长8.9%；售电量45.11亿千瓦时，增长8.4%，供售电量与增幅位居南通六县（市、区）第一。新装、增容用户3.72万户，容量609357千伏安。城市配变关口电压合格率99.8%，农村配变关口电压合格率99.0%；城市、农村D类用户电压合格率均为99.7%。有序推进特高压工程建设和充电站建设。淮上线特高压工程通州境内92塔基交付完成。通州充换电站项目总投资1720万元，主体建设已竣工。

供电员工服务沪通公铁大桥工程建设

【电网建设】 全年完成配网项目760个，投入资金2.66亿元，其中新增配网布点和低电压改造项目314个，投入资金5689.26万元。完成农网项目716个，投入资金1.81亿元。先后分拆英雄线、平西线、东金线、袁镇线等重载负荷线路4条。新增改造架空线路335.89千米、电缆线路23.70千米；增容改造配电变压器331台，容量为9.10万千伏安；新增改造柱上开关579台。（吴庆华）

商贸·旅游

Commercial · Travel

编　辑　陈　菊

综　　述

【概　况】 2014年,全区实现社会消费品零售总额279.88亿元,比上年增长12.0%。出台《通州区2014年度商贸流通业经济发展考评办法》,引导企业开展促销活动,拓展新的消费热点。加大改造农贸市场力度。春节前,由金沙镇朝阳市场、东洋桥露天市场(包括通掘路路边市场)整合而成的通州区第二集贸市场建成并投入使用,总投资1.1亿元,占地面积1.33公顷,建筑面积1.60万平方米。推进特色商业街区建设。积极推荐皇都新食尚广场和金游城商业街区建设情况报省商务厅遴选。加强报废汽车拆解监管。全年共监管240辆报废汽车拆解。开展非法集资风险专项排查活动,对南通苏通典当有限公司和江苏银业速效租赁有限公司进行排查和提醒。先后开展"打击侵犯知识产权和制售假冒伪劣商品专项行动""电视购物专项整治""消除地区封锁打破行业垄断""诚信兴商宣传月"等专项整治及活动。全年组织开展经营场所检查活动42次,检查主体365家(次),消除和排除大小隐患4起,继续保持商务领域安全生产无等级事故。

【放心肉监管】 全年定点屠宰生猪22.83万头,无害化处理有害生猪产品9.92万公斤。出动执法车辆65台次,执法人员362人次,检查生猪定点屠宰企业365家(次),各类超市、商场、经营户341家(次),农贸市场56场(次),取缔涉嫌私屠滥宰窝点3个。邀请人大代表、政协委员开展"你点我查"活动。《生猪以外的畜禽屠宰监管成盲点》先后被《人民日报》《新华日报》以及新华网、凤凰财经、新浪网、搜狐财经、新民网等20多家媒体录用或转载。江苏省农委畜禽屠宰专家、畜禽屠宰管理处副处长严建刚等为制定"全省畜禽屠宰管理办法",专门到通州征求意见建议。

【市场监测】 掌握市场运行动态,及时上报数据信息。及时敦促样本企业开展网上直报工作,做好春节、国庆等黄金周市场监测、药品流通统计、服务业统计、文化及相关产业统计等工作。同时,完善应急机制,快速处置食品安全突发事件。强化单用途商业预付卡备案管理,规范发卡行为。对企业在发卡过程中违反"三项制度"规定的行为进行约谈,并敦促企业立即整改。对3家不在通州备案的企业存在客户信息登记不全、付款方式不明等情况,当场予以指出,并要求企业立即整改。全年共开展单用途商业预付卡执法和专项检查8次。

【酒类流通监管】 全区登记备案的酒类经营企业(户)

执法人员在某商场抽取肉品样品

2849 家(户),其中批发企业 84 家,零售企业 2556 家,餐饮企业 209 家。对 23 家未经酒类备案登记擅自从事酒类经营企业(户),当场发放告知单,并限期办理备案登记手续。对 13 家经营企业(户)酒类随附单使用不规范,当场进行纠正。上门张贴"关爱未成年人健康成长,不向未成年人销售烟酒"警示标志 235 份。配合食安委开展食品安全宣传周活动,发放宣传资料 5000 余份,接受各类咨询 380 余人次。

【茧丝绸行业监管】 全区桑田种植面积 5000 余亩,蚕农养殖户 4000 余家。春、秋茧收购前,及时通知蚕茧收购资格的茧站负责人及辖区政府,重申蚕茧收购政策和规定,明确属地政府分管领导为监管第一责任人;蚕茧收购期间,组织人员到有关茧站,坐站监督有关规定落实情况,切实维护茧农权益。春节前夕,区商务局会同石港镇政府及时妥善处理南通林发丝绸公司四港茧站拖欠茧农蚕茧款 230 余万元。 (凌 华)

粮油贸易

【概 况】 2014 年,全区国有粮食购销企业实现购销经营量 45.06 万吨,利润 946.58 万元,分别占年度指标的 180.2% 和 270.5%,创历史新高,再次名列全市第一。区粮食购销公司、江苏省刘桥粮食储备直属库、骑岸粮食储备库 3 家国有粮食购销企业利润再次过百万元。其中,区粮食购销公司实现利润 567.57 万元,名列全市国有粮食购销企业第一。全年共收购托市小麦 1.74 万吨、临时储备油菜籽 3 万吨、粳稻 2.6 万吨(托市 1.05 吨),为农民增收 1000 多万元。适应农村粮食生产"全托管"新形势,积极开展代烘干、代储备、代收购、代加工的"四代"服务。加大涉农粮食政策宣传力度,《粮食烘干三题待解》《秋收在即,仓容吃紧盼解决》《应尽快明确是否出台油菜籽收储政策》等多篇新闻报道先后被《人民日报》《新华日报》及省两办内参录用。

三级储备粮质量完好,数量真实,粮食仓储"一符四无"(账物相符;无鼠雀、无霉变、无虫害、无事故)合格率连续 33 年保持 100%。全系统共投入维修建设资金 1366.78 万元,国有资产增值 992.87 万元,实现改革改制以来连续 14 年安全生产零事故。加大准低温仓建设,新增空调低温仓 14 个廒间、仓容 1.12 万吨,所有稻谷储备全部实现空调低温保管;3 家国有粮食购销企业安装粮食流通综合系统,实现粮库数字化管理,科学保粮率达 95%。

【基础设施改善】 投入 1350 万元,维修改造 4 个库点(南通正场国家储备库、江苏省刘桥粮食储备直属库、区骑岸粮食储备库、骑岸粮食储备库石港收购点)的危仓老库,添置通风和运输等机械设备,实现数字化建设。11 月 18 日,区粮食购销公司骑岸粮食储备库扩建工程开工,共投资 1200 万元,新建两栋总仓容为 1 万吨的标准化高大平房仓及其配套设施,总建筑面积超过 4300 平方米。

【国企改革】 在上年基础上,金沙粮管所归并给粮食购销公司进入过渡期,法人代表由购销公司法人兼任。公开择优招聘 11 名新工人,其中从事检验、保管的 8 人参加全省职业培训,全部获得职业资格证书。

【"五放心"粮店验收】 做好"五放心"(质量、价格、计量、卫生和服务放心)粮店质量跟踪检查,做到定时检查与不定期检查相结合。经考核,二甲永生粮油店、骑岸镇万众粮油商行、新联志祥粮油、兴东美鸾粮油店、川港春香粮油店、南通市圣水超市连锁有限公司(通州)6 家粮店顺利通过南通市放心消费办公室和南通市粮食局的联合复审,一家粮店被取消"五放心"粮店称号。

【王晓辉检查通州油脂库存】 10 月 31 日,国家粮食局调控司副司长王晓辉检查通州食用油库存情况。王晓辉一行实地考察区油脂化工有限公司,查看该公司 2014 年菜籽出入库凭证、菜籽加工记录、库存保管台账等各项账本,检查油罐阀门、封条以及灭火器等相关安全设施。对于已经安装完毕、正在调试的油情远程监控系统,检查组给予充分肯定,并希望该系统能尽快投入使用;对于在储存等方面存在的问题要求及时整改,规范记录油脂生产、库存等统计台账基础资料,确保油脂库存的真实性和安全性。 (凌 华)

国家粮食局调控司副司长王晓辉(前)检查油罐阀门和封条

供销合作贸易

【概　况】 2014年，通州区供销合作社系统经济总量与效益同步增长，实现消费品零售额24.69亿元，农资销售8.46亿元，分别比上年（下同）增长31.6%和26.6%。新建为农服务社54家，累计建办310家，实现全区行政村全覆盖。新建农民专业合作社15家、专业合作社联合社1家，累计建办农民专业合作社80家、专业合作社联合社4家。3家合作社拥有注册商标，3家合作社被评为省级示范社。推进“新网工程”建设。新建农资连锁店11个，累计建办866家；新建日用消费品连锁店11家，累计建办165家。区供销合作总社被评为省供销社系统农民专业合作社建设优胜单位。

【农超对接】 推进南通好便当净菜食品有限公司与南通农副产品物流有限公司共同投资成立江苏惠生农副产品物流有限公司，建成通农物流好太太直营店零售网络20家，部分果菜价格降低10%—20%，实现农产品从产地到专卖店的直接对接。组织10多家知名企业、专业合作社80多个名特优产品参加海峡两岸（江苏）名优农产品展销会和沪通两地供销社农产品进上海展销会，签订合作意向协议8700多万元。

【农药集中配送】 根据通政办发〔2014〕16号《南通市政府办公室关于开展农药集中配送的通知》的文件精神，江苏通联农资有限公司和江苏和盛农资连锁有限公司分别中标南通市属区农药集中配送项目。两公司强化采购配送职能，根据农时需要及时足量配送到位，平均价格低于市场价格20%。

【电商网络建设】 区供销合作总社和南通秒达电子商务有限公司开发秒达供销网，设特色技术、特色企业、特色农产品等通州特色供销服务窗口，同时设有家政保洁、专业电脑维修、专业水电安装、维修改造等服务项目，建成全区首家农产品、生活日用品、各类服务等全方位的网上交易配送平台，打造全新的“网上供销”。

【林乃基调研通联农资】 5月22日，中华全国供销合作总社监事会原副主任、中国棉花协会名誉会长林乃基一行调研江苏通联农资有限公司，听取该公司情况汇报，观看宣传片，实地考察金西桥农资配送中心，鼓励企业转型升级，加快发展，做大做强，更好地服务“三农”。

（张淑娟）

烟草专卖

【概　况】 2014年，通州烟草以实践“三大课题”、提升“五个形象”、争当“三个楷模”为工作目标，以“规范、创新、发展”为工作主线，圆满完成各项目标任务。全年销售卷烟3.96万箱，比上年（下同）增长2.0%；实现销售额（含税）11.93亿元，增长11.2%；平均销售单条价（含税）120.48元/条，提高9.96元/条；实现税利2.87亿元，增长12.9%。销售量、销售额、税利增幅在南通六县（市区）保持第一。

【烟草专卖管理】 打假破网保持高压态势，扎实推进APCD工作法，改进执法装备，推行“监管错时制、领导跟班制、案情分析制”等市场监管新举措。开展“冬季会战”“闪电15号”“闪电16号”等专项集中整治行动，成功破获“3·25”“12·10”两起符合国标的非法经营卷烟网络案件。调查清理“抓烟机”142台，取得明显成效。坚持依法行政，文明执法，全年未发生一起行政复议和行政诉讼案件，行政许可服务窗口三次被区政务服务中心评为红旗窗口。全年共查获各类卷烟案件110起，上升9%，其中查获1万元以上的案件35起，5万元以上的案件9起，20万元以上的案件4起，受到市局通令嘉奖四次；查获各类卷烟12866.8条，上升93.2%。

【精益管理】 以“争创省级放心消费示范单位，打造无假私烟卷烟零售终端”为目标，不断创新市场监管模式，加强市场走访、三员反馈和举报投诉处理，以及对真烟非法流通的治理，做好与营销、专卖部门的沟通协调，及时反馈相关信息及提出合理化建议。加强预警排查，对内管系统出现的1025条预警进行逐一排查，对供货档次非周期性调整的54名客户进行合规性核查，对584家停歇业户和销售大户、5名员工直系亲属店以及物流送货到位情况进行跟踪检查、实地抽查，杜绝并有效防止内部不规范经营行为的发生。着力提高营销人员在营销策划、市场运行、终端建设、品牌培育、服务客户等方面的能力和水平，全年未发生一起客户的有效投诉，客户满意度不断提升。

（郭锦成）

石油购销

【概　况】 2014年，全区持有成品油零售经营批准证书的企业104家，其中加油站80家（含高速2家），加油点21家，加油船3只。全年销售汽油9.71万吨，柴油9.40万吨（含宁启高速先锋服务区油品销量），分别比上年增长10.2%和7.6%。推进加油站油气回收改造，是年改造16家，累计达70家，经环保、安监、质监、消防等部门验收，全部符合国家标准。至年底,所有加油站使用第四阶段柴油。

（邱　华）

盐　业

【概　况】 2014 年,通州区盐务局(江州公司)盐品销售 8008 吨,其中食盐销售 6608 吨(小包装食盐 4337 吨,大包装食盐 2271 吨),工业盐销售 1400 吨。实现主营销售收入 3009 万元,非盐销售收入 1142 万元,利润 150 万元。继续推进海藻盐、品种盐战略。重点抓好小包装盐产品的更新换代,强化结构调整,用 320 克、400 克海藻盐等替代锌、硒、钙盐,较好地提升食盐产品档次,丰富市场供应。调整经营业态,拓展非盐贸易和非盐渠道经营业务。

【盐业案件查处】 开展春节、国庆及"青奥会""公祭日"等期间食盐安全专项执法行动,特别是三月份以来,对通海、通通、通如边界地区的商超、餐饮行业、重点市场、生产用盐厂家、学校食堂等生产加工用盐户进行一次全面的走访和检查。全年共查处各类盐业违法案件 94 起,分别为餐饮、卤菜、腌制等食品加工类案件 28 起,商超等经营类案件 66 起。其中,跨界侵销类案件 22 起,查处外来散装盐案件 46 起,本地大包盐、肠衣盐案件 19 起。行政指导并责令改正 127 家,查获各类盐产品 16.9 吨,没收各类盐产品 6.7 吨。其中,查获跨界侵销的食盐 5.24 吨,没收 0.67 吨;查获其他各类盐产品 11.66 吨,没收 6.03 吨,罚没款 4.23 万元。

【盐业宣传】 利用"3·15"消费者权益保护日、"5·15"碘缺乏病宣传日和"6·10"食品安全宣传周和科普宣传周等开展宣传活动,悬挂横幅 4 条,摆放宣传展板 6 块,发放宣传资料 1.25 万份,接受咨询近 500 人,收到食用碘盐知识答题卡 250 份。12 月,区盐务局(江州公司)被评为区科普宣传周先进单位。

（吴汉余）

旅　游　业

【概　况】 2014 年,通州区注重旅游规划先行,加强景区景点开发,提升旅游产品品质,拓展宣传促销渠道,实施名牌品牌战略,规范行业质量管理,推动旅游业快速平稳发展。2 月,二甲余西村建成中国历史文化名村。9 月,《南通市通州区乡村旅游集聚区规划》成功编制。11 月,五接镇开沙村成功晋升"中国最美村镇 60 强"。12 月,东社镇建成省特色景观旅游名镇;南通金土地生态农业园建成省四星级乡村旅游点,南通白鹭湖庄园、南通典园庄园建成省三星级乡村旅游点。全年实现旅游总收入 32.63 亿元,比上年(下同)增长 14.8%;接待旅游总人数 269.59 万人次,增长 13.1%。

【余西村建成中国历史文化名村】 2 月,住房城乡建设部、国家文物局正式公布二甲镇余西村为中国历史文化名村。位于二甲镇的余西村(即余西历史镇区)四面环河,南北向的龙街贯通镇区,形成"中轴对称,城河相拥"的格局。村中保存有众多清代至民国的民居与店铺,呈现典型的古代聚落形态。村内建筑的屋面构架与柱础挑檐等细部具有明显的地域特点。

余西古镇仿古景观桥东虹桥

【开沙村晋升"中国最美村镇 60 强"】 11 月,五接镇开沙村成功晋升"中国最美村镇 60 强"。近年来,开沙村在村文化大院开展夜间舞会、秧歌表演,开办"新开沙"文化广场,定期组织"我们的节日"等各类民俗文体活动,丰富群众业余文化生活,充分挖掘乡土、历史、人文资源,高点定位,精心规划,将其打造成具有国际水准的旅游风景区。开沙村已形成以生态旅游、体育旅游、休闲旅游开发为主轴,运动健身、休闲娱乐、水上游乐、商务会议和农家体验等并驾齐驱的旅游格局。通过巧借生态资源,开发江心寺、秀岛山庄、华能度假村等 18 处旅游景点,每年接待游客超 20 万人次。

风景秀丽的开沙岛开沙村

【东社镇建成省特色旅游景观名镇】 12月,省住房城乡建设厅、省旅游局正式认定东社镇为江苏省特色景观旅游名镇。近年来,东社镇一直重视旅游开发建设,依托忠孝文化园、景瑞现代农业产业园、开心农场、绿洲生态园、慈云寺等,着力实施田园名镇战略,积极配套度假、休闲、娱乐等服务项目,努力探索生态环境与旅游产业协调发展之路。全年外来游客数量3.8万人次。

【省星级乡村旅游点创建】 12月,南通金土地生态农业园建成省四星级乡村旅游点,南通白鹭湖庄园、南通典园休闲山庄建成省三星级乡村旅游点。南通金土地生态农业园位于通州区二甲镇,总面积80公顷,于2011年4月开工建设,园区由旅游接待区、餐馆服务区、热带珍稀水果展示区、热带珍稀水果栽培区、名贵花木观赏区、青少年素质教育区、农耕文化展示区、水上游乐区、儿童娱乐区、野外拓展训练区等十大区域,是一处集种植、养殖、观光、采摘、休闲、娱乐、体验、科普于一体的综合性生态园区。白鹭湖庄园位于通州区十总镇,占地面积33.33公顷,园区以油用牡丹栽培、白鹭岛湿地景观、生态养殖、别墅度假等为特色,自然资源丰富,生态环境优美,是集观光、休闲、度假、健身于一体的田园风光之地。典园休闲山庄位于通州区五接镇开沙岛省级旅游度假区内,占地面积18.64公顷,于2006年8月开工建设,院落式空间、曲线式屋脊和飞檐设计传承中国古建筑设计。

环境优美的金土地曹家小院

【南通乡村好味道评选获奖】 10月,在南通市旅游局组织的南通乡村旅游节乡村好味道评选活动中,金土地生态农业园选送的“鱼羊鲜狮子头”荣获“金牌菜”;西亭脆饼公司选送的“西亭脆饼”荣获“十大名小吃”。 (沈 英)

新华社2014年国内十大新闻(二)

周永康等“落马” 反腐深入推进

7月,中共中央决定对周永康立案审查,12月,中共中央政治局决定开除周永康党籍,对其涉嫌受贿犯罪问题及线索移送司法机关依法处理;最高人民检察院依法对周永康涉嫌犯罪立案侦查并予以逮捕。3月,中共中央决定对徐才厚涉嫌违纪问题进行组织调查,6月,徐才厚被开除党籍,10月,其涉嫌受贿犯罪案件被移送审查起诉。12月,令计划因涉嫌严重违纪,接受组织调查。6月,苏荣因涉嫌严重违纪违法,接受组织调查。2014年,党风廉政建设和反腐败斗争深入推进,包括多名省部级以上官员在内的腐败分子被查。

对外经济贸易

Foreign Economy and Trade

编辑 马钰

综 述

【概 况】 2014年,通州区商务局难中求进,利用外资实现新突破,对外贸易实现新增长,外经合作再上新台阶。牵头起草出台《关于积极构建开放型经济新体制的实施方案》。促成锡通科技产业园成功获批省级"苏南、苏中共建合作园区"。是年,区商务局在2014年全市商务指标(综合外资、外贸、外经及载体建设)考核中,名列南通市各县(市、区)商务主管部门第一名。

对外贸易

【概 况】 2014年,全区完成外贸进出口总额33.19万美元,首次突破30亿美元大关,比上年(下同)增长15.4%,进出口增幅居全市第一。全区列入考核的20个镇(区、园)中,16个完成时序进度,前三名分别是五接镇(超幅123.5%)、张芝山镇(超幅56.5%)、刘桥镇(超幅22.9%)。全年涌现3家亿元外贸企业,分别是江苏韩通船舶重工有限公司、江苏恒科新材料有限公司、南通四方罐式储运设备制造有限公司,比上年增加2家,其中韩通船舶达2.4亿美元,成为通州第一外贸大户。

【指导服务】 2014年,区商务局帮助进出口企业获得各项上级扶持资金3800多万元。帮助88家企业159个项目申报2013年下半年中小企业国际市场开拓资金339.14万元。帮助5家企业申报2014年外经贸发展专项资金进口贴息1768万元。帮助51家企业参加中信保的出口信用保险,享受省、市保费补助1369万元。

【市场开拓】 2014年,区商务局为20家企业争取24届华交会展位28个,为60家企业争取115届广交会展位111.5个,参展企业和展位数占全市总量的五分之一,为60家企业获得116届广交会展位113个。组织82家外贸企业参加"2014年中国(昆山)品牌产品进口交易会"。组织9家品牌企业参加市政府举办的"南通品牌商品博览会"。组织9家企业参加南通市商务局举办的"2014年南通市外贸企业人才专场招聘会"。组织65家企业参加通州区第50期"菜单式"选学讲座,帮助企业进一步了解海关特殊监管区的相关政策以及市场采购贸易方式的相关知识。

【培育品牌】 2014年,区商务局帮助指导8家企业获"2014—2016年度江苏省重点培育和发展的国际知名品牌"称号。8个品牌分别是:江苏金太阳纺织科技有限公司的"金太阳GOLDSUN"、南通江海电容器股份有限公司的"Jianghai"、南通市嘉宇斯纺织集团有限公司的"jiAyusi"、南通居梦莱家用纺织品有限公司的"居梦莱"、紫罗兰家纺科技股份有限公司的"紫罗兰"、创斯达(南通)机电有限公司的"Du Tech"、江苏宝缦卧室用品有限公司的"宝缦 Bermo"以及江苏蓝丝羽家用纺织品有限公司的"蓝丝羽"。

利用外资

【概 况】 2014年,完成工商注册外资6.05亿美元,增长17.0%;外资实际到账3.31亿美元,增长26.0%。引进1亿美元重大外资项目4个。全区列入考核的20个镇(区、园)除锡通科技产业园、滨江新区以外,全部完成利用外资任务。南通高新区完成到账外资1.45亿美元,南通家纺城(川姜镇)完成外资到账1225.8万美元,四安镇完成外资到账596.4万美元。

外经合作

【概　况】 2014 年,全区实现境外投资中方协议投资额 2.2 亿美元。

【境外投资】 2014 年,龙鼎投资南通有限公司经国家商务部批准,在安哥拉组织筹建商贸园区,开展房地产开发、国际贸易、仓储物流等业务,中方协议投资额 9800 万美元。创斯达科技集团(中国)有限责任公司收购德国迈科集团 90%的股权。南通综艺投资有限公司在英国维尔京群岛新设成立荣达投资有限公司,中方协议投资额 5000 万美元。同时,江苏综艺集团获批“国家外汇资金集中运营管理及资本金意愿结汇”试点,全省共 3 家,全市第一家。

【服务企业】 2014 年,区商务局先后组织近 50 家企业参与各种研讨会、投资说明会、对接洽谈会等系列活动。组织 30 家企业参与“第六届中国(江苏)企业跨国投资贸易研讨会”,让企业与国外企业直接对话,深入了解相关国家的投资环境、法律法规、税收政策、劳务用工等相关政策。帮助江苏韩通船舶对外承包工程资格获得批准,成功中标沙特热电站水工项目,标的达 5000 万美元。

服务外包

【概　况】 2014 年,全区完成服务外包境内合同额 1.76 亿元,境外合同额 80 万美元;完成境内服务外包执行额 1.20 亿元,境外执行额 110 万美元,新增服务外包企业 7 家。

【新增外包企业 7 家】 2014 年,全区新增服务外包企业 7 家,分别是虹彩动漫、博友智能、安硕智能、天东商务、崒影网络科技、瑞珂捷智能化、华美网络科技,并通过南通市商务局认定。

【产业规划】 2014 年,区商务局委托中国(上海)服务外包研究中心开展《通州区服务外包发展规划(2014—2020)》研究编制工作,并顺利通过由上海、南通业内专家组成的评审组评审。

【载体建设】 2014 年,区商务局加速推进金沙镇 958 科创园、刘桥镇服务外包产业园等服务外包载体建设,着重完善 IT 基础设施、办公区域、生活配套区等建设;与江苏虚拟软件园进行多次对接,在对方的大力支持下,江苏软件公共服务平台通州分中心顺利建成。

(凌　华)

新华社 2014 年国内十大新闻(三)

鲁甸强烈地震造成 600 多人死亡

8 月 3 日,云南省昭通市鲁甸县发生 6.5 级强烈地震。地震造成 617 人死亡、112 人失踪,3143 人受伤,数万户房屋倒塌或重损,22.97 万人紧急转移安置。在党中央、国务院和中央军委坚强领导下,各方力量科学有序救灾、从容应对震害,灾后重建工作深入展开。

园区开发

Park Development

编　辑　冯金荣

综　　述

【概　况】 2014年,通州区继续加快园区开发,提升对外开放能级。一是突出主题开发。南通高新区积极打造电子信息、智慧软件等区中园,加快规模产业板块建设。锡通科技产业园重点发展汽车研发制造、电子信息等高端装备产业,园区形象和整体实力进一步提升。滨江新区抢抓沪通铁路、南通西站建设和通扬线航道整治等机遇,规划建设现代物流园,打造高铁新城、桥港新区。南通家纺城以智慧家纺、电子商务、现代物流为重点,推动家纺产业向新业态、新模式转型,着力打造创新型国际家纺商务城。空港产业园强化航空及其配套产业项目招商引资,做大做强产业集聚区。石港科技产业园加快承接优质产业项目转移,建设中小企业集聚区,打造北部片区发展主引擎。二是强化功能提升。合理布局六大园区公共基础设施及功能配套项目,大力发展生产性服务业,推动产城融合。推进海关特殊监管区申报,力争在重点园区、企业设立保税物流中心、保税仓库。推动南通家纺城、空港产业园与南通高新区功能互补、产业互动。三是增创发展优势。深入学习、接轨、配套、服务上海自贸区,努力承接更多溢出效益,积极争取中关村先行先试政策,提升园区开发开放层次。南通高新区充分发挥利用外资计划单列省级授权效应,实施外商投资管理体制改革,争取更高层次、更宽领域行政审批权限下放试点。锡通科技产业园放大苏南苏中合作共建园区政策优势,加快构建"政企分开、区镇合一"的运行机制。是年,南通高新区以成功召开建设推进大会为契机,创新机制、整合资源,开发框架全面拉开;积极构建技术研发、创业孵化、科技金融、综合配套四大平台,被确定为省产学研产业协同创新基地;甬金三期等12个重大项目加快推进。锡通科技产业园不断深化与无锡新区合作,获批苏南苏中合作共建园区和省科技产业园。南通家纺城列入首批国家级知识产权保护规范化培育市场。滨江新区、空港产业园、石港科技产业园功能进一步完善,重大项目和优质项目加快落户,园区整体实力不断提升。　（方　嵘）

南通高新技术产业开发区

【概　况】 2014年,南通高新技术产业开发区围绕"争当国内一流高新区、打造国家高新区样板区"发展定位,大力实施创新驱动、开放开发战略,全面加快产城融合步伐,最大限度集聚创新资源。按照做强特色产业、做大新兴产业、做优现代服务业要求,大力推进招商选资、项目建设、载体建设和服务保障等重点工作,经济社会各项事业持续快速发展。全年完成工业应税销售163.57亿元,比上年(下同)增长33.5%;工业投入85.1亿元,增长35.6%。新增工商登记注册外资2.46亿美元,注册外资实际到账1.45亿美元,分别占全区的40.7%、40.5%。全年在建重大项目12个,总投资138亿元,拆迁面积74万平方米,绿化面积20万平方米,在建安置房7个小区共220万平方米。组建江苏通科高新技术发展有限公司,科技新城全面运行。深入实施科技企业培育计划,东源电力、创斯达科技、综艺新材料等10家企业进入高新技术企业行列,茵卡动力、德明新材料、尚青医疗等3家企业进入省高新技术企业行列,德明新材成功申报国家创新基金,公爵新能源汽车、中成合创系统控制技术等20家企业获南通市"瞪羚企业"。科学发展综合评价连续5年列全省开发区第一方阵,被评为省产学研协同创新基地、省海智计划工作基地。

【云智慧公共平台签约】 2月25日,南通国家高新技术产业开发区首家云智慧公共平台成功签约,入驻南通智慧软件大厦。云智慧公共平台由江苏广和服务外包有限公司和南通高新区共同建设。其主要任务:大力发展服务外包、信息产业、互联网、IT产业、软件解决方案推广，以政府买单服务方式、以市场换取产业发展，积极引进境内外产业上下游企业快速聚集高新区。

【**南京理工大学国家技术转移中心南通分中心揭牌**】 4月15日，南京理工大学国家技术转移中心南通分中心在南通国家高新技术产业开发区揭牌。近年来，南通高新区以发展创新型经济为突破口，着力集聚海内外创新资源和高端人才，加快研发和转化先进科技成果，大力发展高新技术产业和战略性新兴产业，自主创新能力和内生发展能力显著提升，工业总产值和税收更是保持较快增长，具备较强的创新优势、创新环境和产业优势。技术转移中心将重点关注和支持通州企业，把高校科研成果转化为现实生产力，实现信息、技术、资源对接，为企业转型发展提供服务。

【**“展华电子”签约**】 4月29日，上海展华电子(南通)有限公司签约落户南通国家高新技术产业开发区。该项目由台湾耀华电子股份有限公司投资，首期投资资金3.40亿美元。主要生产高密度互连积层板、多层电路板、刚挠结合板等，产品广泛应用于手机板、电脑主机板、通讯产品板和汽车电路板。项目规划用地14.47公顷。

【**南通国家高新区揭牌**】 7月27日，南通国家高新技术产业开发区举行建设推进大会。科技部副部长曹健林，时任省政协副主席、省政府党组成员、省科技厅厅长徐南平为南通国家高新区揭牌。它的揭牌，标志着南通高新区正式纳入国家创新体系。

南通高新技术产业开发区举行建设推进大会

【**“创斯达”收购迈科集团**】 8月4日，创斯达科技集团成功收购德国迈科集团(Deutsche Mechatronics)。迈科集团是一家大型机电一体化专业制造企业，在智能化终端设备和触摸式自动售票机等领域拥有众多先进的专业技术及自主知识产权，拥有7米长激光塔冲一体机、全自动激光真空焊接机、等离子表面处理、高压不锈钢液压成型设备等多种世界上最先进的大型高精尖设备。并购后，双方将加强技术融合与国际项目合作，重点发展银行智能化设备、零售终端设备与银行人机联网，满足需求。

【**南通供销产业物流企业晋级**】 8月10日，南通供销产业发展有限公司通过国家AAAAA级仓储型物流企业专家答辩评审，成为通州首家、南通第二家国家AAAAA级物流企业。该公司总投资20亿元，建设技术装备制造基地、再生资源回收加工基地、棉花仓储物流配送中心和国际棉花交易服务中心。全面建成投产后，年产值可达100亿元。公司发展实施“三步走”战略，即：做实做强南通棉花仓储物流中心；复制运营模式，建设区域性专业物流中心；融合集团及供销系统资源，形成覆盖全国的物流网络。公司将立足南通，逐步辐射全国，建设商贸物流体系，打造供销集团物流业务板块。

中国供销产业集团南通产业园

【**达海智能“新三板”挂牌**】 8月18日，江苏达海智能系统股份有限公司在全国中小企业股份转让系统成功挂牌，成为通州首家、南通第二家“新三板”(原指中关村科技园区非上市股份有限公司进入代办股份系统进行转让试点，因为挂牌企业均为高科技企业而不同于原转让系统内的退市企业及原STAQ、NET系统挂牌公司，故形象地称为“新三板”)挂牌企业。“达海智能”是达海投资旗下的专业子公司，成立于2002年，是一家专注于智能建筑工程领域和计算机系统集成的高新技术企业。公司拥有建筑智能化工程设计与施工一体化资质、安防工程壹级资质和计算机信息系统集成叁级资质，并成立南通市级工程研究中心和企业技术中心。

【**“棉花交易中心”开工建设**】 8月30日，南通供销产业园二期项目——南通国际棉花交易中心开工兴建。该项目由中国供销集团投资。投资总额5亿元，占地面积2.67公顷，建筑面积8.56万平方米，包括交易展示、交易服务、商业配套功能区，与产业园的棉花仓储物流配送中心相呼应，形成集电子交易、信息咨询、融资服务、商检报关、物流配送于一体，信息流、物流、资金流畅通的进口棉流通服务体系，打造以进口棉、棉纱、坯布为主导品种的现代化电子交易服务平台。

【**船舶海工国际技术开发合作项目签约**】 10月28日，船舶海工国际技术开发合作项目签约。该项目由江苏海兰信船舶与海洋工程国际技术开发有限公司、江苏通科高新技术发展有限公司、南通产业控股集团有限公司、无锡力合清源创业投资合伙企业共同出资设立，通过搭建船舶海工国际技术转移平台，推动海外优秀技术、产品、人才落户南通高新区,加速通州乃至南通地区船舶海工产业的转型升级。

【"棉花机械"列科技部"火炬计划"】 11月,国家科技部《关于下达2014年度有关国家科技计划项目的通知》,公布2014年度国家星火计划、火炬计划、重点新产品计划和软科学研究计划立项名单,南通棉花机械有限公司承担的智能化大型废钢破碎线项目(编号:2014GH060481)列国家"火炬计划"项目。"火炬计划"是国家科技部组织实施的发展高新技术产业的指导性计划,是国家科技政策引导计划体系中的重要组成部分。国家计划项目的实施,将进一步推动南通高新区高新技术成果转化、高新技术产品培育和传统产业优化升级。

【南通高新区机构设置和人员编制方案】 11月27日,通州区委办公室、区政府办公室发出《南通高新技术产业开发区党工委管委会主要职责内设机构和人员编制规定》(通办发〔2014〕88号),明确南通高新区党工委、管委会分别为市委、市政府的派出机构,由通州区委、区政府代为管理。南通高新区党工委、管委会设办公室、党群工作局、经济发展局、科学技术局、招商局、规划建设局、综合执法局、政法和社会建设局、行政服务中心、财政局等10个内设机构和南通家纺城党工委、管委会1个直属机构;南通高新区管委会设科技新城管委会、房屋征收管理办公室、南通空港产业园管委会3个直属机构和投资建设服务中心、人才服务中心2个事业机构。年末,机构设置调整完成。

【建筑研究院获市专项基金】 2014年,通州建筑研究院获南通市重大科技创新专项资助资金300万元。该研究院联合同济大学、东南大学等高校建成施工技术、新型建材、智能建筑、建筑设计、建筑装备等五大研究中心,确定研究课题和方向,完成架构设置。8月27日,举行智慧建筑国际创业大赛通州对接洽谈会,可变住宅、智能调光玻璃等一批智能建筑项目落户。9月27日,举行南通智能建筑产学研专场对接会,清华、复旦等11所高校的40多名教授和技术人员与南通各县(市、区)科技代表、相关企业负责人深入交流,洽谈项目80多个。11月16日,研究院召开第三次董事会,讨论董事会、专家委员会、孵化基金等重大事项,确定启动中试基地建设。

【科技金融服务体系建立】 2014年,南通国家高新技术产业开发区科技新城引进毅达天使投资、上海股权交易托管中心等科技金融机构5家,成立规模为4500万元的科技企业贷款担保基金,科技金融政策体系和服务体系进一步完善,博悦物联等5家中小企业获担保基金支持。6月12日,南通科投金融信息服务有限公司成立,为园区企业提供金融与商务信息咨询、投资项目管理等服务。10月28日,举行船舶海工国际技术开发合作签约仪式,成立资金为2.50亿元的海外并购基金,加快海内外高端技术、产品、人才向南通高新区集聚,推动南通船舶海工装备产业转型发展。

【2项目获奖】 2014年,在江苏青年创新创业峰会暨"科技绿洲"江苏青年创新创业大赛中,南通高新区沃太能源南通有限公司董事长袁宏亮、江苏景行光电科技有限公司董事长鲁彦涛分获一等奖和三等奖。沃太能源南通有限公司主要从事新能源户用储能系统的开发应用,产品远销英、德、澳等国。景行光电主要从事低功耗智能液晶光电材料产品的研发与产业化,已生产安视特汽车智能变色遮阳板2万套,并与国内一知名电动车生产厂家达成长期合作协议,产品远销日本。

【村卫生室标准化建设】 2014年,南通国家高新技术产业开发区全面完成年度13家村卫生室标准化建设任务,并通过验收。按照统一内装设计、统一外部标识、统一工程标准、统一规范招标要求,对各卫生室配备制度牌、健康宣传栏、电子屏等,并在药房、输液观察室分别装配空调、电视机等设施,优化医疗环境,提升为民服务水平。同时,建成220平方米以上的示范站11个,150平方米以上的标准站2个。 (罗 炜)

2014年各行政村(社区)基本情况

表6

村(社区)名称	人口(人)	人均纯收入(元)	党组织书记	村委会主任
镇南居	9583		耿晓燕	耿晓燕
八角亭居	6886		徐 冬	徐 冬
金南居	8550		汤清华	汤清华
碧华居	3309		陈 洁	陈 洁
金霞居	2547		瞿邵华	姜 锐
碧堂庙居	3308		翁晓卫	许 燕
金桥居	5553		顾祖涛	顾 伟
果园居	5042		胡发清	姜 新
华山居	3796		张学华	白丽娟
界北村	4013		黄国培	葛 新
文山村	4204		陈建国	顾鑫磊
油榨村	5302		李 华	汤日斌
张门村	3193		张 清	张新鑫
邢园村	3367		陈永华	唐卫国
元帅庙村	3794		张 建	黄建平
通灵桥村	5027		邢光荣	瞿建国
双池头村	3921		单志洪	单小辉
复兴村	4525		姜 忠	朱华平

续表 6

村(社区)名称	人口(人)	人均纯收入(元)	党组织书记	村委会主任
花家渡村	8628		杨国华	季佩华
三姓街村	7910		张建彬	曹铮珍
狮子桥村	4623		陈祝兰	王春峰
麒麟桥村	4453		俞洪和	董林冲
进东村	3152		张建荣	徐卫星
朝东圩村	2718		马永涛	马新平
夏四店村	2626		郑　美	吴益峰
大石桥村	6027		李　忠	赵金贵
金普村	6678		俞成明	张汉涛
民平村	5498		袁新涛	季顺高
利民村	6870		刘汉明	盛金峰
正场村	5200		王建林	陆志军

（张东红）

锡通科技产业园

【概　况】 2014 年,锡通科技产业园按照提质、增效总体目标,努力推进园区开发建设。全年完成固定资产投资 29.80 亿元,工业投入超 8.24 亿元;完成规模工业产值 5.83 亿元;工业应税销售 7.30 亿元,实现公共财政预算收入 9390 万元。新投产项目 3 个,在建项目 9 个,新签约外资项目 2 个,中外合资项目 1 个。新增注册外资 7350 万美元,实际到账 4518 万美元。完成道路建设投资 1.50 亿元,续建、新建银杏、竹松(西)和彩林等 7 条道路,路网格局进一步完善。

园党工委、管委会办公楼外景

【4 项目签约落户(开业)】 1 月 6 日,锡通科技产业园与世界五百强企业(排名第 163 位)——伊藤忠电商物流中心签约。它是园区首家以电子商务与仓储配送为一体的综合保税物流项目。该项目总投资 1.08 亿美元,注册资本 3600 万美元,占地面积 12 公顷,设计建设 8 万平方米保税仓库,用以服务优衣库在全国范围内的电子商务配送及保税业务。

4 月 30 日,注册资本 1.60 亿港元的香港亚士集团项目签约落户锡通科技产业园。香港亚士集团以生产新型外墙装饰材料为核心业务,产品可替代传统的干挂大理石,具有成本低、保温性能好、美观、质地轻且坚硬等特点,是一家集专业研发、生产、应用为一体的现代化集团企业。

11 月 19 日,保利协鑫(苏州)电力投资有限公司与锡通科技产业园签订天然气开发、光伏分布能源等项目合作框架协议。项目总投资 17.60 亿元,建成投产后,年税收可超过 5500 万元。

11 月 28 日,落户锡通科技产业园的五洲国际汽车博览城开业。该博览城占地面积 20.26 公顷,建筑面积 46 万平方米,总投资 15 亿元。全部建成后,将成为华东地区最大、最先进的现代化汽车汽配流通及文化博览中心。

锡通科技产业园道路建设

【省级苏南苏中合作共建园区】 12 月 24 日,省发改委、商务厅联合发文,正式批准锡通科技产业园为省级苏南苏中

锡通科技产业园绿化建设

合作共建园区。这是苏中地区首家获省认定的合作共建开发园区,有利于提升园区投资环境和发展优势。（王锐澎）

通州滨江新区

【概　况】 2014 年,通州滨江新区坚持贯彻区委、区政府

“五大行动计划”，牢牢把握发展第一要务，继续加强基础设施建设，推进经济社会持续发展。全年实现地区生产总值39.60亿元，完成财政收入3.97亿元，其中地方公共财政预算收入2.24亿元。

【开沙村被评为“中国最美村镇”】 11月4日，“牵手2014中国最美村镇”评选活动揭晓，开沙村榜上有名。该活动由第一财经、中央人民广播电台、腾讯网、《中国旅游报》等70多家单位联合主办，以“牵手最美村镇，共筑美丽中国”为主题，围绕“人文环境、循环发展、健康美食、人物贡献、牵手共筑”内容进行评选。全国34个省区市有60个村镇入围。近年来，开沙村大力加强社会主义精神文明建设，成立142人的文明村志愿服务小分队，定期组织开展志愿服务活动；村未成年人思想道德建设领导小组，联合五接社区教育中心、成人校、中小学、村关工委组织进行“红色教育”，为特困学生捐款、捐物；定期上街清扫垃圾，陪老人聊天、给老人读报，关心空巢老人生活；利用节假日举办农民乒乓球比赛，在村文化大院举办夜间舞会，表演秧歌，活跃文化生活；组织开展“五接好人”“好婆婆、好媳妇、好妯娌”评比，表彰先进，树立正气；不定期举办农村养、种植知识讲座，提高村民科技致富水平。同时，遵循“保护与开发并重”原则，坚持“在保护中开发，在开发中保护”，充分挖掘乡土、历史、人文资源，高点定位，精心规划，努力打造具有国际水准的旅游风景区。全村580户村民统一安置“开沙人家”小区，形成以生态、体育、休闲旅游为主轴，初步形成运动健身、休闲娱乐、水上游乐、商务会议和农家体验并驾齐驱的旅游格局，开发江心寺、秀岛山庄、华能度假村等18处旅游景点，每年接待游客超20万人次。先后被评为“江苏省文明村”“江苏省一村一品示范村”“江苏省最美乡村”“江苏省最具魅力休闲乡村”“江苏省特色景观旅游名村”。

【东沙大桥通车】 12月，南通市、通州区交通重点建设工程——通州滨江新区东沙大桥竣工。该桥全长1898.8米，总投资4.50亿元。由中铁大桥局设计和施工。大桥桥型为双塔双索面混凝土斜拉桥，主塔为钻石型塔形，桥面为双向四车道，设计时速80公里。2012年2月开工，2015年1月1日正式通车。大桥通车后，既有利于开沙岛旅游资源的开发，也为到滨江新区投资开发创造了更为便捷的条件。

（赵　楠）

东沙大桥通车

中国南通家纺城

【概　况】 2014年，中国南通家纺城完成服务业应税销售收入66.47亿元，实现市场交易额480亿元。新增入驻服务业企业34家，新增重点服务业企业8家、规模以上服务业企业2家、商贸流通企业4家。重视品牌建设，拥有省级名牌企业14家，市级名牌企业21家，荣获中国驰名商标3个（梦之语、金太阳、圣夫岛）、江苏著名商标10个、南通知名商标15个，国家免检产品4个。积极稳步推进知识产权保护，与国家知识产权局实现联网，快速维权中心启动服务，外观专利授权由3—6个月缩短为最快10个工作日获得。是年，授权外观设计专利2145件，调处结案专利侵权案件78件；受理版权登记作品2768件，权利方投诉175起，成为国家首批知识产权保护规范化培育市场。

【南通国际家纺城电子商务产业园成立】 7月1日，南通国际家纺城电子商务产业园成立并投入运行。一期项目建筑面积1.50万平方米，由杭州聚势企业管理有限公司负责运营和管理。是年，签署入驻协议电商企业46家，入驻30家；组织电子商务培训6次，参与人次超1000人，始终致力于吸引创新型潜力网商、品牌网商、数据公司、摄影策划、云端统计、金融服务、第三方仓储、淘大培训等线上和线下企业入驻，打造线上线下协同发展的家纺产业专业电商园区。

南通国际家纺城电子商务产业园

【家纺产业技术研究院运营】 2014年初，江苏省（南通）家纺产业技术研究院在成功申报立项的基础上，实施办公场所装修改造工程。投入资金总额1.50亿元，装修改造面积1.50万平方米。10月31日，南通纤维检验所入驻，纺织品检测实验室正式对外服务。该研究院计划建设研发创新

江苏省(南通)家纺产业技术研究院运营

平台、检测认证平台、创新创业孵化平台、投融资平台和公共服务平台,构建区域家纺产业创新体系,11 家创意设计企业签约入驻研究院创新园区。 (顾莹琰)

南通空港产业园

【概　况】 南通空港产业园是南通市"十二五"重点开发建设园区之一。2012 年,上海千年城市规划设计股份有限公司对其功能和总体布局进行规划,重点是进行园区市政、景观、河道及城市设计。坚持高起点、高标准,科学经营,优地优用,集约高效,生态优先,环境优美原则,结合南通空港城总体规划和研究范围,以南通机场飞行区为界分为东西两区,统一规划、分期开发。远期规划面积 81 平方公里,东起 S004 道,西至通洋、沈海高速公路,南邻通吕运河,北达团结河;中期规划面积 9.60 平方公里,东起飞机场,西至沈海、通洋高速,南起通吕运河,北到龙昌大道以北约 1 公里区域,共设 4 个功能区,分别是:镇北工业园区、北部居住配套区、北部综合服务区、物流增值加工区;近期规划面积 143.04 公顷,东起机场,西至老机场路,北起幸余路,南到综艺集团北界。该园以发展空港物流业、飞机维修配套服务业、临空型先进制造业、通用航空基地及航空培训服务等产业为重点,努力构筑长三角地区重要空港物流枢纽基地、江苏省现代化的空港服务产业集聚区及苏中苏北地区最大的临空型高新技术产业集聚地,长三角北翼空港物流核心枢纽,华东地区民用航空飞行器维修培训基地,沿海经济带民用航空集聚区,以兴东机场为依托,建设区域经济发展的空港新城。

【2 项目运营】 中国第一家民营飞机大修企业——华夏航空工程于 2013 年 4 月正式运营。2014 年,维修飞机 4 架,营业收入 803.60 万元,税收 112.40 万元。年初,华夏飞机维修附件制造基地工程(华夏二期)投入运行。9 月 3 日,顺丰速递在兴东机场开通广州、西安、沈阳、昆明 4 条货运航空线。至年末,实现营业收入 2 亿元(含汇海物流),完成税收 750 多万元,成功入选国家 AAAA 级物流企业。顺丰速递总投资 1.60 亿元,计划用地 6.66 公顷,建设快件分

南通空港产业园顺丰速递运营

拣中心和机库房,年货物吞吐量 30 余万吨。

【基础设施建设投资亿元】 2014 年,南通空港产业园以"服务空港发展,优化规划、拓展发展空间,优化功能、提升载体水平"为目标,投资约 1 亿元,加强园区载体建设。完成拆迁地块土地平整、纬三路和纬四路建设,实施供水、供电配套设施工程,调整水系,搞好河道景观带。

【招商引资见成效】 2014 年,南通空港产业园加快招商引资步伐,取得初步成效。圆通速递南通区域总部项目,计划用地 8 公顷,投资总额 3.17 亿元,分别建设圆通速递航空枢纽和快件枢纽集散中心。顺丰南通全自动分拣中心计划用地 6 公顷,投资总额 2 亿元,建设快件待运区、航空件操作区、区内件操作区、陆运干线件操作区、停车及回车区和办公后勤区等功能区域。项目建成后,将成为南通、上海(部分)、苏州、苏北地区航空件和南通地区区内快件及相邻地区跨省干线件的分拨和转运中心。江苏工程职业技术学院航空培训基地计划用地 3 公顷,投资总额 1.076 亿元,拟建成可满足 600 人实训教学的基地。与华夏等企业联办,开展维修和乘务人员取证培训,飞行员模拟机培训等科目,为企业和园区发展提供高素质技能型航空专业人才。中国民用航空飞行校验中心 CFI 是中国国家飞行校验机构,承担着包括香港、澳门国际机场在内的 170 多个中国民用及军民合用机场的飞行校验,是当今世界上第一家通过 ISO/IEC 17025 标准和具备校准实验室能力的民用航空飞行校验机构。该项目用地 4 公顷,投资总额 5000 万元。建成后,将从事民用机场和航路的导航、雷达、通信、助航设施及飞行程序的飞行校验工作。 (宋燕婷)

石港科技产业园

【概　况】 2014 年,石港镇按照南通市级首批中心镇规

石港科技产业园广惠西路竣工通车

格，围绕打造通州北部发展主引擎目标，确立园区、镇区、景区和生态农业区“四区联动”发展思路，加快推进科技产业园建设。市政府《关于加快石港科技产业园发展的意见》，从载体建设、融资服务、财政扶持、用地支持、人才发展等八个方面给出具体扶持政策。完成园区产业定位、10 平方公里概念性规划和 5.2 平方公里控制性详细建设规划。同时，投资 3000 余万元，总长 4.5 公里的凤凰路南北延伸段、凤凰二路、广惠西路 11 月竣工通车；秦庵路、经二路完成路基铺设，“四横四纵”道路框架基本形成。年末，入园企业 20 家，投资总额 20 亿元。

【富港路开始铺设路面】 2014 年末，石港科技产业园东西向主干道——富港路开始铺设路面。该路长 7.9 公里，宽度 34 米。由南通交通设计院设计，南通江海公司中标施工。12 月，石江公路至通富路 6 公里路段已铺路面层，计划 2015 年“五一”节竣工通车。

【“新兴机械”技改项目开工】 2014 年末，通州区重点项目——南通新兴机械有限公司扩建工程一号、四号厂房竣工，二号、三号厂房正在主体施工。该项目投资总额 3.20 亿

石港科技产业园“新兴机械”施工现场

元，注册资本 6000 万元，占地面积 4.67 公顷。进口的全自动机械化高速造型设备即将安装；石港科技产业园“新兴机械”技改项目施工现场热处理，数控加工等设备也已部分运抵。该项目建成投产后，年产量可达 15 万件，预计可实现新增年应税销售 3 亿元，新增税收 1500 万元。 （杨 磊）

新华社 2014 年国内十大新闻（四）

全国人大常委会就香港普选作出决定

8 月 31 日，十二届全国人大常委会第十次会议表决通过全国人大常委会关于香港特别行政区行政长官普选问题和 2016 年立法会产生办法的决定，对下一步提出行政长官普选具体办法确定了原则和方向。之后香港少数激进分子组织“占领中环”违法聚集活动，煽动推翻人大常委会决定，受到香港主流民意坚决反对。香港特区政府依法处理“占中”，恢复社会秩序。

金　融

Banking

编辑　马　钰

中国人民银行通州支行

【概　况】 2014年末，辖区本外币各项存款余额1107.66亿元，比年初（下同）增长15.7%；本外币各项贷款余额606.81亿元，增长14.7%；不良贷款余额6.86亿元，增加1.07亿元，不良率为1.1%。是年，支行被人民银行南京分行评为“2012—2013年度先进单位”，连续19次被人民银行南通市中心支行评为先进集体，通过江苏省档案局五星级档案规范测评；支行党支部被中国人民银行南通市中心支行评为先进基层党组织；支行工会被人民银行南京分行工会工作委员会评为“2010—2013年度模范职工之家”。

【传导货币政策】 2014年，支行以《通州金融运行简报》、金融形势分析会等形式，多层面宣传金融调控政策，引导企业通过股权、中期票据、短期融资券、私募债等直接融资，共融资7.5亿元；制定《通州区农村土地承包经营权抵押贷款试行办法》，江苏景瑞农业科技发展有限公司以100.5公顷土地承包经营权作抵押，获得流动资金贷款680万元，成为操作规范、可复制、可推广的成功经验；积极引导各金融机构扶持科技企业发展。13家金融机构发放科技型贷款90户共23.62亿元，新增2.39亿元。加大金融扶持三农力度，为华商村镇银行申请支农再贷款0.3亿元；为张家港农商行通州支行办理再贴现0.3亿元；为南通家商行申请并办理支小再贷款1亿元、再贴现0.5亿元。

【维护金融稳定】 2014年，支行完成对4家金融机构新设网点审核验收工作。年末，对辖区金融机构执行情况进行综合考评，评出A类行3家、B类行11家、C类行3家。按旬开展法人金融机构风险监测，按季开展金融机构改革进展情况和金融稳定状况评估监测，对重点行业和平台贷款开展专题调研。根据季度数据分析，召开以风险剖析为主题的金融形势分析会。召开企业融资协调会，建立困难企业融资协商主办行机制。加快征信体系建设，个人信用记录查询5459笔、司法查询30笔、企业信用记录查询1215笔；机构信用代码发放2019户，新增241户。

【创建金融放心消费一条街】 2014年，支行努力营造“安全、放心、便利”的金融消费环境，维护金融消费者合法权益。通过拟定工作方案、建立教育基地、开展活动宣传、举行知识竞赛、进行明查暗访、组织公众评议，在南通市金融系统率先开展“金融放心消费一条街”创建活动。11月，南通市放心消费创建办组织观摩和肯定了通州区金融放心消费一条街创建工作，正积极向省创建办推荐为省级示范一条街。

【金融服务】 一是推进农村金融综合服务站建设。年初，成立领导小组、制定实施方案、召开专题会议，将建设指标分解落实到南通农村商业银行等4家金融机构；组织调研分队帮助承办银行梳理助农取款点，挑选场所条件较好、信用状况优良、人员素质较高、业务需求较大的服务点，并将服务点更新升级为“统一标识、统一器具、统一规章制度、统一培训、统一业务台账”的“五统一”农村金融综合服务站；对金融综合服务站人员进行专题培训。2014年，全区共设立农村金融综合服务站185个，基本实现无银行网点行政村全覆盖。二是以家庭农场直营直贷和农村土地承包经营权抵押贷款试点工作为突破口，引导金融机构大力支农支小。从174家家庭农场中筛选出22家作为重点扶持对象，组织调研小分队先后深入兴东、石港、东社部分种养殖户了解融资需求，全年地方法人金融机构发放家庭农场贷款20户共500万元。三是提升国库服务水平，成功上线国库会计集中核算系统。2014年，办理地方预算收入139.01亿元，比上年（下同）增长25.3%；预算支出125.4亿元，增长21.7%；预算收入退库25.96亿元，增9.0%。四是加强结算账户管理。2014年，账户开户4259个，销户

2269个,账户变更544个。五是推进支付结算。2014年,家纺城地区2655家企业开通网上银行,交易金额4436.44亿元;1763家企业开通手机银行,交易金额6.67亿元;20家企业开通电子商业汇票,交易金额0.83亿元;188家企业开通单位结算卡服务。六是加强货币金银管理。启动通州区"小手牵大手·反假总动员"三年规划,组织反假知识进校园活动,宣传培训师生1万余人,发放宣传资料5000余份;开展人民币流通满意工程、金融消费者现金业务权益保护、反假货币知识培训等活动。是年,收缴假币6366张共55.4万元,鉴定特殊残损币27次共840张,涉及金额5.85万元。

【外汇管理】 2014年,支行为辖区企业成功办理2笔外保内贷业务共1.45亿元,解决中资企业融资难、融资贵的难题。向国家外汇管理局江苏省分局申请,为江苏综艺股份有限公司争取获得外汇资金集中运营管理试点,成为南通地区唯一试点单位。对宜家环保林业制造(南通)有限公司跨境人民币结算实施简化流程管理。做好外商投资企业年度外汇经营状况申报工作,辖区共有500户应申报外商投资企业通过申报审核。对辖区农行、交行、招商银行、江苏银行的国际收支申报情况进行现场核查,结售汇情况进行回访。是年,辖区对外贸易进出口36.2亿美元,增长17.0%;国际收支统计申报核查3.38万笔共25.98亿美元,核查率100%;外资外汇登记34户,外资询证87笔共2.92亿美元。 (徐新华)

中国工商银行股份有限公司南通通州支行

【概　况】 2014年末,中国工商银行股份有限公司南通通州支行完成各项存款余额118.44亿元,比年初(下同)增加14.44亿元。完成各项贷款余额80.73亿元,增加17.73亿元。实现中间业务收入1.43亿元,增长9.2%。实现账面利润3.6亿元,增长20%。是年,支行被评为2014年度第四届"全国文明单位"。 (费松石)

中国农业银行股份有限公司南通通州支行

【概　况】 2014年末,中国农业银行股份有限公司南通通州支行完成各项存款余额153.09亿元,比年初(下同)增加4.78亿元。完成各项贷款余额56.03亿元。累计发放IC借记卡10万张,新增电子银行客户10万户。在行式、离行式自助服务区达33个,有ATM、CRS等各类设备221台。实现中间业务收入7832万元,拨备后利润2.41亿元。全年未发生重大责任事故和案件。是年,支行被评为南通市平安金融单位、南通市文明单位;支行营业部被评为江苏省五一巾帼标兵岗;二甲网点获江苏省分行"助人为乐好人"称号;陈佼霞被评为农总行劳动模范,秦珂被评为南通市劳动模范。 (潘小红)

中国农业发展银行南通市通州支行

【概　况】 2014年,中国农业发展银行南通市通州支行累计发放各项贷款7.06亿元;年末贷款余额9.32亿元,存款余额5.97亿元;到期贷款收回率100%;贷款利息收回率100%;实现利润2986万元。全年无不良贷款、无违规违纪和案件事故发生。是年,支行被省分行评为"标兵行"和"信贷资产优质行"。 (徐振华)

中国银行股份有限公司南通通州支行

【概　况】 2014年末,中国银行股份有限公司南通通州支行本外币各项存款余额89.49亿元,比年初(下同)增加10.75亿元;本外币各项贷款余额62.83亿元,增加6.99亿元;实现中间业务净收入9654万元,完成拨备前利润2.54亿元。

表内贷款新增7.1亿元,表外贷款新增9.9亿元,新增中小企业客户25户。是年,支行被通州区委区政府评为2014年度目标管理绩效考核先进集体,也是通州区商业银行中唯一一家获奖单位。 (俞冬梅)

中国建设银行股份有限公司南通通州支行

【概　况】 2014年末,中国建设银行股份有限公司南通通州支行实现中间业务收入8377万元,拨备前利润2.96亿元,税前利润2.51亿元。完成一般性存款余额124.15亿元,比年初(下同)增加12.91亿元。其中储蓄存款余额82.13亿元,增加10.81亿元;企业存款余额42.02亿元,增加2.09亿元。完成各项贷款余额65.55亿元,增加2.51亿元。全年安全运营无事故、无案件。

【金融服务】 2014年,支行完成三单(南通富通城市建设有限公司、南通高新区科技城投资发展有限公司、南通凯鼎城镇建设开发有限公司)城镇化投放贷款5.39亿元,通过银票放款1.6亿元;禹和水利投行到期贷款投放2.5亿元;

投放南通盛鑫置业有限公司房开贷1.5亿元。

【企业管理】 2014年，支行认真执行“学制度、重落实、查隐患、防案件”案件防控方案，规范操作流程，严格落实贷款审批条件，加强贷后调查，重视柜面服务工作。建立健全以业绩为主的人才选拔任用制度。实施“青蓝工程”，按照“一带一”后备人才培养思路，将优秀青年员工选调到重点、关键业务岗位。组织青年员工“建行梦”户外踏青活动、2014届高校新生及家长座谈会、“建行好声音”歌唱比赛等系列文体活动。 （马莲娜）

交通银行股份有限公司南通通州支行

【概　况】 2014年末，交通银行股份有限公司南通通州支行实现各项存款余额13.48亿元，其中对公存款余额10.29亿元，储蓄存款余额3.19亿元。完成各项贷款余额13.77亿元。

【南通金桥支行开业】 11月22日，交通银行股份有限公司南通金桥支行开业。该支行以普惠金融为特色，采用“自助机具＋客户经理”为主导、“线上、线下”相互融合和的服务模式，通过延时服务、上门服务、远程服务等便捷方式和全新的营销模式，打造更加优质、高效、便捷的金融服务。 （郁园园）

江苏银行股份有限公司南通通州支行

【概　况】 2014年末，江苏银行股份有限公司南通通州支行完成各项存款余额63亿元，比年初（下同）增加15亿元，

青年员工开展“汇聚大爱　传递真情”志愿者活动

增长31.3%。完成各项贷款余额38.66亿元，增加8.04亿元，增长26.3%。是年，支行获全国“五一巾帼建功标兵岗”称号，被中国银行业协会评为“五星级文明规范服务示范单位暨千佳文明规范服务示范点”。 （孙美华）

中国邮政储蓄银行股份有限公司南通市通州区支行

【概　况】 2014年末，中国邮政储蓄银行有限公司南通市通州区支行实现个人储蓄存款余额110.13亿元，比年初（下同）增加11.94亿元，增长12.2%；公司业务存款余额4.18亿元，增加0.92亿元，增长28.2%。完成贷款业务总余额5.7亿元，增加1.2亿元，增长26.7%。新增新农保、医保、社保等人员工资代发38万余户。 （包甜甜）

邮储银行开展岗位练兵竞赛

中信银行股份有限公司南通通州支行

【概　况】 2014年末，中信银行股份有限公司南通通州支行实现一般性存款总额28.3亿元，比年初（下同）增加5.29亿元。其中对公存款24.92亿元，增加4.81亿元；储蓄存款2.67亿元。全年存款日均26亿元。是年，支行先后被总行评为青年文明单位、对公负债优秀营销团队、对公负债先进支行，被南京分行评为“双赢”优胜支行，获南通分行优秀团队奖。 （葛瑞雯）

招商银行股份有限公司南通通州支行

【概　况】 2014年末，招商银行股份有限公司南通通州支

行完成各项存款余额25.40亿元，比年初（下同）增加6.64亿元；完成新增融资总量18亿元，表内贷款新增2.53亿元。12月，平潮支行成立。是年，支行被上级分行评为“先进集体”。 （吴 伟）

兴业银行股份有限公司南通通州支行

【概 况】 2014年末，兴业银行股份有限公司南通通州支行完成各项存款余额26.39亿元，比年初（下同）增加4.05亿元，其中对公存款余额22.47亿元，储蓄存款余额3.9亿元。完成各项贷款余额21.92亿元，增加9.56亿元。7月，金和社区支行成立。

【贴心养老产品】 2014年，支行为老年客户群打造专属金融方案，提供特色金融服务——“安愉人生”并发放金融卡。“安愉人生”集“产品定制、健康管理、法律顾问、财产保障”为一体，帮助老年人建立科学的理财规划。

（邱晓蓉）

上海浦东发展银行股份有限公司南通通州支行

【概 况】 2014年末，上海浦东发展银行股份有限公司南通通州支行完成各项人民币存款13.7亿元，比年初（下同）增加1.53亿元。完成各项贷款余额9亿元，增加2.6亿元。不良贷款为零。8月，在辖区内率先开展“跨境融资租赁保理”业务，利用低成本的境外资金服务于区内大中型企业。至年末，共完成实际投放2.3亿元。是年，支行被共青团南通市委评为“青年文明号”。 （邵唯力）

中国民生银行股份有限公司南通家纺支行

【概 况】 2014年末，中国民生银行股份有限公司南通家纺支行完成各项存款余额27亿元，比年初（下同）增加13.75亿元，其中储蓄存款6亿元。表内外总贷款规模突破40亿元。成功创建南京分行辖内首批“五星级网点”。是年，被共青团南通市委评为“青年文明号”，被中国民生银行总行评为“平安支行”。 （刘亭亭）

江苏南通农村商业银行股份有限公司

【概 况】 2014年末，江苏南通农村商业银行股份有限公司完成各项存款总额364.94亿元，比年初（下同）增加30.64亿元，增长9.2%；其中储蓄存款余额316.82亿元，增加44.24亿元，增幅16.2%。完成各项贷款余额266.41亿元，增加26.84亿元，增幅11.2%；其中贷款余额226.86亿元，增加8.31亿元，贴现39.55亿元，增加18.53亿元。五级分类不良贷款余额6.40亿元，增加1.22亿元。其中次级类贷款5.54亿元，增加1.57亿元；可疑类贷款0.81亿元，减少0.33亿元；损失类贷款455万元，减少165万元。不良贷款占比2.4%，提高0.2个百分点。实现营业收入24.93亿元，增加3.60亿元，增幅16.9%。实现账面利润总额3.13亿元，净利润2.02亿元。完成呆账准备余额11.29亿元，增加1.48亿元，其中贷款损失准备10.70亿元，增加1.37亿元。不良贷款拨备覆盖率达167.3%。

【金融服务】 一是面向农户，全面启动“阳光信贷”工程，阳光信贷管理平台顺利上线。全年阳光信贷授信7286户、金额17.38亿元，实际用信2156户、金额3.74亿元。二是选定109个商户为首批农村金融综合服务站，先后投入资金48万元为服务站配备点钞机、保险箱等金融机具。创建家庭农场信息档案179户，贷款支持19户，发放贷款22笔，金额468.5万元，为家庭农场户增收1000万元。三是开展小微企业贷款批量营销授信活动。至年末，全行小微企业贷款增加936户，净增长23亿元，总户数及余额分别为3973户、160.57亿元。小微企业贷款占贷款总额60.3%，提高2.9个百分点。四是扩大网上银行业务。全行累计发行圆鼎卡58.7万张，新增7.2万张；个人网银开户1.76万户，新增8440户；企业网银开户6931户，新增1263户；手机银行户1.44万户，新增7978户；POS收单商户1847户，新增1350户。

【风险防控】 一是先后组织开展四批次飞行检查。发现各类问题77项，处罚人员354人次，罚款13.74万元。二是组织开展“九种人”排查。共查出九种人192人，其中员工家庭成员经商办企业136人，本人及亲属被公安、法院、检察院等司法机关传唤、调查取证或被拘留、逮捕、监视居住、取保候审、起诉8人，员工本人经商办企业、从事第二职业或与客户存在非正常资金往来8人。三是开展合规教育培训。分两批次组织全员外出封闭式合规培训。分六批次对1129名在职员工进行合规测试。四是整章建制。组织对原有180个制度和流程进行“回头看”。

新增制度、管理办法、流程73个，修订25个，并对14个应急处置预案进行完善。出台“临柜业务、财务管理、信贷管理、风险管理”等《员工行为禁令》50条和《高压线处理条例》80条。

【效能建设】 一是严肃处理有令不行，有禁不止，作风涣散的中层管理人员。二是将OA办公自动化系统和信贷无纸化系统落实到实际工作中。三是出台《信贷业务办理流程考核办法》，全年处罚128笔共2.13万元。四是整合小而弱、小而散的网点信贷业务，全行信贷业务单位由75家整合为52家；将全辖3000万元以上的大额贷款、项目贷款、政府平台贷款集中于总行营业部和崇川支行办理，促使普通信贷支行专注于小微和三农业务，非信贷支行专注于组织资金和中间业务。五是引入艾加“品牌金字塔”工程，至年末，全行62家网点完成品牌服务力导入工作。

【人事管理】 2014年，江苏南通农村商业银行股份有限公司加快干部人事制度改革，委托管理咨询公司全程参与测评。先后组了6轮次选拔、竞聘，产生后备内勤行长24名、后备二级支行行长7名、后备人才100名、部门总经理4名、片长5名，副片长10名。通过现场竞标产生资产保全部总经理，全年现金清收竞标金额达5.9亿元。出台《南通农村商业银行中层管理人员退职二线管理办法》，全行20名中层干部主动退出原有管理岗位。同时，面向社会招聘法律、电子商务、科技研发等专业人才。　（严　兵）

江苏张家港农村商业银行股份有限公司通州支行

【概　况】 2014年末，江苏张家港农村商业银行股份有限公司通州支行实现本外币各项存款余额16.10亿元，比年初（下同）增加4612.46万元；各项贷款余额15.75亿元，增加3374.75万元；实现账面利润5793.33万元。发放南通市首笔土地承包经营权抵押贷款。　（王炎冰）

江苏通州华商村镇银行股份有限公司

【概　况】 2014年末，江苏通州华商村镇银行股份有限公司完成各项存款5.95亿元，比年初（下同）增加1.36亿元。完成各项贷款5.69亿元，增加0.58亿元，其中涉农贷款1.85亿元，农户和小微企业贷款占比达95.6%。1月，成立平潮支行。发行紫琅金融IC卡。　（王旭东）

中国人民财产保险股份有限公司通州支公司

【概　况】 2014年，中国人民财产保险股份有限公司通州支公司实现保费收入1.70亿元，比上年（下同）增加3074万元，增长22.3%。其中，非车险保费3100万元，增加315万元，增长11.3%；车险保费1.11亿元，增加2517万元，增长29.4%；政策性农业保险2830万元，增加302万元，增长11.9%。累计实现承保利润664万元，减少1494万元，下降69.2%。其中，非车险利润447万元，减少80万元，下降17.8%；政策性农险利润296万元，减少392万元，下降56.9%。保险市场份额（不含农险）40.7%，下降0.9百分点。赔款支出8989万元，增加1314万元，增长17.1%；综合赔付率74.2%，上升12.2%。

【高效设施农业新险种】 2014年，支公司先后试办高效农业保险新险种2个，分别是林木火灾保险、内塘螃蟹水文指数保险。林木火灾保险每亩保险金额2000元，保险费率0.3%；内塘螃蟹水文指数保险每亩保险金额2000元，保险费率5.5%。农户自缴保费40%，省、县（区）两级财政各补贴30%。是年，全区累计承保高效农业新险种保险费1630万元，受灾赔款854.67万元。高效农业保险占政策性农业保险57.3%。累计开办政策性农业保险（含高效设施农业）险种22个。

【水稻穗颈瘟灾害理赔】 9月，全区水稻因穗颈瘟病虫害、倒伏，造成10.73万农户、7466.67公顷水稻不同程度受灾，支公司赔款1274.07万元。　（宋建平）

中国人寿保险股份有限公司通州支公司

【概　况】 2014年，中国人寿保险股份有限公司通州支公司实现保费收入4.09亿元。赔（给）付2.4亿元。新农合补偿273.06万人次，基金补偿金额3.93亿元，新农合大病保险补偿1.29万人次，补偿金额2480.18万元，新农合经办业务蝉联中国人寿江苏省分公司政策性医疗经办业务第一，大病保险服务经营管理获省分公司银奖。开办新农合补充保险，简化新农合大病和补充保险理赔手续。新农合、新农合大病保险、新农合补充保险三位一体的“通州模式”管理和服务，得到国家卫计委和中国保监会的肯定。是年，公司客户服务中心获中国人寿集团工会颁发的“创先争优、科学发展”建功立业劳动竞赛先进集体、江苏省分公司2013—2014年度青年文明号等称号。　（徐雪梅）

中国太平洋财产保险股份有限公司通州支公司

【概　况】 2014年末，中国太平洋财产保险股份有限公司通州支公司实现保费收入3463.7万元，比上年(下同)增加3.3万元，增长0.10%。其中机动车保费收入2951.6万元，各类财产险、人身意外伤害险、责任险、货运险等保费收入512.1万元。

【合规经营】 2014年，支公司秉承“诚信天下、稳健一生、追求卓越”的核心价值观，实施以客户需求为导向的战略转型，强化创新驱动核差异化发展，着力提升综合竞争力。不断完善内部管理制度，明确各岗位的职责，做到定岗定责，积极为客户提供风险保障服务。 （黄圆圆）

中国平安财产保险股份有限公司通州支公司

【概　况】 2014年，中国平安财产保险股份有限公司通州支公司实现保费收入6372万元，比上年(下同)增加1377万元，增长27.6%。其中车险保费5821万元，增加1428万元，增长32.5%；财产险保费227万元，增加10万元，增长4.6%；意健险保费324万元。

【车险网上理赔】 2014年，支公司以“打造用户首选品牌”为目标，依托互联网技术推出E理赔手持终端、微信理赔、电话直赔等服务，这是支公司继“快、易、免”服务升级后，又一次车险领域的变革，将“足不出户、简易理赔”服务体验推向极致，致力实现车险理赔从线下到线上作业、传统保险到互联网保险的转变。 （沈天罡）

申银万国证券南通建设路营业部

【概　况】 2014年，申银万国证券南通建设路营业部代理沪深A股交易总量约200亿。公司经营范围包括证券经纪、证券投资咨询、融资融券、代销金融产品、证券投资基金代销、为期货公司提供中间介绍业务，证券资产管理，证券承销与保荐(限国债、非金融企业债务融资工具、政策性银行金融债、企业债承销)。营业部拥有稳定、安全、齐备的通信和交易系统，为客户提供免费短信提醒和EMAIL咨询等特色增值服务。 （万　鹏）

华泰证券南通通州人民路营业部

【概　况】 2014年，华泰证券南通通州人民路营业部秉承“高效、诚信、稳健、创新”理念，坚持“以客户服务为中心、以客户需求为导向、以客户满意为目的”，致力打造通州地区的理财专业机构。营业部拥有稳定安全的交易系统，包括网上交易、电话理财、手机理财等多种理财平台，并建立具有咨询执业资格的理财师团队和针对客户不同理财需求提供的专业化投资理财解决方案。营业部经营范围包括证券经纪、证券投资咨询、证券承销与保荐、证券投资基金代销、证券资产管理、为期货公司提供中间介绍业务和一系列与证券交易、证券投资活动有关的理财顾问业务，为客户提供各项优质服务。是年，营业部代理沪深A股交易总量约350亿元。 （纪　熙）

新华社2014年国内十大新闻(五)

中央召开文艺工作座谈会

10月15日，习近平总书记在京主持召开文艺工作座谈会，指明了新时期文艺工作的发展方向，勉励广大文艺工作者从时代和国家的高度认识文艺的地位和作用，坚持以人民为中心的创作导向，努力创作更多无愧于时代的优秀作品，鼓舞全国各族人民朝气蓬勃迈向未来。

经济综合管理

Economic Comprehensive Administration

编 辑 张晓芹

计划与投资

【2014年国民经济和社会发展计划执行情况】 2014年，通州区坚持稳中求进总基调，突出五大行动主抓手，统筹做好稳增长、促改革、调结构、重生态、惠民生、防风险各项工作，较好完成区十五届人大三次会议确定的主要目标任务。

实现地区生产总值860.73亿元，比上年增长（下同）10.8%。实现一般公共财政预算收入70.44亿元，增长15.1%。固定资产投资520.12亿元，增长19.2%。社会消费品零售总额279.88亿元，增长12.0%。外贸进出口总额33.19亿美元，增长15.4%。城镇居民人均可支配收入34565元，增长8.9%；农村居民人均可支配收入16835元，增长10.8%。城镇登记失业率2.5%，全社会研发投入占地区生产总值比重的2.4%。

稳增长调结构，经济运行量质并举。服务业提速发展。完成服务业增加值345亿元，增长12%，占地区生产总值比重41.3%，提高1.5个百分点；完成服务业应税销售522亿元，增长16.4%；完成服务业税收43.1亿元，增长17.8%。6家省、市级服务业集聚区实现营业收入665亿元。科技金融、现代物流、电子商务、旅游休闲等现代服务业重点业态发展提速。首家互联网金融平台江苏天天富余上线运行。综艺科技金融港竣工。南通供销产业园、南通顺丰速递成为国家AAAAA、AAAA级物流企业。中国家纺电商平台成为全市唯一获得国家财政政策支持的服务业项目。南通国际家纺电商产业园投入运营。江苏软件公共服务平台成功落户。省级开沙岛旅游度假区基础设施建设加快推进，成功举办第七届中国（川姜）家纺画稿交易会，圆通速递等一批项目入驻南通空港产业园。渔湾水乡申报国家湿地公园工作启动，《美丽通州之旅》出版发行。《通州区乡村旅游集聚区规划》等旅游规划完成编制并积极推进。金土地生态农业园建成省四星级乡村旅游点，白鹭湖庄园、典园山庄建成省三星级乡村旅游点。东社镇成为省特色景观旅游名镇，五接镇开沙村晋升“中国最美村镇60强”。制造业平稳运行。实施技改项目410个，完成技改投入220亿元。深化与中航工业、海兰信等知名企业合作，加快培育航空航天、新一代信息技术等战略性新兴产业，新兴产业、高新技术产业产值分别增长30%和20%，占比分别提高7个和1.8个百分点。通州区成为国家新型工业化产业示范基地，南通高新区成为省“两化融合”试验区。韩通重工入围国家首批“两化融合”管理体系贯标试点企业名单并成为国家重点高新技术企业，创斯达成为省首批“两化融合”转型升级示范企业。建筑业质效提升。新获鲁班奖3项，设立全市首家建筑业产业基金鲁班基金。完成建筑业总产值1188.83亿元，增长17.5%。南通四建、通州建总成为中国建筑业竞争力百强企业，通州四建、南通英雄建筑成为中国建筑业成长性百强企业。南通长城装饰晋升一级资质企业，南通四建等3家省级企业技术中心通过省复审。农业持续增长。粮食生产再获丰收，实现粮食总产53.9万吨。稳步推进“菜篮子”工程，建设千亩以上连片蔬菜生产基地60个，建成十总、二甲两个万亩永久性蔬菜保供基地。新增高效农业4666.67公顷，新增设施农业1800公顷，高标准农田占比61%。新建扩建124个规模以上农业项目。新增标准化家庭农场55家，其中，2家家庭农场成为省级示范。新申报认证“三品”农产品145个。景瑞农业成为中国驰名商标。

加快项目投入，集聚效应更加显现。投资总量持续攀升。完成固定资产投资520.12亿元，增长19.2%，总量继续保持全市领先。其中，完成制造业投资299.95亿元，增长8.0%；完成服务业投资206.09亿元，增长33.0%，增速高于固定资产投资17个百分点。实施区级重大项目30个，其中，制造业项目10个，服务业项目18个，能源业项目2个，平均单体投资规模18.1亿元。投资速度明显加快。14个市级重大项目完成投资125.8亿元，超过年度计划47.1个百分点。积极组织开展季度项目集中签约、联合开工等活动，建立周会办、月督查、季点评、年考核等机制，项目推进快速有力。格雷特数控加工中心、北海生物制剂等项目通过预审评估，展华高密度多层柔性线路板、伊藤忠物流等项目相继落户，华电热电联产、南山湖1号城市综合体等项目开工建设，科技之窗、奥邦国际数码城、国际棉花交易中心等项目加快推进。投资结构显著提优。服务业投资占固定资产投资比重40.6%，提高5.1个百分点；完成高新技术产业投资120亿元，占全部固定资产投资比重23%。实施亿元以上项目150个，完成投资295亿元，增长24%，占投资总量比重57%，其中，制造业项目86个，完成投资182亿元，占全部制造业投资比重60%；服务业项目64个，完成投资113亿元，占全部服务业投资比重54%。

推改革促创新，发展活力持续增强。深入推进综合改革。深化行政体制改革，加大简政放权力度，精简权力事项37.5%，审批时限整体压缩50%以上。项目化推进经济体制改革和陆海统筹发展综合配套改革，目标化启动生态文明、民主法制等重点领域改革，责任化推进城乡一体化发展试点、城镇低效用地再开发试点和金融业投贷联动、联盟运作绩效机制改革。加快推进新型城镇化试点工作，完成总体规划及实施方案编制。海关特殊监管平台申报工作进入审批通道。深化体制机制创新，滨江新区、南通家纺城、石港科技产业园实行“区镇合一”。深入推进农村土地承包经营权确权登记颁证试点，新增土地流转2666.67公顷，培育新型经营主体200个。农村产权交易市场建设全省试点。金融服务亮点频现。银行业金融机构人民币存款余额首次突破1000亿元，达1099.19亿元，其中，新增存款147亿元；贷款余额604.67亿元，其中，新增贷款82亿元，存贷比55.3%。华夏银行志浩特色支行开业，银行业金融机构18家。小贷公司11家，其中，科贷公司1家。积极开展“苏科贷”业务，22家小微企业获得10250万元科技贷款。恒晟、江海参与省“资产证券化”创新业务试点。小贷公司小微企业私募债突破1亿元。江海之星城市建设投资基金成立。首家天使投资基金南通毅达创新创业基金和首家科技支行江苏银行科技支行成功落户。新增创业投资企业6家。四方冷链在资本市场排队，海星电子进入辅导期，中港粮油筹备报会。达海智能、恒晟农贷2家企业在新三板挂牌，在轨运作企业7家。南通高新区获批省级科技金融服务中心。创新能力显著增强。列入国家科技项目8项，新增高新技术企业39家。新增省级企业技术中心、工程技术研究中心18家，省重点企业研发机构9家，建成1家省科技服务超市、6家农业科技型企业。家纺产业发展服务中心入选国家技术转移示范机构，建筑、海工产业技术研究院加快建设。完成发明专利申请900件，专利授权1500件。新引进国家“千人计划”“长江学者”等顶尖人才18名，新增创新创业项目42个。石港镇成为省创新型试点镇。顺利通过省知识产权战略区域示范验收。开放型经济难中有进。完成工商登记注册外资5.5亿美元，注册外资实际到账3.3亿美元。完成境外中方协议投资额1.2亿美元。实现外贸进出口总额32亿美元，增长11.2%。龙鼎投资在安哥拉创业取得成效。综艺集团获全市首家跨国公司外汇资金集中运营管理试点资格。

优环境提质量，生态文明成效显著。加速推进基础设施。政务服务中心、体育中心、文博中心对外开放。加快推进世纪大道南段、鹏程大道两侧城市设计。沪通长江大桥正式开工建设，S225省道改线、东沙大桥建成通车，金通三大道、G345国道南通东绕城段、南通世纪大道东延西段等道路即将建成通车，连接南通主城区骨干路网基本形成，配套工程加快推进。建成南通高新区溯天污水处理厂，推进益民污水处理厂建设。实施新一轮农村饮水安全工程。逐步完善农村道路、桥梁、泵站等基础设施，加快推进农村公路安保工程和危桥改造。加快建设重点载体。南通高新区积极构建技术开发、创业孵化、科技金融、综合配套等功能平台，成为省产学研产业协同创新基地。锡通科技产业园成为省级苏南苏中合作共建园区和省科技产业园，锡通创业园、香樟公寓等功能性项目建成运行。滨江新区“三路两桥”等重点工程进展顺利，“一区三园”格局初步形成。南通家纺城国家知识产权快速维权中心联网运营。加快推进南通空港产业园顺丰全自动分拣中心、民航飞行校验中心等项目。石港科技产业园凤凰路等部分域内道路竣工通车，污水管网、拆迁地块土地平整等工程加紧实施，“四横四纵”道路框架基本形成。生态环境有序改善。加强重点流域水污染治理，完成金沙横河生态修复工程。推进绿化工程建设，启动通吕运河“一河两岸”示范段生态景观设计，村庄环境整治通过省级验收，集镇环境综合整治进入长效管理新阶段。建成2个省级生态村。强化机动车尾气污染控制，加强船舶修造等行业废气污染治理。推进农业畜禽污染治理工程建设。开展印染、钢丝绳等行业专项整治和姜张河等河道整治。大力开展环保执法“亮剑行动”，关停涉污企业48家。

扩保障强治理，民生水平稳步提升。保障体系不断完善。新增城镇就业9168人、再就业4234人，城镇登记失业率2.5%，转移农村劳动力6177人。推进社保提标扩面，启动城乡居民基本医疗保险制度整合并轨，各类社会保险覆盖率均在98%以上。企业职工养老、城镇医疗等保险参保率全市领先。保障房建设和棚户区改造超额完成省定任务。区社会福利中心主体工程封顶。民生事业协调发展。完成教育均衡发展、医疗服务改善、健康管理促进、养老机构建设、公共安全管理、小区整治改造等10件20项民生实事项目。推进新一轮教育现代化工作，新增省优质幼儿园4所，育才中学、金郊初中等4所学校新校区投入使用，高标准高中建设进展顺利。大力实施镇级医疗机构提标改造和村卫生室标准化建设工程，加快推进医疗卫生资源优化整合。建成省级公共文化服务体系示范区。承办江苏省小品、戏剧大赛，举办全国首届儿童音乐奖评选活动，“童声里的中国”少儿艺术创研活动基地落户通州。社会发展水平评价全市第一，实现“十二连冠”。社会治理持续加强。“六五”普法中期工作全国先进，法治建设满意度全省第一，成为全省法治县（市、区）创建工作先进单位和全国“六五”普法中期检查先进县(市、区)。扎实开展“五大专项行动”,社会治安综合治理、安全生产等工作实现预期。深入推进区镇村三级综合服务管理平台等建设,实现平台视频、网络全覆盖和管理控制智能化。 (邱卫君)

【固定资产投资】 2014年,通州区认真贯彻落实《2014年重大项目推进年实施办法》,强攻有效投入,猛攻重大项目,全区项目建设继续呈现平稳发展的良好态势。全年完成固定资产投资520.12亿元,居九县(市、区)之首。其中,完成制造业投资311.14亿元、服务业投资206.09亿元,分别排九县(市、区)第二、第三名。固定资产投资、制造业投资、服务业投资增幅分别为19.2%、11.0%、33.0%,分别高于全市平均水平1.1、0.7、5.4个百分点。投资结构进一步优化,服务业投资占全部固定资产投资比重的39.62%,提升4.1个百分点;完成高新技术产业投资120亿元,占全部固定资产投资比重的23%。 (成燕华)

财　　政

【概　况】 2014年,通州区财政部门坚持以深化财税体制改革为主线,以“稳增长、促改革、调结构、惠民生”为目标,以“加强预算管理、强化资金保障、探索扩权强镇、争取上级扶持资金”为特色重点,科学高效推进各项工作,全力服务“五大行动”,为促进通州区经济社会持续健康发展提供有力保障。区财政局被江苏省财政厅评为全省财政信息工作先进集体。

【财政收入超70亿元】 围绕收入目标突出责任考核,全面分析掌握各镇(区园)实际税源和增收潜力,细化分解征收部门及镇级收入年度目标和月度任务,建立任务分解与税务征收预期衔接机制,定期通报财政收入完成进展情况,不断增强征管部门和镇(区园)征收责任。加强经济形势分析,注重主体税源排查,强化对规模工业企业耗电、用工、土地等涉税信息及房地产企业商品房开发情况、销售情况、财务状况和纳税能力状况的深层次、多角度动态分析。积极推进综合治税,在主城区成立联合综合治税办公室,重点加大对个体工商户、专业市场、房屋租赁等领域税收征管,努力拓展增收空间。大力推进工业企业主辅分离,努力增加地方税基。研究制订稳定房地产业发展措施,减轻房地产企业市场压力。2014年全区完成一般公共预算收入70.44亿元,增长15.1%,一般公共预算收入总量位列全省区级第13位,较上年(下同)前移2位,增幅位列全省第16位,前移1位,为南通地区首个超70亿元县区。区级完成一般公共预算收入68.40亿元,增长14.9%,超额完成人代会预算和南通市下达的工作目标。其中,税收收入完成56.89亿元,增长15.2%,税收占比83.2%。

【服务社会发展】 围绕全区“提升经济质态、加快城乡建设、促进民生改善”等重点工作,积极履职施策,充分发挥财政资金引导、保障作用,促进通州经济建设和各项社会事业健康发展。优化扶持方式,助推经济转型发展。转变财政扶持发展方式,充分发挥财政资金撬动效应,通过股权投资、定向融资担保、融资风险补助等方式,全年安排资金8250万元,建立“苏科贷”“通科贷”“天使基金”等八个扶持企业创新发展基金,撬动社会、金融资金3亿元,支持中小型科技企业70家,实际投放资金2.39亿元。继续加大财政扶持力度,推动科技成长型、高层次人才创新创业型企业健康发展,不断加快企业科技成果产业化进程。投入1.88亿元培育壮大新兴产业,加快实施高新技术项目改造、“510”创新创业人才项目落户及知识产权提升工程,支持家纺、绿色建筑、船舶海工等公共服务平台建设,助推现代物流、旅游、电子商务等六大重点服务产业提速发展。采取绩效考核、资金支持、政策引导等方式,鼓励支持小额贷款公司、村镇银行、担保公司等各类金融机构加大对中小企业的金融服务力度。健全“财企e家”咨询服务功能,组织232家企业向上申报项目45个,争取扶持资金1.56亿元。坚持统筹兼顾,促进城乡一体发展。安排48亿元,推进宁启铁路电气化改造、沪通铁路大桥段、金川大道等交通城建拆迁安置工作;支持345国道、通富路北延、金通三大道等交通路网建设;实施城区景观绿化、水环境建设、老小区、棚户区改造等市政工程;进一步加大对公交运行、污染防治等惠民工程的奖补投入力度。统筹水利支农资金5.23亿,积极实施灌区改造、饮水安全、一事一议财政奖补、土地治理等农田水利基础设施建设;大力推进村庄环境整治、美丽乡村建设试点、“四位一体”长效管理等富民强农工程;切实加强高效设施农业项目、农民经济合作社、农业生产全托管服务体系建设,不断提升现代农业发展水平。规范管理、优化流程,推动涉农补贴发放及农业保险等惠农政策落到实处。突出民生保障,支持社会和谐发展。全年民生支出占一般公共预算支出比重达63.1%,确保各项为民办实事项目落到实处。保障体系更加完善。安排1660万元,支持基层公共服务公益性岗位开发,全面落实就业再就业扶持政策;投入2.15亿元,推进社保提标扩面,企业职工养老、城镇医疗、失业、工伤和生育保险等各类险种覆盖率均超过98%。救助水平不断提升。安排22.9亿元,进一步提高社保对象及困难群体补助标准,加大社会优抚、征地保障、危房改造、城乡低保和重残人员等社会救助力度,支持实施城镇廉租房、公租房建设及棚户区改造等保障性安居工程建设。民生事业加快发展。安排4.47亿元,落实各项经费保障及国家助学政策,推进校舍安全工程,支持学校新建及高标准高中建设,加快教育信息化、塑胶操场等基础设施建设;投入2.5亿元,全面实施基本药物制度改革,支持村卫生室标准化建设和卫生院提标改造工程,不断健全三级医疗卫生服务体系;安排1.7亿元,支持省级公共文化服务体系示范区建设及平安、法治通州建设。

【财政改革】 2014年，根据通州区部门预算管理办法，结合镇级预算管理现状，各镇区园利用信息系统完成2015年部门预算编制工作，并规范预算指标管理和预算执行分析的基础设置，加快镇级部门预算规范化、精细化管理进程。有序推进财政信息公开。坚持“依法公开、积极稳妥、有序推进”原则，9月，推动区纪委、区审计局、区财政局、区发改委等20家单位在通州门户网站公开部门预算和“三公”经费信息。不断规范国库集中支付。围绕“单位自主权进位、财政监督管理不退位”总体要求，全面开展国库集中支付改革，实行财政直接支付与财政授权支付相结合的预算执行管理模式，健全国库单一账户体系，为区直186家单位开设零余额账户143户。推行分级分类的会计核算管理模式，强化主管部门监管职责，加快构建内控严密、流程规范、安全高效的国库集中支付运行新机制。扎实开展预算绩效管理。制订财政专项资金绩效管理办法及预算项目绩效评价实施方案，探索建立预算资金使用“事前目标设定、事中跟踪监督、事后绩效评价”的绩效管理模式。组织区卫生局、区司法局、区红十字会、区经信委四家单位开展资金使用绩效自主评价，并对司法援助、公益性救护培训、农村改厕、市场开拓四个项目进行财政再评价，评价结果向主管单位反馈，并在区党政信息网公开，为区委区政府决策提供参考。稳步推动国有公司改革。以市场化为导向，制定通州区国有公司年度绩效管理考核计分办法、年度薪酬考核与管理办法及惠通投资发展有限公司实体化运行改革方案，进一步完善公司法人治理结构，加快打造具有可持续发展能力的投融资平台和符合市场经济要求的政府投融资体系。加强债务风险防控。制定通州区政府性债务管理暂行办法，强化区政府性债务管理领导小组职能，统一举债审批程序，统一成本控制，统一债务管理，为调整债务结构、控制债务成本、防范债务风险起到积极推动作用。

【财政基础工作】 围绕全区中心工作和财政重点工作，细化分解任务，落实层级责任，强化督查推进，确保目标必成。政府融资手段不断创新。科学筹划项目，创新融资思路，超额完成全年融资计划，重点项目建设资金需求得到有效保障。全年表内项目融资比重由50%提高到70%，有效降低融资成本。资产管理机制不断完善。完善事业单位国有资产产权管理，对区镇两级250家事业单位全面实行产权登记。出台区行政事业单位经营性资产租赁实施细则，对经营性用房出租实施公开透明的市场化运作，全年实现租金收入687.85万元。加强对镇级经营性资产监管，组织实施镇级经营性资产管理工作专项检查。会同主管部门核查清理、分类处置原国有企业改制剥离资产190宗，通过建立资产档案进一步加强资产监管利用。会计管理水平不断提升。认真做好各项会计教育培训及考务工作，圆满完成财政学会、会计学会、珠算协会换届选举，基层财政档案管理实现省“三星级”全覆盖。财政监督力度不断加大。会同区审计局开展贯彻执行中央八项规定严肃财经纪律和“小金库”专项治理检查，组织全区284家单位进行自查自纠，并对其中6个单位实施重点检查。强化对会计信息质量、民生保障资金、政府工程投入等方面的监督管理，财经秩序得到有效维护。加强政府投资评审，规范政府采购管理，全年节约财政资金近12亿元。基层财政建设不断推进。修改完善基层财政所规范化建设实施方案，对照星级财政所考核指标，进一步抓好加强资金监管和完善国库集中支付等方面的“加工补课”，干部队伍、业务能力、服务环境“三大建设”取得新进展。2014年，全区有4个财政所达“四星级”标准，15个财政所达“三星级”标准。 （姜 忠）

国家税收

【概 述】 2014年，通州区国税局充分发挥税收职能作用，突出纳税服务一体化和风险管理一条龙建设，统筹推进依法行政提档、人才培养提速，圆满完成各项国税工作任务。是年，区国税局办税服务厅荣获“江苏省工人先锋号”荣誉称号，区国税局被表彰为全省国税系统信息工作先进单位，通州区区级机关目标管理绩效考核先进集体、区政风行风建设先进单位。

【组织税收】 2014年，组织税收收入迈上新台阶。适应税收管理体制转变，将组织收入融入税收征管核心主流程，建立“以培植税源为根本，以自主申报为基础，以情报管理为驱动，以风险分析为补充，以风险应对为主导，以部门协同为依托，以质量考评为保障”的组织收入工作新机制，提高组织收入统筹协调力度和专业化组织程度，确保各单位围绕收入中心开展工作的理念不变、全面履行收入职能的责任不减、完成收入目标的动力不降。坚持不收过头税，税收收入质量保持全市领先，税收收入增长与通州区域经济发展同步协调。全年共组织税收收入34.91亿元，延续上年（下同）平稳增长态势；实现地方公共财政预算收入首破10亿元，增长7.96%，总量继续保持六县市第一，为经济社会发展提供可靠财力保障。

【服务经济发展】 2014年，区国税局助推经济服务发展转型取得新成效。落实“聚焦三大重点服务两个率先”实施意见，响应政企需求，先后举办“优化招商软环境　打造园区新优势”“走进美丽乡村　助力现代农业”等6场次经济税收主题宣讲活动。主动对接区六大载体平台，做好重点行业、重大项目税收服务，助力全区工业实现销售收入超800亿目标；稳步推进“营改增”扩围工作，全年新增试点纳税人478户，入库“营改增”增值税7276万元，增长91.37%，列六县市之首，试点纳税人总体减税面达97.2%；认真落实小微企业、增值税征收率下调、固定资产加速折旧等惠民新政，完善出口退税管理，加强税收优惠政策落实情况督查，不断放大政策激励效应，全年兑现各项税收优惠24.6亿元，相当于同期税收总量的70.47%，其中办

国税局领导现场督查出口退税办理情况

理出口退税16.14亿元，增长11.16%，总量居六县（市、区）第一。

【税收管理改革】 2014年，区国税局实现税收管理改革新突破。高标准、快节奏推进税收管理改革，实现“四个”到位。一是机构职能调整到位。在不增加机构、不调整规格前提下，按三大序列重组管理职能，推进纳税服务一体化、风险管理一条龙和执法内控一盘棋建设。7月起，各税源管理分局全部转化为专业风险应对部门，征管科、纳服科分别转型为税收风险综合管理部门和税收政策集中管理部门，稽查案件审理和纳税评估复核权限收至法规科。二是管理方式转变到位。确保税收检查做到“三个一”（即无特殊情况同一年度内对同一纳税人实地检查不超过一次），纳税服务做到“四个一”（即一个部门受理、一个口径答复、一个平台管理、调查辅导一次到位），真正体现“三无三不”（即无需求不打扰、无风险不应对、无审批不下户）。全年进户检查157户次，下降近八成，过度服务、随意检查、多次进户等问题得到有效解决。三是配套衔接基本到位。围绕纳税服务与税收执法、风险应对与评估复核工作衔接，及“一条龙”风险管理、“一体化”纳税服务内部协调，制定相关制度和办法，保证改革平稳有序。四是信息技术支撑到位。通过自创辅助办公、涉税情报搜集、应对任务统计分析及催报催缴微软件，工作质效得到明显提升。全年导入情报管理平台8个单位11大类第三方情报共49450条，匹配率100%，始终保持六县市第一；完成风险应对任务1386户次，应对总成效1.66亿元，居六县市前列；查处10万元以上大要案21件，查补入库金额增长16.8%，稽查威慑力进一步发挥。

【便民办税】 2014年，区国税局大力推进便民办税。7月初，纳服分局整体进驻区政务中心，同时在三个镇（区）设立便民办税延伸点，专职纳服人员占干部总数33%。按照“简政放权”要求，推行“正面清单”管理，取消46个审批节点，49个审批事项通过授权或职能转移调整到办税前台，审批办结时限提速超过30%，报送资料减少8%。贯彻总局纳税服务规范，自主编制纳服分局工作手册1.0版，创新推行纳服后续管理“1234”工作法，办税服务厅荣获“江苏省工人先锋号”荣誉称号，5次被评为政务中心红旗窗口，29人次被评为窗口服务明星，“服务易捷通”被评为年度全区“最佳效能服务品牌”。大力推进网上办税、移动办税、邮递办税和自助办税等非接触式服务，纳税人网上申报比例达98.42%。开设“一号一课一赛”，通过96888749特服号、每月新办纳税人学堂和年度财务人员技能竞赛，为纳税人及时答疑解惑，促进办税能力提升，在取消申报前税收管理员催报催缴后，纳税人准期申报率逐月由97.80%上升至99.58%，准期入库率逐月由94.72%上升至96.02%。

【税收法治】 2014年，税收法治工作取得新进展。强化税收执法督察，制定税收执法督察工作实施办法、执法督察员管理办法，成立执法督察审理团队，对税务稽查、2013年度车购税征收管理情况、2014年一季度税务行政处罚情况、注销清算税收管理情况、贯彻落实组织收入原则情况、税收规范性文件合法情况、发票管理情况、“两办法一清单”落实情况及税收优惠政策落实情况等9项内容进行执法督察，共检查878户次，对查有问题的357户次进行整改和责任追究，提出33条后续管理措施和建议。强化层级内控测

纳税服务人员在辅导企业办税人员使用自助办税终端

评，全年共有162人(次)参加岗位自测，项目测试数量达3686条，发现并整改问题74个；分局复测1172条，发现并整改问题22个，责任追究8人次；区局抽测注销税务登记、稽查检查、纳税评估等重点项目173条，发现并整改问题26个，责任追究11人次，促进执法风险防控质效不断提升。强化流程介入控制，选调5人到区局专职复核、审理岗，下半年完成纳税评估复核、稽查案件审理474户，退办19户，跟踪质疑质量、复核通过率全市领先。

【廉政建设】 2014年，区国税局党风廉政建设彰显新风气。落实“两个责任”要求，推行清单化监管，制定以“两横三纵”为主要内容的党风廉政建设监管责任清单，正列举两权监管责任61项并分解至机关各部门，全年监管季度指标46项，发现并整改注销税务登记、固定资产实物管理、重大事项报备等13项问题；制定涵盖20项共性指标、18项个性指标的明查暗访项目清单，由各基层单位按月开展自查，区局监察部门根据自查结果开展现场抽查。全年区局组织明查暗访7次，发放明查暗访通报2期，发现和查处4类11项问题，涉及24人次，扣发绩效奖3200余元。深入开展党的群众路线教育实践活动，围绕“为民务实清廉”主题，深化“三清三察三审”，开展“六项集中整治”，共查摆问题4大类9种，吸纳建议66条，制订整改措施15大项，对103条整改事项实行销号。改进文风会风，全年发文、会议数分别精简27%和31%。全局“三公”经费下降11.14%。加强公有资产管理，清理腾退办公用房面积292平方米。区局被评为2014年度全区“政风行风建设先进单位”，列行政执法组之首。

【队伍建设】 2014年，国税干部队伍迸发新活力。适应税收管理转型，强化岗位技能培训，组织编写案头检查预案操作指引、风险应对任务涉税政策分类指引等工作学习手册，分类开展数据情报综合管理平台应用、新流程作业标准、全国县级税务机关纳税服务规范、税收执法风险防范等30期培训，人均参训时间12天，7名自有兼职师资授课28课时，全员法制意识和治税能力明显提升。优化绩效管理，强化个人绩效与组织绩效并重，在全系统形成横向到边、纵向到底、狠抓落实、绩效为先的工作机制，《江苏国税简报》专题介绍通州区国税局加强绩效管理做法。注重沟通谈心，把握税收管理改革及规范津补贴等关键，正确引导干部追求，确保队伍思想稳定，全年未发生一起舆情事件；注重典型引路，在系统内评选表彰10名“最美税务人”和20名“优秀共产党员”，利用道德讲堂组织先进个人事迹宣讲，提升国税干部精气神；注重减压解难，举办趣味运动会、环湖健步走等工会活动，解决系统内公务员加入地方公务员医疗保险大难题，给予13名大病医疗患者一次性补助35万元，向上争取离休干部医疗经费100余万元。（成　云）

举办“国税杯”企业办税人员业务技能竞赛

地方税收

【概　况】 2014年，通州区地方税务局以“积聚发展正能量，提升改革新成效”为主题，紧紧围绕五大目标、十项重点，各项工作稳步推进。

【税收征管】 全系统加强税源培植，统筹管理，监控质量，实现税收总量和质量“双提升”。全年累计入库各项地方税费金82.76亿元，比上年增长(下同)13.46%，其中：税收收入61.2亿元，增长17.25%；地方公共财政预算收入48.81亿元，增长18.25%。地方公共财政预算收入通州区和滨海园区分别完成47.03亿元、1.78亿元，占区政府年初下达计划的101.34%和111.69%。落实税收优惠政策。全年共减免各类税收2.5亿元，其中为高新技术企业减免2100万元，为26811户小微纳税人减免6800余万元；认真做好“营改增”工作，向国税传递12户电信业纳税人信息，保障扩围工作顺利实施。积极参与税源经济建设。组建政策研究写作团队，认真开展税源分析，《促进通州房地产业发展的分析》《“营改增”对我区财政收入的影响》两篇调研文章被区委研究室《调查与研究》采用。

【依法行政】 强化法规工作。深化依法行政示范单位创建，六分局跻身全市地税系统“依法行政示范单位”。通过提前介入辅导、事后风险提示等方式，开展2期税务行政指导；采取交差互审、当场点评方式，开展执法案卷评查；组织对农村小额贷款公司的税收优惠政策落实情况效应分析；严格落实规范性文件审查、清理等制度。全年审理重大税务案件17件。强化督察内审。新建税收执法督察指标5个，开展执法督察2次；组织风险应对复审16户，发现问题13户，补缴税费金13.88万元；对7名分局长分别实施离任、任中审计。加大稽查力度。按行业实施分类稽查,先后开展建筑房地产业、股权转让企业等专项检查,重点开展制售、接受假发票专项治理。对税务案件试行“系统分析、人工分析、验证分析、会审分析”的“四层分析法”,多角度解剖案件,提升高风险应对质效。全年组织自查预警63户,查结案件45件,其中20万元以上案件5件,累计查补入库税费金2962万元;1名检查人员参加省局一级稽查,入库税款1100余万元。

【征管改革】 组织架构更趋优化。专设税源基础管理分局;调整税源管理分局职能,设立5个中等风险应对分局。征科、税政合署办公;督查内审职能并入监察室。重组后的各单位整合资源,创新管理。四分局探索“工作任务单”机制,放大改革质效。二分局调整征管思路,按岗定人、按人配岗,多项基础管理指标排六县(市、区)第一。风险监控更趋严密。打造“五位一体”风险管理精品工程,开发“土地使用税智慧监控”“查税宝”系统,完善风险任务统筹、涉税情报管理等多项制度。强化数据质量管理,审计错误数据7539条,上报审计规则6条;强化涉税情报采集,从25个部门采集数据55.6万条;强化数据分析,升级改造27个财务报表指标,建成“劳务公司”模型,针对22个主题44类事项开展分析,筛选疑点数据2351条,推送2306户次,有效率达99.62%。强化风险应对。全年实现风险应对税款5.3亿元,税收贡献率达9.03%,列全市第一。召开3次风险应对集中审议会,组织案头复审38户,实地复审6户;先后开展“案卷质量现场点评”“案头分析PK交流”等比赛,30人次被评为“风险应对之星”;98人参加“竞标式风险应对”竞赛,累计入库税费金1735万元。

【基础管理】 税源和征管多项指标名列南通地税系统前茅。加强基础事项管理。加强户籍管理,清理漏征漏管户642户。加强发票真伪验证,扫描发票5.4万份,上传353份,查处36户次。加强欠税管理,新欠发生率0.06%。清理建筑项目701个,入库税款5900万元。试行重大税源“项目经理制”管理,建筑业税收、房地产业税收占税收总量比重分别达27.46%、31.64%。加强重点税费管理。企业所得税预缴申报率达70%,对15户高风险企业试行团队化管理。强化高收入人群个人所得税监管,受理年所得12万元以上个税自行申报2578人;入库限售股转让个税3.87亿元,增长22.73%。采取团队化模式对51个项目开展专项审核,入库土地增值税3.66亿元,增长56.57%。推广《省级集中版存量房评估系统》,完成381个小区的基础数据采集。加强社保费管理,征缴率达98.8%。加强综合治税管理。推广川姜综合治税经验,新设城区、先锋、平潮3家综治办,累计征收零散税收3728万元。五分局发挥联络员作用,推动先锋镇对辖区企业的建筑、用地情况进行标准化测量,清理房土两税660余万元。加强信息化运维管理。健全信息化团队运作机制;应用省局QC平台,提出问题574个,省局解决409个;稳步实施中心机房、广域网备份线路等硬件升级改造;持续推进无忧机房达标工程,保障基础设施安全稳定运行。

【征纳服务】 办税服务提速。以纳服局进驻区政务中心为契机,促进服务效能优化。拓展多元化办税平台,外经证开具、自然人登记网上办理量超过90%,推广“办税实时通”5675户,是市局下达任务的3倍。前台各项业务平稳增长,全年填用各类税收票证19.5万份,增长12%;代开各类发票2.9万份,增长8.6%;办理房产过户8097户,入库契税增长130%。加强涉税知识宣传培训。利用短信平台发布税收新政85万条;编发《涉税信息月报》12期;发送电子涉税风险提醒邮件3500封;编印发放各类税收宣传资料3.8万份。依托“纳税人学校”实施“万人培训计划”,共举办各类培训班72期,培训纳税人10080人次。第23个“税收宣传月”期间,先后组织“税收知识基地行”“税宣创意高校行”“税宣维权商会行”以及“微言说税收”博文征集等活动。推出七项服务承诺,打造“税悦同舟”效能品牌。依托“纳税人之家”,开展需求调查、个体定额评议等活动。建立纳税人诉求快速响应机制,共受理12366权益维护工单、12345政府热线工单85件,办理结果纳税人满意率100%。进驻区政务中心以来,纳服局连续7个月被评为“红旗窗口”,列61个进驻部门年度考核第一名;在党的群众路线教育活动中被区政府命名为“为民务实清廉”先进典型。

【队伍建设】 履职能力得到提升。举办“周末税校”9期、更新知识培训班2期。7人取得注税资格,通过率实现“三连冠”,“三师”比例达18.6%。实施干部能级动态管理,23人次调整能级。组织副科级分局长、股级中层干部和内设股长竞争上岗;全年干部交流轮岗114人次,轮岗面57.29%。三分局拓展“四个快乐”内涵,打造“健康地税”,促进干部能力素养和分局整体工作质效“双提升”。八分局应对干部年龄结构偏大问题,逐步探索“红日计划”,有效激发年长干部的工作热情。加强绩效管理。制定新一轮领导班子、基层分局及科室任期目标,落实分局长履职评价。完善绩效考评体系,试行“三分能量值”考核办法。进一步完善干部职工请销假、劳务用工管理等制度;加强“五必访”制度落实,全年核发困难干部救助金23.5万元;老干部活动中心建成启用。深化文化建设。与南通大学联办“地税文化主题公园”设计大赛。围绕区地税局成立20周年,举办“税悦·梦想”主题演讲、“定格精彩”主题摄影、“书香满地税”读书心得交流等竞赛活动,编印《“流金税悦”纪念册》和《“闪光的足迹”荣誉册》,举办“始于梦想、成于践行”主题成果展,召开“20年感怀·畅想”老中青座谈会,表彰建功集体、建功个人和岗位标兵。举办第四届干部职工趣味运动会,五大俱乐部开展系列文体活动。

【争先创优】 征管科“强化户籍管理”、纳税服务局“提升前台助征人员工作绩效”“ES应急储备机制”、数据科

“开发土地使用税智慧监控系统”四项工作得到市局《专题简报》推介，其中：“土地使用税智慧监控系统”获评南通地税系统优秀创新项目。全年有123篇反映通州地税工作的宣传稿件被《中国税务报》《新华日报》《江苏经济报》等省级以上媒体采用；7条政务信息被中办、国办采用，其中1条被国务院领导批示。全年36人次在南通地税系统及通州区级以上各类竞赛中获奖，其中：总局奖项1个，省局奖项3个。全年荣获县(区)级以上荣誉161个，其中：吉斌获评“最美江苏地税人”、江苏地税系统岗位标兵，纳税服务局荣获“全国工人先锋号”称号；区局被评为南通地税系统绩效考核优良单位，蝉联区级机关目标考核先进集体和作风效能建设先进集体。

（王　庆）

国土资源管理

【概　况】 2014年，南通市国土资源局通州分局围绕创建节约集约用地模范区、创建土地执法模范区和创建高标准厂房先进地区的“三创”目标，做好全年各项工作。是年，获“江苏省节约集约模范县(市)”“全省国土资源政务信息工作先进单位”“全省国土资源系统县级优秀网站”“南通市国土资源系统工作目标管理先进单位”“南通市档案管理先进集体”等荣誉。

【节约集约用地】 逐步提高新上工业项目的平均投资强度、工业用地出让最低价标准。闲置空闲土地处置常态化、制度化，通过收回、转让、重新开发建设等方式，2014年处置各类闲置空闲土地128宗，面积238.93公顷，超出年初200公顷目标的20%。进一步完善“四步十二法”节约集约用地措施，成功创建“全省节约集约模范区”，获农用地专用指标13.33公顷。央视四套《中国新闻》对通州分局先进做法进行报道，相关经验被《国土资源通讯》《中国土地》等国家媒体推介。强化建设用地批后监管力度，全年共发出书面开工提醒函、催告函34份，张贴建设用地批准书公示牌19个。调查工业用地和经营性用地履约情况57宗，对13宗用地延迟缴纳出让金、超容积率、改变用途等违约情况补交出让金或征收滞纳金5247万元。运用估价报告备案系统限制抵押估价报告备案30宗，节约土地99.33公顷。收回存量国有土地22宗49.33公顷。

【土地供应保障】 2014年争取到G345国道独立选址106.33公顷，恒科新材料和华电热电两项目点供指标43.33公顷，南通市级用地计划指标39.33公顷和增减挂钩指标58.67公顷。获批项目用地7个批次和2个单独选址项目，总用地面积267.3公顷，在南通各县(市)排名第二。完成供地104宗(含融资)，总面积258.13公顷。做好土地规划中期评估工作，土地利用总体规划实施评估方案通过审批。做好土地利用总体规划局部微调，保障学校、卫生院、敬老院等民生项目。

【农田项目建设】 2014年，通州区加强农业规模化建设，壮大集体经济组织，促进农民增收。十总镇省投项目建成连片高产高标准基本农田800公顷，土地流转率达90%，通过市级耕地质量等级评定，成为全省土地整治典范，接受国家、省、市参观调研，相关经验被《中国国土资源报》推介。有序推进四安镇、东社镇和西亭镇省以上投资土地开发整理项目，西亭镇、十总镇、五甲镇和骑岸镇“双百整治”工程高标准基本农田项目进入实施阶段，可建成高标准基本农田1666.67公顷。全年入库耕地占补平衡项目226个，新增耕地面积241.83公顷，连续两年位列南通市各县市区首位。申报增减挂钩项目57个，新增耕地面积43公顷，均已完成市级验收。

6月，省国土厅副厅长祖耀升在通州考察十总镇省以上投资复垦项目

【服务社会】 发放国有土地使用证书9471本。办理土地抵押登记938宗，累计完成抵押面积1547.25公顷，抵押金额204.46亿元。完成砖瓦用黏土挂牌26万立方米，收取采矿权价款约59.8万元，矿产资源补偿费29.6万元，位于南通市前列。拆除关闭砖瓦窑3座。推进第一次全国地理信息普查，完成内业判读和外业核查。严格落实征地报批程序，开展征地风险评估工作，维护相关权利人利益。出台《城(镇)区独立住宅土地登记相关办法》，解决独立宗土地登记、产权过户登记中涉及国有划拨土地登记难题。草拟《关于镇(区)旧城改造中土地确权登记发证有关问题的处理意见》和《关于工业用地部分转让时采取共用宗登记的处理意见》报送区政府，化解群众土地登记困难。定期将群众关心的信访热点及涉地复杂问题函告各镇区。依申请公开行政复议维持率100%、行政诉讼胜诉率100%。通过参加省厅“在线访谈”、通州区“999民生热线”、三农服务

台、走村入企调研等活动，发放宣传资料100余份，回答群众咨询问题26次，为群众解决实际问题16件。19个基层所（办事处）档案工作全部达到三星级规范，实现国土系统档案工作三星级规范满堂红。全年为群众及企业查询档案达1000余次。

【违法占地执法】 加大违法占地执法力度。对镇区园年度目标管理考核实行"发生1宗及以上占用基本农田或发生2宗及以上占用非基本农田的违法用地，且在年度未消除违法状态"一票否决制。召开国土资源管理工作会议，提高全区镇村干部依法用地意识。对违法用地频发镇发送行政建议函，提醒镇政府加强违法用地整改和土地执法监管。行政帮拆14宗违法用地行为，共拆除围墙约2000米，腾出土地约7.72公顷。联合区纪委先后对重点镇党委书记、镇长、分管镇长、村支书进行警示谈话，行政处分8名镇村干部并在全区通报。积极应对土地卫片执法检查，科学分类处置，定期召开拆除复耕图斑交办推进会督促镇区限期整改到位。

拆除违法用地现场

【改革创新】 结合通州实际，出台《关于强化节约集约用地实现"双提升"目标实施方案》，进行农田归并、村庄置换、集体土地置换和集体收益置换改革。以南通高新区为试点开展优化基本农田布局调整试点，开展可供补划为基本农田的后备资源调查，初步摸清全区后备资源潜力及分布情况，逐步开展零散基本农田归并整合，促进基本农田不断连片升级。抓住省厅推进同一乡镇范围内村庄建设用地布局调整契机，以实施条件较好的平潮镇作为试点，组织编制《平潮镇村庄建设用地布局调整试点方案》，初步确定拆旧规模66.67公顷左右。开展"双置换"改革试点工作。在十总镇、二甲镇开展农村集体土地股份置换土地合作社股权试点。在川姜镇、金沙镇开展集体收益权置换社区股份合作社股权试点。 （范　萍）

物价管理

【概　况】 2014年，通州区物价工作按照"稳中求进、开拓创新、扎实开局"工作要求，落实价格调控稳价措施，着力服务民生改善，积极应对价格举报新模式，创新价格管理新方式，开拓价格认证新领域，完成各项工作任务。区价格认证中心被评为"2013—2014年度江苏省规范化价格认定机构"。

【价格监测】 2014年，定时监测城区第一集贸市场和石港农贸市场共计13大类110余规格（品种）主副食品价格，实行每5日一报，为上级部门和政府领导决策提供信息支撑。适当调整价格监测点，增强数据的区位代表性、可比性和准确性。设立市场主副食品价格监测调查点39个，设立生猪、蔬菜种植调查点26个，农产品成本调查户17个，持续开展生猪、蔬菜种植成本收益的持续跟踪调查。全年共采集数据2.4万余条。

【清费治乱】 5月，区物价局全面完成全区331家收费单位2013年度收费年审工作，审定各项收费总额106013.98万元，未发现不规范收费行为。及时公布春、秋季义务教育阶段学校收费标准和高中代办费收费标准，认真组织和开展教育收费督查，落实农村义务教育阶段免收费政策。认真清理、梳理行政事业性收费和政府性基金项目清单，对外公布保留的93个项目；停止征收农用车号牌费、行驶证费等13个项目收费，降低白蚁防治费、房屋登记费等8项收费标准，减轻企业和群众负担800多万元。

【价格检查】 2014年，区物价局先后对银行收费、汽车销售维修行业明码标价、宾馆酒店明码标价、涉车、涉企收费、医药卫生服务价格以及医疗、超市、商场等价格欺诈行为进行专项检查。加强元旦、春节、五一、国庆等节日期间市场价格检查，打击利用节日哄抬物价、囤积居奇、变相提价等行为，采取提醒、劝诫等方式，提醒经营户和商家诚信经营，强化价格自律，规范价格行为。强化"12358"价格举报电话管理，采取专人值守，确保24小时全天候畅通。全年受理价格投诉20件，咨询130件，查处24件，退还消费者3.93万元，没收39.62万元，罚款0.5万元。

【平价商店监管】 2014年，区物价局加强平价商店日常运行管理和考核，建立平价商店监测日报、月报及季度通报制度，每月组织不少于2次的现场督查，每季度与财政局联合开展检查考核。通过考核、复验结果与退出机制紧密结合，促进平价商店硬件标准不降低、管理工作不放松，保持规范运行，对未通过考核的1家平价商店作出退出处理。7家平价商店平均每天推出15个以上平价蔬菜，销售金额达2493.33万元，销售价格平均低于市场价27.58%，为消费者节省开支318.98万元，真正发挥平价商店保供、稳价、惠民作用。区财政对平价商店发放价格调节基金16.75万元，促进平价商店正常运行管理。

【房价备案】 2014年，通州区继续实行商品房价格备案制度，进一步加大商品房销售明码标价检查和管理。区物价局受理申报备案楼盘项目64个(含二次备案)，审核备案面积201.05万平方米。严格落实商品房销售"一价清"制度、明码标价和公示制度。认真审核拆迁安置房、限价房等政策性住房价格。强化物业服务收费价格管理，规范管道燃气、有线电视等涉房服务价格。

【价格认证】 2014年，区物价局本着"服务司法、服务社会、服务政府、服务系统"的工作要求，以涉案财产价格鉴证为立足点，以"价格认证、成本认证、涉税价格认定"为拓展点，价格鉴证工作取得良好社会效益和经济效益。全年受理各类价格鉴定、认证、评估共计629件，标的金额36.27亿元，实现收入207.3万元。 (王建锋)

工商行政管理

【概　况】 2014年，通州工商行政管理系统通过改革创新推进工商职能转型升级，围绕经济结构调整，提供优质公共服务，加强监管执法，创建良好发展环境，维护民生民利，促进社会公平正义，各项工作稳步开展。全区共有个体工商户86089家，资金总额53.10亿元；内资企业33859家，注册资本1618.87亿元；外商投资企业633家，注册资本42.34亿美元。培育中国驰名商标10件、江苏省著名商标52件、南通市知名商标125件。共有各类市场61个，其中消费品市场52个、生产资料市场9个。12月29日，区委、区人民政府印发《关于区人民政府机构改革的实施意见》(通发〔2014〕32号)，组建区市场监督管理局，增挂"南通市通州区工商行政管理"牌子，不再保留原"南通市通州工商行政管理局"。

【服务经济发展】 2014年，区工商行政管理局全面深化改革，进一步简政放权，激发市场活力，市场主体数量大幅增长。推动服务场所便民化、服务事项精简化、服务信息公开化、服务流程效能化。加快推进电子营业执照和全程电子化登记管理，全面推行"外网申报、内网预审、现场提交、一次办结、核发电子营业执照"工作模式，提升审批效能。重点园区、重点企业电子登记率为100%。积极推动品牌强区，新申请商标注册850余件。加快提速商标国际化进程，指导江苏欧派、江苏五度空间等公司通过马德里体系进行商标国际注册，延伸保护至俄罗斯、欧盟、美国、伊朗、澳大利亚等23个国家和地区。新增驰名商标2件，著名商标7件，其中"景瑞及图"注册商标成为江苏省首件获得认定的蔬菜类农副产品驰名商标。全力开展助企融资。积极创新融资途径和方法，帮助小微企业解决"融资难、融资贵"问题。推出小微企业融资套餐，以中小微企业融资网络平台为依托，综合发挥动产抵押、股权质押、商标权质押等传统登记职能，引导企业变"闲动产"为"活资金"，累计助企融资27.2亿元。

【监管执法】 2014年，区工商行政管理局加强创优机制建设，提升执法规范性。实施区域知识产权联动机制，与人民法院、知识产权等相关管理部门建立区域知识产权保护工作联动机制，开展涉及知识产权案件研讨3次。实施依法行政提示制度，帮助系统人员接收规范信息，防范违法行政风险，全年共发出依法行政提示12期。加强民生领域整治，提升执法公信力。将关系民生的衣、用、住、行、服作为执法重点领域，持续开展"红盾出击"执法大行动，查处各类违法案件433件，案值717.36万元。强化新型业态监管，扩大执法影响力。积极拓展新型案件查处渠道，学习研究新型经济业态和产业模式，提升应对能力。强化网络交易监管，查处两件网络侵犯商标专用权案，案值110万元，查获首例微信房地产违法广告。

开展超市食品安全检查

【消费维权】 2014年，区工商行政管理局切实履行消费维权职责。以新的《消费者权益保护法》(简称"消法")颁布实施为契机，抓好新消法的宣传教育培训，与《通州日报》合作，每周进行新《消法》宣传。建立约谈监督机制，面向商超及经营户组织行政约谈，增强经营者自律意识。组织约谈电动车经营户，要求实名制销售三轮以上电动车，履行消费者购买的电动车不能上牌上路告知义务，保护消费者

现场受理消费者投诉

知情权。强化教育引导,走进家纺城小学开展消费教育活动,形成“一个学校教育一批学生,一个学生带动一个家庭”社会效应,营造安全消费环境。扩大消费维权渠道,创建金融放心消费一条街,将全区所有金融消费纳入维权渠道,打造人民群众满意的金融消费、投资理财绿色通道,为金融消费者打造安全可靠的消费渠道。同时,在浦发银行通州支行设立第一个金融消费教育基地,与人民银行联合向商业银行宣传新《消费者权益保护法》,增强金融工作者的守法意识和维权的意识。

【队伍建设】 2014 年,区工商行政管理局加强队伍建设。全面提升干部队伍综合素养,加强干部队伍培养与使用。严格执行“飞行抽考”制,制定出台“实战强基”考学方案。启动“通州工商核心价值观”主题活动。抓作风效能,不定期聘请行风监督员,开展明察暗访,做到风险隐患早提醒、早布控、早预防。是年,被通州区委命名为首批“通州区落实党风廉政建设责任制示范点”,被评为政风行风建设先进单位、纪检监察工作先进集体。 (施赛男)

统 计

【概 况】 2014 年,通州区统计局围绕全区中心工作,以规范化建设和“创新、创优、创特色”为抓手,以统计改革发展和优质服务为中心,规范有序开展各项统计调查工作,全面组织实施第三次全国经济普查,为通州经济社会健康发展提供坚实的统计保障。

【统计调查】 稳步推进第三次经济普查。2014 年,通州区认真贯彻《全国经济普查条例》,围绕《第三次全国经济普查方案》和上级要求,组织近 1400 名普查员及指导员,运用数据采集终端设备 PDA,及时完成全区 271 个普查区、12821 个法人单位、2652 个产业活动单位和 72878 户个体经营户的现场登记、查漏补缺、数据查询、审核修改、资料上传、质量验收等基础工作。及时启动三经普(查)资料开发与应用研究,完成各项序时工作任务。“一套表”平台运转平稳。企业一套表联网直报推行后,面对联网直报程序不完善、平台不稳定、基层统计人员业务素质参差不齐等现状,区统计局相关人员在学习和掌握程序使用的基础上,全力组织、及时引导、自行研发模板、反复培训,并多次深入企业进行现场指导,使基层统计人员基本掌握一套表上报、审核查询等程序操作方法。同时,不断收集整理网报用户在使用过程中遇到的问题,根据实践提出可行的意见,确保报表联网直报工作运转平稳。年定报贯彻措施有力。以省各专业统计制度为蓝本,及时编制印刷通州版《统计制度》,通过区、镇两级统计年报会议对规模企业统计人员进行统计法律法规摘要、报表及报送时间目录、基层年定报调查表式、分类目录、指标解释及相关规定等内容的培训。对参加区级年报会议的镇级统计人员进行全面测试,对镇级年报会议贯彻情况进行全面跟踪,为基层企业年定报工作的顺利实施打下坚实基础。统计调查规范运作。严格执行省市统计调查方法制度,进一步加强在一套表平台下的业务研究和指导工作,在充分利用上级公共模板查询的基础上,探索“专业定制”,结合通州实际研究制订和实施产量与产值增幅相差超 ±30%、产品产量调整量、产值调整量、产值环比增幅、产值同比超 ±30% 等十多个固定模板的查询工作,上报时效得到充分保障,数据质量得到有效提升,统计定报工作有序推进。业务培训常抓不懈。采取集中培训与分散指导相结合的模式,有计划地将统计业务新知识、企业一套表平台新情况及上级统计部门的业务新要求及时传递给企业统计人员,有效提高企业统计人员业务水平。开拓在线服务新模式,利用 QQ、微信等通信软件,及时为企业提供包括网络维护、程序操作和业务指导等在内的多方位服务。数据质量稳步提高。认真做好“一套表”专项整治工作。认真梳理专项整治工作中发现的突出问题和普遍性问题,提出具体建议,积极整改。严格执行“四上”标准,把好“名录库”进出关。抓好大数评估关。注重对各镇区大数的评估,利用从国地税、金融和供电等部门收集来的相关数据及时开展对平台大数的评估和分析,对数据间匹配性差的地方及时查询核实,确保数据的可靠性,实现相关指标间基本匹配。强化报表审核关。进一步完善企业、镇区、区局三级审核体系,加强报表完整性、准确性、逻辑性、统一性、协调性审核,严格按照省市关于报表质量的要求,从表内表间数据衔接、横向纵向数据对比等方面对报表数据质量进行审核把关。把好增幅异常关。及时排查企业奇异值,对增幅异常的企业进行重点核实,分析产生异常的原因,严格执行“四条红线”,对企业数据上报情况及时进行核查,严格要求企业独立自主进行一套表联网直报,对全区镇级IP相同的企业随时进行核查确认。加强投资统计核查工作，与区重大办、区发改委等相关部门组成联合核查组，定期对全区各镇（区、园）在建固定资产投资项目进行全面核查。核查组除查阅在建项目的投资基层报表、施工单位营业执照、项目批文、施工许可证、土地手续、环境评估、施工合同或设备购置合同、购买发票、工程结算单等相关资料外，着重前往项目施工现场仔细核实项目名称、建设单位、开工时间、项目计划总投资、项目施工现场进度、投资完成额、设备购置、施工房屋面积、征用和购置土地面积等主要统计指标数据，并现场拍摄建设图片，作好记录。同时，针对项目统计中的不规范行为进行现场指导。为适应国家统计局对报表质量提出的新要求，在每项报表上报过程中，坚持做到即报即审原则，通过上级模板查询、自制模板查询等及时审核，发现问题及时指导，发现错误及时修改校正。

【统计规范】 2014年，区统计局按照"改革创新、从严管理、提升效能、高效服务"要求，本着"实用、管用、效用"原则，采取"废、改、立"办法，不断加强制度建设和创新，实现管理制度规范统一。制度修订坚持"五性"原则（全面性原则、规范性原则、科学性原则、灵活性原则、创新性原则）、抓住"三类"（职责类、规范类、鼓励类）重点，明确具体工作规范，彰显统计工作内在质量和重点特色。区统计局建有七大类76项管理制度和考评办法，做到流程细、操作精，项目细、控制精，确保各项规章制度有效落实。落实"五级工作责任制"，按照不同层面、不同岗位特点制定出台《通州区统计局精细化管理工作台账》《专业年度统计调查工作台账》《专业统计调查数据台账》。档案管理电子化。明确档案收集整理归档科室责任制，创建并通过省三星级档案室验收，所有室藏永久、长期和30年的文书档案及业务档案全部进行电子化扫描，成为通州区直部门少数免检档案室之一。目标考核常态化。制定《通州区统计局精细化管理考评办法》《通州区基层统计工作规范化建设考评办法》《通州区统计局统计分析、信息考评办法》《通州区辅助调查员管理办法》等，各专业相应制定《专业统计工作考评办法》。对全局各科室、各岗位和镇（区）统计办公室以及联网直报企业、基层调查员进行统计工作全面考评。通过强势推进、长效管理，区统计局连续两年被省统计局评为规范化示范单位，全市唯一；全区19个镇（区、园）全部达到省级规范化标准，其中4个镇被评为省级示范单位；全区1181家联网直报企业被认定为统计规范化建设省级合格单位，占全区1442家联网直报企业的81.9%。

【统计服务】 2014年，区统计局围绕全区经济社会发展目标任务，重点组织实施固定资产投资、工业经济运行、两新产业发展、现代服务业、城乡居民收入、房地产、节能减排、全面小康建设等重点经济指标的跟踪监测和分析预警。全年共发布统计信息523篇，统计分析61篇，统计专报12篇，统计调研报告15篇，其中，省市以上和区《要情快递》录用226篇，获全市"哲学与社会科学研究成果"三等奖1篇，全市统计系统青年论文比赛一等奖1篇、二等奖2篇，全区"哲学社会科学研究成果"一等奖1篇，三等奖2篇。完成《2014通州统计年鉴》的编印。按月发布《通州主要经济指标快报》和《通州统计月报》。密切关注工业经济运行态势。及时跟踪应税销售收入等主要工业经济指标的完成情况，逐月对工业增加值、利润、税收等指标完成情况和存在的困难和问题进行分析，及时反映工业经济运行态势；加强和完善55家重点工业企业调查制度，按月收集和全面分析研判企业运营情况信息，为领导决策提供参考。深入开展"现代家纺"等主要产业运行情况监测调查，有针对性地为全区主要产业发展提出对策建议。密切关注固定资产投资运行态势。根据年初两个月固定资产投资运行情况，深入分析全区固定资产投资运行中存在的问题，以专报的形式及时对一季度固定资产开门红提出预警；根据上半年项目现场核查情况，整理分析历年来固定资产投资的运行特点，以"重要情况说明"的方式，向区委、区政府领导上报全区固定资产投资"双过半"简析。针对前三季度固定资产运行过程中存在问题及与周边县市区比较分析，对全年重点经济工作考核中固定资产投资完成情况部分提出预警与建议。密切关注重点指标运行态势。围绕区委、区政府中心工作，牢牢把握经济运行监测的重要职能，不断增加快速反应能力，及时把握重点企业、重点行业的整体趋势，立足提高前瞻性、针对性和时效性，加强对市政府考核体系和指标研究，按月及时收集反映全区经济运行和主要经济指标完成情况，强化指标完成情况的预警预测。加强对房地产市场、企业景气、小微企业和服务业企业的运行监测。全面科学分析研判"全面建设小康社会进程"和"基本实现现代化"核心指标监测工作。加强城乡居民收入监测。注重分析预警、科学研判经济走势，及时分析统计数据背后的深层次问题，依托《统计分析专辑》《统计信息专报》等平台，及时提供区委、区政府领导和有关部门决策参考。（于海燕）

审计工作

【概　况】 2014年，区审计局按照"依法审计、服务改革、关注民生、促进发展"的工作思路，突出重点，创新举措，提升质量，为通州社会经济快速、健康、有序发展做出应有贡献。是年，共完成审计项目657个，查处不规范资金27.68亿元。上报各类审计信息、专题研讨文章145篇，其中被国家级刊物、网络录用32篇，被省市级刊物、网站录用75篇。

【工程投资审计】 2014年，区审计局加大工程投资审计力度。建立政府投资标底和结算必审制度，实行"事前、事中、事后"全过程监督，有效控制工程造价。全年完成公共工程投资项目632个，送审金额99.6亿元，审计核减6.28

亿元。其中：标底审计项目271个，核减4.29亿元，核减率5.45%；工程结算审计项目361个，核减1.99亿元，核减率9.57%。

【经济责任审计】 2014年，区审计局继续配合相关职能部门推进领导干部经济责任审计。按照"逢离必审、任中轮审、重点随审"的经济责任审计制度，对组织部委托的12个单位领导干部进行经济责任审计。与区委组织部、区编办共同开展审计回访，提高审计整改有效率；与区委组织部联合制订《通州区领导干部离任交接暂行规定》，参与领导干部离任交接工作，规范交接行为。继续与区检察院加强反腐败协作机制，共同出台《关于在反腐败工作中进一步加强协作配合的意见》，成立协调配合领导小组；与区纪委实行经济责任审计和例行监察联合监督模式。针对部分财政财务收支规模较小的单位，出台《通州区领导干部任期经济责任审计简易程序》，提高审计效率。同时，为加强"八项规定"和"三公经费"审查力度，出台《通州区审计局关于进一步加强"三公经费"和"三乱行为"审计工作的几点意见》。

【专项资金审计】 2014年，按照强化民生审计要求，区审计局通过反复筛选，确立八个专项资金审计项目。通过问卷调查、实地查看、对比排查、计算机审计等手法，对资料和数据进行了解、分析，从而掌握资金管理情况。项目结束后形成审计调查结果，报告专题报区委区政府，专项资金审计共指出存在问题38条，提出整改建议25条，为领导决策提供依据，同时规范专项资金的使用。

【财政审计】 2014年，区审计局对全区11个镇区、部门管理的44家融资平台公司财务管理情况进行审计调查，重点关注2013年度财务管理情况。通过审计，部分单位的违规集资问题得到纠正，全面停止集资并制订分期偿还计划。少数成本偏高的融资通过其他方式进行置换，降低融资成本。平台公司规范使用管理费用。安置余房普遍实行信息化管理，高新区专门进行余房清理、完善相关制度。

【内部审计】 2014年，区审计局大力加强内部审查管理。区内审协会组织19个镇区开展2013年度财务收支与绩效情况专项审计调查，加快推进敬老院的社会化运作进程。通过内部审计，促进相关部门健全各项管理规章制度，敬老院的管理水平和资金使用效率得到进一步提高。区内审协会对全区各部门、镇及少数企业内管干部经济责任审计情况进行调研，向南通市内审协会报送调研报告2篇、理论研讨文章4篇，调研报告在通州区第二届社科优秀成果评奖中分别获一等奖、三等奖。

【土地出让审计】 8月—11月，根据审计署统一部署，区审计局派出14名审计人员参加在常州溧阳的全国土地出让收支及耕地保护情况审计。区审计局审计人员根据溧阳市土地出让收支及耕地保护的总体情况单独出具两个专题报告，客观分析存在的风险和隐患，提出切实可行的建议，得到溧阳市委、市政府和审计署南京特派办认可，圆满完成土地出让审计任务。

（杨启斌）

质量技术监督

【概　况】 2014年，通州质监局以确保食品生产和特种设备"两个安全"为重点，推进以质取胜、名牌发展、技术标准三大战略，履行综合管理、行政执法和安全监察三项职能。组织开展"3.5"雷锋日活动、"光明计量进校园""质量月"、世界标准日等以质监业务为主要内容的志愿服务活动，向家纺企业发放《家纺企业常用标准汇编》200余份，向市民发放食品安全法、产品质量法、特种设备安全法等资料2000余份。年末，全省质监系统取消省以下垂直管理体制，改由地方政府管理。12月29日，区委、区人民政府印发《关于区人民政府机构改革的实施意见》（通发〔2014〕32号），组建区市场监督管理局，增挂"南通市通州区质量技术监督局"牌子，不再保留原"南通市通州质量技术监督局"。

【《质量之光》开拍】 4月，区质监局与新闻媒体合作，定期在通州新闻综合频道、电视剧频道及电影频道播出的《质量之光》开拍。该栏目为《通视报道》子栏目，每档时长5分钟。栏目围绕群众普遍关注的食品安全、特种设备安全等热点话题，从《春耕农资计量抽查，确保农民买到放心农资》《舌尖上的平安通州》《特种设备安全走进千家万户—关注液化石油瓶安全》等12个专题，反映老百姓工作、生活中遇到的质量安全问题，指导群众找到解决问题的办法，形成人人关心质量安全，人人享受质量安全的良好氛围。

【质量管理】 协调指导各镇区园、各部门全面开展质量强区工作，通州区获2013年度全市质量工作绩效考核先进单位，平潮、川姜两镇被评为"质量强镇先进镇"。配合南通市完成质量强市示范城市验收。组织5家企业申报7个QC成果项目，其中南通四建两个项目分获一、三等奖，形成省级工法。2014年，新增江苏名牌产品5个，新增数量居南通各县（市、区）首位；新增南通名牌产品12个，超额完成区政府下达"品牌通州"新增3个江苏名牌、8个南通名牌的创建任务。全区拥有省名牌产品总数达49个，名牌总数保持全市领先。南通四建荣获南通市市长质量奖，成为通州首家获此殊荣的企业。对全区工业产品生产许可证企业进行分类分级管理，建立企业动态档案。全过程监管3C认证企业，建立57家3C认证企业质量档案，对自愿性体系认证企业进行跟踪检查，对10家体系认证企业开展网格化检查。

【标准化工作】 通州区9家企业获得市政府技术标准战略专项奖励共45万元。两家企业主持修订或制定的两项行业标准、一家企业参与修订的国家标准正式发布实施。省级服务标准化项目"家纺产品知识产权管理服务标准化"开始试运行。三个标准化项目分别被列入省级标准化试点计划,列项数在全省县级单位名列第一。组织六个标准申报省地方标准项目、一家企业申报标准化良好行为试点项目、两家企业申报省级标准化试点,推荐区政务服务中心申报省级社会管理和公共服务综合服务标准化试点。扶持四家高新企业制定20项新产品企业标准。通州现代农业产业园标准化示范区通过专家考核验收。2014年备案企业标准104项,完成采标34项。商品条码新户130家,续展98家,新户发展在全省名列前茅。组织机构代码证换发证7500多份,验证4000多家,发放IC卡2800多张。减免近6000家小微企业证书工本费8万余元,免费查询组织机构代码70余次,免费为"三经普"办理代码证书近900份。

【计量管理和检测】 完成2014年度集贸市场和医疗卫生系统的"两免费"检定工作,完成集贸市场免费检定49家,检定电子计价秤、台秤、案秤共3463台件;完成免费检定318家社区卫生服务站、48家乡镇医院、3家计划生育指导站、2家福利院,检定血压计(表)1824台件、安全用压力表66只、人体秤99台、婴儿秤68台;将居民普通家用水银血压计(表)作为实施免费检定的新对象,免费检定40余台(件)。对集贸市场进行多次专项执法检查,没收作弊秤5台。全区13家液化气充装单位全部通过计量合格确认评审,并公示诚信计量承诺书。对19家卫生院开展计量合格确认复评。组织医院、加油站、集贸市场、超市、眼镜店、餐饮饭店开展诚信计量创建活动。完成472家工业企业1.35万台件在用计量器具的强制检定和周期检定工作,完成85家加油站508支枪在用加油机的周期强制检定、172台出租汽车计价器的强制检定、3593辆营运车辆车速里程表的检定、45个邮政网点的68台贸易结算用邮件秤的强制检定、大型衡器检定258台、45家眼镜店在用计量器具的强制检定、25家单位在用的可燃气体检测报警装置129个头子的检测。

【特种设备安全监察】 多次召开安全会议及企业负责人培训班,提高企业安全意识和管理水平。签订特种设备使用单位安全责任告知书213份和气瓶充装、检验单位安全责任承诺书26份。全区自查自纠企业212家,使用管理标准化达标单位和重点监控企业自查自纠率100%,严重事故隐患整改率100%。开展春节、"3·15""安全月"、国庆节等安全检查52次,出动检查人员498人次,检查单位292家次,整改一般隐患101家137台108条,整改严重隐患96家402台114条,隐患整改率100%。检查气瓶充装、检验单位44家次,出动检查人员67人次,行政约谈2家气瓶充装、检验单位,立案查处违规充装气瓶案6件,现场责令改正20多家。处理39起电梯投诉,对区内投诉较多的住宅小区电梯进行专项检查,与高新区管委会协商处理电梯存在的问题。审核汇总上报相关电梯数据,为96333台电梯应急救援平台建设做准备。培训、复审特种设备作业人员7期1141人,确保人员持证上岗。

【食品安全监管】 2014年,通州区有食品生产加工企业118家,获得准入的食品小作坊4家。组织企业提交食品质量安全承诺书和自查报告,将全区食品及食品相关企业全部纳入电子动态监管系统。深化"三分"监管,全年共巡查、核查A类企业25家次、B类企业103家次、C类企业184家次,共计巡查企业312家次,出动检查人员748人次。在食品小作坊、食品生产经营重点场所、食品安全重点产品等领域开展16项专项整治和专项检查。处理14起食品生产举报投诉,其中立案1起,取缔食品小作坊3个。开展农村食品市场"四打击四规范"专项整治行动,加强农村地区中小食品生产企业日常监管。开展区内食品生产小作坊调查摸底工作。在省、市监督抽查的基础上,利用快检设备检测食品18个品种56个批次产品。引导2家小作坊通过整改获得食品生产许可证,11家新办食品企业、1家食品相关产品企业和22家到期换证企业顺利取得食品生产许可证。

【行政执法】 依法办理行政处罚案件48起,其中大要案8起,出动执法人员1428人次,检查企业569家次,案件涵盖特种设备、食品生产、许可证产品、建筑材料等领域,打击制售假冒伪劣产品等违法行为。组织开展农资、建材、酒类产品、商品混凝土产品、液化石油气充装单位、家纺类产品等六大类重点产品专项整治。办理"12345市民服务热线""12365质量监督举报投诉"等举报申诉116件。牵头组织的南通家纺(志浩)产业集群创建省优质产品示范区工作受到省考核组充分肯定。在川姜镇查处的一宗使用以次充好原材料和伪造质量证明文件案被国家质检总局列入2013年"质监利剑"行动十起典型案件。做好法律、法规、规章和行政许可项目的清理和审查工作。推进行政权力网上公开透明运行,所有权力事项均实现网上运行。加强对内部执法人员的培训。重大案件在违法事实认定、法律适用、自由裁量以及相关的调查方向上及时与南通市局、区法制办、公安、检察院等单位沟通,取得一致意见后进行实施,提高案件查处的有效性。 (胡益军)

食品药品监督管理

【概 况】 2014年,南通市通州区食品药品监督管理局加大日常监管力度,深入开展专项整治活动,年度各项任务按时序进度如期完成。局稽查科被共青团江苏省委授予省级"青年文明号"荣誉称号,参评案卷被评为"2013年度江苏省药品监督稽查执法优秀案卷",被南通市评为食品药品监管综合考评先进单位、创建文明行业先进单位。

【监管系统升级】 启动区食品检验检测中心建设。针对检验检测中心建设科技含量高、专业技能要求严的特点，先后邀请省、市有关专家进行方案论证和专业指导，确保高起点建设，检验检测项目齐全。建立科室周点评、局月讲评制度，对检验检测中心工作项目列表推进、挂图作战，确保各项工作按期保质完成。建成“通州区药品远程监控中心”。在对药品零售单体药店电子监管的基础上，整合现有的监管软件平台，监管范围扩大到药品生产企业、药品批发企业、医疗器械生产经营企业及各类医疗机构，逐步实现对企业药品和医疗器械购销存等情况的实时监控和全区涉药涉械单位全覆盖。加强稽查移动执法平台建设。为每个监管组配备笔记本电脑、便携式一体机、数码相机、无线网卡、扫描枪、电子狗等移动终端执法设备，将现有的零售药店远程电子监管系统、医疗机构远程电子监管系统整合到移动执法平台中，实现执法信息现场查询、执法文书电子化制作。同时通过访问江苏省药品抽验管理系统，实现药品抽样全程网上运行、基础数据实时录入，提高药品抽样规范化、信息化水平。

【监管机制】 组织开展执法练兵春训活动，邀请纪委、检察院领导作法制专题讲座，进行法律法规和监管业务知识培训，提高办案人员依法行政水平和实战能力。制定《通州区保健食品化妆品安全突发事件应急预案》《通州区保健食品化妆品核查制度（试行）》，指导和规范保健食品化妆品安全突发事件应急处置。实行案源程序化管理，通过行权网运行各类行政处罚案件44起。完善“条块结合、以块为主”的分片责任监管模式，2014年，共出动检查人员899人次，检查单位869家次。上报药品不良反应监测报告718例、医疗器械不良事件362例。

【专项整治】 组织开展药品安全风险“大排查”、医疗器械“五整治”、保健食品安全风险隐患专项整治和化妆品标签标识专项监督检查行动，突出重点企业、重点品种、重点区域，深入排查风险安全隐患问题，严厉打击药品、医疗器械、保健食品和化妆品生产、流通、使用环节的违法违规行为。共出动执法人员1592人次，检查单位689家次，立案456起，结案53起，罚没款到账88.95万元，移送司法机关涉刑案件3起。

【新版GSP认证】 新修订的《药品经营质量管理规范》（GSP）实施以来，帮助企业尽快达到标准要求。多次组织企业参加省、市级培训，听取专家对GSP现场检查指导原则的解读；针对新版强化部分内容，组织企业重点岗位人员进行专题培训；组织企业参观学习通过认证的药企在质量体系建设、全程管控、全员参与及远程药事服务等方面的先进做法，进一步提升企业对新版GSP的认知度。针对企业在新版GSP实施过程中遇到的远程药事服务系统运行不顺畅、门店财务不统一、人员培训不足等问题，业务科室人员通过现场了解情况、集中会诊，帮助企业全面提升业务能力。2014年，辖区药品零售连锁企业全面通过新版GSP认证。 （陈李华）

安全生产监督管理局

【概 况】 2014年，通州区安监局狠抓安全生产事故隐患排查治理，推进全区安全生产大排查、安全生产检查整改、“七打七治”打非治违等专项行动，重典治安，严厉打击各类安全生产非法违法行为，安全生产形势总体平稳。全年共发生各类生产安全事故1042起，死亡195人，比上年（下同）分别下降21%、9.7%。其中工商贸及建筑施工事故14起，死亡14人，分别下降12.5%和26.3%。全区未发生较大以上和有影响的生产安全事故。

【安全生产宣传教育】 开展“安全生产月”“安康杯”竞赛、“119宣传月”等活动。利用媒体宣讲习近平总书记关于安全生产工作重要指示、省市区安全生产“党政同责、一岗双责”相关规定、新《安全生产法》、省“双六条”等内容，宣传安全生产先进经验，曝光安全生产违法行为，播放安全生产公益广告，向普通群众普及安全生产知识。在网络开设安全法规知识讲堂，讲授安全生产常识及安全生产管理经验。及时在政府信息公开平台发布安全生产相关信息，认真维护人民群众对安全生产知情权、参与权和监督权。

【安全生产专项整治】 对道路交通、消防、特种设备、农机、民用燃气、职业危害、危险化学品、液氨等10个方面开展专项整治。道路交通方面，强化重点源头管理，落实“五类客车”“三类货车”管理，累计查纠各类交通违法行为45万起，其中查获“四非”违法16起，“四违”违法12起，查纠“酒驾毒驾”1326起，移诉危险驾驶205起。消防安全方面，开展“清剿火患”战役、“三合一”场所专项整治、“迎青奥、保平安”消防安全保卫活动。共检查单位2284家次，发现隐患1872处，整改隐患1782处，下发行政处罚决定书364份，临时查封39家，责令三停59家，行政拘留2人，提请区政府挂牌督办重大火灾隐患单位9家。危险化学品方面，整治危化品从业单位未经正规设计在役装置风险分析和安全措施落实，动火、受限空间作业等危险作业制度执行情况，隐患排查治理情况，共检查化工生产企业316家次，经营单位275家次，责令停产整顿化工企业2家，关闭化工生产企业6家，取缔非法储存点4处，对4处重大隐患提请区政府挂牌督办，对9家生产企业和经营单位存在的违法行为进行立案处理，共处罚人民币22.5万元。建设工程方面，针对机械伤害、高空坠落、物体打击、基坑坍塌、触电等易发事故，扎实开展专项整治工作，检查105个在建项目，发现一般事故隐患1269条，发出整改通知书105份，对其中45个问题严重的项目签发《停工整改通知书》，禁用塔机23台，封停塔机14台。农机方面，宣传贯彻《江苏省农业机械安全监督管理条例》，全年进行农机安全检查93次，参加检查460人次，农机事故隐患排查治理321起，按规定注销变拖牌证196台，按月定期核发催检通知书3093份，注销驾驶证820份。特种设备方面，重点针对电梯、气瓶、压力管道和涉氨设备开展专项整治，对液化气充装单位检查12次，检查单位62家次，立案查处违规充装9起，现场责令整改20家；共开展8次电梯安全专项检查，检查住宅电梯126台、公共场所电梯150多台，责令改正安全隐患9条。烟花爆竹方面，对辖区内7家批发企业和739家零售户实现安检全覆盖，共出动人员140人次，查处各类事故隐患1800条，取缔无证经营户9家，没收清退各类烟花爆竹800件，对2家超量储存烟花爆竹的零售户暂扣经营许可证。作业场所职业危害方面，以化工生产和储存、木制家具制造、电子、钢丝绳、石材加工等行业为重点，检查尘毒污染企业320家，共查出隐患686条，责令限期整改企业120家，立案查处5起，共处罚金8.3万元。民用燃气方面，大力开展燃气设施保护工作，对32处违章压占进行清除；对全区14家液化石油气充装单位、2家汽车充气站等燃气企业进行不定期检查，发现事故隐患35条，发出整改通知15份，暂扣报废、过期钢瓶100余只。非化工液氨使用方面，全面摸排全区非化工液氨使用企业底数，邀请专家深入17家涉氨制冷企业进行检查，对存在问题进行责令整改，对1家未能整改到位的企业实施行政处罚。

【企业基础】 推进企业安全生产标准化"达标、提升、扩面"工作，3家企业通过标准化二级验收，规模以上企业实现三级标准化申报验收工作全覆盖，1654家小微企业完成安全标准化的网上申报。新增职业危害申报企业618家。组织25期企业负责人和安管人员培训班，3800多名规模以上企业及建筑施工企业负责人和安管人员接受培训。加大特种作业人员培训力度，培训12300余名特种作业人员。没收或注销各类假证等113本。

【安全生产执法】 开展全区安全生产大检查，共检查企业9313家次，查出安全隐患17998个，整改14341个，责令关停、取缔违法生产单位105家。开展安全生产"七打七治"打非治违专项行动，打击破坏损坏油气管道行为6起、危险化学品非法运输23起、无资质施工19起、非法运营93起、"三合一"场所812家、违法粉尘超标23起、非法捕捞116起、非法设计6起。

【社会化管理】 安全生产社会化管理稳步推进。全区高危行业企业安全生产责任险和安全生产风险抵压金制度全覆盖。安全生产服务外包工作实现镇区园全覆盖，部分重点行业主管部门尝试安全生产服务外包。安全生产中介服务机构服务质量有所提高。

【应急救援】 加强各行业（领域）应急预案的修订，不断完善应急资源数据库，多途径普及应急常识，创新演练活动模式，在全区危险化学品生产企业普遍开展即兴命题演练，组织开展两次大型液氨泄漏事故应急盲演和天燃气泄漏应急演练活动，注重演练的指导性和实用性。

【隐患排查治理】 对梳理出的30个三级以上重大隐患，进行区政府挂牌督办并按照时序进度完成整改。加大隐患排查治理力度信息系统建设力度，扩大隐患排查治理信息系统覆盖面，覆盖企业1287家，排查隐患5875条，完成整改5847条，整改率99.52%。

【基层机构建设】 全区镇区园初步达到机构单独设置、人员设置不少于6个的工作目标。增加安监所硬件设施投入，配备必要的检查检测设备。6个镇申报江苏省乡镇安监机构能力建设项目，并通过省级验收。 （王小龙）

新华社2014年国内十大新闻（六）

十八届四中全会部署全面推进依法治国

10月23日，党的十八届四中全会审议通过了《中共中央关于全面推进依法治国若干重大问题的决定》，提出了全面推进依法治国的总目标、重大任务，及180多项重要改革举措，涵盖依法治国各个方面。这是党的历史上第一个关于加强法治建设的专门决定，为法治中国建设描绘出新的路线图。11月1日全国人大常委会通过决定，确定12月4日为国家宪法日。

金沙街道（金沙镇）

省领导调研

2014 年，金沙街道（金沙镇）创新发展思路，按照把握“一个定位”、打造“三大亮点”、实施“五项建设”的“135”目标，创新举措，攻坚克难，继续保持经济平稳健康发展，提升城乡建设管理水平，推进民生事业共建共享，打造和谐稳定社会环境，夯实党的建设基层基础，较好完成全年各项目标任务，谱写幸福美丽新篇章。是年，完成地区生产总值 91.51 亿元，财政收入 5.82 亿元，其中一般公共预算收入 3.57 亿元。

是年，该镇先后被评为江苏省经济普查先进集体、省科普示范乡镇，通州区农业农村工作先进集体、区城镇建设与管理工作先进集体、区民生及社会建设工作先进集体、区作风效能建设工作先进集体、区人力资源和社会保障工作先进单位等。

人大代表接待

安全生产大检查

青年干部培训

群众路线教育活动

百场文化惠民活动开幕式

进鲜港水美

2015 年 5 月 4 日，金新街道正式揭牌对外办公

金新街道

JIN XIN JIE DAO

2015 年 3 月 24 日经批准设立，为通州区委、区政府的派出机构，由南通高新区代管，与南通高新区政法和社会建设局合署办公。办公地点设在金乐街 8 号。

金新街道设置 5 个综合性办公室，作为街道党工委、办事处内部职能机构，即：党政办公室、政法综治办公室（挂“政法委员会”“社会矛盾纠纷调处中心”“司法所”牌子）、社会事务办公室（挂“民政办公室”牌子）、社区（村居）管理办公室、财经办公室。各综合办公室主要承担街道党工委、办事处有关综合归口管理职责。同时，按有关规定设立人民武装部。下设 1 个事业单位——综合服务中心。

同年 5 月 4 日，正式揭牌办公。

XING DONG JIE DAO

兴东街道（兴东镇）

南通空港产业园启动区平面图

兴东镇位于长江三角洲北翼、南通市东首、通州区西首，经济繁荣，交通发达。通启高速、金通公路（省 335）穿镇而过，通吕运河、团结河、向阳河、圩亭河通江达海，得天独厚。坐落兴东的南通飞机场成为重要的对外窗口，为兴东经济腾飞和社会发展提供便利。

全镇总面积 30.46 平方公里，人口 3.27 万人，辖 9 个行政村、1 个社区居委会。2014 年，完成规模工业产值 101.07 亿元，财政总收入 1.28 亿元，一般公共财政预算收入 6149 万元。新增规模以上工业企业 3 家、规模以上服务业企业 5 家、重点服务业企业 2 家、高新技术企业 3 家、新三板挂牌企业 1 家。综艺集团获批全市首家外汇资金集中运营管理试点。

南通空港产业园建设快速推进，功能区域合理划分、高点定位。园区内纬三路道路、桥梁、绿化工程竣工，纬四路道路、桥梁、绿化工程加紧施工，横二河、纵一河驳岸、绿化基本完成。年末，园区一纵四横路网框架基本形成，纬一路和纬二路间景观工程成为该镇新亮点。招商引资力度加大，把飞机维修、培训等航空服务业，低成本航空和通用航空作为招商的主攻方向，大力推进招商引资工作，对接一批有效项目信息。

兴东镇以紧抓发展机遇，坚持稳中求进为工作总基调，主动适应新常态，围绕做大空港产业和做优空港新镇两大目标，全力配合服务空港产业园的开发建设，协调推进经济发展、生态环境、民生保障、党的建设等工作，强基础、谋长远、求突破，以更加振奋的精神、更加开阔的视野、更加务实的作风，抢抓新机遇，奋力谋发展，努力加快空港新镇建设！

华夏航空

顺丰速运

集镇环境整治——小游园

丰富多彩的群众文化活动

先锋街道（先锋镇）

XIAN FENG JIE DAO XIAN FENG ZHEN

先锋街道，古称三圩头。地处通州区西南部，东与川姜镇交界，南与南通经济技术开发区接壤，西与崇川区毗邻，北与南通高新技术开发区相依。沈海高速、宁启铁路、东快速高架穿境而过，南通市区主干道世纪大道、青年路、通甲路、人民路贯穿东西，沈海高速先锋互通、先锋服务区，宁启铁路南通东站（货运中心）位于镇内，交通便利，区位优越。

先锋街道综合治税办公室

该街道面积26.54平方公里，辖8个行政村，户籍人口3.70万人，外来人口1.50万人。先后获“中国色织名镇”“江苏省文明乡镇”“江苏省体育强镇”“江苏省和谐社区建设示范镇”“南通市发展民营经济先进乡镇”“南通市文明乡镇”“南通市先进基层党组织”等荣誉。2014年，实现地区生产总值32.77亿元，财政总收入2.90亿元，一般公共财政预算收入1.51亿元，工业企业应税销售63.77亿元。

该街道产业特色鲜明，是南通地区色织业发源地之一。近年来，先锋街道以建设“现代化新型城镇”为目标，坚持科学规划、统筹建设、快速发展，初步构建集纺、织、染、印、后整理、服装、家纺于一体、年产高中档色织布2.50亿米色织产业体系，形成城镇中心区、锡通科技园区、北部工业集中区及农民集中居住区的一体化建设框架；各项社会事业呈现出教育资源均衡化、社会保障全员化、人居环境生态化、人文素质市民化发展态势。

面对新的发展机遇，先锋街道将围绕“以现代服务业为主导的城郊型经济”发展定位，坚持以经济建设为中心，以特色发展为主线，以城乡一体为重点，以普惠民生为目标，高起点规划，高标准建设，高效率发展，努力将先锋建成一个经济强、环境美、百姓富、社会文明程度高的新先锋！

先锋小学新校区

镇区改造一期安置区

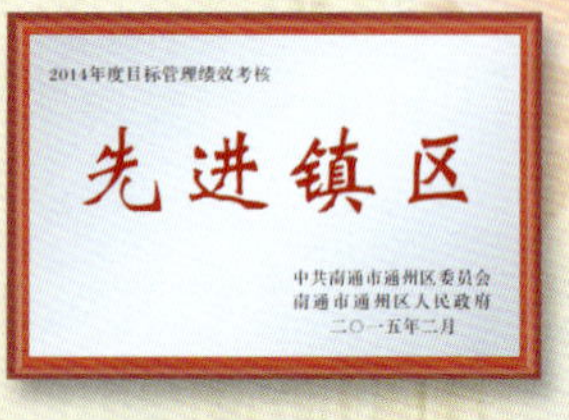

先锋新农贸市场

十六里墩三期效果图

南通财通科创园鸟瞰图

南通家纺城（川姜镇）

NAN TONG JIA FANG CHENG CHUAN JIANG ZHEN

南通家纺城（川姜镇）位于通州区南部，行政区域面积49.86平方公里，常住人口5.86万人，外来人口6.20万人，下辖14个村，2个社区。2014年实行南通家纺城与川姜镇“城镇合一”。

南通家纺城以家纺产业闻名于世，是全国最大的家纺生产基地，在多年的探索和发展过程中，已形成覆盖纺纱、织布、印染、整理、加工、包装、物流等完整的生产链条和设计、创意、版权和专利保护、家纺指数发布、质量检验、画稿交易、展会等完整的服务链条，经济发展平稳有序。是年，实现地区生产总值88.83亿元，财政总收入8.14亿元，一般公共财政预算收入4.73亿元，全社会固定资产投资56.64亿元，工业应税销售收入96亿元，服务业应税销售收入66.47亿元。全镇规模以上工业企业98家，规模以上服务业企业68家，实现市场成交额480亿元。

南通家纺城以创新驱动、转型发展为目标，顺应电子商务等新业态发展趋势，积极推进平台载体建设，搭建家纺研究院、电子商务产业园等平台，为产业发展注入新的活力，有效促进产业的创新转型发展。南通家纺城成为国家首批知识产权保护规范化培育市场，被省科协认定为江苏省家纺新技术研发与应用协同创新服务示范基地；家纺研究院入选科技部第五批国家技术转移示范机构，成为南通市两家国家技术转移示范机构之一。阿里研究院认定川姜镇为淘宝镇（全国19个，江苏2个），认定川姜镇的三合口、义成和志南村为淘宝村（全国211个），全年电子商务零售额超100亿元。

第七届家纺画稿交易会

家纺企业织造生产线

家纺产品

第七届画稿交易会－设计单位

南通国际家纺城电子商务产业园

南通家纺城（川姜镇）平台建设

南通舞布独步全球

家纺研究院

村镇建设

滨江新区（五接镇）

开沙岛一瞥

江苏恒科长丝质检车间

滨江新区（五接镇）位于通州区西部沿江，南通主城区西部城郊，宁通高速、沿江公路穿境而过，水陆交通便捷。2014 年 3 月 1 日建设的沪通通道，区位优势更加凸显，成为南通市开发开放的重要区域、融入苏南的新桥头堡。

2011 年 10 月 11 日，通州滨江新区正式挂牌，规划区域包括五接、平潮、平东镇，总面积 180 平方公里，人口 20 万人。其核心启动区五接镇（含开沙岛、横港沙围垦区域）约 60 平方公里，人口 5 万多人，与滨江新区、开沙岛旅游度假区实行“区镇合一”管理体制。2013 年 1 月 16 日，开沙岛旅游度假区被省政府批准为省级旅游度假区。2015 年 1 月 1 日，南通市东沙大桥竣工通车，大大加强了与主城区的联系。滨江新区总体发展定位是：承接南通城市西拓，着力优化提升发展，打造西部重要门户，建设“高铁新城”“桥港新区”，成为南通优江西拓的新增长极。主导产业：船舶海洋工程及钢结构、纺织新材料、旅游度假和港口物流产业。

2014 年，实现地区生产总值 40.08 亿元，财政总收入、一般公共财政预算收入分别为 3.97 亿元、2.24 亿元。实现工业总产值 205.96 亿元。

开沙小区

江苏恒科新材料纺织机器人落筒

东沙大桥

新世界通用码头

西亭镇

XI TING ZHEN

西亭镇位于通州区中部，南靠主城区、紧邻高新区和空港产业园，北接石港科技城，石江公路、平海公路、S307省道穿境而过，通洋高速横跨镇域，在镇区有出入口。全镇面积56.91平方公里，人口4.45万人。该镇历史悠久，人杰地灵，孕育过清末状元张謇及中国第一位女省长、全国人大原副委员长顾秀莲等知名人士；师资力量雄厚，省四星级中学——西亭中学享誉全省；文化底蕴深厚，非物质文化遗产——西亭脆饼驰名海内外。

2014年，西亭镇经济社会事业长足发展。全镇实现地区生产总值21.22亿元，完成财政总收入1.11亿元、固定资产投资6.86亿元，实现工业应税销售18.70亿元，工商注册外资1000万美元。广泛开展产学研合作。全年新增高企2家，专利申请24件。人才工作取得新进展。瑞亭电加工机床获南通"江海英才"计划、通州"510"计划资助。全年新建、续建规模项目农业16个，新建农路45.3公里，新建、改建农桥20座。

该镇先后被评为江苏省教育现代化示范镇、省公共文化服务体系示范镇、省"五四"团委、省综治先进集体，南通市文明镇、市社会治安安全乡镇、市"双拥"模范镇、市耕地保护"十佳"乡镇、市法治镇、市反邪教防邪基础工作先进镇、市农村土地承包规范化管理示范镇等。

草庙村卫生室

盛庭花苑

银润农业

威普纺织

通洋高速出口

二甲镇

香光寺

二甲镇位于通州东南部，与海门毗邻，是国家非物质文化遗产蓝印花布的发祥地，国家历史文化名村——余西古镇就坐落于此。该镇镇域总面积 66.01 平方公里，镇区建成区面积 3.84 平方公里，耕地面积 3420 公顷，辖 12 个行政村(居)，597 个自然村。全镇总人口 7.20 万人，常住人口 6.90 万人。该镇交通便利，苏 335 线、光明线、袁天公线、海二公路、通甲公路、通吕运河穿境而过，主导产业为纺织服装、机械制造和建筑材料。

近年来，该镇围绕打造通州靓丽东大门“一个主体目标”，充分把握市级中心镇和余西古镇保护建设“两大发展机遇”，全力推进项目建设提速、现代农业提质、城镇建设提档、民生幸福提升、生态文明提效“五项重点工作”，努力实现稳中求进、稳中有为。2014 年，全镇实现地区生产总值 31.18 亿元，完成财政总收入 1.48 亿元，一般公共预算收入 9204 万元；应税销售收入 20.70 亿元；固定资产投资 9.22 亿元，工业投入 4.90 亿元，服务业应税销售收入 2.80 亿元；规模工业产值 55.68 亿元。先后被评为国家卫生镇、国家综合改革试点小城镇；江苏省新型示范小城镇、重点中心镇、文明镇、科技先进镇、群众文化先进镇、体育先进镇；南通市中心镇、法治乡镇、文明乡镇、安全镇、园林小城镇、水利工作先进乡镇等。

红龙果庄园

夜色一瞥

体育公园

宜居佳苑

恒祥集团

“华宇印涂”

东社镇

DONG SHE ZHEN

市长张国华调研开心农场

群众路线结对帮扶

东社镇位于长江三角洲的南通市通州区东部，民风淳朴、环境优美，是久负盛名的鱼米之乡。镇区总面积 72.15 平方公里，人口 6.10 万人，辖 10 个行政村，3 个社区居委会，与通州主城区相邻。

2014 年，全镇实现地区生产总值 17.78 亿元，完成财政总收入 7374 万元。以"六大行动"为主抓手，积极应对挑战，全力攻坚克难，经济社会发展迈上新台阶。全年新增规模以上农业项目 19 个，总投资 1.47 亿元，农业继续领跑全区。工业经济转型升级成效显著，服务业特色化发展上水平，荣获"江苏省特色景观旅游名镇"，南通地区唯一。一产、二产、三产稳步衔接，有机融合，为全镇各项工作前移夯实基础。民生建设日臻完善，镇村环境持续优化升级，社会事业协调发展，政府自身建设不断取得新成效，呈现出一派团结奋进、和谐发展的良好局面。

真诚欢迎海内外人士前来投资兴业，共谋发展大计，共创美好未来！

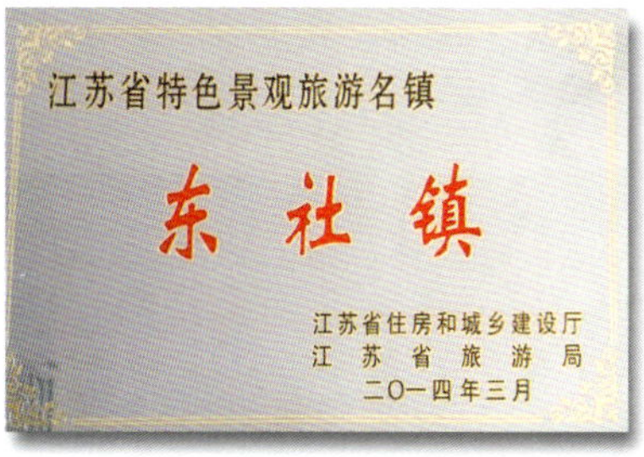

五马路村草莓基地

镇体育广场

东平村设施蔬菜基地

SHI ZONG ZHEN
十总镇

重阳节组织离退休老干部参观二窎小游园

十总镇是南通市通州区北门户，全镇 52.33 平方公里，人口 3.62 万人，辖 8 个村（居），建设中的通洋高速穿境而过。

这里民风淳朴，治安优良，地势平坦，农路通达，河网密布、空气清新、水质干净，镇东新居建设加快，配套齐全，并拥有商贸街和休闲游园，是居住和创业的福地。

该镇农业农村工作及“四位一体”长效管理、小城镇建设名列全区前茅。高效规模农业发展迅速，是年，流转土地 433.33 公顷，设施农业园区新增面积 160 公顷，总面积达 666.67 公顷，成为省万亩蔬菜保供基地；新雁、柏树墩两个一流生态园项目顺利推进。基本实现水利设施改造全覆盖，新建改建泵站 9 座，防渗渠道 3.1 公里，桥梁 12 座，道路 19.57 公里。长效管理及环境整治工作继续保持全区领先地位，被评为南通市村庄环境整治先进单位。加快康居乡村建设步伐，各村居均建成星级康居村。争取二窎居“美丽乡村”试点，投入 350 万元，对道路、河道、绿化等进一步提档升级。

工业经济提档升级，已形成机械电子、精品服装、钢丝绳等支柱产业，东源集团、宇神钢缆等重点骨干企业在扩大产能和开拓市场等方面加大投入，持续扩张。南通信一服饰有限公司生产的产品菲菘服装正向品牌化方向发展。引进项目实现新的突破，利用上海醒辉服饰闲置厂房成功引进吉春包装制品项目，总投资 8000 万元，预计 2015 年春节前竣工投产。

骑窎河石驳子

智能大棚

十总居卫生室

十总小游园

镇东新区

村民集居点

二窎小游园

村居便民卫生室

村便民服务中心

新建农民集居区

骑岸镇

QIAN AN ZHEN

渡海亭

骑岸镇位于通州北部，东临黄海，南依长江，是一个骑在“皇岸”上的文明古镇。这里滨江临海，温和湿润，四季分明，日照充足，河道纵横，土地肥沃，气候宜人，环境优美。相传900多年前为抵御海潮，北宋著名政治家范仲淹率民工在此围筑捍海堤，始称“皇岸”，后人尊称为“范公堤”。从此，人民在这里跨岸定居，“骑岸镇”由此形成。骑岸镇总面积80.84平方公里，现有人口4.80万人，辖9个行政村，3个社区居委会。

2014年，该镇围绕“加快现代化、建设新骑岸”目标，真抓实干、克难奋进，经济社会继续保持健康发展，各项事业取得显著进步，综合实力再上台阶。全年完成地区生产总值17.86亿元。现代农业加快发展，新增设施农业144公顷、土地流转236.67公顷。完成服务业应税销售收入4.30亿元，建筑业产值突破124亿元。镇村统筹协调推进。完成新一轮全镇总体规划修编，发展框架全面拉开。集镇环境明显改善，镇村基础设施建设不断完善。社会建设不断加强。社会保障水平全面提升，城乡居民参保续保率99.4%，新农合参合率99.0%。社会事业协调发展。是年，骑岸居被评为“江苏省科普益民示范社区”。在全区率先启动并完成村居卫生室示范化、规范化建设，医疗环境显著改善，服务群众能力显著提升。文化惠民工程不断深入，镇文化站在全国乡镇综合文化评级定级中被省文化厅评定为“二级文化站”。高度重视安全生产工作，被评为“南通市安全生产先进单位”。交通便捷，相距10公里的南通机场，架起通往东西南北的空中桥梁；相距30公里的南通码头，建起通往世界各地主要港口的水上通道；相距40公里的苏通大桥，将骑岸纳入上海90分钟经济圈。通洋高速、通州湾快速通道建成和洋海线拓宽改造通车，进一步凸显交通区位优势，使其成为新一轮区域发展中的投资热土，助推经济社会快速发展。

热诚欢迎海内外人士前来投资兴业，共创辉煌！

范仲淹像

靓丽河道整治

规模企业

通洋高速骑岸出口

五甲镇

WU JIA ZHEN

群众路线教育实践活动

基层干部培训

五甲镇位于通州东北部，东临通州湾新区，西接江海大道高速路口，辖区内 S223 和平海大道穿境而过，交通便捷。镇域内气候温和，水系发达，自然资源丰富，属于苏中典型的鱼米之乡。全镇总面积 42.93 平方公里，下辖 2 个社区、6 个行政村，总人口 3.26 万人。

五甲文化底蕴厚实。影响久远的白龙庙文化引领五甲人民亲近自然、善待土地、崇尚劳动、艰苦自立。以谢家渡战役为基石形成的革命老区红色文化弘扬了“勇往直前、开拓创新、艰苦创业、无私奉献”的精神，激励着一代又一代五甲人为把五甲建设得更漂亮、让人民生活得更幸福而努力。

2014 年，全镇实现地区生产总值 14.74 亿元，规模工业总产值 9.57 亿元，财政总收入 7159 万元。是年，被评为南通市耕地保护“十佳镇”、市平安镇，全区农村农业工作先进集体、综治工作先进集体、生态文明建设工作先进单位。

近年来，五甲镇加快经济社会建设步伐，辖区交通条件日益便捷、基础设施日臻完善、生态环境更趋优化。走进新时代的五甲正迎来加快发展的黄金机遇期，淳朴善良、热情好客、聪慧勤劳的五甲人民真诚欢迎各界人士前来投资兴业，共谋发展大计。

法制宣传

文艺巡演

万头羊场

特种水产养殖

白龙雕塑

逐渐兴起的农民商业街

SHI GANG ZHEN

石港镇

渔湾居提升工程

2014年，石港镇大力实施园区、镇区、景区和生态农业区"四区联动"发展战略，凝心聚力，抢抓机遇，主动作为，经济运行提质增效，中心镇建设提档增速，民生实事提标增量，较好地完成全年目标任务。全年实现地区生产总值39.81亿元，完成财政总收入2.48亿元，一般公共财政预算收入1.41亿元。

施工中的"新兴机械"重型卡车牵引座项目

园区广惠西路

"栖凤园"街头绿地

园区凤凰路延生段

SI AN ZHEN 四安镇

普法宣传进村居

四安镇地处南通北部，通州腹地、南通北郊，交通便捷，宁启、沿海高速，洋兴、平海公路使其与外部紧紧相连，通洋高速和新225省道建成通车更显其交通区位优势，真正融入南通城郊乃至上海一小时都市发展圈。全镇总面积50.70平方公里，人口3.99万人，辖行政村8个、社区居委会1个。

2014年，该镇坚持以科学发展观为统领，深入实施“转型升级、镇村建管、民生改善、作风转变”四项重点工作。全年实现地区生产总值29.09亿元，完成工业应税销售28.80亿元，实现规模工业产值37.25亿元；财政总收入1.20亿元，其中一般公共财政预算收入4615万元。先后被评为江苏省文明村镇，南通市法治乡镇、市社会管理创新（长安建设）先进乡镇、市科普工作先进镇。

体育公园

江苏富松模具有限公司

刘桥镇 LIU QIAO ZHEN

南通市市长张国华到刘桥镇调研

南通市政法委书记曹斌到刘桥镇“三解三促”

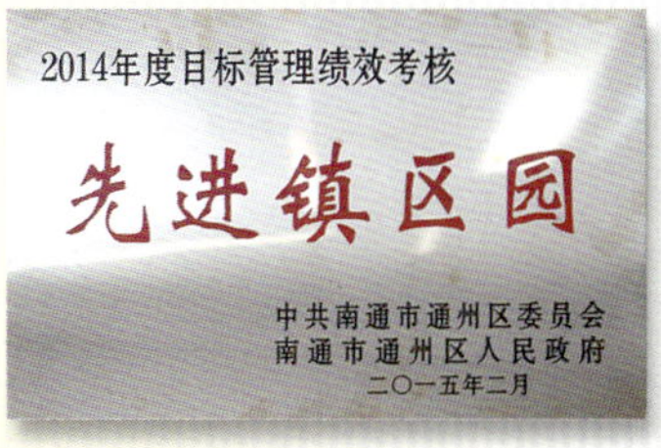

刘桥镇位于南通市区北翼，由原刘桥镇、英雄乡、新联镇合并而成，东与石港、兴仁相邻，西与平潮、陈桥接壤，南连兴仁、幸福，北临如东、如皋，总面积107.28平方公里，下辖10个行政村，2个社区居委会，人口7.64万人。该镇交通便捷，沈海高速贯穿南北，在镇区设有出入口，九圩港横贯东西，筹建中的226省道、345国道穿境而过。

该镇以灯谜、楹联和风筝著名，是久负盛名的中国民间文化艺术之乡、江苏省灯谜楹联之乡、南通板鹞制作技艺传承基地。近年来，围绕“加快现代化、建设新刘桥”目标，以“全面融入南通”为主线，不断完善以机电产业园为主体的项目承载平台建设，主动承接南通“退二进三”产业转移，逐步形成以机械电子、纺织服装、船舶钢构、蔬菜加工为主导的产业格局，全镇经济量质并举，综合实力显著增强。2014年，实现财政总收入1.74亿元，一般公共财政预算收入7724万元；金融机构存款余额55.89亿元；纳税超100万元工业企业31家，5家企业进入全区纳税百强。

2015年，该镇将坚持稳中求进工作总基调，主动适应新常态，积极应对新挑战，在改革上突出创新思维，在增长上跳出传统思维，在转型上体现战略思维，以项目建设、环境建设、民生建设、能力建设为重点，持续推进经济大转型、环境大打造、民生大改善、队伍大锤炼工程，团结一心、锐意进取、扎实工作，奋力开创活力幸福刘桥建设新局面！

区委书记宋乐伟考察通刘公路拓宽改造工程

整治后的九圩港

PING CHAO ZHEN

平潮镇

“格雷特起重机械”投资1.10亿元新建的特大型数控加工中心投入使用

平潮新幼儿园开工建设

平潮镇是一座文明古镇，距今有1300多年的历史。旧称“单家店”，又因距南通州30华里，俗称“三十里”。清代，县道两旁遍植桃树，雅称“桃村”。

平潮镇是南通的西北门户，被誉为“江海明珠”“栖凤宝地”。全镇总面积61.96平方公里，建成区4平方公里。辖15个行政村、4个社区居委会，户籍人口7.88万人、流动人口约4万人。近年来，全镇主要经济指标始终列市乡镇板块前列，各项事业协调发展。2014年，全镇实现地区生产总值85.80亿元、财政总收入5.73亿元、一般公共财政预算收入3.21亿元，被评为江苏省公共文化服务体系示范区、省第三次全国经济普查先进集体、省离退休干部先进集体，南通市平安法治乡镇、市民营经济发展先进镇，年终全区目标管理绩效考核中被评为“先进镇区园”。

随着沪通铁路大桥开工建设，作为南通首批市级中心镇、通州西部经济重镇的平潮迎来千载难逢的发展契机。全镇上下精神振奋、斗志昂扬，围绕建设高水准“大桥新城、一流中心镇”目标，充分释放区位优势潜在能量，持续推进园区开发、镇区改造、交通提升、环境整治、民生保障等重点工作，为实现全镇经济社会发展的新跨越而努力奋斗！

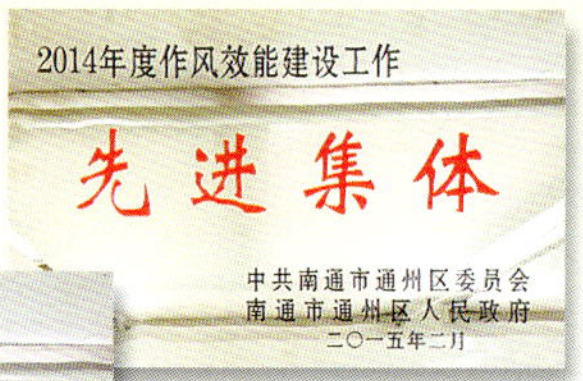

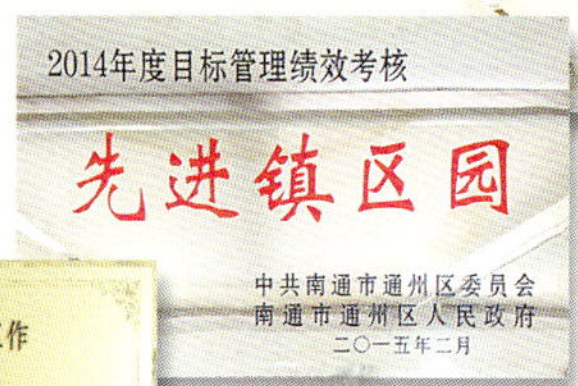

2014年3月1日，沪通长江大桥开工建设

兴仁镇 XING REN ZHEN

上级领导考察调研

新建村卫生室验收

兴仁镇紧邻南通主城区，镇域面积 39.16 平方公里，下辖 12 个行政村（社区），总人口 4.80 万人（含外来人口）。沈海、沪陕高速公路及江海大道高架、225 省道、通京大道贯通全镇，交通便捷。2014 年实现地区生产总值 40.66 亿元，财政总收入 3.56 亿元，一般公共财政预算收入 1.56 亿元，全社会固定资产投资 23.63 亿元，应税销售 45.21 亿元。

是年，该镇围绕全区“五大行动”工作主线，以城市化发展为目标，以“五大建设”为抓手，统筹推进全镇经济、政治、文化、社会、生态文明和党的建设，经济社会持续健康发展。随着南通市大交通工程的深度外延，兴仁迎来新的更大的历史机遇，凭借自身工业基础和雄厚的经济实力，兴仁必定会成为南通主城区东北部投资、创业、生活新沃土，真情欢迎海内外朋友到兴仁投资兴业，共创辉煌。

迎“十一”银龄汇演

通富佳苑二期竣工交房

企业技术改造项目竣工并投入使用

ZHANG ZHI SHAN ZHEN

张芝山镇

2014 年，张芝山镇经济社会呈现良好发展态势。实现地区生产总值 38.0 亿元，财政总收入 1.80 亿元，一般公共财政预算收入 1.06 亿元；全社会固定资产投入 11.50 亿元，应税销售 32 亿元，外资到账 400 万美元。

发展态势总体良好。以稳增长为目标，进一步强化转型升级，提高竞争能力。全镇拥有规模骨干企业 36 家，销售超亿元企业 3 家，百万元纳税大户 28 个。是年，续建、新开工项目 12 个，亿元以上项目 4 个，完成工业投入 6.30 亿元。

功能配套日臻完善。德力新天地项目开工建设，是张芝山第一个“一站式”体验消费中心。锡通大酒店主体工程已经封顶。以游泳馆、健身馆为主体的体育中心基本竣工，正在进行装修。社会化养老中心即将投入使用。

高度重视教育工作。张芝山小学异地新建工程完成规划选址，正在积极申报；对南兴小学教学楼进行加固，实验楼进行改造，新建标准化食堂和塑胶跑道；镇公办幼儿园顺利开园，共招收幼儿 53 名。

2015 年，该镇将适应新常态，把握新机遇，全力推进“三区一民生”四项重点工作，全力建设经济强、百姓富、环境美、社会文明程度高的新张芝山！

党的群众路线教育活动调研座谈

十八届四中全会精神宣讲

群众业余文艺汇演

五洲国际汽车博览城

新建的村卫生室

德力新天地时尚商业街

村庄环境美化

江苏省西亭高级中学

JIANG SU SHENG XI TING GAO JI ZHONG XUE

民进省委领导到校调研

切磋教艺

2014年，江苏省西亭高级中学不断强化教育教学管理，深化教育教学改革，努力提高教育教学质量，取得优异成绩，获得“全国农村学校艺术教育实现县”实验学校，成功创建江苏省科学实践活动课程基地和南通市高中历史学基地，江苏省健康促进学校金奖、省节水学校、省科学教育特色学校，通州区先进教工之家、区学校卫生工作先进集体、区学校食品安全工作先进集体、区五一巾帼标兵岗、区共青团先进集体、区卫生信誉度A级学校食堂等荣誉。

学校正秉持“质量、特色、共享”三大原则，以学生为本、教育为基、文化为重、特色为上，提升品质，创格升特，用精神点化精神，用智慧启迪智慧，用生命培育生命，用潜能激发潜能，不断谱写教育发展的华美乐篇！

传经送宝

轻松一跃

重温入党誓词

亲切交流

科学引领

砺我意志

南通市通州区金沙中学

南通市通州区金沙中学地处金沙街道人民东路，占地面积 9.2 公顷，拥有一流的教学设施和师资队伍。学校先后获“全国读书育人特色学校”“江苏省体育工作先进学校”“江苏省平安校园”“南通市教育系统先进集体”“南通市艺术教育特色学校”等 30 项荣誉。

近年来，学校不断深化改革，全力推进素质教育，形成以“自主管理、自主课堂、自主完善、自主创新”为主导的办学特色，中高考质量列同类学校前茅，获得社会的广泛赞誉。

2015 年 8 月，金沙中学高中部整体迁入原通州高中旧址办学，学校已经站在新的起跑线上，以办人民满意的教育为目标，正朝着创建高品位的江苏省四星级高中和通州一流的品牌初中迈进。

党的建设活动

冬季长跑

“行知杯”十佳教师颁奖

班歌演唱会

璀璨校园

校园全景

南通市通州区石港中学

教育部“全国农村学校艺术教育实验县”现场推进展示活动

南通市通州区石港中学始建于 1956 年，占地面积 8.24 万平方米。现有教学班 31 个，高中 16 个，初中 15 个，学生总数 1449 人，教职员工 226 人，其中市、区两级学科带头人、骨干教师、教坛新秀 35 人。

学校围绕“以人为本，服务学生；以师为本，提高质量；以校为本，特色办学”的理念，积极推动学校教育优质发展，全面提升教学质量，为社会培养和输送一批又一批的人才。

学校重视校园文化建设，“诗教”和“集邮”特色饮誉江海平原，连续参加 6 届全国生肖个性化邮票青少年设计大赛，2010 年以来获金奖 4 个、银奖 7 个、铜奖 13 个。2014 年 12 月 12 日，教育部“全国农村学校艺术教育实验县(东片)”现场推进展示活动在通州区举行，石港中学作为此次现场展示的唯一一所中学代表向与会嘉宾完美展示多年来一直辛勤培育、执着坚守、不断创新的丰硕艺术教育成果。

学校先后荣膺“全国青少年集邮示范基地”“全国校园文化建设金奖”“中国当代特色学校”“江苏省德育先进学校”“江苏省绿色学校”“江苏省平安校园”“江苏省健康促进学校”“江苏省依法治校示范校”“江苏省园林式单位”“江苏省校园诗教先进单位”“南通市文明单位”“南通市特色学校”等。

“阳光下成长”文艺演出

全国生肖邮票青少年设计基地揭牌仪式

学校阳光体育运动会

南通市通州区二甲中学

南通市通州区二甲中学创办于1956年，占地9.33公顷，现有教学班35个，学生近2000人。学校先后获得"全国特色学校""全国中小学思想道德建设先进学校""江苏省基础教育课程改革先进集体""江苏省科技教育先进集体""江苏省德育先进学校""江苏省平安校园""江苏省健康促进学校（银奖）""江苏省绿色学校""江苏省语言文字规范化示范校""南通市最安全学校""南通市教育系统先进集体""南通市文明礼仪示范学校""南通市学校卫生先进集体"等60多项国家、省、市级荣誉。

近年来，学校紧紧围绕"质量过硬、特色彰显、师生发展、社会满意"办学目标，以行为文化建设为抓手，以师资建设、课堂建设、课程建设、文化建设为工作重心，开创学校发展新局面。学校"学本课堂"建设扎实推进，文明礼仪教育以及学校艺术教育活动开展如火如荼，尤其以蓝印文化为主题的学生社团活动成效显著，赢得社会各界的广泛好评。

教育令生命增辉，创造令事业出彩。学校将继续在规范中追求和谐，在创新中追求质量，用新思想、新思路去描绘新的蓝图，用精细化管理去创造新的业绩，为把学校打造成一所质量过硬、特色彰显、师生发展、社会满意的优质名校而继续不懈努力。

颁奖典礼

携手课改

美丽校园

最美老师

魅力社团

江苏省通州中等专业学校
江苏联合职业技术学院通州分院
江苏开放大学通州学院

区委书记宋乐伟、区委常委副区长刘克勇等领导到校考察

江苏省通州中等专业学校（江苏开放大学通州学院）开创于上世纪八十年代，通职人始终秉承着“厚德、精艺、笃行、拓新”的学校精神，传承着辛勤园丁“敬业、精业、乐业、创业”的严谨教风，激荡着莘莘学子“严谨、求实、勤学、进取”的理想情怀。三十年的励精图治，三十年的拼搏发展，学校已经成为一所融五年制高等职业教育、三年制中等职业教育、对口高考、现代远程开放教育、成人本专科学历教育及职业技能培训于一体的综合性职业院校。2013 年被确认为江苏省高水平现代化职业学校建设单位。2015 年，学校成功创建“江苏联合职业技术学院通州分院”，学校办学层次升格，成为通州高职学校。

办学实力强 学校占地总面积 305 亩，建筑面积 12 万平方米，资产总值 3 亿元，拥有 100 多个高水平、现代化的与专业教学匹配的实训场所。实施二级管理，设有综合高中、机电工程、信息工程、经贸外语、艺术设计、继续教育部等六个专业部，开设机电、机械、建筑、商贸、服装、艺术、汽修、家纺等 10 大类专业近 30 多个专门化方向，有五年制高职、三年制中职学历教育班 130 个，在校生 6000 余名。

师资队伍优 学校有教职工 400 余名，其中专任教师 98% 以上具有本科以上学历，中高级职称比例 85%，“双师型”教师 85% 以上，省职教领军人才、特级教师、市、区级骨干教师、学科带头人、拔尖人才等名师 40 多人。近年来，有数百人次在全国、全省的技能大赛、创新大赛、“两课”比赛、创意论坛等活动中获奖，2014 年，学校获“江苏省职业教育先进单位”。

办学质量高 学校着力提高学生专业技能与综合能力，培养出多名全国、省、市技能竞赛冠军；2014 年，对口高考本科录取率实现翻番，学生录取南京工业大学、南京艺术学院、江苏理工大学、江苏大学等省内二本院校；2015 年，学校在省技能大赛中获得“一金八银十七铜”的好成绩。与高新区、滨江新区等区域的名优企业建立战略合作关系，实施“订单培养”，与韩、日等国职业院校开展国际合作办学；毕业生综合素养好、职业技能强，深受用人单位欢迎，近年就业率保持在 98% 以上，学校获“江苏省就业工作先进集体”。

校舞——荷花盘子舞

社会声誉佳 学校先后获得省文明单位、省模范学校、省德育先进学校、全国红十字模范学校、省和谐校园、职业教育先进单位等 30 多项次省级以上荣誉，成为江苏职业教育的名片。

站在新时期新起点，学校正以二期校园建设为契机，以创建江苏省高水平现代化职业学校为目标，努力将学校办成品牌响亮、特色鲜明、社会认可、人民满意的职业院校！

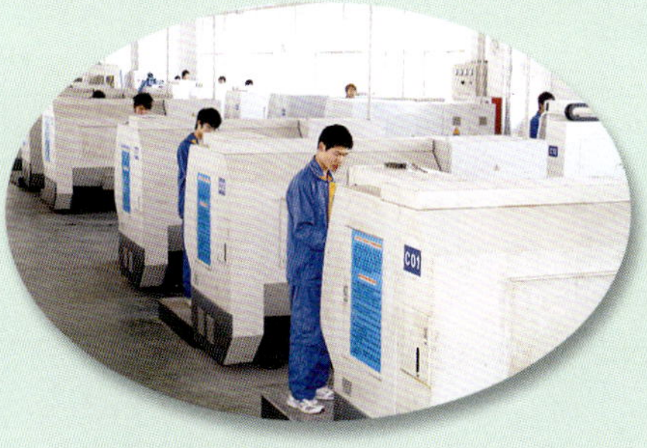

技能实训

部分专业技能教学作品

南通市通州区实验小学

区教育局副局长、省人民教育家培养对象、校长王笑梅

全国人大常委会原副委员长顾秀莲与参加“童声里的中国”专场文艺演出的部分学生合影

省教育厅厅长沈健考察金桥校区

南通市通州区实验小学始建于1920年，原名私立孙氏高等小学，是由金沙开明绅士孙儆（字谨臣）独资兴建，是一所历史悠久、人文底蕴深厚、办学特色鲜明、教育成果卓著的老牌省实验小学。先后被评为全国学习型学校、中国少年儿童平安行动示范学校、全国航空（航天）活动重点单位、全国模范家长学校、江苏省文明单位、江苏名校、省文明学校、省和谐校园、省绿色学校、省素质教育先进集体、省学校体育工作先进单位、省体育传统项目学校、省科技特色学校、省青年文明号。

学校占地8万余平方米（含金桥校区），现有教学班级92个，在校学生4800余人，教职员工287名。

该校潜心致力于“生命化校园”构建，创建生命化校园构建的理论模型和操作体系。经过几年努力，学校已成为流淌着自然灵性的生态场、学生放飞智慧的乐园、教师实现理想的绿洲。

该校积极而科学地营造“教师第一”价值氛围，全力打造学习型教师群体。学校拥有全国优秀教师、省特级教师、省市区学科带头人、骨干教师、教坛新秀等100余人（其中，省特级教师5人），形成一支师德高尚、教艺精湛、崇尚科研的师资队伍，在全省产生很大影响。

该校始终坚持素质教育，全力推进课程改革，提出“基于学校，走出学校；始于课堂，跳出课堂；源于学科，超越学科”的课程理念，健全校本特色课程（校级社团40多个，班级社团92个，100%的学生参加社团），形成学科课程、活动课程、隐性课程、特色课程四位一体的新体系，校园成为学生转变学习方式的体育场、提升生命品质的发射场。2014年12月12日，全国农村学校艺术教育实验县（东片）现场推进会在通州举行，该校为现场会提供丰富精彩、令人难忘的现场。

该校最关切的是鲜活的生命，最珍贵的是自由的心灵。“与童心相拥，携生命同行”已成为实小人的共同追求，而这也正是该校“构建生命化校园”办学理念和目标的核心。

教师朱国忠被评为江苏省第十三批特级教师

校园雄姿

“王笑梅工作室”向全省展示

南通市“防灾减灾进学校”现场会在金桥校区举行

全国农村学校艺术教育实验县现场会

学校机器人社团首次参加华东地区比赛，成绩斐然

在2014年省“教海探航”征文评比中再次获“优秀团队奖”

南通市通州区通州小学

学校坚持"敏慧"精神引领，以育全面发展的学生，办人民满意的教育为追求，深化课程改革，推进品质提升，实现持续、优质、科学发展！

打造敏学课堂。"敏学"课堂教学模式品质升级，关注高效特质，优化学生学力养成，《用生态教育观指导课堂教学再改革》在全区"学的课堂"推进会上交流。教育教学质量继续高位运行。

推进新三好德育。实施"聪明的我"十大行动，引领学生做讲道德、有特长的人，培养学生慧于智、敏于行的品质。德育品牌建设继续领跑。学校被评为"全国道德教育活动示范学校""江苏省德育先进学校"。

构建科艺特色。学校是"江苏省围棋教育基地""南通市通州区全国农村学校艺术教育实验县实验学校"。学校在科技竞赛，剧目展评中屡获省一等奖。 每一个孩子在科技、艺术的熏陶中快乐成长。

第一名

千人赛

一等奖

周冠军

NAN TONG SHI TAO FEN XIAO XUE

南通市韬奋小学

江泽民

校长（区学科带头人）：孙建国

区教育局局长张进荣参观“韬奋之路”纪念室

南通市韬奋小学成立于 1906 年，1942 年伟大的民主战士邹韬奋先生到校慷慨演讲，疾呼“团结、抗战、进步，抨击分裂、投降、倒退”。中共中央原总书记江泽民两次亲笔题写校名；国务院原副总理邹家华 1993 年亲临学校视察。该校 2005 年晋升为“江苏省实验小学”，2011 年更名为“南通市韬奋小学”，现有 30 个教学班，学生 1228 人，教职工 87 人。

学校遵循“教会学生做人、教会学生学习、教会学生创新”的办学理念，确立“硬笔书法”教学特色，践行“大爱行知”教育思想，努力打造现代化实验小学。学校 30 多名教师受到区级以上表彰奖励，10 多人次在全国、省、市教学比武中获一等奖，数百篇论文在报刊杂志发表，辅导学生参加阳光体育运动会、电脑纵横码输入、规范汉字书写、金钥匙科技竞赛等区、市、省级各项竞赛都获得过骄人的成绩。

学校先后获“全国青少年文明礼仪普及教育活动先进学校”“全国语文教改示范校”“全国百强特色学校”“江苏省和谐校园”“江苏省平安校园”“江苏省健康促进学校（银奖）”等 50 多项全国、省、市、区荣誉称号。韬奋小学正以厚重的历史，奋发向上的英姿成为江海大地上一颗耀眼的教育之星。

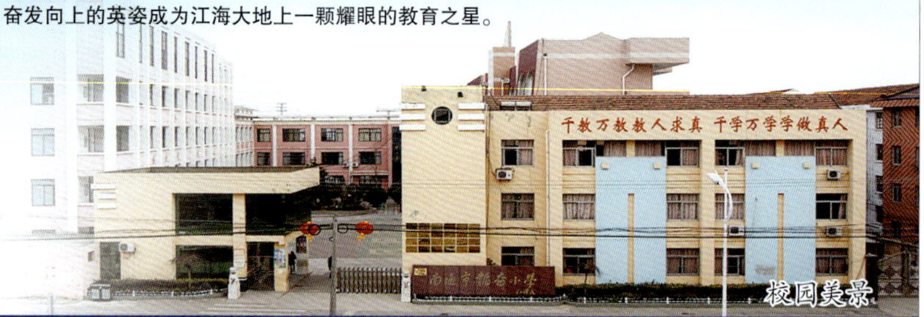

校园美景

南通市通州区石南小学

验收现场

南通市通州区石南小学是一所规模较小的偏远农村小学，学校始终以培养学生基本科学素养、自主创新能力和实践活动能力为重点，全面推进师生的整体科学素养。回首近几年来的工作，简单而实在，在平凡中追求卓越。

近几年来，学校在科学教育特色创建方面取得成果。先后获全国智力七巧板科普活动团体优秀奖，被评为通州区科学教育特色学校、区文明单位、区科普宣传周先进集体，获区中小学航空模型锦标赛团体二等奖，学校科学教研组被评为南通市优秀学科教研组。同时，教师个人获奖 38 人次，学生获奖 36 人次；教师发表在省级及以上刊物论文 20 多篇。

七巧板

参观科学园

看鸟

参观气象站

中国乒协乒乓球运动学校

省体育局局长陈刚在南通市副市长朱晋等陪同下到校考察

国家乒乓球队领队黄飚在中乒运动学校

中国乒协乒乓球运动学校是由国家体育总局乒羽中心与南通市通州区人民政府共同兴建和管理的一所全日制公办学校。国家体育总局副局长、中国乒乓球协会主席蔡振华亲任学校名誉理事长和名誉校长。学校和基地占地面积18万平方米，建筑面积2.35万平方米，六个训练馆可容纳320名运动员同时训练。校内有体能训练馆，教学楼、微机房、图书室、学生餐厅、公寓楼，宾馆等。

学校拥有曾在国家队和省、市队一线从事教练的教师队伍，国家及省市乒乓球队定期到校集训，举办国际乒乓球训练营，为学生提供直接观摩世界高质量训练现场和向国内外一流选手学习的机会。国家队教练员定期到校指导，让学生得到名师指点，每年选派十多位学生参加全国优秀苗子、青少年及国家二队集训。

科学训练方法、名师悉心指导、优质训练平台让学生运动水平快速提高。2012年全国重点单位乒乓球比赛中，男子队获团体第三名；2013年全国青年锦标赛上，学生王艺迪获女子单打第三名。在全国少年乒乓球比赛（南方赛区）中，先后获2012年女子团体第二名、2014年男子团体冠军。建校4年来，先后有320多人次在全国及省、市比赛中获奖，并为省、市专业乒乓球队输送优秀学生20多名。2013年11月，学生王艺迪入选国家乒乓球队。同时，学生学习习惯根本性转变，学习成绩逐步提高，小学低年级考试成绩进入同轨班级前列，初三大部分学生考取重点高中，三届共有13名高三毕业生全部被扬州大学、上海体育学院等高校录取。

学生李佳静在2015年全国后备人才基地分区赛（南方赛区）奋勇夺冠

中乒运动学校输送到国家队运动员王艺迪在训练中

南通市通州区亚东幼儿园

省专家组莅临指导

百名记者百县千校行

南通市通州区亚东幼儿园创建于2007年3月，2008年9月正式开园，是一所设施构建齐全、办学特色鲜明、教学理念先进、教育成果显著的省优质园。

园长朱红娟带领全园职工坚持依法治园、以情办园、创新兴园、特色亮园，热爱幼儿，促进幼儿全面发展办园理念；坚持教书育人，为人师表，形成一支责任心强、事业心重、思想品德高尚、工作作风良好，具有创新精神、极强组织管理能力、积极参与科研的教职工队伍和领导团队。

六年来，该园先后被评为江苏最佳口碑诚信幼儿园、省老百姓好口碑诚信单位，南通市文明单位、市绿色学校、市平安校园，通州区特色幼儿园、区学前教育先进集体、区学校食品安全先进集体。

亚东幼儿园环境优美，体现结构与秩序、徜徉真实与自然、孕育美感与欢乐，是一个充满自由、关爱、营养、快乐与便利的环境，是一个团结一致，拼搏向上、充满活力的集体。

大朋友、小朋友齐上阵

巧手做手工

亲子种植园

南通市通州区自来水有限公司

南通市通州区自来水有限公司始建于1975年，位于南通高新技术产业开发区金通路18号，是一家从事自来水生产、供应，水表检定，供水、污水管网销售及建设投资的国有企业。公司内设办公室、财务科、融资部、生技科、信息科、监察科、营业所、管线所、供水车间及给排水安装维修有限公司等10个职能部门。现有职工132人，其中专业技术人员55人，技师及高级工11人。

2014年，公司以"安全优质供水、真情服务社会"为宗旨，以"保供水、促发展"为中心，团结奋斗，真抓实干，努力提升管理水平和服务水平，圆满完成虹西三支路等新建市政道路配套给水管道和北二环东延等市政道路改造配套给水管道的施工任务；完成虹西花苑等4个拆迁安置小区及综艺金融港等9个商品房小区配套给水工程的施工及1.10万户的装表任务；完成希望苑别墅区、师范桥新村等13个小区整治12公里的自来水管道改造任务；完成虹南新村9号楼等11个小区185户改表出户任务；通久线通州段输水工程、金浩线南延及锡通工业园给水工程全部竣工。全年售水量6912万吨，出厂水合格率100%。

公司被区住建局评为"城乡建设工作先进集体"，公司党支部被住建局党委评为"先进党支部"；公司工会被区总工会评为"目标管理绩效考核标兵集体"，区总工会颁发"五一劳动奖状"。

999民生热线

五星级服务团队培训

政务中心服务窗口

兴东镇卫生院

新建的住院大楼

1 病愈群众赠送锦旗　2 精益求精为病员服务的医生

3 忙碌中的护士　4 卫生院外景

兴东镇卫生院建于 1958 年，是一所集医疗、预防、保健于一体的综合性公立医院。现有职工 31 人，高级职称 3 人，中级职称 13 人。

医院开设门诊部和住院部，有内科、妇科、外科、中医科。主要设备有迈瑞彩超、多功能全自动生化分析仪、血液分析仪、万东 DR 等仪器，开放床位 30 张，能独立开展急诊抢救、内科、妇科、外科、中医科等常见病多发病的诊治并能及时转诊危重病人。卫生院下辖 8 个村级卫生室，实行一体化管理，进行经常性监督指导。全镇所辖标准化卫生室乡医能够参加系统培训，承担辖区公共卫生服务工作，为人民群众身体健康提供有力保障。

在新的一年中，将始终以提升民众整体健康水平和生命质量为己任，大力倡导社会主义荣辱观，为人民健康事业发展做出更大贡献。

川姜镇川港医院

南通市通州区川姜镇川港医院地处全国家纺、绣品之乡，是集医疗、预防、保健、康复为一体的综合性一级甲等医院。环境舒适宜人、配套设施完善，医疗设备先进。院内绿意环抱、鸟语花香，占地面积 600 多平方米的 3 层门诊、病房综合楼坐落期间，心电工作站、彩色 B 超机、尿液分析仪、血球计数仪、全自动生化仪和电介质测定仪、630 毫安双床双球管 x 光机、美国柯达 CR 系统、全自动洗片机、洗胃机、多功能手术室，心电监护仪和麻醉机等先进设备一应齐全。

该医院注重医疗技术人才的使用和培养，一批资深，艺精，医术高明，医德高尚的各科医疗骨干工作在临床第一线。全院医护人员中，大专以上文化程度 17 人，多人具有中级职称，能熟练进行普外手术，妇科手术，部分骨科及泌尿科手术，以优惠的价格为广大患者提供优质医疗服务，受到当地人民群众信赖。

地址：南通市通州区川姜镇
电话：0513-86341199

中国移动通信集团江苏有限公司通州分公司

2015 年，中国移动通信集团江苏有限公司通州分公司聚焦 4G 发展，加快流量经营，创新互联网营销，以融合为抓手，拓展数字化服务，切实满足客户需求，立足优势，深化变革，提升运营支撑能力，优化资源，深化协同，推进集中化运营管理，提升质量和效益，努力撬开企业增长的三条曲线，坚持以能力、机制、模式、组织“四位一体”的路径，开创互联网时代企业转型的新局面。

中国移动
China Mobile
i-POWER
动力100
接企业专线到中国移动
办公电话 电话短号 互拨免费
互联网专线 光纤直连 带宽独享
数据专线 专网互联 安全可靠
集团彩铃 个性定制 有声名片
集团短信 自动群发 营销利器
中国移动光宽带
光纤到户 好用不贵
不限时
不捆绑固话
不强制办手机
不收初装费
1天1块钱
4G放心用
“流量更丰满
价格更骨感”
流量
价格
流量智能提醒
资费流量双封顶
超多资费优惠
掌上营业厅
24小时不打烊
发送“营业厅”
至10086，
获取下载链接
扫一扫，业务随身办！
V网通 助力企业办公通信
扫扫二维码 轻松下载
Android版下载
IOS版下载
通讯录查询
即时通讯
使用方便
功能丰富

中国电信股份有限公司通州分公司

南京2014年青奥会合作伙伴
Nanjing 2014 Youth Olympic Games Official Partner

2014年,中国电信股份有限公司通州分公司围绕“一去两化新三者”战略,以有效益规模发展为中心,深化改革、转变方式,提升服务和运营能力;加强合作,加快“光网通州”“智慧通州”建设,勇当4G时代突破发展的排头兵。是年,公司先后荣获电信集团网络投资划小“最佳管理者”“中国电信江苏公司先进基层党组织”、省消协“诚信单位”,通州区总工会“五一劳动奖状”“劳动者风采万人劳动竞赛先进集体”、目标管理考核“标兵单位”荣誉。

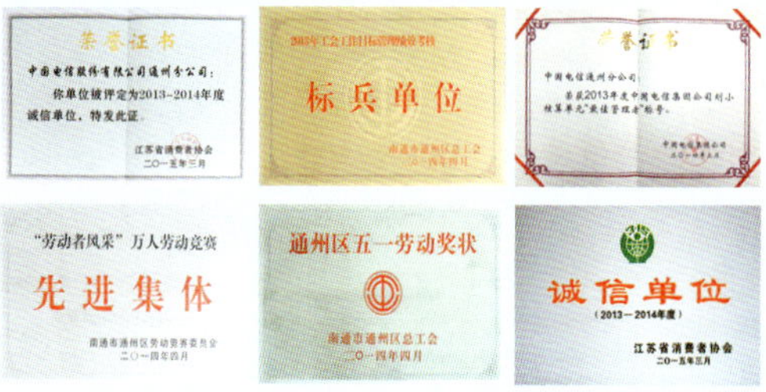

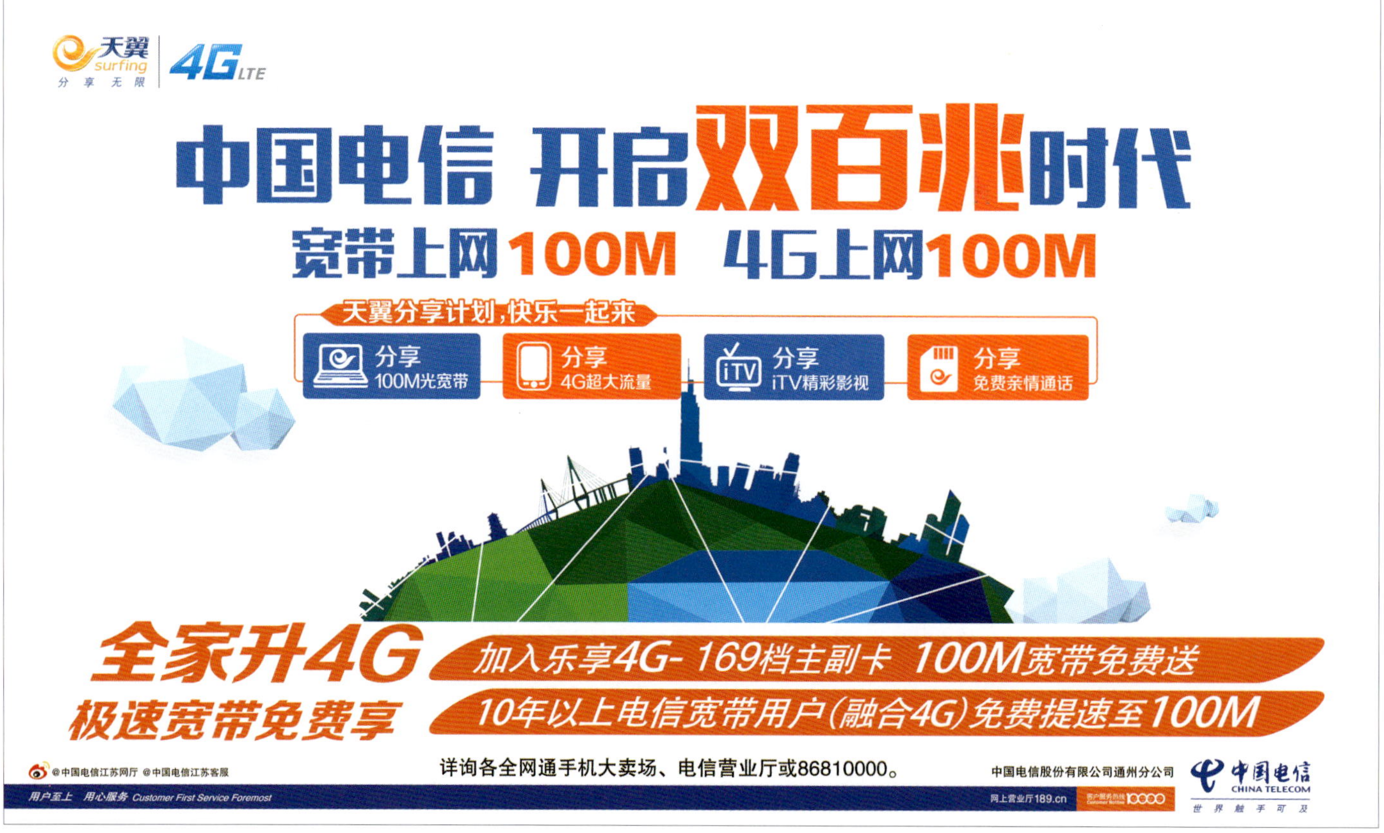

教　育

Education

编辑 马 钰

综　述

【概　况】 2014 年,通州教育“重创新、精内涵、创品牌”,围绕“均衡、优质、特色”主题,深化教育综合改革,各项工作取得新进展。

均衡优势持续放大。国家级示范高中建设进展顺利,一期已完成 90% 工程量。实施校安工程 23 个,其中加固项目 18 个、重建 5 个,总面积 4.1 万平方米,涉及 12 个镇(区)20 个中小学;南兴小学老教学楼已拆除完毕,加固及扩建工程年后开工。全年添置多媒体电子白板 700 套、计算机 3200 台;大部分学校实现班级多媒体比 1∶1,学生计算机基本达到高中 6∶1,初中 8∶1,小学 10∶1的比例;15 所学校接受数字化校园市级验收。28 所项目学校已有 26 块操场竣工并交付使用。五接幼儿园成功晋升为省优质园,至年末,全区建成省优质园 33 所;皇都宝贝、李港等 4 所幼儿园接受省优质幼儿园的现场评估;7 所新建幼儿园中有 2 所已投入使用。

育人质量再攀新高。出台《加强教学巡视工作意见》,区级层面组织教学巡视 5 次。全面检查和考核教师教学“六认真”,建立教师退出课堂机制。落实“推门听课”制度,引导教师认真对待每一堂课。开展教科研活动,组织名师之路和校长发展沙龙活动。各学校积极推行“学的课堂”,通州高级中学的共生课堂、育才中学的悟学课堂、兴仁中学的研学课堂、金郊初中的导学课堂、通州实小的我课堂、通州小学的四案一体化课堂、石港小学的自我调节课堂、西亭中学的学讲练探课堂等课堂教学模式得到充分提炼和应用,“区域学的课堂教学模式的构建与实践”和“课堂诊断:校本教育科研的重要范式”获省基础教育教学成果二等奖。推动全区各中小学开展社会主义核心价值观、“八礼四仪”“中国梦”“我与美德有约”等主题教育活动,涌现出马季城、徐艾明等多位德育小模范。开展青少年文明礼仪养成教育活动。深入开展“幸福之舟”读书活动。西亭中学“科学实践活动课程”成功创建省 2014 年度课程基地建设项目,通州中学政治学科、西亭中学历史学科分别被市教育局确定为“高中学科基地”。打造阳光体育特色项目,获全国团体和单项比赛冠军 5 个、亚军 4 个,获全国团体和单项一等奖 10 个,获省级团体和单项比赛一等奖 15 个。探索招生制度改革,义务教育学校根据不同情况分批进行招生,妥善处理小龄生、外来务工人员子女入学问题。将四星级普通高中 70% 的公费生计划按初三学籍人数分配到各初中学校,并在通州高中试点招收特长班。组建区、片、校三级教学巡视网络,加强对薄弱学校和学科教学视导工作。全区学生参加各类竞赛,获省二等奖以上 17 项,其中获全国特等奖、一等奖 8 项,获全省特等奖、一等奖 6 项。实验小学、通州小学、兴东小学、张芝山小学、理治小学获评第二批南通市规范汉字书写教育特色学校,石港镇被评为南通市区域语言文字规范化达标乡镇。通州中专模具、家纺、计算机三个“3 + 3”中高职衔接试点专业获省教育厅批准并办班运作,数控、计算机两个专业被省教育厅认定为中等职业教育品牌专业;参赛 19 个项目获金牌 14 枚、银牌 31 枚、铜牌 24 枚,6 个组别包揽南通市前两名;本科上线人数达 46 名,本科上线率超省平均水平,专科上线率达 100%,通州中专两人以满分联袂夺得数学学科江苏省状元。

师资队伍更加壮大。在全区中小学教师中组织开展“爱通州,爱学校,爱教育”“做党和人民满意的好老师”等主题教育活动。姜灶中学教师周福如,多次舍身救人,被评为 2014 年江苏省“见义勇为英雄”“最美乡村教师”;川港中学教师项兵,路遇坠河轿车,奋不顾身救人,被评为南通市“见义勇为先进分子”;新联小学教师徐春燕,身患顽疾,坚守岗位,获第五届“感动南通教育人物”称号;区教科室蒋忠,面对燃气中毒的两名陌生女子,及时伸出援助之手,使两条生命重生;赵甸小学 7 对夫妻扎根村小,以校为家,致力于乡村教育。做好中小学教师暑期校本研修培训工作，全区参训率、合格率、优秀率继续保持全市领先。举办第22、23期“特级教师论坛”活动、第15期“教育名家讲坛”活动，开展教育科研“手拉手”活动，在23所学校开设教学研讨课104节，发挥名优教师辐射、带动作用。全年共实施各级各类培训项目76项，组织教师参加省级以上各类培训达7431人次，市级以上9465人次，区级以上14.65万人次。全区教师参加省以上竞赛获二等奖以上奖项10项，其中，获全国一等奖5项，省一等奖、全国二等奖5项。全区招考新教师61名，安排定向师范生28人。分流教师8人，支教149人，调动175人。新评“全国优秀教师”1人、“江苏省特级教师”3人；2人获“江苏省优秀教育工作者”称号；1人获南通市第十届“园丁奖”。兴仁中学陶丽获“2014年江苏省基础教育青年老师基本功大赛（初中历史）”一等奖。平潮中学展云飞获第二届“华夏杯”全国中学物理教师教学技能大赛一等奖。

教育形象不断改善。组织开展学校安全隐患排查整治、学校及周边环境集中排查专项整治行动，创建南通市“长安学校创建先进校”20所，南通市“依法治校示范校”3所、“依法治校先进校”14所。全年更新专用校车21辆。组织学校集中开展非法接送学生社会车辆排查，共排查非法营运车辆104辆。为全区52所幼儿园配备专职保安92名。石港中学、姜灶中学、理治小学积极探索和实施现代学校制度试点项目，金沙中学、育才中学、十总小学创建南通市依法治校示范校，韬奋小学，刘桥小学等11所学校创建南通市依法治校先进校。配合区纪委严肃查处教育系统部分党员干部和教职工违反收费政策、财经纪律、工作纪律、管理失职等违纪案件，对11名校长、教师进行立案调查处理，并分别给予处分；对20多名学校领导、教师进行个别诫勉和提醒谈话。牵头组织以镇区为单位，由人大代表、政协委员、村（社区）民代表、镇村干部代表组成的政风行风督查组对各中小学、幼儿园、成人教育中心校建设情况进行集中评议。

【全国农村学校艺术教育实验县（东片区）现场推进会】 12月12日，全国农村学校艺术教育实验县（东片区）现场推进会在通州召开，来自北京等16个省（自治区、直辖市）70个实验县的负责人参会。与会人员先后在石港小学、石港中学、兴仁小学和实验小学现场观摩艺术教育开展情况。国家教育部体育卫生与艺术教育司司长王登峰认为，通州区农村学校艺术教育教师队伍专业化，艺术器材设施完善，课程设置充分体现地方特色。厦门市海沧区、山西省新绛县、合肥市包河区、北京市延庆县代表作交流发言。12月28日，中国教育电视台专题报道活动盛况。

【省“金钥匙”科技竞赛团体赛一等奖】 11月29日，江苏省第26届“金钥匙”科技竞赛团体赛在南京科技馆举行，由潘诗宇、邱沐瑶、沈赞组成的通州代表队参赛，荣获团体一等奖。

【南通市语言学会2014年学术讨论会】 11月22—23日，南通市语言学会2014年学术讨论会在通州兴仁中学召开。学术讨论会共提交论文30多篇，经交流推荐，6篇论文在大会上进行交流。会议评选出一、二等奖优秀论文28篇。

【教育现代化建设推进大会】 11月12日，通州区教育现代化建设推进大会在区行政中心第一会议室召开。省教育厅厅长、省委教育工委书记沈健等出席会议。沈健强调，通州区教育现代化建设任务还比较繁重，要加倍努力，攻坚克难，加大教育改革发展力度，力争走在全市、乃至全省教育现代化前列。会上，区教育局、区人社局、平潮镇进行交流发言，各镇（园、区）负责人递交教育现代化创建责任书。

【姚喜双调研语言文字教育工作】 10月9日，国家教育部语言文字应用管理司司长姚喜双、教育部办公厅综合处处长周道娟到通州区实验小学、实验幼儿园调研指导语言文字教育工作。姚喜双一行观摩区实验幼儿园大、中、小班各具特色的阅读游戏，观看实验小学学生书法表演、书法展板，听取实验小学校长王笑梅关于诵读活动开展的汇报。姚喜双对通州学生的书法和诵读素养表示充分肯定，充分赞赏通州实小语言文字工作。

【朱卫国调研基础教育】 8月7日下午，省教育厅副厅长朱卫国、基教处处长马斌在市教育局局长郭毅浩的陪同下到通州调研基础教育情况。朱卫国一行首先来到位于南通高新区鹏程大道南侧的国家级示范高中建设现场，通州中学校长季仲平向来宾介绍该高中建设情况。朱卫国还视察了通州金郊初中、育才中学、实验小学金桥校区等新建学校，对通州近两年加大政府投入、改善学校办学条件的做法表示赞赏。

【区少年宫协会成立】 7月25日，通州区少年宫协会成立，成为全省首个地方性少年宫协会。通州区少年宫协会由区少年宫、城市学校少年宫、乡村少年宫、儿童活动中心、青少年科技活动基地等青少年活动组织组成，涵盖实验小学、通州小学和19所农村中心小学，围绕“办成具有鲜明特色的少年儿童校外教育联盟”目标，致力于推动全区少年儿童社会教育理论研究、社会实践、组织建设、专业化建设、人才培养、公益活动和国内外交流活动。

【南通少儿击剑比赛】 6月20—21日，2014年南通市少儿击剑比赛在川港小学举行，来自南通各县（市、区）的8支代表队近80名少儿击剑高手齐聚川港小学沃尔德青少年击剑俱乐部，展开激烈角逐。此次比赛项目设男女重剑个人赛、男女花剑个人赛、男女佩剑个人赛等。比赛按年龄分为儿童和少年两个组别，采用中国击剑协会审定的国际剑联最新竞赛规则，分组循环和淘汰赛制。经过角逐，川港小学（沃尔德击剑俱乐部）取得男子少年组佩剑、女子少年组佩剑、女子儿童组花剑冠军，三人获第二名，两人获第三名。

【区教育局获"江苏省部门统计示范点"称号】 1月27日，通州区教育局从南通市统计局捧回"江苏省部门统计示范点"奖牌，成为《江苏省部门统计工作规范化验收办法》实施以来首批认定的省级部门统计示范点。

【试点学校少儿珠心算比赛】 12月27日，2014—2015学年度试点学校第一次少儿珠心算比赛在区实验小学举行，来自区试点小学的54名小选手参赛。此次珠心算比赛分为一、二、三年级三个组别，设团体赛、个人全能赛和个人单项赛，个人单项赛包括加减珠算、加减看心算、乘法看心算、除法看心算、听心算等项目。实验小学、石港小学、刘桥小学分获团体一、二、三名，帅魏浩、严邢初、张洋分获小学1～3年级组全能第一名，季玲玲等老师荣获优秀教练奖。

【实小车模队全国比赛获奖】 12月28日，第十九届"驾驭未来"全国青少年车辆模型教育竞赛在云南省大理州巍山县举行。"驾驭未来"车模竞赛总决赛是国内青少年车辆模型教育竞赛的最高赛事，通州区实验小学"锐力"车模队代表的"江苏一队"参赛。最终，黄逸杰等六位同学斩获6个一等奖，同时，获二等奖7个，三等奖11个。

【刘桥中学蝉联省中小学"新健杯"跳绳踢毽锦标赛一等奖】 12月20—21日，江苏省首届中小学生"新健杯"跳绳踢毽锦标赛在太仓市体育馆举行，来自南京、无锡、扬州、南通、宿迁、镇江、苏州的21所学校22支运动队参赛。通州刘桥中学代表队参加跳绳、踢毽共13个小项的所有比赛项目，获本次锦标赛一等奖。大赛组委会向该校颁发"道德风尚奖"。

【徐宇芮荣获省作文大赛特等奖】 12月20日，在"苏教国际杯"江苏省第十四届中学生作文大赛（初中组）暨"《初中生世界》文学之星"评选活动现场决赛中，石港中学初三(1)班学生徐宇芮喜摘特等奖桂冠，并荣获"《初中生世界》文学之星"荣誉称号。

学前教育

【概　况】 2014年，全区有成型幼儿园53所，设教学班599个，比上年（下同）增加78个，在园幼儿2.28万人，增加1180人，幼儿园入园率97.2%，上升1个百分点。

【省未成年人文明养成教育督查组到通州调研】 5月26日上午，由省教育厅基教处副处长顾春明等人组成的省未成年人文明养成教育督查组到通州区实验幼儿园，对未成年人文明养成教育活动进行专题调研，现场察看"八礼四仪"主题教育活动环境创设情况。区实验幼儿园园长朱红霞作文明礼仪教育活动专题汇报。督查组对实验幼儿园根据幼儿教育特点、开展富有成效的文明礼仪故事化特色教育活动给予充分肯定。

【南通市情境教育实验幼儿园课程游戏化推进活动】 11月26日，南通市情境教育实验幼儿园课程游戏化推进活动在通州幼儿园举行。来自南通各县（市、区）幼教干部、教研员，南通市情境教育实验试点的幼儿园园长和分管科研工作负责人，南通市幼儿园课程游戏化项目幼儿园和共建幼儿园园长及骨干教师等120余人参加活动。与会者现场观摩三节课程游戏化教学活动、班级区域游戏活动及科学发现室、阅读室、美术室等专用活动室的幼儿活动，听取中国创造教育副会长、省情境教育研究生副所长、南通大学教授王灿明的学术报告《学前儿童创造力思维与创造性人格的发展研究》和南通市教科研中心陈爱萍的专题报告《基于幼儿园课程游戏化的几点思考》，共享情境教育与创造教育研究以及课程游戏化实施的最新成果。

初等教育

【概　况】 2014年，全区有全日制小学41所，设教学班1073个，比上年（下同）增加54个，在校学生4.67万人，增加734人；特殊教育学校1所，设教学班13个，在校学生123人，增加8人。小学适龄儿童入学率100%，年巩固率100%，学生毕业率100%，小学毕业生升学率100%。

中等教育

【概　况】 2014年，全区有普通高中8所，教学班272个，比上年（下同）减少24个，在校生1.38万人，减少1514人；初级中学22所，教学班518个，减少17个，在校生2.24万人，减少1303人。初中教育年巩固率100%，毕业率100%；初中毕业生升学率99.6%。全区参加全国普通高校招生统一考试报5433人，经省市招办组织，被高一级学校录取5200人，录取率95.7%。

【通州代表队获"中国汉字听写大会"南通市选拔赛第一名】 3月16日下午，第二届"中国汉字听写大会"南通市选拔赛在南通市高校招生办公室会议室举行，来自全市15支代表队参赛。"中国汉字听写大会"旨在向全社会宣扬"书写汉字，保护汉字"意识，倡导"爱汉字、爱汉语、爱中国文化"的价值观。该活动去年首次成功举办，在中央电视台综合频道、科教频道周末黄金时间重磅播出，在海内外掀起学习祖国语言文字热潮。由张宸浩等六名同学组成的通州代表队获团体一等奖第一名。

【南通市初中英语学科基地(南片区)活动】 12月25日,南通市初中英语学科基地(南片区)教学研讨活动在通州区金郊初中举行。来自南通各县(市、区)的160多名专家、代表参加活动。此次活动主题是"基于思维激发的初中英语课堂教学研讨"。与会者观摩何美红等四位老师执教的研讨课并做精彩点评,对有效课堂教学提出各自见解。南通市教研室主任曹力诚做题为"中考对初中教学的反拨"的讲座。

职业技术教育

【概　况】 2014年,全区有教育系统办的职业学校2所,其中省四星级中等职业学校1所,省三星级中等职业学校1所;行业办的职业学校2所,其他职业培训机构3所。全区职业学校在职教师604人,专任教师学历达标率97%。

【"职教教学开放日"】 12月26日,南通市通州区"职教教学开放日"暨南通市职业教育德育、机电、财经商贸教学研究基地课堂教学观摩研讨活动在通州中专举行。

高等教育

【概　况】 2014年,全区成人高校招生报名876人,比上年(下同)减少230人,其中报考高中升专科752人,占报名总数85.8%;报考高中升本科5人,占报名总数0.6%;报考专科升本科119人,占报名总数13.6%。全区共有793人录取各类成人高校,录取率90.5%。其中高中升专科682人(部分报高升本的考生录取至专科),高中升本科4人,专科升本科107人。

成人教育

【概　况】 2014年,全区进一步落实《加强成人教育学校服务镇(区)经济社会发展的八项要求》,完善成人教育学校目标管理绩效考核细则,改进考核方法,加强成人教育学校内部管理,切实提高成人学校服务能力,激发成人教育、社区教育的办学活力。年初,组织召开2014年全区成人教育(社区教育)工作会议,进一步规范和加强成人中心校管理,并对全区各镇成人教育工作进行多轮次抽查,重点检查各校常规管理、工作日志、重点工作、特色活动等情况。在全区范围内启动"农村妇女网上行"及老年教育等培训工程。各镇成人教育学校(社区教育中心)积极开展现代农民教育、劳动力转移、企业职工、特种操作证等培训,组织丰富多彩、形式多样的社区教育活动。全年完成现代农民培训1.8万人。创建通州开放大学已获省政府办公厅批准即将挂牌。12月初,刘桥镇社区教育中心接受"江苏省高水平农科教结合示范基地"验收,并获省教育厅奖励50万元。东社镇、五甲镇社区教育中心成功创建省级及南通市级社区教育中心。

教师队伍

【概　况】 2014年,全区中小学有在职教职工9912人,其中小学3044人,普通中学4247人,职业中学604人,特殊教育学校48人,幼儿园1969人。全年中小学共聘用新教师85名,其中高中师资14名,初中师资6名,职业中学师资4名,小学师资52名,幼儿园师资9名。

【首批"教学能手"评选】 1月14日,2013年通州区首批教学能手评选工作结束,通州高中陈晓丽等208名教师榜上有名。此次评选涉及中小学各个学科,要求教师不仅要教学理论素养丰厚、教学理念先进,而且课堂教学能力强、教学效果显著;在各类学业水平测试或教学质量评估中,任教班级学科教学质量在本校名列前茅;或在新任教班级后,该班学科教学质量取得明显进步;学校领导、同事及所教班级学生满意度均达85%以上。参加评选的教师除提交相关材料外,还参加由教育局统一组织的教育学、心理学、教育法规等教育教学通识考试。今后申报参评各级学科带头人、骨干教师、教坛新秀,将逐步过渡到从通州区教学能手中择优产生。

【六位教师在省基本功大赛中获奖】 1月20日,江苏省基础教育青年教师教学基本功大赛获奖名单揭晓(苏教办基〔2014〕2号文),通州区钱晓慧、张伟、张丹分获高中音乐、历史、美术组一等奖,王树峰、韩晓艳、瞿国建分获小学语文、小学科学、初中物理组二等奖。此次比赛由江苏省教育厅主办、江苏省中小学教学研究室承办,全省15个学科414名选手参赛。比赛分为通用技能和专业技能两方面,每一项比赛均为现场抽题,在规定时间内现场完成。大赛评委由省内知名教授、专家组成,比赛全程均有监控录像。

【邢光花获"行知杯"教学技能大赛一等奖】 5月16—17日,南通市第五届"行知杯"中青年教师教学技能比赛在南通师范第一附属小学举行。来自全市各县(市、区)的57名选手分别参加小学语文、小学数学和幼儿教育三个学科的教学技能角逐。通州区先锋小学老师邢光花获小学语文组一等奖第一名(全南通市每学科只有一名参赛教师获此殊荣)。

【新增3名“江苏省特级教师”】 9月，江苏省教育厅发文公布第十三批特级教师评选结果，通州区季仲平、姜汉荣、朱国忠获“省特级教师”称号。通州区现在有在职在岗特级教师22人。

教育研究

【概　况】 2014年，全区各中小学牢固树立“以研兴师，以研促教”教育理念，大力开展教科研工作。组织广大教师特别是青年教师开展课题研究。全区共承担首批省教育科学“十二五”规划课题33项，南通市教育科学“十二五”规划课题89项，独立核批区教育科学“十二五”规划课题68项。新获批省规划课题31项，南通市规划课题16项，独立核批区规划课题70项，是历届五年计划中期增补最多的一次。2013年上半年确定的全区教育科学“十二五”规划重点课题“区域整体推进有效教学管理的实践研究”，经过近两个学期的实施推进，2014年上半年，该课题已结题，共收到子课题研究报告14份，由区教科室修改审定，并统一组册向全区各校进行介绍推广。举办“全国知名教育专家通州大讲坛”“做思想者”主题读书活动、“特级教师论坛”、教育科研“手拉手”、教学协作区等大型活动，让广大教师进一步扩大眼界，增长见识，提升理念，发挥名优教师对全区课堂教学的辐射、带动作用。

【实验小学蝉联省“教海探航”论文评比“优秀团队奖”】 10月18—21日，以“面朝教海，幸福花开”为主题的江苏省第26届“教海探航”征文颁奖大会暨苏派与全国名师课堂教学观摩研讨活动，在淮安市实验小学举行。通州实验小学再一次蝉联“优秀团队奖”。此次比赛，实小共有15位老师获奖，其中瞿德良、陈志祥获一等奖，朱国忠被“教海探航”组委会授予“教海探航·杰出水手奖”。

【省人民教育家培养对象“牵手农村教育”活动走进通州】 12月4—6日，省人民教育家培养对象董旭午、陆军、张金宝、徐孟军、徐立刚等五位专家到通州区西亭中学和袁灶初中，开展“牵手农村教育”活动。专家们开展听课诊断，并就听课情况和相关学科老师作反馈交流，围绕课程计划实施过程、教科研现状、考试评价，教师培训等与学校教师进行互动交流。张金保、董旭午、徐孟军分别做题为“拉起语文有效教学的‘三驾马车’”“生活会语文课堂教学设计”“灵动教学：走进学生心灵”的专题讲座。

【市特级教师带教集中展示活动】 12月18日，南通市特级教师带教集中展示活动在通州区举行。全市12名特级教师及其13名带教对象，分别在江苏省通州高级中学、通州区金郊初级中学、通州区实验小学、通州区通州幼儿园进行同课异构课堂教学展示。全市近500名一线教师参加观摩和评课活动。活动特邀由基础教育专家李庚南领衔、江苏人民教育家培养对象、教授级中学高级教师、特级教师成锦平、蒋维，以及王学东、康敏、董裕华、刘忠保等知名专家组成的评课组主持评课活动，听取教育学博士、南通大学教授张建平“从名师成长谈教师专业发展”的学术报告。

依法治教

【概　况】 2014年，通州区建成省级廉洁文化示范学校2所，市级廉洁文化示范学校10所，区级廉洁文化示范学校66所。共办理各类信访188件，“12345市民服务热线”201件，公众监督栏目各类咨询、投诉、建议477件。参与区“999”民生热线直播和在线访谈活动2次。在全省教育系统率先成立教育内部审计办公室，全年完成审计项目29个，其中学校财政财务收支审计12个，校长离任（任中）经济责任审计12个，食堂专项审计调查项目1个，跟踪审计项目4个。配合区纪委对11所学校的来信来访进行查核，配合区财政局对4所学校的部门预算执行情况进行检查，审计资金总额11.46亿元，向被审计单位提出并被采纳的审计建议94条，已采纳76条。12月16日，通州区教育审计办公室荣获“江苏省2011—2013年内部审计先进集体”称号，这是通州区部门内部审计工作获此殊荣的唯一一家单位。

教育督导

【概　况】 2014年，区政府教育督导室督导室制定《通州区责任督学挂牌督导实施方案》，聘请29位责任督学到全区71所中小学校，开展挂牌督导工作。既没有召开动员大会，也没有举行启动仪式，是此次督导工作启动的特点。对兴仁中学、唐洪小学等16所中小学校进行素质教育督导考核工作。8、10、12月，在片、区层面分别开展《责任督学挂牌督导工作培训》讲座，对全区责任督学、中小学校校长进行专题培训。开展对镇区人民政府（管委会）教育工作年度督导评估。对兴仁中学、通海中学、二甪中学、育才中学、金郊初中、四安中学、东社中学、十总中学、韬奋小学、唐洪小学、李港小学、南兴小学、余北小学、兴东小学、金余小学、平潮小学进行素质教育督导考核工作。全年刊出《通州教育督导》3期。

（王亚飞）

南通市通州区 2014 年各级各类教育事业概况

表 7

项目		编号	学校数（所）	班数（个）	毕业生数（人）	招生数（人）	在校学生数（人）	毕业班学生数（人）	教职工数（人）	
									计	其中：专任教师
基础教育学校	普通中学合计	1	30	790	13891	11033	36224	12999	4247	3377
	其中：高中	2	8	272	5474	3944	13796	5177		
	其中：初中	3	22	518	8417	7089	22428	7822		2028
	小学	4	41	1073	7085	7208	46734	7289	3044	2849
	特殊教育学校	5	1	13	3	12	123	3	48	35
	幼儿园	6	53	599	7772	8793	22796	8276	1969	1180
中等职业学校	合计	7	4	143	2183	1919	5308	1506	604	458
	教育部门办职业学校	8	2	116	1674	1517	3915	1076	508	402
	成人中等专业学校（建校、卫校）	9	2	27	509	402	1393	430	96	56
成人技术培训学校		10	325	1139	455685		117588		946	786

说明：初中学校数中含九年一贯制学校 3 所；小学另有教学点 3 个；职业学校另有办学点 1 个。

建设路的早晨　　　　（冯金杰摄）

南通市通州区2014年各幼儿园基本情况一览

表8

学校名称	编号	学校数（所）	班级（个）					在校学生数（人）						招生数（人）	离园数（人）	教职工合计（人）	其中			校舍面积（平方米）	占地面积（平方米）	绿化面积（平方米）	运动场地（平方米）	图书（册）
			合计	托班	小班	中班	大班	合计	其中：女	托班	小班	中班	大班				园长（人）	专任教师（人）	保育员（人）					
全区总计	1	53	599	5	196	200	198	22796	11078	92	6764	7664	8276	8793	7772	1969	71	1180	426	164464	306716	65213	113178	235175
局直学校合计	2	2	40	0	14	13	13	1388	647	0	427	440	521	432	629	113	2	89	7	15539	32148	6944	7820	22086
南通市通州区实验幼儿园	3	1	24	0	8	8	8	774	359	0	223	252	299	223	375	64	1	53	3	7821	11686	1864	3510	12000
南通市通州区通州幼儿园	4	1	16	0	6	5	5	614	288	0	204	188	222	209	254	49	1	36	4	7718	20462	5080	4310	10086
各镇学校合计	5	51	559	5	182	187	185	21408	10431	92	6337	7224	7755	8361	7143	1856	69	1091	419	148925	274568	58269	105358	213089
一、通中片	6	22	211	1	68	70	72	7998	3906	18	2393	2738	2849	3133	2456	737	32	404	176	62347	111042	23514	40192	89020
1. 金沙镇	7	8	65	0	21	20	24	2588	1268	0	787	828	973	1020	836	227	10	124	51	14901	24027	5489	7239	24860
南通市通州区城区幼儿园	8	1	17	0	6	5	6	750	385	0	240	220	290	326	216	64	1	36	16	3620	5860	980	1700	5850
南通市通州区城北幼儿园	9	1	6	0	2	2	2	205	99	0	57	69	79	57	88	26	1	12	6	2325	3553	400	1200	1800
南通市通州区金沙小学附属幼儿园	10	1	8	0	2	3	3	294	141	0	86	103	105	107	99	18	1	12	5	0	0	0	0	200
南通市通州区蓓蕾幼儿园	11	1	10	0	3	3	4	427	187	0	124	146	157	192	130	39	1	18	9	1850	3000	600	500	4300
南通市通州区金西幼儿园	12	1	10	0	3	3	4	449	224	0	135	150	164	193	130	33	2	18	7	1947	1998	294	791	5000
南通市通州区金余幼儿园	13	1	6	0	2	2	2	248	125	0	71	85	92	71	118	26	2	15	3	2158	2726	250	1000	4300
南通市通州区担鲜路幼儿园	14	1	4	0	2	1	1	107	55	0	50	25	32	50	26	12	1	7	4	375	1350	150	170	160
南通市通州区艺术幼儿园	15	1	4	0	1	1	2	108	52	0	24	30	54	24	29	9	1	6	1	2626	5540	2815	1878	3250
2. 西亭镇	16	2	16	0	5	5	6	516	254	0	141	164	211	141	203	54	4	29	14	7241	10620	2333	3460	7550
南通市通州区西亭幼儿园	17	1	12	0	4	4	4	419	209	0	121	138	160	121	147	40	3	20	11	5902	6000	1913	2260	4750
南通市通州区西亭镇童乐幼儿园	18	1	4	0	1	1	2	97	45	0	20	26	51	20	56	14	1	9	3	1339	4620	420	1200	2800
3. 二甲镇	19	3	33	0	9	11	13	1300	636	0	300	463	537	426	490	122	4	63	33	11680	26028	5872	9246	18700
南通市通州区亚东幼儿园	20	1	14	0	4	5	5	492	250	0	117	173	202	199	151	43	1	28	14	5850	16702	4160	5060	7500
南通市通州区余北幼儿园	21	1	10	0	3	3	4	425	191	0	102	150	173	102	150	46	2	20	10	2658	4526	812	2092	5000
南通市通州区袁灶幼儿园	22	1	9	0	2	3	4	383	195	0	81	140	162	125	189	33	1	15	9	3172	4800	900	2094	6200

续表 8

学校名称	编号	学校数(所)	班级(个)					在校学生数(人)						招生数(人)	离园数(人)	教职工合计(人)	其中			校舍面积(平方米)	占地面积(平方米)	绿化面积(平方米)	运动场地(平方米)	图书(册)
			合计	托班	小班	中班	大班	合计	其中:女	托班	小班	中班	大班				园长(人)	专任教师(人)	保育员(人)					
4. 东社镇	23	3	32	0	11	11	10	1284	620	0	395	449	440	409	368	118	6	65	25	9130	13561	3420	7787	13700
南通市通州区东社幼儿园	24	1	9	0	3	3	3	358	174	0	120	127	111	134	103	31	2	19	5	2790	2900	1220	700	3800
南通市通州区唐洪幼儿园	25	1	14	0	5	5	4	590	275	0	178	218	194	178	170	59	2	28	14	4040	6603	1200	4407	6600
南通市通州区忠义幼儿园	26	1	9	0	3	3	3	336	171	0	97	104	135	97	95	28	2	18	6	2300	4058	1000	2680	3300
5. 五甲镇	27	1	13	0	4	5	4	345	158	0	106	136	103	106	94	22	1	17	4	3160	5360	730	2210	3810
南通市通州区五甲幼儿园	28	1	13	0	4	5	4	345	158	0	106	136	103	106	94	22	1	17	4	3160	5360	730	2210	3810
6. 高新区	29	5	52	1	18	18	15	1965	970	18	664	698	585	1031	465	194	7	106	49	16235	31446	5670	10250	20400
南通高新区幼儿园	30	1	18	0	7	6	5	752	371	0	282	262	208	289	167	70	1	40	18	4860	9518	2400	3520	7800
南通市通州区育才幼儿园	31	1	13	1	4	4	4	515	240	18	171	169	157	515	163	45	1	23	10	6030	8900	1270	1600	6000
南通市通州区皇都宝贝幼儿园	32	1	10	0	4	4	2	316	164	0	121	127	68	137	25	40	2	23	10	2725	5200	800	1800	3500
南通市通州区阳光幼儿园	33	1	8	0	2	3	3	309	155	0	70	120	119	70	88	30	2	16	8	1800	5328	850	2000	3000
南通市通州区正场幼儿园	34	1	3	0	1	1	1	73	40	0	20	20	33	20	22	9	1	4	3	820	2500	350	1330	100
二、通北片	35	10	101	2	35	34	30	3869	1891	42	1233	1295	1299	1364	1329	318	10	196	65	32466	72907	18194	31430	44060
7. 石港镇	36	2	22	0	9	7	6	870	447	0	301	285	284	301	283	65	1	44	13	8142	17182	4350	7378	11500
南通市通州区石港幼儿园	37	1	17	0	7	5	5	737	364	0	258	235	244	258	244	52	1	34	12	6255	13300	3150	5383	8000
南通市通州区五窑幼儿园	38	1	5	0	2	2	1	133	83	0	43	50	40	43	39	13	0	10	1	1887	3882	1200	1995	3500
8. 十总镇	39	2	14	0	5	5	4	560	260	0	193	184	183	228	181	48	2	24	12	5099	9146	1890	4405	8400
南通市通州区十总幼儿园	40	1	8	0	3	3	2	300	146	0	107	103	90	142	101	28	1	16	8	2902	4500	890	2905	5600
南通市通州区二窎幼儿园	41	1	6	0	2	2	2	260	114	0	86	81	93	86	80	20	1	8	4	2197	4646	1000	1500	2800
9. 四安镇	42	1	15	0	5	5	5	450	215	0	138	158	154	138	238	43	2	30	5	2467	4056	600	1623	1600
南通市通州区四安幼儿园	43	1	15	0	5	5	5	450	215	0	138	158	154	138	238	43	2	30	5	2467	4056	600	1623	1600
10. 骑岸镇	44	2	16	1	5	6	4	578	293	15	165	221	177	217	166	56	2	29	13	7082	16251	2334	9864	8100
南通市通州区骑岸幼儿园	45	1	9	1	3	3	2	341	172	15	105	124	97	146	98	30	1	15	6	4942	12207	1860	8434	5100

续表 8

学校名称	编号	学校数（所）	班级（个）					在校学生数（人）						招生数（人）	离园数（人）	教职工合计（人）	其中			校舍面积（平方米）	占地面积（平方米）	绿化面积（平方米）	运动场地（平方米）	图书（册）
			合计	托班	小班	中班	大班	合计	其中：女	托班	小班	中班	大班				园长（人）	专任教师（人）	保育员（人）					
南通市通州区五总幼儿园	46	1	7	0	2	3	2	237	121	0	60	97	80	71	68	26	1	14	7	2140	4044	474	1430	3000
11. 兴仁镇	47	2	23	1	7	8	7	965	442	27	289	306	343	333	280	68	2	47	11	7170	19300	6700	4160	9960
南通市通州区兴仁镇中心幼儿园	48	1	17	1	5	6	5	703	313	27	209	222	245	236	193	54	1	36	9	4900	9900	1700	2960	6960
南通市通州区兴仁镇小花蕾幼儿园	49	1	6	0	2	2	2	262	129	0	80	84	98	97	87	14	1	11	2	2270	9400	5000	1200	3000
12. 兴东镇	50	1	11	0	4	3	4	446	234	0	147	141	158	147	181	38	1	22	11	2506	6972	2320	4000	4500
南通市通州区兴东幼儿园	51	1	11	0	4	3	4	446	234	0	147	141	158	147	181	38	1	22	11	2506	6972	2320	4000	4500
三、通西片	52	9	100	0	33	33	34	4048	1963	0	1205	1312	1531	1324	1336	286	12	194	40	20450	42787	7306	16715	28144
13. 平潮镇	53	2	38	0	13	13	12	1540	740	0	462	519	559	488	500	87	2	68	6	5938	9510	392	2676	3881
南通市通州区平潮幼儿园	54	1	29	0	10	10	9	1175	557	0	350	410	415	376	392	64	1	47	5	3638	6699	202	1855	2295
南通市通州区新坝幼儿园	55	1	9	0	3	3	3	365	183	0	112	109	144	112	108	23	1	21	1	2300	2811	190	821	1586
14. 五接镇	56	2	19	0	6	6	7	708	360	0	197	214	297	225	246	62	4	39	10	4617	8516	1220	3504	8250
南通市通州区五接幼儿园	57	1	13	0	4	4	5	482	242	0	133	143	206	161	128	39	3	26	4	1473	3500	570	1700	5000
南通市通州区五接镇李港幼儿园	58	1	6	0	2	2	2	226	118	0	64	71	91	64	118	23	1	13	6	3144	5016	650	1804	3250
15. 平东镇	59	2	18	0	6	6	6	688	312	0	209	228	251	248	233	59	3	36	12	3675	10355	989	3565	4383
南通市通州区平东幼儿园	60	1	9	0	3	3	3	379	168	0	117	128	134	134	138	27	1	18	3	1700	2280	389	1165	2200
南通市通州区赵甸幼儿园	61	1	9	0	3	3	3	309	144	0	92	100	117	114	95	32	2	18	9	1975	8075	600	2400	2183
16. 刘桥镇	62	3	25	0	8	8	9	1112	551	0	337	351	424	363	357	78	3	51	12	6220	14406	4705	6970	11630
南通市通州区刘桥幼儿园	63	1	11	0	4	3	4	512	250	0	178	143	191	204	179	35	1	21	6	2531	4619	1030	3588	5130
南通市通州区新联幼儿园	64	1	9	0	3	3	3	418	202	0	131	147	140	131	128	28	1	20	5	2402	5168	1670	1768	5000
南通市通州区英雄幼儿园	65	1	5	0	1	2	2	182	99	0	28	61	93	28	50	15	1	10	1	1287	4619	2005	1614	1500
四、通南片	66	10	147	2	46	50	49	5493	2671	32	1506	1879	2076	2540	2022	515	15	297	138	33662	47832	9255	17021	51865
17. 张芝山镇	67	5	48	0	17	16	15	1830	887	0	535	639	656	737	658	169	8	96	42	14018	21410	2986	6546	15515
南通市通州区张芝山镇幼儿园	68	1	15	0	5	5	5	689	315	0	201	239	249	262	248	54	2	30	15	3253	5423	880	2174	4450

续表 8

学校名称	编号	学校数(所)	班级(个)					在校学生数(人)						招生数(人)	离园数(人)	教职工合计(人)	其中			校舍面积(平方米)	占地面积(平方米)	绿化面积(平方米)	运动场地(平方米)	图书(册)
			合计	托班	小班	中班	大班	合计	其中:女	托班	小班	中班	大班				园长(人)	专任教师(人)	保育员(人)					
南通市通州区红星幼儿园	69	1	16	0	5	6	5	538	252	0	139	210	189	227	208	50	1	32	14	3300	5956	1123	1533	5500
南通市通州区张芝山镇星河幼儿园	70	1	2	0	2	0	0	53	23	0	53	0	0	53	0	13	1	4	2	3780	3700	200	360	265
南通市通州区南兴幼儿园	71	1	6	0	2	2	2	209	113	0	61	72	76	92	84	24	2	12	6	1805	2801	403	1209	2500
南通市通州区高桥幼儿园	72	1	9	0	3	3	3	341	184	0	81	118	142	103	118	28	2	18	5	1880	3530	380	1270	2800
18. 川姜镇	73	3	78	1	23	27	27	2775	1371	19	720	946	1090	1451	1048	268	5	158	78	13598	15922	3000	6764	28500
南通市通州区川港幼儿园	74	1	37	0	10	13	14	1334	669	0	299	455	580	670	600	123	1	76	37	7040	6320	1000	2820	13300
南通市通州区家纺城幼儿园	75	1	9	0	3	3	3	312	153	0	90	104	118	90	143	36	1	18	9	3090	3600	800	2610	5200
南通市通州区姜灶幼儿园	76	1	32	1	10	11	10	1129	549	19	331	387	392	691	305	109	3	64	32	3468	6002	1200	1334	10000
19. 先锋镇	77	2	21	1	6	7	7	888	413	13	251	294	330	352	316	78	2	43	18	6046	10500	3269	3711	7850
南通市通州区先锋幼儿园	78	1	12	0	4	4	4	535	244	0	173	173	189	191	191	48	1	26	12	4546	7000	2669	2611	4850
南通市通州区志新幼儿园	79	1	9	1	2	3	3	353	169	13	78	121	141	161	125	30	1	17	6	1500	3500	600	1100	3000

南通市通州区 2014 年各小学基本情况一览

表 9

单位	编号	学校数(所)	班数(个)							在校学生数(人)								毕业生数(人)	招生数(人)	教职工合计(人)	专任教师(人)		学校占地面积(平方米)	校舍建筑总面积(平方米)	图书(册)	教学用计算机(台)	固定资产(万元)	教学仪器值(万元)
			合计	一年级	二年级	三年级	四年级	五年级	六年级	合计	其中:女	一年级	二年级	三年级	四年级	五年级	六年级班				小计	其中:女						
全区总计	1	41	1073	172	180	176	181	189	175	46734	22492	7208	8143	7742	8117	8235	7289	7085	7208	3044	2849	2060	1115598	408054	1241735	5167	33496.94	3994.63
局直学校合计	2	2	166	26	27	28	29	31	25	8161	3974	1161	1390	1410	1455	1516	1229	1317	1161	471	443	347	139904	84935	194616	872	4316.8	902.49
南通市通州区实验小学	3	1	97	18	18	16	15	17	13	4735	2321	810	914	810	761	798	642	803	810	288	269	204	85667	51642	99999	506	3270	584
南通市通州区通州小学	4	1	69	8	9	12	14	14	12	3426	1653	351	476	600	694	718	587	514	351	183	174	143	54237	33293	94617	366	1046.8	318.49
各镇学校合计	5	39	907	146	153	148	152	158	150	38573	18518	6047	6753	6332	6662	6719	6060	5768	6047	2573	2406	1713	975694	323119	1047119	4295	29180.14	3092.14
一、通中片	6	14	285	43	48	48	46	51	49	11565	5676	1602	2047	1961	1929	2114	1912	1869	1602	847	805	582	313873	103204	305695	1405	8763.08	1000.61

续表 9

单位	编号	学校数(所)	班数(个)							在校学生数(人)								毕业生数(人)	招生数(人)	教职工合计(人)	专任教师(人)		学校占地面积(平方米)	校舍建筑总面积(平方米)	图书(册)	教学用计算机(台)	固定资产(万元)	教学仪器值(万元)
			合计	一年级	二年级	三年级	四年级	五年级	六年级	合计	其中:女	一年级	二年级	三年级	四年级	五年级	六年级班				小计	其中:女						
1. 金沙镇	7	3	76	11	12	12	13	14	14	3349	1611	430	558	546	597	624	594	533	430	240	233	176	68213	34576	76338	375	2271.65	249
南通市通州区金沙小学	8	1	46	6	7	7	8	9	9	2268	1105	277	375	393	397	424	402	371	277	165	150	116	43440	25042	56700	268	1558.65	187
南通市通州区金余小学	9	1	12	2	2	2	2	2	2	342	188	41	51	54	64	65	67	89	41	43	36	26	9455	5289	13138	69	529	37
南通市通州区金北学校(小学部)	10	0	12	2	2	2	2	2	2	535	249	87	94	78	100	91	85	73	87	0	33	22	0	0	0	0	0	0
南通市通州区英才小学(民办)	11	1	6	1	1	1	1	1	1	204	69	25	38	21	36	44	40	0	25	32	14	12	15318	4245	6500	38	184	25
2. 西亭镇	12	1	30	4	5	5	6	5	5	1053	514	113	197	168	193	190	192	198	113	97	83	55	40828	12213	33704	186	937	125.25
南通市通州区西亭小学	13	1	20	4	3	3	4	3	3	831	396	113	151	119	160	151	137	141	113	57	53	37	23858	6603	23347	116	635	90
南通市通州区亭西小学	14	0	5	0	1	1	1	1	1	120	67	0	24	24	19	21	32	20	0	16	14	8	6304	1360	6472	20	120	17
南通市通州区纱场小学	15	0	5	0	1	1	1	1	1	102	51	0	22	25	14	18	23	37	0	24	16	10	10666	4250	3885	50	182	18.25
3. 二甲镇	16	3	62	9	11	10	10	12	10	2714	1340	359	480	462	449	501	463	468	359	185	164	124	65205	18395	83013	314	1606.48	261
南通市理治小学	17	1	29	4	5	5	5	5	5	1264	610	175	224	209	211	213	232	219	175	88	79	63	30015	8202	37990	149	626.48	125
南通市通州区余北小学	18	1	13	2	2	2	2	3	2	503	249	59	81	87	79	108	89	93	59	37	29	21	15800	4087	15575	60	373	52
南通市通州区袁灶小学	19	1	20	3	4	3	3	4	3	947	481	125	175	166	159	180	142	156	125	60	56	40	19390	6106	29448	105	607	84
4. 东社镇	20	2	44	6	7	8	7	8	8	1675	844	215	294	306	277	301	282	315	215	91	120	78	35346	11896	30986	172	954.15	87.36
南通市通州区东社学校(小学部)	21	0	17	2	3	3	3	3	3	620	302	74	124	107	110	109	96	113	74	0	42	25	0	0	0	0	0	0
南通市通州区唐洪小学	22	1	12	2	2	2	2	2	2	438	237	60	83	80	70	75	70	84	60	41	36	29	10000	4868	10950	70	300.2	47
南通市通州区忠义小学	23	1	15	2	2	3	2	3	3	617	305	81	87	119	97	117	116	118	81	50	42	24	25346	7028	20036	102	653.95	40.36
5. 五甲镇	24	2	23	3	4	4	4	4	4	761	385	101	131	138	135	162	94	117	101	74	66	44	26707	9270	21842	108	827	101
南通市通州区五甲小学	25	1	12	2	2	2	2	2	2	474	236	80	87	81	77	101	48	82	80	39	34	21	11511	6017	13869	50	543	52
南通市通州区庆丰小学	26	1	11	1	2	2	2	2	2	287	149	21	44	57	58	61	46	35	21	35	32	23	15196	3253	7973	58	284	49
6. 高新区	27	3	50	10	9	9	6	8	8	2013	982	384	387	341	278	336	287	238	384	160	139	105	77574	16854	59812	250	2166.8	177
南通市通州区金乐小学	28	1	24	6	4	4	3	4	3	1087	523	259	219	159	153	168	129	134	259	68	66	49	50105	8829	34922	110	582	86
南通市通州区张謇学校	29	1	15	2	3	2	2	3	3	596	279	73	107	94	99	117	106	80	73	55	43	34	20749	4656	14980	100	968.8	69

续表9

单位	编号	学校数(所)	班数(个)							在校学生数(人)								毕业生数(人)	招生数(人)	教职工合计(人)	专任教师(人)		学校占地面积(平方米)	校舍建筑总面积(平方米)	图书(册)	教学用计算机(台)	固定资产(万元)	教学仪器值(万元)
			合计	一年级	二年级	三年级	四年级	五年级	六年级	合计	其中:女	一年级	二年级	三年级	四年级	五年级	六年级班				小计	其中:女						
南通市通州区正场小学	30	1	11	2	2	3	1	1	2	330	180	52	61	88	26	51	52	24	52	37	30	22	6720	3369	9910	40	616	22
二、通北片	31	10	204	29	33	35	35	36	36	7595	3714	1055	1297	1283	1342	1336	1282	1221	1055	588	543	359	200062	72389	215618	832	6569.56	590.4
7. 石港镇	32	3	50	7	8	9	9	9	8	1665	821	222	270	301	306	298	268	270	222	155	128	80	57994	22065	56777	217	1617.64	166
南通市通州区石港小学	33	1	34	5	6	6	6	6	5	1242	607	170	203	224	226	233	186	216	170	95	83	57	35087	14232	43933	136	898	114
南通市通州区五窑小学	34	1	7	1	1	1	1	1	2	216	114	25	39	35	41	30	46	20	25	30	23	13	12340	4847	6880	36	414	30
南通市通州区石南小学	35	1	9	1	1	2	2	2	1	207	100	27	28	42	39	35	36	34	27	30	22	10	10567	2986	5964	45	305.64	22
8. 十总镇	36	2	29	4	5	5	6	4	5	1069	529	139	189	189	210	160	182	150	139	84	73	52	25465	12708	32110	125	986.2	68.4
南通市通州区十总小学	37	1	19	3	3	3	4	3	3	741	361	101	127	125	153	110	125	114	101	56	50	37	16601	9362	22260	83	648.2	38.4
南通市通州区二窎小学	38	1	10	1	2	2	2	1	2	328	168	38	62	64	57	50	57	36	38	28	23	15	8864	3346	9850	42	338	30
9. 四安镇	39	1	29	4	5	5	5	5	5	1234	609	167	242	186	220	220	199	194	167	87	81	49	28991	8340	36950	128	1055	95
南通市韬奋小学	40	1	29	4	5	5	5	5	5	1234	609	167	242	186	220	220	199	194	167	87	81	49	28991	8340	36950	128	1055	95
10. 骑岸镇	41	2	27	4	4	5	4	5	5	744	381	92	115	136	124	137	140	141	92	90	68	48	25009	8373	22401	92	849.07	69
南通市通州区骑岸小学	42	1	16	2	2	3	3	3	3	497	253	54	77	92	91	92	91	98	54	56	43	33	12584	4673	14885	64	659	45
南通市通州区五总小学	43	1	11	2	2	2	1	2	2	247	128	38	38	44	33	45	49	43	38	34	25	15	12425	3700	7516	28	190.07	24
11. 兴仁镇	44	1	44	7	7	7	7	8	8	1950	920	322	340	322	323	333	310	294	322	99	127	87	37301	11749	37200	150	1169.65	108
南通市通州区兴仁小学	45	1	32	5	5	5	5	6	6	1484	701	248	262	244	237	258	235	209	248	99	95	67	37301	11749	37200	150	1169.65	108
南通市通州区横港学校(小学部)	46	0	12	2	2	2	2	2	2	466	219	74	78	78	86	75	75	85	74	0	32	20	0	0	0	0	0	0
12. 兴东镇	47	1	25	3	4	4	4	5	5	933	454	113	141	149	159	188	183	172	113	73	66	43	25302	9154	30180	120	892	84
南通市通州区兴东小学	48	1	25	3	4	4	4	5	5	933	454	113	141	149	159	188	183	172	113	73	66	43	25302	9154	30180	120	892	84
三、通西片	49	9	211	34	35	35	36	36	35	9078	4434	1402	1544	1526	1626	1563	1417	1381	1402	584	541	397	230907	71213	255538	1002	6804.23	798.23
13. 平潮镇	50	2	83	13	14	14	14	14	14	3927	1935	593	696	640	699	694	605	540	593	230	220	167	99293	30092	100105	394	2884	317
南通市通州区平潮小学	51	1	59	9	10	10	10	10	10	2846	1396	422	524	456	513	495	436	385	422	172	167	121	55875	15235	71150	286	2355	237
南通市通州区新坝小学	52	1	24	4	4	4	4	4	4	1081	539	171	172	184	186	199	169	155	171	58	53	46	43418	14857	28955	108	529	80

续表 9

单位	编号	学校数(所)	班数(个)							在校学生数(人)								毕业生数(人)	招生数(人)	教职工合计(人)	专任教师(人)		学校占地面积(平方米)	校舍建筑总面积(平方米)	图书(册)	教学用计算机(台)	固定资产(万元)	教学仪器值(万元)
			合计	一年级	二年级	三年级	四年级	五年级	六年级	合计	其中:女	一年级	二年级	三年级	四年级	五年级	六年级班				小计	其中:女						
14. 五接镇	53	2	43	7	7	7	8	7	7	1686	789	277	283	304	319	245	258	246	277	96	89	65	38047	11359	42440	187	868.51	148.23
南通市通州区五接小学	54	1	25	4	4	4	5	4	4	912	441	152	151	155	169	133	152	145	152	50	46	34	22360	6877	22850	100	432.49	84.2
南通市通州区李港小学	55	1	18	3	3	3	3	3	3	774	348	125	132	149	150	112	106	101	125	46	43	31	15687	4482	19590	87	436.02	64.03
15. 平东镇	56	2	30	5	5	5	5	5	5	1241	634	182	207	217	211	208	216	206	182	91	78	56	32856	11171	38357	138	1075.72	117
南通市通州区平东小学	57	1	18	3	3	3	3	3	3	773	389	119	126	125	138	131	134	141	119	53	46	36	19463	6565	23707	82	543.45	74
南通市通州区赵甸小学	58	1	12	2	2	2	2	2	2	468	245	63	81	92	73	77	82	65	63	38	32	20	13393	4606	14650	56	532.27	43
16. 刘桥镇	59	3	55	9	9	9	9	10	9	2224	1076	350	358	365	397	416	338	389	350	167	154	109	60711	18591	74636	283	1976	216
南通市通州区刘桥小学	60	1	24	4	4	4	4	4	4	1019	506	165	172	166	173	187	156	179	165	74	70	54	20533	7362	37722	106	634	98
南通市通州区英雄小学	61	1	13	2	2	2	2	3	2	422	207	59	64	69	66	101	63	81	59	42	36	25	23630	5821	12613	65	615	36
南通市通州区新联小学	62	1	18	3	3	3	3	3	3	783	363	126	122	130	158	128	119	129	126	51	48	30	16548	5408	24301	112	727	82
四、通南片	63	6	207	40	37	30	35	35	30	10335	4694	1988	1865	1562	1765	1706	1449	1297	1988	554	517	375	230852	76313	270268	1056	7043.27	702.9
17. 张芝山镇	64	2	59	11	11	8	10	10	9	2801	1293	512	513	393	475	483	425	391	512	160	144	112	69625	18760	71444	295	1463.3	181.7
南通市通州区张芝山小学	65	1	47	9	9	6	8	8	7	2231	1022	413	428	294	378	388	330	299	413	119	109	87	49177	11759	54232	224	1008.3	127.7
南通市通州区南兴小学	66	1	12	2	2	2	2	2	2	570	271	99	85	99	97	95	95	92	99	41	35	25	20448	7001	17212	71	455	54
18. 川姜镇	67	3	115	23	20	17	20	19	16	5973	2703	1177	1077	945	1028	962	784	704	1177	298	286	197	112286	31223	151360	603	4342.97	404.2
南通市通州区川港小学	68	1	42	9	7	6	7	7	6	2114	976	461	385	313	343	332	280	285	461	104	101	67	29591	13088	52760	211	1399	191.2
南通市通州区家纺城小学	69	1	32	6	6	5	6	5	4	1741	702	355	320	288	314	259	205	158	355	87	84	58	38695	8282	35000	180	1675	85
南通市通州区姜灶小学	70	1	41	8	7	6	7	7	6	2118	1025	361	372	344	371	371	299	261	361	107	101	72	44000	9853	63600	212	1268.97	128
19. 先锋镇	71	1	33	6	6	5	5	6	5	1561	698	299	275	224	262	261	240	202	299	96	87	66	48941	26330	47464	158	1237	117
南通市通州区先锋小学	72	1	29	6	6	5	5	4	3	1388	621	299	275	224	262	177	151	151	299	85	76	57	39701	23914	41642	133	1098	114
南通市通州区十六里墩小学	73	0	4	0	0	0	0	2	2	173	77	0	0	0	0	84	89	51	0	11	11	9	9240	2416	5822	25	139	3

注：凡学校数中为“0”的是教学点。

南通市通州区 2014 年各中学基本情况一览表

表 10

单位	编号	班数(个) 合计	初中班级数 一年级	初中班级数 二年级	初中班级数 三年级	高中班级数 一年级	高中班级数 二年级	高中班级数 三年级	初中在校生数 合计	初中在校生数 其中:女	初中在校生数 一年级	初中在校生数 二年级	初中在校生数 三年级	高中在校生数 合计	高中在校生数 其中:女	高中在校生数 一年级	高中在校生数 二年级	高中在校生数 三年级	毕业生数(人) 初中	毕业生数(人) 高中	招生数(人) 初中	招生数(人) 高中	教职工合计(人)	专任教师(人) 小计	专任教师(人) 其中:女	学校占地面积(平方米)	校舍建筑总面积(平方米)	图书(册)	教学用计算机(台)	固定资产总额(万元)	教学仪器值(万元)
	1	790	167	173	178	80	93	99	22428	10962	7089	7517	7822						8417		7089										
叠加合计	2	790	167	173	178	80	93	99	22428	10962	7089	7517	7822						8417		7089										
南通市通州区兴仁中学	3	24	8	8	8	0	0	0	924	446	289	320	315						370		289		167	122	79	65700	20834	43228	212	2001	196
南通市通州区平潮实验初中	4	55	17	19	19	0	0	0	2693	1297	819	924	950						1024		819		242	221	120	77036	24957	97020	292	12473	958
南通市通州区二窎中学	5	16	4	5	7	0	0	0	607	308	146	204	257						257		146		104	71	32	55990	15649	24682	89	1924	115
南通市通州区通海中学	6	22	8	8	6	0	0	0	913	407	327	308	278						289		327		125	94	51	57390	18545	32091	141	1779. 24	142. 18
南通市通州区金郊初级中学	7	58	18	20	20	0	0	0	2830	1446	892	942	996						915		892		235	214	130	75000	43828	89000	416	12500	700
南通市通州市张謇学校	8	0	0	0	0	0	0	0	0	0	0	0	0						112		0		0	0	0	0	0	0	0	0	0
南通市通州区西亭初级中学	9	15	5	5	5	0	0	0	551	264	166	196	189						233		166		82	70	30	28638	20340	23450	90	1247	95
南通市通州区袁灶初级中学	10	15	5	5	5	0	0	0	446	222	130	159	157						191		130		62	50	33	27028	7015	19393	95	782	84
南通市通州区东社学校(中学部)	11	5	2	1	2	0	0	0	146	71	73	25	48						46		73		70	59	32	18726	10135	27828	80	1125	115
南通市通州区十总中学	12	11	3	4	4	0	0	0	375	185	95	115	165						202		95		62	31	19	25672	10541	25536	89	658. 9	30. 7
南通市通州区四安中学	13	28	8	9	11	0	0	0	1247	643	355	400	492						501		355		115	97	57	31330	14620	53073	175	1200	126
南通市通州区平潮初级中学	14	14	5	5	4	0	0	0	444	196	166	167	111						88		166		60	39	27	41493	11277	15842	60	1001. 42	52
南通市通州区文山初级中学	15	12	4	4	4	0	0	0	523	260	167	160	196						209		167		63	51	30	18409	4790	27989	65	418	150
南通市通州区金北学校(中学部)	16	15	4	5	6	0	0	0	663	300	179	211	273						318		179		122	105	64	40911	22672	40970	140	881	189. 5
南通市通州区横港学校(中学部)	17	2	0	0	2	0	0	0	52	22	0	0	52						46		0		76	45	28	41296	11110	18940	52	516. 3	63. 5
南通市通州区杨港初级中学	18	8	2	3	3	0	0	0	308	152	88	103	117						155		88		44	35	18	13075	6131	12331	60	340. 88	57
南通市通州区忠义初中	19	6	2	2	2	0	0	0	214	116	55	65	94						78		55		38	28	12	12638	4625	11732	40	335	48
南通市通州区骑岸初级中学	20	3	1	1	1	0	0	0	94	50	35	29	30						61		35		44	18	8	20646	5708	7800	35	498	28
南通市通州区新坝初级中学	21	8	3	3	2	0	0	0	318	154	125	107	86						131		125		44	34	14	17383	12360	13251	60	955	48
南通市通州区新联中学	22	9	3	3	3	0	0	0	340	161	113	116	111						148		113		46	35	21	25412	8458	16958	68	485. 1	38. 5
南通市通州区川港中学	23	16	5	6	5	0	0	0	749	337	236	262	251						265		236		75	63	41	24012	11905	31500	119	1053. 41	148. 96

续表10

单位	编号	班数(个)							在校学生数(人)										毕业生数(人)		招生数(人)		教职工合计(人)	专任教师(人)		学校占地面积(平方米)	校舍建筑总面积(平方米)	图书(册)	教学用计算机(台)	固定资产总额(万元)	教学仪器值(万元)
		合计	初中班级数			高中班级数			初中在校生数					高中在校生数																	
			一年级	二年级	三年级	一年级	二年级	三年级	合计	其中：女	一年级	二年级	三年级	合计	其中：女	一年级	二年级	三年级	初中	高中	初中	高中		小计	其中：女						
南通市通州区先锋初级中学	24	8	3	2	3	0	0	0	264	108	94	64	106						106		94		52	34	22	35628	4783	12001	50	1204	50
南通市通州区育才中学	25	51	17	17	17	0	0	0	2300	1189	748	785	767						769		748		190	174	106	57422	38169	80790	301	3576.4	317
南通市通州区金沙中学	26	73	16	16	15	10	8	8	2497	1239	799	915	783	1316	678	500	407	409	841	414	799	500	398	352	217	91599	35947	99999	420	2986	800
江苏省西亭高级中学	27	56	0	0	0	20	18	18	740	366	227	231	282	2956	1596	1000	989	967	360	1211	227	1000	326	264	124	122384	83738	99999	425	9763	132.07
南通市通州区二甲中学	28	35	6	6	7	2	6	8	640	305	184	231	225	801	406	99	300	402	208	403	184	99	197	174	91	66973	36322	77912	258	3015.96	344.99
南通市通州区石港中学	29	31	5	5	5	2	6	8	665	337	222	216	227	809	441	103	297	409	217	411	222	103	227	184	82	82465	29733	99999	275	3192.86	498.57
南通市通州区刘桥中学	30	31	5	5	5	2	6	8	885	381	359	262	264	815	429	102	304	409	277	405	359	102	191	148	74	55621	28320	99999	232	3023	202
南通市通州区姜灶中学	31	38	8	6	7	3	6	8	0	0	0	0	0	741	407	114	265	362	0	391	0	114	179	153	85	66800	24048	72390	255	2899	298
江苏省平潮高级中学	32	65	0	0	0	21	23	21						3035	1625	1003	994	1038		1060		1003	293	247	132	127032	96361	99999	1164	12473	1258
江苏省通州高级中学	33	60	0	0	0	20	20	20						3323	1876	1023	1119	1181		1179		1023	318	272	145	150000	52840	99999	355	4732.84	1405

南通市通州区2014年中等职业教育类学校基本情况一览表

表11　　单位：人

单位	编号	学校数(所)	班级(个)					在校学生数(人)					全校女学生数(人)	上年毕业生数(人)	招生数(人)	教职工人数(人)			学校占地面积(平方米)	备注
			合计	一年级	二年级	三年级	四年级	合计	一年级	二年级	三年级	四年级				合计	专任教师	其中：女		
全区合计	1	4	143	42	52	47	2	5308	1919	1790	1505	94	2331	2183	1919	604	458	232	250797	
江苏省通州中等专业学校(电大通州学院)	2	1	94	27	36	31	0	3423	1311	1161	951	0	1651	1173	1311	405	306	160	120980	职业中学
南通市通州区农业综合技术学校	3	1	16	4	6	6	0	367	158	129	80	0	141	468	158	79	73	33	92830	职业中学
南通市通州区二甲职业中学	4	0	6	2	2	2	0	125	48	32	45	0	49	33	48	24	23	8	3960	办学点
南通市通州区建筑职工中等专业学校	5	1	18	6	6	6	0	956	240	380	336	0	73	421	240	72	40	23	27000	成人中等专业学校
南通市通州区卫生职工中等专业学校	6	1	9	3	2	2	2	437	162	88	93	94	417	88	162	24	16	8	6027	成人中等专业学校

科学技术

Science and Technology

编辑 马 钰

综 述

【概 况】 2014年,通州区全力推进创新型试点区和国家知识产权强区工程试点建设,狠抓重点,培育特色,为全区经济平稳较快发展提供科技支撑。区科技局先后荣获"省知识产权工作先进集体""省专利行政执法工作先进单位""省科技政务信息工作先进单位""市科技金融工作先进单位"等称号,在南通市科技系统考核工作中获目标任务考核先进表彰。全区高新技术产业产值达807亿元,新增高新技术企业39家(累计拥有高新技术企业110家)。围绕家纺、建筑和海工产业,推进三大研究院建设,南通家纺产业发展服务中心入选第五批国家技术转移示范机构,通创现代建筑研究院获南通市300万元立项支持,举办船舶海工国际技术开发合作签约活动。制定出台《通州区科技成果转化风险补偿专项资金暂行管理办法》等政策措施,推动高新区设立科技型中小企业贷款担保基金,组织企业申报"苏科贷",22家企业获省立项支持,获科技贷款1.03亿元,贷款总额在全省各县(市、区)位列第二。3月,南通(家纺)知识产权快速维权中心正式运营,受理申请外观设计专利2579件,获授权专利2088件,调处知识产权侵权案件123件。南通家纺城被列入国家第一批知识产权保护规范化培育市场。锡通科技产业园获批省级科技产业园,南通高新区获批省级科技企业孵化器和省级科技金融服务中心,石港镇获批省创新型试点镇。新增省企业院士工作站1家、省企业研究生工作站2家、省重点企业研发机构9家。全年列入市级以上科技计划项目95项,其中国家星火计划2项、国家火炬计划3项、国际科技合作1项、国家中小企业发展专项资金项目2项、省重大成果转化资金2项、省支撑计划4项。争取上级扶持资金9644.5万元。在全省县级市(区)中首次专题举办通州国际科技合作对接交流会;协助高新区引进德国德维公司,设立国际技术转移机构;组织企业赴欧洲参加"中欧专利技术对接交流会"和"江苏跨国技术转移大会";组织申报产学研协同创新和国际科技合作项目20项,宏德机电获中欧国际科技合作立项。成功举办"通州智能装备科技合作对接会""通州家纺产学研合作洽谈会",现场签约项目12个。与南京航空航天大学建立通州区重点产业国内外专家数据库,设立科技查新工作站,为企业提供精准化服务。组织11家企业参加昆山第八届国际发明展览会,6个项目获金奖。调优专利资助奖励政策,重点提高PCT专利、发明专利的申请,全区万人发明专利拥有量达13.54万件。通州区顺利通过省知识产权战略区域示范县验收,中联科技集团被认定为首批"国家级知识产权优势企业"。举办"4·26"世界知识产权日宣传活动,提供政策咨询、举报投诉、维权援助。开展知识产权联合执法行动,打击侵权行为,保护专利权人合法权益。在区科技成果转化平台上开辟"专利行政执法案件信息公示"板块,规范公开专利行政执法案件信息。按照年度"强农惠民"系列送科技下乡工作实施方案,以科技服务农村、改善农民生活为主题,组织送科技下乡活动5次。指导西亭镇南美大白虾专业合作社建设省农村科技服务超市。

科技活动

【概 况】 2014年,区科技局围绕全区产业特色,建立健全以企业为主体的产学研协同创新机制,积极搭建产学研合作服务平台,进一步深化国际科技合作,实现高校、科研院所和企业优势叠加、技术创新链和产业链双向融合。

【智能装备科技合作对接会】 6月28日,通州区举办智能装备科技合作对接会,发布企业技术需求50项、高校院所科技成果232项。现场签约科技合作项目6项,江苏通达动力科技股份有限公司与苏州大学、南通四方冷链装备股份有限公司与南京理工大学分别签订合作共建江苏省电机铁芯制造机器人自动化装备联合实验室、无轨式智能化食品速冻装备研发科技合作项目。南通高新区管委会和江苏科技大学签订合作共建江苏省海工装备研究院协议。中科院沈阳所、南京信息工程大学、南京理工大学等专家还分别到宏仁气体公司、广东鸿图南通压铸公司、南通棉花机械公司进行现场考察，就相关共建项目深入对接洽谈。

【国际科技合作对接交流会】 9月19日，通州区举办国际科技合作对接交流会，此次交流会在全省县级市(区)中举办尚属首次。会上，全区重点科技型、外向型企业主要负责人，各镇区园、区有关部门负责人和省内国际技术转移机构代表等围绕如何为企业发展赢先机、为产业升级创造条件等问题展开讨论，牛津大学ISIS(常州)国际技术转移中心等国际技术转移机构带来200多项国外先进技术及成果，南通宏德机电有限公司等企业就国际合作需求作交流。

【南通智能建筑产学研对接会】 9月27日，南通智能建筑产学研专场对接会在通州举行，清华大学、复旦大学、同济大学等11所高校有关专家，与各县(市、区)科技部门代表、相关企业负责人等开展深度交流。会上，南通高新区进行产业政策推介；上海同济城市规划设计研究院技术开发中心苏运升教授作“中国建筑产业化升级策略”专题讲座；江苏通创建筑研究院五大中心举行签约仪式；东南大学与南通承悦装饰集团、南京工业大学与通州建总集团等分别签约，成立新型建材研究中心、施工技术研究中心等研发平台。

【家纺产学研合作洽谈会】 10月23日，通州举办家纺产学研合作洽谈会，东华大学、江南大学等高校和科研院所的20位专家，以及重点家纺企业负责人参会。会上，南通大学与江苏圣夫岛纺织生物科技有限公司、江苏工程职业技术学院与江苏惟妙纺织科技有限公司、南通大学与南通东帝纺织品有限公司等分别进行合作项目签约仪式。会上还展示了国内高等院校与纺织行业相关的最新科技成果。由通州区家纺产业发展服务中心承担建设的知识产权网上运营暨家纺研究院网站在本次洽谈会上正式开通。

科学计划实施

【概　况】 2014年，全年列入市级以上科技计划项目95项。其中，国家星火计划2项、国家火炬计划3项、国际科技合作1项、国家中小企业发展专项资金项目2项，省重大成果转化资金计划2项、科技支撑计划4项、创新资金项目1项，市重大科技创新专项10项、瞪羚计划项目17项。争取上级扶持资金9644.5万元。

【2个项目列入省重大科技成果转化专项资金计划】 2014年，中广核中科海维科技发展有限公司承担的“高能辐照电子直线加速器及加工应用研究及产业化”项目、海星电子公司承担的“超高比容低压电极箔关键技术研发及产业化”项目获省重大科技成果转化专项资金立项，获科技经费资助1800万元。

【5个项目列入国家星火、火炬计划】 2014年，南通棉花机械有限公司承担的“智能化大型废钢破碎线”项目、南通海星电子股份有限公司承担的“纳微孔结构强耐水性高压电极箔”项目、中广核中科海维科技发展有限公司承担的“高频高压型电子加速器”项目被列入国家火炬计划；江苏嘉安食品有限公司承担的“高品质出口蔬菜产业化关键技术集成创新与推广”项目、南通市通州区永安畜禽专业合作社承担的“生猪良种化生产及高效集约化饲养技术推广应用”项目被列入国家星火计划。

【4个项目列入省科技支撑计划】 2014年，南通江海电容器股份有限公司承担的“基于石墨烯的超高密度超级电容器材料的制备及性能研究”项目、南通海一电子有限公司承担的“超级电容器用高性能石墨烯功能涂层铝箔集流体的研制”项目被列入省工业科技支撑计划；南通市通州区金沙镇人民政府承担的“南通市通州区虹南智慧云社区示范”项目、南通市鸣珂新型材料科技有限公司承担的“利用稻壳灰为原料常压生产铜复合二氧化硅气凝胶核心技术”项目被列入省农业科技支撑计划。

【新增高新技术企业39家】 2014年，全区新增高新技术企业39家，现累计拥有高新技术企业110家。新增高新技术产品147个。韩通重工被国家科技部认定为国家重点高新技术企业。

2014年新认定高新技术企业名单

表12

序号	企业名称	所在镇区
1	江苏蓝天彩涂薄板科技有限公司	金沙镇
2	南通神华电气有限公司	
3	江苏旭田环保机械有限公司	西亭镇
4	桑夏太阳能股份有限公司	
5	江苏华宇印涂设备集团有限公司	二甲镇
6	南通苏宝建筑节能科技有限公司	东社镇
7	江苏东源电器集团股份有限公司	十总镇
8	南通阿斯通电器制造有限公司	
9	江苏康非特动力科技有限公司	骑岸镇
10	南通惠得成包装材料有限公司	五甲镇

续表 12

序号	企业名称	所在镇区
11	南通准信自动化科技有限公司	石港镇
12	南通弘峰机电有限公司	
13	通州市星源仪器设备制造有限公司	四安镇
14	南通东方科技有限公司	刘桥镇
15	南通凯赛生化工程设备有限公司	
16	南通沪望塑料科技发展有限公司	
17	南通江海电容器股份有限公司	平潮镇
18	江苏格雷特起重机械有限公司	
19	南通海一电子有限公司	
20	南通市通州区南洋灯泡有限公司	
21	南通广兴气动设备有限公司	
22	南通市嘉诚机械有限公司	平东镇
23	南通华铮隆钢业制造有限公司	
24	南通晋弘钢结构工程有限公司	
25	江苏华洋水箱给水设备有限公司	五接镇
26	南通四方冷链装备股份有限公司	兴仁镇
27	南通居梦莱家用纺织品有限公司	
28	南通虹波机械有限公司	
29	南通帝诚华信实业有限公司	

续表 12

序号	企业名称	所在镇区
30	南通瑞泰电子有限公司	兴东镇
31	南通华夏航空工程技术有限公司	
32	南通华隆微电子有限公司	
33	圣夫岛(南通)纺织品科技有限公司	川姜镇
34	创斯达科技集团(中国)有限责任公司	高新区
35	南通东源电力智能设备有限公司	
36	南通综艺新材料有限公司	
37	江苏博悦物联网技术有限公司	
38	南通大任永磁电机制造有限公司	
39	南通庞源机械有限公司	

科技成果

【概　况】 2014 年,全区获南通市科技进步奖 26 项,其中:一等奖 2 项,二等奖 5 项,三等奖 19 项;获通州区科技进步奖 37 项,其中:一等奖 8 项,二等奖 11 项,三等奖 18 项。

2014 年通州区部分科学技术进步获奖项目

表 13

获奖项目	获奖单位	主要完成人	奖励等级
高效洁净智能化螺旋速冻装备	南通四方冷链装备股份有限公司 南京理工大学	楼晓华　黄　杰　孙　宇 梁惠华　武　凯　周鸣惠 孙锦明　杨晓燕　朱金祥	南通市一等奖
负压闪爆技术在纺织品功能性整理中的应用及产业化	紫罗兰家纺科技股份有限公司 江南大学 南通大学	陈永兵　高　强　汪明星 葛　彧　刘金抗　吴绥菊 钱　坤　曹海建　季　涛	南通市一等奖
BT－200 型立式全自动高速软管管肩成型机	南通宝田包装科技有限公司	陈　飞　张良安　冯望斌 陈国进　陈洁松	南通市二等奖
高性能大型复杂铝合金承压件制造关键技术与应用	紫罗兰家纺科技股份有限公司 江南大学 南通大学	杨金德　潘　冶　许玉松 陈立新　朱海燕　曹培新 廖恒成	南通市二等奖
加速管	中广核中科海维科技发展有限公司	刘　奇　肖　林　姜　彤 顾晓明　张林强	南通市二等奖
具备 CENⅢ等级的 ATM 机柜	创斯达科技集团(中国)有限责任公司	陈文坤　关志峰　陈喜安 虞鹏飞　张雪娟　曹汉军	南通市二等奖
低油耗高性能 57000 吨散货船	江苏韩通船舶重工有限公司	孟　勋　孟成君　张　华 张乐山　何建军　刘国庆 钱　旗	南通市二等奖

续表 13

获奖项目	获奖单位	主要完成人	奖励等级
自动热成型真空气调保鲜包装生产线	江苏腾通包装机械有限公司	李国华 郭子刚 张磊 张海彬 李拥军	南通市三等奖
高效节能乘用车发动机油底壳总成技术开发及应用	广东鸿图南通压铸有限公司	杜海 张国光 张百在 常移迁 刘蒙蒙	南通市三等奖
基于环境微能量的自供电无线智能楼宇物联网系统	江苏博悦物联网技术有限公司	王大庆 吴宇	南通市三等奖
ZW32－12 / 1250－20 分界断路器	江苏东源电器集团股份有限公司	邱卫东 孙益源 曹锋 孙志忠 袁铁军	南通市三等奖
纳米纤维膜的研发及产业化	纳米纤维膜的研发及产业化	何吉欢 王萍 陈柔羲 李学伟 何春	南通市三等奖
汽车尾气再利用装置用旋压法兰环的研究开发和产业化	南通福乐达汽车配件有限公司	唐季平 严军 薛克敏 严帅 张建新	南通市三等奖
HD 强耐水性高压电极箔的关键技术与应用	南通海星电子股份有限公司	严季新 王建中 孙新明 朱鸿伟 胡广军	南通市三等奖
高品质特钢用优质钒氮合金关键技术研发	南通汉瑞实业有限公司	喻华 戴红梅 张为民 黄鸿涛 葛广凯	南通市三等奖
具备减震和自动降压功能的重型汽车动力转向系统用整体式油冷却器	南通江华热动力机械有限公司	曹进 吴海燕 朱振华 卞红 李建	南通市三等奖
新型耐高温高折射率环保光学玻璃	南通晶鑫光学玻璃有限公司	汤志平 吴承宝 倪敖年 丁志强 金鑫	南通市三等奖
KD－1 型水平含浸干燥生产线	南通凯迪自动机械有限公司	王红军 张波 孙春峰 陈志刚 姚兵	南通市三等奖
新型节能环保单级多旋片式真空泵	南通柯瑞特机械制造有限公司	黄镇 黄烽 许顾峰 任新民 于金宝	南通市三等奖
罗哌卡因在悬雍垂腭咽成形术中的镇痛应用	南通市通州区人民医院	陈晓东 杨红飞 王江政 严志松 刘立	南通市三等奖
B·ZJ－Ⅲ全自动软管注肩机	南通市通州区三槐机械制造有限公司	王俊雄 徐惠朝 张艳娟 肖红升 蔡锦达	南通市三等奖
浸渍涂布干燥生产线卧式一次浸渍干燥机	南通四通林业机械制造安装有限公司	陆新明 王建清 李金炎 朱玲 陈雪梅	南通市三等奖
新能源及节能装备用大容量高可靠薄膜电容器	南通新江海动力电子有限公司	陆军 丁继华 陈伟伟 郑军 朱祥	南通市三等奖
LED 专用 CD288 系列环保型铝电解电容器	南通新三能电子有限公司	黄海荣 邵斌 吴亮成 王凯 徐向阳	南通市三等奖
XSJ 型高效节能卧式浸渍涂布干燥生产线	南通新世纪机电有限公司	邵剑 宋春来 封翠 王利成 张晓霞	南通市三等奖
CD294 工控类焊片式铝电解电容器	南通一品机械电子有限公司	蔡士军 范志炎 司鹏飞 金志平 吕宾	南通市三等奖

（高海娟）

防震减灾

【概　况】 2014 年，通州区地震局围绕地震监测预报、震害预防、地震应急与救援三大体系，加大防震减灾工作力度，较好完成年度工作任务。对全区测报点进行重新布置，新设 19 个宏观测报点并对测报人员进行培训。全年校安工程加固、重建、迁建校舍总面积 10.3 万平方米，投入资金 2.58 亿元。对人民公园及横河公园等 6 座避难场所按国家和省有关建设标准进行技术升级改造，南山湖公园地震应急避难场工程竣工。对地震监测台网的管理坚持“三个落实,两个做到和一个联系”,做到排除故障不过夜、监测数据不间断,保持与省台网中心经常联系。建立短、临震情跟踪会商制度。做好各类地震前兆异常的发现、收集、核实和分析工作。是年,通州测震台获得省观测记录三等奖。将建设工程抗震设防纳入基本建设管理程序,做到前置把关、抓住源头。开展农村民居抗震设防指导工作,推进镇村住宅抗震示范小区试点工作。加强地震安全社区建设,全区两家社区分别获得国家级和省级地震安全社区称号。在全区中小学校普遍开展地震应急演练活动。刘桥中学、金沙中学、金沙小学、兴东小学、刘桥小学等结合自身特点进行地震应急演练,制订公共突发事件应急预案,努力提高学生防震避震、紧急疏散能力。定期开展群测群防网络培训,全区已形成横向到边、纵向到底的群测群防网络体系。建立健全防震减灾知识科普宣传点36个,地震宏观监测点19个。全年共拉横幅100余条,举办大型宣传展览1次,制作小型展板40块,发放防震减灾科普材料1.7万余份,受众人数达3万多人。

【有感地震】 2014年1月18日23时53分,在江苏省南通市如东县附近海域(北纬32.4度,东经121.6度)发生3.7级地震,震源深度约10千米。2014年8月6日10时58分,在江苏省南通市启东市(北纬31.8度,东经121.8度)发生3.0级地震,震源深度约7千米。 (易云龙)

气象事业

【概 况】 2014年,通州区气象局围绕气象灾害防御、气象为农服务和气象重点工作,认真组织实施,圆满完成年度目标。

【公共气象服务】 2014年,通州区气象局认真落实气象防灾减灾工作职责,做好对暴雪、暴雨、强对流、台风和雾霾等重大灾害性天气预报预警服务工作。全年向各级领导机关发送重要天气报告等专题服务材料58期,利用通州区党政信息网、微博、电视、电台、报纸媒体,手机短信和乡镇电子屏等平台,向各镇气象协理员、信息员和社会公众发布预警信息27次。圆满完成“元旦”“春节”“清明”“五一”和“十一国庆”等重大节日和春运、中高考及全区全民健身运动会等重要社会活动的气象服务。全年共制作发布各类专题专项气象服务材料近300期。

【气象灾害防御】 2014年,区气象局认真落实农村气象灾害防御体系建设工作,努力实现农村气象预警喇叭全覆盖。与区文广新局对合作开展农村气象预警喇叭设施建设事宜进行多次座谈,双方就通过区农村有线广播网络系统发布气象预警信息的合作内容进行研讨,并在加强信息发布机制建设、共同提高气象预警信息传播速度、扩大覆盖范围等方面开展广泛交流。8月8日,双方签署合作协议。9月初,完成5个试点镇的1400余个音柱喇叭调试工作,并投入正常运行。该项工作在江苏省气象局组织的中央“三农”服务专项阶段验收中获专家好评。年末,全区已基本建成以镇气象协理员、村(社区)气象信息员和镇村气象信息工作站为主的气象预警网络体系,拥有气象协理员19名、气象信息员380名,覆盖全区所有镇村;与各镇(区、园)共建20个镇级气象信息工作站和170个村级气象信息工作站。5月,召开通州区气象协理员培训会议。

【气象为农服务】 2014年,区气象局继续实施“三个一”工程改造升级项目,完成全区17个区域自动气象站和4个小气候自动站的建设任务,对全区所有镇气象信息电子屏进行升级,电子屏显示的气象信息由原来单一的24小时天气预报,改为由本地天气实况、7天逐日滚动气象预报和农业气象服务信息相结合的综合气象预报服务内容。在部分村、社区和学校增设气象信息电子屏3块,全区共有气象信息电子屏33块。重点开展针对种养殖大户、农村合作社和规模性农业企业的“直通式”气象服务,即每天向137家种养殖大户和25家农业合作社及现代农业企业免费发送气象服务短信,为农业种养殖生产提供第一手的气象服务。对景瑞和裕隆等省、市级现代农业产业园提供蔬菜大棚小气候实况等特色气象服务。通过“通州区为农服务‘两个体系’管理平台”向各镇(区、园)提供重要农时农事和特色农业气象服务,全年共制作发布各类服务材料105期。与区农委合作,充分发挥气象为农服务专家联盟技术优势,不定期制作重要天气气象为农服务信息,利用“12316”惠农短信平台,向全区4000多农户开展“直通式”气象服务,全年共发送服务短信6万多人次。

【防雷减灾】 2014年,区气象局加强对危化、烟花爆竹等企业行业安全生产的日常监督;组织开展有关防雷安全宣传教育和检查;督促重点单位、重要场所以及其他需要防御雷电灾害的单位落实防雷装置设计审核、竣工验收规定和定期检测制度。全年完成新建项目防雷装置设计审核105项,项目竣工验收142次;对148个企事业单位进行防雷装置检测,完成报告近500份。

【科普宣传】 2014年,区气象局充分利用“3·23”世界气象日、“5·12”防灾减灾日和科普宣传周活动,通过网站、专题材料和现场咨询的方式宣传气象科普知识。组织中小学生参观气象科普基地,并为全区79所中小学免费订阅《气象知识》科普期刊;开展气象科普进社区活动,发放《气象灾害防御明白卡》《气象知识》和《气象预警信号指南》等材料1000多份。 (吴锐涛)

文化·体育

Culture · Sports

编辑 陈菊

文化艺术

【概 况】 2014年,通州区文广新局着力实施“特色文化、精品文化”战略,推进公共文化服务建设和文化产业发展。7月,通州区成功创建成省公共文化示范区,获奖励100万元。区文广新局获省依法行政示范点称号。

艺术生产。小品《二嫂争地》获第八届中国曲艺牡丹奖、剧目入围奖;小品《小秘的秘密》获第八届中国曲艺牡丹奖、创作入围奖;小品《不再陌生的邻居》、小戏《乡间小路》均获江苏省第八届小戏小品剧目一等奖、首届长江流域小戏小品展演二等奖;小品《美丽的蝴蝶夹》《特别的日子》获江苏省少儿曲艺大赛创作奖;小品《公园一角》获江苏省第八届小戏小品剧目二等奖;小品《春暖花开》获第十一届江苏五星工程奖金奖;小品《租房风波》获第十一届江苏五星工程奖铜奖;说唱《散花》获上海国际艺术节曲艺大赛金奖;歌曲《春暖花开》获第十一届江苏五星工程奖银奖、南通市五个一工程奖;器乐《紫琅春》获第十一届江苏五星工程奖铜奖;舞蹈《扇舞新韵》获第十一届江苏五星工程奖铜奖、江苏省第四届社会舞蹈比赛银奖;舞蹈《蟹趣》获第十一届江苏五星工程奖铜奖。纪实文学《闯荡南非洲》获南通市五个一工程奖、江苏省“中国梦”作品征集一等奖、中国作协2014年重点扶持作品。电视剧《她的一生》获南通市、江苏省五个一工程奖。动漫《熊仔》获南通市、江苏省五个一工程奖。

群众文化。元旦,区文化馆开展民乐新年音乐会、“笔趣依然”硬笔书法比赛等活动。1月中旬,开展送文化下乡活动。春节期间,文化馆、图书馆及各镇文化站都开展“马到成功”系列文艺活动,区歌舞团、通剧团举行“正月正”新春专场音乐会,并在区内外演出80多场。2月14日,区文广新局组织第六届民俗文化节暨古沙灯谜节的压轴大戏——“通州风情”大型情景歌舞演出。区文化馆每周五下午在城区街头举办周周演活动,各地群众文艺团体轮流演出40多场。7—8月,“通州之夜”广场文艺演出共举办10场。7月19日,在南通市濠西广场举行“文化江海通州行”通州专场演出。此外,还开展第六届民俗艺术节、第五届古沙读书节、“舞动江海潮”群众广场舞比赛暨首届排舞大赛、母子读书会等活动,丰富广大市民的精神生活。

公共图书馆。区图书馆购新书2万余册,图书外借流通40万册次,接待读者30万余人次。新办理借书证9000多份,读者持证3万多份。

文化遗产保护与管理。继续开展非物质文化遗产申报工作,完善四级名录体系。3月,木杆秤制作技艺等5个项目被列为市级第三批非遗名录项目;李美芹、张成诗等19人被列为第四批市级代表性传承人;通州中等专业学校申报通过南通市第三批非物质文化传承基地。举办宣传展示活动,开展非遗文化交流。6月14—21日,举办第四届非遗保护宣传周系列活动,内容包括非遗项目静态展示以及“通州风情”专场文艺演出等。完整资料保存,充实非遗文化数据库。11月底,区非遗保护中心编纂出版《十三部半巫书》,为国家级非遗保护项目“童子戏”提供保护与传承的研究资料。加强传承工作,开展非遗进校园工程。3月28日,组织召开市级以上非物质文化遗产项目代表性传承人工作会议。

文化产业。全区共有12个文化产业项目被列为南通市、通州区级重点项目,其中亿元项目3个。区属文化产业企业共争取到江苏省紫金文化产业发展基金专项资金项目4000万元的贴息贷款、南通市文化产业扶持资金300万元和省文化产业扶持资金60万元。区文化产业引导资金对南通妙吧等18家单位27个项目进行扶持,扶持金额459.5万元。组织2家企业分别参加第三届中国文化创意设计产业交易博览会和第十届中国(深圳)国际文化产业交易博览会。

新闻出版。印发《关于深入开展全民阅读活动,加强推进书香通州建设的意见》,做好江苏省和南通市书香摄影图片展的相关工作。开展农家书屋信息以及农家书屋数字化信息检查,确定五甲镇、十总镇为农家书屋提升工程试点镇,二甲镇、石港镇成功创建农家书屋先进乡镇,五甲镇中和村成功创建四星级农家书屋。进行印刷企业、出版物经营单位的年度核验及换证。年初,与所有印刷企业、出版物经营单位签订安全生产责任书,组织印刷企业参观苏州印展和上海全印展。在南通印刷协会印刷样品质量评比中,通州区一批印刷样品获奖,单位获组织奖。

【全国、江苏曲艺创作展演基地落户通州】 4月15日,全国曲艺新作展演(研讨)项目签约会在通州区举行,标志着全国曲艺小剧场艺术指导委员会创作展演基地、江苏曲艺创作展演基地落户通州。签约仪式上,中国曲协、江苏曲协、通州区文广新局三方代表汇聚一堂,就曲艺小剧场健康发展、曲艺小剧场运营方式与发展趋势等进行探讨。中国曲协党组成员、副秘书长曲华江勉励通州区作品融入地域文化,将具有通州特色的曲艺推向全国。

【《钟馗戏蝶》参加江苏非遗传统戏剧展演】 6月14日,童子戏《钟馗戏蝶》参加省文化厅举办的苏韵流芳——江苏物质文化遗产传统戏剧展演,受到好评。此次展演共选调全省18个优秀传统剧目。《钟馗戏蝶》改编自南通童子戏武场《跳判》,讲述钟馗巡视路上巧遇蝴蝶仙子,乘着酒意,加之小鬼们起哄,调笑蝴蝶却反被蝴蝶戏耍的故事。该剧曾获2013年第五届中国戏剧奖小戏小品奖剧目奖。

【首届忠孝廉文化艺术节】 7月1日—4日,区文广新局在东社镇忠孝园广场举办"通州首届忠孝廉文化艺术节"。首场演出荟萃省内京剧、锡剧、淮剧等多个剧种"中国戏剧梅花奖"的表演艺术家。艺术节期间,通过文艺演出、图片展览、书法、美术展等艺术形式,多角度展现新时期通州人民体现出来的正能量。

【第四届群众文化艺术节】 12月15日—17日,由区委宣传部、区文广新局、广播电视台联合主办的第四届群众文化艺术节暨第五届业余文艺团队调演(比赛)在文博中心小剧场举行。此次大赛分戏剧曲艺类、音乐类、舞蹈类三大类别。全区各基层共50件参赛作品在比赛中逐一亮相。最终评出金奖4个,银奖7个,铜奖9个。

【第三届古沙读书节】 9—12月,区图书馆举办第三届古沙书读书节。本届读书节围绕"读书·筑梦"主题,先后开展"书韵古沙"读书征文活动、"小小阅读之星"评比、"传承美德"电脑小报设计比赛、千册图书百日漂流等十余项读书活动,涉及55个幼儿园、45个小学、16个中学以及各机关企事业单位。

文化市场管理

【概　况】 2014年,区文广新局认真做好文明祭祖办丧事工作,分别召开文化站长以及各铜管乐队负责人会议,根据文明祭祖实施方案,依法查处不文明办丧祭祖行为。积极开展"扫黄打非"专项治理。春节、五一节、国庆节前后,在音像制品、图书销售、印刷企业等市场开展5次专项治理行动,共检查音像经营场所、书报刊市场、印刷复制场所600家次,收缴盗版音像制品1.5万余张、非法出版物3000多册。先后举办歌舞娱乐场所、音像制品经营单位、书报刊发行单位及印刷企业经营业主法律法规培训5期,培训人员600多人次。加强娱乐场所安全生产检查,发现安全隐患20多处,执法人员当场予以整改。

版权管理

【概　况】 2014年,区文广新局开展版权保护知识竞赛活动,南通家纺城版权管理办公室及家纺城部分业主、新华书店、邮政局干部职工以及出版物经营单位的业主等参加竞赛。组织人员到昆山学习创建省级出版示范县(市)、国家级版权示范县(市)经验。做好一般作品著作权免费登记相关工作。

文物保护

【概　况】 2014年,区文广新局实施第一次全国可移动文物普查工作,组织专家进行文物鉴定,对所有符合收藏标准的文物进行测量和拍摄,600余件文物输入文物普查软件。开展区文博中心历史文化展示馆的筹建工作,确定展陈方案。

(刘伯毅)

广播电视

【概　况】 2014年,通州区广播电视台着力推进体制机制创新,广播、电视和报纸三个媒体相对独立运行;通过对节目、版面进行全新改版,新闻宣传按照"对内鼓干劲、对外扬通州"要求,精心策划组织党的群众路线教育实践活动、社会主义核心价值观、项目建设、生态创建、文明城市、依法治国、政府为民办实事"民生大礼包"宣传等,做到阶段性战役主题突出,有效地提高了舆论引导力。持续放大品牌效应。关注平民英雄,报道20年行善的通州籍退休老教师陈仪式、"抱抱哥群体""阳光爱心车队""萤火虫志愿者"等一批典型。以"公共安全智能化工程"为依托,采用EPON网络技术,完成"公共安全智能化工程"350个接入点及村级技防监控中心180个接入点的传输建设。对主要中心镇的集居区、开发小区、安置区按双向化要求先行进行光缆化改造。全年经营性收入1.58亿元,比上年增长9.5%。以安全管理为重点,建立网络安全、播出安全、应急机动、现场处置等11个应急分队和领导带班、技术带班制度,确保重点敏感时期广播电视节目安全优质播出。

【节目、版面改版】 1月1日,《通州大众》改版为《通州日报》,扩版为对开大报,每周出版五期,逢周一、三、五为八版,周二、四为四版。《通视新闻》时长增加到30分钟,图像信息增加到12条以上,增设"今日头条""特别关注""民生播报""文明导航"等板块。增辟电视专题栏目《开心有礼》《城市记忆》《爱家360》等。在南通地区县级广播媒体中首推城乡两元化办广播举措,将FM99.9打造成全天17个小时以直播为主要播出形式,突出城市时尚风格的"通州阳光广播·城市之声"频率,将原来调频输出的"对农广播"通过数字电视网络传输,打造成"通州阳光广播·乡村之音"。

【对外宣传】 2014年,区广播电视台在中央电视台用片10条、中国教育电视台用片3条、省电视台用片216条。在江苏省电视新闻年会上,成为南通六县市中唯一获"优秀通联编辑奖"的电视媒体。制作反映通州乡土乡情的节目,1月10日,在中央人民广播电台"中国乡村之声"《乡土乡情》直播节目中播出。全年在《新华日报》用稿11篇,其中头版3篇,头版头条1篇;在《南通日报》用稿381篇,其中头版稿件67篇,头版头条9篇,头版、头条用稿数量均位居南通六县(市、区)第一。

【节目创优】 在2014年度南通市广播新闻奖评比中,区广播电视台一举拿下四个南通市一等奖,在南通各县市区中遥遥领先。其中《践行社会主义核心价值观呼唤优秀儿歌童谣》、广播专题《徐世杰:"南果北种"千里情》两件作品代表南通市参加江苏省评奖。长消息《"义举妈妈"实现爱子未尽心愿,120万抚恤金慈善助困》在获得中广协会广播新闻二等奖后,被推荐参评中国广播影视大奖,这在通州广播新闻史上尚属首次。反映通州首例成功捐献遗体的电视新闻《最后的心愿》获中广协会三等奖;电视专题《童声里的中国再谱新篇——通州5万小学生传唱社会主义核心价值观》获得南通市一等奖。

【首届广播主持人大赛】 3月16日,首届广播主持人大赛启动,有120多名选手报名参赛。此次广播主持人大赛按照采、编、播素养的要求,通过对选手综合素质的考量,挖掘广播主持优秀人才。历经近两个月的初赛、复赛,共有13名选手脱颖而出进入总决赛。4月7日,首届广播主持人大赛总决赛完美收官,最终评出金奖1名、银奖2名、铜奖3名、优秀奖7名。通州电视台对决赛全程录播。

(张为新)

记者站

【概　况】 2014年,《南通日报》驻通州区记者站在《南通日报》发稿381篇,其中头版稿件67篇,头版头条9篇。在反映通州经济平稳增长方面,采写《三大平台引领通州创新驱动》《通州企业并购释放1+1>2效应》《通州工业大平台上大起跳》《通州项目建设再发力》《通州人才企业"毕业率"高》等报道。在推进改革方面,通州先行先试,采写《通州民营经济混合制走出新路》《通州率先建农村产权交易市场》《通州列出村卫生室标准化建设时间表》等稿件。在践行社会主义核心价值观行动中,通州人做了大量工作,除报道《通州老师带头义救》《两人上千村民痛别投递班长》《通州好少年火海救人》等典型外,还推出《一部正在释放正能量的通州"传"记》深度报道。 (赵勇进)

体　育

【概　况】 2014年,通州区以体育基本现代化为目标,全面贯彻《全民健身条例》,体育事业全面、协调、可持续发展。承办2014年全国少儿毽球比赛,举行通州区"全民健身月"启动仪式暨万人健步走活动。全年组织开展各类群体活动208项次,参与人数150万人次。全民健身设施建设有序推进。5月15日,占地面积17.07公顷、建筑面积5.1万平方米的区体育中心面向社会开放;建设40个农民集中居住区体育设施,新(扩)建4个农村体育公园。体育产业发展迅速,体育彩票销售1.59亿元。

【群众体育】 全年共组织开展各类群体活动208项次。其中规模较大的活动有:1月10日—11日,举办区二运会暨首届全民健身运动会社体部三人制篮球比赛,12支代表队60余人参赛;4月20日—22日,承办江苏省健身秧歌项目一级社会体育指导员再培训(南通站),8个代表队近120人参训;5月26日,举办区门球赛,8支代表队70余人参赛;6月6日—10日,分别承办江苏省排舞、广场舞(南通站)及空竹项目一线社会体育指导员再培训,20支代表队200余人参加;7月26日—8月10日,举办"通明杯"2014年第十届通州足球超级联赛,18支代表队近250人参赛;7月26日至8月底,举办区"布伦特石油杯"男子篮球联赛,10支代表队近150人参赛;8月8日至11月8日,举办"百日千场"万人健步走活动,192场次近万人(次)参加;9月19日—20日,承办南通市健步走项目二级社会体育指导员培训暨通州区“南山湖 1 号”健步走公益培训，8 个代表队 150 人参训；12 月 6 日—28 日，举办“苏宝科技”2014 年通州足协杯比赛，8 支代表队近 130 人参赛。

【学校体育】 全年组织区中小学阳光体育系列竞赛 6 项次，共有 330 支队伍、1900 多名学生参加赛。3 月 21 日—23 日，举办区中学生(完中)男子篮球比赛，9 支代表队 70 余人参赛。5 月 11 日—13 日，举办区小学生田径运动会，44 支代表队 350 余人参赛。5 月 29 日—31 日，举办区中小学女子毽球比赛，82 支代表队 400 余人参赛。9 月 26 日—28 日，举办区中学生田径运动会，31 支代表队 300 余人参赛。11 月 25 日—27 日，举办区中小学男子毽球比赛，82 支代表队 400 余人参赛。12 月 25 日—27 日，举办中小学乒乓球比赛，82 支代表队 400 余人参赛。

【全国少儿毽球比赛承办】 7 月 27 日至 8 月 1 日，2014 年全国少儿毽球赛在区体育中心隆重举行。广东、深圳、上海、重庆等地的 21 支代表队 250 名选手参赛。比赛设有男女三人赛、男女双人赛、混合双人赛及计数赛四个项目。经角逐，深圳民治第二小学、广州东沙小学、深圳高峰学校分获男子三人赛的前三名，广州东沙小学、深圳民治第二小学、深圳市高峰学校分获女子三人赛前三名。如皋市磨头小学、佛山市石门实验小学、深圳市高峰学校等 10 所学校获体育道德风尚代表队荣誉。南通市理治红军小学和新坝小学分别组队代表通州区参加比赛。

【麻建国视察通州体育设施建设】 8 月 15 日，江苏省政协副主席、致公党江苏省委主委麻建国率部分省政协委员视察通州区体育基础设施情况。视察组听取通州区近三年来体育基础设施建设情况汇报，深入区体育中心、南山湖健身步道、兴仁镇徐庄社区，详细了解区、镇、村三级体育设施建设情况，充分肯定通州区政府及相关部门在体育基础设施建设工作中所做的工作和取得的成绩。

【包赛飞获亚运会 1 银 1 铜】 9 月 20 日，在韩国仁川亚运会上，通州籍运动员包赛飞与队友合作，以 59 秒 96 的成绩获得场地自行车男子竞速赛团体比赛银牌。9 月 24 日，在自行车男子个人争先赛决赛中，包赛飞获得一枚铜牌。

【顾小飞、蒋兵兵分获残运会金牌】 在韩国仁川亚洲残疾人运动会上，通州籍运动员顾小飞在 80 公斤级男子卧式举重比赛中，以 231 公斤的成绩夺得金牌。蒋兵兵获得田径比赛 100 米项目金牌、400 米项目银牌和 200 米项目铜牌，并在 2014 年全国残疾人田径锦标赛上获得 1 枚金牌和两枚银牌。

2014 年通州籍运动员参加省级以上比赛部分成绩统计
表 14

比赛名称	姓　名	组　别	项　目	名　次
江苏省县组田径比赛(第一赛区)	季漕烽	女甲	三级跳远	第二名
			跳　远	第三名
	顾鹏程	女乙	三级跳远	第三名
仁川亚运会场地自行车赛	包赛飞	男子	个人争先赛	第三名
			竞速团体赛	第二名

(周玉梅)

新华社 2014 年国内十大新闻(七)

全军政治工作会议在古田召开

全军政治工作会议 10 月 30 日至 11 月 2 日在福建省上杭县古田镇召开。中共中央总书记、国家主席、中央军委主席习近平出席会议并发表重要讲话，鲜明确立起军队政治工作的时代主题。在古田会议召开 85 周年之际召开的这次会议，以改革和整风精神研究解决党从思想上政治上建设军队的重大现实问题，被海内外舆论称为“新古田会议”。

卫　生

Health

编　辑　张晓芹

综　述

【概　况】 2014年,通州区卫生系统努力实施"改革创新、规范管理、健康促进、效能提升"四大工程,构建现代医疗卫生体系,创新监督管理方式,完善卫生惠民政策,提高综合服务绩效,推动卫生事业发展实现新跨越。

体制改革。全面完成14个镇区32家医疗机构的资源整合工作,实现一个镇办好一所卫生院的总体目标。对区人民医院、中医院和5家中心卫生院实施公立医院综合改革,破除以药养医机制。区委、区政府出台关于进一步规范人民医院、中医院医院管理办法,进一步完善混合所有制办医模式,充分发挥政府管理职能,强化医院公益性本质。完善基本药物制度,将基药规范管理纳入绩效考核范围,健全基本药物考核评价机制,强化采购、培训、使用和补偿等环节监管。基本建成以新农合、重大疾病救治、大病保险、医疗救助和健康补充保险等制度为一体的多层次重大疾病保障体系。新型农村合作医疗参合率达99.94%,人均筹资标准480元。全面启动新农合与城乡居民基本医疗保险制度整合并轨工作。

提升服务能力。区人民医院、中医院围绕三级医院评审标准,重点加强省市重点专科建设和医疗护理质量管理等工作。区第二人民医院通过南通市卫生局评审纳入二级专科医院管理。加快推进镇卫生院提标改造,全区19个镇区规划异地新建11个,扩建5个,改造3个。兴东、五甲镇卫生院扩建工程主体建设完成;先锋、川姜、五接镇卫生院异地新建工程开工;区第六人民医院12月底进场施工;刘桥、兴仁镇卫生院异地新建工程确定选址,进入工程招标前筹备阶段。区第七人民医院、兴仁镇卫生院异地新建和十总镇卫生院扩建列入2015年政府为民办实事项目。东社镇卫生院建成省级示范乡镇卫生院。推进村卫生室标准化建设,全区村卫生室规划设置203家。建成示范化、标准化村卫生室195家,完成率96.06%。推进区域卫生信息化建设,制订卫生信息化三年发展规划和I期项目实施方案。

公卫服务。完成65岁以上老年人、高血压、糖尿病和重性精神疾病患者四类重点人群免费健康体检25.2万人,建档率90.35%。继续开展农村妇女"两癌"筛查工作,完成宫颈疾病检查25290人,乳腺疾病检查25277人。传染病疫情继续保持平稳,全年无甲类传染病报告。深入开展"妇幼健康服务年"系列活动,全区孕产妇死亡率0,婴儿死亡率2.94‰,低于全市平均水平。建立区级卫生应急指挥系统,依托区人民医院建成120数字指挥调度平台并实现与省市连网。确定区人民医院为综合类紧急医学救援基地,区第二人民医院为传染病紧急医学救援基地。开展人感染H7N9禽流感和埃博拉出血热疫情防控工作。完成项目改厕任务20006座,占年度任务的100.03%。4个镇通过省级卫生镇复审,1个镇创成"江苏省卫生镇",23个村创成"江苏省卫生村"。

医疗管理。采取平时抽查和定期检查相结合的方式,对基层医疗机构服务质量进行监测和监管。全区建立106个健康管理团队,团队服务行政村覆盖率100%。积极探索适应行业特点的人事薪酬制度,不断完善"三考核"管理机制、"三挂钩"分配机制、"增总量"奖励机制,各医疗单位工作量和业务收入保持良性增长态势。强化监督执法。餐饮服务许可证、公共场所卫生许可证、健康证明按时办结率达100%。全年开展卫生监督检查18672户次,监督覆盖率100%。加强涉医违法监测监控体系建设,依法查实涉医违法案件38起,医务人员退还、拒收"红包"93人次,上交红包212人次。组织乡镇卫生院民主评议活动20次,收集意见建议62条。接受区人大、区纪委评议,在政府组成部门中综合排名进入第一方阵。　（彭益峰）

卫生改革

【概　况】 2014年,区卫生局按照政府在每个镇办好一所卫生院和城市按每3万—10万居民或街道所辖范围规划设置一个社区卫生服务中心的发展思路,继续推进基层医疗卫生资源优化整合,全面完成镇(区)医疗机构资源整合工作。实施公立医院改革、区医疗卫生单位相似正副股级职位竞争上岗、医疗卫生机构公开招聘工作人员等工作。组建区卫生和计划生育委员会。充分发挥政府管理职能,强化医院公益性本质。完成区中医院章程修订,10月18日召开区中医院股东大会,选举产生新一届董事会、监事会。

【卫生资源整合】 7月8日,区政府办公室印发《通州区2014年基层医疗卫生资源优化整合实施方案》(通政办发〔2014〕77号),对二甲、骑岸、平潮、五接、川姜、张芝山6个镇卫生资源进行优化整合,13家医疗机构整合为6个法人单位及12个分支机构,其中二甲镇、平潮镇、张芝山镇3家卫生院与所在地中心医院合署办公,考虑五接镇、川姜镇2家卫生院异地新建平稳过渡,在原4家卫生院所在地分别设立门诊部。

【公立医院综合改革启动】 11月27日,区政府办公室出台《通州区公立医院综合改革实施方案》(通政办发〔2014〕123号),区人民医院、中医院和第三人民医院、二甲人民医院、第六人民医院、第七人民医院、第八人民医院5家中心卫生院为公立医院改革实施单位。12月1日零时起,参改医院全部取消药品加成,使用的所有药品(除中药饮片和医院制剂外)实行零差率销售,配备使用基本药物,中心卫生院基本药物使用比例不低于50%。医院补偿由服务收费、药品加成收入和政府补助三个渠道改为服务收费和政府补助两个渠道。

【医疗卫生机构调整】 根据区编委《关于调整部分基层医疗卫生机构设置和人员编制的通知》(通编〔2014〕29号),注销:二甲镇余西卫生院、余北卫生院、袁灶卫生院,骑岸镇骑岸卫生院、五总卫生院,平潮镇平南卫生院、平西卫生院、新坝卫生院,五接镇五接卫生院、李港卫生院,川姜镇姜灶卫生院、川港卫生院,张芝山镇南兴卫生院13家事业单位法人;完成二甲镇卫生院、骑岸镇卫生院、平潮镇卫生院、五接镇卫生院、川姜镇卫生院、张芝山镇卫生院6家单位事业单位法人登记;先锋镇先锋卫生院更名为先锋镇卫生院,西亭镇西亭卫生院更名为西亭镇卫生院。根据区编委《关于调整区新型农村合作医疗管理委员会办公室管理体制等事宜的通知》(通编〔2014〕31号),区新型农村合作医疗管理委员会办公室由区卫生局管理调整为区人力资源和社会保障局管理。

【区事业单位法人治理结构建设试点】 五甲镇卫生院被列为全区事业单位法人治理结构建设试点单位。根据区编委《关于印发南通市通州区开展事业单位法人治理结构建设试点工作实施方案的通知》(通编〔2014〕1号)精神,区卫生局作为举办单位,认真做好试点推进工作。制定《五甲镇卫生院章程》和相关管理制度,组建五甲镇卫生院第一届理事会。10月30日,召开区五甲镇卫生院理事会成立暨第一届理事会第一次会议,区五甲镇卫生院第一届理事由9名同志组成,区卫生局颁发聘书。

【卫生人才队伍建设】 制订《通州区医疗卫生单位相似正副股级职位竞争上岗工作实施方案》,通过竞争上岗,选拔任用干部92名,提拔正职4名、副职21名,平级任职49名,正改副15名,并在系统内公开选拔聘任区疾病预防开展中心中层正职3名,在医疗卫生单位任用助理22名。继续实施定向委培乡村医生工作,与南通卫生高等职业技术学校2014年农村医学专业31名通州籍中职学生签订《农村医学专业学生定向就业协议书》。实施区医疗单位公开招聘工作人员工作,共招聘工作人员46名。发布《2014年南通市通州区村卫生室公开招聘乡村医生公告》,面向社会公开招聘乡村医生80名,通过报名、资格审查、笔试等程序,54名应聘人员进入体检程序。

【卫生系统领导干部培训班】 11月23日—25日,举办通州区卫生系统领导干部培训班。局领导、机关中层和各医疗卫生单位主要负责人、分支机构负责人共80人参加培训。邀请南京医科大学医政学院、江苏省卫生信息中心有关专家教授对"党的十八届四中全会精神解读""现代公务礼仪""领导艺术""深化卫生医药卫生体制改革工作回顾与展望""基层医疗卫生机构信息化建设""基层卫生发展的挑战与机遇""基层医疗卫生机构岗位绩效管理""和谐医患关系法律途径"8个主题进行授课。培训班还安排与会领导赴昆山市、江阴市现场学习"社区卫生一体化管理、医疗联合体、卫生院特色专科建设、医务人员绩效考核、卫生信息化建设"等方面工作。

【完善考核激励机制】 积极探索适应行业特点的人事薪酬制度,进一步健全以"效率、公平和激励"为目标的绩效考核办法,不断完善"三考核"管理机制、"三挂钩"分配机制、"增总量"奖励机制,充分调动系统内干部职工工作的积极性和主动性。4月,省卫生厅、人社厅、财政厅赴通州调研基层医疗卫生机构绩效考核分配工作。7月和11月,经省卫生厅、市卫生局推介,分别向盐城、新疆等地同行作工作经验介绍。

【组建区卫生和计划生育委员会】 12月29日,区委、区人民政府印发《关于区人民政府机构改革的实施意见》(通发〔2014〕)32号),组建区卫生和计划生育委员会,整合区卫生局、区人口和计划生育委员会职责,不再保留区卫生局、

区人口和计划生育委员会。（冯　霞）

农村卫生

【概　况】 2014年,全区新型农村合作医疗人均筹资标准480元,其中个人缴费100元、各级财政补助380元。参合城乡居民840149人,参合率达99.94%。共有87666人次得到新农合住院补偿,补偿金额35134.36万元,人均补偿4007.75元;门诊补偿2351.71万元;住院分娩补偿4778人127.61万元。区委、区政府出台《关于进一步加强村级医疗卫生机构建设的意见》及三个配套文件。实施村卫生室标准化建设列入政府为民办实事项目,年内共建成标准化村卫生室195家,占规划设置的96.06%。

【住院补偿政策完善】 优化完善属于住院保底补偿合理治疗医疗费用范围,稳定并控制大型医疗设备检查检验、高值医用耗材和特殊药品的支付范围和支付比例,进一步明确新农合意外伤害、部分先天性疾病及住院期间自购药品费用的补偿规定。将参合新生儿遗传性耳聋基因筛查费用纳入新农合补偿范围,每例500元报销50%。

【转诊制度规范】 区合管委印发《关于规范新农合转诊管理的通知》,对本地无能力救治的重大疾病以及需要专科专病治疗的患者,由区人民医院等9家新农合转诊定点医院出具转诊证明,经镇结报点登记备案,转到区确定的市外36家特定医疗机构住院治疗的,可以正常享受新农合报销待遇。因病情急、危、重或长期在外居住等原因在外地患病住院治疗的,在入院后15个工作日内,通过电话或来人等方式向结算管理中心报告备案。对没有按转诊程序就医或到市外非特定医疗机构住院治疗的,医药费用报销比例降低5个百分点(含住院保底补偿)。

【新农合大病保障】 2014年,通州初步建立具有特色的农村居民多层次医疗保障体系,较好地发挥新农合基本保障、大病保险、医疗救助和补充医疗保险制度的整体合力。在新农合大病保险省级试点取得初步成效的基础上,大病保险筹资标准提高到人均30元,起付线以上低费用段的补偿比例有所提高,2014年,大病保险理赔10005人次1961.51万元。随着大病患者自然年度内发生的住院费用的累计,花费大额费用的患者逐步增多,大病患者的受益程度进一步提高。通州学习借鉴外地的经验和做法,探索建立与现行新农合和大病保险制度相衔接的新农合补充保险制度,参合人员个人自愿缴纳20元,参保率达63.6%,至12月底,补充保险理赔大病患者435.47万元、意外伤害患者166.34万元、意外死亡或伤残对象48.2万元。

【4家单位获首批江苏省示范村卫生室称号】 1月,省卫生厅印发《关于公布第一批江苏省示范村卫生室名单的通知》(苏卫农卫〔2014〕1号),确认平潮镇九圩港村卫生室、二甲镇坨墩村花板桥卫生室、石港镇北渡村戴湾卫生室、平东镇金桥村金店卫生室为第一批“江苏省示范村卫生室”。

【村卫生室标准化建设经验在全省会议交流】 10月24—25日,由省农村卫生协会主办的全省巩固完善农村卫生综合改革经验交流会在扬州市举行。区卫生局在大会上作“着力推进村卫生室标准化建设,努力筑牢现代化医疗卫生服务网底”经验交流,通州区的做法受到上级领导充分肯定。国家卫计委基层卫生司副司长聂春雷、省卫计委主任王咏红先后来通州调研村卫生室建设工作。《健康报》、中国江苏网对通州区推进村卫生室提档升级工程的做法进行报道。

【建成195家标准化村卫生室】 2014年,全区共完成村卫生室标准化建设195家,达到规划设置的96.06%,其中建成示范村卫生室119家,达到61.0%。是年,通州区加大村卫生室标准化建设。区政府将实施村卫生室标准化建设作为医疗服务改善的重要内容,列为第二件为民办实事项目,明确村卫生室全部由政府集体举办,各镇区人民政府(管委会)负责组织和统筹推进辖区内村卫生室标准化建设。4月10日,区政府召开全区村卫生室标准化建设交办会暨现场推进会,明确到2015年底实现所有村卫生室的标准化建设,示范村卫生室不少于30%。区政府采取以奖代补的办法,对建设达标和验收合格的村卫生室,按一、二、三类镇补助标准分类补助,一类镇每室补助12万元、二类镇每室补助9万元、三类镇每室补助6万元。达到示范村卫生室标准的每室另奖励5万元。对年底前全面达标的镇,村卫生室12家以下的镇另奖20万元,12家及以上的镇另奖30万元。（金剑南　吴益祥）

预防保健

【概　况】 切实做好以霍乱、肝炎、手足口病、艾滋病、结核病和血吸虫病为重点的传染病防控工作。全年共报告甲乙丙类法定传染病20种3406例,无甲类传染病发生,乙类传染病发病率85.82/10万。累计建立健康档案943127份,建档率占常住人口的91.05%。累计管理高血压患者128986人,2型糖尿病患者33603人。为65岁以上老年人及糖尿病、高血压、重性精神疾病等重点人群免费体检25.2万人,体检率90.35%。全年新登记结核病人521例,其中传染性肺结核病人113例。新发现严重精神疾病患者235例,累计检出5477例。孕产妇死亡率0,5岁以下儿童死亡率4.75‰,婴儿死亡率2.94‰,新生儿死亡率1.92‰,新生儿出生缺陷发生率3.43‰,7岁以下儿童保健管理率98.03%,孕产妇系统管理率98.86%,住院分娩率100%,

新生儿听力筛查率99.89%，新生儿苯丙酮尿症筛查率99.91%，孕产妇产前筛查率95.43%，孕产妇艾滋病筛查率99.99%，幼儿园卫生保健合格率100%，免费婚检率达96.23%。完成宫颈癌和乳腺癌筛查2.5万人。18家预防接种门诊建成视频监控和冷链监控，实时动态掌握各接种点接种和疫苗保管情况。

【疾控专业卫生应急比武】 4月25日，区卫生局和区总工会联合举办全区疾控专业卫生应急比武。19个镇医疗卫生单位和区疾控中心组队参加，60名选手经现场知识竞赛、实践技能操作和突发疫情处置3个环节的激烈比拼，四安镇等6支代表队获团体奖，王玮琦等6人获个人奖。此次比武为区劳动竞赛委员会2014年度职业技能竞赛系列项目之一。王玮琦被区劳动竞赛委员会授予通州区“金牌职工”荣誉称号。

【全民健康生活方式行动】 以巩固国家慢性病综合防控示范区创建成果为抓手，在《通州日报》和“通州政府网”开设慢病防控健康教育专栏，定期向市民介绍创建工作要求和动态，宣传健康生活方式知识技能。开展健康单位创建活动，首批6家2级以上医院和3家大中型企业通过创建考核。创建全民健康生活方式示范单位20家，示范社区、单位、餐厅、食堂各5家。全区新建健康自助检测点10个，统一配备自动血压计、身高体重秤、健康大转盘、健康大礼包等健康支持性工具。全区53265人次参与省健康素养学习测试，人口覆盖率4.6%。

【“妇幼健康服务年”活动】 以纪念《母婴保健法》颁布20周年为契机，深入开展“妇幼健康服务年”系列活动，全面提升全区妇幼保健服务能力，对保障母婴安全起到积极推动作用。开展妇幼健康服务技能大竞赛，选拔优秀人员组队参加南通市级竞赛，获南通市团体第一名；开展产科绿色通道急救大演练，全面检验各级助产医疗机构的产科急救能力和技术服务水平；开展产科病历书写大评比，针对具体问题明确相应整改要求；开展妇幼保健业务大培训，先后举办妇保、儿保、产科质量等各类培训12期，对所有妇幼保健人员进行全面培训及相应考试；开展妇幼保健工作大考核，利用公共卫生妇幼保健绩效考核系统，实行现场电子考核，实现即时评分、自动汇总和反馈存在问题。

【农村妇女“两癌”检查】 继续将农村妇女宫颈癌和乳腺癌检查工作列入全区为民办实事项目之一，筛查任务数增至2.5万人，并按各镇(区)人口比例分解目标任务，筛查对象实现全区镇级全覆盖。全年完成宫颈癌检查25290人，共检出宫颈癌及癌前病变阳性病例91例，检出率为360/10万；确诊宫颈癌14例，确诊率为55.36/10万。完成乳腺疾病检查25277人，共检出乳腺癌B超可疑阳性202例，检出率为799/10万；确诊乳腺癌3例，确诊率为11.87/10万，所有检出“两癌”阳性病例均得到及时随访与治疗，切实提高广大农村妇女的健康水平。（王国清）

医院管理

【概　况】 2014年，医院管理工作以省示范乡镇卫生院、规范化社区卫生服务中心、乡镇卫生院特色科室、中医药综合服务区建设为抓手，通过提标改造，改善就医环境，强化处方点评、病历质量评审制度，采取定期考核与飞行检查相结合等手段，督促基层医疗单位持续改进服务质量，不断提升服务能力。

【东社镇卫生院建成省示范乡镇卫生院】 12月9日，省卫生计生委发文确认东社镇卫生院为“江苏省示范乡镇卫生院”。2014年，东社镇卫生院对照省示范乡镇卫生院评审标准，全面加强业务、基础、经济、人事等四个方面的管理措施，加大资金投入，完善基础设施建设，改善服务环境。通过开展创建活动，卫生院功能进一步完善，管理水平、服务能力、医疗质量、服务数量均有明显提升，医疗设施、服务环境明显改善，群众对医院的满意度明显提升，经济效益明显增长。11月接受省卫生计生委考评组评审。

【中医药综合服务区建设实现零突破】 根据全市基层中医药综合服务区建设推进会部署安排，城南社区卫生服务中心和兴仁镇卫生院整合单位现有中医药资源，在对医疗用房改扩建的基础上，调整中医药科室设置，将中医类临床科室、中药房及加工炮制室等归集到同一区域，同时，添置中医医疗设施设备(如：多功能牵引床、理疗床、特定电磁波治疗仪等)，努力拓展中医药服务内容，中医科室达3个以上，为群众提供中医药医疗保健服务。中医药综合服务区配合图片展板，集中宣传普及中医药养生保健知识，营造浓厚的中医药文化氛围。

【城西社区卫生服务中心列入省规范化建设单位】 7月，根据原省卫生厅办公室《关于开展省级规范化社区卫生服务中心建设单位申报工作的通知》(苏卫办社妇〔2014〕4号)精神，经区、市申报，省卫生计生委审核，城西社区卫生服务中心列入2014年度江苏省规范化社区卫生服务中心建设单位，获省财政补助30万元。中心对照《江苏省示范城市社区卫生服务中心评估标准(修订)》(苏卫社妇〔2012〕22号)，以满足辖区群众健康服务需求为目标，进一步改善服务条件，投入50万元对现有病房进行升级改造。同时，规范内部管理，转变服务职能，创新服务模式，建立家庭医生制度，规范化建设和管理水平显著提高。12月，省卫生计生委专家组对城西社区卫生服务中心规范化建设工作进行考核指导。

【区第二人民医院升格为二级精神病专科医院】 区第二

人民医院继续加大医院软硬件建设力度,从加强基础管理、完善医院功能、提高医疗质量、全面提升服务能力和水平等方面入手,按照二级精神病医院标准,积极稳妥地开展二级精神病专科医院创建。12月,经南通市卫生局组织专家评审验收,确认区二院为二级精神病专科医院,纳入二级医院管理。 (顾东烨)

卫生执法

【概　况】 2014年,通州区全力推进卫生监督重点专项工作,组织开展无证餐饮单位、学校食堂、建筑工地食堂、餐饮单位使用肉制品和自制面制品,以及美容美发业、住宿业、沐浴业及游泳场所等公共场所的专项整治。组织开展学校综合卫生监督、生活饮用水、消毒产品、放射防护规范、传染病监督等专项检查。不断规范医疗执业行为,加强涉医违法监测监控体系建设,严厉打击滥用抗生素和非法行医等违法行为。全年共受理许可申请268件,按时办结率100%;开展卫生监督检查18672户次,监督覆盖率100%;行政处罚189起,办理群众投诉举报112起;餐饮服务单位抽检食品50份,合格率100%;餐具消毒效果监测120件,合格率84.17%;公共场所单位公共卫生用品抽检310件,合格率94.6%;生活饮用水抽检18份,合格率100%;游泳场所抽检样品59份,项次合格率96%。

【涉医违法监测监控体系】 对原有哨点监测网络进行全面梳理,构建横向到边、纵向到底的涉医违法监测监控网络体系,建成一级哨点19个、二级哨点222家。明确各级哨点工作职责和内容,签订责任状,落实责任人,建立相关工作制度,公示投诉举报电话。统一制作并下发哨点公示牌和一级、二级哨点管理档案。结合卫生监督协管相关要求,创新考核评价机制,制定通州区星级哨点评定方案,将涉医监测监控体系建设工作纳入公共卫生服务项目绩效考核工作。实行工作量考核及工作质量考核结果与补助资金相挂钩,同时制定相应的惩罚性措施,对工作完成不力的单位实行倒扣分制。全年,两级哨点共上报涉医违法监测信息共计41条,依法查实涉医违法案件38起。

【学校卫生监管模式转变】 在加强学校食堂食品安全监管的基础上,及时向学校综合卫生监督转型和拓展。5月,全面监督检查全区129家学校的教学环境、传染病防治、生活饮用水卫生等,同时对首批十所学校进行教学环境监测。监测结果显示,近50%的学校教室人均面积和噪声达到国家标准要求,其余项目均达到国家标准要求。对监测项目不达标的学校,向教室主管部门提出合理化建议,逐步改进相关设施和条件。8月,组织全区各片教育督导组人员、校医和校保健老师开展以学校教学和生活环境监测为主要内容的专题培训,指导各学校做好学校教学和生活环境的日常管理。 (王国清)

医教科研

【概　况】 2014年,通州区不断完善卫生科教工作医学教育体系,加强科研创新力度,加快青年科研人才的培养和基层医疗卫生队伍建设。到上一级医院进修学习73人,其中"务实进修"人员20人;参加业余学历教育:研究生课程进修班63人、本科206人、大专59人;参加住院医师规范化培养160人,结业23人;参加省卫生厅组织的千人药学人员培训7人;进入全科医师规范化培训12人,全科医师转岗培训14人。在正式刊物上发表论文242篇,其中核心期刊论文43篇,会议交流论文18篇。10个科研课题被市科技局立项,6个课题被区科技局立项,南通市卫生局青年科研基金项目立项14个(指导性),并顺利通过开题论证进入全面实施阶段;区人民医院完成在研市级科技计划项目结题2项,获南通市、通州区科技进步三等奖各1项;申报南通市卫生局新技术引进奖和优秀中医药项目奖10项,获4项三等奖。全年组织各类培训班18期,培训镇村医务人员2411人。

【全科医师规范化培训启动】 11月,区全科医师规范化培训开班进点工作在区人民医院启动,来自基层医疗单位的12名新招录的人员正式进入基地接受为期3年的规范化培养,14名全科医生参加为期1年的转岗培训,这是深化医改、加强基层医疗卫生队伍人才建设、提高综合服务能力的重要举措。 (卜晓燕)

行风建设

【概　况】 组织开展"5·10"思廉日、算账教育月、"12·9"反腐败日活动,通过反腐倡廉形势分析、真实案例剖析、观看警示教育片等形式,有效增强廉政教育的针对性和实效性,受教育党员干部300余人次。围绕中央"八项规定"和省市区"十项规定"的执行情况开展明查暗访,对各医院节日期间和夜间值班情况开展突击检查,全年共组织暗访3轮,突击检查4次。制定《全区卫生系统领导干部外出请销假制度》,进一步加强对系统内领导干部的监督管理,严肃工作纪律。在基层卫生院开展民主评议工作,不断增强服务意识、提高服务能力。加强无红包医院长效管理,全年抽调出院病人进行信函回访1100人次,电话回访2852人次,行风满意率93.56%,排查红包线索3条,受理群众来信来访、投诉举报31件。对系统内医疗设备、基建工程的开标、评标过程开展监督,全年共参与各类招标34场次,中标金额1400余万元,节约资金280余万元。

【乡镇卫生院民主评议】 2014年，加大乡镇卫生院民主评议活动力度。由各镇卫生所牵头组织，邀请所在地政府部门人员、人大代表、政协委员、行风监督员、服务对象代表，对各镇卫生院服务态度、医疗收费、整体环境、医德建设、规范医疗、廉洁行医6个方面的内容进行社会评议。2014年共开展评议活动20次，参加评议的各界代表450人，收集意见建议62条。

【"杏林春暖"主题摄影活动】 2014年，区委宣传部、区卫生局、区文学艺术界联合会共同主办"办人民满意卫生，促医患关系和谐"为主题的杏林春暖摄影活动。3月，区文联20多位摄影家深入医疗卫生工作一线采风。5月，成功举办"杏林春暖"摄影展。7月，经区文联批准，成立区摄影家协会卫生系统分会。12月，制作完成《杏林春暖——通州卫生摄影作品集》，分亲切关怀、改革发展、科教兴卫、公共卫生、便民惠民、温馨服务、天使风采、卫生文化8个篇目，收录作品185幅。 （顾晓虎 李 丹）

爱国卫生

【概 况】 2014年，通州区紧紧围绕爱国卫生年度工作目标，大力推进农村改厕，扎实开展健康教育与健康促进、病媒生物防制和卫生创建工作。34个项目村（居）完成改厕任务20006座，建成"江苏省卫生镇"1个、"江苏省卫生村"23个，命名区级"健康单位"11家、"无烟单位"7家。

【农村改厕工程】 2014年，省市下达通州区农村改厕任务2万座，结合全区19个镇无害化卫生户厕普及率水平，将任务分解落实到二甲、石港、刘桥和平潮4个镇的34个村（居）。区政府于4月10日组织召开动员会，6月27日、8月21日和9月30日召开推进会，全面部署和推进改厕工作。区爱卫办明确化粪池、盖板、管材和坐便器选材标准及建造要求，组织集中和分镇技术培训，开展不间断巡回督导。镇优选施工队伍，项目村（居）干部分片包干做好宣传发动和工程监管，聘请专兼职施工监理在各施工点巡回督查。10月底，全区完成项目改厕任务20006座，占年度任务的100.03%。

【健康教育】 2014年，区卫生局利用多种形式，深入开展爱国卫生月和健康教育宣传月活动。6月18日，组织开展以"青少年及儿童健康、预防保健"为主题的健康教育主题宣传活动。落实城乡居民健康素养干预和监测，确定平东镇国道村和金桥村、东社镇新街村和河东村、石港镇草市桥和睹史院村为国家和省级监测点，10月底，全面完成入户调查，收集全国居民健康素养监测调查问卷450份。启动城乡健康支持环境建设工作，通过培训指导和考核评估，11月28日，区爱卫会命名"健康单位"11家、"健康场所"4个。

【烟草烟雾危害控制】 继续巩固无烟医疗卫生机构创建成果，区爱卫会印发《2014年全区无烟医疗卫生机构长效管理工作方案》，5月21日，召开部门控烟联络员会议。6月中旬，对无烟医疗卫生机构的长效管理情况进行暗访。进一步推进公共场所和工作场所禁烟，区爱卫会印发《关于在全区公共场所开展禁烟活动的通知》和《关于进一步开展室内公共场所和工作场所禁烟工作的通知》，教育、卫生、交运、公安、体育、工商、税务、银行等主管部门落实控烟主管科室及联络人员。10月底，印制新版室内禁烟标志5000张，由监督所发放至城区餐饮及公共场所经营单位。开展无烟单位创建活动，12月2日，区爱卫会命名"无烟单位"7家。

【病媒生物防制通过省级评审】 区爱卫会印发《2014年病媒生物防制工作计划》，5月21日，区政府办组织召开爱国卫生工作专题协调会，部署除四害工作任务。5月29日，举办全区病媒生物防制工作培训班，邀请南通市专家对社区居委会、重点部门和单位的除四害联络员进行培训。抽取6名专业技术人员，分3个小组对重点单位进行督查指导。实施药物灭杀，全年组织城区灭鼠3轮，水体生物灭蚊蚴3轮，灭蚊蝇1轮，共计投放溴鼠灵颗粒剂、雷公藤甲素灭鼠剂1000余公斤，投放球形芽孢杆菌2000公斤，喷洒5%高效氟氯氰菊酯稀释液5000余公斤，有效控制"四害"密度。7月3日，通州区作为南通市区组成部分，接受并顺利通过病媒生物防制省级达标评审。

【卫生创建】 2014年，通州区全面完成省级卫生村创建任务。区政府两次召开卫生创建工作推进会，组织区级业务指导和明查暗访，拍摄图像资料，反馈存在问题。5月22日，组织召开省级卫生村创建培训会，8月初，组织平东镇到如皋市江安镇参观学习。9月，十总、石港、平潮、兴东四个镇顺利通过省级复审。10月28日，平东镇顺利通过省级评审，12月，被省爱卫会命名为"江苏省卫生镇"，23个村被省爱卫会命名为"江苏省卫生村"。

（范 玲 张雪梅）

2014 年主要医疗卫生单位基本情况

表 15

单　位	职工数（人）	卫技人数（人）	占地面积（平方米）	建筑面积（平方米）	固定资产（万元）	床位数（张）	年门诊数（人次）	年出院数（人）	特色医疗
南通市通州区人民医院	878	774	28024	107176	55847	1246	456538	49125	支气管镜技术、血液透析、心脏介入、起搏器安装、腹腔镜技术、鼻窦内镜技术、肿瘤介入治疗
南通市通州区中医院	483	398	34413	37796	15154	650	451215	19155	骨伤科、肛肠科、针灸科、推拿、肿瘤
南通市通州区第二人民医院	125	98	9854	11859	2836	250	44989	1507	心理咨询、头痛失眠
南通市通州区第三人民医院	270	242	16383	19324	5392	200	238363	9726	心血管内科、神经内科、普外科、骨科、眼科
南通市通州区二甲人民医院	124	107	23001	15605	3959	110	56755	3206	
南通市通州区第六人民医院	131	121	22438	11667	2086	152	79286	3827	
南通市通州区第七人民医院	92	79	8075	8924	1280	100	81260	2216	肝病专科
南通市通州区第八人民医院	204	190	13986	22330	6244	200	149905	7163	康复治疗、腹腔镜胆囊摘除术、无痛人流、无痛分娩、血磁疗法、白内障超声乳化术
南通市通州区疾病预防控制中心	55	49	6415	6415	1127				皮肤病门诊、犬咬伤门诊
南通市中心血站通州分站	30	22	2589	1639	760				血细胞单采及血浆置换术
南通市通州区妇幼保健所	33	32	4802	2130	631				乳腺专科、早教门诊
南通市通州区卫生监督所	29	26			178				

社会生活

Social Life

编　辑　陈　菊

人　口

【户籍人口】 2014 年末，全区有户籍人口 1266584 人，比年初增加 3915 人，人口自然增长率为 -0.33‰，连续 17 年呈现负增长。主要特点：一是女性人口多于男性。总人口中，男性 619536 人，增加 1229 人，女性 647048 人，增加 2686 人，女性比男性多 27512 人，男女性别比为 95.75（女 =100），比上年（下同）下降 0.21。男女性别比例相对稳定的主要原因是：死亡人口中女性比男性少 769 人，出生人口中女性比男性少 33 人。二是非农人口占比提高。年末，全区农业人口 770834 人，非农人口 495750 人，非农人口比重为 39.14%，提高 0.12 个百分点。三是死亡人口多于出生人口。全年出生 10809 人，出生率 8.55‰；全年死亡 11233 人，死亡率 8.88‰，死亡比出生人口多 424 人。

【常住人口】 2014 年末，全区常住人口达 114.20 万人，与上年比持平略降。其中，城镇人口 63.63 万人，比上年（下同）增加 1.58 万人，农村人口 50.57 万人，减少 1.60 万人。城镇人口占全区常住人口的比重为 55.7%，提高 1.4 个百分点。（于海燕）

人民生活

【城乡居民收入】 2014 年，通州居民人均可支配收入 24836 元，比上年（下同）增长 9.6%。其中，城镇居民人均可支配收入 34565 元，增长 8.9%；农村居民人均可支配收入 16835 元，增长 10.8%；城乡收入比为 2.05∶1，较上年缩减 0.04 个百分点。从收入的四项构成看，工资性收入仍然是城乡居民增收的主要来源和动力。（一）城乡居民收入增速放缓。（二）工资性收入拉动明显。居民人均工资性收入 14801 元，增长 9.5%。其中，城镇居民人均工资性收入 20807 元，增长 9.0%，拉动城镇居民人均可支配收入增长 5.4 个百分点；农村居民人均工资性收入 9861 元，增长 10.4%，拉动农村居民人均可支配收入增长 6.1 个百分点。工资性收入稳步增长的原因：一是政策因素影响，从 2014 年 11 月 1 日起，通州区继续调整最低工资标准，由每月 1480 元调整为每月 1630 元，增长 11.1%，非全日制用工由上年的每小时 13 元调整为每小时 14.5 元，增长 11.5%。二是由于木匠、泥水匠、电工等行业人员稀缺，供不应求，收入上涨较快。三是高度重视农民工工作，提供农民工劳动技能培训机会，农民工就业环境明显改善，农民工收入增加。（三）经营净收入稳步增长。居民自主创业意识不断增强，更多居民成为自主创业经营者，家庭经营净收入已经成为通州居民增收的重要渠道。居民人均经营净收入 4969 元，增长 10.0%。其中，城镇居民人均经营净收入 5238 元，增长 8.1%，拉动城镇居民可支配收入增长 1.2 个百分点；农村居民人均家庭经营净收入 4748 元，增长 11.7%，拉动农村居民可支配收入增长 3.3 个百分点。其中，第一产业净收入 1117 元，增长 4.9%；第二、三产业净收入 3631 元，增长 14.0%。（四）财产净收入持续增长。随着互联网金融兴起，银行理财产品增多，居民理财意识的增强，利息、红利、土地出让（转租）和其他投资性收益的增长，带动居民财产净收入的增长。居民人均财产净收入 1265 元，增长 8.8%。其中，城镇居民人均财产净收入 2218 元，增长 8.6%，拉动城镇居民可支配收入增长 0.6 个百分点；农村居民人均财产净收入 482 元，增长 9.5%，拉动农村居民人均可支配收入增长 0.3 个百分点。（五）转移净收入稳中有升。居民人均转移净收入 3801 元，增长 9.8%。其中，城镇居民人均转移净收入 6302 元，增长 9.5%，拉动城镇居民可支配收入增长 1.7 个百分点；农村居民转移净收入 1744 元，增长 10.7%，拉动农村居民人均可支配收入增长 1.1 个百分点。转移净收入持续增长的原因：一是政府加大对居民的财政转移力度，完善各项生活保障政策和补贴措施，提高最低生活保障金标准，上调离退休人员的养老金，为转移性收入的增长提供动力；二是农村医疗保障体系不断完善，使得农民医疗报销额度不断提高；三是随着物价的增长和居民生活水平的提高，子女给老年人的赡养费也有所增加。

【城乡居民消费】 2014年，通州居民人均生活消费支出15903元，增长8.5%。其中，城镇居民人均生活消费性支出20501元，增长6.7%；农村居民人均生活消费支出12122元，增长11.2%；人均生活消费支出农村居民高出城镇居民4.5个百分点。（一）八大类消费支出全面增长。居民人均消费支出15903元，增长8.5%。其中，人均食品烟酒消费支出4933元，增长8.7%；人均衣着消费支出1097元，增长7.4%；人均居住消费支出2653元，增长9.1%；人均家庭设备及用品消费支出843元，增长10.2%；人均交通通信消费支出2067元，增长7.3%；人均教育文化娱乐消费支出2854元，增长7.7%；人均医疗保健支出982元，增长10.6%；人均其他用品和服务消费支出474元，增长9.9%。（二）居民消费倾向略有下降。居民人均生活消费支出占人均可支配收入的比重为64.0%，下降0.7个百分点。居民人均可支配收入增加2175元，而人均生活消费支出仅增长1246元，收入增加额较消费增加额超过将近1000元，反映居民对未来收入增长持观望态度，消费倾向更趋理性。其中，城镇居民和农村居民人均生活消费支出占人均可支配收入的比重分别为59.3%和72.0%，城镇居民消费倾向更为克制。（三）居民生活消费支出特征。1. 食品类支出占比最大。居民人均食品支出4933元，增长9.7%，占居民生活消费支出的比重为31%。其中，城镇居民人均食品支出6217元，增长7.6%，占生活消费支出的比重为30.3%；农村居民人均食品支出3877元，增长10.1%，占生活消费支出的比重为32%。2. 医疗保健支出成为新热点。随着生活条件的改善以及人们对健康认识水平的提高，居民的自我保健意识不断增强，对营养品滋补品的需求也更为合时、合理、合适。居民人均医疗保健支出982元，增长10.6%。其中，城镇居民人均医疗保健支出1476元，增长9.1%；农村居民人均医疗保健支出576元，增长13.8%。3. 教育文化娱乐消费稳步提升。居民人均教育文化娱乐消费支出2854元，增长7.7%，占生活消费支出的比重为17.9%。其中，城镇居民人均教育文化娱乐消费支出3697元，增长6.4%；农村居民人均文化教育娱乐用消费支出2161元，增长9.6%。

（于海燕）

计划生育

【概　况】 2014年，通州区出生人口10809人，出生政策符合率99.2%，人口自然变动持续17年负增长，为-0.33‰，出生人口性别比95.75（女=100），保持出生性别比正常。区人口和计划生育委员会（简称区人口计生委）获省级“免费孕前优生健康检查工作先进集体”称号，区计划生育协会被省卫生和计划生育委员会、省计划生育协会表彰为“全省计划生育系列保险工作先进单位”。

【“单独两孩”政策实施】 4月1日，区人口计生委举办贯彻省“单独两孩”政策专题培训班。在《通州日报》、通州电视台、党政信息网等媒体宣传“单独两孩”政策，社区和村居的政务公开栏编排宣传专版，制作下发20余套宣传展板，印发宣传折页手册。严格执行省“单独两孩政策执行中有关问题的解释”相关规定，办证时间由原来的45天缩短为30天。对符合“单独两孩”育龄人群落实国家免费的优生健康检查。4—12月，全区新增城市单独311对。全年经批准再生育的占受理总数的17%，占有生育意愿的12.8%，占符合政策的8.7%，没有形成扎堆抢生现象。整个审批工作没有发生一起群众投诉。

【优生促进工程】 2014年，通州区委、区政府再次将优生促进工程列为为民办实事工程之一，并作为重点工作加以推进，两办督查室、区效能办每月跟踪督查项目实施情况。区人口计生委定期召开工作推进会、项目负责人交流会、技术人员培训会，每月书面通报项目进展情况，定期到各镇区进行督导。充分利用电台、报纸、网络等新闻媒体，加大宣传力度。投入4.5万元制作5000份实物宣传品。发动党员志愿者进社区、进企业、到街头，发放宣传资料3万余份，现场咨询解答3000余人次。利用二代身份证扫描系统筛查参检人员，从源头上杜绝非目标人群参查。遵守质控制度，规范质控程序，坚持每天做好室内质控，定期参加国家、省、市组织的室间质控，在全国和省临床检验室间质量评价活动中，各项检验结果均为优秀。为最大限度地方便群众，采取村镇预约到站检查和每周二、周四定期到镇集中检查服务方式，区计划生育指导站周六、周日安排人员值班。全年完成检查数3879对，目标人群覆盖率达94.6%，提前超额完成目标任务。检查中，共筛查出高风险人群886人，均予以一对一咨询指导。

【“亲情牵手—心理援助”项目】 “亲情牵手—心理援助”项目是南通市对计划生育特殊困难家庭扶助关怀的工作品牌。区、镇两级均建立工作领导小组，各镇成立以失独老人为主体的关爱失独老人理事会，选举产生理事长。区、镇、村三级分别建立“亲情牵手—心理援助”项目工作中心、站、室，并制定相应的工作制度和援助内容。通过进村入户，调查摸底全区失独老人，全面掌握其生产生活状况和援助需求，逐一建立档案，开展心理疏导、亲情跟踪、爱心救助、结对帮扶等活动。

【计生服务质量管理】 开展“计划生育技术服务质量安

组织失独老人浏览滨江公园

全年”活动，坚持把“以人为本”思想贯穿计划生育技术服务工作的始终。抓好培训学习，组织各服务站干部职工学习《计划生育技术服务管理规范》《世代服务管理操作手册》等材料，引导服务人员从自身工作出发，寻找工作中的难点和不足，并分析存在原因，提出解决办法，为更好地服务群众打好基础。抓好规范管理，切实做好计划生育技术服务机构许可证及技术人员合格证的审批校验工作，开展计划生育技术服务质量安全大检查，进一步健全技术服务质量管理体系。联合卫生、公安、药监等部门制定《通州区进一步整顿医疗秩序打击非法行医专项行动实施方案》，在全区范围内开展为期一年的专项行动。全年世代服务机构的手术总数1299例，避孕节育知情选择率97%，规范化随访服务率98%，避孕药具不良反应/事件上报597例，生殖道感染及妇女病查治46356人。

【计划生育利益导向机制完善】 推进计划生育家庭奖励扶助和特别扶助、持证退休企业职工和城镇非从业居民一次性奖励工作，完成镇级核对、初审、公示和区级审核工作，确定新增奖扶对象1.15万名、特扶对象376名，一次性奖励对象企业退休职工3312名、城镇非从业居民164名。全年共发放奖特扶金6504.62万元。组织慰问计生困难家庭，向13户计划生育“空巢”家庭赠送彩电，分别发放独生子女死亡家庭慰问金、计生困难家庭慰问金68.2万元和20万元。“5·29”期间，区、镇两级共投入5万多元，慰问260余户独生子女伤残家庭，向7个镇9户失独家庭免费赠送养老保险，联合太平洋人寿公司向全区42名0至18周岁女性孤儿赠送意外伤害综合保险。区计生协会下发《关于规范开展计划生育系列保险工作的通知》，明确相关要求。开展第11批扶助农村计划生育贫困家庭饲养波尔杂交山羊的工作，共向6户计生贫困家庭赠送24只波尔山羊。确定十总镇双墩村失独老人梁海清为资助危房改造对象，动员各方力量帮助其修建新房。

发放危房改造补助金

【人口文化】 大力弘扬新型人口文化，引导群众树立诚信守法、文明健康、性别平等、夫妻恩爱、尊老爱幼的新型人口家庭观。3月7日，组织开展“倡导婚育新风，共建幸福家庭”活动，宣传计划生育政策、孕前检查、优生优育、生殖健康、家庭保健等知识。5月初，结合区第13届科技节暨第26届科普宣传周、第30届科技先锋超市活动，在石港镇科技文化中心宣传单独两孩政策、孕前检查、优生优育、计生法律法规等。“5·29”期间，区、镇共组织宣传活动20余场次，参与群众6000余人，受益对象逾4万人。区人口计生系统先后在南通人口网及以上刊物发布宣传信息200余条。

【流动人口计生服务】 贯彻落实《江苏省实施〈流动人口计划生育工作条例〉办法》，规范流动人口一孩生育服务登记。健全流动人口计划生育服务管理体系和协会组织网络，提升流动人口服务管理水平。开展流动人口计划生育基本公共服务均等化达标创建活动，全面实施外来人口“居住证”制度，完善“费随人转”流动人口公共服务经费补助机制，实现流动人口计划生育免费基本公共服务全覆盖，促进流动人口社会融合。加强综合信息平台流动人口模块的应用，深化省内、省际协作与双向协作，完善省内流动人口计划生育双向考核工作机制，提升区域协作的制度化、规范化水平。

（于国庆）

人　事

【概　况】 2014年，通州区大力实施人才强区战略和“510英才计划”，加大人才引进和开发激励力度，建立健全人才工作考核体系，充分发挥各类人才的引领支撑和示范带头作用。成功举办区春风送岗位暨百优企业南通专场人力资源招聘会，组织参加“南通市2014年高校毕业生春季交流大市场”以及高校毕业生招聘会等各类招聘活动30多场次，共引进各类人才4387人，其中博士2人、硕士114人、本科2225人，专科及以下2046人。全年共引进高层次人才57人，其中江海英才23人，区510英才计划34人。新增外国专家16名、省创业博士计划1人、博士后研究人员1人。组织企业实施引智项目23项，其中19项获省、市立项，立项总数和层次全市领先。与河海大学联合举办千名企业家创新人才培养工程第三期高级工商管理硕士(EMBA)研修班，取得良好效果。

【人才载体建设】 邀请海外高层次留学人才参加“南通江海英才创业周”活动，4个创新创业项目签约。成功举办第十届高层次人才智力与项目合作洽谈会，美国、加拿大、日本等国家以及北京、上海、武汉、厦门、南京等高校院所的81位知名教授、专家、高层次人才参会，现场签约10个校地合作、产学研合作和创新创业项目。华宇印涂公司被命名为省级引进国外智力示范单位，全省共7家，南通市仅此1家。

【人才技能培养】 全区新增高技能人才6031人。省级“通州四建葛建华技能大师工作室”，市级“卫正明焊工技能大师工作室”分别获批挂牌。明德重工王建平成功获批“省首席技师”。组织企业职工参加各类技能竞赛，华宇公司的龚建飞、明德重工的康飞分别获南通市车工职业技能大赛第三名、第五名，通建劳务公司的龚萍萍获南通市第二届家庭服务业技能大赛第五名。

【高校毕业生就业创业】 积极搭建毕业生就业、创业服务平台，促进全区毕业生充分就业。2014届高校毕业生总体就业率达94%。省未就业高校毕业生实名制管理系统录入维护完成率100%。开发高校毕业生就业见习岗位235个，确保困难家庭大学生就业率100%。5个大学生创业团体的申请项目得到资助，共发放扶持资金53万元。

2014年被评为高级专业技术职称人员名录

正高(13人)：

高级工程师(研究员级)：

区水产技术指导站：曹　华

南通四建集团有限公司：周善荣　俞国兵

通州建总集团有限公司：张红军　曹汉标　费学均　季彩群

通州二建建设工程有限公司：刁品琪

主任医师：

区第三人民医院：茅恒菊

区人民医院：俞　斌

主任护师：

区中医院：吴　坚

主任中医师：

四安中学：黄有彬

农业技术推广研究员资格：

区土壤肥料技术指导站：孙明强

副高(198人)：

高级工程师：

区园林绿化管理中心：朱玉峰

区建设工程质量监督站：吴晓东

区海洋与渔业局：高创新

区农村水利建设管理所：耿卫明

区水利工程管理所：秦　进

区汽车综合性能检测站：张　伟

南通四建集团有限公司：周　杰　刘卫兵　陆金华　吴霄云　张　辉　顾立明　张　鲲　薛　明　苏　玉　朱永标　徐成芳　卫　锋　徐宜军　陆汉明　姜成杰　奚传忠　宋晓华

通州建总集团有限公司：袁晓虎　宋风林　梁继兵

南通新华建筑集团有限公司：吴勉和　邢元华　毛灿华

通州四建集团有限公司：陈锦锋　陈卫华　蒋卫杰　陈润华

通州建总智能通信系统工程有限公司：张新明

南通四建装饰工程有限公司：张爱民　张　锋

创斯达科技集团(中国)有限责任公司：李　娟

南通福乐达汽车配件有限公司：严　军　王伶俐

南通市紫金塑业科技有限公司(人事代理)：马　华

南通四方冷链装备股份有限公司：季汉琴

南通新三能电子有限公司：陈建华

桑夏太阳能股份有限公司：徐　锋

南通通博设备安装工程有限公司：姜建玲

江苏通州基础工程有限公司：丁　杰　刘建芳　陈学彬

南通市江海公路工程有限公司：严晓标

南通拓尔普测绘信息有限公司：严新华

高级经济师：

江苏通达动力科技股份有限公司：胡　浩　彭进杰

南通御丰塑钢包装有限公司：蔡光泉

南通通力油泵有限公司：李建国

通州建总集团有限公司：瞿飞跃　季国旗

南通英雄建设集团有限公司:单守民
南通众艺建筑安装工程有限公司:李灵锋
区政府投资项目工程建设中心:刘晓玲
区城乡居民社会养老保险基金管理中心:季晓鹏
区人民医院:吴忠杰
通州建总集团有限公司:王　艳

高级会计师:
江苏力普电子科技有限公司:丁锡清
南通棉花机械有限公司:倪新丰
江苏通达动力科技股份有限公司:柳云霞
南通综艺投资有限公司:蒋　超
南通四方冷链装备股份有限公司:杨志城
区第七人民医院:瞿春阳
区教育局:吴挚湘
南通四建集团有限公司:卑建秋　刘向阳
通州建总集团有限公司:邱晓莉
通州四建集团有限公司:李　建

高级审计师:
区审计局:张钰艳　刘　瑾

高级政工师:
南通市江州盐业有限公司:高　燕

高级农艺师:
刘桥镇农业服务中心:何震宇
平潮镇农业服务中心:夏汉炎
兴东镇农业服务中心:顾建忠
区种子管理站:纪永军

高级兽医师:
区动物卫生监督所:俞卫平

文学创作专业高级:
区剧目工作室:张黎化

高级教师:
金北学校:狄袁辉
文山初级中学:李柳燕
石港中学:周　洋
李港小学:李新祥
五窑小学:孙春容
姜灶中学:杨亚娟
二甲中学:陈建国
平潮小学:王　丽
正场小学:季求兵
金沙中学:刘　霞
特殊教育学校:吴爱琴　巫建忠
忠义小学:季成风
赵甸小学:胡　建
刘桥中学:刘新军
袁灶小学:蒋红玲
西亭高级中学:张莉娟
实验小学:瞿春燕
新联小学:张　忠
石南小学:黄　燕　杨　霞
十总中学:易少剑　张红梅　纪久玲
通州高级中学:杜爱宁
西亭初级中学:周　伟　吴晓波
平潮高级中学:张　扬
金沙小学:严永梅
平潮实验初中:刘　锐

高级讲师:
农业综合技术学校:王海燕　季忠美　宋美华　张　华
二甲职业中学:周玉兰
通州中等专业学校:王晓红　范亚华　胡　毅　包旺华　邓继平　张　燕　宣　智

副主任医师:
区第七人民医院:李钰峰
区第八人民医院:赵　艺　汤志锋　邢　美　钱　霞
区第六人民医院:镇永烽
二甲人民医院:郁光辉　庄晓莉　季　杰
区第三人民医院:季维平　樊弘毅　胡宏伟　陈　瑛　黄新顺
区第二人民医院:马震星
区结核病防治院:瞿葛熔　丁鲜艳　周　霞
区妇幼保健所:林　云
区疾病预防控制中心:徐飞宇
区中医院:葛小红　王建明　庄向东　李　莉　季　永　吕志明　季为军
区人民医院:于荣静　缪亚军　单桂芹　张华英　顾红娟
五接镇五接卫生院:王学军
川姜镇川港卫生院:袁健红
南通高新技术产业开发区卫生所:单　军
川姜镇卫生所:赵　强
西亭镇卫生所:王玮琦
骑岸镇卫生所:蒋琳梅
平潮镇卫生所:张树琴
东社镇东社卫生院:易金培
石港镇五窑卫生院:李　兵

副主任护师:
区第八人民医院:钱美兰
区第六人民医院:陈　霞　徐亦楠
区第二人民医院:吴克英
区妇幼保健所:严淑芳
区中医院:吴　菊　吴琴梅
区人民医院:孙美娟　陈永菊

副主任中医师:
区第八人民医院:鲁　军
二甲人民医院:周卫星
区中医院:朱小东　秦晓纲

副主任药师：

区中医院：成爱华

社区副主任医师：

区第五人民医院：施　健

金沙镇金西卫生院：曹莉丽

十总镇卫生院：丁育林

平潮镇新坝卫生院：李继东

平东镇赵甸卫生院：吕建云

十总镇二爻居社区卫生服务站：杨曙东

骑岸镇骑岸卫生院：陆亚梅

先锋镇先锋卫生院：陈豪杰

五甲镇庆丰卫生院：邱国英

石港镇石南卫生院：韩　宇

社区副主任护师：

区第七人民医院：曹广霞　杨翠银

平潮镇新坝卫生院：陈　燕

平东镇赵甸卫生院：薛晓霞

平东镇平东卫生院：庄雪芳

刘桥镇新联卫生院：丁淑玲

西亭镇西亭卫生院：刘永芬

副研究员：

区卫生监督所：王国清

张芝山镇卫生所：瞿晓玲

区初级卫生保健委员会办公室：吴益祥

（黄乐乐）

劳动就业

【概　况】 2014年，全区城镇新增就业9287人，城镇失业人员再就业4234人，就业困难人员再就业1292人，新增转移农村劳动力6478人，实现群众创业1244人，城镇登记失业率2.53%。全年组织各类就业培训、技能提升培训2.66万人次，完成职业技能鉴定1.69万人。

【劳动力转移】 完善“区镇村三级联动体系”建设，稳步开展“省充分转移就业乡镇”和“省充分就业示范社区”等创建活动。四安镇和金沙镇北山社区分别创建成“省充分转移就业镇”和“省充分就业示范社区”。至年底，全区累计有14个镇（区）建成省级充分转移就业乡镇，4个社区建成省级充分就业示范社区，97.36%的村建成南通市充分就业村。开展“送政策、送岗位、送培训”活动，加强人力资源供需对接。先后举办高新区人力资源招聘会暨人社政策现场咨询活动、“春风送岗位”人力资源南通专场招聘会等，提供就业岗位6000多个，有2000多人与招聘企业达成就业意向。

【基层平台建设】 出台基层劳动保障平台“服务在身边、满意在基层”实施方案，做到机构、人员、经费、场地、工作、制度“六到位”，推动服务载体网络化、服务功能标准化、工作队伍专业化。结合业务工作，开展专题培训，适时举办技能竞赛、征文比赛、演讲比赛等活动，提升人社经办人员的综合能力和业务水平。两次组织基层劳保协理员参与全国职业资格统一鉴定考试，选拔优秀协理员组队参加市区业务知识竞赛并荣获二等奖。投入专项资金，为19个镇（区）、242个村（社区）制作安装基层平台统一服务标识标牌。

【纠纷化解】 全年共受理举报投诉案件1024件，其中立案调查处理330件，调解处理694件。主动巡查用人单位620家，纠处劳动保障违法行为128起。劳动人事仲裁正式立案受理劳动争议406起，结案381起，其中调解279起，调解率73%。

（黄乐乐）

社会保障

【概　况】 2014年，通州区企业职工养老、城镇医疗、失业、工伤和生育保险参保人数分别达到14.62万人、21.2万人、9.16万人、13.2万人和11.9万人。大幅提高城乡居保参保补贴，城乡居民养老保险参保人数突破23.8万人，各类险种参保率均达到98%以上。机关事业单位养老保险参保职工8812人，征缴率100%，离退休人员3838人，社会化发放率100%。城镇居民医保与新农合制度在南通范围内率先实现并轨。企业退休人员基本养老金实现“十连跳”，人均月养老金达到1900.4元。城乡居保基础养老金最低标准上调至每人每月90元，惠及全区24.47万人。发放被征地农民基本生活保障金2.06亿元。

【社会保障卡发放应用】 加强社保卡信息数据采集，共设数据采集点22个。全年共采集信息16万余人，完成制卡任务15.6万余张，并分批发放。5月，区人力资源和社会保障局会同区体育局出台医保健身刷卡政策，区体育中心通过定点资格认定并开通刷卡功能，实现参保群众持卡健身的愿望。

（黄乐乐）

民　政

【概　况】 2014年，通州区夯实民生基础，保障民生利益，民政服务能力和水平不断提升。全区列入城镇低保635户、1011人，农村低保9827户、15460人；农村五保3184人，其中集中供养1195人、分散供养1989人；城镇“三无”13人；无固定收入重残14682人，其中城镇696人、农村13986人；一户多残、依老养残213人，其中城镇8人、农村

205人。通州区被省委、省政府、省军区表彰为“双拥模范区”;区慈善基金会被民政部表彰为“中国慈善透明榜样”。

【救助提标】 从7月1日起,通州区城镇低保保障标准由每人每月530元提高至570元,农村低保由每人每月380元提高至400元。农村五保集中供养标准由每人每年7100元提高至7680元,分散供养由6100元提高至6600元。全年发放低保、五保生活保障金7310万元。

【医疗救助】 城乡医疗救助对象每年救助最高限额由3万元调整为3.5万元,政策范围内住院自付费用救助比例由60%调整为65%。全年为5051名困难群众实施医疗救助,救助金额达1079万元。同时,通过门诊救助、临时救助等形式,对不同类别的困难群众实行分类救助,切实缓解困难群众的就医困难。

【慈善事业】 开展慈善助困活动,为2059名困难人员发放68.42万元助困金。开展慈善助医活动,为816名重大病患者发放救助金172.7万元。实施关爱留守儿童项目,为留守儿童赠送5万元书卡。实施慈善助孤工程,为108名孤儿发放救助金10.8万元。帮助14名贫困家庭儿童申请办理大病救助,发放救助金8.02万元。开展慈善助学活动,为756名贫困家庭学生发放慈善助学款123.3万元。全年累计发放慈善款388.24万元。

【拥军优属】 开展春节、“八一”走访慰问活动,为9家驻区部队送去慰问金及慰问品90万元。落实优待政策,为立功现役官兵发放奖励金19.4万元。搬迁军休所办公场所,切实保障军休干部的“两个待遇”。“9·30”首个烈士纪念日和周一峰同志诞辰100周年纪念凭吊活动保障到位,区烈士陵园爱国主义教育基地建设不断更新。争取到专项补助资金130万元,升级改造西亭、平东、平潮和石港四个镇慰烈园。集中安葬6座散葬烈士墓。

【优抚工作】 严格落实抚恤定补自然增长机制,及时完成重点优抚对象提标测算工作,全年发放各类抚恤定补资金4570万元。调整出台《通州区重点优抚对象医疗保障办法》等文件,解决好重点优抚对象看病难、住房难的问题。实施南通市政府为民办实事工程,为全区941名重点优抚对象配发价值21.6万元的康复器具。对残疾军人、部分重点优抚对象进行康复疗养。为174名烈属发放慰问金6.96万元。为522名生活困难的优抚对象发放临时救助金23万元。

【退役安置】 出台《通州区2013年冬季退役士兵安置实施方案》,接收安置493名退役士兵和29名转业士官。为68名城镇义务兵、285名大学生义务兵发放优待金和奖励金812.03万元。为48名义务兵发放优秀士兵奖励金3.5万元。发放退役士兵自主就业补助金308.44万元。为393名退役士兵举办免费短期和中高级职业技能培训。为645人出具军龄证明。

【敬老院建设】 川姜、西亭2个镇实施农村敬老院高标准建设工程,新建床位450张。实施“三有三能六达标”工程,平潮、五接、平东、刘桥、二甲、骑岸、五甲等7个镇敬老院通过省民政厅提档升级工程检查验收。

【养老机构发展】 出台《通州区规范和促进民办养老机构发展办法》,明确建设补贴每张床位最高6000元,运营补贴最高每人每月80元,养老服务人员取得国家职业资格证书的一次性最高补贴2500元。床位达350张的民办养老机构金沙镇民悦慈老年公寓顺利投入运营;张芝山银河老年公寓、四安镇宝凤老年公寓、平东镇颐美老年公寓、平潮镇爱玛养护院、金沙镇永泰老年公寓等5家民办养老机构开始建设,总建设床位达1200张。区社会福利中心项目加速建设,8栋主体建筑实现封顶并通过验收。

【居家养老】 全区居家养老服务中心(站)实现全覆盖,其中省AAA级13家。全年新建助餐、日托点5个。筹集福彩公益金145万元用于居家养老服务中心(站)以奖代补运转经费。区、镇两级财政支出100万元,为近1000名困难老人购买居家养老服务。居家养老服务工作通过区级层面的绩效考核评估。

【简政放权】 取消、合并、下放福利企业变更认定、民办养老机构筹办审批等10项行政权力,“三集中、三到位”行政审批事项由原来的36项减少到26项,精简27%。将城乡低保、五保对象审批、城乡医疗救助审批、救灾募捐许可、老年人优待证办理等8项行政权力下放至石港、川姜、五接镇,并完成业务培训、交接工作。

【政社互动】 编制《基层群众自治组织依法履行职责事项》和《基层群众自治组织协助政府工作事项》两份“清单”,明晰乡镇人民政府与基层自治组织的权责边界。出台《关于在全区推行“政社互动”促进基层社会治理方式创新的意见》,为“政社互动”提供保障。中央办公厅、民政部领导相继到通州区调研基层社区治理工作,全区“政社互动”签约实现全覆盖。

【社会事务】 全年福利彩票销售额达1亿多元,其中电脑票6571万余元,即开票676万余元,中福在线3422万余元。办理结婚登记10535对,离婚登记1536对,出具(无)婚姻登记记录证明5568份,登记合格率达100%。办理收养登记52例,合格率100%,开展收养评估试点。集中供养孤儿由每人每月1280元提高到1400元,散居孤儿供养标准由每人每月770元提高到870元。核减2家福利企业(共13家),免费为37名贫困残疾人安装假肢。出台实施《关于进一步推进文明办丧祭祖工作的实施方案(试行)》

《南通市通州区居民文明办丧和镇级公益性骨灰堂建设资金补助办法(试行)的通知》等文件,推动殡葬改革。全年共完成24个小区、5条道路、24座桥梁的审核命名工作。

【社会组织】 全区共有各类组织922家,其中社会团体555家,民办非企业单位367家。11月1日起,行业协会商会类、科技类、公益慈善类、城乡社区服务类"四类"社会组织实行直接登记。清理规范房地产、建筑材料和福利企业3类行业协会,做到人员、财务、资产、职能、机构等方面与行政机关脱钩,并进行换届选举。 (张 杨)

2014年通州区核准登记的民办非企业单位

表16

核准时间	登记证号	民办非企业单位名称	法人代表
2014.02.07	320683030355	通州区金太阳文化艺术培训中心	周小飞
2014.06.17	320683030356	通州区东方小博士艺术培训中心	陈 娟
2014.06.17	320683030357	通州区玉华舞蹈艺术培训中心	陈 剑
2014.06.25	320683010358	通州区英才小学	曹展萍
2014.06.06	320683011359	通州区东社镇横马村四位一体督察队	张菊红
2014.06.06	320683011360	通州区东社镇横马村便民服务站	张菊红
2014.06.06	320683070361	通州区东社镇新街村扶贫助残志愿队	季汉林
2014.06.06	320683070362	通州区东社镇新街村居家养老服务站	顾 永
2014.06.06	320683011363	通州区东社镇东平村义务联防队	曹国玉
2014.06.06	320683070364	通州区东社唐洪村留守儿童工作服务站	姜广明
2014.06.06	320683070365	通州区东社唐洪村杨港居扶贫助残志愿队	季康菊
2014.06.06	320683070366	通州区东社唐洪村杨港居老年健康活动站	宋银义
2014.06.06	320683070367	通州区东社河东村老年健身队	潘跃进
2014.06.06	320683070368	通州区东社镇五甲苴社区慈善超市	曹海云
2014.06.06	320683070369	通州区东社镇五甲苴社区歌舞队	曹淑珍
2014.06.06	320683011370	通州区东社镇东社社区科普宣传队	王卫洋
2014.06.06	320683011371	通州区东社镇东社社区红袖标义务巡防队	陈 俊
2014.06.06	320683011372	通州区东社镇五马路村校外辅导站	曹雪英
2014.06.06	320683030373	通州区东社镇五马路村农民音乐队	朱汉忠
2014.06.06	320683011374	通州区东社镇香台村妇女维权工作站	张卫平
2014.06.06	320683011375	通州区东社镇新桥村环保志愿队	陈 勇
2014.06.06	320683011376	通州区东社镇新桥村治安巡逻志愿队	钱 进
2014.06.05	320683070377	通州区平东镇新生村居家养老服务站	钱永华
2014.06.05	3206830703078	通州区平东镇新生村妇女维权工作站	钱永华
2014.06.05	320683070379	通州区平东镇金桥村居家养老服务站	王荣华
2014.06.05	320683070380	通州区平东镇金桥村妇女维权工作站	宋桂琴
2014.06.05	320683070381	通州区平东镇赵甸居居家养老服务站	金汝泉
2014.06.05	320683070382	通州区平东镇赵甸居妇女维权工作站	金汝泉
2014.06.05	320683070383	通州区平东镇国道村居家养老服务站	陈亚明
2014.06.05	320683070384	通州区平东镇国道村妇女维权工作站	陈亚明

续表 16

核准时间	登记证号	民办非企业单位名称	法人代表
2014.06.05	320683070385	通州区平东镇平东村居家养老服务站	朱　俊
2014.06.05	320683070386	通州区平东镇平东村妇女维权工作站	朱　俊
2014.06.05	320683070387	通州区平东镇甸北村居家养老服务站	王志义
2014.06.05	320683070388	通州区平东镇甸北村妇女维权工作站	王志义
2014.06.05	320683070389	通州区平东镇新三十里居居家养老服务站	周国新
2014.06.05	320683070390	通州区平东镇新三十里居妇女维权工作站	周国新
2014.06.06	320683011391	通州区四安镇徐家桥村老年合唱团	姚中云
2014.06.06	320683011392	通州区四安镇九总渡村老年合唱团	徐　云
2014.06.06	320683011393	通州区四安镇韩家坝村老年合唱团	吴惠娟
2014.06.06	320683011394	通州区四安镇戚家桥村老年合唱团	赵云霞
2014.06.06	320683011395	通州区四安镇阚庵东村老年合唱团	马美云
2014.06.06	320683011396	通州区四安镇温桥村老年合唱团	唐艳欧
2014.06.06	320683011397	通州区四安镇酒店居老年合唱团	曹振慈
2014.06.06	320683011398	通州区四安镇阚家庵村老年合唱团	白云娟
2014.06.06	320683011399	通州区四安镇龙坝村老年合唱团	黄金恋
2014.06.06	320683011400	通州区骑岸镇五总居老年人舞蹈队	周正春
2014.06.06	320683011401	通州区骑岸镇五总居老年人太极拳俱乐部	潘　健
2014.06.06	320683011402	通州区骑岸镇岸西插花俱乐部	王　敏
2014.06.06	320683011403	通州区骑岸镇岸西茶道俱乐部	王　敏
2014.06.06	320683011404	通州区骑岸镇上雁村家庭农场俱乐部	许宏飞
2014.06.05	320683011405	通州区十总镇志新村抗震救灾志愿者服务队	刘光荣
2014.06.05	320683020406	通州区十总镇于家坝村传染病预防服务队	吴建新
2014.06.05	320683060407	通州区十总镇柏树墩村农机维修服务队	刁玉海
2014.06.05	320683011408	通州区十总镇新雁村结对帮扶服务队	李高峰
2014.06.05	320683060409	通州区十总镇志新村农路维修服务队	王苏军
2014.06.05	320683060410	通州区十总镇于家坝村养殖技术培训服务队	吴建新
2014.06.05	320683011411	通州区十总镇柏树墩村新农合医疗宣传服务队	翟允允
2014.06.05	320683060412	通州区十总镇新雁村大棚蔬菜营销服务队	许建新
2014.06.05	320683011413	通州区十总镇十总社区中年老年健身志愿者服务队	周艳梅
2014.06.05	320683060414	通州区十总镇二爻社区河道疏浚服务队	邱　懿
2014.06.05	320683060415	通州区十总镇迎阳村苗圃培植服务队	葛义华
2014.06.05	320683011416	通州区十总镇双墩村关爱孤残志愿者服务队	朱薛青
2014.06.05	320683011417	通州区十总镇十总社区种子播种服务队	徐　新
2014.06.05	320683060418	通州区十总镇二爻社区网络维修队	单爱华
2014.06.05	320683060419	通州区十总镇迎阳村垃圾清运服务队	范永祥
2014.06.05	320683011420	通州区十总镇双墩村计划生育志愿者服务队	张翊翡
2014.06.06	320683070421	通州区金沙镇太山村居家养老服务站	吴振达
2014.06.06	320683070422	通州区金沙镇金余村民政工作服务站	王　斌

续表 16

核准时间	登记证号	民办非企业单位名称	法人代表
2014.06.06	320683070423	通州区金沙镇港北村居家养老服务站	望　悦
2014.06.06	320683070424	通州区金沙镇平桥村居家养老服务站	张圣凤
2014.06.06	320683070425	通州区金沙镇进鲜港村居家养老服务站	曹元元
2014.06.06	320683070426	通州区金沙镇金北社区居家养老服务站	张慎建
2014.06.06	320683070427	通州区金沙镇城东村居家养老服务站	瞿前进
2014.06.06	320683070428	通州区金沙镇新三园村居家养老服务站	张　云
2014.06.06	320683070429	通州区金沙镇虹西老年关爱之家	季金玉
2014.06.06	320683070430	通州区金沙镇虹西居家养老服务站	马水涛
2014.06.06	320683070431	通州区金沙镇东市社区居家养老服务站	周　纯
2014.06.06	320683070432	通州区金沙镇朝阳社区居家养老服务站	陈晓霞
2014.06.06	320683070433	通州区金沙镇新市社区居家养老服务站	邢红阳
2014.06.06	320683070434	通州区金沙镇虹南社区居家养老服务站	张国君
2014.06.06	320683070435	通州区金沙镇新村社区居家养老服务站	殷　浩
2014.06.06	320683070436	通州区金沙镇虹西社区劳动就业服务队	秦楚杰
2014.06.06	320683070437	通州区金沙镇北山社区居家养老服务站	李光华
2014.06.06	320683070438	通州区金沙镇安康社区居家养老服务站	吴静静
2014.06.06	320683070439	通州区金沙镇育才社区居家养老服务站	王冬梅
2014.07.16	320683070440	通州区金沙镇虹西村老年关爱之家	季金玉
2014.07.17	320683070441	通州区石港镇石东村居家养老服务站	吴坤山
2014.07.17	320683070442	通州区石港镇新貌村居家养老服务站	张金涛
2014.07.17	320683070443	通州区石港镇志田村居家养老服务站	李海亮
2014.07.17	320683070444	通州区石港镇北渡村居家养老服务站	时甫怀
2014.07.17	320683070445	通州区石港镇花市街村居家养老服务站	郑怀新
2014.07.17	320683070446	通州区石港镇鱼湾社区居家养老服务站	张国新
2014.07.17	320683070447	通州区石港镇睹史院村居家养老服务站	邵锦华
2014.07.17	320683070448	通州区石港镇广济桥社区居家养老服务站	费光耀
2014.07.17	320683070449	通州区石港镇金庄社区居家养老服务站	姜维胜
2014.07.17	320683070450	通州区石港镇乐观村居家养老服务站	吴建华
2014.07.17	320683070451	通州区石港镇石西社区居家养老服务站	孙志娟
2014.07.17	320683070452	通州区石港镇马道村居家养老服务站	吴建刚
2014.07.17	320683070453	通州区石港镇四港村居家养老服务站	金　辉
2014.07.17	320683070454	通州区石港镇江海村居家养老服务站	顾金海
2014.07.17	320683070455	通州区石港镇居家养老服务中心	刘　华
2014.08.14	320683070456	通州区悦慈老年公寓	张振武
2014.09.05	320683070457	通州区申请救助家庭经济状况核对中心	金建峰
2014.12.05	320683030458	通州区通超文化艺术培训中心	沈金美
2014.12.15	320683030459	通州区兴仁通剧团	杨国芹

（钮玉慧）

老龄工作

【概　况】 2014年,通州区共有60周岁以上老年人31.02万人,约占全区户籍总人数的27.2%,其中80周岁以上老年人43713人,90周岁以上老年人7080人,百岁及百岁以上老年人142人。全年免费办理“江苏省老年人优待证”4600余份,发放尊老金3505.62万元。出台《关于进一步推进居家养老服务工件的实施方案》,为推进居家养老服务体系建设奠定良好的基础。

【居家呼叫服务】 通州主城区有992名困难老人享受居家呼叫服务。918名分散供养的“三无”“五保”老年人,低保家庭中的老年人,低收入家庭中的空巢、失能老年人,70周岁以上无固定收入的重点优抚对象,80—89周岁重度失能老年人享受政府购买服务政策,816名服务人员进行跟踪服务,全年支付服务费用82.98万元,有2779名老年人得到志愿者的无偿服务。

【敬老活动】 9月下旬,区文明办、老龄委下发《关于组织开展全区“我们的节日·重阳节”主题系列活动的通知》,在全区范围内开展形式多样的敬老助老活动。区领导上门慰问部分百岁老人和困难老人,向区四套班子老领导和享受地市级待遇离退休干部作情况通报。各镇区和各部门广泛开展走访慰问活动,召开离退休干部茶话会、情况通报会,组织参观城区新变化。区司法局开展《老年人权益保障法》进社区宣传教育活动,通过设立咨询站点、宣传展板等方式,发放普法宣传材料1500余份;区人社局对已纳入社区管理服务的企业退休人员开展慰问活动,每人发放敬老日慰问金80元;由区公安局退休老干部组成的“夕阳服务队”持续发挥人民警察为民奉献的余热,协助交巡警上路宣传交通安全;兴仁镇老年协会组织老人表演节目,大力营造爱老敬老的舆论氛围。

(马桂林)

关心下一代工作

【概　况】 2014年,全区关心下一代工作以加强青少年思想道德建设为主旨,以社会主义核心价值观教育为抓手,创新工作特色,打造工作品牌,推进长效机制建设。区关工委、教育局、财政局、石港镇党委、平东镇关工委、通州小学等6个单位被评为2009—2014年度全市关心下一代工作先进集体,张宏杰等11人被评为2009—2014年度全市关心下一代工作先进个人,4个校外教育辅导站、4名个人被评为全市优秀校外教育辅导站和优秀辅导员,受到市委市政府的表彰。区关工委被中国关工委授予关心下一代宣传报道和《中国火炬》征订发行工作标兵单位。

【主题教育】 全区各级关工委结合“八礼四仪”(“八礼”:仪表、餐饮、言谈、待人、行走、观赏、游览、仪式之礼,“四仪”:以7岁、10岁、14岁、18岁为重要节点,举行入学、成长、青春、成人仪式)教育,组织青少年开展“爱学习、爱劳动、爱祖国,践行中国梦”主题教育活动,“五老”宣讲员600多名,受教育青少年35万名。组织图片展览、文艺演出150多场,18万多名青少年观看;组织演讲120多场,听讲青少年超10万人次;7万多名青少年参加全省“三爱一践行”书签制作大赛和征文活动,获一等奖16个、二等奖40个、优秀奖33个,区关工委、教育关工委获全省优秀组织奖。在全市“知礼仪、讲文明、展风采”微型剧评选展播中,《特殊的日子》被评为特等奖,《美丽的蝴蝶夹》获省优秀奖、南通市二等奖。

【三好标兵竞赛评选活动】 区关工委、文明办、教育局、团委、妇联继续组织开展三好标兵竞赛评选活动,召开“践行三爱、争当三好”活动现场推进会,交流典型经验,表彰区十佳三好标兵10名、三好标兵90名及常态化建设先进单位16个。通州小学邵明吉被市文明办、关工委、教育局、团委、妇联五部门表彰为2013年度南通市十佳三好标兵,金沙中学杨溱获市十佳三好标兵提名奖、市三好标兵,育才中学高楚姗等13名同学被表彰为市三好标兵,十总镇十总社区校外教育辅导站、实验小学被表彰为市三好标兵竞赛评选活动常态化建设先进单位,区文明办、教育局关工委、平东镇关工委被表彰为市三好标兵竞赛评选活动优秀组织奖。骑岸镇关工委等3个单位在市三好标兵竞赛评选活动长效机制建设现场推进会上作书面交流。

三好标兵现场推进会

【校外教育辅导站建设】 全区共建有校外教育辅导总站、中心站258个,辅导分站、辅导点480个。投入资金483万元,建办电子阅览室258个,配置电脑1564台。通州区建

市关工委领导调研东社香台村校外教育辅导站

办“政府主导、统筹规划、周密组织、统建统管、专线专网、共享共用”电子阅览室的做法得到省市关工委的充分认可。区关工委先后举办电子阅览室网络管理员和校外教育辅导站工作培训班，会同相关部门下发《关于组织大学生村官参与校外教育辅导站工作的实施意见》《关于推进“校站结合”提高青少年校外教育水平的实施意见》《关于推动农家书屋和校外教育辅导站协同共建的通知》。全区参加校外辅导活动的“五老”4500多人、大学生村官318人、社会志愿者1900多人，在职教师兼任校外教育辅导站辅导员554人。石港镇广济桥社区党总支书记、关工委主任、大学生村官费光耀“尽‘村官’之职、扬‘大学生’所长，挑好关心下一代工作重担”的事迹在全市关心下一代工作“双先”“双优”表彰大会交流。

【参与社会治理】 全区各关工委组织“五老”多形式、多途径参与社会治理创新工作。积极开展法制宣传教育工作。组建法制教育报告团队40个，法制报告员159人，作法制报告113场次，受教育青少年13万多人次。开展帮困帮教活动。组织由部分建材经销商组成的爱心慈善联盟，多次开展爱心捐助活动。全区各关工委共筹集助学助困资金232万多元，扶贫助学4870多人。组织“五老”开展对问题青少年的帮教工作。全区共组成帮教小组274个，参加帮教活动“五老”1100多人，帮教问题青少年479人，转化率达96%。全区620多名“五老”网吧义务监督员，定期不定期对网吧进行义务监督，劝阻未成年人进入经营性的电子游戏机房和网吧。区关工委、文广新局、金沙镇关工委被评为全市网吧义务监督工作先进单位，10名老同志被评为先进个人。二甲、五接等镇关工委组织“五老”协助配合镇党委的党建惠民工程、二级党支部建设；东社镇关工委组织“五老”建立参与社会治理志愿者联合会，配合镇党委镇政府做好民事调解、信访接待等工作。

【组织建设】 年初，区委调整充实区关工委领导班子和成员。刘桥等镇和有关部门及时调整充实关工委领导班子，四安、石港、骑岸、平潮等镇进一步加强村(社区)关工委的领导力量，明确由村党总支书记为关工委主任，并把大学生村官吸收到关工委领导班子。组织开展“五好”“五好示范”关工委创建活动。石港镇广济桥社区、平潮镇新坝村、先锋镇双盟村被南通市关工委评为五好示范村。全区共评选“五好”和“五好示范”关工委85个。区教育局关工委在2013年23所中小学通过关工委工作常态化建设合格学校验收的基础上，对全区所有中小学进行验收。全区有229个村(社区)实现未成年人零犯罪。

(曹　建　赵美玉)

残疾人工作

【概　况】 2014年，通州区残疾人联合会(简称残联)扎实履行“代表、服务、管理”职能，大力加强残疾人社会保障体系和服务体系建设，残疾人康复、托养、文体等工作成效明显。全年被省、市、区电视台报道21次，被各级媒体录用文章114篇，被各级网站录用文章86篇。

【第二十四次全国助残日活动】 5月18日是第二十四次法定“全国助残日”，区委办、区政府办下发《关于开展第二十四次全国助残日活动的通知》。同月，各镇(区)制作悬

助残日活动现场

挂宣传标语24幅,发放宣传资料近万份,组织残疾人座谈会、联谊会11场次,为残疾人办实事近百件。助残日当天,区残联联合“爱心车队”,组织近百名残疾人游南通园博园。

【残疾儿童康复】 5月14日,通州区被省残联确定为2014年度7—14岁残疾儿童(脑瘫、孤独症)基本康复项目首批十个试点地区之一。对全区新增残疾儿童实行随报制度,及时进行康复评估,提出康复建议。放宽残疾儿童康复救助范围,免费为0—14岁通州区户籍、有康复需求的残疾儿童进行康复训练,并免除午餐费。8月,区残疾儿童康复中心通过南通市肢体残疾儿童康复机构规范化建设认证。

【重点康复项目】 区残联围绕“残疾人人人享有康复服务”目标,全面落实各项康复服务,通过招投标开发康复信息管理软件系统,加强项目的规范化管理。顺利实施白内障“复明工程”,完成白内障免费复明手术273例;开展康复服务“四进家庭”活动,为全区残疾人适配轮椅、助行器等辅具1350件,价值50多万元;完成家庭无障碍改造600户,赠送小型康复器械300件,提供康复指导400次;为1219名贫困精神病患者提供免费药品价值70余万元。

【残疾人托养】 进一步规范管理全区残疾人托养机构,丰富托养服务内容,提升托养服务水平,努力打造通州托养工作品牌。全区19个镇(区)及区残疾人托养中心共有托养人员143人,其中在区残疾人托养中心的有18人。全年开展托养学员免费健康体检、春游、趣味运动会、参观菊花展等活动10余次。

【残疾人文体】 4月9日,在阿联酋迪拜举行的2014年国际残奥会(IPC)举重世锦赛中,顾小飞以236公斤的成绩获得80公斤级举重比赛冠军,并刷新世界纪录。5月22日,蒋兵兵在2014年全国残疾人田径锦标赛中获得1枚金牌和2枚银牌。8月,在南通市第七届残疾人运动会上,通州区获得金牌23枚、团体总分第三名的成绩。10月,顾小飞、蒋兵兵在韩国仁川亚残运会上分别获得男子82公斤级举重金牌和男子T13级100米金牌。

【残疾人就业】 开展就失业年龄段持证残疾人调查,掌握13762名就业年龄段持证残疾人的就业状况及需求。举办残疾人就业专场招聘会,帮助126名残疾人与46家企业达成就业意向。开展盲人按摩、面点、插花、足疗等培训班5期,共培训残疾人120名;各镇根据残疾人的需求也分别开展农村实用技术培训。为53名残疾人排除就业环境障碍、岗位不匹配、专业技能不适应等就业不稳定因素,帮助他们在培训后实现稳定就业。

区残联举办残疾人插花技能培训班

【残疾人权益维护】 全面落实惠残政策,为14675名重度残疾人发放重残生活救助金6953万多元,为1096多名残疾人发放护理补贴69.16万余元。全年共为70人次残疾人提供法律救助,挽回经济损失296万元。 (季 洁)

环境保护

Environment Protection

编 辑 陈 菊

环境管理

【概 况】 2014年,通州区环境保护工作以生态文明建设为统揽,立足"服务科学发展、提升环境质量、确保环境安全"任务,围绕"天蓝、气爽、水清"目标,各项工作在新常态下争先晋位。是年,区环保局网站被评为江苏省环保系统优秀政府网站,区环保局被评为南通市生态文明建设先进集体、南通市第二十六届科普宣传周先进集体、南通市优秀"厂会协作"项目一等奖。

【环境质量】 2014年,全区环境空气质量优良率(API)为84.4%、(AQI)为72.0%,其中,二氧化硫日均值0.024毫克/立方米,二氧化氮0.020毫克/立方米,可吸入颗粒物(PM10)0.095毫克/立方米,一氧化碳日均值0.952毫克/立方米,臭氧0.105毫克/立方米,细颗粒物(PM2.5)0.057毫克/立方米,酸雨出现频率22.2%。省控河流中通扬运河、九圩港河水质量与上年持平,通启河河水质量有所恶化。城区交通干道噪声等效声级昼间为68.1分贝。

【法制宣教】 年初,评定203家企业环境信息行为,其中绿色4家,蓝色129家,黄色59家,红色6家,黑色5家,并于"6·5"世界环境日之前在环保局网站上公布。严格把关行政处罚案卷,通过年末的法制、综治等考核。行政处罚73家违法企业,罚款额度达543万元。联合教育部门,开展区绿色学校、绿色园丁、绿色小卫士评定工作,对申报的学校以实地考察、听取报告的方式进行评选。五总小学等10所学校被授予"通州区绿色学校"称号,南兴小学等6所学校被授予"南通市绿色学校"称号,育才中学被授予为"江苏省绿色学校"称号。将新环保法列入干部菜单式学习,邀请国家环保部政策法规司副司长别涛作环境保护法专题讲座;组织各镇区园环保助理进行业务培训;对全区印染企业负责人进行环保法律法规集中授课,进一步提高环保法律法规意识和守法自觉性。在"6·5"世界环境日之际,在金游城广场开展形式多样的宣传纪念活动。围绕"向污染宣战"世界环境日中国主题,配合区科技局、科协等部门,参加各种科普宣传活动,精心制作宣传板面20块,印发宣传材料5000余份,发放环保宣传袋1000余份。

【污染防治】 2014年,全区COD、氨氮、SO_2、氮氧化物排放量分别为13739吨、2311吨、5026吨、1879吨。实施污染减排重点工程12个,规模化畜禽养殖污染减排项目7个,印染企业实施提标改造工程,南通欣源水处理有限公司完成提标改造工程。制定《大气污染防治行动计划实施方案》,编制《重污染天气应急预案》,成立大气联防联控联席会议制度,开展青奥会期间环境质量特别管控。淘汰染煤锅炉32台,完成通塑集团等4家企业挥发性有机废气的综合治理。区政府设立黄标车限行区,淘汰黄标车1500多辆,全年发放机动车环保标志54474份,绿标52915份。开展重金属污染防治专项整治工作,关闭五接农机站电镀厂、兴南五金喷涂厂、闻天镀饰等3家电镀分厂。实现危险废物管理信息网上申报,对重点监管企业的危险废物产生、贮存、转移、处置等信息实现动态管理,将危险废物转移审批简化为网上报告制度。集中整治3家危险废物经营单位,钢丝绳废酸规范化整治到位,全部委托扬州祥发资源综合利用有限公司处置,全年共处置5746.6吨。严格行政许可发放标准,发放排污许可证21家,建设项目竣工环境保护验收15个。

【项目审批】 2014年共审批建设项目565个,其中环境影响报告表(书)199个(含初审)、环境影响登记表366个。为五接通用码头、高新区江苏甬金三期、欣源污泥处置中心、江苏恒科纺织新材料有限公司的新能源使用等项目提供全程环保咨询和报批服务。开展重点区域、重点行业、重点项目的环评和"三同时"制度执行情况专项检查工作。

加大信息公开力度，环评文件（登记表除外）实行网上全本公示。

【环境监察】 以纠治环保顽症为推手，强化环境监管。处罚73起环境违法行为，罚款额543万元。查处1起环境污染刑事案件，3人因涉嫌环境污染罪被依法逮捕，2人取保候审。秸秆禁烧期间，采取区直部门挂钩镇区包干，建立区包镇、镇包村、村包组、组包农户、农户保田的五级联保体系，有效提高夏、秋收期间全区的空气质量。把开展环保专项行动作为“向污染宣战”的重要抓手，着力开展专项整治。推进钢丝绳行业专项整治，责令停产整顿钢丝绳企业10家，行政处罚5家，责令停产关闭2家，整治提升16家企业。新增、改造废水处理设施11套，公众监督池13个，封堵非法排口16个，安装监控摄像头126个，实现钢丝绳行业污泥、废酸、废水排放实时在线监控。对全区46家印染企业严格管理污泥的存储、转移及处置环节，严肃查处超标排放、偷排漏排或者采取非法手段转移偷排废水、乱倒污泥等违法行为，行政处罚印染企业20家，有序推进46家印漂染企业提标升级改造工程，废水、废气专项整治全部完成。“三小”（小拖浆、小染色、小拉链）企业污染问题突出，排查姜张河沿岸、温州路沿线企业，取缔小拉链、小染色企业10家；排查先锋地区的小拖浆，立案查处2家，污水排放整治54家，责令企业雨污分流，建设污水收集池，由村组织收集并建设预处理池，将预处理好的废水送至南通欣源水处理有限公司处理，有效解决小拖浆企业废水污染问题。成立督查执行科，监督检查全区环境保护行政处罚、行政命令等具体行政行为，对重大影响或造成严重污染的环境违法案件制定督查方案，并组织实施。

【环境信访】 2014年，区环保局优化环保纠纷调处机制，抓好环境信访“领导接访制、信访通报制、分工联系制、限时办结制和信访包案负责制”五项制度的落实，对日常环境信访实行“日统计、周汇总、旬分析、月通报”，对网上涉及环保的各类舆情安排专人追踪、回复，对重大、复杂、疑难环境信访事项，由局负责人亲自带案下访，现场协调解决。注重信访处理时效性、满意度和处理效果，力求所有信访件及时处理。实施环境违法行为有奖举报办法和环保线人制度，发动全社会力量监管企业排污。全年共受理调处环境信访591件，受理率100%，调处率100%。

环境监测

【概　况】 全年共出具监测数据14.98万个、质量控制数据1.02万个、“三同时”验收项目101个，发放监测报告560份。按照《江苏省农村地表水环境质量监测实施方案》要求，开展农村地表水功能区、乡镇以上河流、重点水域功能区河流、农村饮用水源水、226个行政村（社区）水环境监测。是年，区环境监测站通过国家实验室认可监督评审。 （崔祝进）

新华社2014年国内十大新闻（八）

中国成功举办APEC北京会议

11月7日至11日，亚太经合组织（APEC）北京会议周举行。国家主席习近平主持、出席APEC第二十二次领导人非正式会议、加强互联互通伙伴关系对话会等系列活动。会议明确了未来亚太合作的方向与目标，作出了启动亚太自贸区进程的重大决定，勾画了建设亚太互联互通网络的新蓝图。

生态文明

Ecological Civilization

编辑 陈菊

生态文明建设

【概　况】 2014年,通州区生态文明建设紧紧围绕巩固提升国家生态区创建成果,全力推进四大类14项攻坚重点工程。深入推进生态细胞工程,继续在全区范围内开展生态村、生态工业园区等生态示范创建活动。2月,委托中国环境科学研究院编制《南通市通州区生态文明建设规划》。编制《南通市通州区2014—2015年度生物多样性保护实施方案》,全面推进辖区内生物多样性保护工作。加快建设城区公园绿地,分批建设农村小游园,完成绿化造林3万亩,稳步提升城镇绿化覆盖率和林木覆盖率。结合农村环境综合整治试点、三星级康居村创建工作,不断巩固创建成果,培育打造开沙村、徐庄村、孙李桥村、十总社区、新街村等亮点村庄,努力提升区域环境质量。十总镇二爻居、东社镇香台村成为"省级生态村";五接镇开沙村入选"中国最美村镇"。

【清洁生产审核推行】 2014年,江苏辰星海洋生物科技有限公司、南通一鑫镀饰有限公司、南通金驰机电有限公司、通州万达染整有限公司、南通百纳数码新材料有限公司、江苏东源电器集团股份有限公司等6家重点企业实施清洁生产审核并通过验收。实施中、高费项目9个,完成投资840万元,降低成本约400万元,进一步提升企业节能水平。

【农村环境综合整治试点】 5月27日,区人民政府与省财政厅、环保厅签订《江苏省覆盖拉网式农村环境综合整治试点工作目标责任书》,标志着通州区覆盖拉网式农村环境综合整治试点工作正式启动。先后编制覆盖拉网式农村环境综合整治试点工作五年规划,出台《通州区覆盖拉网式农村环境综合整治试点工作方案》,制定《2013—2014年度覆盖拉网式农村环境综合整治试点工作实施方案》,明确试点工作目标、重点、责任。

【生态红线保护】 3月14日,出台《关于加强全区生态红线保护的通知》。11月21日,区政府第39次常务会通过《通州区生态红线区域保护监督管理暂行规定办法》《通州区生态红线区域生态补偿专项资金使用管理办法》。在长江李港饮用水水源保护区、石港风景区、长江(通州区)重要湿地、东社特殊物种保护区及通吕运河、九圩港、遥望港、通启河清水通道维护区等8块生态红线保护区设立12块公示牌。通州区生态红线保护工作顺利通过省级考核。

【企业差别水价】 2014年11月起,通州区对高污染企业实行差别水价政策。差别水价执行范围是在企业环境行为评级中确定为"红色"和"黑色"等级的高污染企业。"红色"企业污水处理费在现行标准基础上提高0.6元/吨,"黑色"企业污水处理费在现行标准基础上提高1.0元/吨。区环保局每年对企业进行环境信息评定,并向社会公布评级结果;物价部门以评级结果为依据,明确执行差别水价的具体单位、污水处理费标准及执行时间;相关污水处理费征收单位在水费征收时负责落实差别水价各项规定;执行差别水价的单位应按照提高后的标准,随自来水、自备水源缴纳污水处理费。加收的污水处理费全部缴入财政专户,实行专款专用。差别水价执行期内经环保部门评定公布,企业环境行为信息评级达到黄色、蓝色及绿色的,由物价部门下发通知,通知相关企业自公布次月起停止执行差别水价。

(崔祝进)

辖镇概况
The Survey of Towns

编辑 马钰 杨王军

金沙镇

2014年金沙镇主要经济社会指标

表17

项目	单位	数量
总面积	平方公里	66.17
行政村	个	9
社区居委会	个	14
年末人口	人	121377
地区生产总值	万元	915062
第一产业	万元	27928
第二产业	万元	363194
第三产业	万元	523939
地方预算收入	万元	35739
农业总产值	万元	27558
粮食总产量	吨	26392
棉花总产量	吨	-
油料总产量	吨	8891
农机总动力	千瓦	26067
规模工业企业	家	15
规模工业总产值	万元	211224
主营业务收入	万元	210530
利税总额	万元	24249
固定资产投资	万元	313792
工商注册私企	家	2469
工商注册个体户	家	8903
工商注册外资	万美元	1000
注册外资到账	万美元	500

【规模项目】 2014年，金沙镇共有规模以上新建、技改工业项目32个，计划总投资8.27亿元，已完成7.12亿元。其中，江华机械、易厨等项目已投产。规模以上服务业项目17个，总投资74.28亿元，已完成36.06亿元。其中，金东新城幼儿园、太山河公园绿化景观工程等4个项目竣工，区社会福利中心、翰林御花园、碧桂园·天玺湾、星源名苑等13个项目正在建设中。

【现代农业】 2014年，金沙镇兴（扩）建农产品种植、养殖、加工等项目农业20个，投资1500万元建设千亩连片钢架大棚基地1个，城东村20公顷草莓基地1个。盛夏农业投资1500万元扩建厂房1400平方米，购置设备5套，增加项目农业投入量9500万元。与江苏农垦海安分公司合作管理的万顷良田优质稻米基地项目基本建成，投资1500多万元的基础配套设施日趋完善。

【城镇建设】 2014年，金沙镇实施镇村（社区）基础设施建设提升工程。完成育才社区搬迁改造及金东新城邻里中心建设招投标工作，启动A区商业街区规划设计。实施农路农桥建设和财政奖补工程，新建农路6.4公里、财政农桥5座，维修桥梁3座、农路7216平方米。绿化造林224.13公顷。加大城区改造力度，全年开拆6个地块共32万平方米。推进小区物业管理全覆盖，全镇 164 个小区覆盖率达 100%。投资 1500 万元对 17 个老旧小区和背街后巷实施改造。加大违法建设管控力度，依法拆除新增违法建设 133 起共 4143 平方米，查处违建率 100%，拆除存量违法建设 7490 平方米。落实农村环境"四位一体"长效管理机制，累计完成整改事项 386 件。投资 100 多万元扩建再生资源回收中心。

【镇村（社区）服务】 2014 年，金沙镇进一步扩展镇村（社区）公共服务中心服务功能。金东新城探索实行"党务、居务、物管"三位一体的管理模式。育才社区获"全国和谐示范社区"称号。健全法律顾问工作全覆盖机制，建设 122 法律援助、服务平台，建立法律事务工作者、专职调解员、信息员三位一体的法律服务工作队伍。

2014 年金沙镇行政村（社区）基本情况

表 18

村（社区）名称	人口（人）	从业人员（人）	党组织书记	村（社区）委会主任
东　市	4342	2605	周　纯	周　纯
南　山	5275	3165	姜抒峰	姜抒峰
新　村	4244	2546	殷　浩	殷　浩
虹　南	6028	3617	张国君	张国君
虹　西	4729	2837	陈　霞	陈　霞
北　山	7290	4374	李光华	李光华
朝　阳	5045	3027	陈晓霞	陈晓霞
新　市	3821	2293	李云英	李云英
安　康	3455	2073	吴静静	吴静静
育　才	5471	3283	王冬梅	王冬梅
太　山	4570	2099	单进飞	吴振达
虹　西	8489	2242	马水涛	张乃均
新三园	8882	4758	张　云	张　云
金　北	12482	7177	张慎建	张　军
城　东	5999	2344	瞿前进	单正国
平桥镇	7025	3342	邱卫国	张圣凤
港　北	8586	4691	望　悦	刘　峰
金　余	8378	4448	朱建军	王　斌
进鲜港	7266	4906	曹元元	何鑫鑫

（宋晨晨）

西　亭　镇

2014 年西亭镇主要经济社会指标

表 18

项　目	单　位	数　量
总面积	平方公里	56.91
行政村	个	7
社区居委会	个	2
年末人口	人	44531
地区生产总值	万元	212232
第一产业	万元	22402
第二产业	万元	109579
第三产业	万元	80251
地方预算收入	万元	5058
农业总产值	万元	18263
粮食总产量	吨	30187
棉花总产量	吨	22
油料总产量	吨	4197
农机总动力	千瓦	26494
规模工业企业	家	18
规模工业总产值	万元	201314
主营业务收入	万元	201314
利税总额	万元	15420
固定资产投资	万元	68596
工商注册私企	家	998
工商注册个体户	家	2538
工商注册外资	万美元	1000
注册外资到账	万美元	500

【综合治理】 2014 年，西亭镇全面落实矛盾纠纷排查化解机制，共排查矛盾 82 起，镇村两级调解中心共受理矛盾纠纷 125 期，调解成功 123 起，调解成功率 98.4%。建立信访信息联络员队伍，实行重点信访人员信息日报制度。是年，西亭镇被省委、省政府评为"2011—2014 年度全省社会治安综合治理先进集体"。

【助推企业创新】 2014 年，西亭镇助推企业技术创新，广泛开展产学研合作。江苏瑞亭电加工机床制造有限公司落户西亭工业集中区，已正式投产。公司引进盐城工学院教授王福元任公司董事长，以生产高档电解加工机床为主。

该项目获得南通“江海英才”计划、通州“510”计划资助。

【村(社区)卫生室改造】 2014年,西亭镇通过新建、回购、改扩建等方式完成9个村(社区)卫生室资源重组、布局调整、升级改造工程,建成省级示范村卫生室4家、标准化村卫生室5家。

2014年西亭镇行政村(社区)基本情况

表20

村(社区)名称	人口(人)	从业人员(人)	党组织书记	村(社区)委会主任
西　亭	6298	2214	陈作明	王　建
纱　场	3466	1568	王瑞军	徐祥生
草　庙	6208	3073	顾先念	曹建林
西禅寺	5757	3327	蒋建军	马建忠
亭　东	6071	3403	李　华	孙　东
李　庄	2935	1689	何建林	邵锦明
八总桥	4288	2375	卞新华	张仁明
同　乐	4877	2782	王为成	张　凤
华　芦	4631	2433	朱　进	

(洪晓书)

二　甲　镇

2014年二甲镇主要经济社会指标

表21

项　目	单　位	数　量
总面积	平方公里	66.01
行政村	个	8
社区居委会	个	4
年末人口	人	71956
地区生产总值	万元	311801
第一产业	万元	31620
第二产业	万元	153515
第三产业	万元	126666
地方预算收入	万元	9204
农业总产值	万元	28935
粮食总产量	吨	9864
棉花总产量	吨	96
油料总产量	吨	10761
农机总动力	千瓦	25289
规模工业企业	家	33
规模工业总产值	万元	556828
主营业务收入	万元	541979
利税总额	万元	66233
固定资产投资	万元	92170
工商注册私企	家	1302
工商注册个体户	家	4172
工商注册外资	万美元	1100
注册外资到账	万美元	404

【项目建设】 2014年,二甲镇在建重大项目6个,总投资超3.5亿元。总投入1亿元的神韵绳缆项目已全面建成投产;总投入1.5亿元的银河面粉加工项目,主体厂房已封顶;总投入5000万元的海华建材四期工程正在加紧建设。做大现有企业,助推华宇印涂、海华管桩、硅谷硅粉、万秋实业等规模企业增资扩股。朗旭实业、通联农资、巨丰金属、文顺金属、品邦金属和绿萌食品6个项目成功签约,预计总投资达4亿元。余北工业带和通吕运河物流产业园正在规划设计中。

【现代农业】 2014年,二甲镇农业项目投入2.16亿元,新增设施农业面积174.33公顷,现代农业园区总面积达1333.33公顷。全年完成全托管农业项目5个、面积213.33公顷;申报家庭农场28个,土地流转面积400公顷。建成规范合作社8个,创建南通市级社区股份合作社1家,成功申报国家级补助项目1个。建立省级高效设施蔬菜基地和休闲观光农业项目2个,市级万亩农业产业园区1个。总投入1.5亿元的“金土地”生态农业园被评为省“四星级”乡村旅游点,二期工程已建成农事园、游客接待中心、热带水果展示厅、水上游乐园、观光廊道等设施,全年累计接待游客10万人次。

【镇村改造】 2014年,二甲镇先后投入900多万元,在6个村(社区)实施农村饮水安全工程;投入860多万元,完成13.75公里农村道路通达工程和13公里财政奖补道路建设工程;完成2.3公里污水管网改造,新建桥梁7座;完成7.8公里通甲河、海界河疏浚,疏浚土方10.6万立方米;对镇区破损路面及地下排水系统进行修复,改造镇区公厕2个;在余西社区、六甲镇村、路中村和通运桥村实施改厕2000座;完成村居卫生室标准化建设,其中新建7个、改建3个、扩建2个;改造农村危房52户。在余西古镇新建桥梁4座、公厕1座，沿河安装仿古护栏，节孝牌坊修缮完毕，古镇支流水系贯通、河坡清杂、绿化等工程基本完成。3座景观桥完成招投标，其中1座正在施工。

【镇区环境整治】 2014年，二甲镇投入近3000万元整治环境。先后完成10公里生态廊道建设、2.5公里“滨水绿廊”建设、海甲河和“蓝韵水岸”景观带建设，新建中型游园6个。实施镇区沿街建筑外墙、影像长廊和河道绿化、亮化、美化工程；沿街商铺店牌店招全面升级改造。建成“数字城管”监控中心，城管队员包片负责镇区管理；镇环卫所全员上路分段负责日常管理，重点部位做到全天候保洁；工商部门重点对农贸市场开展排查整治；交巡警部门加大交通违法行为治理，有效缓解镇区道路拥堵现象。开展渣土污染、占道经营、房屋立面、“五小”场所等专项整治。全年累计拆除各类违法建设26处共3680平方米，实现新增违法建设“零增长”。

【社会事业】 2014年，二甲镇进一步完善社会保障、教育文体、医疗卫生、综合治理等公共服务体系建设，全年民生领域支出3900多万元。新农合参合率99.9%，城居保续保率92.9%。为1万多名60岁以上老人进行免费健康体检，为1502名适龄妇女免费进行“两癌”筛查。全年发放各类民政经费和救济救助款物2200多万元，发放各项涉农补贴650多万元。投资100多万元，新建镇政务服务中心，村(社区)“一站式”服务大厅实现全覆盖。投资近40万元，完成三甲社区、余西社区和定兴桥村技防设施改造。全年群众来信来访下降26%，矛盾纠纷调处成功率达98.8%，被推荐申报省级“和谐乡镇”。全年实现安全生产较大事故“零记录”。投资20多万元，建成“平安法治公园”。全年办理各类意见、建议286件，办结率100%、满意率100%。办理“12345”市民热线交办事项607件，办结率100%，满意率96.8%。

2014年二甲镇行政村(社区)基本情况

表22

村(社区)名称	人口(人)	从业人员(人)	党组织书记	村(社区)委会主任
定兴桥	5052	2004	倪正华	袁丹钰
六甲镇	5433	1905	汪小荣	汪小荣
通运桥	9570	3248	殷锦忠	卫苏宁
路　中	5256	1644	王桂英	曹国新
宝云山	5226	2467	朱长英	曹桂东
坨　墩	6167	2661	陈国礼	曹应恺
北　潭	5448	2270	陈汉忠	陆锦英
三　甲	6066	2114	曹海荣	曹国庆

续表22

村(社区)名称	人口(人)	从业人员(人)	党组织书记	村(社区)委会主任
袁　南	7788	3586	孙　祥	陆志平
余　西	4700	1381	季汉荣	曹晓军
余　北	4067	1182	周学进	崔祝彬
新　市	7134	1257	顾锡林	陈慰然

（蒋　波）

东　社　镇

2014年东社镇主要经济社会指标

表23

项　目	单　位	数　量
总面积	平方公里	72.15
行政村	个	10
社区居委会	个	3
年末人口	人	60993
地区生产总值	万元	177705
第一产业	万元	42715
第二产业	万元	63678
第三产业	万元	71313
地方预算收入	万元	3809
农业总产值	万元	36301
粮食总产量	吨	23472
棉花总产量	吨	444
油料总产量	吨	9070
农机总动力	千瓦	24214
规模工业企业	家	19
规模工业总产值	万元	355339
主营业务收入	万元	353260
利税总额	万元	46186
固定资产投资	万元	60707
工商注册私企	家	682
工商注册个体户	家	2571
工商注册外资	万美元	721
注册外资到账	万美元	310

【产业发展】 2014年,东社镇全年新增农业项目19个,新增投资1.47亿元。明琴农副、谷熠农科等农产品深加工及仓储物流新兴产业崭露头角。开心农场作为南通智慧农业探索者迅速发展。“景瑞”获“中国驰名商标”称号,景瑞院士工作站建成。全年引进千万元以上项目和技改扩建项目18个,成功引进汽车飞机城项目。盘活闲置土地4公顷、闲置厂房1.5万平方米。以南通旅游网、濠滨论坛、微信订阅号为网络宣传平台,全年接待旅行团100多批次,服务游客4万多人次。是年,被省住建厅、省旅游局授予“江苏省特色景观旅游名镇”称号。

【民生工程】 2014年,东社镇投入380余万元,建成集休闲、健身、文化、娱乐于一体的农民体育公园。建成闸河北延段、翻身河生态河道3.5公里。在各村(社区)垃圾中转站安装电子监控。新建道路40.9公里、桥梁20座、疏浚整治河道14公里,灌区改造泵站7座、渠道19.8公里,良田整理千余亩。在全区率先完成13家标准化卫生室改造任务。创成省标准化社区教育中心。

东社镇体育广场

2014年东社镇行政村(社区)基本情况

表24

村(社区)名称	人口(人)	从业人员(人)	党组织书记	村(社区)委会主任
东　社	4414	1810	曹鹤进	陈　俊
杨　港	6602	3130	邓国荣	邱新军
新　街	4237	2122	季汉林	顾　永
五马路	4446	2623	孙　玉	曹锡英
唐　洪	4501	2509	邱　建	邱瑞美
严　北	7698	3608	祁建国	瞿丽华
横　马	5451	2795	张启国	张菊红
香　台	3208	1672	吴　建	曹永芳
新　桥	2956	1064	阚永华	季淑娟
河　东	3363	1602	潘跃进	陈美玉

续表24

村(社区)名称	人口(人)	从业人员(人)	党组织书记	村(社区)委会主任
苴　西	3186	1948	季　生	吴　泉
五甲苴	5474	2516	曹海云	李汝江
东　平	5457	2666	曹　仪	曹国玉

(王丽华)

十　总　镇

2014年十总镇主要经济社会指标

表25

项　目	单　位	数　量
总面积	平方公里	52.33
行政村	个	6
社区居委会	个	2
年末人口	人	36203
地区生产总值	万元	218036
第一产业	万元	33317
第二产业	万元	112324
第三产业	万元	72395
地方预算收入	万元	4519
农业总产值	万元	17360
粮食总产量	吨	22946
棉花总产量	吨	3293
油料总产量	吨	3293
农机总动力	千瓦	26240
规模工业企业	家	6
规模工业总产值	万元	620010
主营业务收入	万元	614873
利税总额	万元	96727
固定资产投资	万元	82180
工商注册私企	家	1104
工商注册个体户	家	2111
工商注册外资	万美元	1010
注册外资到账	万美元	300

【项目农业】 2014年,十总镇流转土地433.33公顷,累计

投入超8000万元,新增家庭农产7家,种植规模133.33公顷;新增设施农业160公顷;新(扩)建规模农业项目11个,其中:总投资1.2亿元的顶茂公司种植基地主体建设正有序进行,投资1000万元的志新对虾养殖项目前期工作接近尾声,投资5000万元的新雁生态湖及龙湖白鹭洲休闲项目顺利推进,投资4500万元的12万平方米智能温室已投入使用。

【民生工程】 2014年,十总镇投入500余万元,完成镇区骑爻沿线的路、河、房综合整治。投入1500余万元,完成绿化建设面积153.33公顷。投入120多万元,添置吸粪车、洒水车等环卫设备。投入资金1200万元,新建农村水泥道路19.57公里,新建改建泵站9座、防渗渠道3.1公里、农桥12座,疏浚河道6万立方米,拆除坝头坝埂23条,基本实现农村水利设施全覆盖。投入200多万元,回购村级卫生室6家、新建2家。投入350万元,开展二爻社区"美丽乡村"试点建设。

十总小游园

2014年十总镇行政村(社区)基本情况

表26

村(社区)名称	人口(人)	从业人员(人)	党组织书记	村(社区)委会主任
十　总	4367	2353	易杰兵	李葛平
二　爻	5224	2671	蒋　兵	朱建聪
双　墩	3383	1750	张　明	王　嵩
柏树墩	4529	2242	季文华	陶瑞国
于家坝	4766	2387	吴建新	姜吉庆
新　雁	4144	2018	窦晓忠	许　菊
迎　阳	4626	2356	纪育和	曹　均
志　新	5164	2653	陈　岗	王苏军

(陈周舟)

骑　岸　镇

2014年骑岸镇主要经济社会指标

表27

项　目	单　位	数　量
总面积	平方公里	80.8
行政村	个	9
社区居委会	个	3
年末人口	人	47987
地区生产总值	万元	178604
第一产业	万元	41245
第二产业	万元	66746
第三产业	万元	70613
地方预算收入	万元	4011
农业总产值	万元	28420
粮食总产量	吨	50088
棉花总产量	吨	66
油料总产量	吨	2797
农机总动力	千瓦	44671
规模工业企业	家	13
规模工业总产值	万元	134981
主营业务收入	万元	133330
利税总额	万元	7597
固定资产投资	万元	39040
工商注册私企	家	1024
工商注册个体户	家	1839
工商注册外资	万美元	609
注册外资到账	万美元	300

【镇村建设】 骑岸镇以通洋高速骑岸互通建设带动交通环境改善为契机,全力推进"镇村建设提质工程"。实施骑岸居省级美丽乡村示范村庄建设,完成通洋高速安置区绿化、亮化工程以及河道整治工程,北一环北延工程安置小区建设进展顺利。做好1000千伏淮上线特高压线路(骑岸段)拆迁安置工作,启动安置小区规划建设。镇南1.2万平方米商品房用地成功挂牌出让。镇村基础设施建设进一步完善。新建农路13公里、桥梁18座、泵站31座、防渗渠109.1公里。扎实推进农村"四位一体"长效管理和卫生村建设,在全区率先启动并完成12个村居卫生室示范化、规范化建设,五总居、渡海亭村、育民村、张沙村、季庄村被评

为"江苏省卫生村"。

2014 年骑岸镇行政村(社区)基本情况

表 28

村(社区)名称	人口(人)	从业人员(人)	党组织书记	村委会主任
骑岸居	4658	1699	倪志云	杨婵婵
沧南居	3798	2150	张　松	王云霞
五总居	5372	2630	丁　建	张红霞
渡海亭村	4790	2275	吴坤兵	王　杰
上雁村	5002	2561	刁进国	丁志祥
爱民村	2853	1870	丁时兵	徐美芳
骑北村	3018	1753	冯冬华	姚士霞
张沙村	4839	3037	汤亿有	张宏霞
岸西村	3175	1321	华雪峰	陈汉忠
季庄村	2974	1268	葛建华	蒋建华
育民村	3765	2132	丁祝良	陈汉忠
东场村	3743	2152	季晓燕	许汉成

(朱　莎)

五　甲　镇

2014 年五甲镇主要经济社会指标

表 29

项　　目	单　位	数　量
总面积	平方公里	42.93
行政村	个	6
社区居委会	个	2
年末人口	人	326667
地区生产总值	万元	147406
第一产业	万元	28478
第二产业	万元	56061
第三产业	万元	62867
地方预算收入	万元	2491
农业总产值	万元	21639
粮食总产量	吨	17247

续表 29

项　　目	单　位	数　量
棉花总产量	吨	115
油料总产量	吨	4013
农机总动力	千瓦	23709
规模工业企业	家	9
规模工业总产值	万元	95670
主营业务收入	万元	95483
利税总额	万元	11261
固定资产投资	万元	31298
工商注册私企	家	414
工商注册个体户	家	1064
工商注册外资	万美元	604
注册外资到账	万美元	305

【民生工程】 着眼从老百姓最关心的地方做起,修建道路16公里,防渗渠41公里,新建桥梁7座,投资1200万元实施卫生院改造,新建村级卫生室4个,改建村卫生室3个。建设秀美乡村,推进小型农水重点县项目,提升泵站、渠道、渡槽配套水平。大力实施改水入户工程,大幅降低水资源漏渗,减少水资源浪费。积极实施白龙庙横河、五甲车路河等河道疏浚、河坡整治工程。白龙庙居、庆丰居、中和村通过二星级康居乡村验收,兴隆灶村荣获省级绿化示范村称号。全年绿化造林86.67公顷,全镇绿化覆盖率超21%。

2014 年五甲镇行政村(社区)基本情况

表 30

村(社区)名称	人口(人)	从业人员(人)	党组织书记	村委会主任
白龙社区	4994	2037	张　聪	包晓红
庆丰社区	3946	1221	张宏均	陈　云
福　利	2952	1258	曹海江	
平　和	4624	1865	成锡锋	张学荣
中　和	5314	2158	张蔡华	李　健
陈　墩	3086	1339	张　华	曹建军
兴隆灶	4718	1893	顾　平	顾国芳
滥港桥	3033	1234	王秀清	赵　明

(张雪兵)

石 港 镇

2014 年石港镇主要经济社会指标

表 31

项　目	单 位	数 量
总面积	平方公里	110.1
行政村	个	10
社区居委会	个	5
年末人口	人	67879
地区生产总值	万元	398130
第一产业	万元	55141
第二产业	万元	183934
第三产业	万元	159056
地方预算收入	万元	14089
农业总产值	万元	35121
粮食总产量	吨	132064
棉花总产量	吨	1
油料总产量	吨	2624
农机总动力	千瓦	73111
规模工业企业	家	46
规模工业总产值	万元	742386
主营业务收入	万元	742386
利税总额	万元	83823
固定资产投资	万元	157504
工商注册私企	家	1629
工商注册个体户	家	3622
工商注册外资	万美元	1350
注册外资到账	万美元	602

【石港小学新校区启用】 1月，石港小学迁入新校区，学校按“高点定位，功能完善，富有特色，留有余地”理念建设，按8轨一次规划，分两期进行建设。其中，一期工程于2012年3月开工，按6轨进行建设，投资3500余万元，占地总面积3.51万平方米，校舍面积1.42万平方米，体育活动面积6374.9平方米。

【九里兰亭旅游度假村开工】 九里兰亭旅游度假村项目位于花市街村，总投资近5亿元，占地面积10.13公顷，总建筑面积约10万平方米，地块北侧为平五公路，规划建设江南园林风格双拼别墅78套，联排别墅52套。10月，该项目开工，成功勘探出温泉，一期工程建设双拼别墅26套，联排别墅4套，总建筑面积3万平方米。

2014 年石港镇行政村（社区）基本情况

表 32

村（社区）名称	人口（人）	从业人员（人）	党组织书记	村委会主任
草市桥社区	3908	2345	葛锦义	
广济桥社区	4178	2507	费光耀	
金庄社区	4636	1748	姜维圣	金玉梅
渔湾社区	2711	1378	顾锦桂	张国新
石西社区	2969	1516	孙志娟	胡金林
四港村	5717	3165	郭建东	陈　建
江海村	5520	3104	丁善明	顾金海
志田村	6250	3463	方志清	李海亮
睹史院村	4241	2261	蒋汉荣	邵锦华
北渡村	4036	2216	时甫怀	田美荣
石东村	3759	2035	吴坤山	蔡　萍
马道村	5227	2857	王　兵	吴建刚
新貌村	5437	2956	张金涛	顾朱剑
乐观村	4538	2443	吴建华	严志中
花市街村	4752	2518	蒋洪华	郑怀新

（杨　磊）

四 安 镇

2014 年四安镇主要经济社会指标

表 33

项　目	单 位	数 量
总面积	平方公里	50.70
行政村	个	8
社区居委会	个	1
年末人口	人	39867
地区生产总值	万元	290900
第一产业	万元	30854
第二产业	万元	169289
第三产业	万元	90756
地方预算收入	万元	4615

续表 33

项　目	单　位	数　量
农业总产值	万元	25119
粮食总产量	吨	32403
棉花总产量	吨	4
油料总产量	吨	2434
农机总动力	千瓦	32204
规模工业企业	家	25
规模工业总产值	万元	372536
主营业务收入	万元	370385
利税总额	万元	38901
固定资产投资	万元	148995
工商注册私企	家	1341
工商注册个体户	家	2569
工商注册外资	万美元	891
注册外资到账	万美元	596

【项目建设】 全年共实施重大项目14个，总投资12.8亿元。其中，总投资2.2亿元的宏德机电二期工程和总投资1.5亿元的富松模具投产，精密机械、中奥二期等工程竣工。项目农业发展取得新突破，实施恒隆农业科技园扩建、双和熟食品加工续建、国强红木加工等特色农业项目，新增设施农业面积635亩，新建三大合作组织3家，流转土地1200亩。全年完成技改投入8.4亿元，转型升级成效初显，三次产业进一步协调发展。

2014年四安镇行政村（社区）基本情况

表 34

村（社区）名称	人口（人）	从业人员（人）	党组织书记	村委会主任
酒店居	5178	1777	朱　卫	纪　燕
徐家桥村	3407	1707	范　云	杨　彬
九总渡村	3816	1767	张曹娟	曹华均
龙坝村	3808	1832	朱勇均	陈　吕
温桥村	4455	2173	陈　华	孙　玉
韩家坝村	4933	2369	王克果	高步华
戚家桥村	3568	1967	王肖飞	徐宏雪
阚庵东村	4903	2364	陆树彬	陈　祥
阚家庵村	5799	2769	陈　忠	李建中

（鲍炜珞）

刘桥镇

2014年刘桥镇主要经济社会指标

表 35

项　目	单　位	数　量
总面积	平方公里	107.28
行政村	个	10
社区居委会	个	2
年末人口	人	76351
地区生产总值	万元	359839
第一产业	万元	56148
第二产业	万元	167812
第三产业	万元	135879
地方预算收入	万元	7724
农业总产值	万元	41668
粮食总产量	吨	135924
棉花总产量	吨	92
油料总产量	吨	2546
农机总动力	千瓦	49116
规模工业企业	家	44
规模工业总产值	万元	736828
主营业务收入	万元	715998
利税总额	万元	92656
固定资产投资	万元	172630
工商注册私企	家	1644
工商注册个体户	家	3395
工商注册外资	万美元	1015
注册外资到账	万美元	501

【镇村建设】 2014年，刘桥镇城镇建设与管理工作获区先进。交通接轨格局初现。完成通刘公路拓宽工程范围内158户搬迁，公交回车场、标准化公交站台建成投入使用，村村通公交实现全覆盖。集镇改造步伐加快。凤仙花苑8#和10#楼安置房、南通建筑垃圾处置中心安置房交付使用，通刘公路安置房开工建设。新建绿化休闲广场，修建新联人民东路。新刘大道东段被评为区级示范路，碧水园被评为区级示范小区。环境整治效果明显。完成九圩港驳岸、刘秦河驳岸及景观栏安装。疏浚河道41条、土方40万方。拆除违章建筑6200多平方米，新增植树造林70.53公顷。修建农路11.33公里，新建桥梁34座。灌区项目改建

泵站13座,修建防渗渠37公里。建成标准化村级卫生室14个,村级小游园12个,实现村村有标准卫生室、村村有小游园目标。

2014年刘桥镇行政村(社区)基本情况

表36

村(社区)名称	人口(人)	从业人员(人)	党组织书记	村委会主任
刘桥社区	12886	4107	徐建华	羌峰鑫
慎修村	5843	3160	钱春付	孙晓燕
徐园村	9020	2970	曹春玉	黄进南
英雄村	5497	1948	刘锦标	王建中
蒋一村	5468	1591	帅　斌	卢　扬
苏池村	5394	2475	宋金才	宋卫民
新中村	5218	1691	袁高鑫	孙丽娟
新联社区	6948	2353	郭振军	管　建
长岸村	5728	1710	夏　校	管建峰
尹家园村	5525	2171	夏荣华	丁海峰
米三桥村	3373	1082	朱建国	于广炎
极孝村	5451	2796	司明东	丁春霞

(郭　杰)

平　潮　镇

2014年平潮镇主要经济社会指标

表37

项　目	单　位	数　量
总面积	平方公里	61.96
行政村	个	15
社区居委会	个	4
年末人口	人	78766
地区生产总值	万元	858033
第一产业	万元	28097
第二产业	万元	457660
第三产业	万元	372276
地方预算收入	万元	32057
农业总产值	万元	23662
粮食总产量	吨	61299

续表37

项　目	单　位	数　量
棉花总产量	吨	0
油料总产量	吨	1598
农机总动力	千瓦	22005
规模工业企业	家	58
规模工业总产值	万元	2451047
主营业务收入	万元	2422938
利税总额	万元	322289
固定资产投资	万元	255786
工商注册私企	家	3465
工商注册个数	家	9660
工商注册外资	万美元	1204
注册外资到账	万美元	902

【沪通铁路大桥开工建设】 3月1日,沪通铁路大桥在平潮镇九圩港区域正式开工建设。该桥主跨长度达1092米,比苏通大桥主跨长4米,是世界首座跨度超千米的公铁两用桥。大桥建成后,进一步缩短平潮镇与上海、苏南地区的时空距离,为平潮接轨上海、融入苏南、实现跨越式发展提供无限空间。

【平潮新幼儿园开工建设】 10月18日,平潮新幼儿园开工建设。新幼儿园位于文峰路南侧,计划总投资2000万元,占地面积约1.67公顷,总建筑面积近1万平方米。按照省优质园标准设计建设,设有教学楼两幢,综合楼一幢,配套设施齐全,最多可满足30个班级的幼儿入园接受学前教育。

2014年平潮镇行政村(社区)基本情况

表38

村(社区)名称	人口(人)	从业人员(人)	党组织书记	村委会主任
九圩港	4528	2179	严　晟	
云台山	5344	2110	王尹哲	徐德生
老　墩	3103	1447	张　辉	丁加芳
赵　坊	4214	2042	李燕国	
平　西	6594	2563	王美云	方永华
三官殿	3458	1282	吴绪华	周栋华

续表 38

村(社区)名称	人口(人)	从业人员(人)	党组织书记	村委会主任
团　圆	2656	975	葛鉴洲	王美清
花　坝	3018	1375	陆丰云	葛建飞
湾子头	4796	2294	纪青松	马跃云
四十里	4098	1779	司　泽	马艳芬
吉　坝	5449	2737	陈　飞	陈　飞
颜　港	5100	2663	刘　宁	戴姝云
新　坝	4498	2411	孙造明	钱广铭
三　港	4008	1616	高建华	孙　玉
任　口	3322	1793	陈　建	陆红兵
桃郫社区	3207	517	王益明	王益明
民主社区	3210	1926	邵建均	邵建均
团结社区	3552	2131	魏竹芳	高　波
栖凤社区	4611	2767	沈燕霞	沈燕霞

（魏佳喜）

平　东　镇

2014 年平东镇主要经济社会指标

表 39

项　　目	单　位	数　量
总面积	平方公里	46.64
行政村	个	5
社区居委会	个	2
年末人口	人	44263
地区生产总值	万元	331059
第一产业	万元	11717
第二产业	万元	213149
第三产业	万元	106193
地方预算收入	万元	5400
农业总产值	万元	10756
粮食总产量	吨	24604
棉花总产量	吨	22
油料总产量	吨	1858
农机总动力	千瓦	27546

续表 39

项　　目	单　位	数　量
规模工业企业	家	33
规模工业总产值	万元	1019255
主营业务收入	万元	1016259
利税总额	万元	134333
固定资产投资	万元	161483
工商注册私企	家	1021
工商注册个体户	家	4955
工商注册外资	万美元	835
注册外资到账	万美元	445

【平东镇通过“省卫生镇”验收】 平东镇把创建“江苏省卫生镇”纳入镇发展规划，认真对照《江苏省卫生镇标准》，逐项落实各项创建指标，充分发挥组织协调作用，多次组织召开专题会议，研究部署工作任务。在镇区主要交通路口设置大型广告牌 1 处，主街道安装旗杆标语 120 多条，在主街道、医院、社区卫生室等处设置健康教育宣传栏 17 个，印发《江苏省健康教育手册》《中国公民健康素养》简易读本 1 万多册，发放卫生知识宣传资料 1 万余份，宣传材料入户率达 100%。同时，实施主街道路面硬化改造、镇区管网覆盖、店招店牌更换、建筑外墙出新、污水处理站、公共绿地养护村卫生室示范化和标准化建设、改水改厕等基础工程。建立完善城管分段负责、垃圾日产日清、商户门前三包、农家常态保洁、环境定期整治五项长效管理制度，全镇环境面貌不断提升。10 月，平东镇顺利通过“省卫生镇”考核验收，省考核验收组对平东镇创建“省卫生镇”工作给予充分肯定。

【完成八项惠民实事工程】 2014 年，平东镇全面完成年初确定的八项惠民实事工程。新建农民文化公园，实施平五路北侧绿化带工程，创建 1 所星级敬老院，建设 1 所省优公立幼儿园，启动农民集居区亮化工程，新安装路灯 100 盏，实施农村道路提档升级工程，实施桥梁改造工程，新建农村桥梁 8 座，以及强化农村水利基础工程建设，改造泵站 10 座，新增防渗渠道 10 公里。

2014 年平东镇行政村(社区)基本情况

表 40

村(社区)名称	人口(人)	从业人员(人)	党组织书记	村委会主任
新三十里居	5815	2656	周国新	金淑萍
赵甸居	6518	2551	吴志明	钱德智
平东村	7146	2784	朱　俊	孙国辉

续表 40

村(社区)名称	人口(人)	从业人员(人)	党组织书记	村委会主任
国道村	6334	2274	程亚明	张　云
新生村	5502	2521	杨　勇	王国恒
金桥村	6383	2959	王志义	杨　恪
甸北村	6565	2392	康汉进	程剑锋

(陈志国)

五　接　镇

2014 年五接镇主要经济社会指标

表 41

项　目	单　位	数　量
总面积	平方公里	38.94
行政村	个	8
社区居委会	个	2
年末人口	人	38797
地区生产总值	万元	400831
第一产业	万元	13722
第二产业	万元	293225
第三产业	万元	93885
地方预算收入	万元	22440
农业总产值	万元	7911
粮食总产量	吨	21161
棉花总产量	吨	-
油料总产量	吨	1539
农机总动力	千瓦	32285
规模工业企业	家	23
规模工业总产值	万元	2059624
主营业务收入	万元	2024313
利税总额	万元	226339
固定资产投资	万元	656687
工商注册私企	家	1199
工商注册个体户	家	3029
工商注册外资	万美元	5410
注册外资到账	万美元	2059

【韩通重工获全球首艘 CNG 船订单】 10 月 26 日,江苏韩通船舶重工有限公司与中集安瑞科控股无限公司签订全球首艘 CNG(压缩天然气)运输船建造合同。CNG 船入美国船级社(ABS)和印尼船级社(BKI)双船级社,采用双燃料主机,船长 110 米,设计航速 14 节,无限航区,由中集海洋工程设计研究院设计,由印尼国电公司 Perusahaan Listrik Negara(PT PLN)营运管理,将用于印尼岛屿之间的天然气运输。该船预期将于 2016 年 5 月交付使用。

【李港幼儿园获评省优质幼儿园】 2014 年,通州区五接镇李港幼儿园获评江苏省优质幼儿园。李港幼儿园创建于 1986 年 2 月,占地面积 1.03 万平方米,建筑面积 3144 平方米,户外面积 9116 平方米,绿化面积 650 平方米。现有教职工 23 人,专任教师 12 人,大专及以上学历占 92%,学历合格率 100%。有教学班 6 个,在园幼儿数 229 人。配有标准的课桌椅及幼儿午睡用床,各班级均布置了适合幼儿年龄特点的活动区角。园内有科学发现室、幼儿图书阅览室、保健室、多功能活动室等,室内有防暑保暖设施。幼儿园利用多种材料,在活动室内设置和创设了有利于发展幼儿多种能力的阅读区、数学区、表演区、益智区、操作区、自然角等活动区域。

设施齐全的李港幼儿园

2014 年五接镇行政村(社区)基本情况

表 42

村(社区)名称	人口(人)	从业人员(人)	党组织书记	村(社区)委会主任
五　接	575	345	余华丽	余华丽
李　港	328	197	余华丽	余华丽
桃　园	5906	2780	刘永新	施君泽
张大圩	4084	1907	许玉芳	陈　美
袁三圩	4066	1899	仇　华	陈建华
复　成	7758	3229	康　军	朱　远
开　沙	1559	610	马正云	徐希梅
李　港	5019	2534	陆志森	徐李想

续表 42

村(社区)名称	人口(人)	从业人员(人)	党组织书记	村(社区)委会主任
老木厂	3104	1350	余建军	朱　进
天后宫	6308	3019	张志明	刘红云

（赵　楠）

兴　仁　镇

2014 年兴仁镇主要经济社会指标

表 43

项　　目	单　位	数　量
总面积	平方公里	39.16
行政村	个	10
社区居委会	个	2
年末人口	人	44274
地区生产总值	万元	406643
第一产业	万元	8436
第二产业	万元	280939
第三产业	万元	117267
地方预算收入	万元	15588
农业总产值	万元	6899
粮食总产量	吨	14625
棉花总产量	吨	–
油料总产量	吨	1985
农机总动力	千瓦	17180
规模工业企业	家	58
规模工业总产值	万元	915823
主营业务收入	万元	884499
利税总额	万元	108686
固定资产投资	万元	236347
工商注册私企	家	1723
工商注册个体户	家	5296
工商注册外资	万美元	1210
注册外资到账	万美元	908

【教育设施投入】 2014 年，兴仁镇进一步加大教育设施投入。11 月，投资 6000 余万元的兴仁小学异地新建工程破土动工。投入 60 多万元对横港学校小学部综合楼进行加固，并完成横港学校操场塑胶化建设。投入 5 万元对兴仁中学门前道路进行修筑。投入 8 万元为横港学校和小花蕾幼儿园增添教育设备。在各学校门前设置安全警示标志。

【基础设施建设】 2014 年，兴仁镇投入 680 万元，强化农村道路、河道、绿化和农村生活垃圾“四位一体”的环境卫生长效管理。全年新建农村公路 3.14 公里，农村道路 9.89 公里；改扩建桥梁 4 座；实施灌区改造工程 7 个，新建泵站 7 个、涵洞 6 个，修筑防渗渠 12.79 公里；疏竣整治河道 5.97 公里。推进村级小游园建设，全镇共开辟文体场所 30 多个。重点突出“拆违拆旧、户外广告、市场秩序、交通组织、建筑立面”整治，着力实施“道路改造、市政配套、围墙美化、绿化补缺、环卫保洁”提升工程，全年拆除违章建筑近 1 万平方米，拆除破旧棚披 55 处、墙体出新 4.7 万平方米，完成沿线道路划线、斑马线 2640 米，新增停车位 462 个、停车场 2 处。

2014 年兴仁镇行政村（社区）基本情况

表 44

村(社区)名称	人口(人)	从业人员(人)	党组织书记	村(社区)委会主任
兴　仁	5996	1066	冯　杰	魏建光
横　港	4197	2046	孙　霞	陈云清
兴　仁	2266	1114	吴龙坤	吴龙坤
芦花港	2927	1293	李　峰	姚建军
葛长路	2704	1291	王　剑	包兴涛
三　庙	3989	1905	朱高乐	胡加明
孙家桥	4629	2119	郭志林	冯忠明
徐　庄	3458	1770	徐志盘	吴春华
李家楼	2304	1193	王汉明	秦建新
太阳殿	4009	2216	吴祖均	施美娟
长林桥	3626	1927	曹媛媛	姚　波
丁润店	4169	2152	吴　平	申均章

（万傲霜）

兴 东 镇

2014 年兴东镇主要经济社会指标

表 45

项　　目	单　位	数　量
总面积	平方公里	30.46
行政村	个	9
社区居委会	个	1
年末人口	人	32683
地区生产总值	万元	342034
第一产业	万元	10414
第二产业	万元	220320
第三产业	万元	111299
地方预算收入	万元	6149
农业总产值	万元	8757
粮食总产量	吨	13271
棉花总产量	吨	-
油料总产量	吨	1404
农机总动力	千瓦	12709
规模工业企业	家	34
规模工业总产值	万元	1010691
主营业务收入	万元	1014616
利税总额	万元	138826
固定资产投资	万元	139212
工商注册私企	家	817
工商注册个体户	家	2993
工商注册外资	万美元	1188
注册外资到账	万美元	800

【南通空港产业园建设】 2014 年,兴东镇进一步加快园区基础设施建设,合理划分功能区域,推动纬三路、纬四路建设,实施园区供水、供电等基础设施配套工程,调整园区内水系,切实做好河道景观工程。明晰空港产业园产业定位,把飞机维修、培训等航空服务业,低成本航空和通用航空作为招商主攻方向。至年末,在谈项目 12 个,签约项目 4 个,领证项目 7 个。

【镇村环境优化】 2014 年,兴东镇将集镇环境长效管理与严控违法建设和废品收购站点整治工作相结合,协调推进村庄环境整治、生态创建和"四位一体"长效管理工作。新增停车场 5 处,共计 150 余个停车位;投资 80 余万元新建小游园 2 座;投资 40 万元改造镇区主干道绿化。完成绿化面积 53.95 公顷,其中成片林 46 公顷,苗圃绿化 6.27 公顷,道路、河道绿化 1.68 公顷。

【安置区建设】 2014 年,兴东镇在建东飞花苑和兴飞花苑两处安置区。东飞花苑一期(通洋高速安置区)建筑面积 5.7 万平方米,8 月交付使用,安置动迁户 140 余户;东飞花苑二期(金通三大道安置区)规划总建筑面积 11.7 万平方米,可提供安置房 800 套,土地挂牌正在公告阶段,安置地块"三通一平"工程正在工程概算,施工设计深化方案正在组织评审,预计 2015 年春节前交付使用。兴飞花苑小区安置空港产业园、机场联检大楼、机场灯光带、北二环等地块拆迁户,规划总建筑面积约 27.4 万平方,可提供安置房 1622 套。一期建设 18.2 万平方米,提供安置房 1112 套,预计 2015 年 8 月交付使用;二期建设土地正在挂牌公告阶段,2014 年末动工。

2014 年兴东镇行政村(社区)基本情况

表 46

村(社区)名称	人口(人)	从业人员(人)	党组织书记	村(社区)委会主任
机　场	1165	699	葛　军	王雨晴
陆扶桥	3341	1574	陈季卫	顾桂萍
永　庆	3503	1757	徐　华	李进新
土　山	3659	1998	张慎焕	葛跃进
孙李桥	3031	1496	刘建国	张采平
杨世桥	4447	1149	陈新南	李志平
黄　金	1782	1025	保让剑	葛周峰
双　楼	4287	1624	顾红玉	卞红卫
紫　星	4469	1590	朱庭玉	羌　卓
永　护	2999	1221	吴建光	黄　耀

(宋燕婷)

张 芝 山 镇

2014 年张芝山镇主要经济社会指标

表 47

项　　目	单　位	数　量
总面积	平方公里	49.82
行政村	个	9

续表47

项　目	单　位	数　量
社区居委会	个	1
年末人口	人	55137
地区生产总值	万元	379954
第一产业	万元	17000
第二产业	万元	248862
第三产业	万元	114092
地方预算收入	万元	10646
农业总产值	万元	16826
粮食总产量	吨	12058
棉花总产量	吨	-
油料总产量	吨	4834
农机总动力	千瓦	7909
规模工业企业	家	38
规模工业总产值	万元	264693
主营业务收入	万元	246858
利税总额	万元	4653
固定资产投资	万元	112044
工商注册私企	家	2306
工商注册个体户	家	4755
工商注册外资	万美元	800
注册外资到账	万美元	400

【党建工作】 2014年，张芝山镇总投资200万元筹建通海村、塘坊村2个党组织活动场地；投入百万元用于安置小区党组织软硬件建设；培育天星村、地税五分局两个五星级党建示范点；开办党员群众素质提升班4期800余人次；开展“四访四提升”活动，帮助村企破解难题100多个；深化拓展“五位一体”党建惠民联动工作体系；整顿提升基层党组织1个；推动240名在职党员到社区报到，志愿服务群众2000余人次。

【产业转型】 2014年，张芝山镇开展专项整治行动，对污染严重、设备落后、产能低下的传统钢丝绳企业坚决予以取缔，同时引进落户华尔泰机电有限公司等一批优质企业。与北京航空航天大学院士徐惠彬合作成立院士工作站，合作组建江苏航泰新材料有限公司，主要生产高温合金母合金、航空发动机特种靶材、航空高铁轴承用高性能合金钢等产品，填补国内空白。一期设备投入2000万元，三年后预计产值将达到5000万元。与江苏大学合作成立博士生流动站，组建江苏中和新材料有限公司，主要生产自润滑轴承等产品，预计年内投入生产。

【镇村建设】 2014年，张芝山镇制订集镇环境整治方案，成功实现集镇环境卫生服务外包。围绕“四纵四横”道路框架，进行扩容提质，完善路网布局。“四纵”道路中307省道开工建设；环西一路、二路路基基本形成，待安置房建设到位后，按标准施工完成；张江公路景观大道升级改造工程春节后开工建设。“四横”道路中北侧宏兴路力争列入通州区改造计划，与南通开发区连接；南二环路东延已建成，与锡通园区枫杨路相连；开源路、健康路启动西延提升工程，与西一环、二环相连。功能配套逐步完善，德力新天地项目开工建设，锡通大酒店主体封顶，体育健身中心正在装修，第二农贸市场正在设计。成立新的安置房小区管理办公室，逐步形成较规范的镇—村—小区管理办公室三级纵向网络。每个安置小区均配有小游园、宣传画廊、体育健身器材，还建有舞蹈队等，定期开展文艺汇演。

【星河幼儿园投入使用】 9月，张芝山镇投资800万元在银洋河小区新建的星河幼儿园投入使用，占地面积1公顷。该园是张芝山镇唯一一家镇公办幼儿园，园内环境整洁，设施配套俱全，拥有有幼教资质的保教人员4名，共招收两个小班53名幼儿。

2014年张芝山镇行政村(社区)基本情况

表48

村(社区)名称	人口(人)	从业人员(人)	党组织书记	村(社区)委会主任
张芝山	7247	2472	蔡东岭	顾　杰
塘　坊	5642	2911	陆　健	沈　标
决　心	3928	2227	陶胜昔	李永亮
天　星	7204	3890	黄卫标	黄建华
银洋河	5843	2853	徐新华	张　冲
通启桥	5427	2600	姚　平	马　伟
通　海	4576	2412	周海兵	徐　超
八字桥	5230	2430	施　健	樊海健
南　兴	5319	2450	徐笑地	徐　明
培　德	4721	2578	张　荣	俞　伟

(龚云珠)

川 姜 镇

2014 年川姜镇主要经济社会指标

表 49

项　　目	单　位	数　量
总面积	平方公里	49.86
行政村	个	14
社区居委会	个	2
年末人口	人	58646
地区生产总值	万元	888254
第一产业	万元	15467
第二产业	万元	417015
第三产业	万元	455773
地方预算收入	万元	47296
农业总产值	万元	16379
粮食总产量	吨	7981
棉花总产量	吨	–
油料总产量	吨	4562
农机总动力	千瓦	12528
规模工业企业	家	98
规模工业总产值	万元	1680267
主营业务收入	万元	1676678
利税总额	万元	195718
固定资产投资	万元	566356
工商注册私企	家	2742
工商注册个体户	家	8952
工商注册外资	万美元	1206
注册外资到账	万美元	1226

【城镇合一】 2014 年，南通家纺城与川姜镇实现“城镇合一”，打造便民服务、综合执法和社会管理三大平台，实行“大厅、大办、大所”办公模式，简化办事流程，贴心服务群众。

【平台建设】 2014 年，川姜镇着力推进家纺研究院、电子商务产业园、画稿交易会等平台建设。江苏省（南通）家纺产业技术研究院在成功申报立项基础上，实施办公场所装修改造工程，装修改造面积 1.5 万平方米，投入资金 1.5 亿元，目标建成研发创新、检测认证、创新创业孵化、投融资和公共服务五大平台。南通国际家纺城电子商务产业园正式成立并投入运作，一期项目建筑面积 1.5 万平方米，由杭州聚势公司负责运营管理。川姜镇荣获“淘宝镇”称号，三合口、义成、志南 3 个村获“淘宝村”称号。第七届画稿交易会汇聚国内外设计单位 268 家，3.8 万余件画稿参展，4582 件成交，成交额达 926 万元，东华大学、江南大学等 10 所高校展示最新纺织类科技成果 425 件，并与 30 多家家纺企业对接，其中 6 个科技成果转化项目签约。

第七届画稿交易会在南通家纺城举行

【安全生产专项整治】 2014 年，川姜镇成立安全生产监督管理局，设立安全生产专项资金，134 家村（社区）小作坊“三合一”全部清理完毕。编制消防规划，对全镇工业园区、安置小区和主干道市政消防管栓进行设计和建设。

2014 年川姜镇行政村（社区）基本情况

表 50

村（社区）名称	人口（人）	从业人员（人）	党组织书记	村（社区）委会主任
川　港	6478	2917	樊朝伟	徐　东
姜　灶	6681	4162	曾晓焱	仇陆叶
志　浩	2247	1290	朱锦官	沙　杰
志　南	3764	2422	刘中兵	顾洪美
川　北	2846	1744	施　政	翁　瑾
川　南	4968	2415	范存涛	黄　龄
保　障	1925	957	倪惠明	倪惠明
斜　桥	3030	2496	陈　辕	徐建弟
启　江	3912	2280	张　平	陆　健
双　桥	2402	1141	戴末新	陈善健
三合口	2911	1768	张亚标	祁耀伟
磨框镇	4164	2325	李小辉	陆伯荣
义　成	2856	1563	马云平	马云平
姜　川	4332	2460	张武新	陆水香
望海台	3050	1445	黄建林	蔡水湘
三圩埭	3080	1648	蔡　亮	顾　鑫

（顾莹琰）

先 锋 镇

2014年先锋镇主要经济社会指标

表51

项　目	单　位	数　量
总面积	平方公里	26.54
行政村	个	8
社区居委会	个	-
年末人口	人	37007
地区生产总值	万元	327737
第一产业	万元	8843
第二产业	万元	225089
第三产业	万元	93805
地方预算收入	万元	15137
农业总产值	万元	9337
粮食总产量	吨	3171
棉花总产量	吨	-
油料总产量	吨	1929
农机总动力	千瓦	4070
规模工业企业	家	46
规模工业总产值	万元	638656
主营业务收入	万元	637723
利税总额	万元	69503
固定资产投资	万元	126091
工商注册私企	家	2073
工商注册个体户	家	4176
工商注册外资	万美元	1000
注册外资到账	万美元	402

【工业园区获评南通市小企业创业示范基地】 2014年，先锋镇印染园区被评为南通市小企业创业示范基地。该镇于2012年启动小企业创业示范基地建设，集纺、织、染、印、后整理、服装、家纺于一体，现有工业企业85家，其中规模企业25家，年产色织布2.5亿米，占全国色织布产量四分之一。

【绿博园被评为江苏省科普教育基地】 2014年，先锋镇积极争创AAAAA乡村旅游景点，该镇绿博园获“江苏省科普教育基地”称号。项目占地22公顷，总投资2亿元，建有紫薇园、热带水果谷、热带名花馆、“生命之舟”沙生植物馆等。

【“政社互动”试点】 2014年，先锋镇作为全区“政社互动”首个试点单位，按照“权随责走、费随事转”原则，以明晰政府与基层自治组织权责边界为目标，全面把握“落实双向责任、双向履约评估、培育社会组织”三个环节，相继成立10类协会61家社会组织，实行购买服务，创新社会管理模式。

2014年先锋镇行政村（社区）基本情况

表52

村（社区）名称	人口（人）	从业人员（人）	党组织书记	村（社区）委会主任
三圩头	3121	687		钱建生
苏家埭	2296	1285	王　娟	李　瑛
永　安	6001	2672	吴亚菊	杨士兵
周　圩	6275	3062	陈　兵	金　冲
花　园	2876	1837	周继忠	刘明玉
十六里墩	4047	2081	葛光华	盛　东
秦家埭	6195	2580	施德平	张红兵
双　盟	6196	3489	陆新忠	赵　彤

（葛建林）

人　物

Figures

编辑 陈 菊

领导人物

胡卫东

中共通州区委常委，区委宣传部部长。

胡卫东，江苏通州人，1967年10月出生，1990年6月加入中国共产党，研究生文化程度。1990年8月在南通县石港物资公司工作。1994年9月起，历任五窑乡江海村党支部副书记、五窑乡政府副乡长。1997年4月起先后担任五总乡党委副书记、五总乡人民政府乡长。2000年10月任西亭镇党委副书记（保留正科级），其中2001年10月至2002年4月在常熟市交流挂职。2002年4月起先后担任平潮镇党委副书记、镇长。2005年12月兼任五接镇党委书记。2006年12月任平潮镇党委书记、人大主席（2009年11月明确为副处级）。2011年9月任锡通科技产业园党工委副书记、纪工委书记。2013年12月任通州区委常委。2014年1月兼任区委宣传部部长。

刘克勇

中共通州区委常委，区人民政府副区长（挂职）。

刘克勇，江苏如东人，1965年3月出生，1985年6月加入中国共产党，大学文化程度。1985年8月在江苏省教育厅职教处工作。1986年8月起历任江苏省教委职教处科员、副科级视导员、正科级视导员（1995年9月至1996年9月在对外经济贸易大学北京德语培训中心强化德语基础班学习；1996年9月至1997年6月赴联邦德国在“企业人力开发与职业教育和继续教育”领域进行职业教育培训）。1999年10月至2005年12月任江苏省教育国际交流服务中心副主任（1999年9月至2001年7月在南京大学研究生课程进修班学习；2001年6月被评为副研究员）。2006年1月任江苏省教育厅职业教育与社会教育处副处长（2010年2月明确正处级）。2013年5月任江苏联合职业技术学院党总支书记兼省教育厅职业教育处副处长。2014年4月任通州区委常委。2014年6月当选通州区人民政府副区长（挂职）。

李儒斌

通州区人民政府副区长（挂职）。

李儒斌，湖南嘉禾人，1963年7月出生，1990年5月加入中国共产党，研究生文化程度。1990年6月在湖南省直属机关党校工作。1993年2月任南华大学社科部讲师。1996年2月起，历任南京工业学校人事处主任、校办主任、校长助理。2001年4月起，历任南京工程学院校办副主任、宣传部副部长、人文与社会科学系党总支副书记（主持

工作)、材料工程学院党委书记。2014 年 8 月,当选通州区人民政府副区长(挂职)。 (刘小冬)

先进人物

陈卫东

南通江海电容器股份有限公司董事长、党委书记。2014 年 12 月被中国科学技术协会授予“第六届全国优秀科技工作者”称号。

陈卫东,1963 年 10 月生,研究生学历,高级工程师。作为科技工作者又是科技创新团队的带头人和管理者,他直管和参与公司的科技研发工作,个人领军和参与研发国家重点新产品 5 个,申请 12 项专利,并为高等院校的电子元件与材料专业教材编写两个章节,被聘为中国电子元件行业协会副理事长、江苏省电容器工程技术研究中心技术委员会副主任。获省科技进步二等奖一项,南通市科技进步奖多项,成功实施多项国家、省、部级重大项目,为国内电子元件行业的发展做出突出贡献。他曾被评为全国优秀乡镇企业家,江苏省十佳青年经营者,南通市科技兴市功臣、技术拔尖人才等。 (张丽敏)

张赤宇

南通四建集团有限公司总工程师。2014 年 12 月被中国科学技术协会、国家发展和改革委员会、科技部、国有资产监督管理委员会、全国总工会授予“全国‘讲理想、比贡献’活动优秀组织者”称号。

张赤宇,1963 年 4 月生,研究员级高级工程师。作为公司科技工作的优秀领头人,张赤宇以企业的需要、科技人员需要作为自己工作的出发点,为公司的战略管理、科技强企做出了卓有成效的成绩。自 2008 年以来,在“讲理想、比贡献,奋力实现中国梦”活动的实践中,加大组织协调力度,凝聚各方力量,团结、组织和动员公司广大科技人员以实现“承鲁班精神、创百年老店”企业愿景,围绕“工程质量创优”目标,以绿色施工、新技术应用、QC 小组攻关、工法专利创新等为着力点,为施工项目部解决重大关键技术难题、提高工程质量。广泛开展合理化建议、师带徒、技术攻关、“传、帮、带”等“讲理想、比贡献,奋力实现中国梦”竞赛活动,为企业科技与管理创新及一线创新人才的成长营造良好环境。 (张丽敏)

金　晶

南通草金秸秆加工农民专业合作社理事长。2015 年 1 月被共青团中央授予“全国‘乡村好青年’”称号。

金晶,1983 年 9 月生,大专文化程度。金晶自出生就患有严重的小儿麻痹症,2003 年大学毕业后走上社会,因为身体上的残疾,她一次次地被拒之门外,但她没有放弃。2013 年,南通市、通州区两级供销合作总社与江苏和盛农资连锁有限公司共同成立南通草金秸秆加工农民专业合作社,开展草绳编织等秸秆综合利用项目,金晶被选为合作社理事长。每天她带团队下乡入村,组织农民开会,讲解秸秆制绳项目,为农民送设备,开展技术培训,无论早晚她总是冲在最前面。经过半年多的推广,在金晶及全体合作社成员的共同努力下,草金合作社发放草绳机达 800 多台,消化秸秆 6000 多吨,为农民增加收入达 750 万元。2014 年 10 月,《中国青年报》刊登《金晶:用“更好的服务”圆创业梦》,详细介绍她的先进事迹。 (张淑娟)

逝世人物

马金城

马金城(1927. 12—2014. 1),通州区十总镇人。1947 年 7 月参加工作,1946 年 7 月加入中国共产党。1947 年 7 月至 1955 年 12 月,任南通县下雁乡财办员,奇石区、十总区财粮局仓库主任、财粮助理、区委委员。1955 年 12 月至 1956 年 5 月,任南通县人委财政科副科长。1956 年 5 月至 1959 年 6 月,任南通县合作干校副校长。1959 年 6 月至 1966 年 12 月,任金西公社党委副书记、书记。1966 年 12 月至 1968 年 4 月,“文化大革命”中受冲击,在金西公社接受审查。1968 年 4 月至 1969 年 9 月,任金西公社革委会副主任。1969 年

9月至1970年11月，任金南公社革委会主任。1970年11月至1971年9月，任金南公社党的核心小组组长、革委会主任。1971年9月至1972年9月，任南通县农业局革命领导小组成员、副组长。1972年9月至11月，任刘桥区革命领导小组副组长。1972年11月至1974年3月，任刘桥区党的核心小组副组长、革命领导小组副组长。1974年3月至1977年4月，任刘桥区党的核心小组组长、革命领导小组组长。1977年4月至1981年3月，任刘桥区委书记、革命领导小组组长。1981年3月至6月，任南通县人民政府副县长。1981年6月至1983年7月，任南通县人民政府副县长兼农业委员会主任。1983年7月至1984年3月，任南通县人民政府副县长。1984年3月至1985年4月，任南通县人民政府顾问。1985年4月至5月，任南通县人大常委会副主任。1985年5月至1987年3月，任南通县人大常委会副主任兼财政经济工作委员会主任。1987年3月至1988年5月任南通县人大常委会副督导员；1988年6月离休，享受副处职政治、生活待遇。

朱学银

朱学银（1925.9—2014.9），通州区刘桥镇人。1946年3月参加革命工作，1946年4月加入中国共产党。1946年3月至12月，任如东县汤元区民富乡、国强乡民兵中队长、大队长。1946年12月至1947年9月，任合并后的富强乡民兵副大队长。1947年9月至1948年7月，任如东县汤元区富强乡、新姚乡土改复查工作队队员、党支部书记、指导员。1948年7月至12月，任如东县浦东区公安副股长。1948年12月至1950年11月，任如东县浦东区区委委员、公安股长。1950年11月至1951年6月，任如东县浦东区区委委员、副区长。1951年6月至1952年2月，任如东县浦东区区委书记。1952年2月至4月，苏北党校学习并参加扬州市“三反”“五反”工作组。1952年4月至6月，任如东县税务局“三反”工作组成员。1952年6月至8月，如东县栟北区委工作。1952年8月至10月，南通地委党校学习。1952年10月至1954年10月，任南通地委整党工作团组长、海安县工作队大组长兼立友区委副书记、邗高区委书记。1954年10月至1958年2月，任南通地委组织部干部科副科长、科长。1958年2月至1967年2月，任如东县委农工部副部长、组织部副部长，如东县委常委、组织部部长。1967年2月至1970年1月，“文化大革命”中受冲击，被批斗关押到如东县“五七”干校劳动。1970年1月至1971年1月，任如东县靖海公社革委会副主任。1971年1月至1973年3月，任如东县靖海公社党的核心小组组长、党委书记。1973年3月至1978年3月，任如东县栟茶区委书记。1978年3月至1981年3月，任南通县委副书记、县革委会副主任。1981年3月至1984年1月，任南通县委副书记，县人大常委会主任、党组书记。1984年1月至1985年4月任南通县人大常委会主任、党组书记。1985年8月离休，享受副地市级政治、生活待遇。（王祝达）

新华社2014年国内十大新闻（九）

中国经济发展进入新常态

12月9日至11日，中央召开的经济工作会议全面阐述了中国经济发展新常态：中国经济正在向形态更高级、分工更复杂、结构更合理的阶段演化，经济发展正从高速增长转向中高速增长，经济发展方式正从规模速度型粗放增长转向质量效率型集约增长，经济结构正从增量扩能为主转向调整存量、做优增量并存的深度调整，经济发展动力正从传统增长点转向新的增长点。中央确定重点实施“一带一路”、京津冀协同发展、长江经济带三大战略等措施，主动适应经济发展新常态。

荣 誉 栏

Honor Roll

编 辑 陈 菊

通州区受南通市以上党政军群机关表彰的先进集体一览

表 53 （2014 年 4 月至 2015 年 3 月）

单 位	荣 誉	表彰机关	表彰时间
区嘉安出口蔬菜专业技术协会	全国科普惠农兴村计划先进单位	中国科学技术协会、财政部	2014 年 6 月
区科学技术协会	全国科普日活动优秀组织单位	中国科学技术协会办公厅	2014 年 11 月
区公路管理站	全国工会职工书屋示范点	全国总工会宣传教育部	2014 年 11 月
区烟草专卖局(分公司)	宣传报道工作先进集体	江苏省烟草专卖局(公司)	2014 年 4 月
区财政局	财政信息工作先进单位	江苏省财政厅	2014 年 5 月
骑岸镇骑岸社区	省“社区科普益民计划”社区	江苏省科学技术协会、省财政厅	2014 年 7 月
十总镇二爻设施园艺科普示范基地	省科普惠农兴村先进单位	江苏省科学技术协会、省财政厅	2014 年 7 月
南通四建集团有限公司 南通江海电容器股份有限公司	省“讲理想、比贡献，奋力实现中国梦”活动先进集体	江苏省科学技术协会、省发展和改革委员会、省经济和信息化委员会、省科学技术厅、省人民政府国有资产监督管理委员会	2014 年 10 月
南通金太阳纺织科技有限公司刘晓萍团队 南通市海欧救生防护用品有限公司	省“讲理想、比贡献，奋力实现中国梦”活动创新团体	江苏省科学技术协会、省发展和改革委员会、省经济和信息化委员会、省科学技术厅、省人民政府国有资产监督管理委员会	2014 年 10 月
区计划生育协会	全省计划生育系列保险工作先进单位	江苏省卫生和计划生育委员会、中国保险监督管理委员会江苏监管局、省计划生育协会	2014 年 11 月
区农业机械管理局	省农机系统先进集体	江苏省人力资源和社会保障厅、省农业机械管理局、省公务员局	2014 年 12 月
金沙镇 刘桥镇	省科普示范乡镇	江苏省科学技术协会	2014 年 12 月
二甲镇定兴桥村 兴东镇孙李桥村	省科普示范村	江苏省科学技术协会	2014 年 12 月
金沙镇朝阳社区	省科普示范社区	江苏省科学技术协会	2014 年 12 月
区土壤肥料技术指导站	全省耕地质量建设与管理工作先进单位	江苏省耕地质量保护站	2014 年 12 月

续表 53

单　　位	荣　　誉	表 彰 机 关	表彰时间
区科学技术协会	创新发展综合示范县级科协	江苏省科学技术协会	2015 年 1 月
区供销合作总社	全省供销合作社系统创新工作优胜单位	江苏省供销合作总社	2015 年 1 月
区供销合作总社	全省供销合作社系统新网工程建设优胜单位	江苏省供销合作总社	2015 年 1 月
区林业局	全省营造林实绩先进集体	江苏省林业局	2015 年 1 月

通州区受南通市以上党政军群机关表彰的先进人物一览

表 54　　（2014 年 4 月至 2015 年 3 月）

单　　位	姓　名	荣　　誉	表 彰 机 关	表彰时间
南通江海电容器股份有限公司	陈卫东	第六届全国优秀科技工作者	中国科学技术协会	2014 年 12 月
南通四建集团有限公司	张赤宇	全国“讲理想、比贡献”活动优秀组织者	中国科学技术协会、国家发展和改革委员会、科技部、国有资产监督管理委员会、全国总工会	2014 年 12 月
南通草金秸秆加工农民专业合作社	金　晶	全国“乡村好青年”	共青团中央	2015 年 1 月
区财政局	姜　忠	全省财政信息工作先进个人	江苏省财政厅	2014 年 5 月
二甲镇定兴桥村	倪正华	省科普惠农兴村带头人	江苏省科学技术协会、省财政厅	2014 年 7 月
区公路管理站	王　军	全省交通运输行业“先锋模范党员”	中共江苏省交通运输厅党组	2014 年 7 月
南通江海电容器股份有限公司 南通江华机械有限公司	丁继华 张九新	省“讲理想、比贡献，奋力实现中国梦”活动创新标兵	江苏省科学技术协会、省发展和改革委员会、省经济和信息化委员会、省科学技术厅、省人民政府国有资产监督管理委员会	2014 年 10 月
南通四建集团有限公司	张赤宇	省“讲理想、比贡献，奋力实现中国梦”活动优秀组织者	江苏省科学技术协会、省发展和改革委员会、省经济和信息化委员会、省科学技术厅、省人民政府国有资产监督管理委员会	2014 年 10 月
区粮食购销公司	朱洪霞	省粮食系统劳动模范	江苏省人力资源和社会保障厅、省粮食局	2015 年 1 月

《通州年鉴（2014）》补遗

通州区受南通市以上党政军群机关表彰的先进集体一览

单　　位	荣　　誉	表 彰 机 关	表彰时间
区烟草专卖局（分公司）	全省放心消费创建活动示范行业	江苏省放心消费创建活动办公室	2014 年 3 月
南通市国土资源局通州分局	全省国土资源政务信息工作先进单位	江苏省国土资源厅	2014 年 3 月
南通市国土资源局通州分局	县级国土资源优秀网站	江苏省国土资源厅	2014 年 3 月

附　　录

Appendix

编　辑　陈　菊

文件选编

通州区住宅小区物业管理全覆盖实施意见

（2014 年 1 月 16 日）

（节　选）

为深入贯彻《江苏省物业管理条例》，建立全区住宅小区物业管理全覆盖工作机制，全面提升物业管理服务水平，改善居民居住环境，结合本区实际，制定本意见。

一、指导思想和基本原则

（一）指导思想。以党的十八届三中全会精神为指导，构建“统一领导、分级负责、条块结合、综合协调”的物业管理体制和工作体制，发挥镇区园和社区的主体作用，将物业管理纳入社区管理体系，规范住宅小区物业管理，促进物业管理行业向社会化、市场化、专业化、规范化发展，实现全区住宅小区物业管理全覆盖。

（二）基本原则。

1. 统一领导，综合协调。树立“大物管”理念，将住宅小区物业管理作为现代城市管理重要组成部分，纳入城市管理范畴和社区建设体系，构建区、镇区园、社区“三位一体”的物业管理网络，实行统一领导、统一协调、统一监督、统一考核。

2. 分级负责，属地管理。各镇区园作为小区物业管理全覆盖工作责任主体，要组织社区协调解决好工作中的各类问题。要结合社区网格化管理工作，推行“3 + 2”工作模式，即在社区居委会、业主委员会、物业服务企业开展工作基础上，发挥楼（片）长和社区志愿者的协调作用，实现“资源共享、优势互补、协作互动、共同发展”。

3. 因地制宜，分类管理。商品房住宅小区推行市场化物业服务；暂不具备条件的，由镇区园提供基本物业服务和管理。老旧小区经整治改造后，逐步向市场化过渡。加强物业管理考核，确保“有人管事、有章理事、有钱办事”。

4. 政府引导，有偿服务。无物业管理小区，由各镇区园适当安排扶持性资金，引导物业服务企业进驻，或组建政府投资的物业服务企业，实行市场化、公司化运作。加大宣传力度，分区域、分层次推进，切实提高物业费收缴比例，实行契约化管理。

二、明确工作目标

（一）目标。到 2014 年底，初步建立区、镇区园、社区三级物业管理体系；全区所有小区实现物业管理全覆盖；力争三年内创建国家级物业管理示范小区 1—2 个，省物业管理优秀住宅小区 3—4 个。

（二）范围。城区（含金沙镇、高新区）、其他镇区园的城市（镇）建成区和农民集中居住区。

（三）对象。全区城（镇）区范围内各类住宅小区，包括以住宅为主、人口规模达 1000 人或户数达 300 户的居住生活聚集地、拆迁安置小区、农民集中居住区，以及分散居住楼、单位集资楼、无单位管理的生活区。

（四）标准。按照“封闭式管理，开放式服务”的要求，商品房住宅小区全面实施省级物业服务三级以上标准；硬件配套设施完善的老旧小区根据省级物业服务二级标准实施“菜单式”服务等级标准；尚无物业管理的老旧小区、分散居住楼、生活大院实现“五个有”基本服务与管理，即有治安防范、有清扫保洁、有绿化养护、有维修服务、有停车管理，达到无违章搭建、无毁绿种菜、无垃圾杂物、无乱贴乱画、无乱拉乱挂、无乱停车辆的基本要求。

三、实行分类管理

（一）商品房住宅小区。全面推行市场化物业服务。在建未交付的住宅小区，由开发单位通过招标选聘有资质的物业服务企业，落实前期物业管理；已建成交付但未成立业主委员会的住宅小区，继续实施前期物业管理；物业管理区域内，已交付使用的物业建筑面积达50%，或者首户业主入住已满2年的，应依法选举产生业主委员会，并由业主委员会依法选聘或续聘物业服务企业；对原由物业服务企业管理的商品房住宅小区，应在属地镇区园指导下，由社区居委会、小区业主委员会和物业服务企业三方按规定做好物业管理续聘、新聘或业主自治管理的转换衔接工作，继续实行市场化运作；对暂不具备市场化运作条件的，一律由属地镇区园组建物业服务公司接收管理，落实“五个有”的基础性有偿服务。

（二）老旧住宅小区（2000年9月1日前建成交付）和零散住宅楼。结合老小区整治改造，完善基础设施配套，落实物业服务与管理。对整治后具备条件的，可由镇区园按程序选聘物业服务企业，实施市场化服务；对暂不具备条件的，以及暂时失管小区、分散居住楼、单位集资楼等，由镇区园物业服务公司全部接收，实施政府补贴与居民缴费相结合的“五个有”基础性有偿服务与管理。

（三）拆迁安置小区和农民集中居住区。城区范围内由区级财政投资市场化开发建设的拆迁安置小区参照商品房住宅小区管理模式实行物业管理，鼓励金沙镇和高新区组建物业服务公司为主，也可选聘物业服务企业，实行财政补贴与有偿服务相结合的办法，推行市场化物业管理。其他拆迁安置小区（城区以外范围）或农民集中居住区，原则上以各镇区园组建物业服务公司为主，有条件的也可选聘物业服务企业，落实居民缴费与镇区园财政补贴相结合的“五个有”基础性有偿服务。

四、建立工作机制

建立“两级机构、三级管理”工作体制，完善“责、权、利”相统一的工作网络，强化工作职责，形成主管部门“条”上行业指导和镇区园“块”上属地管理的工作合力，把小区物业管理全覆盖工作纳入镇区园日常工作加以推进。

（一）完善联动机制，形成工作合力。建立区、镇区园、社区三级住宅小区物业管理联席会议制度，健全联动协调机制。一是行政许可联动。将前期物业管理落实情况作为办理房地产预售许可的前提条件。实行小区内经营项目联审制度，凡利用小区内房屋或与住宅毗邻的房屋从事生产经营的，工商管理部门在核发企业营业执照时必须与区公安、卫生、环保、城管等部门联动，必要时应召集相关业主进行听证。二是行政执法联动。城管部门要将城区住宅小区物业管理全覆盖工作纳入数字城管工作内容。对居住区内发生的各类违法违规行为，各镇区园应按属地管理原则及时组织处理。城管、公安、工商等相关部门应全力以赴，协助配合。三是公共服务联动。物业服务及给排水、供电、供气、邮政、通信、有线电视等单位要依法承担物业管理区域相关设施设备的维护责任，做好服务工作。严格执行工程施工告知及后期修复制度。相关单位应协调做好应急抢险、抢修等工作。

（二）建立投诉网络，化解矛盾纠纷。建立区、镇区园、社区三级投诉处理网络和矛盾调解制度。各镇区园分管领导负总责，明确职能部门，落实专人负责，公开服务投诉电话，做好各项具体工作。建立住宅小区物业管理责任人制度。以住宅小区为单位，由镇区园指定专人定点联系，加强物业管理工作的日常督促指导，并实行责任制考核。建立住宅小区信息员制度。聘请片长、楼长和社区志愿者担任信息员，协助做好住宅小区管理工作。各镇区园要围绕物业管理服务纠纷调处和业主满意度适时组织开展物业服务企业及其他管理人的评议工作，评议结果报区住建局备案，纳入全区物业管理信用体系，并予以公示。

（三）加强宣传监督，增强物管意识。各镇区园、各相关部门要进一步加大宣传引导力度，指导业主委员会和物业服务企业开展学习宣传活动。各物业服务企业要把执行、落实、宣传和维护好《江苏省物业管理条例》作为主要工作抓手，搭建互动平台，将创新物业服务、构建和谐社区、提升服务质量和小区品位作为规范双方行为的目标和动力。各镇区园及社区居委会要稳步推进广大业主的素质提升工程。区教育部门和学校要从学生抓起，提高学生自觉承担社会责任的自觉性。区公安及住建部门要实施保安及物业管理人员的常态化职业培训，提高从业人员服务水平。区机关工委要引导党员干部自觉遵守住宅小区物业管理规章制度，积极履行业主责任和义务，树立好公职人员良好形象；同时要主动引导亲朋好友和周边居民，共同维护好物业管理秩序。新闻媒体要主动跟踪物业管理工作动态，宣传典型事例，曝光违规违法行为。

（四）强化行业监管，提高服务水平。各镇区园和区住建部门要按照《通州区物业服务企业选聘和退出管理办法》抓好物业管理企业的选聘和退出管理工作。建立完善物业服务企业禁入机制，通过规范招投标、资质监管、行业考评等手段，指导业主大会或业主委员会禁止不良企业进入区内物业服务市场。建立完善物业服务企业退出机制，加强物业服务合同备案工作，加大合同示范文本的推行力度，将业主满意度低于50%或发生重大群体性事件协调无效等内容纳入合同解除条件之一。建立健全物业管理信用体系，将物业服务企业、其他管理人员、业主大会、业主委员会的信用等级、服务质量、纠纷调处等纳入监管重点，通过联席会议、信访反映、业主调查等多种形式进行信用评分，记入信用档案，实行行业信用等级三级管理制度。各镇区园、社区要主动介入，加强与物业服务企业、业主委员会及区住建、物价、公安、城管等部门的沟通协调，发现隐患问题，及时做好物业管理纠纷预警和调解。

（五）完善考核机制，确保工作落实。开展物业管理全覆盖评先创优活动，对各镇区园、社区居委会与物业服务企业及相关职能部门工作情况进行考核评比，将工作落实情况纳入政风行风评议和社会评议范围，评议结果作为考核评比主要内容。落实责任追究，相关部门按照职责分工对工作中出现的问题进行调查处理，对因推诿扯皮、拖延不办引发集访、越访等造成严重后果的，将按照信访条例和纪律规定严肃追究相关领导和人员的责任。

五、落实保障措施

（一）组织保障。各镇区园、各相关部门要统一思想，认真履职，形成合力，确保工作落实到位。区政府成立小区物业管理全覆盖领导小组和考核小组，并与各镇区园、各相关部门签订目标管理责任状，将物业管理全覆盖工作纳入各镇区园目标管理绩效考核体系。进一步明确部门工作职责，做到条块结合，确保工作全面协调推进。加强对物管人员和从业人员的业务培训，提高工作能力和服务水平。各镇区园要成立相应的领导小组和考核小组，建立和完善相关工作制度，确保责任落到实处。

（二）资金保障。城区范围内老旧小区和零散住宅楼，由区政府逐年组织整治改造，对镇区园组建物业服务公司管理的老小区或部分商品房住宅小区的物管经费，根据考核情况，按建筑面积给予适当补贴，标准为 0.4 元/平方米·月，由区财政和镇区园财政各承担一半，区财政根据考核情况测算补贴分季度拨付。未建立共用部位、公用设施设备维修基金的小区，金沙镇和高新区应将应急维修经费列入年度预算，区财政按审计价补助 50%。其他范围内的老旧小区和零散住宅楼的补贴和改造经费由各镇区园财政自筹。

区级财政投资市场化开发建设的拆迁安置小区（城区范围内）建成后，由开发单位与属地政府办理移交托管手续，并按省住宅物业三级服务收费标准服务和管理。交付 2 年后，区财政按计容建筑面积定补 3 年小区管理服务经费，标准为 0.3 元/平方米·月，根据考核情况测算补贴分季度拨付。第 6 年后由区政府重新核定以奖代补金额。垃圾清运处置费和电梯运行、年检、维保费用及高层供水电费实行定额包干。

区财政或镇区园财政投资建设的拆迁安置小区（城区以外范围）或农民集中居住区物管补贴、垃圾清运处置费和电梯运行、年检、维保费用及高层供水电费由镇区园财政列入年度预算。

新建（在建）拆迁安置小区或农民集中居住区，除按规定配建物业管理用房外，另按地面以上总建筑面积的 0.5%配建物业经营性用房，一并交由镇区园管理，其经营收入统筹用于小区长效管理。

（三）基础保障。一是加强整治出新。各镇区园要分步推进辖区内老旧小区整治出新，完善基础设施，改善居住环境，落实相应补贴。要大力整治小区内违法建设、毁绿种菜、乱倒垃圾、乱贴乱画、乱拉乱挂、乱停车辆等突出问题，合理规划小区停车位。新建小区物业交接，由所属镇区园、社区居委会派人参加。二是加大物业费收缴力度。通过多种形式宣传物管法律法规，增强业主主动缴费意识。社区居委会要协助物业公司收取物业服务费，提高收缴率。三是加大物业服务企业扶持力度。将物业服务纳入现代服务业范畴，落实有关优惠待遇，引导本地物业服务企业做大做强。

六、严密组织实施

第一阶段：准备阶段（2014 年 1 月—2 月）

1. 制定全区小区物业管理全覆盖实施意见，成立领导小组和考核小组，召开动员部署会，签订目标责任状。

2. 各镇区园、各相关部门成立相应工作领导小组和考核小组，制定实施方案和管理制度，明确分工、内容、要求和完成时限，确保责任落实。

3. 各镇区园对辖区内小区全面调查摸底，分类统计，建立档案，因地制宜推进分类管理。

4. 各镇区园、区新闻媒体要通过多种形式广泛宣传，积极营造良好氛围。

5. 各镇区园组建物业服务公司，落实办公场所和人员，办理营业执照、税务登记等相关手续，建立各种台账，并挂牌上墙、制度上墙。

6. 组织各镇区园、社区物业管理人员业务培训。

第二阶段：实施阶段（2014 年 3 月—7 月）

1. 各镇区园对辖区内商品房住宅小区、老旧小区和零散住宅楼、拆迁安置小区和农民集中居住区实施环境整治改造，做到无违章搭建、无毁绿种菜、无垃圾杂物、无乱贴乱画、无乱拉乱挂、无乱停车辆现象。

2. 各镇区园具体组织实施物业管理全覆盖工作，制定部分项目服务外包方案，全面开展接报接修、矛盾调解及老旧小区的日常管理工作。区相关部门要及时跟踪指导，定期召开住宅小区物业管理联席会议，及时会办和研究解决实施过程中出现的问题和矛盾。

第三阶段：总结整改阶段（2014 年 8 月—9 月）

1. 2014 年 8 月起，各镇区园对社区物业管理全覆盖工作及辖区内住宅小区物业服务企业每月进行一次考核，制定完善相关考核制度，并报送区物业管理领导小组。

2. 针对前两个阶段工作开展情况，查漏补缺，总结整改，完善相关制度文件，进一步理顺工作机制，确保年内实现物业管理全覆盖目标。

第四阶段：检查考核阶段（2014 年 10 月—11 月）

2014 年 10 月起，区物业管理全覆盖领导小组对各地物业管理全覆盖工作情况进行检查，确保年内实现住宅小区物业管理全覆盖目标。区物业管理全覆盖领导小组将每季对各镇区园、各相关部门工作情况进行检查考核，并以简报形式定期进行通报。

第五阶段：总结表彰阶段（2014 年 12 月）

全面总结全年全区物业管理全覆盖工作，召开总结表彰大会,对工作突出的单位、个人进行表彰。建立和完善物业管理全覆盖长效管理机制,纳入日常工作全面、长效推进。

(通政发〔2014〕4 号)

关于 2014 年深化农村改革加快农业基本现代化建设的实施意见

(2014 年 1 月 25 日)

(节　选)

为认真贯彻落实党的十八届三中全会、中央农村工作会议和区委十一届七次全会精神,进一步深化农村改革,加大统筹城乡发展力度,推进率先实现农业基本现代化,建设更高水平的小康社会,特制定本实施意见。

一、总体要求

坚持以科学发展观为指导,紧紧围绕推进城乡发展一体化的目标,以农业基本现代化建设为主线,以促进农民收入倍增为主要任务,以深化农村改革创新为动力,切实转变农业发展方式,大力实施农业现代化工程,致力打造农村生态文明,促进我区农业经济不断壮大、民生不断发展、环境不断改善、文明不断提升,实现城乡经济社会协调可持续发展。

二、工作目标

全区新建扩建规模农业项目 120 个以上,实现新增投入量 16 亿元以上,新增土地流转面积 3 万亩,新增高效农业面积 7. 5 万亩,新增设施农业面积 1. 5 万亩,新增绿化造林面积 3 万亩,村营收入均达 20 万元以上,农民人均纯收入增长 11% 左右。

三、主要措施

(一)强化城乡统筹,建设美丽乡村。

1. 大力推进市级中心镇建设。大力度推进产业发展,提升经济总量。支持和鼓励中心镇做大做强特色农业产业,优先支持现代农业产业园区和特色农业产业基地建设,提升现代农业发展水平。加大公共服务设施投入,完善公共服务功能,高起点推进镇区建设,着力改善中心镇生产生活条件。全方位推进集聚发展,引导项目向园区集中、居住向集镇和集居区集中。对市级年度考核合格且进位的市级中心镇,实行以奖代补,给予专项补助;考核不合格的,不予补助;如连续两年考核不合格的,按市有关规定取消市级中心镇称号及相应的政策待遇。

2. 深入开展村庄环境整治。加大村庄环境整治力度,着力建设规划布局合理、功能完善、农民宜居、田园风光的美丽乡村。大力开展绿化造林,新增造林面积 3 万亩。按照“五年任务三年完成”的工作计划,组织申报省村庄环境整治全域验收,推进村庄环境长效管理。加大星级康居乡村创建力度,力争创建二星级康居乡村 20 个,三星级康居乡村 3 个。对通过二星级、三星级康居乡村验收的村,分别给予专项奖励。

(二)聚焦项目发展,加快农业现代化。

3. 着力提升高效设施农业。坚持以高效设施农业项目建设为抓手,推进设施农业基地、重点农业园区及科技型项目建设。区财政继续加大设施农业的资金扶持力度,充分整合南通市级项目补助资金,积极争取中央、省级农业项目补助,项目累计补助标准不超过建设成本(建设成本由区农委负责核定)。大力发展园区农业、特色农业、高效农业,积极创建省市级现代农业园区、一村一品示范专业村、现代特色农业示范基地和现代农业示范村。推进南通江海台湾农民创业园通州高效农业核心区建设,充分发挥示范辐射作用。农业项目建设实行“建前申报、评审立项、建成验收、先建后补、分年拨付”,由区农委负责编制建前申报书和验收报告书;各申报主体以镇区为单位,根据要求填写建前申报书,向区农工办、农委和财政局等部门联合申报,项目申报一般截止至 5 月底。区农工办、农委和财政局等部门实地勘察,拟定项目;项目建成后,由项目所在镇区申请验收,区农工办、农委和财政局等部门进行联合验收核定。具体设施材料标准、搭建标准及验收办法按《2012 年通州区高效设施农业项目建设管理办法》(通农〔2012〕54 号、通财农〔2012〕42 号)执行。

4. 优化生态养殖结构。按照优化结构、控制总量、提升生态水平的总体要求,大力发展高效渔业,在控制总量的基础上推进畜牧业转型升级。突出名特优新精品养殖,以设施化养殖为重点,着力引进新品种、推广新技术,扩大生态、高效渔业规模,积极创建河沟养殖示范村。深入开展六项示范创建,推动规模畜禽养殖场更新改造,经更新改造达到生态规模养殖要求的给予财政奖补。

5. 做强农产品加工业。加大农产品加工项目招商引资力度,围绕优势、特色,着力引进一批带动面广、附加值高的农产品精深加工项目,力争发展一批龙头型、科技型规模项目,实现农产品加工业新突破,大力提升农业产业化水平。力争新建扩建投资 500 万元以上农产品加工项目 10 个。

6. 做优生态休闲农业。大力开发农业的生态功能、文化功能和生活功能,注重休闲观光农业的科学规划、个性塑造和创意设计,不断拓宽生态休闲农业的发展空间。着力创建全国休闲农业与乡村旅游示范县、示范点和省级休闲观光农业示范村，不断提高全区生态休闲农业的整体发展水平。

（三）突出主体培育，推进产业化经营。

7. 培育壮大农业龙头企业。积极引导农业龙头企业开展“五个一”示范创建活动，积极争创省市级农业龙头企业。推动农业龙头企业集群集聚发展，加强农业产业链建设，完善利益联结机制，增强辐射带动能力，使龙头企业成为推动现代农业发展的生力军。鼓励龙头企业发展连锁直营、物流配送、电子商务等新型流通业态，在大中型城市设立直销店，拓展通州农副产品销售渠道。引导龙头企业新建项目向集中区集聚，着力打造农产品加工集中区。强化农产品质量建设，大力发展无公害农产品、绿色食品和有机食品，力争新增农产品“三品”、商标、名牌数量保持增长态势。

8. 规范发展农民专业合作组织。创新农业经营方式，鼓励发展农村合作经济，提升合作组织运营质态，促进合作社由数量型向质量型、松散型向紧密型、服务型向经营型转变，全年建设规范化合作社100家以上，农户入社率达80%以上。做好农民专业合作组织工商登记工作，力争新增工商登记合作组织80家。加强指导和服务，确保新建农民专业合作组织实质性运作。深入开展“五好”农民专业合作社示范社认定工作，创建区级“五好”合作社20家。

9. 鼓励发展家庭农场。家庭农场是以家庭成员为主要劳动力，从事农业规模化、集约化、商品化生产经营，并以农业收入为家庭主要收入来源的新型农业经营主体。进一步加大政策扶持力度，引导和鼓励种养大户流转耕地，扩大生产经营规模，建设家庭农场，走家庭经营规模化、高效化和品牌化发展道路。全年确保新建家庭农场20家，积极创建省市级示范性家庭农场。

10. 壮大新型职业农民队伍。积极实施科技入户工程，围绕主导产业、特色产业、新兴产业，大力开展农民技术培训，落实好技能培训补贴政策，统筹开展创业培训、农村富余劳动力转移培训、劳动预备制培训工作，培养更多适应产业发展的现代农民，全年培训职业农民3000人以上，按省市要求落实地方财政配套补助政策，推动全民创业上水平。鼓励职业农民从事农业专业化服务，对农业专业化服务组织开展农业生产全程专业化服务给予补助，已享受南通市补助的不重复补助。

（四）夯实农业基础，提升综合能力。

11. 加强水生态文明建设。紧紧围绕水利现代化的战略目标，统筹推进水生态文明建设，强化水利管理，深化水利改革，展现“人水和谐、宜居水乡”的水利现代化愿景。重点加强防洪减灾、水资源保障、水生态保护、农村水利、水管理服务、水利发展保障六大体系建设。进一步做好骨干河道治理，实施遥望港、通吕运河治理工程。继续推进灌区改造全覆盖工程，改造灌区200个。更高标准推进农村河道轮浚，疏浚河道155条（段）。完成新一轮农村饮水安全工程，解决农村饮水不安全人口26.29万人。继续开展农村桥梁改造工程，建设农村桥梁100座。大力度推进河道长效管理工作，实行重要河道管理“河长制”，推进骨干河道管理“蓝线制”。全面加强灌区工程、小型涵闸、农村桥梁等小型水利工程的管理，充分发挥小型水利工程的效益。加强水资源应急保障体系建设，实行最严格的水资源管理制度，试行生态河道建设，创建省水生态文明示范区，加大水利在生态文明建设中的贡献份额。

12. 强化农机化建设。认真落实农机购置补贴扶持政策，推广水稻、油菜生产机械200台套以上，推广高效植保机械、田园管理机、果蔬保鲜库、畜禽水产养殖机械等各类特色农机具200台套，积极创建省市级农机化科技示范基地。大力推进秸秆综合利用，新增大马力拖拉机和秸秆还田机各200台以上，扩大农作物秸秆机械化还田规模。积极培育实体型农机服务主体，新建农机合作社10家，新建一批标准化机库、粮食烘干中心、高新农机具维修中心。扶持培育粮食生产全托管服务组织30家以上。

13. 加大农业综合开发力度。实行中低产田改造与高标准农田并轨建设，力争完成国家高标准农田建设任务1.5万亩以上。全面提升永久性蔬菜保供基地建设水平。积极争取国家农业综合开发土地治理项目和国家农业综合开发产业化经营项目。切实加强项目管理，提高项目建设质量，强化工程建后管护，促进农业开发项目持久发挥效益。

（五）深化农村改革，增强发展活力。

14. 着力完善农地承包制度。建立健全土地承包经营权登记制度，稳步推进农村承包经营权确权登记颁证工作。采取出租、入股等形式，按照依法、自愿、有偿原则流转土地承包经营权。进一步加强镇区农村土地流转交易市场建设，加快土地向新型规模经营主体流转集中。设立村合作社发展基金，对当年流转土地用于种养大户、家庭农场、农业龙头企业、农业园区等农业项目建设的，以村经济合作社为申报单位，进行专项补助。全年流转土地3万亩，提升土地集约化经营水平，提高单位土地的产出效益。

15. 培育壮大村级集体经济。加大政策扶持力度，全面提升村级集体经济发展水平，力争村级集体经营性收入村村达20万元以上，70%的村达30万元以上，50%的村达50万元以上。开展集体经济发展村际竞赛活动，根据集体经营收入、村集体净资产、村级债务化解和村级财务规范化管理等四项指标，对综合排名前移幅度最大的前20个村，区财政安排资金进行奖补，专项用于发展村级集体经济。继续安排1000万元地税返还到村，支持发展村级经济。

16. 加大财政金融支农力度。用足用好上级支农强农政策，争取更多的涉农项目和资金。做好政策性农业保险推进工作，主要种植业品种的承保面必须达到90%以上，能繁母猪和奶牛做到应保尽保，设施大棚及棚内作物承保面要达到80%以上。凡享受财政补贴的农业项目都必须参加农业保险，并在财政资金中安排投保签单保费，高效农业保险额应达到农业保险保费总收入（含上级财政补贴费）的60%以上。区财政进一步增加“三农”投入，确保财政支出优先支持农业农村发展，预算内固定资产投资优先投向农业基础设施和农村民生工程。积极鼓励各类资本参与农村建设和农业开发，加大商业性金融支农力度，鼓励担保机构开展农村担保业务，形成多主体、多渠道的投入机制，为加快“三农”发展提供充足的资金支撑。

四、组织保障

（一）加大组织领导。强化党委统一领导、党政齐抓共管、农村工作综合部门组织协调、有关部门各负其责的领导体制和工作机制。各镇区要建立农业农村重点工作推进机构和工作机制，制定工作方案，落实工作措施，层层分解，逐项落实。

（二）加大工作力度。各部门要把推进各项农业农村工作抓实、抓好，充分发挥职能作用，大力推进思路创新、机制创新和管理创新，加强协同配合，全力服务，合力推进。各镇区、各部门要加强调查研究，及时了解和分析农业农村工作中出现的新情况、新问题，根据实际情况调整优化体制机制。

（三）加大督查考核。区政府将加大农业农村各项工作的考核督查力度，以责任促落实，以督查促推进，以考核促发展，形成你追我赶、比学赶超的浓烈氛围，加快农业基本现代化进程，确保完成农业农村工作各项目标任务。

通州区 2014 年度农业农村项目建设安排表

序号	项目名称	奖补标准	备注
1	市级中心镇建设	通过市年度考核合格且进位的市级中心镇实行以奖代补，每年每镇给予 200 万元，市、区财政各 50%	
2	村庄环境整治	对通过“二星级康居乡村”考核验收的村，给予 10 万元奖励	
		对通过省“三星级康居乡村”验收的村，在省补 80 万元的基础上，给予每村 100 万元奖励	
3	高效设施农业项目	超 500 亩的每亩补助 4500 元；300 ~ 500 亩（含，下同）的，每亩补助 4000 元；200 ~ 300 亩的，每亩补助 3000 元；100 ~ 200 亩的，每亩补助 2000 元；50 ~ 100 亩的，每亩补助 1000 元，以一产主导型、一二产并举型乡镇为主。以村为单位，对新建钢架大棚 1 亩以上累计面积 50 亩以上的村，设施补助视同同档面积标准进行补助。新建连栋大棚连片面积 50 亩以上的按每亩 1 万元标准进行补助。智能温室建设享受市财政奖补政策	
		建成省级现代农业园区的，奖励 10 万元；建成市级规模农业园区的，奖励 10 万元	
		当年建成国家级、省级一村一品示范专业村的，奖励 10 万元、5 万元	
		建成省级现代特色农业示范基地奖励 5 万元，建成省级现代农业示范村的奖励 5 万元	
		对当年新增单体农业项目投入外资达到 100 万美元以上的项目进行补助，每 100 万美元补助 10 万元（同外资奖励政策不重复享受）	
4	优化生态养殖结构	对新建扩建钢架水泥池工厂化养殖温室面积 2000 平方米以上的，一次性补助 10 万元；新建扩建钢架土池大棚温室养殖连片 50 亩以上，每亩补助 4000 元；新增连片 200 亩以上的高效水产养殖池塘，一次性补助 10 万元；利用废沟呆塘和道路建设形成的河塘建设水产精养基地，当年新增集中连片面积 100 亩以上的，一次性补助 5 万元；达到河沟养殖市级示范村标准的，每村奖励 5 万元	
		进行防疫、消毒、病死畜禽无害化处理、粪污处理、养殖设施设备等更新改造，经更新改造达到生态规模养殖要求的给予一次性补助。当年投资额 100 万元以上的补助 60 万元，当年投资额 10 万元以上、100 万元以下的补助 50%，国家、省沼气项目投资不计入投资额	

序号	项目名称	奖补标准	备注
5	农产品加工项目	当年新增(含扩建)的农产品加工项目,按新增固定资产投资额500~1000万元和1000万元以上的标准,分别奖励业主5万元和8万元	
		加大重大项目奖励力度,对当年新建并完成固定资产投资额3000万元以上的农产品加工项目,一次性奖励15万元(同工业企业新增固定资产项目奖励不重复享受)	
6	生态休闲农业项目	积极创建全国休闲农业与乡村旅游示范县、示范点和省级休闲观光农业示范村,获省级以上表彰认定的奖励10万元	
		对符合土地利用政策,当年新增投资额1000万元以上,种养面积达到70%以上的休闲观光农业项目,一次性补助10万元(同旅游业项目奖励不重复享受)	
7	农业龙头企业	对当年在南通、上海等大中型城市新增设有一定规模直销店,销售通州农副产品的,奖励4万元	
		对首次获得国家级、省级、市级农业龙头企业称号的农业企业(含农业科技型企业),一次性分别奖励20万元、8万元、5万元	
		对获得省、市表彰"五个一"示范创建的先进企业分别奖励8万元、5万元	
		当年被认定为无公害农产品、绿色食品和有机食品的,分别奖励1万元、2万元、3万元	省补助无公害农产品5000元/个,绿色食品1万/个,有机农产品2万/个
		新获准注册的农产品,每个商标奖励2000元。新获国家级、省级名牌农产品称号的,一次性分别奖励10万元和5万元	市补助名牌农产品5万元/个
8	农民专业合作组织	对经过工商登记并已进入实质性运作的新建农民专业合作组织,每家补助3000元	
		对受到国家、省、市级以上部门表彰的合作社分别奖励10万元、8万元和3万元	
		深入开展"五好"农民合作社示范社认定工作,对被评为区"五好"合作社的奖励1万元	
9	家庭农场	对新建的家庭农场,符合南通市建设标准的,经验收合格,一次性补助5万元;对达到省、市级示范性家庭农场标准的,一次性补助10万元、8万元	
10	农业专业化服务	农业专业化服务组织开展农业生产全程专业化服务,服务面积在1000亩以上的,按每亩10元的标准给予补助	整合市补资金
11	完善农地承包制度	当年新增流转面积100—300亩的补助1万元,300亩(含300亩下同)亩—500亩的补助3万元,500亩—1000亩的补助8万元,1000亩以上的补助10万元,作为村合作社发展基金	
12	村级集体经济	对综合排名前移幅度最大的前20个村,区财政安排200万元资金进行奖补	
		继续安排1000万元地税返还到村	

(通政发〔2014〕7号)

通州区规范和促进民办养老机构发展办法

(2014年12月9日)

(节　选)

第一章　总　则

第一条　为规范和促进民办养老机构发展,根据民政部《养老机构设立许可办法》、省委、省政府《关于加快我省老龄事业发展的意见》、省政府《关于加快发展养老服务业完善养老服务体系的实施意见》以及南通市有关文件精神,结合我区实际,制定本办法。

第二条　本办法所称民办养老机构,是指国家机构以外的社会组织、企业或个人举办的,为老年人提供住养、生活照料、康复护理等养老服务的机构。护理院、老年康复医院的设立及管理,按照医疗机构管理的有关规定执行。

第三条　区民政局是本辖区民办养老机构的业务主管部门,负责本行政区域内民办养老机构的监督管理工作。区规划、财政、公安、卫生、人社、住建、国土、文广新、物价、环保、安监、工商、消防等部门和单位按照各自职责,共同做好民办养老机构的监督管理工作。各镇区园人民政府(管委会)在区民政局的指导下,负责辖区内民办养老机构的监督管理。

第二章　许可管理

第四条　设立养老机构,应当符合下列条件:

(一)有规范的名称、固定的住所以及完善的机构章程、管理制度;

(二)有符合养老机构相关规范和技术标准,符合国家环境保护、消防安全、卫生防疫等要求的基本生活用房、设施设备和活动场地;

(三)有与开展服务相适应的管理人员、专业技术人员和服务人员;

(四)有与服务内容和规模相适应的资金;

(五)床位数在10张以上;

(六)法律、法规规定的其他条件。

第五条　申请设立养老机构,应当向许可机关区民政局提交下列文件、资料:

(一)设立申请书;

(二)申请人、拟任法定代表人或者主要负责人的资格证明文件;

(三)符合登记规定的机构名称、章程和管理制度;

(四)建设单位的竣工验收合格证明,卫生防疫、环境保护部门的验收报告或者审查意见,以及公安消防部门出具的建设工程消防设计审核、消防验收合格意见,或者消防备案凭证;

(五)服务场所的自有产权证明或者房屋租赁合同;

(六)管理人员、专业技术人员、服务人员的名单、身份证明文件和健康状况证明;

(七)资金来源证明文件、验资证明和资产评估报告;

(八)依照法律、法规、规章规定,需要提供的其他材料。

第六条　区民政局应当自受理设立申请之日起20个工作日内,对申请人提交的文件、材料进行书面审查并实地查验。符合条件的,颁发养老机构设立许可证(以下简称设立许可证);不符合条件的,应当书面通知申请人并说明理由。

第七条　养老机构应当取得许可并依法登记。未获得许可和依法登记前,养老机构不得以任何名义收取费用、收住老年人。

第八条　养老机构变更名称、法定代表人或者主要负责人、服务范围的,应当到区民政局办理变更手续。

养老机构变更住所的,应当重新办理申请设立许可手续。

第九条　区民政局对民办养老机构实行年检制度。民办养老机构应当在每年3月31日前到区民政局办理年检手续。年检时需提交年度财务报表、机构运营状况报告等材料。民办养老机构年检不符合条件或者逾期不办理年检手续的,不得继续开展服务活动,由区民政局依法吊销养老机构设立许可证和民办非企业单位登记证书。

第十条　民办养老机构分立、合并或者解散,应当提前3个月向区民政局提出申请。在其他地方分立、合并的,按审批手续进行房屋质量、消防、卫生等验收,合格后方可开业;解散的,报送有关部门确认清算报告等材料,妥善安置入住老人,在处理好相关善后问题后,由区民政局办理有关手续,并收缴养老机构设立许可证和民办非企业单位登记证书。

第三章　内部管理

第十一条　民办养老机构应配备与开展服务相适应的管理、专业技术和服务人员。

医务人员应具有卫生行政部门规定的从业资格;护理人员、工作人员应持有健康证,并经过相关培训,持有允许从业的有效证件。

未配备医务人员的民办养老机构应与社区卫生医疗服务机构签订医疗服务协议。

第十二条　民办养老机构应当与入住老人及其近亲属

或者送养单位（以下统称送养人）签订托养协议。协议应包括以下内容：

（一）送养人、民办养老机构以及入住老人的姓名（名称）、地址和联系方式；

（二）入住老人的身体状况；

（三）服务的内容和方式；

（四）服务收费标准及费用支付方式；

（五）服务期限和地点；

（六）送养人、民办养老机构以及入住老人的权利和义务；

（七）合同变更、解除与终止的条件；

（八）违约责任；

（九）当事人需要约定的其他事项。

民办养老机构收养入住老人应当要求其提供有效的身份证明和体检证明，不得接收患传染病和精神病的老年人。对入住后患传染病或精神病的老年人，应及时采取合法必要的隔离措施，并按照相关规定及时向有关部门报告，通知送养人转送至医疗机构治疗。

第十三条　民办养老机构应当建立健全各项管理制度，制定服务流程和操作规范，规定服务达到的水平和要求，制定各类危机、风险防范管理措施和应急预案，切实保障服务对象权益，提供满意服务。

第十四条　民办养老机构应当善待入住老人，不得歧视、虐待、遗弃入住老人。入住民办养老机构的老年人应当遵守所住养老机构制定的各项管理制度。

第十五条　民办养老机构应建立职工代表和服务对象参与的民主管理、监督机制。向服务对象公示服务项目和收费标准，告知老人和家属服务的形式、规范、标准。原则上每季度开展不少于一次服务对象满意度调查并在院内公示，接受服务对象的监督。

第十六条　为入住老人建立健康档案，与社区医疗机构建立联系，定期为入住老人检查身体，做好疾病预防工作。民办养老机构应当开展适合入住老人特点的康复活动。

第十七条　编制入住老人营养平衡食谱，合理配置适宜入住老人食用的膳食。

第十八条　建立卫生保洁、消毒制度，定期对入住老人使用的餐具进行消毒，定期拆洗入住老人的被褥和衣服，定期为入住老人理发、剪指甲、洗澡等，保持室内外卫生整洁。

第十九条　配置符合老年人特点的文化体育活动设施，组织有益于老年人身心健康的文化体育活动。

第二十条　民办养老机构应当建立24小时值班制度，做好入住老人的监护工作。

第二十一条　民办养老服务机构收费项目和标准，国家、省、市有规定的，按规定执行；没有规定的，由民办养老机构根据设施条件、服务项目和护理等级，实行政府指导价和市场调节价相结合的办法确定收费标准，并报区物价局、民政局备案。民办养老机构收费应当使用合法票据，实行明码标价，接受社会监督。

第二十二条　民办养老机构应当依法与其工作人员签订劳动合同，依法保障工作人员合法权益。

第四章　促进办法

第二十三条　鼓励公民、法人或其他组织依法兴办民办养老机构。区政府对民办养老机构给予一定的政策扶持，并对为民办养老机构的发展做出突出贡献的单位和个人给予表彰和奖励。

第二十四条　资助民办养老机构参加养老床位综合责任险。

第二十五条　加强民办养老机构建设规划，按区老年人口的分布情况，将民办养老机构建设纳入全区土地利用总体规划和年度计划。区规划、国土等部门要优先安排民办养老机构建设用地，保障民办养老机构建设合理的用地需求。鼓励依法利用闲置厂房或者其他建筑兴办民办养老机构。

第二十六条　对民办养老机构实施税费优惠政策：

（一）新建用房的，免收建设审批过程中的一切行政规费；

（二）对新建民办养老机构，市政公用基础设施配套费给予全额减免；

（三）免征营业税、机构所得税；养老机构自用房产、土地，免征房产税、城镇土地使用税；个人通过非营利性社会组织和政府部门向民办养老机构的捐赠，在缴纳个人所得税前准予全额扣除。企业对民办养老机构的公益性捐赠支出符合规定的，在年度利润总额12%以内的部分，准予在计算应纳税所得额时扣除。

（四）民办养老机构使用水、电、有线电视、固定电话等，有关单位应当按照居民用户标准收取费用，有初装费的应当减半收取。

第二十七条　卫生部门应当将民办养老服务机构的老年人卫生服务纳入社区卫生服务，免费为老年人建立健康档案，定期为老年人提供健康管理服务；支持在民办养老机构内设置或合作设立医疗站点，对符合条件的要纳入城镇职工（居民）基本医疗保险和新型农村合作医疗定点范围。

第二十八条　从2014年起，对经区民政局批准注册并正常运营6个月以上的民办养老机构，按新的标准给予床位建设补贴，并给予运营补贴；对取得职业资格证书的养老护理员，按级给予一次性培训补贴。

根据民办养老机构床位建设规模、建设类别以及硬件条件，综合确定床位建设补贴：养老床位在50张（含）以内的民办养老机构，属新建房屋兴办的，按相应硬件等级，每张床位分别以2000元、2500元、3000元的标准给予补贴；属现房改造的，按相应硬件等级，每张床位分别以1000元、1500元、2000元标准给予补贴。养老床位在50张以上的，属新建房屋兴办的，按相应硬件等级，每张床位分别以4000元、5000元、6000元的标准给予补贴；属现房改造的，按相应硬件等级，每张床位分别以2000元、3000元、4000元的标准给予补贴。床位建设补贴分三年到位。2013 年(含)之前已获得床位补贴的,剩余年限仍按原标准补贴。

根据民办养老机构的硬件等级及服务质量确定运营补贴标准。按实际入住通州籍年满 60 周岁的非政府供养老人数,对民办养老机构分别给予每人每月 40 元、60 元、80 元的运营补贴。

鼓励养老护理员参加养老护理职业技能培训。对取得初级、中级、高级养老护理员国家职业资格证书,并在同一养老机构工作一年以上的养老服务人员,分别给予每人 1000 元、1500 元、2500 元的一次性补贴。

上述补贴标准,上级有关部门有调整要求时,由区民政局、财政局结合全区实际提出调整方案,经区政府常务会议讨论通过后另行发文实施。所需资金,经区民政局、财政局共同验收合格后,由区财政局列入福彩公益金年度专项预算。

民办养老机构的硬件等级、服务质量以及具体考核评价补助办法,由区民政局、财政局另行制订实施。

第二十九条　民办养老机构申请政府资金补助,必须在每年 12 月底之前向区民政局提出申请,并提供养老机构设立许可证复印件和老人入住情况等资料。

第三十条　民办养老机构接受社会捐赠和资助,应严格按照公益事业捐赠法的规定执行,并按照捐赠人、资助人的约定使用,同时,还要及时向民政部门报告有关情况,接受社会和有关部门监督,不得接受任何带有政治内容等附加条件的捐赠。

第五章　监督管理

第三十一条　各镇区园每季度应当对辖区内的民办养老机构进行一次监督检查;区民政局应当会同卫生、住建、物价、消防等部门定期对民办养老机构的场所、设施设备、人员配备、服务质量、卫生、安全等情况进行监督检查,并向社会公布检查结果。

第三十二条　民办养老机构实行信用管理制度和考评制度。区民政局应当为全区民办养老机构建立信用档案。对民办养老机构的检查、考评、投诉、表彰等情况,及时记入信用档案。民办养老机构的考评工作应当根据民办养老机构的服务规模、质量和服务对象的满意程度,进行综合考评,并按考评情况兑现政策性补贴。具体考评办法由区民政局制定。

民办养老机构考评不合格的,由区民政局下达限期整改通知;逾期不整改或整改后仍不合格的,暂停享受有关优惠政策。

第六章　法律责任

第三十三条　民办养老机构有下列行为之一的,不再享受相关的优惠政策,并由有关部门追缴已减免的相关费用,民政部门可根据情况依法给予警告、罚款,吊销养老机构设立许可证和民办非企业单位登记证书的处理:

(一)违反民办养老机构工作规范和服务标准,侵害服务对象合法权益,服务对象投诉且查证属实达到 3 次(含)以上的;

(二)当年发生责任事故,造成社会不良影响的;

(三)存在严重安全隐患,相关职能部门发出整改通知后拒不整改或整改不合格的;

(四)法律、法规、规章规定的其他违法行为。

第三十四条　民办养老机构不得擅自改变主要场地、设施用途和使用性质。利用租用房屋兴办的民办养老机构,自批准开业之日起,5 年内擅自改变用途的,由有关部门追缴已减免、优惠或资助的相关费用;利用新建房屋兴办的民办养老机构擅自改变用途和使用性质的,取消优惠扶持措施并追缴已减免的相关费用,改作经营性用途的,其使用土地依法收回重新出让。

第三十五条　民办养老机构违反收养服务合同、侵害入住老人合法权益的,入住老人及其家属可以依法向人民法院提起民事诉讼。

第七章　附　则

第三十六条　本办法实施前设立的养老机构,符合本办法规定条件的,应当按照本办法的规定办理有关手续;不符合设立条件的,根据属地管理原则,由各镇区园督促限期整改,整改仍不能到位的,依法予以取缔。

第三十七条　本办法自 2015 年 1 月 1 日起执行,原《关于规范和促进民办养老机构发展暂行办法》同时废止。

(通政规〔2014〕4 号)

重要文件目录索引

中共南通市通州区委员会

1 月 7 日　关于印发 2014 年为民办实事项目任务分解表的通知

1 月 14 日　关于南通高新技术产业开发区管理机构明确为正处级的请示

1 月 15 日　关于南通市通州区科学技术协会第九次代表大会选举结果的批复

1 月 26 日　关于表彰 2013 年度通州区纳税百强企业

的决定

1月29日　关于表彰2013年度先进集体和先进个人的决定

2月8日　关于调整区国防动员委员会成员的通知

2月12日　中共南通市通州区委常委会工作要点

2月20日　关于调整区机构编制委员会组成人员的通知

2月20日　关于成立区委党的群众路线教育实践活动领导小组的通知

2月20日　关于2014年全区深化改革重点任务及全区重点工作目标任务的通知

2月20日　关于调整区国家安全领导小组成员的通知

2月20日　关于表彰2013年度全区“十佳大学生村官”的决定

2月20日　关于命名通州区落实党风廉政建设责任制示范点的决定

2月21日　关于深入开展党的群众路线教育实践活动的实施意见

2月25日　关于表彰2013年度基层武装工作先进单位和先进个人的决定

3月18日　关于印发2014年度镇区园目标管理绩效考核实施意见的通知

3月18日　关于印发2014年度区级机关部门目标管理绩效考核实施意见的通知

3月18日　关于调整区委人才工作领导小组成员的通知

3月28日　关于印发《区委常委会开展党的群众路线教育实践活动方案》的通知

5月8日　关于成立区委全面深化改革领导小组的通知

5月8日　关于表彰南通市通州区第二十届“十佳青年”及提名奖的决定

5月8日　关于报批南通市通州区石港镇行政管理体制改革试点方案的请示

6月27日　关于开展纪念中国共产党成立93周年系列活动的通知

6月30日　关于表彰全区“五位一体”党建惠民联动工作先进个人、优秀党小组长、优秀党员中心户(群众示范户)的决定

7月10日　关于南通市石港科技产业园(石港镇)行政管理体制改革试点意见

7月15日　关于调整区委反腐败协调小组成员的通知

7月15日　关于调整区惩治和预防腐败体系建设工作领导小组成员的通知

9月6日　关于表彰2013年度教育系统先进个人的决定

9月9日　关于落实党风廉政建设党委主体责任纪委监督责任的实施意见(试行)

9月10日　关于印发《南通市通州区安全生产“党政同责、一岗双责”实施细则》的通知

9月14日　印发《关于加快推进金融改革创新的实施方案》的通知

9月14日　印发《关于深化财税体制改革　加快建立现代财政制度的实施方案》的通知

9月14日　印发《关于强化节约集约用地　实现“双提升”目标的实施方案》的通知

9月25日　印发《关于进一步简政放权　深化行政审批制度改革的实施方案》的通知

10月21日　印发《关于积极构建开放型经济新体制的实施方案》的通知

11月11日　关于推进教育现代化建设的实施意见

12月29日　关于区人民政府机构改革的实施意见

(钱　湘)

南通市通州区人民政府

1月11日　印发《关于进一步加强区政府投资项目招标及变更管理的意见》的通知

1月16日　关于全面推进南通市通州区绿色建筑规模化发展的实施意见的通知

1月16日　关于印发南通市通州区住宅小区物业管理全覆盖实施意见的通知

1月16日　关于印发《南通市通州区绿色建筑管理实施办法(试行)》的通知

1月25日　关于2014年深化农村改革加快农业基本现代化建设的实施意见的通知

1月25日　关于同意石港镇豪港花苑住宅小区规划总平面的批复

1月25日　关于印发《通州区企业拆迁与补偿办法(试行)》的通知

2月21日　关于同意S307西亭段安置小区规划总平面的批复

3月6日　关于南通市通州区土地整治规划(2011—2015年)的批复

3月8日　关于同意锡通产业园(先锋)安置房一期规划总平面的批复

3月14日　关于大力推进企业上市若干政策的意见的通知

3月14日　关于促进创业投资和股权投资发展的若干意见的通知

4月8日　关于南通市通州区农业委员会增挂“南通市通州区林业局”牌子的通知

4月9日　关于同意金沙镇增设社区居委会的请示的批复

4月18日　关于印发《南通市通州区新建住宅区配套用房管理办法(试行)》的通知

4月21日　关于同意实施通州区2014年度土地储备计划的批复

6月10日　关于同意先锋镇秦家埭村居住区四期规划总平面的批复

6月25日　关于同意成立区农村产权交易服务中心的批复

6月30日　关于印发南通市通州区大气污染防治行动计划实施方案的通知

7月19日　关于印发通州区加快培育工业大企业(集团)三年行动计划(2014—2016)的通知

8月15日　关于公布区级行政审批服务事项的通知

9月10日　关于深化财政国库集中支付改革的意见的通知

11月9日　关于同意川姜镇川港安置小区规划总平面的批复

11月18日　关于加快楼宇经济发展的若干政策的意见的通知

11月21日　关于进一步加快发展现代服务业激励政策意见的通知

12月9日　关于印发《通州区规范和促进民办养老机构发展办法》的通知　(顾　鹏)

中共南通市通州区委办公室

1月1日　关于转发《通州区2014年老区开发和扶贫工作要点》的通知

1月5日　关于调整区处理信访突出问题及群体性事件联席会议成员和强化工作机构的通知

1月6日　关于印发通州区2014—2015年度生态文明建设攻坚重点工程项目分解表的通知

1月13日　关于表彰2013年度优秀政府网站建设单位和区政府门户网站内容保障工作先进个人的决定

2月11日　关于公布通州区第一批党务公开示范点的通知

2月12日　关于调整区城市建设指挥部机构设置和人员的通知

2月12日　关于调整通州区规划委员会组成人员的通知

2月18日　关于区委办(研究室)负责同志工作分工的通知

2月18日　关于加强和创新群众工作推进信访问题化解促进社会稳定的意见

2月25日　关于转发区关心下一代工作委员会2014年关心下一代工作要点的通知

2月25日　关于开展南通市通州区第二十届“十佳青年”评选活动的通知

3月5日　关于调整通州区维护稳定工作领导小组成员的通知

3月6日　关于成立区委办公室党的群众路线教育实践活动领导小组及办公室的通知

3月6日　印发《关于深入开展党的群众路线教育实践活动的实施方案》的通知

3月7日　关于调整南通市通州区社会稳定风险评估工作领导小组的通知

3月10日　关于调整通州区关心下一代工作委员会成员的通知

3月10日　关于转发区纠风办2014年民主评议政风行风工作实施意见的通知

3月11日　关于开展2014年慈善募捐工作的通知

3月11日　关于印发《南通市通州区集镇环境长效管理考评办法》的通知

3月18日　关于调整区考核工作领导组成员的通知

3月18日　关于调整区依法治区领导小组成员的通知

3月18日　关于转发区委宣传部2014年全区宣传思想文化工作要点的通知

3月19日　关于印发《关于在群众路线教育实践活动中继续实施“百千万”工程、深化“三解三促”活动方案》的通知

4月2日　关于进一步规范领导干部外出事项报告制度的通知

4月9日　关于进一步精简文件会议改进文风会风的通知

4月9日　关于印发《关于村卫生室标准化建设的实施办法》的通知

4月9日　关于印发《关于进一步加强村级医疗卫生机构建设的意见》的通知

4月10日　关于印发《2014年南通市通州区党风廉政建设工作责任分解表》及《考核细则》的通知

4月15日　关于印发《南通市通州滨江新区(五接镇)主要职责内设机构和人员编制规定》的通知

4月18日　关于印发《通州区领导干部离任交接暂行规定》的通知

4月21日　关于转发区普法办公室2014年法制宣传教育工作要点的通知

5月15日　关于调整区防汛防旱指挥部成员的通知

5月23日　印发区委全面深化改革领导小组专项小组成员名单的通知

5月23日　关于印发区委全面深化改革领导小组工作规则、专项小组工作规则和办公室工作细则的通知

5月26日　关于开展调研课题竞赛活动的通知

5月27日　关于转发区效能办2014年全区效能建设考评实施办法的通知

5月29日　关于进一步做好重要紧急信息报送工作

的通知

5月29日　关于印发2014年度区级机关部门特色重点工作考核项目的通知

5月30日　关于印发《2014年度科技新城目标管理绩效考核办法》的通知

6月5日　关于认真做好2014年高考组织工作的通知

6月10日　关于印发《2014年度区级机关部门工作目标考核细则》的通知

6月10日　关于印发《2014年度镇区园党建、精神文明、民主法制及民生建设考核细则》的通知

6月10日　关于撤销部分议事协调机构的通知

6月12日　关于进一步推进文明办丧祭祖工作的实施方案(试行)的通知

6月17日　关于调整区退伍军人和军队离退休干部安置工作领导小组成员的通知

6月18日　关于印发《区委办公室党的群众路线教育实践活动民主评议党员方案》的通知

6月25日　关于调整区"扫黄打非"工作领导小组成员的通知

6月25日　关于印发《在全区推行"政社互动"推动基层社会管理创新的意见》的通知

6月26日　关于调整区委防范和处理邪教问题领导小组成员的通知

7月7日　关于切实做好全区党内规范性文件制定备案工作的通知

7月7日　关于印发《区四套班子领导结对帮扶困难群众实施方案》的通知

7月11日　关于进一步加强重要紧急信息报送工作的通知

7月14日　关于印发区反恐怖工作领导小组成员名单的通知

7月17日　印发《关于加强对单位主要负责人权力制约的实施方案》的通知

7月17日　关于转发区委宣传部等部门通州区"六五"普法考核迎查责任分解表的通知

7月22日　关于转发区委宣传部等部门《2014年"博爱在通州、人道万人捐"活动方案》的通知

7月24日　关于调整通州区预防职务犯罪工作领导小组成员的通知

8月7日　关于印发《关于建立区社会管理联合接待中心的实施方案》的通知

8月8日　关于在全区集中开展"五大专项行动"维护社会大局稳定工作专项督查的通知

8月8日　关于进一步强化"五大专项行动"维护社会稳定严格责任追究的通知

8月27日　关于印发《南通市石港科技产业园(石港镇)主要职责内设机构和人员编制规定》的通知

8月29日　关于印发《建立南通通州区社会热点问题舆论引导机制的意见》的通知

8月29日　关于印发《南通市通州区新闻发布工作实施细则(试行)》的通知

9月6日　关于做好庆祝2014年教师节有关工作的通知

9月11日　关于印发《在职党员到社区报到开展志愿服务群众活动实施方案》的通知

9月17日　关于严格管控企业违法建设的通知

9月24日　关于印发《南通市通州区国有公司改革方案》的通知

9月29日　印发《关于进一步加强改任非领导职务干部管理的实施细则》的通知

10月20日　印发《关于进一步加强作风建设　坚决整治"中梗阻"问题的实施意见》的通知

10月31日　印发《关于进一步突出问题导向改进调查研究的实施办法》的通知

11月4日　印发《关于规范区委区政府各类领导小组成立调整撤销工作的实施办法》的通知

11月6日　印发《关于加强和改进区领导干部学习的意见》的通知

11月10日　关于成立区社会管理服务中心及联合接待中心工作领导小组的通知

11月11日　印发《关于创建江苏省学前教育改革发展示范区的实施方案》的通知

11月11日　印发《关于推进普通高中优质特色发展的实施方案》的通知

11月11日　印发《关于推进师资队伍素质提升的实施方案》的通知

11月11日　印发《关于加快义务教育优质均衡发展的实施方案》的通知

11月11日　印发《关于职业教育与社会教育提升发展的实施方案》的通知

11月11日　印发《关于加快推进教育信息化的实施方案》的通知

11月28日　关于做好全区2015年度重点党报党刊征订发行工作的通知

11月28日　关于印发《南通高新技术产业开发区党工委管委会主要职责内设机构和人员编制规定》的通知

11月28日　关于印发《通州区关于对央巡视组〈对江苏省巡视情况的反馈意见〉整改工作方案》的通知

12月4日　印发《区委常委会成员工作报告制度(试行)》的通知

12月9日　关于深入开展学习贯彻习近平总书记重要讲话精神暨"1+5"主题教育活动的通知

12月9日　关于印发《南通市通州区党政机关公务接待管理实施细则》的通知

12月11日　印发《关于进一步加强乡村医生队伍建设的实施办法》的通知

12月11日　印发《关于加强村卫生室运行管理的实

施办法》的通知

12 月 11 日　关于转发区委党史工作办公室区地方志编纂委员会办公室《通州年鉴(2015)》编纂实施方案的通知

12 月 12 日　关于成立南通市通州区公务用车制度改革领导小组的通知　　（钱　湘）

南通市通州区人民政府办公室

1 月 6 日　关于印发《南通市通州区扫雪防冻工作实施方案》的通知

1 月 9 日　关于印发南通市通州区校车服务方案的通知

1 月 8 日　关于印发加快发展服务外包产业激励实施办法的通知(试行)

1 月 10 日　关于印发通州区区级以上征迁安置项目考核办法(试行)的通知

1 月 13 日　关于印发《通州区科技成果转化风险补偿专项资金暂行管理办法》的通知

1 月 15 日　关于成立创建江苏省绿色建筑示范区工作领导小组的通知

1 月 19 日　关于印发通州区物业管理各职能部门工作职责的通知

1 月 19 日　关于印发南通市通州区绿色建筑与建筑节能专项引导资金管理办法(试行)的通知

1 月 21 日　关于进一步加强基层司法所建设的实施意见的通知

1 月 27 日　关于成立通州区物业管理全覆盖工作领导小组的通知

2 月 12 日　关于转发区安监局等部门通州区企业安全生产责任保险实施办法的通知

2 月 12 日　关于转发区安监局等部门通州区企业安全生产风险抵押金管理实施办法的通知

2 月 14 日　关于印发通州区原区属企业公有资产清理工作实施方案的通知

2 月 17 日　关于进一步精简行政审批事项的通知

2 月 21 日　关于印发 2014 年通州区国有公司投融资工作考核奖励办法的通知

2 月 24 日　关于印发通州区 2014 年度耕地占补平衡补充耕地项目实施办法的通知

3 月 5 日　关于继续开展信访积案化解项目化管理的实施意见的通知

3 月 5 日　关于印发南通市通州区城市建设指挥部城建交通重点工程施工保障督查考核办法(试行)的通知

3 月 10 日　关于印发通州区征迁安置小区规划管理意见的通知

3 月 11 日　关于印发南通市通州区城市建设指挥部重点工程建设业主目标责任制考核办法(试行)的通知

3 月 11 日　关于印发通州区规范房屋拆迁补偿安置指导意见的通知

3 月 11 日　关于印发 2014 年金融工作考核奖励办法的通知

3 月 11 日　关于印发 2014 年重大项目推进年实施办法的通知

3 月 14 日　关于加强全区生态红线保护的通知

3 月 14 日　关于印发 2014 年招商引资(外贸)工作奖励办法的通知

3 月 17 日　关于印发南通市通州区农村环境“四位一体”长效管理考评办法的通知

3 月 17 日　关于印发通州区村级技防监控中心建设实施方案的通知

3 月 19 日　关于成立通州区社会福利中心建设推进工作领导小组的通知

3 月 20 日　关于印发申报征迁补偿安置资金概算的补充规定的通知

3 月 21 日　关于印发 2014 年应急救护公益培训实施方案的通知

3 月 28 日　印发关于规范镇区园城管执法协管员队伍建设的意见的通知

4 月 4 日　关于印发通州区 2014 年度商贸流通业经济发展考评办法的通知

4 月 8 日　关于加强全区城乡道路两侧建筑控制的通知

4 月 8 日　关于推进“全托管”新型农业经营主体建设的意见的通知

4 月 8 日　关于成立通州区政府性债务领导小组的通知

4 月 17 日　关于印发南通市通州区集体土地搬迁安置房建设管理暂行办法的通知

4 月 23 日　关于印发通州区 2014 年秸秆禁烧和综合利用工作意见的通知

4 月 29 日　关于印发 2014 年度镇区园重点经济工作综合考核细则及季度奖励办法的通知

4 月 30 日　关于建立通州区第一次地理国情普查工作领导小组的通知

5 月 5 日　关于印发通州区 2014 年秸秆禁烧和综合利用工作考核办法的通知

5 月 12 日　关于印发 2014 年通州区财政性资金存贷挂钩考核办法的通知

5 月 15 日　关于成立通州区智慧城市建设领导小组的通知

5 月 30 日　关于印发通州区河道管理“河长制”实施方案的通知

5 月 30 日　关于建立区级部门城乡居民收入监测分析联席会议制度的通知

6 月 4 日　关于下达通州区 2014 年闲置空闲土地清

理处置任务的通知

6月9日　关于印发通州区2014年度新型工业化（民营经济）评价办法的通知

6月9日　关于印发通州区2014年淘汰禁燃区燃煤锅炉工作方案的通知

6月9日　关于印发通州区重污染天气应急预案的通知

6月17日　关于印发南通市通州区军队转业干部随调家属安置办法的通知

7月1日　关于印发通州区集中开展安全生产检查整改专项行动实施方案的通知

7月1日　关于印发通州区集中开展以保障环境质量为重点的环境保护专项行动实施方案的通知

7月8日　关于印发通州区2014年基层医疗卫生资源优化整合实施方案的通知

7月9日　关于成立通州区地下水应急水源地建设领导小组的通知

7月10日　关于成立南通市通州区农村产权交易监督管理委员会的通知

7月14日　关于建立南通市通州区农村产权交易平台实施意见的通知

7月15日　关于印发通州区农村土地承包经营权抵押贷款试行办法的通知

7月15日　关于印发南通市通州区农村产权交易管理试行办法的通知

7月15日　关于印发通州区财政专项资金绩效管理暂行办法的通知

8月8日　关于成立国家湿地公园申报推进工作组的通知

8月11日　关于印发通州区政府性债务管理办法（试行）的通知

8月11日　关于印发财政预决算公开工作实施意见的通知

8月15日　关于印发通州区安全生产网络舆情应对预案的通知

8月19日　关于印发通州区农村杆线规划管理办法（试行）的通知

8月22日　关于成立通州区行政审批制度改革工作领导小组的通知

9月15日　关于成立区深化财政国库集中支付改革领导小组的通知

9月22日　关于印发2014年全区农村改厕工作方案的通知

9月24日　关于印发通州区覆盖拉网式农村环境综合整治试点工作方案的通知

10月9日　关于印发南通市通州区惠通投资有限责任公司实体化运行改革方案的通知

10月10日　关于印发全区2015年度新型农村合作医疗实施意见的通知

10月13日　关于下达2014年度实行最严格水资源管理制度目标任务的通知

10月14日　关于印发通州区2014年度安委会成员单位安全生产目标管理绩效评估办法的通知

10月17日　关于进一步加强农业机械安全监督管理工作的意见的通知

10月21日　关于全面梳理区级部门职责建立区级政府行政权力清单的工作方案的通知

10月24日　关于印发《南通市通州区第十五届人民代表大会第三次会议〈关于推进我区基层医疗卫生服务体系建设的议案〉办理方案》的通知

10月27日　关于建立通州区大气污染防治联席会议制度的通知

10月27日　关于执行《市政府关于进一步促进创业带动就业和建设创业型城市的意见》的通知

10月31日　关于成立通州区覆盖拉网式农村环境综合整治试点工作领导小组的通知

11月7日　关于印发通州区2015年造林绿化工作实施方案的通知

11月11日　关于印发区属行业协会商会与行政机关脱钩试点工作方案的通知

11月11日　关于进一步加强政府网站安全防护的通知

11月19日　关于印发全区文化事业发展资金竞争立项类项目实施办法的通知

11月27日　关于印发通州区公立医院综合改革实施方案的通知

12月9日　关于印发南通市通州区城乡居民基本医疗保险制度整合并轨工作实施方案的通知

12月9日　关于印发通州区重点抚恤优待对象医疗救助修订方案的通知

12月11日　关于印发通州区生态红线区域保护监督管理暂行办法的通知

12月11日　关于印发通州区生态补偿专项资金管理暂行办法的通知

12月22日　关于印发南通市通州区安置房布局专项规则的通知

12月30日　关于印发通州区2015年水利建设与管理意见的通知

12月31日　关于印发政府采购货物和服务招标实行投标人资格后审的规定的通知　（顾　鹏）

南通市通州区人大常委会

1月10日　关于印发关于城乡统筹行动计划实施情况报告的审议意见的通知

1月20日　区人大常委会、区人民政府关于表彰办理

人大代表建议先进单位及个人的决定

1 月 27 日　印发《关于城东新区建设情况的审议意见》的通知

3 月 17 日　关于印发《南通市通州区人大常委会专项工作评议暂行办法》的通知

3 月 17 日　关于印发《南通市通州区人大常委会专题询问暂行办法》的通知

4 月 29 日　关于印发南通市通州区人民代表大会常务委员会关于组织区人大代表评议区政府部门工作的决定的通知

4 月 29 日　关于印发《南通市通州区人民代表大会常务委员会关于组织区人大代表评议区政府部门工作的方案》的通知

5 月 5 日　关于检查《水污染防治法》贯彻实施情况的通知

5 月 6 日　关于印发社会治安防控体系建设情况报告的审议意见的通知

7 月 9 日　关于印发集镇环境综合整治工作情况的报告的审议意见的通知

9 月 5 日　关于印发南通市通州区第十五届人大常委会第十八次会议关于批准南通市通州区 2013 年财政决算决议的通知

9 月 5 日　印发《关于通州区 2014 年上半年国民经济和社会发展计划及财政预算执行情况的审议意见》的通知

9 月 29 日　关于印发关于村庄环境整治长效管理工作情况报告的审议意见的通知

11 月 22 日　关于印发《城东新区建设和管理工作专项评议意见》的通知

12 月 10 日　关于印发南通市通州区第十五届人大常委会第二十一次会议关于批准南通市通州区人民政府调整 2014 年财政收支预算的决议的通知

12 月 16 日　区人大常委会、区人民政府关于表彰办理人大代表建议先进单位及个人的决定

12 月 18 日　关于印发《水污染防治法》执法检查报告和审议意见的通知　（曹奕伟）

政协南通市通州区委员会

2 月 22 日　关于成立党的群众路线教育实践活动领导小组的通知

2 月 22 日　深入开展党的群众路线教育实践活动实施方案

3 月 13 日　教育实践活动学习教育、听取意见环节实施办法

3 月 15 日　关于印发通州区政协主席会议成员分工联系常委和基层工委、联络组的通知

4 月 20 日　关于印发南通市通州区政协各工委、联络组成员名单的通知

4 月 28 日　关于印发调整南通市通州区十二届政协主席、副主席、督导员和秘书长分工的通知

6 月 13 日　区政协领导班子开展党的群众路线教育实践活动专题民主生活会方案

7 月 22 日　关于区政协党组班子召开专题民主生活会的情况报告

10 月 29 日　关于践行群众路线加强与人民群众联系的意见

11 月 25 日　关于召开政协南通市通州区第十二届委员会第四次会议的请示

12 月 30 日　关于表彰 2014 年度区政协工作先进集体和优秀个人的决定　（孙崇兰）

新华社 2014 年国内十大新闻（十）

国家公祭日仪式隆重举行

12 月 13 日，南京大屠杀死难者国家公祭仪式在侵华日军南京大屠杀遇难同胞纪念馆举行。中共中央总书记习近平出席并发表重要讲话强调，只有人人都珍惜和平、维护和平，只有人人都记取战争的惨痛教训，和平才是有希望的。此前，9 月 3 日中国人民抗日战争胜利纪念日、9 月 30 日烈士纪念日均举行了隆重纪念活动。

统 计 资 料

南通市通州区国民经济和社会发展基本情况

表 55

指　　标	计量单位	2014 年	2013 年	为上年%
一、行政区划与面积				
1. 行政区划				
镇人民政府	个	19	19	100.0
国家级高新技术产业开发区	个	1	1	100.0
村民委员会	个	208	208	100.0
社区居民委员会	个	68	64	106.3
2. 辖区总面积	平方公里	1525.74	1525.74	100.0
#陆地面积	平方公里	1351.50	1351.50	100.0
江海水域	平方公里	174.24	174.24	100.0
长江水域	平方公里	49.72	49.72	100.0
黄海水域	平方公里	124.52	124.52	100.0
二、人口与就业				
1. 年末户籍总户数	户	498371	473419	105.3
2. 年末户籍总人口	人	1266584	1262669	100.3
#男性	人	619536	618307	100.2
女性	人	647048	644362	100.4
#农业人口	人	770834	769913	100.1
非农人口	人	495750	492756	100.6
年平均户籍人口	人	1264627	631385	200.3
出生人口	人	10809	10405	103.9
#男性	人	5421	5300	102.3
女性	人	5388	5105	105.5
人口出生率	‰	8.55	8.20	—
死亡人口	人	11233	11453	98.1
#男性	人	6001	6135	97.8
女性	人	5232	5318	98.4
人口死亡率	‰	8.88	9.07	—
人口自然增长率	‰	-0.33	-0.83	—
性别比(女=100)	%	95.75	95.96	—
3. 年末常住人口	万人	114.20	114.22	100.0
年平均常住人口	万人	114.21	114.21	100.0

续表 55

指　　标	计量单位	2014 年	2013 年	为上年%
4. 人口城镇化率	%	55.7	54.3	—
三、地区生产总值				
地区生产总值	亿元	860.73	779.64	110.8
一、按行业分组				
1. 第一产业	亿元	57.05	53.14	103.8
2. 第二产业	亿元	446.99	413.08	110.4
其中:工业	亿元	367.49	338.74	111.5
3. 第三产业	亿元	356.68	313.42	112.5
注:绝对值按当年价格计算,发展速度按可比价格计算。				
四、农业				
1. 农业总产值	亿元	88.18	81.97	107.6
2. 主要农副产品产量				
粮食	吨	534737	528412	101.2
棉花	吨	7366	8286	88.9
油料	吨	98633	98885	99.7
蚕茧	吨	437	410	106.6
淡水产品	吨	35380	34720	101.9
果品	吨	69689	68993	101.0
肉类	吨	68728	68440	100.4
生猪出栏数	万头	55.7	53.22	104.7
生猪年末存栏数	万头	27.99	28.88	96.9
五、工业				
1. 规模工业主要经济指标				
工业总产值	万元	18554910	16256374	114.1
企业个数	个	764	763	100.1
#亏损企业个数	个	32	20	160.0
亏损企业亏损额	万元	17289	9824	176.0
主营业务收入	万元	18220242	16145263	112.9
成本费用总额	万元	16860492	14940614	112.9
流动资产合计	万元	4503966	4454983	101.1
年末资产总计	万元	9320630	8683351	107.3
所有者权益	万元	4220044	3782575	111.6
利息支出	万元	166043	142624	116.4
利税总额	万元	2135368	1863549	114.6
#利润	万元	1261020	1084274	116.3

续表55

指　　标	计量单位	2014年	2013年	为上年%
应收帐款净额	万元	1044809	947618	110.3
产成品存货	万元	280920	259439	108.3
工业产品销售率	%	99.3	99.6	—
工业成本费用利润率	%	7.5	7.3	—
全部流动资产周转次数	次	4.05	3.62	111.6
全部流动资产周转天数	天	90.2	100.7	89.6
资产负债率	%	54.7	56.4	—
2.规模工业主要产品产量				
发电量	万千瓦时	10663	9091	117.3
小麦粉	万吨	47.20	57.81	81.6
精制食用植物油	吨	1780	2554	69.7
啤酒	千升	255904	316270	80.9
纱	吨	145907	130707	111.6
布	万米	62585	54428	115.0
印染布	万米	67367	63398	106.3
服装	万件	28006	27329	102.5
人造板	立方米		22100	0.0
家具	件	71577	65471	109.3
纸制品	吨	66042	64774	102.0
塑料制品	吨	204416.02	177709	115.0
日用玻璃制品	吨	5793	5838	99.2
钢丝绳	吨	118581	118218	100.3
民用钢质船舶	载重吨	1160961.59	1473358	78.8
高压开关板	面	4725	4525	104.4
低压开关板	面	9110	8676	105.0
电力电缆	千米	69837.69	70769.17	98.7
六、全社会用电				
全社会用电总计	万千瓦时	476119	437366	108.9
总计中:生产用电	万千瓦时	406798	362347	112.3
第一产业	万千瓦时	5153	2781	185.3
第二产业	万千瓦时	366422	326741	112.1
第三产业	万千瓦时	35223	32825	107.3
总计中:城乡居民生活用电	万千瓦时	69321	75019	92.4
城镇居民	万千瓦时	14140	15100	93.6
农村居民	万千瓦时	55181	59919	92.1
七、建筑业				

续表 55

指　标	计量单位	2014 年	2013 年	为上年%
1. 企业个数	个	159	177	89.8
#总承包和专业承包	个	135	151	89.4
2. 建筑业总产值	万元	11888307	10114944	117.5
#建筑工程产值	万元	10952946	9239317	118.5
安装工程产值	万元	902218	853802	105.7
3. 竣工产值	万元	9160084	6982327	131.2
4. 房屋建筑施工面积	万平方米	11378.11	10144.90	112.2
#本年新开工面积	万平方米	4253.69	4398.77	96.7
房屋竣工面积	万平方米	3792.56	3224.85	117.6
#住宅面积	万平方米	2625.48	2243.22	117.0
5. 全年平均人数	人	315396	280354	112.5
6. 全员劳动生产率	元/人	376933	360792	104.5
7. 固定资产原价	万元	442459	438090	101.0
8. 工程结算收入	万元	8586494	7559905	113.6
9. 利润总额	万元	447917	400158	111.9
八、固定资产投资				
一、固定资产投资项目个数	个	755	705	107.1
#工业	个	549	564	97.3
投资完成额	亿元	520.12	436.36	119.2
#工业	亿元	311.14	280.21	111.0
#设备	亿元	206.92	182.51	113.4
二、固定资产投资分组				
按产业分				
第一产业	亿元	2.89	1.24	234.2
第二产业	亿元	311.14	280.21	111.0
#工业	亿元	311.14	280.21	111.0
第三产业	亿元	206.09	154.91	133.0
九、交通、邮电				
(一)交通设施基本情况				
1. 公路总里程	公里	3432	3440	99.8
按技术等级分				
高速	公里	66	68	97.1
一级	公里	114	102	111.8
二级	公里	348	368	94.6
三级	公里	216	211	102.4

续表55

指　　标	计量单位	2014年	2013年	为上年%
四级	公里	2679	2681	99.9
等外	公里	10	10	100.0
按干线、县乡道分				
国道	公里	77	66	116.7
省道	公里	134	152	88.2
县道	公里	370	370	100.0
乡道	公里	898	898	100.0
村道	公里	1954	1954	100.0
按路面标准分				
高级	公里	3423	3430	99.8
中低级	公里	10	10	100.0
2. 公路桥梁	座	1363	1359	100.3
公路桥梁长度	米	48688	46895	103.8
3. 内河航道总里程	公里	570	570	100.0
(二)运输设备及运量				
1. 私人汽车拥有量	辆	138135	110101	125.5
2. 营业性机动车年末实有数				
(1)载客汽车年末实有数	辆	311	269	115.6
客位	座	18266	14438	126.5
(2)载货汽车年末实有数	辆	5062	4887	103.6
吨位	吨	37972	33764	112.5
3. 全社会公路旅客运输				
旅客运输量	万人	1260	1242	101.4
旅客周转量	万人公里	88401	87885	100.6
4. 全社会货物运输				
货物运输量	万吨	1151	1049	109.7
水路	万吨	187	180	103.9
公路	万吨	964	869	110.9
货物周转量	万吨公里	183085	167954	109.0
水路	万吨公里	39856	38621	103.2
公路	万吨公里	143229	129333	110.7
(三)邮电业务收量	万元			
邮政业务收入	万元	110783	108132	102.5
固定电话用户	万户	31.70	37.01	85.7
#乡村电话用户	万户	18.54	24.61	75.3

续表 55

指 标	计量单位	2014 年	2013 年	为上年%
移动电话年末用户	万户	113.34	126.42	89.7
固定宽带接入用户	万户	24.86	24.22	102.6
十、国内贸易				
1. 社会消费品零售总额	万元	2798796	2499371	112.0
# 个体户	万元	1836190	1677133	109.5
2. 批发零售贸易业销售总额	万元	9362527	8306477	112.7
十一、对外经济				
1. 对外贸易				
自营进出口总额	万美元	331888	287685	115.4
自营出口总额	万美元	293803	259919	113.0
自营进口总额	万美元	38084	27766	137.2
2. 利用外资				
新办“三资”企业数	个	47	56	83.9
增资项目	个	19	19	100.0
工商登记注册外资	万美元	60528	51657	117.2
注册外资实际到帐	万美元	33104	26265	126.0
3. 外经合作				
对外承包劳务合同额	万美元	11480	12675	90.6
对外承包劳务营业额	万美元	8774	16292	53.9
当年新派劳务人数	人	1495	1123	133.1
年末累计在外人数	人	1644	1461	112.5
十二、财政				
(一)财政总收入	万元	1820111	1455974	125.0
1. 一般公共预算收入	万元	704364	611832	115.1
增值税(25%)	万元	64901	66988	96.9
#免抵调增	万元	19750	18500	106.8
营业税	万元	268492	225820	118.9
企业所得税(40%)	万元	47364	52624	90.0
个人所得税(40%)	万元	45650	31186	146.4
2. 基金预算收入	万元	776921	524523	148.1
3. 上划中央收入	万元	338826	319619	106.0
消费税	万元	4600	4344	105.9
增值税(75%)	万元	194706	189559	102.7
企业所得税(60%)	万元	71046	78936	90.0
个人所得税(60%)	万元	68474	46780	146.4

续表 55

指　　标	计量单位	2014 年	2013 年	为上年%
(二)财政支出	万元	1674780	1305362	128.3
#一般公共预算支出	万元	827494	732624	112.9
十三、金融				
金融机构存款余额(本外币)	亿元	1107.66	957.22	115.7
#储蓄存款	亿元	716.45	630.04	113.7
金融机构贷款余额(本外币)	亿元	606.81	528.84	114.7
#短期贷款	亿元	344.46	335.85	102.6
中长期贷款	亿元	217.70	169.21	128.7
金融机构存款余额(人民币)	亿元	1099.19	949.16	115.8
#储蓄存款	亿元	715.02	628.80	113.7
金融机构贷款余额(人民币)	亿元	604.67	524.13	115.4
#短期贷款	亿元	342.47	331.29	103.4
中长期贷款	亿元	217.55	169.06	128.7
十四、人民生活				
1. 城镇非私营单位从业人员年平均工资	元	60197	53413	112.7
2. 城镇居民住房建筑面积	平方米	45.90	41.30	111.1
3. 家庭总收入	元	38414	35188	109.2
#可支配收入	元	34565	31740	108.9
人均工资性收入	元	20807	19097	109.0
人均经营净收入	元	5238	4844	108.1
人均财产净收入	元	2218	2043	108.6
人均转移净收入	元	6302	5756	109.5
#养老金或离退休金	元	5422	4920	110.2
4. 消费总支出合计	元	20501	19214	106.7
一、食品	元	6217	5778	107.6
饮食服务	元	1113	1021	109.0
#在外饮食	元	798	725	110.1
二、衣着	元	1532	1456	105.2
#衣类	元	1306	1221	107.0
鞋类	元	226	210	107.6
三、居住	元	3513	3285	106.9
#水电燃料及其它	元	712	660	107.9
四、生活用品及服务	元	1116	1038	107.5
家具及室内装饰品	元	154	139	110.8
家用纺织品	元	69	63	109.5

续表 55

指　标	计量单位	2014 年	2013 年	为上年%
家庭日用杂品	元	275	245	112.2
家庭服务	元	73	65	109.1
五、医疗保健	元	1476	1353	109.1
医疗器具及药品	元	193	173	111.6
医疗服务	元	1283	1180	108.7
六、交通和通信	元	2339	2268	103.1
#交通	元	1508	1455	103.6
通信	元	831	813	102.2
七、教育文化娱乐服务	元	3697	3473	106.4
#文化娱乐用品	元	1471	1363	107.9
教育	元	2226	2110	105.5
八、其它商品和服务	元	611	563	108.5
九、恩格尔系数(%)	(%)	30.30	30.10	—
城镇百户居民主要消费品拥有量(一)				
摩托车	辆	39	40	97.5
助力车	辆	120	117	102.6
家用汽车	辆	41	40	102.5
洗衣机	台	98	96	102.1
电冰箱	台	99	97	101.8
彩色电视机	台	177	175	101.1
家用电脑	台	69	68	101.2
组合音响	套	6	6	100.0
摄像机	架	7	7	100.0
城镇百户居民主要消费品拥有量(二)				
照相机	架	35	34	102.9
中高档乐器	架	4	4	100.0
微波炉	台	91	89	102.1
空调器	台	158	155	101.9
淋浴热水器	台	100	99	101.0
消毒碗柜	台	2	2	100.0
健身器材	套	4	4	100.0
固定电话	部	78	76	102.1
移动电话	部	225	220	102.3
5. 农村居民住房建筑面积	平方米	62.6	62.0	101.0
一、人均全年总收入	元	21173	18845	112.4

续表55

指　　标	计量单位	2014年	2013年	为上年%
#人均全年可支配收入	元	16835	15194	110.8
1. 工资性收入	元	9861	8929	110.4
2. 经营净收入	元	4748	4250	111.7
3. 财产净收入	元	482	440	109.5
4. 转移净收入	元	1744	1575	110.7
#养老金或离退休金	元	935.0	845.0	110.7
人均生活消费支出	元	12122.0	10901.0	111.2
#服务性支出	元	4887.0	4408.0	110.9
一、食品消费支出	元	3877.0	3521.0	110.1
1. 食品消费品支出	元	2894.0	2615.0	110.7
#谷物	元	328.0	305.0	107.5
食用油	元	103.0	91.0	113.2
肉、禽、蛋、奶及制品	元	1039.0	941.0	110.4
2. 食品消费服务性支出	元	407.0	366.0	111.2
#在外饮食	元	266.0	228.0	116.7
二、衣着消费支出	元	740.0	665.0	111.3
三、居住消费支出	元	1945.0	1728.0	112.6
四、生活用品及服务消费支出	元	619.0	541.0	114.4
五、交通和通讯消费支出	元	1843.0	1645.0	112.0
#交通和通讯用品支出	元	1480.0	1311.0	112.9
六、文化教育、娱乐消费支出	元	2161.0	1972.0	109.6
#文化教育、娱乐用品消费支出	元	201.0	171.0	117.5
教育服务消费支出	元	1690.0	1545.0	109.4
七、医疗保健消费支出	元	576.0	506.0	113.8
八、其他商品和服务消费支出	元	361.0	323.0	111.8
九、恩格尔系数(%)	(%)	32.0	32.3	—
农村百户居民主要消费品拥有量				
洗衣机	台	84	82	102.4
电冰箱	台	98	97	101.4
空调机	台	118	117	101.1
抽油烟机	台	62	59	105.1
微波炉	台	84	84	100.0
热水器	台	87	87	100.0
电动自行车	辆	144	143	100.7
摩托车	辆	50	50	100.0

续表 55

指　　标	计量单位	2014 年	2013 年	为上年%
家用汽车	部	27	21	128.6
固定电话	部	93	92	100.8
移动电话	台	208	203	102.3
彩色电视机	台	163	160	101.9
照相机	架	18	20	90.0
家用电脑	台	60	59	101.9
十五、社会治安				
1. 火灾事故				
火灾事故发生数	起	547	576	95.0
火灾事故死亡人数	人	3	1	300.0
火灾事故受伤人数	人	4		—
火灾事故受损失折金额	万元	586	186	315.1
2. 交通事故				
交通事故发生数	起	355	339	104.7
交通事故死亡人数	人	155	169	91.7
交通事故受伤人数	人	192	249	77.1
交通事故损失金额	万元	79.07	53.54	147.7
3. 立案的刑事案件数	起	4802	4750	101.1
#杀人	起	4	6	66.7
抢劫	起	12	9	133.3
强奸	起	17	20	85.0
盗窃	起	3363	3542	94.9
诈骗	起	823	502	163.9
4. 受理的治安案件数	起	6379	6758	94.4
十六、科教文卫				
(一)科技事业				
专业技术人员	人	113726	102981	110.4
#高 级	人	5721	5531	103.4
中 级	人	21778	21006	103.7
初 级	人	46732	42951	108.8
大中专毕业生	人	39495	33493	117.9
(二)科技成果				
1. 获省、市科技进步奖	项	26	20	130.0
#省科学技术进步奖	项		1	—
南通市科学技术进步奖	项	26	19	136.8

续表55

指　　标	计量单位	2014年	2013年	为上年%
2. 申请专利	件	3596	7202	49.9
#发明专利	件	1005	1111	90.5
3. 授 权	件	2141	5519	38.8
（三）教育事业				
1. 学校数	所	74	74	100.0
普通中学	所	30	31	96.8
高中	所	8	8	100.0
初中	所	22	23	95.7
小学	所	41	40	102.5
特殊教育学校	所	1	1	100.0
普通中等专业学校	所	2	2	100.0
2. 在校学生数	人	88389	91028	97.1
普通中学	人	36224	39014	92.8
高中	人	13796	15283	90.3
初中	人	22428	23731	94.5
小学	人	46734	46000	101.6
特殊教育学校	人	123	115	107.0
普通中等专业学校		5308	5899	90.0
3. 招生数	人	20172	22094	91.3
普通中学	人	11033	12052	91.5
高中	人	3944	4632	85.1
初中	人	7089	7420	95.5
小学	人	7208	7973	90.4
特殊教育学校	人	12	10	120.0
普通中等专业学校		1919	2059	93.2
4. 毕业生数	人	23162	24920	92.9
普通中学	人	13891	15157	91.6
高中	人	5474	5488	99.7
初中	人	8417	9669	87.1
小学	人	7085	7489	94.6
特殊教育学校	人	3	6	50.0
普通中等专业学校		2183	2268	96.3
5. 教职工人数	人	7943	7986	99.5
普通中学	人	4247	4327	98.2
小学	人	3044	2995	101.6

续表 55

指　标	计量单位	2014 年	2013 年	为上年%
特殊教育学校	人	48	48	100.0
普通中等专业学校	人	604	616	98.1
6. 专任教师	人	6719	6822	98.5
普通中学	人	3377	3481	97.0
高中	人	1349	1347	100.1
初中	人	2028	2134	95.0
小学	人	2849	2848	100.0
特殊教育学校	人	35	35	100.0
普通中等专业学校		458	458	100.0
7. 幼儿园数	所	53	53	100.0
在园幼儿数	人	22796	21616	105.5
教职工人数	人	1969	1719	114.5
#专任教师	人	1180	1018	115.9
幼儿园入园率	%	97.20	96.22	—
8. 小学适龄儿童入学率	%	100.0	100.0	—
小学毕业生升学率	%	100.0	100.0	—
初中毕业生升学率	%	99.6	99.6	—
小学、初中学生毕业率	%	100.0	100.0	—
九年义务教育普及率	%	100.0	100.0	—
（四）广播事业				
有线电视用户	万户	30.75	30.72	100.1
有线电视入户率	%	98.20	98.10	—
数字电视用户	万户	27.57	26.63	103.5
数字电视转换率	%	90.60	86.70	—
（五）文化事业				
公共图书				
机构数	个	1	1	100.0
职工人数	人	11	10	110.0
图书总藏量	册	407198	343590	118.5
#古书	册	3656	3650	100.2
图书	册	352042	295863	119.0
报刊	册	46472	39265	118.4
发放借书证数	个	36251	35027	103.5
总流通人次	千人次	326	380	85.8
书刊外借册次	千册次	378	369	102.4

续表55

指　　标	计量单位	2014年	2013年	为上年%
公用房屋建筑面积	平方米	8812	3295	267.4
#书库	平方米	832	1146	72.6
阅览室	平方米	2496	524	476.3
阅览室座席数	个	351	318	110.4
#少儿阅览室座席数	个	80	60	133.3
（六）卫生事业				
医疗卫生机构数	个	505	509	99.2
1.医院	个	33	41	80.5
区级医院	个	6	7	85.7
中心卫生院	个	6	6	100.0
镇卫生院	个	21	28	75.0
2.社区卫生服务中心	个	4	4	100.0
3.村卫生室、社区卫生服务站	个	317	318	99.7
4.诊所、卫生所、医务室	个	142	138	102.9
诊所	个	88	84	104.8
卫生所	个	20	20	100.0
医务室	个	34	34	100.0
5.疾病预防控制中心	个	1	1	100.0
6.卫生监督所	个	1	1	100.0
7.妇幼保健站	个	1	1	100.0
8.血站	个	1	3	33.3
9.卫生学校	个	1	1	100.0
10.其他	个	4	3	133.3
医疗床位数	张	5671	5319	106.6
区级医院	张	3315	2984	111.1
中心卫生院	张	902	902	100.0
镇卫生院（含社区中心）	张	1454	1433	101.5
卫生工作人员	人	7041	6511	108.1
1.卫生技术人员	人	5480	4859	112.8
#卫生防疫人员	人	304	227	133.9
#医院、卫生院技术人员	人	4562	4033	113.1
#执业（助理）医师	人	1795	1788	100.4
(1)执业医师	人	2079	2069	100.5
(2)助理执业医师	人	327	255	128.2
(3)注册护士	人	2128	1662	128.0

续表 55

指　　标	计量单位	2014 年	2013 年	为上年%
⑷药剂师(士)	人	365	359	101.7
⑸技师(士)	人	243	238	102.1
⑹其他	人	338	276	122.5
2. 其他技术人员	人	23	27	85.2
3. 管理人员	人	348	334	104.2
4. 工勤人员	人	352	382	92.1
5. 乡村医生	人	838	909	92.2
十七、社会保障				
(一)失业保险				
1. 参加失业保险人数	人	91578	91126	100.5
2. 失业保险基金总收入	万元	7245	10118	71.6
#利息收入	万元	940	860	109.2
3. 失业保险基金总支出	万元	6492	2613	248.4
4. 失业保险覆盖率	%	98.0	98.0	—
5. 年末城镇登记失业人员数	人	4163	4104	101.4
6. 城镇登记失业率	%	2.53	2.52	—
(二)养老保险				
1. 参加养老保险人数	人	383743	411528	93.2
国有	人	19590	18861	103.9
集体	人	59175	56795	104.2
其他	人	67399	63872	105.5
农村	人	237579	272010	87.3
2. 养老保险基金收入	万元	163938	152606	107.4
国有	万元	15347	13559	113.2
集体	万元	45740	45103	101.4
其他	万元	44458	38656	115.0
农村	万元	58393	55288	105.6
(三)社会福利院				
1. 社会福利院	个	1	1	100.0
年末职工人数	人	6	6	100.0
2. 敬老院	个	17	20	85.0
年末职工人数	人	158	183	86.3
3. 民政登记农村养老服务机构	个	12	5	240.0
年末职工人数	人	85	30	283.3
(四)军队离退休干部休养所	个	1	1	100.0

续表55

指　　标	计量单位	2014年	2013年	为上年%
年末职工人数	人	5	7	71.4
年末休养(含分散休养)人数	人	36	35	102.9
(五)抚恤、补助优抚对象	人	14563	14704	99.0
1.定期抚恤人数	人	404	404	100.0
烈属	人	273	273	100.0
因公牺牲军人家属	人	43	43	100.0
病故军人家属	人	88	88	100.0
2.定期补助人数	人	13256	13396	99.0
在乡复员军人	人	1773	1774	99.9
#抗日	人	133	133	100.0
参战退役人员	人	692	695	99.6
3.伤残人员	人	903	904	99.9
革命伤残军人	人	863	864	99.9
伤残国家机关人员	人	23	23	100.0
伤残人民警察	人	11	11	100.0
伤残民兵民工	人	6	6	100.0
(六)优待优抚对象户数	户	11443	7601	150.5
(七)城市居民最低生活保障人数	人	1160	1067	108.7
#女性	人	514	306	168.0
在职人员	人	6	208	2.9
失业人员	人	26	302	8.6
“三无”人员	人	42	177	23.7
(八)农村居民最低生活保障人数	人	18155	18169	99.9
#女性	人	6937	4415	157.1
老年人	人	9817	4147	236.7
未成年人	人	1085	1054	102.9
残疾人	人	1921	475	404.4
(九)农村居民最低生活保障家庭数	户	11517	11540	99.8
(十)农村五保供养	人	3413	3301	103.4
#女性	人	505	787	64.2
老年人	人	3113	3160	98.5
未成年人	人	3	53	5.7
残疾人	人	515	224	229.9
十八、计划生育				
1.育龄妇女人数	人	323541	322318	100.4

续表 55

指　　标	计量单位	2014 年	2013 年	为上年%
已婚育龄妇女人数	人	260543	259412	100.4
现家庭仅一孩数	人	183947	185043	99.4
2.有效领证人数	人	96300	95678	100.7
有效领证率	%	36.96	36.92	—
3.当年出生人数	人	7477	7230	103.4
#女性	人	3664	3414	107.3
计划内	人	7414	7148	103.7
计划外	人	63	82	76.8
计划生育率	%	99.16	98.87	—
#一孩人数	人	5686	5695	99.8
一孩率	%	76.05	78.77	—
4.女性初婚人数	人	7142	7450	95.9
#19 周岁及以下	人	98	104	94.2
23 周岁以上	人	5122	4991	102.6
晚婚率	%	71.72	66.99	—
5.应落实措施人数	人	236464	237565	99.5
采取各种节育措施的人数	人	235886	237051	99.5
节育率	%	90.54	91.38	—
落实率	%	99.76	99.78	—
十九、城建、环保				
城区建设用地面积				
1.城区面积	平方公里	43.00	32.00	134.4
2.建城区面积	平方公里	33.41	28.83	115.9
3.城区建设用地	平方公里	18.48	17.53	105.4
#居住用地	平方公里	8.11	7.50	108.1
城区设施水平				
1.城区人口密度	人/k ㎡	7021	9031	77.7
2.人均日生活用水量	升	83.42	80.28	103.9
3.城区人口用水普及率	%	100.0	100.0	—
4.燃气普及率	%	100.0	100.0	—
5.人均拥有道路面积	平方米	18.23	16.26	112.1
6.排水管道密度	km/k ㎡	9.55	8.27	115.5
城区市政工程				
1.道路长度	公里	211.97	188.49	112.5
2.道路面积	万平方米	550.22	470.02	117.1

续表55

指　　标	计量单位	2014年	2013年	为上年%
3. 桥梁数	座	139	124	112.1
4. 路灯盏数	盏	72519	54913	132.1
5. 排水管道长度	公里	319.2	238.5	133.8
6. 污水处理厂	个	1	1	100.0
#污水日处理能力	万吨	4	4	100.0
污水年处理量	万吨	1665	1308	127.3
公共交通				
1. 公交运营车辆	辆	294	294	100.0
2. 运营线路条数	条	49	42	116.7
3. 运营线路网长度	公里	847	758	111.7
4. 运营线路总长度	公里	1016	943	107.7
5. 客运总量	万人次	2636	1850	142.5
6. 出租汽车	辆	194	195	99.7
7. 客运总量	万人次	370	345	107.2
城区供水情况				
1. 年末自来水日生产能力	吨/日	7.5	7.5	100.0
2. 年末供水管道长度	公里	754	659	114.5
3. 全年供水总量	万吨	2548	2165	117.7
4. 售水量	万吨	1958	1543	126.9
#生产用水	万吨	567	564	100.5
公共服务用水	万吨	78	70	112.1
城区供气情况				
1. 储气能力	吨	1485	1484	100.1
#液化石油气	吨	1460	1460	100.0
2. 供气管道长度	公里	385	280	137.6
3. 供气总量	吨	4172	6292	66.3
#液化石油气	吨	792	4480	17.7
城区环境卫生				
1. 实际清扫保洁面积	万平方米	1080	993	108.8
#机械清扫	万平方米	422	261	161.7
2. 生活垃圾处理量	万吨	14.7	13.5	108.9
3. 公共厕所	座	57	43	132.6

南通市通州区各镇(区)2014年主要经济指标

表56

地区	辖区面积(平方公里)	村民委员会(个)	村民小组(个)	社区居民委员会(个)	年末户籍总人口(人)	财政总收入(万元)	一般公共预算收入(万元)	地区生产总值(万元)	工业总产值(万元)	主营业务收入(万元)	利税总额(万元)	固定资产投资完成额(万元)	工商登记注册外资(万美元)	注册外资实际到帐(万美元)	农林牧渔业总产值(万元)	农作物产量(吨)		
																粮食	棉花	油料
金沙镇	66.17	9	597	14	121377	58236	35739	915062	211224	210530	24249	313792	1000	500	42920	26392		8891
西亭镇	56.91	7	439	2	44531	11069	5058	212232	201314	201314	15420	68596	1000	500	35740	30187	22	4197
二甲镇	66.01	8	566	4	71956	14773	9204	311801	556828	541979	66233	92170	1100	404	49686	9864	96	10761
东社镇	72.15	10	312	3	60993	7374	3809	177705	355339	353260	46186	60707	721	310	67735	23472	444	9070
十总镇	52.33	6	353	2	36203	10085	4519	218036	620010	614873	96727	82180	1010	300	50953	22946	85	3293
骑岸镇	80.84	9	511	3	47987	7503	4011	178604	134981	133330	7597	39040	609	300	63617	50088	66	2797
五甲镇	42.93	6	321	2	32667	7159	2491	147406	95670	95483	11261	31298	604	305	42705	17247	115	4013
石港镇	110.15	10	613	5	67879	24847	14089	398130	742386	742386	83823	157504	1350	602	87250	68817	1	2624
四安镇	50.70	8	299	1	39867	11981	4615	290900	372536	370385	38902	148995	891	596	48423	32403	4	2434
刘桥镇	107.28	10	646	2	76351	17416	7724	359839	736828	715998	93265	172630	1015	501	87545	68429	92	2546
平潮镇	61.96	15	534	4	78766	57348	32057	858033	2451047	2422938	322289	255786	1204	902	43229	29597		1598
平东镇	47.64	5	214	2	44263	12968	5400	331059	1019255	1016259	134333	161483	835	445	18186	24604	22	1858
五接镇	38.94	8	266	2	38797	39736	22440	400831	2059624	2024313	226339	656687	5410	2059	21184	21161		1539
兴仁镇	39.16	10	283	2	44274	35595	15588	406643	915823	884499	108686	236347	1210	908	12861	14625		1985
兴东镇	30.46	9	235	1	32683	12823	6149	342034	1010691	1014616	138826	139212	1188	600	16601	13271		1404
张芝山镇	49.82	9	455	1	55137	17946	10646	379954	264693	246858	4653	112044	800	400	26324	12058		4834
川姜镇	49.86	14	444	2	58646	81368	47296	888254	1680267	1676678	195718	566356	1206	1226	22494	7981		4562
先锋镇	26.54	8	260		37007	29022	15137	327737	638656	637723	69503	126091	1000	402	13140	3171		1929
高新区	102.41	21	926	10	150303	201764	131305	1237110	4415431	4248926	444744	1487437	24599	14510	36645	15327	1	10962
锡通产业园					1772(环本)	5930	4518					298506	6550	4118				

服务指南

通州区便民电话

医疗信息电话

人民医院	86524103
中医院	86513381
结核病防治院	82568221
博爱医院	86552448－8803
第三人民医院	82521152
二甲人民医院	82541017
第五人民医院	82501077
第六人民医院	82591099－8803
第七人民医院	86581002
第八人民医院	86571294
金乐医院	82519120
城南医院	82921208
城北医院	86540158
金西医院	86532015
金余医院	82518034
西亭医院	86534319
纱场医院	86535062
余西医院	82544032
余北医院	82543011
袁灶医院	82545007
东社医院	82547044
唐洪医院	86536909
忠义医院	82506204
北兴桥医院	86944015
恒兴医院	82573180
海晏医院	86954380
东余医院	82577006
十总镇医院	82566009
骑岸医院	82567058－88
五总医院	82595048
五甲医院	82563031
庆丰医院	82560352
英雄医院	86585263
新联医院	86584306
石南医院	82596099
五窑医院	82594042
四安医院	86569016
平南医院	86571797
平西医院	86723120
新坝医院	86575097
平东医院	86796732
赵甸医院	86587661
五接医院	86574536
李港医院	86576436
兴仁医院	86562252
横港医院	86683321
兴东镇医院	86638120
南兴医院	82536382
川港医院	86341199
姜灶医院	82533150
先锋医院	86567012

紧急常用电话

公安	110
火警	119
急救中心	120
交通事故	122
水上交通事故	12395
供电	95598

抢修电话

管道煤气	86543595
自来水	86548052

服务热线电话

电信综合服务	10000
电话查询	114
电话报时	12117
法律服务	12348
天气预报	96121
邮政服务	11185
声讯信息服务	168

维权投诉电话

三农服务	12316
环境举报	12369
卫生监督	86512527
物价举报	12358
消费投诉	12315

质量监督　86100491、86102394
药品监督　86512660
渔政监督　86512851

交通咨询电话

航班问询　86560050
火车站问询　85572559
汽车站问询　86545888
华欣客运(出租)　86105449
环宇票务　86117776

新闻热线电话

电视台　86510999
"中国·通州"网　86028085

区级机关有关部门和单位便民服务电话

工商局　86548328
城管局　86547110
质监局　86512394
司法局　80161889
外经局　86115928
审批中心　86524083
环保局　12369
物价局　86515303
建设局　86519228
药监局　86512660
民政局　86512567
安监局　86540603
教育局　86515465
卫生局　86886008
广电局　86102195
供电公司　86544000
交通局　86023013
电信公司　86102300
劳保局　86514191
发改委　86524072
国土局　86513358
国税局　86514662
地税局　86115289(12366)
公安局　110 或 122
计生委　86106713

监督举报电话

作风办　86028236
纠风办　86513540

通州区公交线路

201　通州二院—国盛义乌城

起点首末班　5:40—18:20
终点首末班　6:10—19:00
间隔时间　20 分钟

通州二院、北二环新园路口、北二环通掘路口、党校、通州北站、人民医院、农工商、农业银行、中医院、通州小学、保险公司、通州邮政、通州行政中心、江海皇都小区、金色城品小区、义乌城北门、国盛义乌城

202　通州客运站—东社

起点首末班　5:40—18:00
终点首末班　6:00—19:00
间隔时间　15—30 分钟

通州客运站、虹南花苑、农工商、农业银行、中医院、通州小学、通州幼儿园、星源花苑、珠江路碧华路口、体育中心、南山寺、果园铭居、S335 珠江路口、S335 长江路口、外通掘路口、进鲜港、港东路口、农民街、金余、二甲交警中队、金余六甲路口、四同村、四同桥、糖坊校、王家桥、海欧路口、新街村、葡萄园、新街村七组、新圩路口、四甲路口、东社小公园、东社

204　纱场—华山社区服务中心

起点首末班　6:10—18:00
终点首末班　6:00—17:45
间隔时间　30—60 分钟

纱场、纱场刑侦中队、林店、林店二组、纱场路口、十八总、金中、金沙汽修厂、党校、客运北站、人民医院、农工商、农业银行、中国电信、交通新村、金鑫公寓、通州邮政、通州行政中心、首府名邸、水榭花都、通州公路站、华山花苑、华山社区服务中心(部分班次延伸至圣果酒业)

205　金霞北苑—英雄街

起点首末班　6:30—18:00
终点首末班　6:30—17:50
间隔时间　60—70(中午 180)分钟

金霞北苑、新通掘路银河路口(奥邦商业广场)、新通掘路新金路口(张家港农商银行)、金苑公寓、新金路朝阳路口、中国电信、建设银行、通州客运站、新金大桥西、新金路厦门路口、新金路青岛路口、季家港、石江路新金路口、双西路口、西亭驾校、长盛路口、亭李路口、老亭南村路口、西亭路口南、海平路石江路西、亭西村、西亭中学路口、蔡店

村、何家桥路口、高家桥、阚庵东村服务中心、阚庵东村八组、S225海平路口、庵东路口、阚家庵村、宏安路口、戚家桥村、奋进路口、四安镇、四安车站、四安中学路口、七总路口、碾坊桥、史家庄、米厂路口、温桥村、静室路口、跃林桥、通富路口、玉德路口、东纵路口、严园中心路口、英雄街

206　通州客运站—玄武湖路长江路口

起点首末班　6:10—18:30

终点首末班　6:10—18:30

间隔时间　20—30分钟

通州客运站、通州客运站、虹南花苑、金沙小学、中国电信、中医院、通州小学、通州幼儿园、行政中心北门、通州行政中心、首府名邸小区、水榭花都小区、通州公路站、通掘路朝霞路口(上行无此站点)、通掘路杏园路口、通掘路金桥路口、万和华府小区、金色城品小区、金和家园小区、南山寺、南山湖公园南门、果园铭居、玄武湖路长江路口

207　天霞花苑—华润燃气

起点首末班　6:10—17:40

终点首末班　6:10—17:40

间隔时间　20—30分钟

天霞花苑、天虹苑、社会福利中心、金霞北苑、锦绣花苑、保险公司、金鑫公寓、交通新村、金沙小学、虹南花苑、通州客运站、新金大桥西、厦门路新金路口、金郊初中、银河家园、泰山小区、金西转盘、碧华路石江路口、车管所、华润燃气

213　通州客运站—兴仁派出所

起点首末班　5:30—18:00

终点首末班　6:30—19:00

间隔时间　30—60分钟

通州客运站、虹南花苑、农工商、农业银行、中医院、通州小学、保险公司、江海明珠、银河桥、银河桥西、银河路青岛路口、金西转盘、金西、张謇学校、高桥、三姓街中心路口、永庆村、永庆东环路口、场东路口、永庆西环路口、新陶金路口、兴亭路龙昌大道口、仙仔庙村、兴东卫生院、兴东镇、兴东镇政府、机场北大门、南通机场、机场路兴土路口、土山桥、天竺山禅寺、老杨家湾村、兴仁中学、民富路口、兴仁镇、仁和家园、兴仁派出所

221　通州北站—二甲客运站

起点首末班　5:50—19:30

终点首末班　5:40—19:20

间隔时间　12—20分钟

通州北站、人民医院、农工商、农业银行、中医院、通州小学、锦绣花苑、新通掘路银河路口(奥邦商业广场)、新通掘路碧华路口、新通掘路朝霞路口、新通掘路杏园路口、新通掘路金桥路口、通灵桥、通灵桥南、锦绣路口、鹏程路口、金乐路口、元帅庙村、预制场、麒麟村、袁灶西、袁灶、袁灶东、明辨西路口、同心桥、杨家桥、九甲桥、六甲居委会、六甲镇村四组、六甲路口、二甲窑厂、三甲村、二甲农村商业银行、二甲客运站

222　通州北站—二甲客运站

起点首末班　6:00—19:40

终点首末班　5:50—19:40

间隔时间　12—20分钟

通州北站、人民医院、农工商、农业银行、中医院、通州小学、保险公司、通州邮政、通州行政中心、江海皇都小区、金色城品小区、国盛义乌城、义乌城南门、通灵桥、珠江路口、长江路口、外通掘路口、进鲜港、港东路口、农民街、金余、二甲交警中队、金余六甲路口、四同村、油坊路口、头甲桥、余北大桥、余北大桥南、余西中心路口、余西、余西南路口、光明西路口、新玻园区路口、三甲居路口、光明花苑、二甲客运站

223　胜利桥公交回车场—二甲客运站

起点首末班　6:30—18:00

终点首末班　6:00—17:30

胜利桥公交回车场、胜利桥、银河桥、江海明珠、保险公司、锦绣花苑、新通掘路银河路口、新通掘路碧华路口、新通掘路朝霞路口、新通掘路杏园路口、新通掘路金桥路口、南山寺、金桥东路口、运盐河桥、港北村中心南路口、平桥镇村、港界路口、港南北路口、杨港、杨港东、西社庙、严灶中心路口、界牌、喻桥路口、五马路村、四甲校、东社、东社大会堂、忠孝园路口、军民路口、七甲路口、余北六大队、北潭村、余北、余北居委会、斜河桥、余北大桥、余北大桥南、余西中心路、余西、余西南路口、光明西路口、新玻园区路口、光明花苑、二甲客运站

231　通州客运站—三余公交回车场

起点首末班　5:40—20:00

终点首末班　5:30—20:00

间隔时间　8—20分钟

通州客运站、建设银行、金沙小学、佳乐花苑、瀚学苑\、通州中学路口、党校、金沙汽修厂、金中、十八总、银河变电站、唐洪加油站、三总路口、二总路口、宏仁气体、杨港、杨港东、西社庙、严灶中心路口、界牌、喻桥路口、五马路村、四甲校、东社、东社大会堂、忠孝园路口、军民路口、七甲路口、光明路口、忠义新桥、忠义窑厂、忠义、忠义小学路口、苴北、苴北北路口、德兴校、德兴居、海门联宏村、新民中心路、七牌头、三余油厂、港务公司、三余车站、三余镇政府、三余公交回车场

232　通州客运站—三余公交回车场

起点首末班　6:00—19:40

终点首末班　5:35—19:40

间隔时间　15—20分钟

通州客运站、建设银行、金沙小学、佳乐花苑、瀚学苑、通州中学路口、安康小区、北一环翠园路口、新通掘路北一

环路口(下行,上行无此站点)、新通掘路北二环路口、光和村、光和村中心路、唐洪加油站、杨港居、唐洪路口、德贤公寓、唐洪农贸市场、十总路政中队、庆丰加油站、平海公路通掘路口、唐北桥、平和村十组、盘西桥、平和村二十九组、盘舍桥、窑潭桥、七甲桥、五甲人民路口、五甲路口、中和路口、三马中心路口、平海公路分叉口、合力路口、王家店路口、大兴中心路口、广运红西路口、广运村村部、镇西中心路口、三余外环路口、三余公交回车场

251　通州客运站—新华村

起点首末班　6:00—19:00

终点首末班　5:50—19:30

间隔时间　20—35 分钟

通州客运站、建设银行、中国电信、新金路朝阳路口、翠园路人民路口、翠园路北一环路口、北一环翠园路口、新通掘路北一环路口(下行,上行无此站点)、新通掘路北二环路口、光和村、光和村中心路、唐洪加油站、三总路口、二总路口、宏仁气体、杨港、杨港东、西社庙、严灶中心路口、界牌、喻桥路口、五马路村、四甲校、东社窑厂、五甲校、横马村服务中心、平和村、卫东校、五甲路口、五甲人民路口(上行,下行无此站点)、平海路口、白南路口、白龙禅寺、白龙居二组、协力村中心路口、三车口、陈墩路口、同灶河路口、陈中路口、同灶北路口、五北桥、北兴窑厂、北兴车站、北兴桥、新华村

252　通州客运站—新华村

起点首末班　5:45—20:00

终点首末班　5:40—19:40

间隔时间　10—20 分钟

通州客运站、建设银行、金沙小学、农工商、人民医院、通州北站、党校、金沙汽修厂、金中、十八总、银河变电站、唐洪加油站、杨港居、唐洪路口、德贤公寓、唐洪农贸市场、十总路政中队、庆丰加油站、庆丰路口、龙富桥、蛇场、施家店桥、十总派出所、十总、十总居、石东桥、双柏路口、爱儿桥、迎阳中心路、爱东桥、二爻居、二爻中学、二爻东、张家坝中心路、志新村、合兴中心路口、北兴窑厂、北兴车站、北兴桥、新华村

271　通州客运站—川港公交回车场

起点首末班　6:00—19:00

终点首末班　6:00—19:00

间隔时间　10—20 分钟

通州客运站、建设银行、交通新村、金鑫公寓、通州邮政、通州行政中心、江海皇都小区、金色城品小区、国盛义乌城、世纪大桥南、东源科技园、张门村路口、金乐路口、家宝集团、义成村十八组、义成新村、磨框村、磨框镇南、金浩路温州路口、家纺城北站、家纺城南站、志南工业区、家纺城小学、川北工业区、川叠路玄同路口、居委北路口、川港、川港公交回车场

272　瀚学苑—锡通园区公交回车场

起点首末班　6:00—19:00

终点首末班　6:00—19:00

间隔时间　15—30 分钟

瀚学苑、通掘路交通路口、通州客运站、胜利桥、银河桥、通掘路碧华路口、通掘路朝霞路口、通掘路杏园路口、通掘路金桥路口、书香华府小区、金西路口、圣果葡萄酒业、通州大桥南、五圣殿、五圣桥、复兴村、复兴村十八组、复兴桥、223 线吕通路口(S223)、姜灶路口、老粮站路口、姜灶中学、姜灶车站(X305)、新街南路口、二圩埭、三圩埭、四圩埭、五圩埭、六圩里、骆化南路口、庙桥、塘坊桥、宁启高架、通启桥北、张芝山街办、通海工商分局、张芝山客运站、通海中学、张芝山镇、张芝山、锡通园区、锡通园区公交回车场(X216)

273　胜利桥公交回车场—南兴客运站

起点首末班　5:30—17:30

终点首末班　6:40—18:40

间隔时间　60 分钟

胜利桥公交回车场、胜利桥、银河桥、政协学校、泰山公寓、金西转盘、石江路碧华西路口、石江路朝霞西路口、新窑桥、石江路金桥西路口、通州大桥北、通州大桥南、五圣殿、五圣桥、复兴村、复兴村十八组、复兴桥、223 线吕通路口、姜灶路口、姜叠路口、姜南桥、姜南村、223 线姜南南路路口、223 线温州路口、三合口桥、双桥村、宝缦家纺、双桥南路口、双启桥、宁启高架南、223 线川港路口、斜桥北路口、斜桥中路口、斜桥南路口、保障村、保障南路口、223 线 336 路口、培德桥北、周南北路口、223 线南兴路口、南兴客运站

275　通州中学路口—周圩新村

起点首末班　6:20—18:20

终点首末班　6:00—18:00

间隔时间　40—50 分钟

通州中学路口、瀚学苑、佳乐花苑、金沙小学、交通新村、金鑫公寓、通州邮政、通州行政中心、江海皇都小区、金色城品小区、国盛义乌城、世纪大桥、金西路口、圣果葡萄酒业、金通公路石江路口、通州大桥南、五圣殿、二大道石江路口、正通路东段路口、正场路口、正通路西路口、富民东路口、神州玻璃东路口、利民北二号路口、利民北一号路口、高架桥东、高架桥南、利民村 36 组、利民村 32 组、先锋人民路口、双盟村、双龙路口、先锋镇政府、先锋青年东路口、先锋幼儿园、周三北路口、周圩新村

276　胜利桥公交回车场—农场

起点首末班　6:00—18:00

终点首末班　5:50—17:40

间隔时间　30—60 分钟

胜利桥公交回车场、胜利桥、银河桥、政协学校、泰山公寓、金西横河桥、青岛路碧华西路口、青岛路朝霞西路口、青岛路杏园西路口、青岛路金桥西路口、圣果葡萄酒业、通州

大桥南、五圣殿、五圣桥、复兴村、复兴村十八组、复兴桥、223线吕通路口、姜灶路口、姜叠路口、姜南桥、姜南村、姜南南路口、223线温州路口、三合口桥、双桥村、宝缦家纺、双桥南路口、双启桥、宁启高架南、223线川港路口、斜桥北路口、斜桥中路口、斜桥南路口、保障村、保障南路口、336线223路口、振远船舶公司、工业园区路口、天星村、万安村、张江公路336路口、民安路口、薛家店、竹行中学、南兴路口北、南兴路口南、三孔桥北、制药厂路口、北匡河桥北、中心河桥北、莫愁新村、农场医院、农场

281 金霞北苑—石港公交回车场

起点首末班 6:00—19:00

终点首末班 5:40—19:00

间隔时间 12—20分钟

金霞北苑、锦绣花苑、保险公司、江海明珠、银河桥、胜利桥、通州客运站、新金大桥西、新金路青岛路口、季家港、石江路新金路口、双西路口、西亭驾校、长盛路口、亭李路口、老亭南村路口、西亭路口、环河西路口、跃进桥、跃进路口、周家桥、龙凤桥、龙坝路口、刘园桥、九总渡、三河南路口、骑石路口、思源北横路、石南路口、石南路口北、长港南横路、长港北横路、渔湾居、广慧寺、石港车站、石港镇十字路口、石港人民医院、石港派出所、石港公交回车场

282 通州客运站—石港客运站

起点首末班 5:40—19:40

终点首末班 5:30—19:40

间隔时间 12—20分钟

通州客运站、建设银行、中国电信、新金路朝阳路口、翠园路人民路口、翠园北路口、安康小区、通州中学路口、育才花苑、四总港桥、六总桥北、桂木桥中心路口、桂木桥、桂木桥北、同乐路口、八总桥村、八总洋桥、十四总路口、通沙路口、骑岸镇敬老院、花园路口、骑岸闸桥、兴业路口、南六总路口、八总铺子、十总路、通雁路口、北三总路口、五总十字街、五总供电所、五总西、渡船口、新港坝路口、东场村、东场北路口、石东南路口、石新路口、石港派出所、石港人民医院、石港镇十字路口、石港客运站

283 通州客运站—渡海亭村

起点首末班 6:20—18:20

终点首末班 6:00—18:00

间隔时间 50—60分钟

通州客运站、建设银行、中国电信、新金路朝阳路口、翠园路人民路口、翠园北路口、安康小区、党校、金沙汽修厂、金中、十八总、金北二桥、斜中桥、同乐、桂木桥村、同乐路口、八总桥村、八总洋桥、十四总路口、通沙路口、骑岸镇敬老院、花园路口、骑岸闸桥、兴业路口、南六总路口、八总铺子、十总路、通雁路口、北三总路口、五总十字街、五总大桥、北六总路口、倒埠、季华厂北路口、塌河边村、渡五路口、渡海亭村

285 通州客运站—西亭中学

起点首末班 5:35—17:35

终点首末班 6:20—18:20

间隔时间 30—60分钟

通州客运站、通州客运站、通掘路交通路口、通州北站、通州中学路口、育才花苑、四总港桥、六总桥北、桂木桥中心路口、桂木桥、桂木桥北、九总北路口、同乐路口、八总桥村、八总洋桥、八总桥人行桥、团跃河路口、通缆桥、亭东大道路口、西亭民营经济区、西亭脆饼厂、西亭职教中心、西亭镇、西亭镇政府、海平路石江路西、亭西村、西亭中学路口、西亭中学

286 胜利桥公交回车场—西亭中学

起点首末班 6:00—17:00

终点首末班 7:00—18:00

胜利桥公交回车场发班时间:6:00、8:30、11:30、14:30、17:00

西亭中学发班时间:7:00、9:30、12:30、15:30、18:00

胜利桥公交回车场、锦绣江南小区、金南桥、师范桥小区、金和小区、新通掘路新金路口(张家港农商银行)、新通掘路人民路口、新通掘路北一环路口、新通掘路北二环路口、光和村、光和村中心路、唐洪加油站、杨港居、唐洪路口、德贤公寓、唐洪农贸市场、十总路政中队、庆丰加油站、十总竖河桥、协心东路口、华芦村三和社区、三和生态园、张沙路口、雁港路口、张西村中心路、建设东路口、建设路口、望江河桥、福中路口、八总洋桥、八总桥人行桥、团跃河路口、通缆桥、亭东大道路口、西亭民营经济区、西亭脆饼厂、西亭职教中心、西亭镇、西亭镇政府、海平路石江路西、亭西村、西亭中学路口、西亭中学

288 平潮客运站—金霞北苑

起点首末班 6:45—12:15

终点首末班 10:00—17:30

平潮客运站发车时间:6:45、12:15

金霞北苑发车时间:10:00、17:30

平潮客运站、中行路口、平潮剧场、通州八院、宜和花苑、凯迪大道、十字渠、薛平路口、平东镇派出所、平东镇政府、平东转盘、钱家庄、尧盛路口、新生竖河桥东、谢家桥、赵甸路口、金桥南路口、朱季港、刘桥国家粮库、刘桥大桥北、刘桥车站、刘桥中学、刘桥东、段家桥、向阳路口、蒋一村、江海河、沈店路口、陈龙港桥东、花市街村中心路、花市街、花市街东、陆家桥西、陆家桥东、石西、石港工业园、阳光花园、广慧寺、渔湾居、长港北横路,、长港南横路、石南路口北,石南路口、思源北横路、骑石路口、三河南路口、九总渡、刘园桥、龙坝路口、龙凤桥、周家桥、跃进路口、跃进桥、环河西路口、西亭路口、老亭南村路口,亭李路口、长盛路口、西亭驾校、双西路口、石江路新金路口,季家港,新金路青岛路口,新金大桥西、通州客运站、胜利桥、、银河桥、江海明珠、保险公司、锦绣花苑、金霞北苑

289　**通州客运站—石港公交回车场**

起点首末班　6:15—18:30

终点首末班　6:00—18:00

间隔时间　30—60 分钟

通州客运站、建设银行、中国电信、新金路朝阳路口、金苑公寓、新通掘路人民路口、新通掘路北一环路口、新通掘路北二环路口、光和村、光和村中心路、唐洪加油站、杨港居、唐洪路口、德贤公寓、唐洪农贸市场、十总路政中队、庆丰加油站、庆丰路口、龙富桥、蛇场、施家店桥、十总派出所、十总、十总街、十总幼儿园、于家坝中心路、汤坝中心路、中心桥、雁港路、盛桥路口、骑北村、为民桥、骑岸闸桥、兴业路口、腾飞路口、岸西桥、昌东路口、季庄村委会、庄阳路口、马道中心路口、新农路东路口、骑石路口、思源北横路、石南路口、石南路口北、长港南横路、长港北横路、渔湾居、集贸市场、石港小学、石港派出所、石港人民医院

291　**石港公交回车场—平潮客运站**

起点首末班　5:25—19:30

终点首末班　5:40—19:30

间隔时间　15—20 分钟

石港人民医院、石港镇十字路口、石港车站、五平路石江路口、阳光花园、石港工业园、石西、陆家桥东、陆家桥西、花市街东、花市街、花市街村中心路、陈龙港桥东、沈店路口、江海河、蒋一村、向阳路口、段家桥、刘桥东、刘桥中学、刘桥车站、刘桥大桥北、刘桥国家粮库、朱季港、金桥南路口、赵甸路口、谢家桥、新生竖河桥东、新生竖河桥西、尧盛路口、钱家庄、平东转盘、平东镇政府、平东镇派出所、薛平路口、十字渠、凯迪大道、宜和花苑、通州八院、平潮剧场、中行路口、平潮客运站

322　**二甲客运站—坨墩村**

起点首末班　6:20—17:10

终点首末班　7:10—18:00

二甲客运站发班时间:6:20、8:10、9:50、13:00、15:00、17:10

坨墩村发班时间:7:10、9:00、10:40、14:00、16:00、18:00

二甲客运站、创业路口、理治小学、幸福桥、余西中心路口、路中村三十组、宝云山村部、宝云山村三十九组、宝云山村三十三组、宝云山村二十七组、宝云山村二十五组、宝云山村五组、路中村二十六组、路中村四十二组、余西堆场、余北大桥南、余北大桥、斜河村、余北居委会、余北小学、花板桥路口、坨墩村村部

331　**三余公交回车场—东余**

起点首末班　5:10—19:10

终点首末班　5:50—19:45

间隔时间　30—40 分钟

三余公交回车场、三余农贸市场、三余中学路口、红星村、前进村、桁门桥、海晏、海晏医院、道班房、中心桥、老闸口、警战村、东余镇桥、东余

332　**三余公交回车场—环本**

起点首末班　5:30—19:00

终点首末班　5:55—19:30

间隔时间　30—40 分钟

三余公交回车场、斗争大队、牛车桥、巫家店桥、恒兴桥、恒兴镇、新胜桥、育才桥、新闸、环本

333　**三余公交回车场—海丰**

起点首末班　5:25—19:00

终点首末班　6:05—19:35

间隔时间　30—40 分钟

三余公交回车场、三余农贸市场、三余中学路口、红星村、前进村、桁门桥、海晏、海晏医院、道班房、中心桥、四牌头、校西桥、五七干校、海丰

335　**三余公交回车场—滨海园区**

起点首末班　6:00—17:30

终点首末班　6:40—18:00

间隔时间　约 90 分钟

三余公交回车场、环镇东路口、红专村十组、红进路口、周家园路口、前进路口、海晏中心路口、海晏路口、海晏村十八组、红东路口、东海村六组、中心桥路口、五三村二组、晋余中心路口、晋余村十一组、进海村七组、平海大道海防路口、海防路珠江路口、北航软件、通州湾商务中心、团结闸、滨海大道扶海路口、滨海大道银海路口、通州湾商务大厦

336　**三余公交回车场—东风桥**

起点首末班　6:00—18:00

终点首末班　6:20—18:20

间隔时间　60—90 分钟

三余公交回车场、三余外环路、镇西中心路、广运村、大兴村、王家店路口、齐乐村、三条桥、北兴居、新华村、小闸口、安平村路口、东风桥

339　**东社—忠义小学路口**

起点首末班　6:40—17:20

终点首末班　7:20—18:00

东社发班时间:6:40、8:00、9:20、10:40、13:20、14:40、16:00、17:20

忠义小学路口发班时间:7:20、8:40、10:00、11:20、14:00、15:20、16:40、18:00

东社、东社大会堂、忠孝园路口、潘家桥、忠孝文化园、河东村 6 组、河东村 7 组、河东村中心路口、河东村 25 组、苴西村一组、苴西村七组、忠义大桥、忠义小学路口

351　**东源科技园—五甲镇**

起点首末班　6:40—17:00

终点首末班　7:30—17:45

东源科技园发班时间:6:40、8:20、10:00、13:30、15:20、17:00

五甲镇发班时间:7:30、9:10、10:50、14:30、16:10、17:45

通如桥、双墩村、东源科技园、十总路口、十总镇政府、十总幼儿园、于家坝中心路、于家坝六总路口、于家坝村、于家坝三十七组、施西路口、蛇场、龙富桥、庆丰路口、滥港桥村十一组、圩岸桥、港平桥、庆丰小学、庆丰敬老院、友谊桥、兴隆灶村五十九组、兴隆灶村、庆丰横河桥、兴隆灶村二十组、八甲路口、七甲桥、五甲镇

363　通州客运站—海平路石江路西

起点首末班　6:00—17:20

终点首末班　6:40—18:00

通州客运站发班时间:6:20、7:50、9:35、14:35、15:50、17:20

海平路石江路西发班时间:7:10、8:40、10:20、15:20、16:40、18:10

通州客运站、通州客运站、通掘路交通路口、通州北站、通州中学路口、育才花苑、四总港桥、六总桥北、桂木桥中心路口、九总路口、李庄二总路口、李庄村、六总路口、通揽桥、亭东大道路口、西亭民营经济区、西亭脆饼厂、西亭职教中心、西亭镇、西亭镇政府、海平路石江路西

371　志浩客运站—南兴客运站

起点首末班　6:30—17:00

终点首末班　7:10—17:40

志浩客运站发班时间:6:50、8:30、10:00、14:00、15:30、17:00

南兴客运站发班时间:7:30、9:10、10:40、14:40、16:10、17:40

志浩客运站、家纺城南站、志南工业园、家纺城小学、川北工业园、川叠路玄同路口、居委会北路口、川港、镇南路口、川南中路口、川南村九组、川南村委会、丰盛东路口、宝通北路口、苏通公路S336路口、培德路口、通海中路口、南兴轮窑桥北、南兴轮窑桥、三村北二路口、通海村、南兴医院、南兴客运站

382　石港公交回车场—新联客运站

起点首末班　5:50—17:50

终点首末班　6:30—18:25

石港公交回车场发班时间:5:50、6:40、7:20、8:00、9:00、10:00、11:00、12:30、14:00、14:50、15:45、16:25、17:15、17:50

新联客运站发班时间:6:30、7:20、8:00、8:40、9:40、10:40、11:40、13:10、14:40、15:30、16:25、17:10、17:55、18:25

石港人民医院、石港镇十字路口、石港车站、五平路石江路口、阳光花园、石港工业园、石西、陆家桥东、港北路口、志田村九组、致富路口、志田校北路口、志新西路口、洋港桥、金庄桥、金庄南路口、五窑十字路口、金庄育才路口、四港东路口、四港南路口、四港中路口、四港西路口、江海东路口、砖瓦厂路口、栾甸路口、转水墩、极孝路口、极米路口、新联农校、新联客运站

385　石港公交回车场—北渡村

起点首末班　6:00—17:30

终点首末班　6:30—18:00

石港公交回车场发班时间:6:00、7:00、9:00、10:30、13:00、15:00、16:30、17:30

北渡村发班时间:6:30、7:30、9:30、11:00、13:30、15:30、17:00、18:00

石港人民医院、石港镇十字路口、石港中学、集贸市场、渔湾居、广慧寺、石江公路海五路口、睹史院村、志石路口、石江公路北延桥、石江公路北、陈窑北路口、石新路口、戴湾中心路口、钻港西路口、钻港东路口、通如西路口、通如中路口、跃进河桥、北渡村

386　平东转盘—甸北村村部

起点首末班　7:00—17:00

终点首末班　7:40—17:40

平东转盘发车时间:7:00、8:30、10:00、14:00、15:30、17:00

甸北村村部发车时间:7:40、9:10、10:40、14:40、16:10、17:40

平东转盘、平东镇政府、平东镇派出所、龙门东苑、204国道薛平路口、平东大道204国道路口、张大圩路平东大道路口、徐田界河桥、周家坝南路口、周家坝横河桥、太平南路口、金平路薛平路口、铁路涵洞东、周金桥、镇北环路德才路口、金观堂、陆桥中心路口、赵甸居23组路口、赵甸、赵甸农贸市场北、沙行坝、三八路口、甸北村村部

387　万愿楼村村部—刘桥车站

起点首末班　7:00—17:00

终点首末班　7:40—17:40

万愿楼村村部发车时间:7:00、8:30、10:00、14:00、15:30、17:00

刘桥车站发车时间:7:40、9:10、10:40、14:40、16:10、17:40

万愿楼村村部、英雄北、英雄南、野家渡、西南横路玉龙路口、新中高架桥东、新中村村部、新中校桥、羌渡路西南横路口、羌渡桥、新中三十组路口、时三官殿、慎修中心路口、博士路口、闸桥村二组、王东桥南路口、王东桥、王东桥中心路口、刘桥派出所、刘桥车站

391　平潮客运站—华沙大桥北

起点首末班　6:00—18:10

终点首末班　6:30—18:40

平潮客运站至华沙大桥北发车时间:6:00、7:00、10:00、15:30、18:10

平潮客运站至恒力集团(不经过“鲁桥小区路口、华沙大桥北”站点)发车时间:8:00、13:50、16:30

华沙大桥北至平潮客运站发车时间:6:30、7:30、10:30、16:00、18:40

恒力集团至平潮客运站(不经过“鲁桥小区路口、华沙大桥北”站点)发车时间:9:00、14:40、17:20

平潮客运站、平潮地税分局、刘坝中心路、三闸、高架桥东、高架桥西、单八圩桥、五接大桥、五接镇、中心桥、光明路口、新村二河西路口、馨源路口、馨源路沿江路口、鲁桥小区路口、华沙大桥北

395　平潮客运站—弥勒禅寺

起点首末班　7:00—17:00

终点首末班　7:40—17:40

平潮客运站发车时间:7:00、8:30、10:00、14:00、15:30、17:00

弥勒禅寺发车时间:7:40、9:10、10:40、14:40、16:10、17:40

平潮客运站、通西路口、水岸花都小区、华源路口、李家桥、花坝中心路口、丝坝路口、新204国道路口、四十里村村部、移民东路口、牡丹南路口、牡丹北路口、三港南路口、三港中心路口、三港成山路口、任口汽车站、任口大桥、甸西桥、赵甸西、庙中心路口、方池庙路口、弥勒禅寺东、弥勒禅寺

396　长岸村村部—米三桥村村部

起点首末班　7:00—17:00

终点首末班　7:40—17:40

长岸村村部发车时间:7:00、8:30、10:00、14:00、15:30、17:00

米三桥村村部发车时间:7:40、9:10、10:40、14:40、16:10、17:40

长岸村村部、基地路口、文革桥西、韩东路口、高架辅道路口、新联镇区路口、新联十字街、新联客运站、沁园桥、尹家园中心桥、文渡中路西路口、文居路口、秦家路口、文渡中路东路口、文港北路口、米东路口、米三桥村村部

398　团圆村村部—沿江路口

起点首末班　7:00—17:00

终点首末班　7:40—17:40

团圆村村部发车时间:7:00、8:30、10:00、14:00、15:30、17:00

沿江路口发车时间:7:40、9:10、10:40、14:40、16:10、17:40

团圆村村部、团四路路口、平潮客运站、正新北路口、正新路育才路口、远邦农贸市场、平潮中学、电瓷厂、云台山、平南卫生院、赵坊东路口、赵坊村村部、新捕河东路口、油三圩路口、杨四圩路口、柴五圩路口、桃李路口、李港邮政、沿江路口

60　通州中学路口—五一路公交停车场

起点首末班　5:30—22:30

终点首末班　5:30—22:30

间隔时间　5:50—19:30 班次间隔10分钟

19:30—22:30 班次间隔15—20分钟

通州中学路口、翰学苑、通掘路交通路口、通州客运站、胜利桥、银河桥(银河路)、江海明珠、通州邮政、通州行政中心、江海皇都小区、金色城品小区、国盛义乌城、世纪大桥、金西路口、金通公路青岛路口、金通公路石江路口、鑫盛纺织、正场、江华机械、花家渡、花拖路口、圩亭河桥、孙李桥东村、综艺集团、兴东机场路口、兴仁高速路口、威明机械、兴仁路口、虹波机械、江海大道富兴路西、通富大桥南、通富路钟秀路口、项家桥、通富路新胜路口、通富路人民路口、人民东路世伦路东、东晖花园、麦德龙、校西公交停车场、东景国际西、五一路公交停车场

80　胜利桥公交回车场—五一路公交停车场

起点首末班　5:50—20:00

终点首末班　6:00—20:00

间隔时间　5—12分钟

胜利桥公交回车场、胜利桥、银河桥(银河路)、江海明珠、通州邮政、通州行政中心、江海皇都小区、金色城品小区、国盛义乌城、世纪大桥南、锦绣路金山路口、锦绣路希望路口、新江海河桥西、二大道石江路口、正通路东段路口、正场路口、正通路西路口、富民东路口、神州玻璃东路口、利民北二号路口、利民北一号路口、高架桥东、高架桥西、铁路桥东、钟秀路东快速路口、钟秀路太平路口、钟秀路胜利路口、钟秀路通富路西、钟秀路世伦路口、钟秀路园林路口、南亚塑胶北、通京大道钟秀路南、通京大道人民路北、校西公交停车场、东景国际西、五一路公交停车场

100　胜利桥公交回车场—客运东站

起点首末班　6:00—20:00

终点首末班　6:00—20:00

间隔时间　20—30分钟

胜利桥公交回车场、胜利桥、银河桥、通掘路碧华路口、通掘路朝霞路口、通掘路杏园路口、通掘路金桥路口、书香华府小区、金西大桥、圣果葡萄酒业、通州大桥南、五圣殿、五圣桥、复兴村、复兴村十八组、复兴桥、223线吕通路口、姜灶路口、朝东圩村、兴旺桥、永安村、周圩新村、周三北路口、先锋幼儿园、先锋青年东路、城市名人府邸、英伦上院、品尚集团、财通科技园、十六里墩新村、金地国际、青年路太平路西、国际生活广场、车管所、客运东站、世伦路青年路北、客运东站

以上信息仅供参考,如有变化,以区交通运输局网站公告为准。

索　　引

说　　明

一、本索引采用主题分析法编制，按汉语拼音顺序排列，同音字按声调排列，音调相同按笔画排列，音调形相同则按下一字的音序排列。

二、大事记、附录未作索引。

三、本索引标引词一般采用中心词（关键词）或简称，区直机关、企事业单位和社会团体名称前一般不冠以“通州区”、“通州”、“区”字样。栏目（篇目）、分目标题用黑体字标示，表格均注明“（表）”。

四、索引词后的数字表示内容所在页码，数字后的字母 a、b 分别表示左栏、右栏。

五、本索引编有附见系统和参见系统，附见款目在主款目下行空 2 个字排列；标引词后除第一个页码外，其它均为参见页码，部分款目在索引中重复出现。

A

B

C

D

E

F

G

H

J

R

S

T

W

X

Y

南通市通州区城建监察大队

NAN TONG SHI TONG ZHOU QU CHENG JIAN JIAN CHA DA DUI

南通市通州区城建监察大队成立于 1995 年 4 月，隶属于区住房和城乡建设局。现有在编人员 23 人。主要职责是：依法实施对全区范围内工程建设、城市市政公用事业、城市房地产等的监察；在受委托的监察范围内，以委托行政机关的名义实施行政处罚；对各建制镇城建监察工作进行业务指导；完成行政主管部门交办的其它工作。

近年来，大队围绕全力打造“民生住建、效率住建、质量住建、有为住建、廉洁住建”总目标，凝心聚力、团结拼搏，开拓创新、锐意进取，依法行政、文明执法，敬业爱岗、尽责履职，在队伍建设和行政管理中取得喜人成绩，先后获全省建设系统行政执法监察先进集体、全省建设系统行政执法队伍规范化建设三星级单位、江苏省建设系统工人先锋号、省建设系统先进基层工会，南通市首批文明诚信窗口、市城建监察先进集体、市廉政文化示范点，通州区五星级党建示范点、区文明单位、区先进职工之家等荣誉。

2014 年，在城区和社区开展法律法规和安全知识宣传咨询活动 5 次；执法检查 95 次；受理上级交办及群众来访、来电、来信 307 起，办结率 100%；实施行政处罚 38 起，未发生行政复议或诉讼；办案质量和行政权力网上运行处于良好状态。同时，参与各类为民服务、小区环境整治和向社区困难群众、重残居民献爱心 200 多人次。持续开展与贫困军烈属、困难职工家庭结对帮扶，与住建局老干部支部和城区幼儿园开展结对共建活动。

务实进取的大队领导班子

区住建局领导到大队调研指导

学雷锋志愿服务活动

“道德讲堂”教育

参观区党风廉政教育基地

江苏通州四建集团有限公司

董事长：邵海荣

江苏通州四建集团有限公司，系国家房屋建筑工程施工总承包一级资质企业，具有机电设备安装专业承包一级、市政工程施工总承包二级、公路工程施工总承包二级、铁路工程施工总承包三级、水利水电工程施工总承包三级等资质，拥有对外承包工程资格，通过质量、环境和职业健康安全管理体系认证；企业现有资产总额11.55亿元，净资产8.89亿元，其中注册资本金2.37亿元，企业年总产值近70亿元；拥有各类技术经济职称人员850余人，其中高、中级职称480余人；公司现有11个驻外分公司及8家控股子公司和1家境外独资建筑公司，已形成以建筑施工为主体，集房地产开发、市政、公路、铁路、水利水电、桥梁、隧道、航道、机电设备安装、建筑装饰、建筑幕墙、消防设施施工、电气进网承装作业、境外工程承包及建材销售、设备租赁、宾馆服务等为一体的综合型施工企业，为江苏省建筑业综合实力百强企业。先后获全国"守合同重信用"单位、创鲁班奖工程特别荣誉企业、全国建筑业先进企业、全国优秀施工企业、中国建筑业成长性百强企业、全国用户满意施工企业、全国工程质量管理先进企业、全国工程建设质量管理优秀企业、全国建筑业安全生产先进集体、江苏省建筑业最佳企业、江苏省信用管理示范建筑业企业等，赢得社会各界的广泛赞誉，取得良好的经济效益和社会效益。

地址：江苏省南通市通州区石港镇米市桥西路8号　　邮编：226351
电话：0513-82591151　82591450（传真）
网址：http://www.tzsj.com.cn　　E-mail:tzsj003@tzsj.com.cn

国泰国际贸易中心

工程概况：国泰国际贸易中心位于苏州市工业园区星湖街与钟园路交接路口，总高度99.5米，框架结构，总建筑面积57020平方米，其中地下15314平方米。

北京庞各庄住宅小区

工程概况：北京庞各庄四号地块住宅工程位于大兴区庞各庄，框架结构，建筑面积92648平方米。造价15900万元。

南通新华建筑集团有限公司

Nantong Xinhua Construction Group Co., Ltd

党委书记、董事长：易杰祥

联创科技大厦工程地处南京市鼓楼区国际服务外包产业园，位于清河路中段东侧，是由A、B楼组成的现代化商务办公楼。大楼造型优美挺拔，理性的形体有力而简洁，主楼外立面大量采用竖向石材幕墙柱，庄重大方，富有现代建筑的魅力。

工程由南京联创科技集团股份有限公司投资兴建，东南大学建筑设计研究院有限公司设计，南京苏宁建设监理有限公司监理，南通新华建筑集团有限公司主承建施工。建筑面积12万平方米，地上92726平方米，地下27336平方米，框架剪力墙结构，地上A栋24层，B栋22层，地下1层（局部2层），建筑最大高度A栋119.9米、B栋98.2米。

工程于2010年5月18日开工，2013年4月28日竣工验收并交付使用，工程质量与使用功能得到业主和省市各级领导的一致好评，业主单位“非常满意”，先后荣获“江苏省建筑施工文明工地“ “江苏省钢结构优质工程奖”、江苏省“扬子杯”奖。“江苏省建筑业新技术应用示范工程”，科技整体应用水平 “国内领先”，创2项国家专利，1项国家级QC成果奖。

南通英雄建设集团有限公司

南通英雄建设集团有限公司成立于1959年，系房屋建筑工程施工总承包壹级、市政公用工程施工总承包贰级、铁路工程施工总承包叁级、公路工程施工总承包叁级、水利水电工程施工总承包叁级、机电设备安装工程专业承包贰级、建筑装饰装修专业承包贰级、起重设备安装工程专业承包贰级，航道工程专业承包贰级，消防设施工程、钢结构工程和园林绿化工程专业承包叁级资质企业，已通过ISO9001：2008质量管理体系、GB/T28001-2011职业健康安全管理体系、ISO14001：2004环境管理体系认证。

参与建立南通首个建筑业基金——南通鲁班产业基金

公司注册资金3.06亿元，现有职工1万多人，拥有各类技术经济职称人员400人（其中高、中级职称138人），资产总额8.71亿元，固定资产原值2.30亿元，主要机械设备490台（套）。有4个控股子公司，下设15个土建分公司、3个专业分公司。施工队伍主要分布在宁夏银川，内蒙古呼和浩特、鄂尔多斯，黑龙江哈尔滨、大庆、佳木斯，吉林长春、松原、白山，辽宁沈阳，河北石家庄，江苏南京、苏州、徐州、连云港、宿迁、盐城、镇江、南通，海南海口等地。先后多次赴科威特、俄罗斯等国施工。2014年承建施工总面积超842万平方米，完成施工总产值73亿元。

公司具有承担高层、大跨度工业及公共建筑、设备安装、装饰装潢、市政等工程的施工能力。公司始终坚持“科学管理，规范施工，不断创新，顾客满意”质量方针，创出一批精品、名牌工程，省、市级优质工程100多项。

公司先后被评为全国重合同守信用企业、中国建筑业成长性百强企业、全国优秀施工企业、中国工程建设行业社会信用AAA级企业、江苏省建筑业竞争力百强企业、最具成长性百强企业、百强企业、最佳企业、优秀企业、安全生产先进单位、思想政治工作先进单位，江苏省AAA级资信企业，省企业文化建设先进单位，南通市民营优秀企业、建筑业优秀企业、建筑业竞争力30强、重合同守信用企业、施工企业质量管理优胜单位、经营开拓先进集体，通州区纳税百强企业、建筑业发展突出奖、优秀总承包施工企业、先进基层党组织、守信用示范企业、文明单位和外经合作大户。

举办“英雄杯”文体活动

南通英雄建设集团开发的吉林岭南美景项目，面积超14万平方米

论文《企业发展的粘合剂与发动机》在市建设系统获论文一等奖

南通英雄建设集团承建的启东威尼斯水城—国际会议中心

江苏通州二建建设工程有限公司

江苏通州二建建设工程有限公司（原江苏通州二建建设工程公司），始创于 1966 年，于 2014 年 4 月 30 日完成企业产权制度改革。公司具备房屋建筑施工总承包一级、市政公用工程总承包二级资质，机电设备安装、建筑装饰装修、消防设施、建筑幕墙专业承包二级资质及钢结构制作安装专业承包三级资质企业。公司现有员工 1 万余人，各类技术人员 800 余人，中、高级职称人员 360 余人，下设 9 个分公司，市场分布于北京、上海、天津、南京、南通、苏州、盐城、淮安、广西等地。2014 年施工面积 280 万平方米，完成施工产值 50 亿元，是建筑之乡“南通铁军”的一支劲旅。

公司一贯奉行“重信守约，质量第一”质量方针，坚持“用户至上，服务一流”经营宗旨，率先通过质量、环境、职业健康三系认证，具有完备的工程质量、安全管理体系。连续多年被评为江苏省“百强企业”、省“建筑业成长性百强企业”“最佳企业”“质量管理优秀企业”“建筑施工安全生产先进单位”；先后荣获“全国先进建筑施工企业”“国家质量管理优秀企业”、国家 AAA 诚信企业，江苏省“全面质量管理银屋”奖，南通市“建筑业成长性三十强企业”，通州区建筑业发展突出贡献奖。

半个世纪以来，先后承建南京随园大厦、南京电信局通信指挥调度楼等一批著名工程，独创“鲁班奖”1 项，获上海白玉兰等省、市优质工程奖和国家、省、市级文明工地等荣誉奖 200 余项。先后与南京大学、东南大学、南京师范大学、南京理工大学、万科集团、五矿集团、苏宁环球集团，南京保障房公司、南京市级机关事务管理局、南京亚东、金鹰国际等全国知名学府、企业、团体合作大体量、高难度、新技术运用的工程项目，所有工程一次交验合格率 100%，标准化现场管理达标率 100%。

以优质、高效而著称的江苏通州二建，正以崭新的行业风貌，强烈的科学管理意识，以“当下师为无上师，敬畏英雄才能成为英雄”的学习理念，以“适者生存不是强者淘汰弱者，将来就是弱者淘汰强者”的生存理念，以严守客户价值、用爱做服务的服务理念，以诚信经营的服务理念，以狼性思维、狼道精神来搏击竞争激烈的市场大潮。热切期望与各界携手合作，本着互利共赢宗旨，共创美好明天。

1

2

3

1 南京市城市照明设施应急抢险及节能服务中心
2 南京质量安全技术中心
3 新办公大楼：润和大厦
4 盐城内港湖A1地块奥莱城项目
5 盐城内港湖B1地块综合商业发展项目
6 五矿·九玺台花园

4

5

6

董事长：曹　军

南通永安建设工程有限公司地处建筑之乡——南通。公司成立于1968年5月，经历40余年发展，逐渐成为一家以土建为依托，集房屋建筑、市政公用、装修装饰、金属门窗于一体的综合性企业。公司实力雄厚，前景无限，注册资本1.16亿元，拥有净资产2.47亿元。员工1000余人，其中各类技术和经济职称人员315人，高级工程师13人，工程师70人，高级经济师1人，高级会计师1人，壹级注册建筑师17人，贰级注册建筑师13人。获国家房屋建筑工程施工总承包壹级资质。

公司始终坚持“完美建筑　奉献社会”企业宗旨，奉行“开拓创新，追求卓越”企业精神，秉承“以人为本、已质建业、以新求远、以诚立信”经营理念。多年来战果丰硕，城建工程始终保持100%一次性交验合格率，施工足迹遍布江苏、山东、河南、内蒙古、宁夏、上海等地，由此获得省，市诸多殊荣，被评为江苏省AAA级信用企业。

公司将在团结有力的领导班子带领下，以良好的信誉和雄厚的实力为城市建设服务，造福人民。一如既往的坚持诚信经营和质量创优原则，不懈努力，为客户提供更优秀的服务，使企业跻身于建筑工程市场的强者之林。

南通永安建设工程有限公司

南通好的防腐装备有限公司

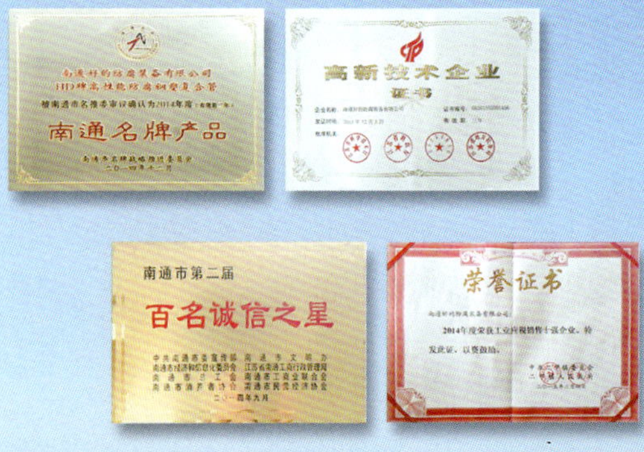

南通好的防腐装备有限公司是一家专业生产钢衬塑管道及管件企业，座落于通州区二甲工业集中区，占地1.73公顷。2013年，被评为江苏省高新企业。2014年，被评为南通市“百诚信之星企业”，产品被评为南通市名牌产品。在行业中，该公司是中国工业防腐蚀技术协会常务理事单位，常年从事各种钢衬塑系列产品生产，制造与销售，先后为秦山、福清、方家山和广东台山核电及中国石化集团、核工业集团、化工集团、盐湖集团、神华集团、天辰工程公司提供长年产品配套服务，获得上述企业集团合格供应商资格。

南通市通州水利建设工程有限公司

NAN TONG SHI TONG ZHOU SHUI LI JIAN SHE GONG CHENG YOU XIAN GONG SI

董事长：秦志明

建设工地

东灶港闸

通衢远道征程迈，
州舞银蛇旌旗展；
水起风生倥偬间，
建功立业图百年。

公司具有水利水电施工、市政工程和房屋建筑工程三个总承包资质。先后获市、区颁发的工程安全质量奖多项，在水利、市政和园区系统享有良好信誉。现有职工 162 人，其中高级工程师 10 人，中级职称人员 53 人；有项目经理 18 人，其中一级建造师 2 人，二级建造师 16 人。企业注册资本 2000 万元，年创产值 1 亿多元。

公司自成立以来，工作指导思想是："为服务通州地方经济发展，为实现通州水利现代化，打造一支水利建设工程的铁军，为改善通州经济建设环境提供水利支撑和保障。"同时，还明确"立足通州，拓展市场，扩展经营，以民生工程为主要经营方向，着力构建水资源、水环境、水安全、水文化，四位一体的发展格局，为公司的超跨跃式发展奠定坚实基础"的经营思路。

公司一直致力于河道整治、农田水利和沿海开发项目，先后完成数十项中型工程项目施工任务，主要有界港河整治工程、永兴河整治工程、小李港闸下游口门整治工程、南通滨海园区团结河（启动段）景观带一驳岸及木栈桥等工程、团结老闸改造工程、遥望港闸除险加固工程、四安镇灌区改造工程、2011 年中央财政农田水利重点县工程等。

作为通州区唯一的主营水利建设的专业公司，他们不仅有一支专业精干的施工队伍，还成立了一支防汛抗旱抢险专业施工队，每年夏秋两季台风肆虐，只要有台风警报，公司随时听候区政府指挥，组织抢险队 24 小时轮流值班，人员集中待命，设备装车待发，险情命令一到，在第一时间赶赴最艰险的现场，战斗在保护人民的生命财产第一线。

南通海星电子股份有限公司

董事长：严季新

南通海星电子股份有限公司是一家以储能材料（电极箔）为龙头产品，集材料、自动化生产线及相关产品研发、制造、销售于一体的高科技企业集团。公司成立于1998年，注册资本1.56亿元，为国家重点火炬计划高新技术企业，人均销售超100万元、人均利税超10万元，连续多年入选“中国电子元件百强企业”，自主品牌“海星”已发展成为中国电极箔第一品牌，综合实力在国内首屈一指。

公司建有江苏省电子元件功能材料与装备工程技术中心、国家级博士后科研工作站，同时与多家高等院校、科研院所建立了深入的产学研合作关系。长期以来，承担了国家、省、市等各级科研项目数十项，全部圆满完成。

公司将坚持“专业化、规模化”发展战略，响应国家发展民营经济的号召，努力进行技术创新、市场创新和管理创新，借助募投上市，进一步做大做强，全力塑造核心竞争力，为实现公司迈入世界同行前三位而奋斗！

产品

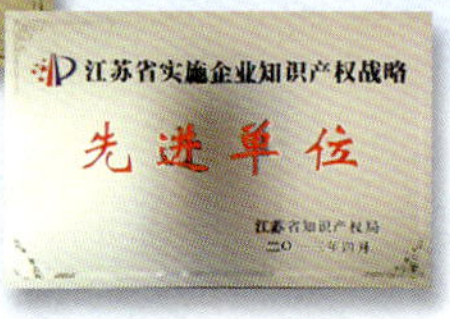

工程中心

总部大楼

GOLDSUN
金太阳
www.goldsun.cn
领先设计 迅捷服务
金太阳旗下品牌面料：
ROBEL™ 柔倍尔 II代
柔暖升级 舒适加倍
Bestpure™
碧丝纯
全面开启纯净睡眠时代
TENCEL®
极爽 天丝®
极致滑爽的天丝® 面料
艾乐舒Alasu™
柔肤 舒展 潮流尚选
WIFRO™ 微芙绒
绒暖心弛 无"微"不至
WICER™ 维斯尔
超越，我"型"
江苏金太阳纺织科技有限公司
www.goldsun.cn
0513-86341888 86349119

江苏康非特动力科技有限公司

Jiangsu Comfity Power Technology Co.,Ltd

(原南通精华模具塑料有限公司)

江苏康非特动力科技有限公司创建于1997年,占地面积4万平方米。主要以生产健身器械与精尖日常生活用品为主的高新技术企业,其产品广泛配套于家电、电子、通讯风电配件等诸多领域。

公司技术、管理、生产人才齐备,现有员工180余人。公司拥有德国DMG加工中心、海克斯康三坐标测量仪、焊接机器人等,拥有30多台各种精密模具加工设备;从42T-650T36台各型号的电脑数控精密注塑机,全自动五轴UV喷涂线及全自动静电喷粉线、五金冲压焊接车间、产品组装全自动流水线到丝网印、移印等先进高效的生产设备,综合精湛的制造技术,大大提高了产品的质量和生产速度。

公司设立独立的质量检测中心,配置高精度三坐标测量仪等激光、光投检测设备,全面负责产品质量检验和质量保证。同时,公司也顺利通过ISO9001国际质量管理体系认证和14001国际环境管理体系及国际BUREAUVERITAS(简称BV)认证。目前,公司拥有专利22项,连续多年获得"南通市名牌企业";2013年公司荣获"高新技术企业"证书。

公司不断进行技术创新、管理创新,使企业迅猛发展,综合实力不断增强。深受广大客户青睐,享誉海内外。康非特以较高的市场占有率稳居行业前列,成为同行业中极具口碑效应的品牌之一,康非特品牌正在打造一片属于自己的行业新天。

模具车间

注塑车间

地址:南通市通州区骑岸镇骑石路骑石桥东200米
联系人:蒋建华
电话:0513-82567380 13606280486
传真:0513-86278228
E-mail:ntjhms@163.com
网址:www.comfity.com.cn
www.jinghuamuju.com

仓库

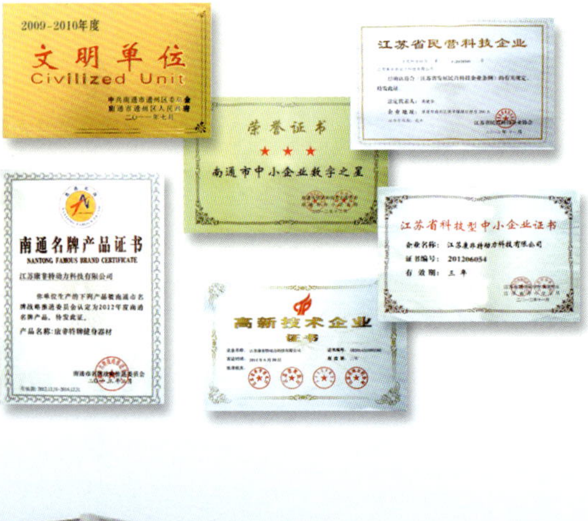

三坐标测量仪

南通新华钢结构工程有限公司

南通新华钢结构工程有限公司系南通新华建筑集团的控股子公司，位于南通高新技术产业开发区。注册资本8000万元，资产总值1.20亿元。具有钢结构工程专业承包一级资质，主要从事大跨度房屋钢结构，高层劲性钢结构、桥梁钢结构、管道、不锈钢制品、各种网架钢结构制作、安装及维护，年制作安装钢构件5万吨。

公司坚持“崇德正行，励志精进”企业理念，弘扬“创新、发展、诚信、协作”企业精神，崇尚“为业主服务、对业主负责”经营宗旨。强化质量、技术和安全管理，建立标准化、系统化、科学化质量管理体系，通过iso9001:2008质量管理体系认证、环境管理体系认证、职业健康安全管理体系认证；致力于技术创新，聘请多名国家及省市钢结构领域的专家、学者作为技术顾问，进行钢结构生产和安装的技术攻关；推进企业安全生产管理，重视施工现场安全文明建设，确保生产安全。

公司承建的综艺光伏薄膜太阳能电池生产综合厂房和交通银行江苏省分行新营业办公大楼等2项工程获“中国钢结构金奖”，南通综艺新材料厂房和江苏电信物资生产厂房等7项工程获“江苏钢结构优质工程奖”（紫金杯）。诚信赢得市场，合作创新未来，我们期盼与您携手，共创辉煌。

1 南京联创
2 宿迁恒力大酒店
3 通州游泳馆
4 海门商务大厦
5 交通银行江苏分行新营业办公楼

1

2

3

4

5

广东鸿图南通压铸有限公司

Guangdong Hongtu (Nantong) Die-casting Co,Ltd.

压铸车间

数控车间

广东鸿图南通压铸有限公司(简称“南通鸿图”)是广东鸿图科技股份有限公司(股票代码002101)的全资子公司,成立于2011年1月19日,注册资金2亿元。

南通鸿图位于南通高新技术产业开发区,东临黄海,南濒长江,与苏州隔江相望,和上海灯火相邀,地理位置得天独厚。公司占地10万平方米,建筑面积5万余平方米,设压铸车间、后加工车间、数控车间、成品车间和科研楼等。

公司主要从事汽车铝合金、镁合金压铸件的研发及生产,拥有280吨-2500吨各类国际先进压铸设备、数控加工中心,以及X光探伤机、三坐标检测仪等配套检测设备,具备年产压铸件4万吨的能力,是华东地区规模最大的铝合金精密压铸专业企业之一。公司主要生产产品:发动机缸盖罩、油底壳、链条盖、齿轮室、变速箱壳体、各类支架等汽车关键零部件,主要供上海通用、北美通用、佩卡、杭州依维柯、奇瑞和海马汽车客户。

公司注重科技创新,积极引进和培养优秀技术人才,联合多位专家组成精锐科研团队,于2013年被认定为国家级高新技术企业。2014年成立“南通市鸿图轻合金精密压铸工程技术研究中心”,组织开展的“高效节能乘用车发动机的油底壳总成技术开发及应用”技术研发项目荣获南通市科技进步三等奖,产品多次获“江苏省重点新产品”“江苏省高新技术产品”称号。

南通鸿图以优质的产品服务诚邀国内外客户共同合作,共铸辉煌。

网址:http://www.ght-china.com/

地址:江苏省南通高新技术产业开发区杏园西路777号

电话:0513-80607611

传真:0513-80607580

下腔体

离合器壳体

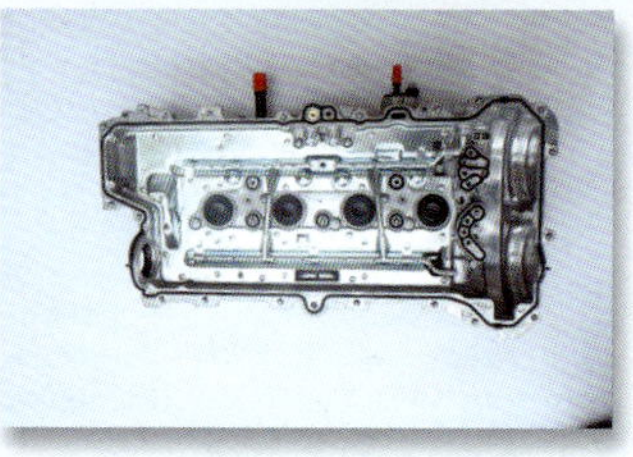

凸轮轴罩盖

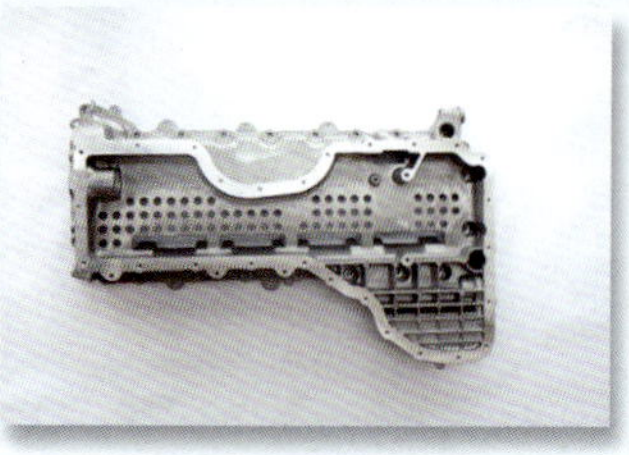

上油底壳

南通银河水泵有限公司

Nantong YinHe Water pump Co.,Ltd.

南通银河水泵有限公司位于南通市通州区十总镇，交通便利。公司前身为南通水泵厂，建于1955年，1998后改制。现有职工126名。公司占地2万平方米，厂房建筑面积8000平方米，具有年产近万台套泵阀能力的专业生产企业。主要产品：混流泵、轴流泵、真空泵、离心泵、污水泵、潜水电泵、排污泵等。

公司技术力量雄厚，计量、理化分析设备先进，检测手段齐全，质量保证体系完备。公司研制的250HWG-7混流泵、400HW-7混流泵样机经原国家机械委检测，各项性能指标均达设计要求，获原国家机械委表彰。1990年，公司7个主要混流泵产品一次性获原机械部颁发的生产许可证，数量为当年全省之最。公司质量监督科经南通市经委考核认证合格。产品质量在省水泵行业质量评比中多次名列前茅，并获得表彰。1999年在江苏省质量技术监督局对全省水泵质量组织突击抽查检测中，该公司生产的水泵各项性能指标全部合格。2000年起，南通市质量技术监督局对该公司水泵产品进行全性能检测获全部合格。2002年产品通过ISO9001：2000质量体系认证。2003年公司正式成为中国农业机械工业协会排灌机械分会会员单位；2004年公司董事长陈志勇参加起草农业机械科学研究院制定的混流泵最新标准，此标准由国家发改委发布为《蜗壳式混流泵执行标准》，2007年获由南通市通州工商行政管理局颁发的《免检企业证书》，2008年获由江苏省产品质量监督局颁发的《江苏免检产品》证书。

产品销往20多个省、市，并出口美国、德国、新加坡、澳大利亚等多个国家和地区。

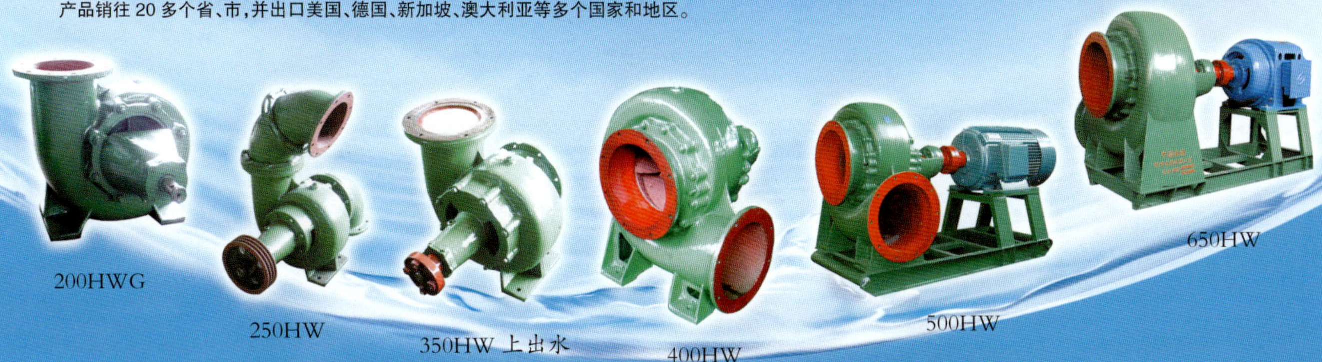

200HWG　250HW　350HW 上出水　400HW　500HW　650HW

中广核中科海维科技发展有限公司

区领导出席中广核签约仪式

中广核中科海维科技发展有限公司自2009年成立以来，先后与南京大学、中国科学院上海应用物理研究所以及中国广核集团确立全面的战略合作关系。

公司以中国广核集团央企资源为后盾，以中国科学院上海应用物理研究所、南京大学为技术依托，主要生产高、中、低能工业电子辐照加速器，为多个行业提供辐照保险、消毒灭菌、材料改性等服务。研制的10MeV电子直线加速器被评为江苏省高新技术产品，其大功率加速器综合性能指标达到同类产品国内外领先水平，其核心部件加速管已实现自主生产，同时成为世界级（光源）大科学装置用加速管的供应商。

秉承"任人唯贤，能者上、庸者下"的用人机制，中广核中科海维积极做好引进人才、培养人才、使用人才方面的工作，不断推进企业转型升级。近两年来，大力引进专业人才，形成了自主研发团队，专家的加盟研究更是提升了企业产品性能，提高了市场竞争力，引领了电子加速器行业潮流。

"加速器技术让人类生活更美好"。公司的发展并不止于此，正在积极开拓医用直线加速器、质子重离子肿瘤治疗装置领域，成为技术领先、更具实力，持续发展的国内一流企业是中广核中科海维坚定不移的目标。

直线加速器

地那米加速器

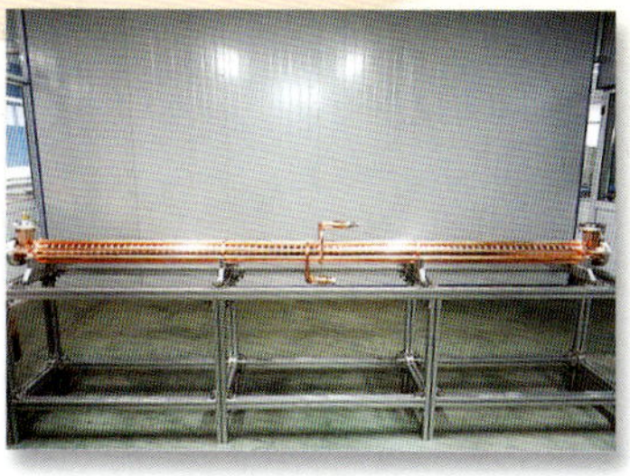

SSRC 加速管

富加宜电子（南通）有限公司
FCI NT LTD

FCI 是一家总部设在新加坡的跨国公司，拥有 7000 万名员工、9 家制造厂和 9 个研发中心。在全球 30 多个国家中用 15 种不同语言开展业务。

FCI 是一家领先的设计商、制造商和供应商，面向广泛的消费和工业应用市场提供创新、优质的电气与电子互连系统。FCI 下设 2 个全面集成的业务公司，管理着它们自己的销售营销的设计与制造活动。

在过去的 15 年中，FCI 品牌因其优质的产品与服务得到了全球的认可。在早期阶段，FCI 收购了几家连接器公司，以此扩展在不同市场和应用领域中的专业技能。

在通讯市场上，久负盛名的产品系列，如 METRAL、MILLIPACS 以及最近推出的 Examax 都在高速背板连接器中采用了 FCI 的先进技术。

在数据与消费电子市场上，应用于夹层板对板连接器与 IC 插座的 FCI BGA 技术得到了广泛的认可，如 MEG-ARRAY 和 GIG-ARRAY 系列。

作为一家领先的连接器制造商和世界级的供应商，FCI 根据自己的价值观与承诺来调整其策略。

富加宜电子（南通）有限公司（FCI Nantong Ltd.）自 1995 年 12 月份成立以来，公司先后通过了 ISO9001:2000，TS16949:2002 和 TL9000H-R3.0/3.5 质量管理体系和 ISO14001:2004 环境管理体系认证。富加宜电子（南通）有限公司在历届领导人的正确决策和英明领导下，在社会各界和当地政府部门的关心和支持下，公司年度销售额、出口创汇额、纳税额等各项经济和社会指标在通州外资企业中均名列前茅。连年被地方政府及其相关部委评为“先进纳税企业”“优秀外资企业”“外商投资双优企业”等，为通州经济的发展和城市繁荣作出了突出贡献。

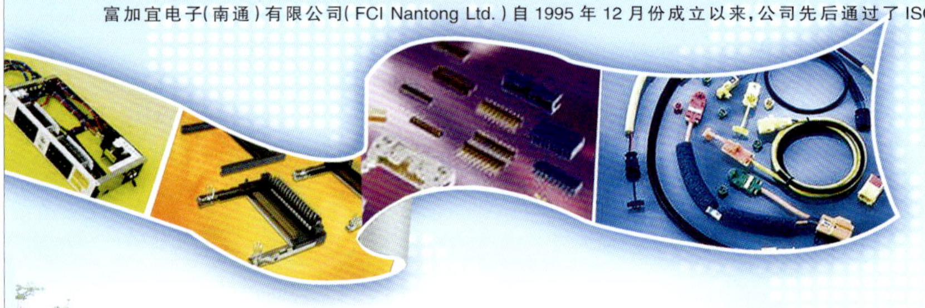

地址：南通市通州开发区青岛路 990 号
电话：0513-80167206
传真：0513-80167233
网址：www.fci.com

海德（南通）混凝土有限公司
HARD HAIDE (NANTONG)CONCTETE CO.,LTD

董事长：黄雁飞

海德（南通）混凝土有限公司位于通州区通吕河北侧的金通工业集中区。是一家建筑施工生产混凝土及预制构件的现代化外商投资企业，总投资 580 万美元，注册资金 300 万美元。占地面积 1.40 万平方米，生产、办公用房约 4000 平方米。

公司主要从事高标号各级别商品砼及预制构件的生产。拥有中、高级工程师、会计师等专业管理人员 17 人，建有独立的产品质量检测室，有保证产品生产、原材料检验及产品质量检验的高级技术管理员 7 人。现有 200 米原材料装卸码头，主机料场 4500 平方米，可存砂、石料 3 万吨，水泥储罐 1600 吨，粉煤灰储罐 600 吨，在特殊情况下能确保 10 天左右的生产物料供应。

公司购置徐州天地重工生产的混凝土搅拌站 HZS120 生产线两座，三一重工 HZS160 生产线一座，日生产混凝土 4000 立方米。配置 37 米汽车泵 2 台，46 米汽车泵 2 台，52 米汽车泵 2 台，汽车车载泵 2 台，9 立方米运输搅拌车 16 辆，14 立方米运输搅拌车 10 辆。年生产能力 80 万立方米砼，完成销售产值约 3 亿元，实现利税 2000 万元，是通州利税百强企业。

公司建立由营销——生产——试验——运输服务的严密组织机构，按照 ISO9002 质量管理体系，努力为广大用户提供便捷、高效、优质的产品服务。海德全体员工将坚持“以人为本、质量第一、服务至上”经营宗旨，科学管理，保证质量，创造良好社会效益，为客户提供真诚满意的服务。

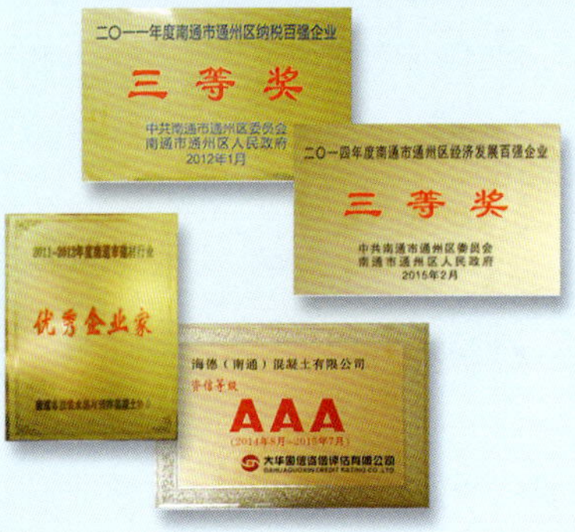

运输车辆

南通拓玉工艺品有限公司

NAN TONG TA YU GONG YI PIN YOU XIAN GONG SI

总经理：王 拓

南通拓玉工艺品有限公司始建于1995年，是一家集木雕、浮雕、家具屏风、礼品的生产、设计、销售、服务于一体的民营企业。公司现有标准厂房6万平方米，职工100余人，其中专业技术人才20多人。

公司专业生产红木家具。拓玉工艺礼品雕刻更是秉承中国木雕之精髓，将雕刻原料的形、材、质运用到了极致。木雕产品和中国历史人物、宗教、民族特色完美结合，文化底蕴深厚。本着拓玉人的经营理念，对每件作品都精雕细琢，使之巧夺天工，体现自然之韵。注重产品质量，使企业的生存和发展得到有力保障，先后获国家、省、市多项荣誉。

该公司始终坚持“以质量为生命，以诚信赢天下”经营理念，锐意拓展市场，并推出大宗高档工艺品分期付款新业务，欢迎国内外新老客户前来洽谈、合作。

地址：南通市通州区银河路

电话：0513-86544218

系列产品

蒙哥马利 montmery 江苏蒙哥马利电梯有限公司

江苏蒙哥马利电梯有限公司源自具有100多年历史的美国蒙哥马利电梯品牌，是一家集设计、制造、销售、安装和维修保养于一身的大型专业电梯生产企业。公司位于交通便利、经济发达的长三角腹地——江苏省南通市。

生产车间

作为国内电梯市场的大型整机生产企业之一，公司组建了一支以博士和硕士为主体的高素质研发团队，借鉴美国蒙哥马利电梯的生产工艺和流程，以一流的技术雄霸中国电梯市场。公司产品涵盖乘客、住宅、无机房、观光、医用、别墅、载货、液压、杂物电梯以及自动扶梯、自动人行道等十余个系列。拥有完善的产品生产线，年生产能力5000台（套）以上，并通过了ISO9001:2008《质量管理体系认证》、GB/T28001-2011《职业健康安全体系认证》、GB/T24001-2004《环境体系认证》，得到中国质量检验协会等多个权威部门认可。公司还获得全国AAA级诚信单位、全国重合同守信誉优秀企业、江苏省质量信誉双十佳企业、江苏省质量放心用户满意诚信单位等多项荣誉证书以及美国亚洲经济贸易合作委员会颁发的推荐证书。

江苏蒙哥马利电梯有限公司将“以科技开拓市场，凭管理增创效益，用服务提升形象”作为企业的经营理念，以“24小时的监护，365天的安全放心”为售后服务宗旨，在中国20多个省300多城市，以及东南亚、蒙古、非洲和欧美等地开拓了自己的营销领地，以较高的市场占有率稳居行业前列，成为同行业中极具口碑效应的电梯品牌之一。蒙哥马利人面向全球电梯市场，正在打造一片属于自己的行业新天。

公司外景

南通恒生投资有限公司

南通恒生投资有限公司于2006年3月注册成立，坐落于通州区金沙街道人民西路188号。公司主营房地产开发、销售，同时经营纺织面料印染、新型外墙保温材料生产销售、电视剧制作发行、电子商务营销、电子触摸屏芯片研发、远程移动医护系统研发生产、纺织服饰加工、农村小额贷款等业务。

公司成立9年来，以房地产开发销售为基础，以资金投资运作为龙头，以创业、创新、创造为企业发展灵魂，以团结、拼搏、爱岗、敬业为企业精神，汇聚了一批优秀人才，初步形成产业多元化、管理集团化格局。

公司投资全资公司及合资和控股公司10余家。近几年来，公司决策运作稳健，经营管理规范，产业结构多元，增长态势良好。目前，年独资及合资房地产开发近20万平方米，产值约13亿元；云花印染年加工坯布8000万平方米；恒晟小额贷款年放贷2.60亿元；新型外墙保温材料年销售1.60万立方米；电视剧《盛女的黄金时代》和《她的一生》正在热播。引进韩剧《继承者们》即将在大陆荧屏开播。全公司年产值规模约20亿元，纳税5000多万元。

公司着眼未来，进军高科技领域。2012年成立江苏美琪威电子科技有限公司和江苏睿博信息科技有限公司，致力于研发、生产、销售当下最尖端的电子触摸屏芯片和移动互联网应用软件——移动医护系统，由此公司迈入新兴电子科技产业行列。美琪威科技和睿博信息科技将成为具有国际领先水平、在国际国内市场具有竞争力的互联网产品设计制作和服务实体。

公司连续4年被通州区政府评为“纳税百强企业”，荣获二等奖。未来发展战略将以房地产开发为龙头，保持开发业务的不间断良性滚动发展；以云花印染等加工制造企业为基本，拓展市场、锻造品牌；以影视产业、农村小额贷款、电子商务、电子触摸屏芯片、远程移动医护系统为经济新增长点，进一步优化、培育成长型企业，力争在3-5年内优选一家成长型企业上市，以高成长、高效率造福员工、回报社会，为国家发展作出贡献。

君光影视

美琪威

美琪威科技

睿博科技

汇金广场

ICBC 中国工商银行股份有限公司南通通州支行

您身边的银行　可信赖的银行

2014 年末，中国工商银行股份有限公司南通通州支行各项存款余额 118.0 亿元，比年初（下同）净增 14.44 亿元。总贷款余额 80.73 亿元，比上年净增 17.73 亿元。实现中间业务收入 1.43 亿元，增长 10.0%。当年账面利润 3.60 亿元，确保国有资产保值、增值。该行坚持“两手抓、两手都要硬”和“精神文明重在建设”的方针，在 2013 获“江苏省文明单位”荣誉的基础上又添新喜，2014 年荣获第四届“全国文明单位”称号。

中国银行股份有限公司南通通州支行

中国银行 BANK OF CHINA

BANK OF CHINA NANTONG TONGZHOU SUB-BRANCH

党支部书记、行长：周国华

分行领导到企业开展信贷资产现场盘存

2014 年，中国银行南通通州支行围绕“争市场、提效能、控风险、强机制、优文化”工作主线，有效提升支行“三力”（市场竞争力、风险控制力、员工凝聚力），全力实现“三大跨步”（市场份额大跨步、经营效益大跨步、服务水平大跨步），争创通州地区最好银行。

是年末，支行本外币各项存款余额 89.49 亿元，本外币各项贷款余额 62.83 亿元，实现中间业务净收入 9654 万元，拨备前利润 2.54 亿元。是年，被通州区委区政府评为年度目标管理绩效考核先进集体，也是通州区商业银行中唯一一家获奖单位。

支行举办“马到成功　感恩十年”贵金属年度回馈盛会暨首届佛文化节

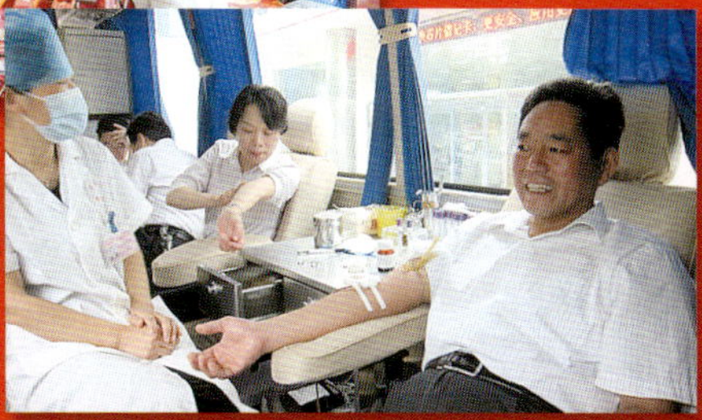

支行员工积极参与无偿献血活动

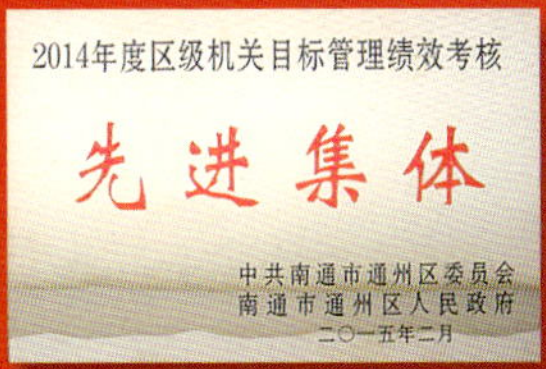
2014年度区级机关目标管理绩效考核

先进集体

中共南通市通州区委员会
南通市通州区人民政府
二〇一五年二月

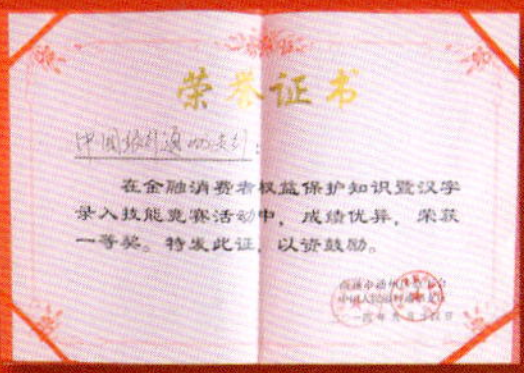
荣誉证书

支行“书记讲党课”宣讲会

支行举办员工“环南山湖健身跑”活动

办公大楼外景

EXPO 2010 SHANGHAI CHINA

交通银行 BANK OF COMMUNICATIONS 南通通州支行 NanTong Tongzhou Branch

您的财富管理银行

行　长：左　辉

2014年，交通银行股份有限公司南通通州支行实现各项存款余额13.48亿元，其中对公存款余额10.29亿元，储蓄存款余额3.19亿元；各项贷款余额13.77亿元。11月22日，该行首家二级普惠型网点南通金桥支行正式开业，网点设现金柜、理财区、自助区等，与社区居民生活紧密结合在一起，充分满足社区金融服务需求，助力小微企业发展，让客户充分感受到“远亲不如近邻”这一品牌定位。

金桥支行开业

微笑之星

金融知识校园行

员工合影

沃德中心

中国邮政储蓄银行 通州区支行
POSTAL SAVINGS BANK OF CHINA TONGZHOU BRANCH

2014年,邮储银行通州区支行以实现“三低一高”为目标,以精细化管理为手段,牢记服务三农、服务地方经济的使命,开拓与管理并举,加快业务创新转型,提升业务发展质量,增强风险控制,加强员工队伍建设,加大企业文化建设,各项工作得到健康、快速发展。年末,个人储蓄存款余额110.13亿元,比年初(下同)增加11.94亿元,增长12.2%;公司业务存款余额4.18亿元,增加0.92亿元,增长28.2%;贷款业务总规模5.70亿元,增加1.20亿元,增长26.7%;实现新农保、医保、社保等人员工资代发38万余户。

旺季动员,推动业务发展

服务三农

工会活动,促进企业和谐

警示教育,防控金融风险

岗位练兵,提升业务技能

中信银行股份有限公司南通通州支行

ZHONG XIN YIN HANG GU FEN YOU XIAN GONG SI NAN TONG ZHOU ZHI HANG

中信银行通州支行集体

中信银行成立于1987年，总部北京。中信银行通州支行成立于2010年。几年来，面对国内外错综复杂的经济形势，系统谋划，高点定位，各项业务较好发展。2014年末，支行一般性存款总额28.30亿元，比年初(下同)新增5.29亿元，其中对公存款24.92亿元，新增4.81亿元；储蓄存款2.67亿元，新增0.61亿元。全年存款日均26亿元，在系统内保持领先。各项业务稳步发展，负债结构进一步优化，托管类资产、IPO资金、机构存款、保证金存款、结算类存款、储蓄存款齐头并进。先后被总行评为青年文明单位、对公负债优秀营销团队、对公负债先进支行，多次被南京分行评为“双赢”优胜支行，获南通分行优秀团队奖。多名员工先后被评为“中信银行最优价值员工”“青年岗位能手”“优秀客户经理”等。

营业大厅

优良服务

银行外景

金融知识普及

南通农商银行
NANTONG RURAL COMMERCIAL BANK
汇通江海 服务城乡
与中小企业共成长
南通人自己的银行
南通农村商业银行股份有限公司是一家专注于“三农”和中小企业金融服务的银行，为苏中、苏北地区唯一晋身全球银行业“千强榜”的农村商业银行。该行按照起步与先进同步理念，坚持以品质铸就品牌，以效能提升效益，为加快南通现代化建设发挥好强有力的金融支撑作用。
地　址：南通市通州区建设路1号
电　话：0513-86513657
邮　编：226300
江苏省农村信用社联合社
Quick Pass
闪付
623066 4230000058888
UnionPay
银联

江苏银行 BANK OF JIANGSU 南通通州支行 Nantong Tongzhou Sub-Branch

2014 年，面对金融形势持续调控的巨大压力，江苏银行股份有限公司南通通州支行迎难而上，抢抓机遇，围绕“扩规模、上台阶、控风险、带队伍”目标，以“市场导向、标杆引领、效益为先、周期考量、团队为本”为经营理念，勇于实践“融合创新、务实担当、精益成长”核心价值观，纵深推进“五年计划”，积极采取有效措施，加强和改善公众金融服务，提升行风效能建设水平，认真履行江苏银行的服务职能，围绕重点区域、重点产品、重点项目，全面推动资产负债业务的快速发展，为通州区域经济健康稳定发展提供有力保障。年末，各项存款余额 61.57 亿元，比年初（下同）增加 13.46 亿元，增长 28.0%；各项贷款余额 38.66 亿元，增加 8.05 亿元，增长 26.0%。坚持以中国银行业文明规范服务百佳示范单位考核标准为抓手，全面贯彻“客户至上、服务致胜”理念，快速及时、精准全面地落实环境管理、服务功能、信息管理、大堂管理、柜面服务与效率、员工管理等十大模块标准细则，通过行业性、特色性、专业性五星标准规范，实现客户满意与创利并重，银行责任、合规与业绩同行。是年，中国银行业协会授予通州支行“五星级文明规范服务示范单位暨千佳文明规范服务示范点”荣誉称号，通州仅此一家，同时被授予全国“五一巾帼建功标兵岗”称号。

”凝心聚力 超越梦想“员工家属凝聚力活动

“快乐工作 幸福生活”员工拓展活动

青年员工开展”汇聚大爱 传递真情“志愿者活动

”我是小小理财师“少儿绘画大赛掠影

“客户至上 创造价值”贵宾客户远途旅游剪影

张家港农村商业银行 | 通州支行

ZRC BANK

RURAL COMMERCIAL BANK OF ZHANGJIAGANG | TONGZHOU SUB-BRANCH

涉农金融产品推荐会

反假货币知识进校园

张家港农村商业银行成立于2001年11月，是全国首家由农村信用社改制组建的股份制商业银行。10多年来，该银行秉承“领先一步、锲而不舍、共同成长、分享未来”理念，专注服务“三农”、服务中小企业和小微企业，全力助推地方经济发展；积极发挥全国农村金融改革“试验田”典型示范作用，率先在全国农村金融机构中提出上市、跨区域发展的改革新思路，拥有通州等9家异地分支机构。张家港农商行通州支行成立于2008年12月，奠定了张家港农商行跨区域发展的基础。2014年末，该支行各项存款余额16.10亿元，各项贷款余额15.75亿元，实现账面利润5793.33万元。是年，成功发放南通市首笔土地承包经营权抵押贷款。

敬老院爱心之行

征信宣传

种子教官军训风采

招商银行 CHINA MERCHANTS BANK

招商银行股份有限公司南通通州支行

招商银行股份有限公司南通通州支行一直秉承“因势而变、因您而变”的服务理念，坚持恪守“服务、创新、稳健”的核心价值观，成立四年来，实现零售管户总资产超20亿元，各项存款总量超25亿元，贷款等融资总量超60亿元的良好经营业绩。

2014年，支行继续保持开拓、创新的激情与动力，新增二级支行——南通平潮支行；启动三大方面的升级换代——服务体系的新体验、服务延生的新渠道、传统网点的新技术，提升客户服务能力；加强精神文明建设，打造“严格、扎实、高效”的招银作风，积极参创省级“青年文明号”。是年，支行绩效考核排名在上级分行各分支机构中排名前列，被评为“先进集体”。

企业文化节之行长值大堂活动

金融知识宣传月活动

“小手牵大手·反假总动员”走进东社学校

招商银行南通通州支行地址：金沙镇建设路31号

服务热线：86595555

招商银行南通平潮支行地址：平潮镇平江路8号

服务热线：86795555

葵花因为阳光而灿烂，我们因为您而荣耀

招商银行入选美国《财富》杂志“世界五百强”。
我们获得每一份荣誉，都是因为您的托付与信任。

浦发银行 SPD BANK

银行外景

营业大厅

上海浦东发展银行股份有限公司南通通州支行于2012年1月11日开业。3年多来，各项业务开展良好。2015年，立足新城区，继续推进各项金融业务发展。深入周边社区，通过电视、报刊等多种方式大力宣传浦发金融产品。实践社会责任，积极参与货币反假宣传、金融消费者权益保护等活动；加强业务合规管理，强化安全防范措施，用“新思维，心服务”理念，为客户提供优质服务。

中国民生银行 CHINA MINSHENG BANKING CORP., LTD.

南通家纺支行

员工合影

中国民生银行南通家纺支行将秉承独立、自由、开放、包容、激情、感恩、创新、责任十六字方针，为通州家纺市场经济发展做出更大贡献。

地址：通州区川姜镇志浩国际家纺市场五洲路8号

服务热线：86328366

理财热线：86328386

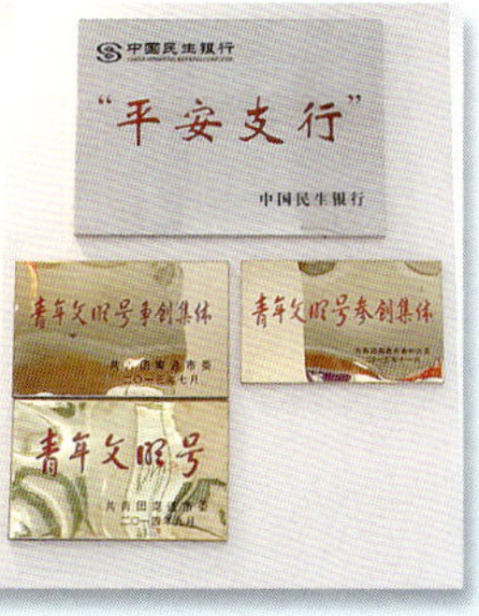

安全保卫

开动脑筋办银行
规规矩矩办银行
扎扎实实办银行

PICC 中国人民财产保险股份有限公司
PICC PROPERTY AND CASUALTY COMPANY LIMITED

通州支公司

总经理：曹星宇

中国人民财产保险股份有限公司通州支公司是通州辖区内最大的非寿险公司，总公司为 1949 年 10 月 20 日在北京成立的中国人民保险(集团)公司，是新中国历史最久、知名度最高、规模最大的国有保险品牌企业。2013 年 11 月 6 日在香港联交所上市，成为中国内地大型国有企业在香港上市“第一股”。中国人民财产保险股份有限公司通州支公司 1980 年 10 月恢复国内保险业务。长期以来，公司秉承“以人为本、诚信服务、价值至上、永续经营”理念，努力弘扬“求实、诚信、拼搏、创新”企业精神，充分发挥市场、品牌、人才、技术、网络、服务优势，为促进通州经济建设、稳定社会、造福人民提供强大的保险保障。

2014 年，在“稳中提质，做强车险；稳中求快，做大非车险；稳中有为，做实农险”的经营思路统领下，以“双超双降”为目标，精心管理、恪尽职守、勇对挑战，实现保费收入 1.70 亿元，比上年(下同)增长 22.5%。保险市场份额(不含农险)40.7%。赔款支出 8989 万元，增长 17.1%。

公司地址：南通市通州区银河路 48 号保险大厦

服务热线：95518

车险投保电话：4001234567

公司服务电话：68118118（车险)、68118007（农险)

2014 年 10 月，人保青年员工与大学生村官“践行中国梦、携手促发展”助帮活动启动仪式

南通市分公司颁发“车险业务发展先进单位”奖杯

2014 年 9 月，全区水稻因穗颈瘟病虫害倒伏，造成 10.73 万农户 7467 公顷水稻不同程度受灾，赔款 1274.07 万元。

中国人寿保险股份有限公司
China Life Insurance Company Limited

通州支公司

中国人寿保险股份有限公司作为大型国有控股企业是中国最大的人寿保险公司，是国内首家在纽约、香港和上海三地上市的金融保险企业。作为《财富》世界500强和世界品牌500强企业——中国人寿保险（集团）公司的核心成员，公司以悠久的历史、雄厚的实力、专业领先的竞争优势及世界知名的品牌赢得社会最广泛客户的信赖，始终占据国内保险市场领导者地位，被誉为中国保险业的“中流砥柱”。

中国人寿保险股份有限公司通州支公司于1996年3月从中国人民保险公司通州市支公司分设成立。经营人寿保险、年金保险、人身意外伤害保险、健康保险和投资分红类保险等100多种保险产品业务。2014年，公司调整险种结构，保费规模达4.09亿元，市场份额继续保持领先。多年来，公司在大力发展业务的同时，积极参与通州区多层次保障体系建设，新农合经办业务蝉联中国人寿江苏省分公司政策性医疗经办业务第一，大病保险服务经营管理获省分公司银奖。开办新农合补充保险，简化新农合大病和补充保险理赔手续，优化实务流程。新农合、新农合大病保险、新农合补充保险三位一体的管理和服务，得到国家卫计委和中国保监会充分肯定。是年，公司客户服务中心被中国人寿集团工会评为“创先争优、科学发展”建功立业劳动竞赛先进集体、被江苏省分公司授予2013—2014年度青年文明号。

通州区领导到公司调研

党的群众路线教育实践活动

中国人寿集团“创先争优、科学发展”建功立业劳动竞赛先进集体——客户服务中心

健康保险部获江苏省分公司政策性经办业务一等奖

中国人寿通州支公司精神

职工运动会之广播操比赛

95519 客户服务专线 相知多年 值得托付

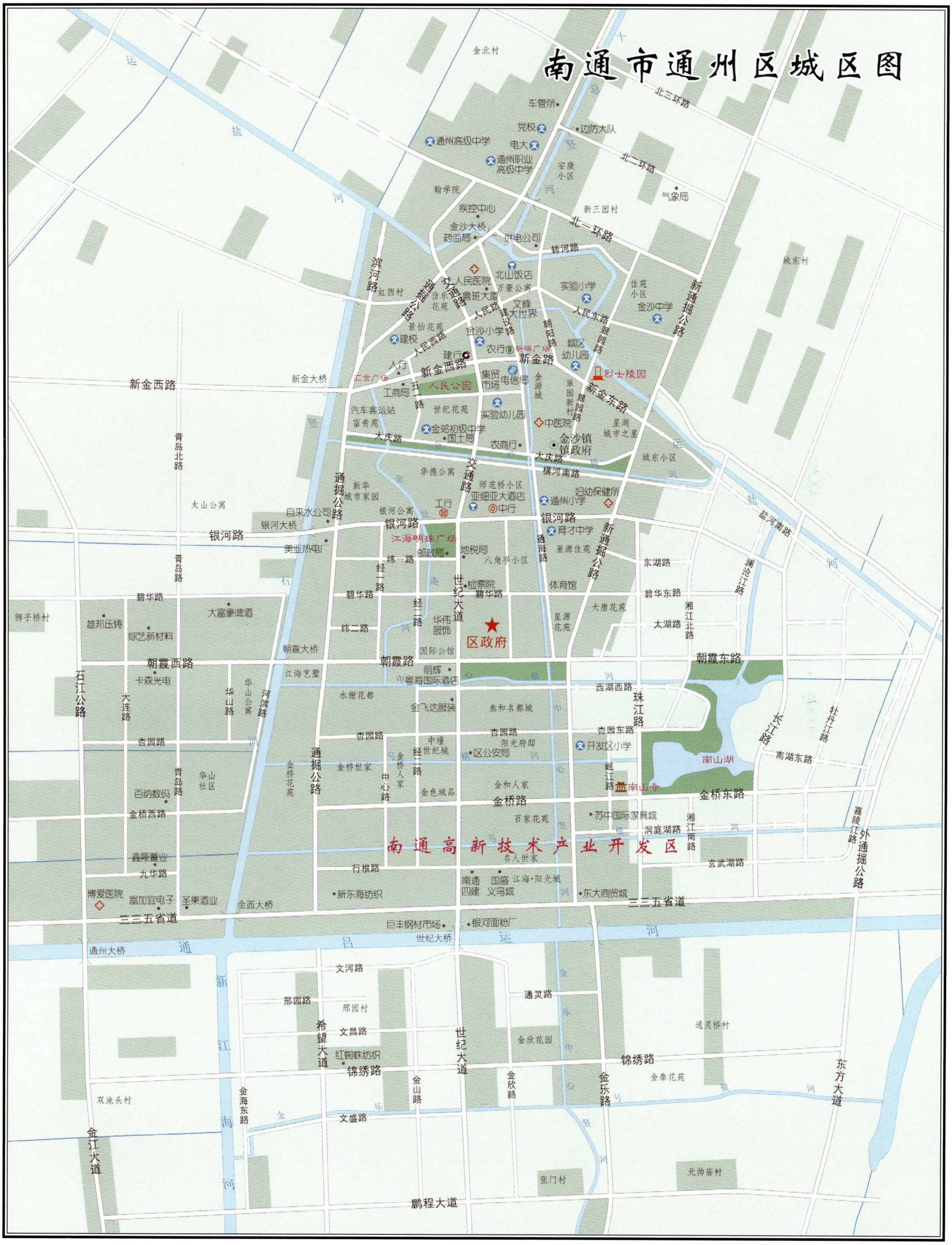
南通市通州区城区图
金北村
北三环路
车管所
党校
边防大队
通州高级中学
电大
通州职业高级中学
安康小区
北二环路
粉学院
气象局
疾控中心
新三园村
金沙大桥
药监局
供电公司
北一环路
铸河路
滨河路
红西村
人民医院
通掘公路
交通路
北山饭店
万豪公寓
实验小学
佳苑小区
城东村
鲁班大厦
佳乐花苑
文峰
建设路
大世界
金沙中学
新通掘公路
景怡花苑
人民西路
金沙小学
人民东路
朝阳路
建校
农行
新瑞广场
城区幼儿园
建行
新金路
烈士陵园
新金西路
新金大桥
人行
集贸市场
电信局
新金西路
汇金广场
工商局
人民公园
新金东路
五一路
世纪花苑
汽车客运站
实验幼儿园
中医院
富贵苑
星湖城市之星
金郊初级中学
大庆路
国土局
农商行
金沙镇镇政府
城东小区
大庆路
横河南路
华德公寓
师苑桥小区
通掘公路
新华城市家园
亚细亚大酒店
妇幼保健所
太山公寓
工行
中行
通州小学
自来水公司
银河公寓
银河路
银河路
盐河南路
银河大桥
银河路
江海明珠广场
育才中学
通海路
美亚热电
纬一路
邮政局
地税局
八角亭小区
星源佳苑
新通掘公路
东湖路
经一路
检察院
体育馆
澜沧江路
碧华路
碧华路
世纪大道
碧华路
碧华东路
狮子桥村
雄邦压铸
大富豪酒
大唐花苑
湘江北路
综艺新材料
经二路
华伟服饰
星源花苑
太湖路
纬二路
区政府
朝霞大桥
国际公馆
朝霞西路
朝霞路
朝霞东路
石江公路
江海艺墅
丽晖
卡森光电
粤海国际酒店
西湖西路
华山公寓
华山路
大连路
水榭花都
河滨路
珠江路
金飞达服装
泰和名都城
牡丹江路
杏园路
杏园路
杏园东路
长江路
杏园路
阳光府邸
中瑾世纪城
开发区小学
南湖东路
通掘公路
区公安局
南山湖
金桥世家
金桥人家
经三路
岷江路
华山社区
金桥花苑
中心路
金和人家
南山寺
百纳数码
青岛路
金色城品
金桥路
金桥东路
金桥西路
苏中国际家具城
湘江南路
百家花苑
洞庭湖路
嘉陵江路
南通高新技术产业开发区
外通掘公路
鑫隆置业
行根路
名人世家
玄武湖路
九华路
南通四建
国盛义乌城
江海·阳光城
新东海纺织
博爱医院
富加宜电子
圣東酒业
东大商贸城
金西大桥
三三五省道
三三五省道
巨丰钢材市场
银河面粉厂
世纪大桥
通州大桥
通吕运河
新江海河
文河路
邢园路
邢园村
通灵路
希望大道
文昌路
世纪大道
金欣花园
通灵桥村
红钢铁纺织
锦绣路
锦绣路
金山路
金欣路
金乐路
金泰花苑
东方大道
双池头村
金海东路
金乐河
文盛路
金江大道
张门村
元帅庙村
鹏程大道

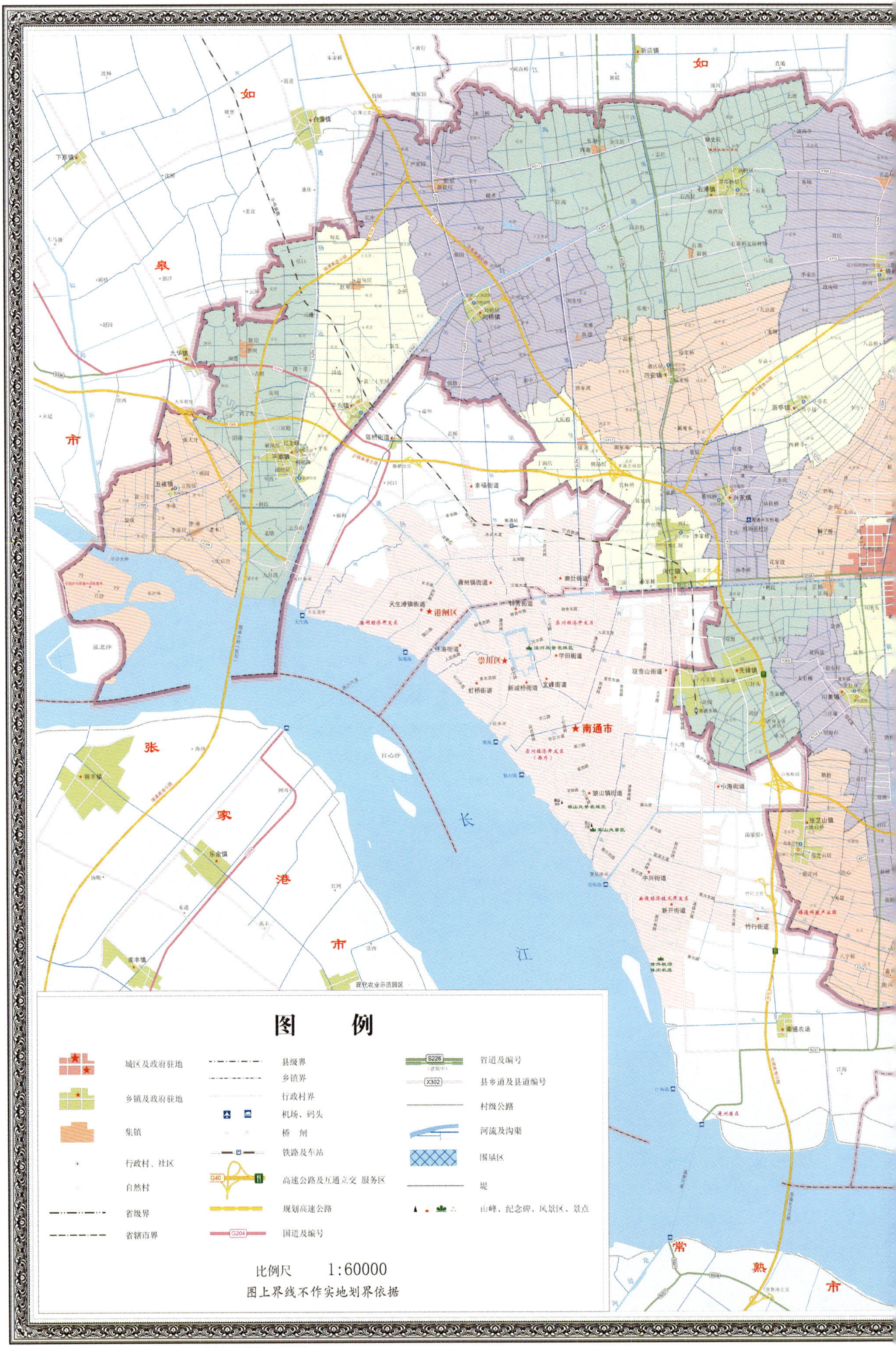

南通市国土资源局通州分局 南通市通州区民政局 江苏省基础地理信息中心 联合编制

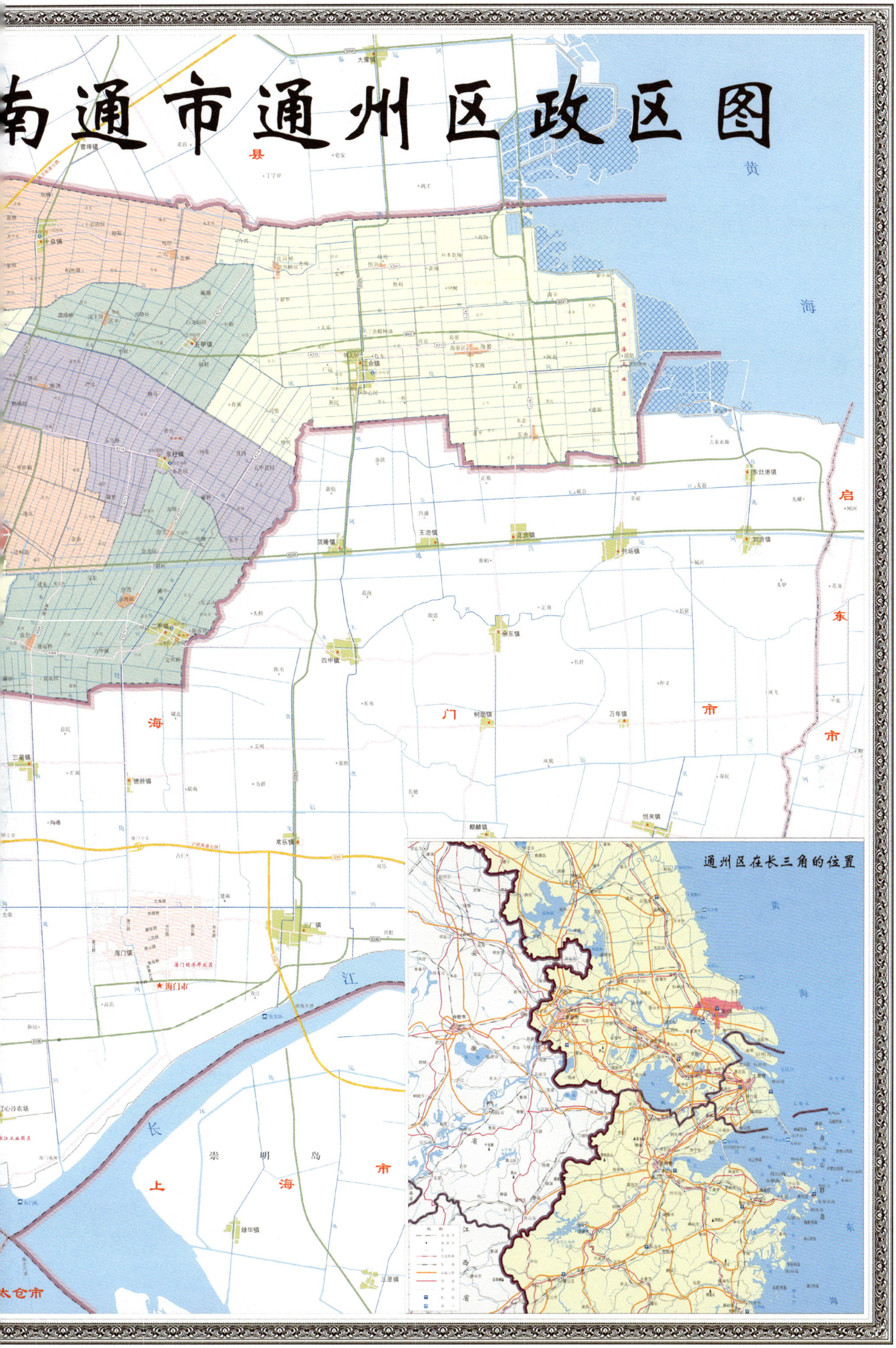

地图审图号：苏S［2011］ 号
2011年3月